# Français

# APprenons

## 2nd Edition

Elizabeth Zwanziger
Brittany Goings
Elizabeth Rench
Brittany Selden Griffin

Wayside®
PUBLISHING

www.waysidepublishing.com

Printed in USA

6 7 8 9 10 KP 20

Print Date: 1273

**Softcover ISBN** 978-1-938026-91-1

**FlexText® ISBN** 978-1-938026-92-8

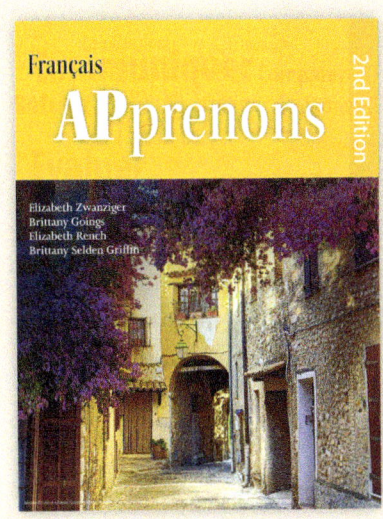

# APprenons, 2nd Edition

## AP® French Language and Culture

### Elizabeth Zwanziger, Brittany Goings, Elizabeth Rench & Brittany Selden Griffin

A scaffolded, task-centric approach designed for the advanced secondary French classroom in preparation for the AP® French Language and Culture Exam.

## Use the up-to-date resources, challenging exercises, and thought-provoking imagery in this book to inspire your students to ...

### Connect and Compare Cultures

10 chapters integrate the themes and contexts outlined by the Advanced Placement® French Language and Culture Curriculum Framework to present material as the exam does. Use the AP® Index in Annexe G to locate exercises by theme.

### Experience the Diversity of the French Language

Authentic texts and audios from over 30 francophone cultures represent a variety of styles and genres including creative writing, poems, letters, informational writing, contracts, blogs, and forums.

### Achieve Targeted Learning Objectives

Each chapter begins with essential questions to guide critical thinking, as well as clearly articulated task-based proficiency objectives.

### Prepare for the AP® Exam

Students practice for the exam by completing two, seven-task mini-AP® exams per chapter and benefit from 20 practice exercises for what many students find to be the most stress-inducing AP® Task – Interpersonal Speaking: Conversation.

### Strengthen Vocabulary

Glossed vocabulary throughout is summarized at the end of each chapter with language level appropriate definitions in French. The complete glossary in the appendix provides French to French, French to English, and English to French definitions. Online vocabulary exercises include a variety of flashcards including Image to French.

### Explore and Practice Online

Find audios, videos, extra practice for all AP® task types, external links, and more in *APprenons* Explorer online. Students can explore 24/7, at their own pace, and within their own comfort zones as they pursue further independent and collaborative learning.

### Hone Test-Taking Skills

The Tips and Tricks section provides students with strategies, exercises, and step-by-step processes to sharpen their test–taking skills for every AP® task type.

# Chapitre 0

*Ten chapters integrate the themes and contexts outlined by the College Board's French Language and Culture Curriculum Framework throughout.*

**QUESTIONS ESSENTIELLES:**

Overarching questions address the themes and contexts in the chapter to guide critical thinking.

**LEÇON 1:**

Presents a broad focus for the chapter and proposes goals for students to meet in their oral and written work in the language.

Chapitre **0**

## Je me présente

**QUESTIONS ESSENTIELLES**

1. Comment exprime-t-on son identité dans des contextes différents de la vie?
2. En quoi la langue et la culture de quelqu'un influencent-elles son identité?
3. Comment son identité évolue-t-elle à travers le temps?

PARIS, FRANCE

**LEÇONS 2 AND 3:**

Leçon 2 and Leçon 3 each provide a 7-task exam, for a total of 14 AP® tasks per chapter.

**LEÇON 4:**

Gives students a chance to practice further, participate in class forums, and visit authentic websites related to the larger focus of the chapter.

# Leçon 1

*Leçon 1 introduces the chapter's topic with clearly articulated oral and written proficiency objectives.*

### OBJECTIF:
Several thematic goals introduced in each chapter hone student focus.

### POINT CULTURE:
Every chapter highlights aspects of francophone cultures inviting students to make connections and comparisons.

### UP-TO-DATE:
Activities and resources are modern and relevant to students' lives, inspiring them to continue exploring.

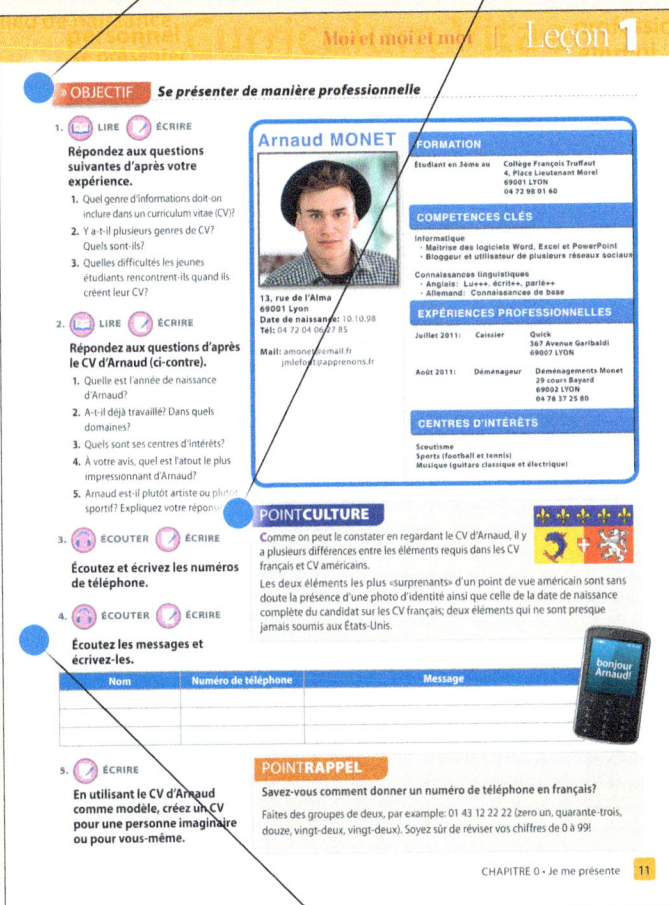

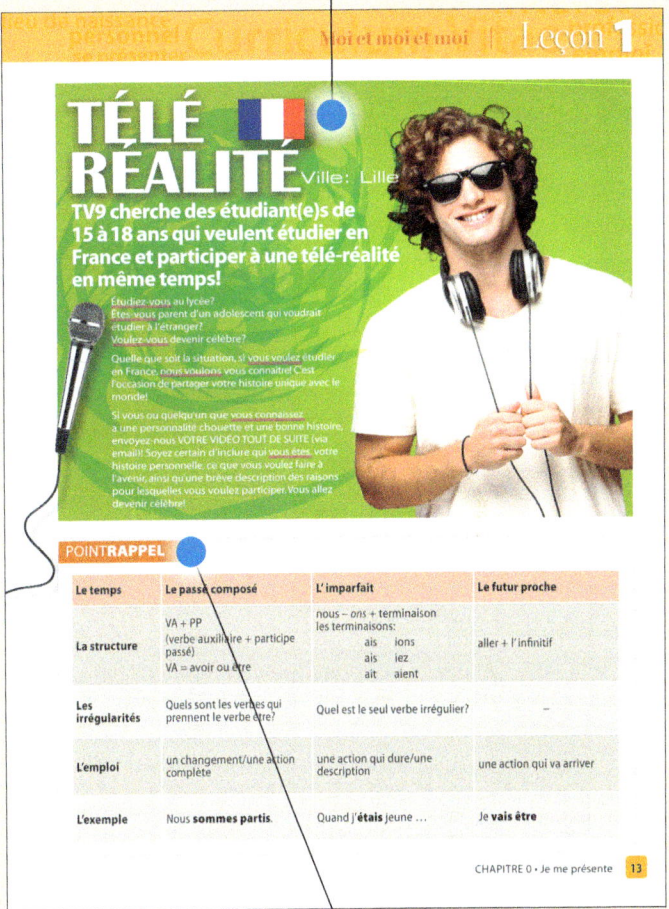

### ÉCOUTER:
Indicates a listening activity. *APprenons* Explorer contains the audios and videos needed to complete activities.

### POINT RAPPEL AND POINT GRAMMAIRE:
Introduce grammatical structures essential to achieving the chapter's objectives.

# APprenons *at a glance*

# Leçon 2

*Leçon 2 presents a 7-task mini AP® exam incorporating authentic texts and audios from over 30 francophone cultures.*

## PREFER PAPERLESS?
Complete activities online with *APprenons* Explorer.

## AUTHENTIC:
Written by and for native speakers of French, the texts in Leçons 2 and 3 represent a variety of genres: creative writing, poems, informational writing, blogs, forums, emails, letters, contracts, and more.

---

» Interpretive Communication: PRINT & AUDIO TEXTS

LIRE  ÉCOUTER

You will read a passage and listen to an audio selection. For the reading selection, you will have a designated amount of time to read it. For the audio selection, first you will have a designated amount of time to read a preview of the selection as well as to skim the questions that you will be asked. The selection will be played twice. After listening to the selection the first time, you will have 1 minute to begin answering the questions; after listening to the selection the second time, you will have 15 seconds per question to finish answering the questions. For each question, choose the response that is best according to the audio and/or reading selection and mark your answer on your answer sheet.

Vous allez lire un passage et écouter une sélection audio. Pour la lecture, vous aurez un temps déterminé pour la lire. Pour la sélection audio, vous aurez d'abord un temps déterminé pour lire une introduction et pour parcourir les questions qui vous seront posées. La sélection sera présentée deux fois. Après avoir écouté la sélection une première fois, vous aurez 1 minute pour commencer à répondre aux questions; après avoir écouté la sélection une deuxième fois, vous aurez 15 secondes par question pour finir de répondre aux questions. Pour chaque question, choisissez la meilleure réponse selon la sélection audio ou la lecture et indiquez votre réponse sur votre feuille de réponse.

### SOURCE 1:
**Introduction:**
La sélection suivante est un extrait du document L'Identité Manifeste et parle de l'identité québécoise. Le document date de 2009 et vient du site: http://identitequebecoise.org/L-Identite-Manifeste.html.
© identitéquébecoise.org

## L'Identité manifeste

Nous sommes en présence d'une identité manifeste (manifeste: caractère de ce qui ne peut être nié), une identité forte de ses 400 ans d'histoire, une identité qui, somme toute, «ne sait pas mourir».

Ligne
5  Grand et vaste fleuve propre à porter nos projets, l'identité québécoise ne s'est pas formée par la volonté du Saint-Esprit. De toutes les rivières qui **l'alimentent**, ne nommons que les plus évidentes: **autochtones**, françaises, anglaises, canadiennes, irlandaises, écossaises, italiennes, juives et autres sources plus
10  récentes.

**Est-ce à dire que tout est fixé d'avance? Au contraire!**
Les commentateurs de notre histoire ont vu en Jeanne Mance une pieuse colonisatrice. Ils ont ensuite vanté les mérites du corsaire impitoyable qu'était Pierre d'Iberville. Ils ont plus
15  tard fait le portrait d'un peuple à la courte vue, replié dans son quant-à-soi, avec des personnages tels que Séraphin Poudrier.

De Canayens à Canadiens à French Canadian à Canadiens français à Québécois . . .

### Que de changements d'attitudes!
20  L'identité collective telle que nous la concevons est un système de références en continuel redéploiement, un système qui demande, à chaque génération, une réactualisation de sa dialectique.

Notion complexe d'entre toutes, l'identité n'est pas pour nous une liste d'épicerie ni le top cinq de nos naufrages appréhendés. Pas plus qu'il ne
25  saurait être question de répéter le mantra habituel: à savoir que nous sommes francophones, **laïques**, pacifiques, que sais-je . . . Notre vision se déploie en apnée, dans les zones troubles de la conscience humaine. Notre vision se déploie en altitude, portée par nos déraisons communes.

Pour nous, l'identité québécoise **s'incarne** dans toutes les manifestations culturelles
30  de la nation, qu'elles soient grandes ou petites, banales ou extraordinaires. Dans nos fiertés comme dans nos travers, par la bouche de Céline ou de Mailloux, de Lepage ou de Mara. Par le geste habile du **flécheur**. Par le **poing** pesant de la boulangère.

Un pays se réinvente à chaque dégénération, par le labeur de ses habitants. Le récit de nos origines reste encore et toujours à préciser, notre culture, à parfaire. Il n'y a pourtant
35  pas une seconde à perdre . . . Nos projets d'avenir, nombreux sur le tarmac, ne demandent qu'à décoller. Quels thèmes choisir? Environnement, **réussite** individuelle, justice sociale, indépendance . . . Quels désirs embraser!

À une autre époque, alors qu'il s'adressait aux gens de sa propre génération, Victor-Lévy Beaulieu posa le choix **crûment**:

40  «L'écrivain québécois actuel a deux choix: ou il tourne carrément le dos au passé et s'invente totalement un présent, donc un futur, ou il croit suffisamment aux choses qu'il y a derrière lui, s'y plonge, les assimile, leur donne un sens nouveau, celui d'une oeuvre qu'il bâtit en fonction du nouvel univers qu'il voudrait voir s'établir ici.» ¹

45  De ces deux voies, nous empruntons la seconde.
Auteur: Philippe Jean Poirier; cosignataires: Simon Beaudry, Mathieu Gauthier-Pilote, Alexandre Faustino.

¹ Extrait tiré du Devoir, 13 janvier 1973.

http://identitequebecoise.org/L-Identite-Manifeste.html - forum

---

## PREPARATION:
In order to complete the tasks presented in every chapter, students follow the same directions that appear on the actual AP® exam.

## GLOSSED VOCABULARY:
Vocabulary is bolded throughout the authentic texts and audios.

# Leçon 3

*Leçon 3 presents 7 additional AP® tasks ensuring ample opportunities for the cultural and linguistic practice necessary to communicate effectively and perform well on the AP® French exam.*

## INTERPERSONAL SPEAKING:

Students use Explorer to participate in conversations, listening and responding the same way they will on the AP® exam.

## HELPFUL ICONS:

Colorful icons indicate the modalities employed to complete the activity: listening, speaking, reading or writing.

## VIBRANT COLORS:

Engaging and attractive photos and images represent francophone cultures from around the world.

# Leçon 4

*In each chapter's final lesson, students can review and practice all modes of communication through thematic cultural discussion forums. Students explore the lesson's numerous authentic resources online with APprenons Explorer before uploading images, recording themselves speaking, or responding to other students' forum posts.*

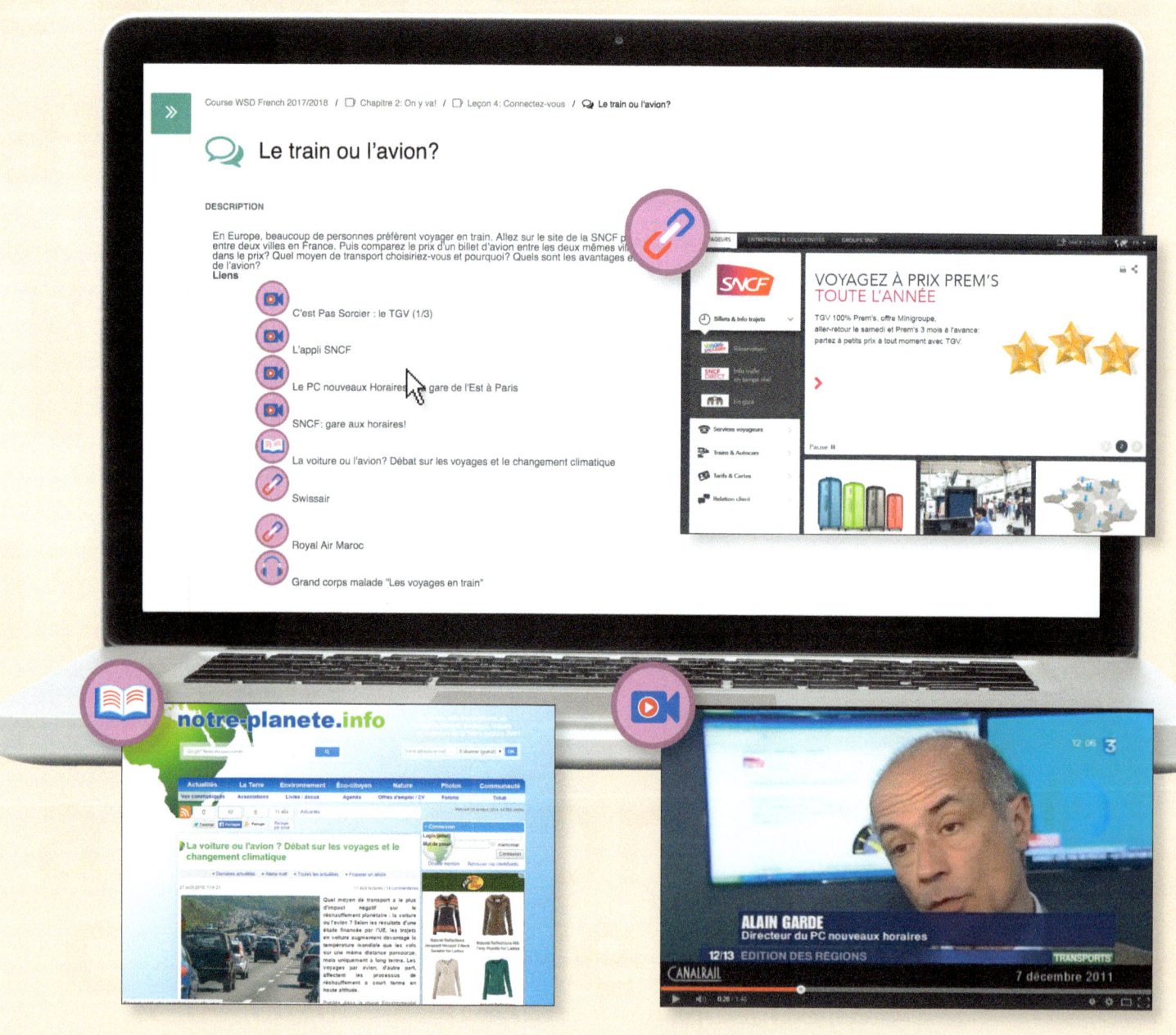

# APprenons *at a glance*

# Vocabulaire

*Find definitions in French for the vocabulary introduced in the lessons, audios, and texts at the end of every chapter.*

## COMPRÉHENSION:

A summary of the chapter's vocabulary with language level appropriate definitions in French.

## POUR MIEUX S'EXPRIMER À CE SUJET:

Additional vocabulary challenges students to explore the topic more deeply and improve circumlocution skills.

## NEED MORE HELP?

Find English definitions for all the vocabulary in the glossary at the end of the book.

# APprenons *at a glance*

# Tips & Tricks

*The Tips and Tricks section at the end of the book arms your students with test-taking strategies and pre-activities to help them succeed.*

**Students sharpen the skills necessary to succeed on AP® tasks using the Tips and Tricks section.**

**EXTRA PRACTICE:**
**Alongside the Tips and Tricks, find additional exercises to practice using the strategies presented.**

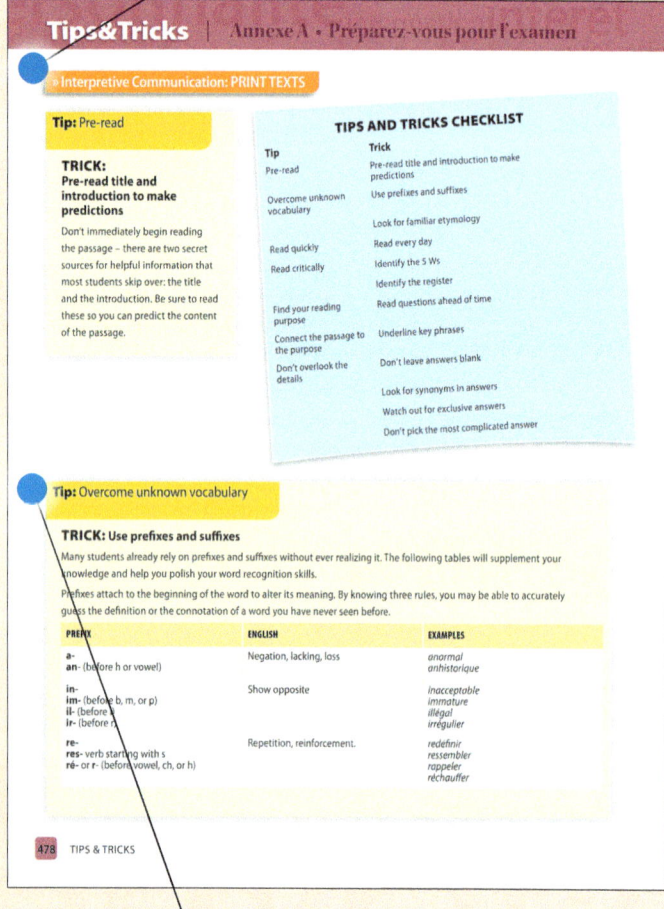

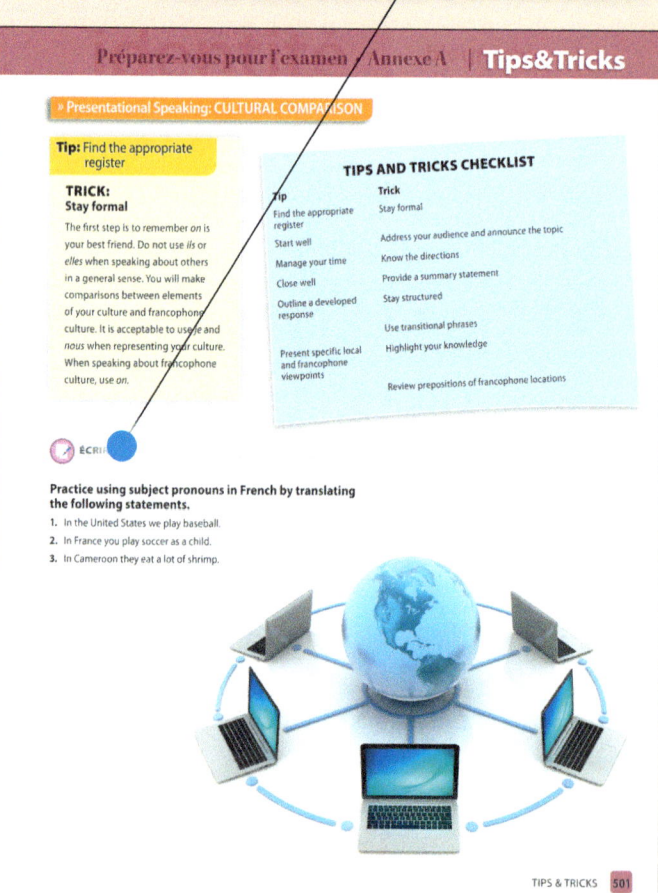

**Each Tip provides a step in the process of completing a task.**

**TEST THE TIP:**
**Test-taking strategies will help students complete the 14 AP® tasks in Leçons 2 and 3 of every chapter .**

# Explorer®

*Review and discover language structures through a plethora of authentic, culturally rich materials and contextualized activities online with APprenons Explorer. Every time students log in, they will be preparing for the AP® exam with activities designed in the same style as AP® tasks.*

## For Students

- Auto-graded activities give immediate feedback
- Flashcard activities for every chapter
- Record oral presentations and interpersonal speaking tasks
- Submit written presentations and interpersonal writing tasks
- Stream audios and videos
- A Classroom Forum allows you to continue the classroom discussion

## For Teachers

- AP® Course correlation guide
- Rubrics
- Audio scripts
- Answer keys
- User-friendly gradebook

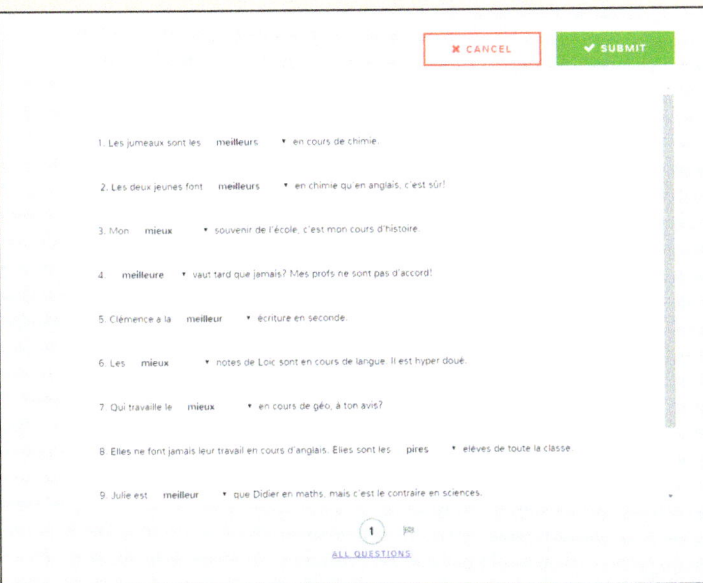

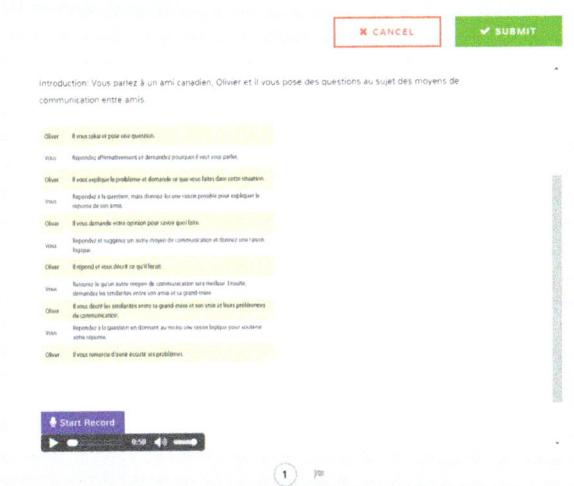

# Icônes

*Blended instruction, combining traditional, authentic resources and 21st century technology, provides your students with well-rounded and complete practice in all four modalities: listening, speaking, reading, and writing.*

## Colorful icons indicate the focus of each activity.

**Lire**

**Écouter**

**Écrire**

**Visionner**

**Parler (Interpersonal)**

**Parler (Presentational)**

**Vocabulaire**

**Se Connecter**

**More in Explorer®**

**Grammaire (Explorer® Only)**

# Acknowledgements

The publication of *APprenons* is the result of the collaboration among numerous people. We would like to express our sincere appreciation to Mimi Jones and Andrea Henderson for laying the groundwork for many of the concepts in this volume. We want to recognize Allison Webb for her AP® expertise and her contributions to the Tips and Tricks section. We also extend our gratitude to Loïza Miles, of Northeastern University, who reviewed and edited versions of the manuscript in various stages of the work.

The *APprenons* 2nd edition has come to fruition thanks to an ever-growing team across the United States and the world. We would like to thank Sherri Slusher for her endless patience and unlimited use of her speedy Internet, a valuable find in Morocco. We are indebted to the many authors of text and audio included in *APprenons* 2nd edition. Special thanks goes to Issiaka Diakité-Kaba and Annette Bonnet-Devred for sharing your original texts with us.

The technology aspect of *APprenons* 2nd edition would not have been possible without the artistry and good humor of Derrick Alderman. Thanks to Rivka Levin at Bookwonders for the tireless attention to detail in composition. Eliz Tchakarian and Matheux Knight, many thanks for making *APprenons Explorer*® dovetail so seamlessly to the text.

Greg Greuel, you are quite a choreographer. Your leadership at Wayside Publishing, along with work from Michelle Sherwood and Rachel Ross, was the glue that brought all of the pieces together to make *APprenons* 2nd edition such an effective tool for learners and teachers.

Finally, we thank learners of French for your passion for francophone language and culture and your zeal to delve deeply into their richness.

# Introduction

## Bienvenue à la deuxième édition d'*APprenons*!

*APprenons* 2ᵉ édition se compose de 10 chapitres, chacun de quatre leçons. Les extraits écrits et oraux du manuel ont été choisis parce qu'ils correspondent à six thèmes principaux: les défis mondiaux, la science et la technologie, la vie contemporaine, la quête de soi, la famille et la communauté et enfin, l'esthétique. Vous trouverez une explication du contenu de chaque partie ci-dessous:

Les Questions essentielles guident l'étudiant dans le développement de ses pensées sur les sujets proposés dans chaque chapitre.

La Leçon 1 présente le sujet du chapitre, autour d'un ou de plusieurs des thèmes principaux et des objectifs langagiers relatifs à ce sujet. Les exercices de cette leçon font travailler tous les aspects de la langue (la lecture, l'écoute, l'écrit et l'expression orale) et mènent l'étudiant vers l'atteinte de ses objectifs en lui fournissant les outils nécessaires pour réussir la tâche. On trouvera des exercices supplémentaires pour accompagner la Leçon 1 sur le *APprenons Explorer*® du manuel.

La Leçon 2 et la Leçon 3 proposent chacune 7 exercices, qui ciblent les différents modes communicatifs à l'aide d'extraits écrits et audio authentiques venant des pays francophones autour du monde: *Interpretive Communication: Print Texts, Interpretive Communication: Print and Audio Texts, Interpretive Communication: Audio Texts, Interpersonal Writing: E-mail Reply, Presentational Writing: Argumentative Essay, Interpersonal Speaking: Conversation* et *Presentational Speaking: Cultural Comparison*. Ces exercices se trouvent également sur le *APprenons Explorer*® du manuel si l'étudiant préfère travailler en format numérique.

La Leçon 4 se trouve sur le *APprenons Explorer*® du manuel et comprend des exercices supplémentaires, des liens authentiques et des forums pour que l'étudiant puisse exercer ses capacités langagières et communiquer avec son professeur ainsi qu'avec d'autres étudiants.

Les *Tips and Tricks* que l'on a placés à la fin du livre offrent à l'étudiant des stratégies et des conseils pour bien réussir les exercices communicatifs des Leçons 2 et 3.

Tout au long de chaque chapitre, les mots de vocabulaire apparaissent **en caractères gras**. Les mots ainsi mis en relief sont rangés par ordre alphabétique et définis en français à la fin de chaque chapitre ainsi qu'à la fin du manuel. L'étudiant trouvera également à la fin du manuel leur traduction en anglais.

Bonne découverte!

# Table des matières

# CHAPITRE 1: C'est drôle, l'école!     44

# Table des matières

# CHAPITRE 3: Mon boulot, ma vie 138

# Table des matières

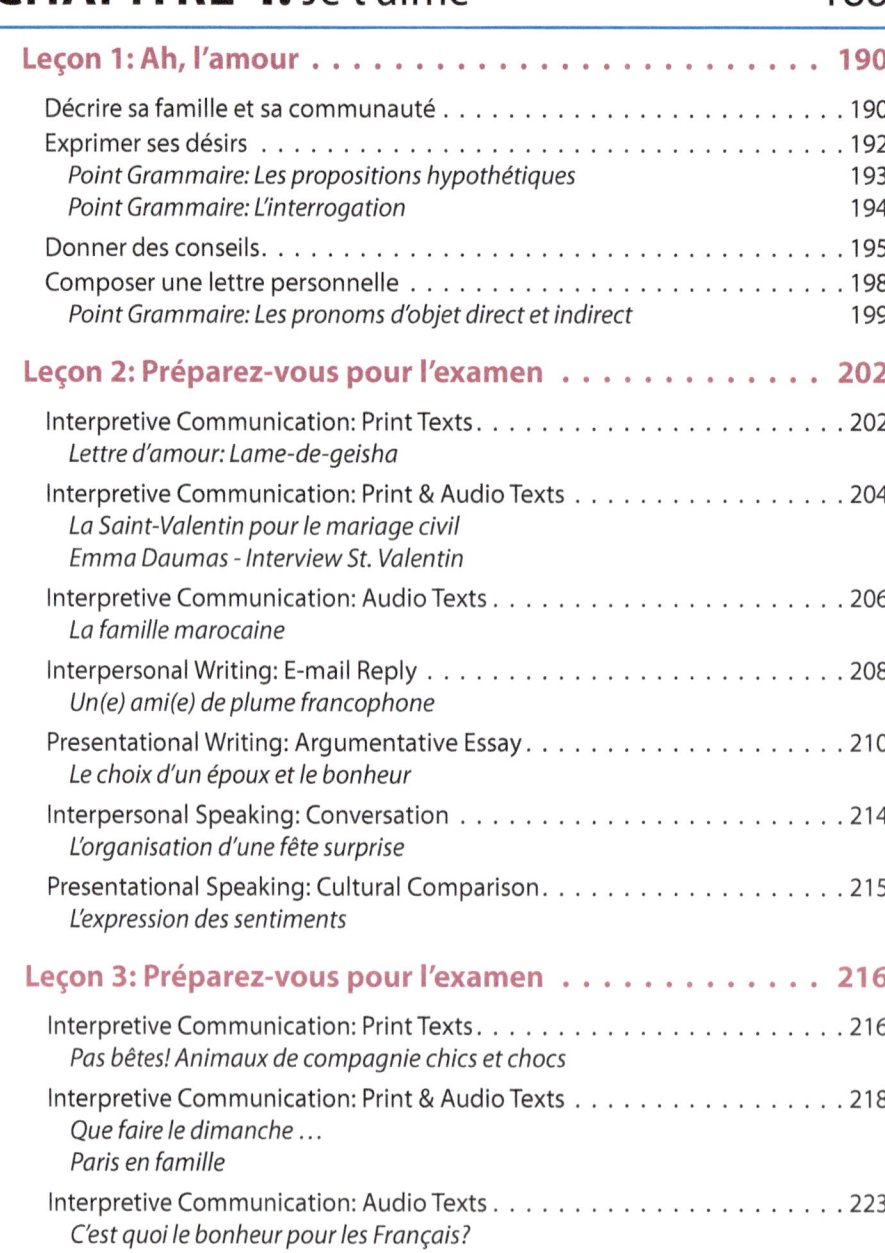

# Table des matières

# CHAPITRE 7: À votre goût — 336

# Table des matières

# CHAPITRE 9: Ce qui embellit la vie    434

# Table des matières

LE MASSIF DU MONT-BLANC, FRANCE

## QUESTIONS ESSENTIELLES

1. Comment exprime-t-on son identité dans des contextes différents de la vie?

2. En quoi la langue et la culture de quelqu'un influencent-elles son identité?

3. Comment son identité évolue-t-elle à travers le temps?

**SUGGESTIONS:**
Use the essential questions as a basis for discussion for topics addressed in the chapter, either as an introduction, while working on the chapter or as a wrap-up activity/assessment.

**VOCABULARY:**
Vocabulary related to the topics covered in this chapter appears on pages 42 and 43 (French definitions) as well as in Appendix B starting on page 505 (French definitions and English translations).

PARIS, FRANCE

# Chapitre **0**

# Je me présente

**EXPLORER:**

For additional exercises, AP® practice tasks, discussion forums,
and external links, go to *APprenons* Explorer at
**learningsite.waysidepublishing.com**

» OBJECTIF **Établir un profil électronique**

**ARNAUD** – Allô? Tante Béa? Bonjour, c'est Arnaud à l'appareil.

**BÉATRICE** – Allô? Tiens? Arnaud? Ça va mon chéri? Quoi de neuf?

**ARNAUD** – Ça va, ça va … ça va même super bien … Devine ce que j'ai reçu pour mon anniv'? Tu devineras jamais…

**BÉATRICE** – euh … Je ne sais pas ce qui s'est passé. Je n'ai aucune idée … une voiture????

**ARNAUD** – Tante Béa … ne rigole pas … tu sais bien que je n'ai pas l'âge.
Non … Maman m'a acheté un nouveau téléphone … super, le portable. Il y a même internet et tout … Maintenant je peux même aller sur Mybook direct de mon portable … c'est pas génial ça???

**BÉATRICE** – Attends? Mybook? Tu es sur Mybook? Depuis quand? Ta mère ne m'a rien dit? Tu n'es pas un peu jeune dis-donc?

**COMMUNICATION:**
**Interpretive Communication:** Learners understand, interpret, and analyze what is heard, read, or viewed on a variety of topics.

**ARNAUD** – Ben non … J'ai 15 ans … il faut avoir 13 ans pour Mybook.

**BÉATRICE** – Oui, mais avec tout ce qu'on entend … c'est quand même dangereux tous ces trucs là … et tes parents n'ont pas peur?

**ARNAUD** – Tante Béa … ne sois pas ringarde … ne me dis pas que tu n'utilises pas les réseaux sociaux.

**BÉATRICE** – Non, je t'assure. 1 … je ne comprends pas très bien à quoi ça sert … 2 j'ai un peu peur … Mais vas-y. Explique.

**ARNAUD** – Ben, c'est super … Écoute. C'est toi qui décides … D'abord tu crées un profil. tu mets tes photos, comme ça tes amis peuvent te trouver plus facilement … tu mets tes infos personnelles, les trucs qui t'intéressent, comme tes films préférés, ta musique favorite etc. Puis tu te mets en contact avec tes amis. Ils peuvent voir tes activités, et toi tu vois leurs activités. Tu mets des commentaires sur leur page et eux, ils répondent … C'est un bon moyen de communiquer … surtout avec ceux que tu n'as plus vus depuis un bout de temps. On a même créé un groupe pour les anciens du CE2 de la classe de Monsieur Cheval. Tu te souviens de Charlotte Courtois????

**BÉATRICE** – Oui.

**ARNAUD** – Je l'ai retrouvée. Elle habite à Lille maintenant.

**BÉATRICE** – Bon, c'est bien beau tout ça, mais comment empêcher que n'importe qui regarde tes photos et lise tes commentaires. surtout si vous discutez de où vous allez et de ce que vous faites … tu sais cela m'inquiète un peu.

**ARNAUD** – Ah, mais non … pour ça. il y a des paramètres de sécurité impeccables, que tu personnalises … Moi je n'autorise que les gens que je connais à voir mes photos ou mes informations. Je suis prudent tu sais … et mes copains font pareil … alors dans mon fil d'actualité … je n'ai que les nouvelles de mes copains … les gens que je connais …

**BÉATRICE** – Ah bon … tu me rassures.

**ARNAUD** – Si tu veux … je peux t'aider à créer ton profil.

**BÉATRICE** – On verra, on verra.

**1.**  ÉCOUTER  PARLER

**Écoutez la conversation entre Arnaud et sa tante. Quel est le sujet de la conversation?** les réseaux sociaux

**2.**  ÉCOUTER  ÉCRIRE

**Écoutez une deuxième fois et déterminez quels renseignements personnels se trouvent sur les profils électroniques d'une manière générale.**

1. Faites une liste des renseignements mentionnés dans la conversation.
2. Pouvez-vous ajouter d'autres renseignements? Lesquels?

**3.**  ÉCOUTER  ÉCRIRE

**Écoutez pour la dernière fois et répondez aux questions suivantes.**

1. Que fait-on avec les paramètres de sécurité?
2. Quel conseil donne la tante?

**1.** On personnalise ses paramètres de sécurité. On autorise qui on veut à regarder ses photos ou ses informations.

**2.** Tante Béa lui conseille de ne pas discuter d'où il va ou de ce qu'il fait.

**4.**  ÉCRIRE

**Avez-vous entendu quelques différences entre l'audio et le texte? Identifiez-les.** Answers will vary, but may include shortening or contracting words or phrases, not pronouncing all syllables, etc.

**5.**  LIRE  PARLER

**Identifiez le registre qui est défini dans les phrases suivantes d'après le Point Culture ci-contre.**

1. Ce registre est généralement employé à l'oral avec des amis. Toutes les syllabes ne sont pas nécessairement prononcées. Les règles de grammaire ne sont pas toujours respectées. le registre familier
2. Ce registre est surtout employé à l'écrit, notamment dans les correspondances officielles et dans les textes littéraires. Le vocabulaire est plus riche et les règles grammaticales sont parfaitement respectées. le registre soutenu
3. Ce registre est employé pour les documents et les conversations ordinaires. Il est utilisé à la radio et à la télévision. Le vocabulaire est usuel et les règles grammaticales sont habituellement respectées. le registre courant

**6.**  LIRE  ÉCRIRE  PARLER

**Répondez aux questions suivantes.**

1. Comment vous présentez-vous dans les médias sociaux? Quels types d'informations utilisez-vous? **1.** Answers will vary.
2. Qu'est-ce qu'un profil? Quelles sortes de renseignements met-on dans un profil?
3. Qu'est-ce que "le mur"? Quelles sortes de renseignements met-on sur un mur?
4. Quels sont les dangers de l'utilisation des réseaux sociaux. Les avantages?

**2.** Un profil donne des informations sur quelqu'un: sa date de naissance, où on habite, ou on a fait ses études, où on travaille, etc.

**3.** On communique avec ses amis sur le mur en décrivant ce que l'on fait ou ce que l'on pense de quelque chose.

**4.** Answers will vary, but may include:

**Dangers:** Quelqu'un pourrait voler l'identité de quelqu'un d'autre en prenant des informations d'un réseau social. Si on met toujours où l'on est sur le mur, quelqu'un pourrait savoir quand on n'est pas chez soi.

**Avantages:** On peut garder le contact avec des amis qui n'habitent pas la même ville ou le même pays. On peut facilement partager des photos et des idées avec ses amis.

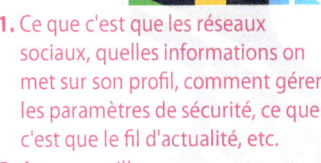

**1.** Ce que c'est que les réseaux sociaux, quelles informations on met sur son profil, comment gérer les paramètres de sécurité, ce que c'est que le fil d'actualité, etc.

**2.** Answers will vary.

**COMPARISONS:**
**Language Comparisons:** Learners use the language to investigate, explain, and reflect on the nature of language through comparisons of the language studied and their own.

## POINT**CULTURE**

### Les registres de langue

Allons plus loin. Vous connaissez déjà la différence entre *tu* et *vous* en ce qui concerne le niveau de formalité. Mais saviez-vous qu'il existe trois principaux **registres** de langue?

1. Registre soutenu: Elle prend congé.
2. Registre courant: Elle s'en va.
3. Registre familier: Elle se casse d'ici.

On peut entendre ou voir ces trois registres dans les films, dans les livres, à la radio, etc. mais pour réussir aux grands examens de français, les étudiants utilisent (normalement) le registre courant.

**COMMUNICATION:**
**Interpersonal Communication:** Learners interact and negotiate meaning in spoken, signed, or written conversations to share information, reactions, feelings, and opinions.

## Mybook

Rechercher 🔍

Arnaud | Amis | Accueil

### Le profil d'Arnaud

**À propos**

| | |
|---|---|
| Nom: | Arnaud Monet |
| Lieu de naissance: | Lyon, France |
| Date de naissance: | le 10 octobre |
| Âge: | 15 ans |
| École: | Collège François Truffaut |
| Nationalité: | français |
| État Civil: | célibataire |
| Cheveux: | courts, bouclés, noirs |
| Yeux: | bleus |
| Taille: | moyen |
| Intérêts: | le foot, la musique moderne, les filles, l'anglais et l'espagnol, ai-je déjà dit le foot ? |

**SUGGESTION:**
Share the term *réseau social* with the students. Let them know they will be exposed to more technology related terms in Chapter 5.

**SUGGESTION:**
Have students compare the social network vocabulary on this Mybook page to the terms used in English on the social networks to which they belong.

**Mur**

Arnaud et Haylie sont devenus amis.

Arnaud, j'ai quelques élèves qui cherchent des amis français …
Mme Dumas

Arnaud a laissé un message sur le mur de Julien Dupont.
Arnaud fait maintenant partie du groupe: Les fans de Jacques Dutronc.

Salut mon vieux, Quoi de neuf ? As-tu gagné hier soir ?
Gaston

Veux-tu jouer avec mon équipe mercredi ?
Isaac

J'ai suivi ton conseil et j'ai créé un profil électronique !
Bises – Tante Béa
Béatrice

**COMPARISONS:**
**Language Comparisons:** Learners use the language to investigate, explain, and reflect on the nature of language through comparisons of the language studied and their own.

**COMMUNICATION:**
**Interpretive Communication:** Learners understand, interpret, and analyze what is heard, read, or viewed on a variety of topics.

### Amis (369)

### Groupes

L'équipe de Lyon

Les fans du chocolat

Le collège François Truffaut

Les anciens du CE2

Les fans de Daft Punk

Les fans de Jacques Dutronc

**7.**  **ÉCRIRE**

1. Haylie est une élève américaine. Elle vient de Seattle, dans l'État de Washington.
2. Ils sont devenus amis sur Mybook.

### Répondez aux questions suivantes en regardant les pages Mybook ci-dessus et ci-contre.

1. Qui est Haylie? Décrivez-la en trois ou quatre phrases complètes.

2. Qu'est-ce qui s'est passé récemment entre Haylie et Arnaud?

3. Quels sont les intérêts de Haylie et d' Arnaud?

4. Qui a donné l'idée à Haylie d'utiliser le français comme langue principale pour son profil?

5. En quelle saison Haylie est-elle née? Et Arnaud? Fait-il chaud ou froid pour leur anniversaire?

3. Haylie aime le français, la musique moderne, prendre des photos et le ballet. Arnaud aime le foot, la musique moderne, les filles, l'anglais et l'espagnol.

4. Sa professeur de français, Madame Dumas.

5. Haylie est née le 21 janvier et Arnaud est né le 10 octobre. Il fait froid pour l'anniversaire de Haylie, mais un peu moins froid (frais) pour l'anniversaire d'Arnaud.

## POINT**RAPPEL**

**Vous souvenez-vous que les adjectifs doivent s'accorder avec les noms qu'ils qualifient?**

| MASCULIN | FÉMININ |
|---|---|
| américain | américaine |
| beau | belle |
| petit | petite |
| français | française |
| marron | marron* |
| orange | orange* |

*Les adjectifs qui sont aussi des noms sont neutres et ne s'accordent pas.

**SUGGESTION:**
Discuss the fact that the adjectives *marron* and *orange* do not agree with the nouns they modify because they are derived from nouns themselves, meaning chestnut and orange, respectively.

## Mybook

Rechercher 🔍  Haylie | Amis | Accueil

### Amis (493)

### Le Profil de Haylie

#### À propos

| | |
|---|---|
| Nom: | Haylie Anderson |
| Lieu de naissance: | Seattle, Washington |
| Date de naissance: | le 21 janvier |
| Âge: | 16 ans |
| École: | Lycée George Washington |
| Nationalité: | américaine |
| État Civil: | célibataire |
| Cheveux: | longs et châtains |
| Yeux: | marron-verts |
| Taille: | petite |
| Intérêts: | le français, la musique moderne, les photos, le ballet |

**COMMUNICATION:**
**Interpretive Communication:** Learners understand, interpret, and analyze what is heard, read, or viewed on a variety of topics.

#### Mur

Haylie et Arnaud sont devenus amis.

Salut ma nouvelle amie, as-tu déjà visité la France ?
Arnaud

Haylie, tu peux changer la langue de ton profil si tu veux ! As-tu rencontré mon cousin, Arnaud ?
Mme Dumas

Merci, Madame ! Je vais essayer.
Haylie

Haylie a changé sa langue au français.

I am so glad we have French together this year with Mme Dumas !
À demain, mon amie!
Amanda

---

**8.** ✏️ ÉCRIRE  ❓ PARLER

**Répondez aux questions à l'écrit ou à l'oral.** Answers will vary.

1. Quelles sont les qualités que vous avez en commun avec Haylie et/ou Arnaud?

2. Cherchez-vous des amis francophones dans les médias sociaux? Pourquoi ou pourquoi pas?

**COMMUNICATION:**
**Interpersonal Communication:** Learners interact and negotiate meaning in spoken, signed, or written conversations to share information, reactions, feelings, and opinions.

**9.** ✏️ ÉCRIRE

**En utilisant les profils électroniques de Haylie et d'Arnaud comme modèles, créez une page MyBook qui reflète votre personnalité.** Answers will vary.

**COMMUNICATION:**
**Presentational Communication:** Learners present information, concepts, and ideas to inform, explain, persuade, and narrate on a variety of topics using appropriate media and adapting to various audiences of listeners, readers, or viewers.

**SUGGESTION:**
After the students create their MyBook page either in digital format or on paper, they can present it to the class orally. Students may want to use Explorer to share links with other students in the class.

# Leçon 1 | Moi et moi et moi

**» OBJECTIF** **Déterminer sa personnalité**

1. **ÉCRIRE** **PARLER**

**Répondez aux questions suivantes sur votre personnalité à l'écrit ou à l'oral.** Answers will vary.

1. Comment décrivez-vous votre personnalité?
2. Avec quelles personnalités travaillez-vous le mieux? Et le moins bien?
3. Quel genre de profession avez-vous envie de poursuivre? Pourquoi?

**COMMUNICATION:**
**Interpersonal Communication:**
Learners interact and negotiate meaning in spoken, signed, or written conversations to share information, reactions, feelings and opinions.

# À la découverte de qui je suis:
## Les quatre faces d'une personnalité!

En procédant ligne par ligne, cotez chaque mot ou expression de 1 à 4, en fonction de l'importance que vous lui accordez.

1 = le plus important à vos yeux,

4 = le moins important à vos yeux

Additionnez les points dans chaque colonne. Encerclez la note la plus basse. La note la plus basse révèle votre COULEUR PRINCIPALE.

**COMMUNICATION:**
**Interpretive Communication:**
Learners understand, interpret, and analyze what is heard, read, or viewed on a variety of topics.

**SUGGESTION:**
Ask the students to use the personality quiz on page 8 to interview classmates, friends, family or teachers and find out their personality colors. Students may want to predict the outcome beforehand and compare it to the actual result.

| | | Soyons tous copains | | Mettre au point des façons de faire nouvelles et plus logiques | | Vivre le moment présent. À chaque jour suffit sa peine. | |
|---|---|---|---|---|---|---|---|
| Dire aux gens ce qu'ils devraient faire | | Parler et socialiser avec les gens | | Comprendre et analyser les comportements d'autrui (d'autres gens) | | Analyser les comportements d'autrui (d'autres gens) | |
| Épargner, faire un budget | | Donner | | Rendre des comptes | | Dépenser | |
| Mener | | Être en relation | | Planifier | | Explorer | |
| S'organiser | | Être aimé et accepté | | Être correct et compétent | | Se lancer spontanément dans l'action | |
| **TOTAL BRUN** | | **TOTAL BLEU** | | **TOTAL VERT** | | **TOTAL ROUGE** | |

**2.**  **ÉCRIRE**  **PARLER**

**Répondez aux questions suivantes sur votre personnalité à l'écrit ou à l'oral.** Answers will vary.

**1.** Quelle couleur vous définit selon le quiz? Êtes-vous d'accord? Pourquoi ou pourquoi pas?

**2.** Quels sont vos atouts et vos défauts?

**3.** Pouvez-vous deviner la couleur de votre professeur de français? Demandez-lui de vous dire si vous avez raison.

**COMMUNICATION:**
**Interpretive Communication:** Learners understand, interpret, and analyze what is heard, read, or viewed on a variety of topics.

prestige **autorité**
justice la loi et l'ordre
**contrôle**
résultats responsable
**préparé**

**créer** raison imaginatif
intuition
**analyste**
comprendre prudent
**innovateur**
**logique**

**SUGGESTION:**
In pairs or in a large group format, have the students describe in French how the photos of the people shown on page 9 correspond to the attributes of the personality color.

plaisir **spontané**
**risque**
joueur rapide
joyeux à bas les règles
aventure

axé sur les gens tendresse
**bonne entente**
**amical rêve**
**harmonie**
chaleur coeur

**3.**  **LIRE** **?** **PARLER** Answers may vary but may include:

### Discutez des phrases suivantes avec votre groupe. Classez-les par couleur.

J'ai une imagination vive, puissante et créative – qui met du piquant dans mes affirmations. rouge

J'aime écouter et lire entre les lignes les messages que (nommez la personne) m'envoie. vert, rouge

J'aime structurer méthodiquement mes interventions. marron/brun, vert

Je regarde avant de plonger. J'adore envisager de nouvelles possibilités. vert

Je suis « électrique ». Les gens me respectent et me suivent. marron/brun

Je suis le meilleur – un vrai gagnant. marron/brun

Quand je m'y mets, j'obtiens (précisez: de nouveaux membres, une plus grande participation à une activité, un ordre du jour précis, etc.). marron/brun

J'ai toujours l'air gai et je souris à toutes les personnes que je rencontre. bleu

J'aime présenter les gens et les mettre à l'aise. bleu

J'aime vivre pleinement dans le moment présent. rouge

Je surmonte sans difficulté la fatigue, la faim et la douleur durant ma montée vers le sommet. vert

J'oublie les erreurs du passé et je me concentre sur l'avenir. rouge

Je me montre chaleureux (-euse), gentil(le) et courtois(e) avec (nommez la personne). bleu

Je ne considère que le bon côté des choses en véritable optimiste. bleu, rouge

Je partage mes biens et mes compétences avec mes amis. bleu

Je prends le temps d'aider (nommez la ou les personnes) pour le simple plaisir d'être utile. bleu

Je suis une personne positive, heureuse et gaie. rouge

Je tire une grande fierté de mes rapports honnêtes et ouverts avec (nommez la personne). bleu, vert

Les gens ont toujours du plaisir avec moi. bleu

Ma clairvoyance et ma capacité de réflexion m'aident à découvrir de nouvelles façons de faire qui sont bien meilleures. marron/brun, vert

Ce qu'on me confie (précisez: une compétition, les finances, le bulletin, etc.) me procure un sentiment de pouvoir. marron/brun

**4.**  **LIRE**  **PARLER**
Answers will vary.

### Imaginez que vous avez trouve un sac abandonné qui contient un million d'euros. Qu'est-ce que vous en feriez? Votre professeur va vous donner une couleur qui représente votre personnalité. Préparez une réaction qui correspond à cette couleur et présentez-la à la classe.

**5.**  **ÉCRIRE** Answers will vary.

### Choisissez un super-héros et expliquez quelle couleur de personnalité lui correspond. Expliquez pourquoi en utilisant du vocabulaire et des phrases venant des activités précédentes.

**6.**  **LIRE**  **ÉCRIRE**

### Réfléchissez en utilisant trois nouveaux mots ou nouvelles phrases (au minimum) des activités précédentes.

1. Comment vos résultats influencent-ils votre choix d'un futur métier?

2. Comment vos résultats influencent-ils votre choix d'un futur époux ou d'une future épouse?

3. Selon vos résultats, avec quels camarades de classe devriez-vous travailler? Pourquoi?

1. Answers will vary, but may resemble: Puisque je suis très organisé(e) et j'aime bien travailler avec les chiffres, je devrais choisir un métier dans les affaires ou dans une banque.
2. Answers will vary.
3. Answers will vary.

**COMMUNICATION: Interpretive Communication:** Learners understand, interpret, and analyze what is heard, read, or viewed on a variety of topics.

**COMMUNICATION: Presentational Communication:** Learners present information, concepts and ideas to inform, persuade, and narrate on a variety of topics using appropriate media and adapting to various audiences of listeners, readers, or viewers.

**COMMUNICATION: Interpersonal Communication:** Learners interact and negotiate meaning in spoken, signed, or written conversations to share information, reactions, feelings, and opinions.

**COMMUNICATION:**
**Interpretive Communication:** Learners understand, interpret and analyze what is heard, read, or viewed on a variety of topics.

Moi et moi et moi | Leçon **1**

**SUGGESTION:**
Ask the students to discuss the point raised in the Point Culture as to why it may be surprising for U.S. Americans to see a birthdate and photo on a CV.

## » OBJECTIF  *Se présenter de manière professionnelle*

1.  **LIRE**  **ÉCRIRE**

**Répondez aux questions suivantes d'après votre expérience.**

1. Quel genre d'informations doit-on inclure dans un curriculum vitae (CV)?

2. Y a-t-il plusieurs genres de CV? Quels sont-ils?

3. Quelles difficultés les jeunes étudiants rencontrent-ils quand ils créent leur CV?

2.  **LIRE**  **ÉCRIRE**

**Répondez aux questions d'après le CV d'Arnaud (ci-contre).**

1. Quelle est l'année de naissance d'Arnaud?

2. A-t-il déjà travaillé? Dans quels domaines?

3. Quels sont ses centres d'intérêts?

4. À votre avis, quel est l'atout le plus impressionnant d'Arnaud?

5. Arnaud est-il plutôt artiste ou plutôt sportif? Expliquez votre réponse.

3.  **ÉCOUTER**  **ÉCRIRE**

**Écoutez et écrivez les numéros de téléphone.**

1. 04 40 74 31 29
2. 01 42 71 57 50
3. 06 27 50 61 52
4. 02 38 75 01 59
5. 06 24 22 93 78

4.  **ÉCOUTER**  **ÉCRIRE**

**Écoutez les messages et écrivez-les.**

### Arnaud MONET

1. sa formation, ses compétences, ses expériences professionnelles et ses centres d'intérêt

2. Oui, il y a plusieurs genres de CV, dépendant de l'objectif de la personne. Il y a la version longue où l'on met toutes les activités professionnelles de la vie et il y a la version courte (comme celle d'Arnaud) qui reste générale et fait une page.

3. Les étudiants ont souvent moins d'expériences professionnelles et n'ont peut-être jamais réfléchi à leurs compétences.

**Tél:** 04 72 04 06 27 85

**Mail:** amonet@email.fr
jmlefoot@apprenons.fr

1. 1998
2. Oui, il a travaillé comme caissier et déménageur.
3. le scoutisme, le foot, le tennis et la guitare (classique et électrique)
4. Answers will vary.
5. Il est plutôt sportif. Il a choisi jmlefoot pour son adresse mail, il aime le foot et le tennis et il a travaillé comme déménageur.

**FORMATION**

| | |
|---|---|
| Étudiant en 3ème au | Collège François Truffaut<br>4, Place Lieutenant Morel<br>69001 LYON<br>04 72 98 01 60 |

**COMPÉTENCES CLÉS**

Informatique
· Maîtrise des logiciels Word, Excel et PowerPoint
· Bloggeur et utilisateur de plusieurs réseaux sociaux

Connaissances linguistiques
· Anglais:  Lu+++, écrit++, parlé++
· Allemand:  Connaissances de base

**EXPÉRIENCES PROFESSIONNELLES**

| Juillet 2011: | Caissier | Quick<br>367 Avenue Garibaldi<br>69007 LYON |
|---|---|---|
| Août 2011: | Déménageur | Déménagements Monet<br>29 cours Bayard<br>69002 LYON<br>04 78 37 25 80 |

**CENTRES D'INTÉRÊTS**

Scoutisme
Sports (football et tennis)
Musique (guitare classique et électrique)

**CULTURES:**
**Relating Cultural Products to Perspectives:** Learners use the language to investigate, explain, and reflect on the relationship between products and perspectives of the cultures studied.

## POINT**CULTURE**

Comme on peut le constater en regardant le CV d'Arnaud, il y a plusieurs différences entre les éléments requis dans les CV français et CV américains.

Les deux éléments les plus «surprenants» d'un point de vue américain sont sans doute la présence d'une photo d'identité ainsi que celle de la date de naissance complète du candidat sur les CV français; deux éléments qui ne sont presque jamais soumis aux États-Unis.

**AUDIOSCRIPT:**
The audioscript for each listening activity is supplied in Appendix F of this Teacher's Edition and online in Explorer.

| Nom | Numéro de téléphone | Message |
|---|---|---|
| Viviane Leroux | 06 75 25 39 88 | Elle pense avoir oublié ses clés chez Arnaud. |
| Amandine Demonfaucon | 06 09 34 30 81 | Elle aimerait bien voir le prochain match de foot dans lequel Arnaud joue. |
| Noémie Colbère | 09 52 92 61 77 | Elle aimerait qu'Arnaud l'aide à créer un document sur Excel. |

5.  **ÉCRIRE**  Answers will vary.

**En utilisant le CV d'Arnaud comme modèle, créez un CV pour une personne imaginaire ou pour vous-même.**

## POINT**RAPPEL**

**COMMUNICATION:**
**Presentational Communication:** Learners present information, concepts, and ideas to inform, explain, persuade, and narrate on a variety of topics using appropriate media and adapting to various audiences of listeners, readers, or viewers.

ro de téléphone en français?

1 43 12 22 22 (zero un, quarante-trois, le réviser vos chiffres de 0 à 99!

**6.**  **LIRE**

**Lisez l'affiche ci-contre et répondez aux questions suivantes.** See page 13.

1. De quoi s'agit-il sur l'affiche?

2. Pour quelle audience?

3. Qu'est-ce qu'il faut faire selon l'affiche?

**7.**  **ÉCOUTER** ✏ **ÉCRIRE** See page 13.

**Écoutez l'extrait audio en lisant le texte ci-dessous, puis répondez aux questions.**

1. Quel est le pays d'origine d'Oudry et où habite-t-il maintenant?

2. Décrivez la famille d'Oudry.

3. Pourquoi Oudry veut-il participer à la téléréalité?

**8.**  **LIRE** ✏ **ÉCRIRE**

**Identifiez les temps suivants dans les passages ci-dessous et ci-contre.** See page 13.

1. le passé composé

2. l'imparfait

3. le futur proche

4. le présent

**9.** ✏ **ÉCRIRE**

**Vous voulez envoyer une vidéo d'audition pour une émission télé-réalité. Expliquez qui vous êtes, où vous êtes né(e), ce que vous voulez faire dans l'avenir, et pourquoi vous voulez y participer.** Answers will vary.

 Je m'appelle Oudry et je suis né à Kinshasa donc, je viens de la République démocratique du Congo. En 1998, quand j'étais très jeune, il y avait une guerre terrible dans mon pays, et mon père est décédé. Nous sommes immédiatement partis. Actuellement, j'habite en Suisse avec mes cousins, ma tante et ma mère. J'ai dix-sept ans et j'adore la télé-réalité. Chez moi, nous la regardons tous les soirs, et je préfère les émissions dingues des États-Unis. Je ne suis pas du tout comme eux, je suis un étudiant dévoué et j'aime vivre pleinement le moment présent. J'ai une imagination vive, puissante et créative. Je veux participer à cette émission de télévision réalitée pour avoir un nouvel << événement important >> dans ma vie. Quand j'ai perdu mon père, je pensais que ma vie ne serait jamais la même. Maintenant, j'ai la chance de le rendre fier de moi en représentant notre famille face au monde entier. Je suis votre candidat idéal.

**COMMUNICATION:**
**Interpretive Communication:** Learners understand, interpret, and analyze what is heard, read, or viewed on a variety of topics.

**COMMUNICATION:**
**Presentational Communication:** Learners present information, concepts, and ideas to inform, explain, persuade, and narrate on a variety of topics using appropriate media and adapting to various audiences of listeners, readers, or viewers.

**SUGGESTION:**
The above reading relates to the theme/context of *Les défis mondiaux - La paix et la guerre*. It could be used as the basis for a discussion on this topic.

# TÉLÉ RÉALITÉ

Ville: Lille

## TV9 cherche des étudiant(e)s de 15 à 18 ans qui veulent étudier en France et participer à une télé-réalité en même temps!

Étudiez-vous au lycée?
Êtes-vous parent d'un adolescent qui voudrait étudier à l'étranger?
Voulez-vous devenir célèbre?

Quelle que soit la situation, si vous voulez étudier en France, nous voulons vous connaitre! C'est l'occasion de partager votre histoire unique avec le monde!

Si vous ou quelqu'un que vous connaissez a une personnalité chouette et une bonne histoire, envoyez-nous VOTRE VIDÉO TOUT DE SUITE (via email)! Soyez certain d'inclure qui vous êtes, votre histoire personnelle, ce que vous voulez faire à l'avenir, ainsi qu'une brève description des raisons pour lesquelles vous voulez participer. Vous allez devenir célèbre!

**6.** 1. C'est une publicité pour une émission téléréalité.
2. L'affiche s'adresse à ceux qui aimeraient y participer.
3. Envoyer une vidéo avec les informations suivantes: qui vous êtes, ce que vous voulez faire dans l'avenir et une description qui explique pourquoi vous avez envie d'y participer.

**7.** 1. Oudry vient de la République démocratique du Congo. Maintenant il habite en Suisse.
2. Il a une mère, une tante et des cousins. Son père est décédé pendant une guerre dans son pays.
3. Il a envie d'y participer car il veut bien représenter sa famille.

**8.** 1. le passé composé (underlined in text on page 12): je suis né, mon père est décédé, nous sommes partis, j'ai perdu
2. l'imparfait (circled in text on page 12): j'étais, il y avait, je pensais
3. le futur proche (marked in squares in text on page 13): vous allez devenir
4. le présent (double underlined) (in text on page 12): je m'appelle, je viens, j'habite, j'ai, nous regardons, je préfère, je suis, j'aime, j'ai, je veux (in text on page 13): TV9 cherche, qui veulent, étudiez-vous, êtes-vous, voulez-vous, vous voulez, nous voulons, vous connaissez, vous êtes

**COMMUNICATION:**
**Interpretive Communication:** Learners understand, interpret, and analyze what is heard, read, or viewed on a variety of topics.

**EXPLORER:**
For additional exercises, AP® practice tasks, discussion forums, and external links, go to *APprenons* Explorer at **learningsite. waysidepublishing.com**

## POINT**RAPPEL**

| Le temps | Le passé composé | L'imparfait | Le futur proche |
|---|---|---|---|
| **La structure** | VA + PP (verbe auxiliaire + participe passé) VA = avoir ou être | nous – *ons* + terminaison les terminaisons: ais / ions ; ais / iez ; ait / aient | aller + l'infinitif |
| **Les irrégularités** | Quels sont les verbes qui prennent le verbe être? | Quel est le seul verbe irrégulier? | – |
| **L'emploi** | un changement/une action complète | une action qui dure/une description | une action qui va arriver |
| **L'exemple** | Nous **sommes partis**. | Quand j'**étais** jeune … | Je **vais être** |

**LIRE**

The following text is accompanied by a number of questions. For each question, choose the response that is best according to the selection.

La sélection suivante est accompagnée de plusieurs questions. Pour chaque question, choisissez la meilleure réponse selon la sélection.

**THEME/CONTEXT:**
La vie contemporaine - Les loisirs et le sport
**SECONDARY THEME/CONTEXT:**
La vie contemporaine - Le monde du travail

### Introduction:

La sélection suivante est un extrait d'une biographie d'un jeune parisien avec un emploi très intéressant. Sa biographie a été publiée sur http://www.reussirmavie.net/Laurent-Jamet-realisateur-il-filme-l-emotion-des-sports-extremes_a1072.html.
© réussirmavie.net

# Laurent Jamet, réalisateur: il filme l'émotion des extrêmes

**Il vient de recevoir le prix du «meilleur réalisateur espoir» au festival de films de freeride de Saint-Lary pour son documentaire sur les skieurs professionnels, «Invincibles».**

*Ligne*

5

**A 25 ans, Laurent Jamet tente de transformer sa passion du cinéma et des sports extrêmes en aventure professionnelle. Portrait.**

Pas facile d'attraper cet oiseau voyageur qui, en quelques semaines, passe du Canada à la Slovénie puis s'envole à nouveau vers l'Argentine. Au départ, Laurent n'était pourtant

10 qu'un lycéen parisien passionné de cinéma et de ski. Mais là où d'autres se contentent de rêver, lui fonce et rentre dans une école de cinéma en trois ans, l'Ecole supérieure de réalisation audiovisuelle (Esra). Cursus qu'il interrompt au bout de deux ans pour partir en Australie. «J'étouffais à Paris, alors je suis

15 parti là-bas pour apprendre à surfer», raconte Laurent, fan de glisse, de sport et d'émotions fortes. «Je suis resté huit mois au même endroit pour surfer tous les jours entre des jobs dans un zoo et dans un restaurant».

Seul problème... le ski lui manque, alors l'oiseau migrateur

20 s'envole à nouveau pour la Nouvelle-Zélande, où il rejoint les skieurs venus chercher la neige **durant** l'été de l'hémisphère nord. «Là-bas, j'ai vite fait connaissance de la petite communauté de skieurs professionnels, et j'ai gagné leur confiance. C'est là que j'ai connu tous ceux avec qui je travaille aujourd'hui!».

### Quand la passion du ski vous redonne le goût de vivre

25 Scène 3, le jeune réalisateur rentre à Paris. Car s'il aime l'aventure, il est persévérant et veut concrétiser son rêve de faire du cinéma. Il termine donc son école, obtient son diplôme, et commence à tourner de petits films de ski avec les moyens du bord. L'une de

30 ses premières réalisations est une vidéo promotionnelle pour une marque de vêtements lancée par un ami. «C'était 35 minutes de ski freestyle, et cela m'a fait connaître dans le milieu du ski, raconte Laurent Jamet. Une première carte de visite même si ça ne m'a pas rapporté un **sou**!»

35 «Puis j'ai rassemblé tous mes amis de freestyle, et leur ai proposé de faire un documentaire sur la vie des skieurs professionnels. Je sortais à l'époque d'une rupture amoureuse et ma passion pour

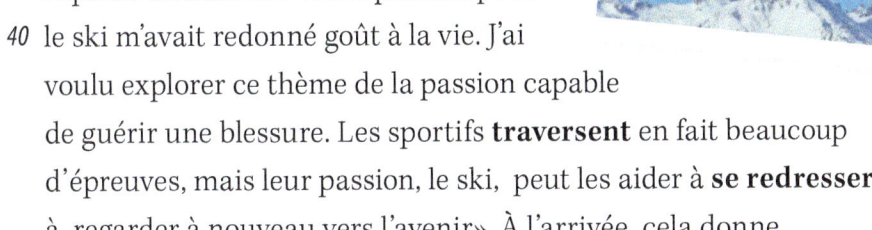

40 le ski m'avait redonné goût à la vie. J'ai voulu explorer ce thème de la passion capable de guérir une blessure. Les sportifs **traversent** en fait beaucoup d'épreuves, mais leur passion, le ski, peut les aider à **se redresser**, à regarder à nouveau vers l'avenir». À l'arrivée, cela donne

45 «Invincibles», un documentaire d'1 heure 7 minutes, qui mêle images de ski, émotions et témoignages de skieurs professionnels.

### Meilleur réalisateur espoir à Saint-Lary Soulan

Reste à le présenter. Fin 2010, Laurent fait tous les festivals de films de sports extrêmes et de montagne. Après un échec à Montréal («le

50 public était anglophone et le film en français»), il est applaudi à Annecy, en Argentine, en Slovénie, et décroche le prix du meilleur réalisateur espoir à Saint-Lary. Sans compter une diffusion en boucle la nuit du 31 décembre sur la chaîne Equipe TV.

«Invincibles est un vrai succès auprès du public, reconnaît son

55 réalisateur, et cela m'a redonné du courage après tous les déboires du tournage du film et le mauvais accueil à Montréal».

---

1. **Laurent Jamet est parisien. Que dit-il à ce sujet?**
   a. Paris est la plus belle ville du monde.
   b. Il vient de Paris, mais il avait vraiment envie de quitter la ville.
   c. Il ne se déplace pas beaucoup en dehors de sa ville.
   d. Il n'y a que des soirées à Paris.

2. **Quel adjectif décrit le mieux ce jeune réalisateur?**
   a. passionné
   b. sérieux
   c. stable
   d. économe

3. **Pourquoi peut-on appeler Laurent un oiseau migrateur?**
   a. Il a travaillé dans un zoo.
   b. Il a étudié les oiseaux migrateurs à l'École supérieure.
   c. Il est attiré par les voyages à l'étranger.
   d. Il voit des oiseaux en faisant du ski.

4. **Dans son film «Invincibles», de quoi s'agit-il?**
   a. des super-héros
   b. de l'accueil à Montréal
   c. d'une marque de vêtements
   d. des histoires racontées par des skieurs

5. **La première fois qu'il a fait un film, quel a été le résultat?**
   a. Cela ne lui a pas rapporté d'argent.
   b. Le public n'a pas apprécié son film.
   c. Il a été licencié.
   d. Il s'est décidé à faire seulement des films anglophones.

LIRE  ÉCOUTER

You will read a passage and listen to an audio selection. For the reading selection, you will have a designated amount of time to read it. For the audio selection, first you will have a designated amount of time to read a preview of the selection as well as to skim the questions that you will be asked. The selection will be played twice. After listening to the selection the first time, you will have 1 minute to begin answering the questions; after listening to the selection the second time, you will have 15 seconds per question to finish answering the questions. For each question, choose the response that is best according to the audio and/or reading selection and mark your answer on your answer sheet.

Vous allez lire un passage et écouter une sélection audio. Pour la lecture, vous aurez un temps déterminé pour la lire. Pour la sélection audio, vous aurez d'abord un temps déterminé pour lire une introduction et pour parcourir les questions qui vous seront posées. La sélection sera présentée deux fois. Après avoir écouté la sélection une première fois, vous aurez 1 minute pour commencer à répondre aux questions; après avoir écouté la sélection une deuxième fois, vous aurez 15 secondes par question pour finir de répondre aux questions. Pour chaque question, choisissez la meilleure réponse selon la sélection audio ou la lecture et indiquez votre réponse sur votre feuille de réponse.

**THEME/CONTEXT:**
La quête de soi - Le nationalisme et le patriotisme
**SECONDARY THEME/CONTEXT:**
La quête de soi - Les croyances et les systèmes de valeurs

## SOURCE 1:

### Introduction:

**La sélection suivante est un extrait du document L'Identité Manifeste et parle de l'identité québécoise. Le document date de 2009 et vient du site: http://identitequebecoise.org/L-Identite-Manifeste.html.**
© Identitéquébecoise.org

# L'Identité manifeste

Nous sommes en présence d'une identité manifeste (manifeste: caractère de ce qui ne peut être nié), une identité forte de ses 400 ans d'histoire, une identité qui, somme toute, «ne sait pas mourir».

Ligne

5   Grand et vaste fleuve propre à porter nos projets, l'identité québécoise ne s'est pas formée par la volonté du Saint-Esprit. De toutes les rivières qui **l'alimentent**, ne nommons que les plus évidentes: **autochtones**, françaises, anglaises, canadiennes, irlandaises, écossaises, italiennes, juives et autres sources plus
10   récentes.

**Est-ce à dire que tout est fixé d'avance? Au contraire!**

Les commentateurs de notre histoire ont vu en Jeanne Mance une pieuse colonisatrice. Ils ont ensuite vanté les mérites du corsaire impitoyable qu'était Pierre d'Iberville. Ils ont plus
15   tard fait le portrait d'un peuple à la courte vue, replié dans son quant-à-soi, avec des personnages tels que Séraphin Poudrier.

De Canayens à Canadiens à French Canadian à Canadiens français à Québécois . . .

### Que de changements d'attitudes!

20 L'identité collective telle que nous la concevons est un système de références en continuel redéploiement, un système qui demande, à chaque génération, une réactualisation de sa dialectique.

Notion complexe d'entre toutes, l'identité n'est pas pour nous une liste d'épicerie ni le top cinq de nos naufrages appréhendés. Pas plus qu'il ne

25 saurait être question de répéter le mantra habituel: à savoir que nous sommes francophones, **laïques**, pacifiques, que sais-je… Notre vision se déploie en apnée, dans les zones troubles de la conscience humaine. Notre vision se déploie en altitude, portée par nos déraisons communes.

Pour nous, l'identité québécoise **s'incarne** à travers toutes les manifestations culturelles

30 de la nation, qu'elles soient grandes ou petites, banales ou extraordinaires. Dans nos fiertés comme dans nos travers, par la bouche de Céline ou de Mailloux, de Lepage ou de Mara. Par le geste habile du **flécheur**. Par le **poing** pesant de la boulangère.

Un pays se réinvente à chaque dégénération, par le labeur de ses habitants. Le récit de nos origines reste encore et toujours à préciser, notre culture, à parfaire. Il n'y a pourtant

35 pas une seconde à perdre… Nos projets d'avenir, nombreux sur le tarmac, ne demandent qu'à décoller. Quels thèmes choisir? Environnement, **réussite** individuelle, justice sociale, indépendance… Quels désirs embraser!

À une autre époque, alors qu'il s'adressait aux gens de sa propre génération, Victor-Lévy Beaulieu posa le choix **crûment**:

40 «L'écrivain québécois actuel a deux choix: ou il tourne carrément le dos au passé et s'invente totalement un présent, donc un futur, ou il croit suffisamment aux choses qu'il y a derrière lui, s'y plonge, les assimile, leur donne un sens nouveau, celui d'une oeuvre qu'il bâtit en fonction du nouvel univers qu'il voudrait voir s'établir ici.» [1]

45 **De ces deux voies, nous empruntons la seconde.**
Auteur: Philippe Jean Poirier; cosignataires: Simon Beaudry, Mathieu Gauthier-Pilote, Alexandre Faustino.

[1] Extrait tiré du Devoir, 13 janvier 1973.

http://identitequebecoise.org/L-Identite-Manifeste.html - forum

**LIRE**  **ÉCOUTER**

## SOURCE 2: SÉLECTION AUDIO

**AUDIOSCRIPT:**
The audioscript for each listening activity is supplied in Appendix F of this Teacher's Edition and online in Explorer.

**Vocabulaire**
à l'heure actuelle
orphelin(e)

## Introduction

Dans la sélection audio il s'agit de l'identité québécoise. Bertrand, un québécois, se fait interviewer par une Américaine sur sa vie au Québec. L'interview date de 2012. © Brittany Waack

1. **D'après l'extrait écrit, de quoi les Québécois du 21e siècle, sont-ils les plus fiers?**

   a. d'être canadiens

   b. de leurs grands auteurs et artisans

   c. de leurs épiceries où l'on vend des spécialités québécoises

   d. de leur capacité de se souvenir du passé tout en se réinventant pour l'avenir

2. **Quel est le sujet principal de la sélection audio?**

   a. le sport national du Québec

   b. le ski nordique

   c. l'école

   d. la musique

3. **Quel est l'objectif de la sélection écrite?**

   a. argumenter

   b. convaincre d'autres gens de venir vivre au Québec

   c. s'exprimer au sujet de la québécitude

   d. attaquer les adversaires

4. **Selon le passage, l'identité québécoise provient:**

   a. des gens de nombreuses origines.

   b. du Saint-Esprit.

   c. d'un fleuve.

   d. de l'alimentation.

5. **Parmi tous ceux qui ont peuplé le Québec, lequel de ces groupes était-il non-anglophone et non-francophone à l'origine selon l'extrait écrit?**

   a. les colonisateurs

   b. les autochtones

   c. les écossais

   d. les irlandais

6. **Pourquoi Bertrand se considère-t-il un orphelin?**

   a. Il travaille avec des enfants.

   b. Il n'a pas d'enfants.

   c. Il n'a plus ses parents.

   d. Son équipe de hockey a déménagé.

QUEBEC CITY

## » Interpretive Communication: AUDIO TEXT

**AUDIOSCRIPT:**
The audioscript for each listening activity is supplied in Appendix F of this Teacher's Edition and online in Explorer.

**Vocabulaire**

à notre insu
chaleureux
être humain

 **ÉCOUTER**

## Introduction:

Dans cette sélection il s'agit de l'identité citadine, c'est à dire celle de l'individu en tant qu'habitant d'une grande ville. Vous entendrez des commentaires d'une Canadienne francophone, Maude Boyer, qui habite à Casablanca au Maroc, une ville de 5 millions d'habitants qui est différente de sa ville d'origine en Amérique du Nord. © Elizabeth Rench

1. **Quand Madame Boyer se sent-elle gênée?**

   a. lorsqu'elle va à la bibliothèque publique

   b. lorsqu'il fait nuit

   c. lorsqu'elle klaxonne pendant qu'elle conduit

   d. lorsqu'elle traverse la rue

2. **Madame Boyer emploie l'expression «à nos risques et périls». Que veut dire cette expression?**

   a. L'activité est dangereuse.

   b. L'activité n'est pas dangereuse.

   c. L'activité pose un risque.

   d. L'activité est sûre.

3. **Qu'a dit Madame Boyer sur son système de valeurs?**

   a. Ça se fait facilement.

   b. Son système de valeurs n'est pas rationnel.

   c. On ne se rend pas compte si ça évolue.

   d. Elle cherche des aventures.

4. **Quel est le but de cet extrait audio?**

   a. faire rire

   b. convaincre

   c. informer

   d. faire pleurer

5. **D'après Madame Boyer, les Marocains parlent la même langue qu'elle, mais . . .**

   a. ils ne réfléchissent pas de la même façon.

   b. ils sont plus rationnels.

   c. ils sont plus aventureux.

   d. ils ont l'air plus heureux.

You will listen to an audio selection. First you will have a designated amount of time to read a preview of the selection as well as to skim the questions that you will be asked. The selection will be played twice. After listening to the selection the first time, you will have 1 minute to begin answering the questions; after listening to the selection a second time, you will have 15 seconds per question to finish answering the questions. For each question, choose the response that is best according to the audio selection and mark your answer on your answer sheet.

Vous allez écouter une sélection audio. Vous aurez d'abord un temps déterminé pour lire l'introduction et pour parcourir les questions qui vous seront posées. La sélection sera présentée deux fois. Après avoir écouté la sélection une première fois, vous aurez 1 minute pour commencer à répondre aux questions; après avoir écouté la sélection une deuxième fois, vous aurez 15 secondes par question pour finir de répondre aux questions. Pour chaque question, choisissez la meilleure réponse selon la sélection audio et indiquez votre réponse sur la feuille de réponse.

**THEME/CONTEXT:**
La quête de soi - Le pluriculturalisme
**SECONDARY THEME/CONTEXT:**
La quête de soi - L'identité linguistique

**SCORING GUIDELINES:**
See the scoring guidelines proposed by The College Board for the AP® French Language and Culture Exam for the Interpersonal Writing: E-mail Reply, the Presentational Writing: Argumentative Essay, the Interpersonal Speaking: Conversation, and the Presentational Speaking: Cultural Comparison exercises.

## » Interpersonal Writing: E-MAIL REPLY

 LIRE  ÉCRIRE

You will write a reply to an e-mail message. You have 15 minutes to read the message and write your reply. Your reply should include a greeting and a closing and should respond to all the questions and requests in the message. In your reply, you should also ask for more details about something mentioned in the message. Also, you should use a formal form of address.

Vous allez écrire une réponse à un message électronique. Vous aurez 15 minutes pour lire le message et écrire votre réponse. Votre réponse devrait débuter par une salutation et terminer par une formule de politesse. Vous devriez répondre à toutes les questions et demandes du message. Dans votre réponse, vous devriez demander des détails à propos de quelque chose mentionnée dans le texte. Vous devriez également utiliser un registre de langue soutenue.

### Introduction:

Voici un message de la part de Monsieur Pierre Schartz, directeur du Centre d'Études Internationales. Ce centre a pour but de mettre en contact certaines universités francophones avec des étudiants américains. Il vous écrit pour vous informer de deux universités intéressées par votre candidature pour étudier un semestre à l'étranger.

De: pschartz@cee.fr
Objet: semestre à l'étranger
A: pmarechal@monmail.fr
Date: 19-04-2013

Cher/Chère étudiant(e),

C'est avec grand plaisir que je vous écris pour vous informer que votre candidature a été retenue par

*Ligne*

deux de nos universités-partenaires, l'une au Maroc et

5 l'autre en Suisse. Pour poursuivre cette candidature, il est nécessaire que vous nous **fournissiez** certains

**THEME/CONTEXT:**
La vie contemporaine - L'éducation et l'enseignement

**SECONDARY THEME/CONTEXT:**
La vie contemporaine - Les voyages

renseignements supplémentaires afin que nous puissions établir lequel de ces deux établissements sera le plus compatible avec
10 vos attentes et vos objectifs.

Veuillez nous **faire parvenir** par courrier électronique une lettre détaillant les points suivants:

- les traits les plus marquants de votre personnalité

15  - votre expérience antérieure à l'étranger

- les raisons pour lesquelles vous désirez passer un semestre à l'étranger

- vos objectifs éducatifs pour le semestre à l'étranger

- votre objectif professionnel après vos études

20  - tout autre aspect de votre personnalité, de vos expériences ou de vos objectifs sur lequel vous aimeriez élaborer **davantage**

Lorsque nous aurons reçu votre réponse, nous la transmettrons aux deux universités en question, au Maroc et en Suisse. Une fois la décision prise par les universités, nous vous informerons du
25 résultat.

En attendant votre réponse, je vous prie d'agréer l'expression de mes sentiments les meilleurs.

Pierre Schartz
Directeur
Centre d'Études Internationales

**COMMUNITIES:**
**School and Global Communities:** Learners use the language both within and beyond the classroom to interact and collaborate in their community and the globalized world.

» Presentational Writing: ARGUMENTATIVE ESSAY

 LIRE  ÉCOUTER

 ÉCRIRE

You will write an argumentative essay to submit to a French writing contest. The essay topic is based on three accompanying sources, which present different viewpoints on the topic and include both print and audio material. First, you will have 6 minutes to read the essay topic and the printed material. Afterward, you will hear the audio material twice; you should take notes while you listen. Then, you will have 40 minutes to prepare and write your essay. In your argumentative essay, you should present the sources' different viewpoints on the topic and also clearly indicate your own viewpoint and defend it thoroughly. Use information from all of the sources to support your essay. As you refer to the sources, identify them appropriately. Also, organize your essay into clear paragraphs.

Vous allez écrire un essai argumentatif pour un concours d'écriture de langue française. Le sujet de l'essai est basé sur trois sources ci-jointes, qui présentent des points de vue différents sur le sujet et qui comprennent à la fois du matériel audio et imprimé. Vous aurez d'abord 6 minutes pour lire le sujet de l'essai et le matériel imprimé. Ensuite, vous écouterez l'audio deux fois; vous devriez prendre des notes pendant que vous écoutez. Enfin, vous aurez 40 minutes pour préparer et écrire votre essai. Dans votre essai, vous devriez présenter les points de vue différents des sources sur le sujet et aussi indiquer clairement votre propre point de vue que vous défendrez à fond. Utilisez les renseignements fournis par toutes les sources pour soutenir votre essai. Quand vous ferez référence aux sources, identifiez-les de façon appropriée. Organisez aussi votre essai en paragraphes bien distincts.

THEME/CONTEXT:
La quête de soi - L'identité linguistique
SECONDARY THEME/CONTEXT:
La quête de soi - Le pluriculturalisme

**SUJET DE LA COMPOSITION:**

Les anglicismes représentent-ils une menace pour la langue française?

**SOURCE 1:**

## Introduction:

La sélection suivante parle du franglais, c'est-à-dire de l'anglais qu'on mélange au français. C'est un extrait du blog sur www.frenchinlondon.com. © Jean-Rémi Baudot

## Sommes-nous tous devenus franglais?

**avril 24th, 2009**

À quelques semaines de mon retour définitif en France, il y a un mea culpa qui s'impose. Longtemps, je me suis gentiment moqué des Français qui passaient leur temps à mélanger le français et l'anglais pour vomir une espèce de langage personnel aux teintes de yaourt. Je réalise aujourd'hui qu'on y vient tous plus ou moins.

Il me semble que c'est difficile à envisager tant qu'on n'a pas vécu à l'étranger un bon moment. Mais à être baigné 24h/24 dans une langue et une autre culture, on en vient à penser dans la langue, à rêver dans la langue ... Et les conversations du quotidien faites de «anyway ... you know ... sure thing ... let's meet ASAP ... » s'infiltrent rapidement dans la langue d'origine. Selon moi, il ne faut pas excuser ce langage **vicié** parfois insupportable mais on peut essayer de comprendre son origine.

Le franglais comme signe d'acculturation? Alors, d'où vient cette propension à parler une troisième langue? La facilité? La **paresse**? Le style? Peut-être un peu des trois. Mais surtout, l'habitude. À parler anglais toute la journée, on en vient à avoir des mots anglais plus facilement en tête. Ça vient souvent plus vite, allez comprendre. Cela permet aussi de s'épargner le besoin de chercher le vocabulaire dans sa propre langue maternelle.

Les linguistes et sociologues pourront me contredire mais il me semble que c'est un signe d'une certaine acculturation (quand

*Ligne 5*
*10*
*15*
*20*
*25*

le contact entre deux cultures entraîne des modifications dans les modèles culturels initiaux de l'un des deux groupes). Peut-être même est-ce le signe d'un début d'intégration? D'assimilation?

Le drame est selon moi quand on **franchit** la limite du raisonnable. Vous
30 en connaissez tous, j'en suis sûr, des gens hyper cools qui parlent comme ça: «tu comprends, you know, this is just l'histoire d'un business qui a marché. A guy who actually a réussi. C'est ça qui est fantastic in the UK. You come and *bam*, tu fais ton business!» . . . Et je caricature à peine.

Faut-il avoir peur du **mimétisme** culturel . . . Certains puristes verront
35 derrière cette tendance l'illustration d'un impérialisme linguistique de l'anglais sur les autres langues et singulièrement le français. Je ne suis pas un fervent défenseur d'une langue française figée qui ne devrait plus évoluer. Je ne crois pas non plus tellement dans les traductions souvent ridicules des expressions anglaises (podcast ou baladodiffusion?) mais
40 sommes-nous encore capables de nous exprimer correctement?

Qui parmi les Français de Londres sait comment on appelle un shift en français? Un planning horaire? Qui sait encore que *casual* peut souvent être remplacé par décontracté? Je sais bien que c'est plus cool de parler à moitié en anglais, une pinte à la main mais c'est comme si, à l'usage, en
45 dans un élan de paresse intellectuelle, on perdait notre vocabulaire!

Je me souviens de ce prof à la fac qui m'avait **interpellé** sur le langage texto (que sincèrement j'ai du mal à comprendre). Il me disait que, selon lui, qu'importe qu'on puisse déformer/détruire le langage. L'important était que l'on puisse continuer à communiquer.

50 La forme est-elle plus importante que le fond? Faut-il dramatiser? Quand mes **potes** marocains parlent un français où un mot sur 4 est de l'arabe (ou l'inverse), est-ce qu'ils se prennent des réflexions oh, comme tu te la pètes?!!! Bref, let me know ce que ça vous inspire!

**SOURCE 2:**

## Introduction:

Dans cette sélection il s'agit de l'auto-évaluation des Français à travers plusieurs tranches d'âges concernant leur niveau de connaissance de la meilleure langue étrangère. Les statistiques ont été tirées du site Eurostat: ec.europa.eu/eurostat et datent de l'année 2007. Le pourcentage de personnes qui ont répondu entre *bon* et *aucun* ne paraît pas sur le document. © Eurostat

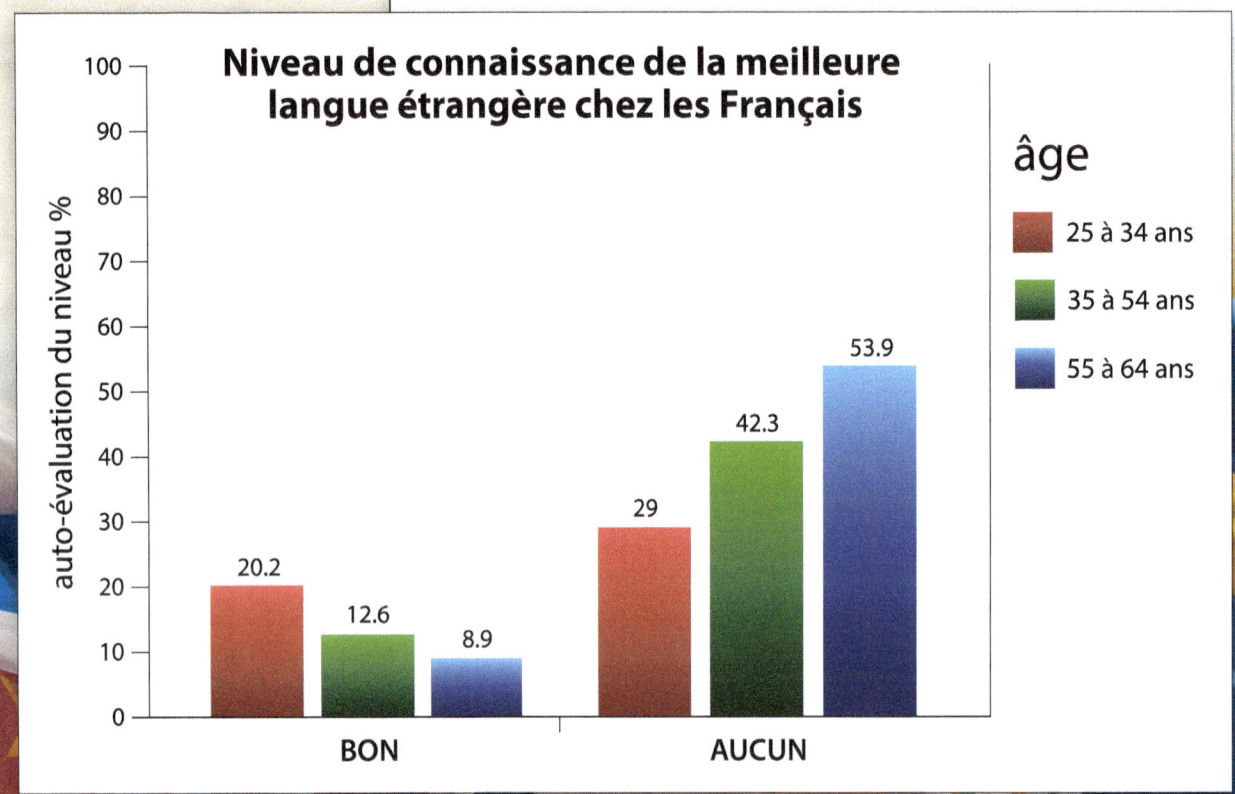

**CULTURES:**
**Relating Cultural Practices to Perspectives:** Learners use the language to investigate, explain, and reflect on the relationship between the practices and perspectives of the cultures studied.

**CONNECTIONS:**
**Acquiring Information and Diverse Perspectives:** Learners access and evaluate information and diverse perspectives that are available through the language and its cultures.

## SOURCE 3:
## SÉLECTION AUDIO

**AUDIOSCRIPT:**
The audioscript for each listening activity is supplied in Appendix F of this Teacher's Edition and online in Explorer.

### Introduction:

Dans cette sélection audio il s'agit des anglicismes introduits dans la langue française au Québec. Le passage s'appelle *Le franglais* et vient du blog http://laurierdorion.c.pq.org/blogue/le-franglais.

© Jean Bouchard

**Vocabulaire**
amalgamé(e)
boiter
intempestif(-ve)
mollesse

QUÉBEC

**NOTE:**
The material from each of the three sources is briefly summarized for each Presentational Writing: Argumentative Essay exercise. There are often additional points of view or arguments available for each source. The notes provided are designed to be a point of departure. See Tips and Tricks on pages 491-496 for further ideas on the organization of the Argumentative Essay.

**SUGGESTIONS:**
Ideas for composition organization:
**Introduction**
**Source 1 viewpoint:**
Languages evolve, so it is a natural phenomenon to mix English (or another language) into French when one has studied and lived in that other language. Anglicisms are not a threat to French.

**Source 2 viewpoint:**
One half to one third of French people report having no proficiency in their best foreign language. If this is the case, it would seem that franglais may not be a natural phenomenon due to one's study of English affecting his/her French.

**Source 3 viewpoint:**
English words mixed into French dilute the French language and represent intellectual laziness. Anglicisms are a threat to French.

**Student's own viewpoint:**
**Conclusion**

**SUGGESTION:**
Use the photos on these two pages to help students practice speaking for 20 seconds about what they see. Many of the rich images throughout the book may be used in this way.

## » Interpersonal Speaking: CONVERSATION

**THEME/CONTEXT:**
La vie contemporaine - Les voyages

 **LIRE**  **ÉCOUTER**  **PARLER**

You will participate in a conversation. First, you will have 1 minute to read a preview of the conversation, including an outline of each turn in the conversation. Afterward, the conversation will begin, following the outline. Each time it is your turn to speak, you will have 20 seconds to record your response. You should participate in the conversation as fully and appropriately as possible.

Vous allez participer à une conversation. D'abord, vous aurez une minute pour lire une introduction à cette conversation qui comprend le schéma des échanges. Ensuite, la conversation commencera, suivant le schéma. Quand ce sera à vous de parler, vous aurez 20 secondes pour enregistrer votre réponse. Vous devriez participer à la conversation de façon aussi complète et appropriée que possible.

**COMMUNITIES:**
**School and Global Communities:** Learners use the language both within and beyond the classroom to interact and collaborate in their community and the globalized world.

**AUDIOSCRIPT:**
The audioscript for each listening activity is supplied in Appendix F of this Teacher's Edition and online in Explorer.

## Introduction:

**C'est une conversation avec la mère de votre future famille d'accueil en Suisse où vous allez passer l'année scolaire. Elle aimerait préparer votre arrivée et savoir comment vous vivez, ce que vous aimez, etc. Bien sûr, vous aimeriez partager vos désirs et vos préférences avec elle.**

| | |
|---|---|
| Mère d'accueil | Elle vous salue et vous demande si vous allez bien. |
| Vous | Saluez-la et dites-lui comment vous allez. Remerciez-la de vous avoir appelé. |
| Mère d'accueil | Elle vous explique la raison de son appel et pose une première question au sujet de votre façon de vivre. |
| Vous | Répondez à sa question avec au moins deux exemples concrets. |
| Mère d'accueil | Elle vous demande vos préférences en ce qui concerne la nourriture. |
| Vous | Donnez au moins deux exemples de plats que vous aimez et un exemple de plat que vous n'aimez pas. |
| Mère d'accueil | Elle vous demande des détails sur votre arrivée. |
| Vous | Dites en plusieurs détails ce que vous attendez de votre séjour. |
| Mère d'accueil | Elle vous demande de la contacter avant votre arrivée pour **faire le point**. |
| Vous | Dites-lui comment et quand vous comptez communiquer avec elle et dites-lui au revoir. |

## » Presentational Speaking: CULTURAL COMPARISON

 LIRE  PARLER

**THEME/CONTEXT:**
La science et la technologie - Les nouveaux moyens de communication

**SECONDARY THEME/CONTEXT:**
La science et la technologie - La technologie et ses effets sur la société

You will make an oral presentation on a specific topic to your class. You will have 4 minutes to read the presentation topic and prepare your presentation. Then you will have 2 minutes to record your presentation. In your presentation, compare your own community to an area of the French speaking world with which you are familiar. You should demonstrate your understanding of cultural features of the French-speaking world. You should also organize your presentation clearly.

Vous allez faire un exposé pour votre classe sur un sujet spécifique. Vous aurez 4 minutes pour lire le sujet de présentation et préparer votre exposé. Vous aurez alors 2 minutes pour l'enregistrer. Dans votre exposé, comparez votre propre communauté à une région du monde francophone que vous connaissez. Vous devriez montrer votre compréhension des facettes culturelles du monde francophone. Vous devriez aussi organiser clairement votre exposé.

# Sujet de la composition:

Comparez l'utilisation des réseaux sociaux aux États-Unis et dans un pays francophone.

**COMPARISONS:**
**Cultural Comparisons:** Learners use the language to investigate, explain, and reflect on the concept of culture through comparisons of the cultures studied and their own.

» **Interpretive Communication: PRINT TEXTS**

**LIRE**

The following text is accompanied by a number of questions. For each question, choose the response that is best according to the selection.

La sélection suivante est accompagnée de plusieurs questions. Pour chaque question, choisissez la meilleure réponse selon la sélection.

## Introduction:

**Dans cette sélection, il s'agit de son identité professionnelle. Ces extraits ont été écrits par Thibault Jouannic et publiés dans le magazine *Le train de 13h37* [édition numéro 32] sur Internet, qui est dédié à la conception Web: http://letrainde13h37.fr/32/developper-identite-professionnelle/.** © Wagon 42

## Développer son identité professionnelle

La fin d'année approche, et vous n'allez plus tarder (si ce n'est déjà fait) à lister vos bonnes résolutions pour 2013. Parmi celles-ci, vous
*Ligne* aurez certainement celle d'apprendre telle nouvelle technologie ou
5 tel nouveau langage. Mais prenez quelques instants de réflexion, est-ce par boulimie ou par réelle aspiration ? Thibault Jouannic nous fait le plaisir de parler de ce type de choix et d'identité professionnelle.

[...]

## Façonner son identité professionnelle

Dire qu'il est important d'avoir une veille technologique active
10 serait un truisme que je m'abstiendrai de proférer. Mais êtes-vous suffisamment actif dans la définition de votre profil professionnel? Si nous faisions le test?

### S'interroger sur ses choix

De nombreux éléments rentrent en jeu dans la définition de votre
15 profil professionnel. Tenez, par exemple:

- votre métier (développeur, intégrateur, designer, commercial, patron de startup, etc.);

- votre domaine d'activité;

- vos **outils** (éditeurs, système d'exploitation, langage, etc.);

20  • vos méthodes de travail;

- votre statut professionnel (freelance, employé, associé, entrepreneur);

- votre cadre de travail (grosse SSII, agence, petite boîte);

- vos client types (TPE, PME, « grands comptes »).

25 **Comment chacun de ces éléments a-t-il été déterminé? J'entrevois grosso-modo trois possibilités:**

- c'est un choix délibéré qui répond à des motivations intrinsèques (ce langage me plaît, j'ai du respect pour ce client et je veux le satisfaire, etc.);

30  • c'est un choix délibéré qui répond à des motivations extrinsèques (il y a plus de ressources pour cette techno, elle est plus facile à vendre, ce framework est à la mode, etc.);

- c'est un choix « par défaut », voire une contrainte (c'est le langage qu'on utilise dans ma boîte, c'est le seul boulot que j'ai trouvé, etc.).

35  En début de carrière, la plupart des éléments de notre profil sont imposés par des contraintes extérieures. Nous utilisons le CMS que vend notre agence. Nous codons dans l'éditeur utilisé à la fac. Nous **bossons** sur les projets que l'on veut bien nous confier, etc. Mais au fur et à mesure
40  que nos horizons s'élargissent, les possibilités de contrôle augmentent. À nous de ne pas les gâcher.

---

1. **Dans cet article, il s'agit de la vie professionnelle dans quel domaine?**
   a. la politique
   b. le commerce
   c. la technologie
   d. la santé

2. **Quel élément ne fait pas partie de la création de votre profil professionnel, selon l'auteur?**
   a. vos clients
   b. vos outils
   c. votre métier
   d. votre diplôme

3. **Dans le passage, que veut dire la phrase «Nous bossons sur les projets que l'on veut bien nous confier.»?**
   a. Nous travaillons sur les projets que nous aimons bien.
   b. Nous travaillons sur les projets que d'autres personnes nous donnent.
   c. Nous discutons des projets que nous aimons bien.
   d. Nous discutons des projets que d'autres personnes nous donnent.

4. **En début de carrière, le profil professionnel est largement déterminé par quoi?**
   a. les contraintes extérieures
   b. les possibilités de contrôle
   c. les choix délibérés
   d. les motivations intrinsèques

5. **Quel est l'objectif de cet article?**
   a. écrire une liste de résolutions
   b. faire réfléchir les lecteurs
   c. apprendre une nouvelle technologie
   d. définir votre profil personnel

 LIRE ÉCOUTER

Vous allez lire un passage et écouter une sélection audio. Pour la lecture, vous aurez un temps déterminé pour la lire. Pour la sélection audio, vous aurez d'abord un temps déterminé pour lire une introduction et pour parcourir les questions qui vous seront posées. La sélection sera présentée deux fois. Après avoir écouté la sélection une première fois, vous aurez 1 minute pour commencer à répondre aux questions; après avoir écouté la sélection une deuxième fois, vous aurez 15 secondes par question pour finir de répondre aux questions. Pour chaque question, choisissez la meilleure réponse selon la sélection audio ou la lecture et indiquez votre réponse sur votre feuille de réponse.

**THEME/CONTEXT:**
La science et la technologie - Les nouveaux moyens de communication
**SECONDARY THEME/CONTEXT:**
La science et la technologie - La technologie et ses effets sur la société

**SOURCE 1:**

## Introduction:

La sélection suivante est tirée du site espritvif.com. L'extrait s'appelle *En quoi le blogging peut améliorer nos relations sociales?*. C'est un extrait d'un blog qui porte le même nom que le site. Son auteur, Ling-en Hsia, parle des relations sociales que l'on peut avoir avec d'autres personnes sur Internet.

© Ling-en Hsia

## En quoi le blogging peut améliorer nos relations sociales?

Bloguer permet d'améliorer ses relations quand on cherche à instaurer une discussion à travers notre contenu. Mais c'est aussi un moyen d'apprendre à mieux se connaître, condition prérequise pour vraiment envisager de bonnes relations sociales. Nous verrons ici quel est le lien entre blogging et vie sociale et comment on peut intentionnellement bloguer pour progresser dans cet aspect de notre vie.

*Ligne*

5

### Le blogging pour ceux qui s'expriment mieux à l'écrit

10 Globalement, il y a d'un côté les gens introvertis (ce qui n'est pas un défaut contrairement à la timidité) et de l'autre les extravertis. Les introvertis communiquent mieux à l'écrit qu'à l'oral. Certaines personnes ayant une âme d'artiste ont plus de facilité à utiliser leur plume (ou leur clavier plutôt)

15 pour exprimer leur ressenti, faire réfléchir et encourager les autres. Pour ces personnes-là, le blog est une plateforme extraordinaire. En effet, tout le monde n'a pas l'opportunité d'être écrivain.

### Créer de l'intimité avec un blog?

20 Ainsi, j'ai appris à mieux connaître certains amis par ce **biais**. Dans la vraie vie, on n'a pas toujours le temps de discuter en face à face, mais le blog peut être un très bon médium

pour montrer certains aspects de sa vie et de sa personnalité. C'est le cas par exemple du blog tenu

25 par une amie: http://laparoledetrop.wordpress. com. Elle y raconte ses défis, les difficultés qu'elle rencontre dans sa vie sociale, ses succès, ses inspirations du moment ou tout simplement des anecdotes. Après chaque article que je lis d'elle, je me sens un peu

30 plus proche d'elle.

Certaines choses de notre vie peuvent être difficilement communiquées oralement. On a peur du regard de l'autre. On est intimidé. Et puis tout simplement, on a besoin d'un contexte pour aborder certains sujets profonds. On ne parle pas de sa conception du

35 mariage à ses amis en plein match de foot dans un bar, par exemple.

Dans un monde idéal, on ne devrait pas avoir besoin de technologie pour créer de l'intimité avec les personnes qu'on aime. Mais on ne vit pas dans un monde idéal . . .

Si quelqu'un écrit des choses profondes, on aura l'impression de

40 mieux la connaître.

[. . .]

Si tu suis régulièrement un blog d'une personne inconnue qui raconte sa vie, il est fort probable que le jour où tu la verras en vrai, tu auras l'impression de déjà la connaître. Et ça, c'est formidable!

## SOURCE 2: SÉLECTION AUDIO

**AUDIOSCRIPT:**
The audioscript for each listening activity is supplied in Appendix F of this Teacher's Edition and online in Explorer.

### Introduction:

Dans la sélection audio il s'agit de l'identité numérique. Tout ce que l'on écrit et toutes les informations que nous donnons sur Internet font partie de notre identité numérique. Ce podcast vient du site: http://claudesuper.com/ 2012/04/18/podcast-1804enjeux-des-reseaux-sociaux-lidentite-numerique/ et s'intitule Enjeux des réseaux sociaux: l'identité numérique. © Claude Super

**Vocabulaire**
marque
savoir-faire
valoriser

1. **Selon la sélection écrite, à quoi le blogging peut-il servir?**

   a. à mieux se connaître  *(a. sélectionnée)*

   b. à construire des rapports humains

   c. à travailler plus que les autres

   d. à devenir entrepreneur

2. **Que veut dire le terme « personal branding » dans la sélection audio?**

   a. se former dans une manière professionnelle

   b. s'exposer à des critiques

   c. créer une marque prêt-à-porter

   d. se définir sur Internet  *(d. sélectionnée)*

3. **D'après la sélection audio, pourquoi quelques personnes hésitent-elles à communiquer à l'oral?**

   a. parce qu'elles sont déprimées

   b. parce qu'elles n'ont pas besoin de technologie

   c. parce que certains sujets sont très sérieux  *(c. sélectionnée)*

   d. parce que certains sujets sont trop superficiels

4. **Pour préserver votre sphère privée sur les réseaux sociaux, il faut . . .**

   a. donner une limite aux informations

   b. créer plusieurs identités

   c. s'abstenir de créer des profils  *(c. sélectionnée)*

   d. se nourrir l'authenticité

5. **D'après la sélection audio, l'identité numérique est composée de plusieurs choses. Laquelle n'en fait pas partie?**

   a. une déclaration personnelle  *(a. sélectionnée)*

   b. des centres d'intérêts

   c. une photo

   d. des expériences

6. **Quel est le ton de l'auteur de l'extrait écrit?**

   a. franc  *(a. sélectionnée)*

   b. moqueur

   c. sarcastique

   d. humoristique

» **Interpretive Communication: AUDIO TEXTS**

**Vocabulaire**
garant
pérenne
tiers

 **ÉCOUTER**

Vous allez écouter une sélection audio. Vous aurez d'abord un temps déterminé pour lire l'introduction et pour parcourir les questions qui vous seront posées. La sélection sera présentée deux fois. Après avoir écouté la sélection une première fois, vous aurez 1 minute pour commencer à répondre aux questions; après avoir écouté la sélection une deuxième fois, vous aurez 15 secondes par question pour finir de répondre aux questions. Pour chaque question, choisissez la meilleure réponse selon la sélection audio et indiquez votre réponse sur la feuille de réponse.

## Introduction:

Dans cette sélection il s'agit de la gestion de son identité numérique. Le podcast s'intitule *Où l'on parle de la guerre pour l'identité numérique et de l'avenir des bitcoins* et vient du site: http://www.comptoirsecu.fr/2013. Ce site traite des enjeux de la sécurité informatique. © Comptoir Sécu

1. **Selon l'extrait audio, qu'est-ce qui est étonnant au sujet de la visibilité de la bataille pour la sécurité informatique?**
   a. que les grandes entreprises contrôlent toutes nos informations personnelles
   b. que beaucoup d'utilisateurs d'ordinateurs ne connaissent pas leur mot de passe
   c. que très peu de gens se rendent compte de la gravité de la situation
   d. que la plupart des gens n'ont pas de formation en informatique

2. **Quel est le but de ce podcast?**
   a. attirer l'attention des entreprises qui gèrent les comptes sur Internet
   b. protéger l'identité des utilisateurs d'ordinateurs
   c. vendre un software de sécurité
   d. expliquer comment on installe un software

3. **Selon la sélection audio, que veut dire "un tiers"?**
   a. un troisième individu
   b. une entreprise autre que celle du site lui-même
   c. une université
   d. un employeur

4. **D'après le reportage audio, qui est le garant de l'identité?**
   a. le site où on rentre ses informations personnelles
   b. un tiers qui collecte des données
   c. la personne à qui appartient l'ordinateur
   d. la personne à qui appartiennent les informations personnelles

5. **Dans le context du podcast, quelle question serait la plus appropriée à poser à l'animateur?**
   a. «T'as vu le truc qu'elle a écrit sur le site hier?»
   b. «Pourriez-vous m'aider à protéger mon identité, s'il vous plaît?»
   c. «Quels conseils me donneriez-vous?»
   d. «Lui as-tu bien donné ton mot de passe?»

**THEME/CONTEXT:**
La science et la technologie - La technologie et ses effets sur la société
**SECONDARY THEME/CONTEXT:**
La science et la technologie - L'avenir de la technologie

» **Interpersonal Writing: E-MAIL REPLY**

 **LIRE**  **ÉCRIRE**

Vous allez écrire une réponse à un message électronique. Vous aurez 15 minutes pour lire le message et écrire votre réponse. Votre réponse devrait débuter par une salutation et terminer par une formule de politesse. Vous devriez répondre à toutes les questions et demandes du message. Dans votre réponse, vous devriez demander des détails à propos de quelque chose mentionnée dans le texte. Vous devriez également utiliser un registre de langue soutenue.

**THEME/CONTEXT:**
L'esthétique - Le patrimoine
**SECONDARY THEME/CONTEXT:**
La quête de soi - L'identité linguistique

## Introduction:

Vous recevez cette communication de la part du Corps linguistique canadien, qui s'intéresse à votre adhésion au groupe. Répondez au message en leur fournissant les réponses demandées et en posant des questions supplémentaires si vous en avez.

de: jlaunay@corpsling.ca

Saguenay, Lac-St.-Jean, le 2 décembre 2014

Chère Mademoiselle/Cher Monsieur,

Nous vous remercions de votre intérêt pour notre organisation. Comme vous avez pu le **constater**, le Corps linguistique canadien consiste en un
*Ligne* groupe de personnes parlant plus d'une langue
5 qui s'intéressent à promouvoir la culture et le **patrimoine** canadiens et à protéger nos intérêts politiques dans le monde entier.

Nous aimerions que vous nous fournissiez quelques informations supplémentaires afin de
10 compléter votre dossier personnel et procéder à votre adhésion à l'organisation. Veuillez nous fournir les informations suivantes:

- Décrivez votre identité linguistique. Quelles langues parlez-vous et écrivez-vous, à quel
15 niveau et dans quels contextes?

SAINTE-ANNE-DES-MONTS, QUÉBEC

- Proposez quelques activités culturelles à travers lesquelles vous pourriez aider à promouvoir le patrimoine canadien.

20 - Informez-nous sur les pays étrangers que vous avez visités et/ou que vous estimez bien connaître.

Dès réception de ces informations, nous procéderons aux formalités d'**adhésion**. Nous vous prions d'agréer, Madame, l'expression de nos 25 sentiments les meilleurs.

**COMMUNITIES:**
**School and Global Communities:**
Learners use the language both within and beyond the classroom to interact and collaborate in their community and the globalized world.

Jacqueline Launay
Directrice et fondatrice,
Corps linguistique canadien

» Presentational Writing: **ARGUMENTATIVE ESSAY**

 **LIRE**  **ÉCOUTER**

 **ÉCRIRE**

Vous allez écrire un essai argumentatif pour un concours d'écriture de langue française. Le sujet de l'essai est basé sur trois sources ci-jointes, qui présentent des points de vue différents sur le sujet et qui comprennent à la fois du matériel audio et imprimé. Vous aurez d'abord 6 minutes pour lire le sujet de l'essai et le matériel imprimé. Ensuite, vous écouterez l'audio deux fois; vous devriez prendre des notes pendant que vous écoutez. Enfin, vous aurez 40 minutes pour préparer et écrire votre essai. Dans votre essai, vous devriez présenter les points de vue différents des sources sur le sujet et aussi indiquer clairement votre propre point de vue que vous défendrez à fond. Utilisez les renseignements fournis par toutes les sources pour soutenir votre essai. Quand vous ferez référence aux sources, identifiez-les de façon appropriée. Organisez aussi votre essai en paragraphes bien distincts.

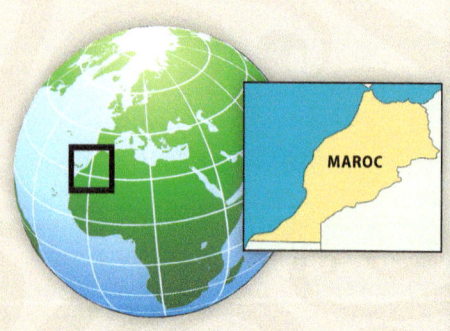

**THEME/CONTEXT:**
La quête de soi - L'identité linguistique
**SECONDARY THEME/CONTEXT:**
La quête de soi - Le pluriculturalisme

**SUJET DE LA COMPOSITION:**
Dans un pays où plusieurs langues se parlent, le plurilinguisme représente-t-il un atout ou un défi pour ses habitants?

**SOURCE 1:**

## Introduction:
Dans cette sélection, il s'agit du plurilinguisme au Maroc. Cet extrait a été écrit par Marianne Roux et a été tiré du site www.babelmed.net.
© Babelmed

# Le drame linguistique marocain de Fouad Laroui

### Les maux du plurilinguisme

Dans son dernier essai, l'écrivain Fouad Laroui s'attaque à un sujet sensible: la question linguistique au Maroc, qu'il n'hésite pas à qualifier de « drame ». En effet, pour qui connaît un peu

*Ligne* les pays du Maghreb et en particulier le royaume **chérifien**,
5 force est de constater qu'il s'agit ici d'un véritable problème de société qui a des implications sous-jacentes complexes dans les domaines éducatif, culturel, économique mais aussi religieux et politique.

Avant lui, l'ancien vice-ministre égyptien de la culture Chérif
10 Choubachy avait **jeté un pavé dans la mare** en se demandant si la langue du Coran était à l'origine du déclin du monde arabe. Son ouvrage «Le sabre et la virgule»[1], publié en 2004, avait alors déclenché les foudres des milieux conservateurs, cela lui coûta au passage son poste au gouvernement et des accusations
15 d'attaque contre l'islam.

L'ouvrage de Fouad Laroui, écrivain et professeur à l'Université d'Amsterdam, établit un diagnostic sans complaisance mais se veut force de proposition pour remédier à cette situation problématique. Pour l'auteur il y a urgence, car le problème numéro un des Marocains

20 est le plurilinguisme qui entraîne une impasse culturelle et un manque de cohésion nationale. Fruit de trois années de recherches *Le drame linguistique marocain* souhaite ouvrir un débat de fond sur l'absence d'une langue fédératrice de l'identité marocaine.

LE DRAPEAU
DU MAROC

## Un paysage linguistique complexe

25 Rappelons qu'au Maroc l'arabe classique est la seule langue officielle[2]. Point question de darija (dialecte marocain) dans la Constitution, or c'est la seule langue qu'ont réellement en commun les Marocains, bien que l'on dénombre de 40 à 50% de berbérophones. À cela vient **se greffer** le français, **quasi**-indispensable pour réussir professionnellement, dont le degré de maîtrise indique le statut social du **locuteur**.

30 En effet, dès leur plus jeune âge et tout au long de leur vie les Marocains sont confrontés à plusieurs langues:

- leur langue maternelle qui est la *darija* ou le tamazight (berbère)[3] -voire le français dans le cas de couples mixtes ou très francisés.

- les langues d'enseignement: l'arabe classique et le français dès le primaire avec
35 une prédominance de la première dans les écoles publiques et de la seconde dans les écoles françaises et les écoles privées qui suivent le programme éducatif français. Plus rarement l'anglais ou le castillan dans le cas des écoles américaines et espagnoles.

1 Choubachy Chérif, Le sabre et la virgule , Paris, Éditions l'Archipel, 2007.

2 Enfin il est juste indiqué que « l'arabe » est la langue officielle, sans précision. Il s'agit ici d'une évidence tacite pour les législateurs.

3 Le berbère connaît trois variantes: le tarifit dans le Rif, le tamazight dans le Moyen Atlas et le tachelhit/chleuh dans le Souss.

**CULTURES:**
**Relating Cultural Practices to Perspectives:** Learners use the language to investigate, explain, and reflect on the relationship between the practices and perspectives of the cultures studied.

**CONNECTIONS:**
**Acquiring Information and Diverse Perspectives:** Learners access and evaluate information and diverse perspectives that are available through the language and its cultures.

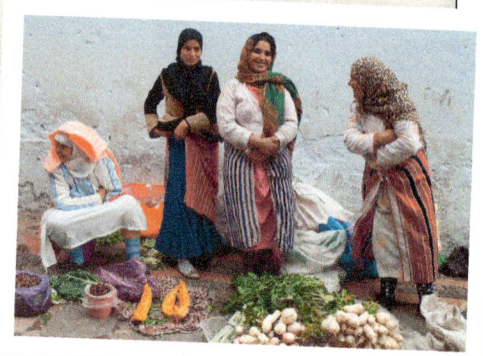

**SOURCE 2:**

## Introduction:

**Cette sélection montre le pourcentage de locuteurs qui parlent les langues principales du Maroc et donne une description brève de l'usage de chaque langue.**

| LANGUES PARLÉES AU MAROC | | |
|---|---|---|
| **Langue** | **Pourcentage de locuteurs** | **Description de l'usage** |
| arabe | 80 – 90% | langue officielle, langue d'enseignement |
| berbère | 40 – 50% | langue officielle, langue indigène |
| français[1, 2] | 33 - 39% | deuxième langue administrative, langue d'enseignement |
| espagnol[3] | 21% | langue parlée principalement dans le nord |
| anglais[4] | 14% | langue d'enseignement dans certaines écoles |

1 «La Francophonie dans le monde.» (Archive) *Organisation Internationale de la Francophonie*. p. 16. Retrieved on 15 October 2012.

2 2004 Recensement général de la population et de l'habitat 2004

3 According to a survey made in 2005 by CIDOB, 21.6% of the population speak Spanish (realinstitutoelcano.org, afapredesa.org). According to the Morocco Census of 2004, the Morocco population is 29,680,069 (hcp.ma)

4 http://www.britishcouncil.org/new/Documents/full_mena_english_report.pdf

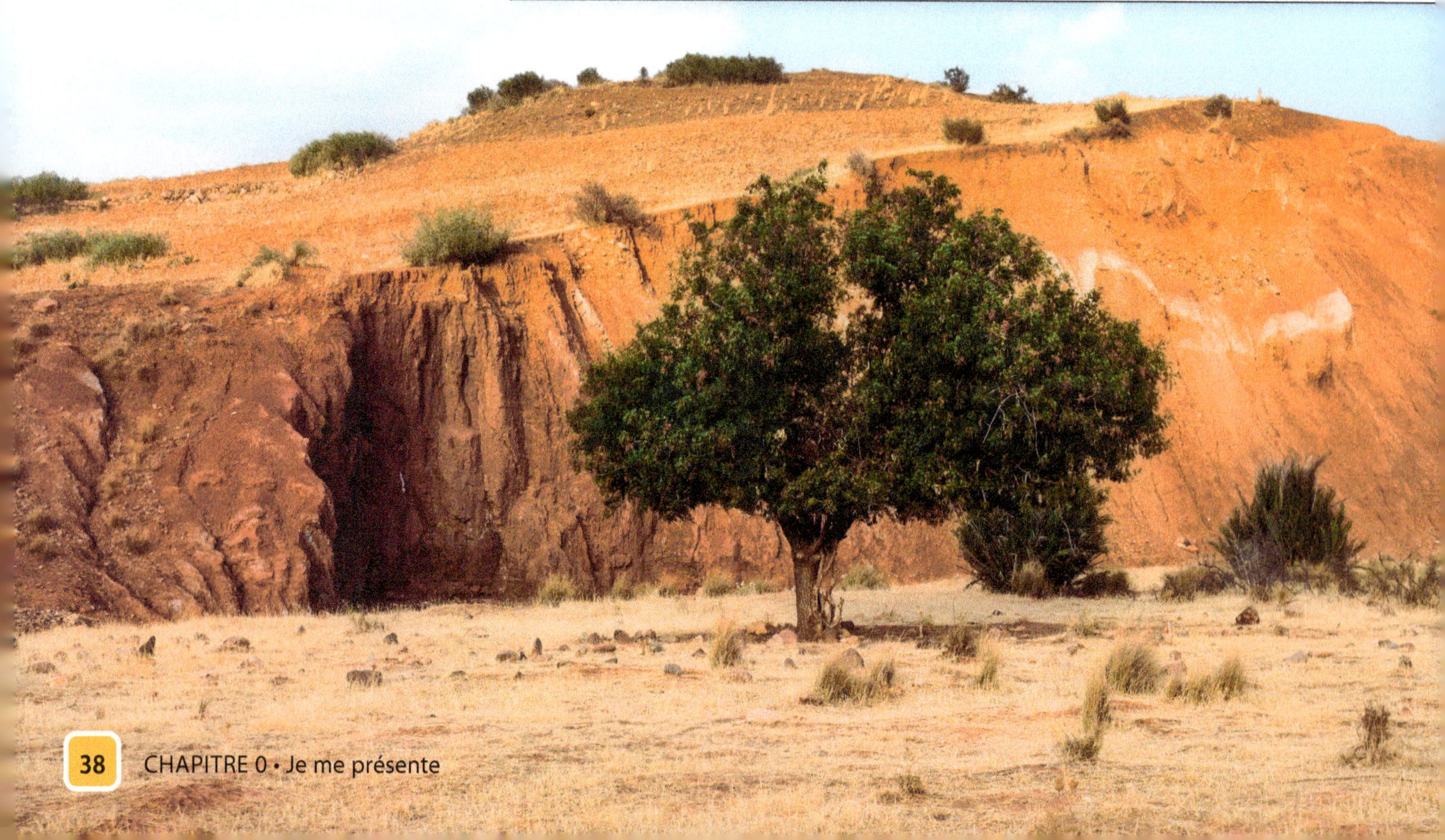

## SOURCE 3: SÉLECTION AUDIO 🎧

**AUDIOSCRIPT:**
The audioscript for each listening activity is supplied in Appendix F of this Teacher's Edition and online in Explorer.

### Introduction:
Dans cette sélection audio il s'agit de l'adaptation à la langue et culture marocaines par Maude Boyer, une Québécoise qui est professeur de français à Casablanca, au Maroc. Elle répond aux questions sur son identité. © Elizabeth Rench

**Vocabulaire**
malgré soi

**SUGGESTIONS:**
Ideas for composition organization:
**Introduction**
**Source 1 viewpoint:**
Plurilingualism could be considered a challenge for a country because it leads to a lack of national cohesion.
**Source 2 viewpoint:**
Morocco exemplifies a plurilingual country. Most of its inhabitants do have a common language (Arabic). Looking at the percentages of the Moroccan population that speak each language, there is a considerable amount of overlap, meaning that speakers speak several languages, allowing them to communicate with diverse cultural groups within their country. This could be seen as an advantage.
**Source 3 viewpoint:**
Plurilingualism and pluriculturalism can be positive aspects in a country. Those interacting with each other can find common ways of expressing themselves to each other and can adapt to these differences.
**Student's own viewpoint:**
**Conclusion**

RABAT, MAROC

## » Interpersonal Speaking: CONVERSATION

 LIRE  ÉCOUTER  PARLER

**THEME/CONTEXT:**
La vie contemporaine - Les voyages
**SECONDARY THEME/CONTEXT:**
La famille et la communauté - Les coutumes
**TERTIARY THEME/CONTEXT:**
La famille et la communauté - La famille

Vous allez participer à une conversation. D'abord, vous aurez une minute pour lire une introduction à cette conversation qui comprend le schéma des échanges. Ensuite, la conversation commencera, suivant le schéma. Quand ce sera à vous de parler, vous aurez 20 secondes pour enregistrer votre réponse. Vous devriez participer à la conversation de façon aussi complète et appropriée que possible.

## Introduction:

**Vous avez déjà parlé au téléphone avec votre future mère d'accueil en Suisse et maintenant vous parlez avec votre frère d'accueil. Il vous pose des questions au sujet de votre famille et des coutumes chez vous.**

| | |
|---|---|
| Frère d'accueil | Il vous salue et demande une description de votre famille. |
| Vous | Saluez-le et décrivez votre famille immédiate. |
| Frère d'accueil | Il vous demande ce que vous aimez faire avec votre famille. |
| Vous | Expliquez ce que vous aimez faire avec votre famille. N'oubliez pas de dire ce que vous n'aimez pas faire également. |
| Frère d'accueil | Il vous pose des questions au sujet de votre **famille élargie**. |
| Vous | Répondez à la question et expliquez quand vous voyez votre famille élargie. |
| Frère d'accueil | Il vous demande d'expliquer une tradition familiale. |
| Vous | Donnez au moins un exemple concret d'une célébration ou une coutume dans votre famille. |
| Frère d'accueil | Il vous remercie d'avoir décrit votre famille. |
| Vous | Dites que vous serez content de vivre avec sa famille cette année et que vous le verrez bientôt. |

**COMMUNITIES:**
**School and Global Communities:**
Learners use the language both within and beyond the classroom to interact and collaborate in their community and the globalized world.

**AUDIOSCRIPT:**
The audioscript for each listening activity is supplied in Appendix F of this Teacher's Edition and online in Explorer.

## » Presentational Speaking: CULTURAL COMPARISON

 **LIRE**    **PARLER**

Vous allez faire un exposé pour votre classe sur un sujet spécifique. Vous aurez 4 minutes pour lire le sujet de présentation et préparer votre exposé. Vous aurez alors 2 minutes pour l'enregistrer. Dans votre exposé, comparez votre propre communauté à une région du monde francophone que vous connaissez. Vous devriez montrer votre compréhension des facettes culturelles du monde francophone. Vous devriez aussi organiser clairement votre exposé.

# Sujet de la présentation:

**Décrivez le niveau de patriotisme chez les gens qui habitent votre pays. Comparez-le au niveau de patriotisme chez des gens d'un pays francophone que vous connaissez.**

**THEME/CONTEXT:**
La quête de soi - Le nationalisme et le patriotisme

**SECONDARY THEME/CONTEXT:**
La quête de soi - Les croyances et les systèmes de valeurs

**TERTIARY THEME/CONTEXT:**
La famille et la communauté - Les coutumes

LE DRAPEAU DE LA FRANCE

**COMPARISONS:**
**Cultural Comparisons:** Learners use the language to investigate, explain, and reflect on the concept of culture through comparisons of the cultures studied and their own.

LE DRAPEAU DE LA SUISSE

LE DRAPEAU DU BURKINA FASO

LE DRAPEAU DU CAMEROUN

LE DRAPEAU DE MONACO

LE DRAPEAU DE LA TUNISIE

LE DRAPEAU DU LUXEMBOURG

LE DRAPEAU DU MALI

## Compréhension

**EXPLORER:**
For vocabulary flashcards, additional exercises, AP® practice tasks, discussion forums, and external links, go to *APprenons* Explorer at **learningsite.waysidepublishing.com**

**à l'heure actuelle** (adv.) (18) – en ce moment

**à notre insu** (adv.) (19) – sans qu'on le sache

**adhésion** (n.f.) (35) – action de s'inscrire

**alimenter** (v.) (16) – nourrir, approvisionner

**amalgamé(e)** (adj.) (25) – mélange d'éléments

**autochtone(s)** (adj.) (16) – personne originaire du pays où elle habite

**biais** (n.m.) (30) – moyen

**boiter** (v.) (25) – avoir un défaut

**bosser** (v.) (29) – travailler (fam.)

**chaleureux(-euse)** (adj.) (19) – avec cordialité

**chérifien(-ne)** (adj.) (36) – se dit de la dynastie régnante au Maroc

**constater (v.)** (34) – remarquer

**crûment** (adv.) (17) – de façon crue

**davantage** (adv.) (21) – plus

**durant** (prép.) (14) – pendant

**être humain** (n.m.) (19) – quelqu'un de la race humaine, homme/femme

**faire le point** (v.) (26) – éclaircir une situation

**faire parvenir** (v.) (21) – envoyer

**famille élargie** (n.f.) (40) – personnes liées par famille nucléaire, par alliance ou par d'autres relations

**flécheur** (n.m.) (17) – fabricant de flèches

**fournir** (v.) (20) – approvisionner, produire

**franchir** (v.) (23) – passer par-dessus un obstacle

**garant** (n.m.) (33) – responsable

**grosso-modo** (adv.) (29) – globalement

**intempestif(-ve)** (adj.) (25) – inopportun

**interpeller (v.)** (23) – questionner

**jeter un pavé dans la mare** (exp.) (36) – provoquer des troubles, faire un scandale

**laïque** (adj.) (17) – qui est indépendant de toute confession

**locuteur(-trice)** (n.m./n.f.) (37) – personne qui parle

**malgré soi** (adv.) (39) – involontairement

**marque** (n.f.) (32) – signe distinctive d'une entreprise

**mimétisme** (n.m.) (23) – imitation

**mollesse** (n.f.) (25) – manque de vigueur

**orphelin(e)** (n.m./n.f.) (18) – enfant qui a perdu un ou deux parent(s)

**outil** (n.m.) (29) – ustensile

**paresse** (n.f.) (22) – tendance à éviter tout effort

**patrimoine** (n.m.) (34) – héritage

**pérenne** (adj.) (33) – qui dure longtemps ou depuis longtemps

**poing** (n.m.) (17) main fermée

**pote** (n.m.) (23) – copain (fam.)

**quasi-** (adv.) (37) – presque

**registre** (n.m.) (5) – niveau

**réseau social** (n.m.) (4) – site Internet qui permet de créer une page personnelle et échanger des informations avec d'autres personnes

**réussite** (n.f.) (17) – succès

**savoir-faire** (n.f.) (32) – compétence

**se greffer** (v.) (37) – s'ajouter à

**se redresser** (v.) (15) – retrouver sa force

**s'incarner** (v.) (17) – se réaliser en quelque chose

**sou** (n.m.) (15) – pièce de monnaie

**tenter** (v.) (14) – essayer

**tiers** (n.m.) (33) – quelqu'un d'étranger à un groupe ou une affaire

**traverser** (v.) (15) – passer par, vivre

**valoriser** (v.) (32) – augmenter la valeur

**vicié(e)** (adj.) (22) – pollué

**GLOSSARY:**
Vocabulary words from each chapter also appear in the Glossary in Appendix B, beginning on page 505. French-French, French-English, and English-French glossaries are provided.

## Pour mieux s'exprimer à ce sujet

**attribut** (n.m.) caractère particulier

**compétence** (n.f.) capacité reconnue dans un domaine

**créer** (v.) concevoir, inventer quelque chose

**établir** (v.) faire, réaliser

**exploiter** (v.) faire valoir quelque chose

**intérêt** (n.m.) curiosité, passion

**lieu** (n.m.) endroit

**naissance** (n.f.) commencement

**nom de famille** (n.m.) patronyme

**nom de jeune fille** (n.m.) le nom de famille qu'une femme porte entre sa naissance et son mariage

**originaire** (n.m./n.f.) qui vient de (tel lieu)

**origine** (n.f.) provenance, milieu duquel quelqu'un ou quelque chose est venu

**plaisir** (n.m.) sentiment agréable

**prénom** (n.m.) nom précédant le nom de famille

**résultat** (n.m.) effet

**rêve** (v.) ce qui est produit par l'imagination

**s'épanouir** (v.) se sentir bien, être heureux

**trait** (n.m.) élément caractéristique de quelqu'un ou de quelque chose

**ADDITIONAL VOCABULARY:**
The vocabulary words that appear in the *Pour mieux s'exprimer à ce sujet* category are presented as supplementary vocabulary to enhance students' expression on the topics of the chapter.

# QUESTIONS ESSENTIELLES

1. Quel est le rôle de l'éducation dans la société contemporaine?

2. Comment l'éducation a-t-elle évolué depuis le siècle dernier?

3. Quel est le plus grand défi dans le domaine de l'éducation de nos jours?

**SUGGESTIONS:**
Use the essential questions as a basis for discussion for topics addressed in the chapter, either as an introduction, while working on the chapter or as a wrap-up activity/assessment.

**VOCABULARY:**
Vocabulary related to the topics covered in this chapter appears on pages 90 and 91 (French definitions) as well as in Appendix B starting on page 505 (French definitions and English translations).

CHAMONIX-MONT-BLANC, FRANCE

# Chapitre 1

voie secondaire trombone formation questionner
bac école rouleau
scolaire bachoter maître
plume conseil de classe
bilan
stylo plume emploi du temps
devoir surveillé notes contrôle
écriture étiquette adhésive étudiant
enfants prodiges
pochette stylo bille chemise prof agenda
cantine frais scolaires
rabat fiche navette interroger

## C'est drôle, l'école!

**EXPLORER:**
For additional exercises, AP® practice tasks, discussion forums, and external links,
go to *APprenons* Explorer at **learningsite.waysidepublishing.com**

# Leçon 1 | Bachoter pour réussir

**COMMUNICATION:**
**Interpretive Communication:** Learners understand, interpret, and analyze what is heard, read, or viewed on a variety of topics.

## » OBJECTIF  *Comprendre la structure du système éducatif français*

**1.**  LIRE   ÉCRIRE

### Dites ce que vous savez sur le système éducatif français.

Answers will vary, but may include: not having all classes every day, sports and music are generally not school-related activities, different names for the grade levels, etc.

---

### Écrire un message

**SUGGESTION:**
Have students read Arnaud's email aloud as an intonation exercise. Note that many people use more exclamation points in email writing than in many other types of writing because it often resembles more informal speech.

| Envoyer | | Supprimer |
|---|---|---|

De: Jmlefoot@apprenons.fr
À: hayliesmith@apprenons.us
Cc:
Objet: L'année scolaire
Pièce(s) jointe(s)

**COMPARISONS:**
**Language Comparisons:** Learners use the language to investigate, explain, and reflect on the nature of language through comparisons of the language studied and their own.

**SUGGESTION:**
Ask the students to look at the email and find similarities and differences between the terminology used for the buttons and formatting in French and in English. Remind them that they may be able to change the language of their own email platform into French for extra practice in French outside of class.

**G**  *I*  <u>S</u>

Salut, Haylie!

Je viens de lire ton mail, et je vois que ton système d'éducation aux États-Unis est très different du mien. Comme toi, j'ai commencé à l'école maternelle et j'ai continué à l'école élémentaire et puis au collège, mais les cours que je suivrai au lycée correspondront à la voie de formation que je choisirai. Une voie, c'est une sorte de spécialisation scolaire qui détermine ce qu'un élève fera après le lycée. Je pourrais passer le bac qui me préparera à l'université, ou me présenter au BEP ou à un CAP. D'une manière générale, ceux qui font le BEP ou le CAP ne vont pas à l'université (sauf ceux qui passent un bac professionnel), donc j'espère passer un bac technologique ou général. La question qui se pose est: LEQUEL DES DEUX CHOISIR?!

Je serai en 3e cette année et, pour moi, c'est une année très importante. C'est l'année à la fin de laquelle le conseil de classe émettra son avis concernant ma voie. Mes notes ne sont pas trop mauvaises et je n'ai jamais eu à redoubler. Mais une fois j'ai eu un 9 en anglais . . . c'est une langue difficile! Selon le calendrier d'orientation, je dois réfléchir un peu avant de choisir mes options, et en mai, mes parents et moi, nous allons remplir la fiche navette pour identifier ma voie. En juin, le Conseil de classe formulera sa proposition d'orientation. On va voir ce qui se passera, mais aujourd'hui c'est mercredi (pas de cours cet après-midi), et j'ai un match avec mon équipe! Mon club joue en championnat!

A+
Arnaud

**1.** La classe de troisième est importante parce qu'à la fin de cette année, le Conseil de classe propose une voie à chaque élève.

**2.** Oui, il voudrait poursuivre ses études à l'université car il espère passer un bac technologique ou général.

**3.** L'objectif principal du Conseil de classe est de formuler une proposition d'orientation pour les élèves.

---

**2.**  LIRE

### Faites correspondre chaque mot à sa définition en français.

1. une voie  *h*
2. redoubler  *f*
3. le Conseil de classe  *b*
4. un bilan  *g*
5. un échec  *e*
6. le calendrier d'orientation  *d*
7. la fiche navette  *a*
8. les options  *c*

a. le formulaire à remplir pour exprimer ses préférences de voie
b. le groupe qui détermine la voie que les élèves vont suivre
c. les cours que l'on peut choisir
d. les dates importantes de l'année scolaire
e. quand on rate une année, on doit . . .
f. répéter une année scolaire, c'est . . .
g. un document qui rassemble les notes de chaque trimestre
h. une spécialisation scolaire

**3.**

### Après avoir lu le message d'Arnaud, répondez aux questions suivantes.

1. Pourquoi la classe de 3e est-elle une année importante?

2. Arnaud voudrait-il poursuivre ses études à l'université? Comment le savez-vous?

3. Quel est l'objectif principal du Conseil de classe?

**4.**  LIRE  ÉCRIRE

### Comparez ce que vous savez sur le système éducatif en France après avoir lu le mail ci-dessus à ce que vous saviez avant.  Answers will vary.

**COMPARISONS:**
**Cultural Comparisons:** Learners use the language to investigate, explain, and reflect on the concept of culture through comparisons of the cultures studied and their own.

bac écoke trombone formation
scolaire rouleau
**Bachoter pour réussir** | **Leçon 1**

» **OBJECTIF**     *Choisir sa voie de formation*

# L'école en France

**COMMUNICATION:**
**Interpretive Communication:**
Learners understand, interpret, and analyze what is heard, read, or viewed on a variety of topics.

**âge**

| | | | | | | | |
|---|---|---|---|---|---|---|---|
| 18 | | | BAC professionnel | BAC technologique | BAC GÉNÉRAL | | |
| 17 | BEP | CAP | Terminale professionnel | Terminale technologique | Terminale générale | | Lycée |
| 16 | Terminale | 2e année | Première professionnel | Première technologique | Première générale | | |
| 15 | 1e année | 1e année | Seconde professionnel | Seconde générale et technologique | | | |
| | LA VOIE PROFESSIONNELLE | | | LA VOIE GÉNÉRALE ET TECHNOLOGIQUE | | | |
| | Diplôme National du Brevet | | | | | | |
| 14 | Troisième | | | | | | Collège |
| 13 | Quatrième | | | | | | |
| 12 | Cinquième | | | | | | |
| 11 | Sixième | | | | | | |
| 10 | CM2 | | | | | | École primaire |
| 9 | CM1 | | | | | | |
| 8 | CE2 | | | | | | |
| 7 | CE1 | | | | | | |
| 6 | CP | | | | | | |
| 5 | Grande section | | | | | | Maternelle |
| 4 | Moyenne section | | | | | | |
| 3 | Petite section | | | | | | |

**NOTE:**
This table illustrating the French education system relates to the theme/context of *La vie contemporaine - L'éducation et l'enseignement*. It could be used as the basis for a discussion on that topic.

## POINT**CULTURE**

### Les fournitures scolaires

Après les grandes vacances en France, tout le monde se précipite pour acheter les fournitures scolaires. Les listes fournies par les écoles sont très longues et précises. Les familles sont souvent obligées d'aller dans plusieurs magasins pour trouver la taille et les couleurs demandées! Les stylos, les gommes, et les trombones se rangent dans une trousse, mais où ranger les chemises, les classeurs et les feuilles? L'élève français classique aurait un cartable muni d'une poignée, mais les sacs à dos les remplacent ces dernières années. Un point intéressant: les élèves français utilisent toujours un stylo et ne tapent pas leur travail en général - ils l'écrivent à la main. Amusez-vous bien en cours!

*liste pour la rentrée*
*2 paquets de feuilles simples vertes*
*2 grands classeurs*
*(épaisseur normale) –*
        *1 rouge, 1 couleur au choix*
*3 chemises cartonnées avec rabats*
*1 bloc-notes*
*1 paquet d'étiquettes adhésives*
*40 pochettes transparentes perforées*
*1 boîte de trombones*
*1 rouleau de scotch*
*stylo plume bleu ou noir*
*stylo bille rouge*

**1.** 📖 **LIRE**    ✏️ **ÉCRIRE**

**Reliez les éléments de chaque colonne, en vous référant au tableau sur le système éducatif en France.**

**1.** BEP  c      **a.** Cours moyen 2
**2.** bac  d      **b.** Cours moyen 1
**3.** CAP  e      **c. Brevet** d'études professionnelles
**4.** CM1  b      **d.** Baccalauréat
**5.** CM2  a      **e.** Certificat d'aptitude professionnelle

## POINT**RAPPEL**

**Les prépositions *à* et *en***

La préposition *à* se traduit en anglais de trois façons: *in, at, to*.

Elle s'emploie souvent avec l'article défini.

Si l'article défini est de genre féminin, la préposition *à* et l'article se suivent.
**Exemple:** *Elle déjeune <u>à la</u> cantine.*

Si l'article défini est *l'* (pour les noms qui commencent par une voyelle, de genre masculin ou féminin), on emploie également la préposition *à*.
**Exemple:** *Il va <u>à l'</u>école primaire.*

**SUGGESTION:**
Ask students to brainstorm a list of locations that are related to school. Then ask them to create sentences using the correct form of the preposition *à* or *en*.

Si l'article défini est de genre masculin, la préposition *à* se combine avec l'article défini et devient *au*.
**Exemple:** *Ils vont <u>au</u> bureau du principal.*

Si l'article défini est au pluriel, la préposition *à* se combine avec l'article défini et devient *aux*.
**Exemple:** *Les admissions <u>aux</u> écoles supérieures sont très compétitives.*

| | |
|---|---|
| à + la = à la |
| à + l' = à l' |
| à + le = au |
| à + les = aux |

Pour indiquer la classe scolaire d'un élève, on emploie la préposition *en*.
**Exemple:** *Marine est au lycée. Elle est <u>en</u> première.*

---

**2.** ✏️ **ÉCRIRE**

**Exercice à trous. Lisez la première phrase puis écrivez (1) la classe et (2) l'école de chaque élève avec la préposition qui convient.**

1. Léa est de Nice et elle a 4 ans.
   classe: Elle est <u>en Moyenne section</u>.
   école: Elle va <u>à la maternelle</u>.

2. Laurent est de Montbéliard et il a 10 ans.
   classe: Il est <u>en Cours Moyen 2 (CM2)</u>.
   école: Il va <u>à l'école primaire</u>.

3. Luc est de Nantes et il a 14 ans.
   classe: Il est <u>en Troisième</u>.
   école: Il va <u>au collège</u>.

4. Latifa est de Montmorency et elle a 8 ans.
   classe: Elle est <u>en Cours élémentaire 2 (CE2)</u>.
   école: Elle va <u>à l'école primaire</u>.

5. Nathalie est de St.-Étienne et elle a 12 ans.
   classe: Elle est <u>en Cinquième</u>.
   école: Elle va <u>au collège</u>.

**3.** 📖 **LIRE** ❓ **PARLER**

**Exercice à trous. Regardez le tableau et complétez les phrases suivantes. Attention aux détails!**

1. À l'âge de 12 ans, on est en <u>cinquième</u> et au <u>collège</u>.

2. En France le collège n'est pas l'université; les collégiens ont de <u>onze</u> à <u>quatorze</u> ans.

3. L'équivalent français de «senior year» s'appelle <u>terminale</u> et l'école s'appelle <u>le lycée</u>.

4. Je suis né en 2008, maintenant je suis en <u>CE1</u>. Mon école s'appelle <u>l'école primaire (accurate for 2015, adapt for actual year)</u>

5. Au printemps prochain, j'aurai 15 ans. À l'automne, je serai donc en <u>seconde</u> dans une nouvelle école qui s'appelle <u>le lycée</u>.

6. Lorsqu'on a de 15 à 18 ans, on est en <u>au lycée</u>.

MONTE CARLO, MONACO

**4.**  LIRE  ÉCRIRE

### Identifiez la classe qui correspond aux élèves suivants.

**1.** Je m'appelle Sophie; je viens d'avoir 14 ans. Je joue au foot, et ma famille et moi, nous aimons faire du ski en hiver. J'ai un peu peur de commencer l'année scolaire car il y a beaucoup de décisions à prendre cette année. Heureusement je ne suis pas toute seule. Mes parents et le conseil de classe vont sûrement m'aider à choisir l'option qui me conviendra le mieux.

classe: troisième

**2.** Je m'appelle Marc et je suis très intelligent. J'aime bien les sciences et surtout les maths. J'ai 17 ans et il n'y a pas beaucoup d'étudiants de mon âge qui avouent aimer l'école, mais moi j'ose le dire! Je suis très satisfait de la voie que j'ai choisie. Après mes études au lycée j'aimerais aller dans une école d'ingénieurs.

classe: première

**3.** Je m'appelle Marie et je viens de passer mon brevet. C'est un examen national. Tous les élèves français de mon âge sont obligés de le passer. C'est un rite de passage très important dans la vie d'un étudiant, parce que c'est vraiment le premier diplôme officiel que l'on peut recevoir. Mes parents sont très fiers de ma réussite scolaire. Nous sommes même allés au restaurant avec mes frères pour fêter l'événement.

classe: troisième

**5.**  ÉCOUTER  ÉCRIRE

### Trois personnes vont se présenter et décrire leur expérience scolaire à l'oral. Écoutez et notez les points importants pour identifier leur classe.

Aïcha - première, Pierre - terminale, Benoît - seconde

**6.**  SE CONNECTER

### La structure du lycée français. À l'aide du lien ci-dessous, informez-vous sur la structure du lycée français, et répondez aux questions suivantes: http://www.education.gouv.fr/cid215/le-lycee.html

**1.** Lequel de ces lycées n'existe pas dans le système éducatif français?

    **a.** Le lycée d'enseignement général et technologique

    **b.** Le lycée d'enseignement professionnel

    **(c.)** Le lycée d'enseignement scientifique

    **d.** Tous les trois existent

**2.** Combien d'années passe-t-on au lycée en France?

    **a.** 1

    **b.** 2

    **(c.)** 3

    **d.** 4

**3.** Les voies générales et technologiques comprennent trois classes: seconde, première et terminale.

**4.** Indiquez si la phrase suivante est vraie ou fausse. Encerclez votre réponse.

    V **(F)** Au lycée professionnel, les enseignements technologiques et professionnels ne représentent pas beaucoup de temps dans l'horaire d'un élève.

**5.** Recopiez la phrase du texte qui justifie votre réponse à la question 4.

Les enseignements technologiques et professionnels représentent de 40 à 60% de l'emploi du temps d'un élève.

**6.** Lisez le passage qui explique l'organisation de l'enseignement général et technologique. Answers will vary.

    **1.** En quelques mots/lignes expliquez ce que vous avez compris.

    **2.** Identifiez les mots qui vous ont aidé à comprendre le texte.

    **3.** En quelques mots/lignes décrivez ce que vous ne comprenez pas. (si nécessaire)

    **4.** Identifiez les mots qui vous ont empêché de comprendre le texte.

**COMMUNICATION:**
**Interpretive Communication:** Learners understand, interpret, and analyze what is heard, read, or viewed on a variety of topics.

**AUDIOSCRIPTS:** The audioscript for each listening activity is supplied in Appendix F of this Teacher's Edition and online in Explorer.

## POINT**GRAMMAIRE**

# Meilleur, Mieux et Pire

C'est très simple: BON/MAUVAIS versus BIEN/MAL.

Si vous avez besoin d'un **adjectif**, employez **meilleur(e)(s)** ou **pire(s)**.

ASTUCE: *être*

ASTUCE: *Les adjectifs changent souvent de forme pour modifier un nom selon son genre et son nombre (masculin, féminin, pluriel)*

Si vous avez besoin d'un adverbe, employez mieux ou pire.

ASTUCE: *verbe qui exprime une action*

ASTUCE: *Les adverbes ne changent pas de forme car ils modifient un verbe.*

**SUGGESTION:**
Ask students to think of famous professional athletes, CEOs, politicians or actors so that they may describe them, compare them or make an extreme statement about them using *bon/mauvais, bien/mal, meilleur(e)(s)/mieux ou pire(s).*

| BON/MAUVAIS ou BIEN/MAL | MEILLEUR(E)(S) ou MIEUX/PIRE(S) | LE/LA/LES MEILLEUR(E)(S) ou LE/LA/LES PIRE(S) ou LE MIEUX | AUSSI ou AUTANT DE |
|---|---|---|---|
| *pour décrire d'une manière générale* | *pour comparer* | *pour se référer à un cas extrême* | *pour se référer à une égalité* |
| Il a une bonne note. | Il veut une meilleure note. | Il veut la meilleure note de la classe. | Il est aussi intelligent qu'elle. (adjectif) |
| Elle étudie bien. | Il étudie mieux que sa soeur. | Il étudie le mieux. | Il a autant de talent qu'elle. Elle a autant de cours que lui. |
| Ses notes en chimie sont mauvaises. | Mes notes en chimies sont pires que celles en maths. | Tes notes en chimies sont les pires. | |

---

7.  **ÉCRIRE**

**Traduisez les phrases suivantes en employant mieux, meilleur(e)(s), et pire(s).**

1. Marguerite is the best student in our class.
2. He speaks the best in German class.
3. We have the worst grades in math.
4. He is better in science than Sophie.
5. My sister reads better than you.

1. Marguerite est la meilleure étudiante de notre classe.
2. Il parle le mieux en cours d'allemand.
3. Nous avons les pires notes en maths.
4. Il est meilleur en sciences que Sophie.
5. Elle lit mieux que toi.

8.  **ÉCRIRE**  **PARLER**

**Regardez le bulletin de Matthieu Lequertier. Commentez la qualité de son travail en faisant des comparaisons et parlez de ses points forts et de ses points faibles en utilisant *meilleur(e)(s), pire(s), mieux, ou le/la/les meilleur(e)(s), le/la/les pire(s), le mieux.***

Answers will vary.

**COMMUNICATION:**
**Presentational Communication:** Learners present information, concepts, and ideas to inform, explain, persuade, and narrate on a variety of topics using appropriate media and adapting to various audiences of listeners, readers, or viewers.

**SUGGESTION:**
Lead students in an analysis of this graphic. What is this graphic? How are you able to tell what it is? What do you learn about French culture by looking at this artifact? How does it differ from its American equivalent? This artifact relates to the theme/context of *La vie contemporaine - L'éducation et l'enseignement*.

**CULTURES:**
**Relating Cultural Products to Perspectives:** Learners use the language to investigate, explain, and reflect on the relationship between the products and perspectives of the cultures studied.

**COMMUNICATION:**
**Interpretive Communication:** Learners understand, interpret, and analyze what is heard, read, or viewed on a variety of topics.

**COMPARISONS:**
**Cultural Comparisons:** Learners use the language to investigate, explain, and reflect on the concept of culture through comparisons of the cultures studied and their own.

**Lycée Queneau**

**LEQUERTIER Matthieu**
**BULLETIN DE NOTES**
**3ème trimestre**
**Année scolaire 2013-2014**

| Matières Professeurs | Élève | | Classe | | | Appréciations des professeurs |
|---|---|---|---|---|---|---|
| | Moyenne | (Rang) | Moyenne | Max. | Min. | |
| Anglais Mme Rouchet | 7 | (27) | 12, 1 | 18 | 6, 5 | Élève toujours aussi agité, ne manifeste aucun intérêt pour les langues. Résultats très décevants surtout à l'oral. Aucun effort. |
| Espagnol M. Launay | 8 | (11) | 10 | 15 | 2 | Bilan modeste, peu d'efforts |
| Latin M. Robert | 8, 8 | (3) | 8, 8 | 12, 4 | 8, 8 | Manque de travail et de sérieux, beaucoup de bavardage |
| Français Mme Zéphir | 7, 6 | (24) | 10, 5 | 15 | 6 | Résultats en baisse ce trimestre. Peu d'intérêt pour cette matière. Aucun travail personnel. Attention à l'orthographe! |
| Histoire – géo Mme Gallimore | 8 | (24) | 10, 8 | 13 | 7 | Résultats trop justes, manque de travail |
| Mathématiques M. Thélia | 15, 8 | (5) | 10, 5 | 16, 5 | 4 | Bilan très satifaisant. Bonne participation, esprit très positif. |
| Physique – chimie Mme Chirol | 16, 3 | (1) | 10, 2 | 16, 3 | 1 | De grandes capacités, élève très motivé |
| Sciences et vlt Mme Paquis | 15 | (2) | 9, 4 | 16 | 1 | Bon élément, travaille avec méthode et régularité |
| Informatique M. Michel | 14 | (3) | 12, 8 | 15, 3 | 8 | Élève attentif et intéressé |
| Éducation physique Mme Walter | 11 | (18) | 11, 7 | 18 | 5 | Ensemble moyen |

**9.**  **PARLER**

**Conversation style «Speed dating»: Prenez deux minutes pour vous préparer, puis parlez à un camarade de classe de vos aptitudes scolaires. Dépêchez-vous! Vous n'avez que trois minutes!** Answers will vary.

Sans écrire, préparez ces sujets pour pouvoir les présenter à votre camarade de classe: qui vous êtes, quel âge vous avez, d'où vous venez, à quelle école vous allez et en quelle année vous êtes. Ensuite, expliquez vos préférences et vos compétences scolaires, par exemple dans quel cours vous êtes meilleur, etc. Finissez par une explication rapide de ce que vous comptez faire comme études après le lycée.

N'oubliez pas de changer de rôles. Chaque personne devrait avoir l'occasion de parler.

**COMMUNICATION:**
**Presentational Communication:** Learners present information, concepts, and ideas to inform, explain, persuade, and narrate on a variety of topics using appropriate media and adapting to various audiences of listeners, readers, or viewers.

**SUGGESTION:**
Organize the class into either two concentric circles or two rows. After the two minutes of mental preparation without writing notes, ring a bell or blink the lights to indicate it's time to talk. After three minutes are up, students should shift one space and repeat. Continue signaling every three minutes until each student has spoken to every student in the other group. The net result will be each student repeating his/her own intro several times to a total of half of the class.

» OBJECTIF
» OBJECTIF   *Comparer le système français au système américain*

## Le Cancre

Il dit non avec la tête

mais il dit oui avec le cœur

il dit oui à ce qu'il aime

il dit non au professeur

il est debout

on le questionne

et tous les problèmes sont posés

soudain le fou rire le prend

et il efface tout

les chiffres et les mots

les dates et les noms

les phrases et les pièges

et malgré les menaces du maître

sous les huées des enfants prodiges

avec des craies de toutes les couleurs

sur le tableau noir du malheur

il dessine le visage du bonheur.

—Jacques Prévert
*(Paroles)* © Éditions GALLIMARD

**COMMUNICATION:**
**Interpretive Communication:**
Learners understand, interpret, and analyze what is heard, read, or viewed on a variety of topics.

Images dessinées par la classe de Cours Moyen, 1ère année de l'école primaire Jean de la Fontaine, d'Illange en Moselle, France (Institutrice: Catherine Touveron).

**SUGGESTION:**
This reading passage relates to the theme. context of *L'esthétique - Les arts littéraires*. Discuss Jacques Prévert (1900-1977) and mention other well known poems he wrote, such as *Déjeuner du matin* and *Barbara*.

1.  **LIRE**

**Lisez le poème célèbre *Le Cancre* de Jacques Prévert à haute voix, en faisant attention à votre prononciation.**

2.  **LIRE**  **ÉCRIRE**

**Identifiez les mots de vocabulaire qui correspondent aux définitions. Puis, donnez le mot en anglais et un synonyme en français.**

| Le mot français | La définition en français | Le synonyme en français | Le mot anglais |
|---|---|---|---|
| un cancre | Quelqu'un qui n'est pas un très bon élève | nul | dunce |
| debout | Après t'être levé(e), tu es . . . | d'aplomb/ se tient sur les pieds | standing/upright |
| efface | Si on fait une erreur au tableau blanc, on . . . | gomme | erase |
| un piège | On veut attraper une souris, donc on utilise . . . | un chausse-trape | trap |
| des huées | Si on n'est pas content du résultat du match de foot, on lance . . . | des cris de haine | boos/hisses |
| une craie | Si on veut dessiner au tableau, on utilise . . . | du calcaire | chalk |
| malheureux | On n'est pas heureux, alors on est . . . | triste | unhappy |

**3.**  ÉCRIRE

**Répondez à la question suivante: Quels sont les sentiments des personnages suivants?** Answers will vary, but may include:

**1.** Le cancre   contrarié, fâché, frustré

**2.** Les élèves   dérangés, distraits

**3.** Le prof   frustré, fâché

**4.**  LIRE    ÉCRIRE

**Les images et les stéréotypes. Répondez aux trois questions et ensuite comparez vos réponses avec un partenaire.**

**1.** Quelle est l'image de l'école française présentée dans *Le cancre*?

**2.** Quels sont les stéréotypes que l'on voit dans ce poème?

**3.** Comparez l'image présentée dans le poème à votre image d'une école américaine typique.

Answers will vary, but may include:
**1.** stricte, exigeante, effrayante
**2.** un professeur qui fait peur, un élève qui fait ce qui lui est demandé, le chaos de la classe
**3.** (variable - students will speak from their own experience)

**5.** PARLER

**Les notes: Regardez le tableau ci-dessous qui montre les équivalents des notes scolaires aux États-Unis et en France. Pensez à vos notes en cours et comparez-les aux notes françaises avec un camarade de classe. Que pensez-vous des différences?** Answers will vary.

| Lycée américain | Lycée français |
|---|---|
| 100 % | 17-20 |
| 98 | 16 |
| 95 | 15 |
| 93 | 14 |
| 90 | 13 |
| 83 | 12 |
| 78 | 11 |
| 73 | 10 |
| 71 | 9 |
| 66 | 8 |
| 63 | 7 |
| 58 | 6 |
| 55 | 5 |
| 48 | 4 |
| 44 | 3 |
| 42 | 2 |
| 40 | 1 |

**COMMUNICATION:**
**Interpersonal Communication:** Learners interact and negotiate meaning in spoken, signed, or written conversations to share information, reactions, feelings, and opinions.

**CULTURES:**
**Relating Cultural Practices to Perspectives:** Learners use the language to investigate, explain, and reflect on the relationship between practices and perspectives of the cultures studied.

NORMANDIE, FRANCE

# Leçon **1** | Bachoter pour réussir

**Chat - Arnaud et Haylie**

| | |
|---|---|
| Arnaud: | Slt. ça va? |
| Haylie: | Slt. Oui bien et toi? |
| Arnaud: | Oué, je rentre du 6né. y avait un film marrant. |
| Haylie: | ah... le cinéma? super. tu t'es bien amusé? |
| Arnaud: | oué, mdr pendant tout le film. Et toi keske tu fé? |
| Haylie: | Je vais bientôt devoir partir. Je dois prendre des photos pour le yearbook. |
| Arnaud: | Le yearbook? Cé Koi? |
| Haylie: | Cé Koi???? |
| Arnaud: | Pardon... J'oublie... C'est quoi? |
| Haylie: | Ahhh... je vois... Le yearbook c'est le livre «souvenir» de l'école |
| Arnaud: | de ton lycée? |
| Haylie: | Non, chaque école a un yearbook... même les écoles primaires... mais il y a moins de détails |
| Arnaud: | Ah bon... et kesk y a dedans? |
| Haylie: | Les photos de chaque élève, les photos de tous les clubs et de toutes les équipes de sports de l'école, les bals, homecoming, prom, cheerleading, etc... |
| Arnaud: | Kool, faudra mxpliké tout ça ... et pkoi cé toi qui prends les photos? |
| Haylie: | Pk, quand t'es au lycée, le yearbook est créé par un groupe d'élèves... Il y a un professeur qui travaille avec nous... |
| Arnaud: | sympa? |
| Haylie: | Koi???? |
| Arnaud: | Il est sympa? Le prof? |
| Haylie: | Oui, mais il est un peu vieux-jeu. mdr |
| Arnaud: | mdr: |
| Haylie: | dsl, mais je dois partir maintenant |
| Arnaud: | Snif, mais je comprends...Vazi... A+ |
| Haylie: | ???? |
| Arnaud: | Vas-y... A plus tard |
| Haylie: | Ah OK. A+ |

**COMMUNICATION:**

**Interpretive Communication:** Learners understand, interpret, and analyze what is heard, read, or viewed on a variety of topics.

Answers will vary, but may include extracurricular music and sports activities and teams, marching band, homecoming, prom, having a different group of students in each class instead of always the same group, etc.

**COMPARISONS:**

**Cultural Comparisons:** Learners use the language to investigate, explain, and reflect on the concept of culture through comparisons of the cultures studied and their own.

6.  **PARLER**  **ÉCRIRE**

**Réfléchissez: Quels aspects de la vie scolaire américaine les étrangers ne connaissent-ils peut-être pas?**

7.  **LIRE** **ÉCRIRE**

**Lisez le tchat entre Arnaud et Haylie.**

8.  **LIRE** **ÉCRIRE**

**Répondez aux questions de compréhension.**

1. Qu'est-ce qu'Arnaud ne comprend pas? Qu'est-ce que Haylie ne comprend pas?
2. Pourquoi est-ce que Haylie doit expliquer ce qu'est un «yearbook» à Arnaud?
3. Pourquoi Arnaud doit-il changer son langage?

1. Arnaud ne comprend pas le mot yearbook. Haylie ne comprend pas les mots CéKoi, 5pa et A+.
2. Arnaud n'a pas de *yearbook* dans son école.
3. Tous ces mots viennent du langage de texto en français.

BRUGES, BELGIQUE

**SUGGESTION:**
Texting and e-chatting has a language of its own and can vary from individual to individual, even in speakers of the same language. Ask students to identify elements of e-language in French and to figure out what they mean. Just as in English, vowels may be omitted, acronyms may be used, and numerals may be intermixed with letters. Sometimes saying them out loud will help to figure them out.

**COMPARISONS:**
**Language Comparisons:** Learners use the language to investigate, explain, and reflect on the nature of language through comparisons of the language studied and their own.

# Deux élèves français parlent de leurs expériences dans des écoles américaines

### L'école américaine
### JEAN:

«Le système de l'école américaine est très différent du système français, notamment l'emploi du temps: les Américains commencent les cours à 8 heures, mais ils les finissent déjà à 15 heures, ce qui leur laisse du temps pour les activités sportives et les devoirs. La durée d'un cours est de 45 minutes et l'ambiance y est très décontractée: les élèves mangent et boivent dans leurs salles de classe . . . Les contacts entre élèves et professeurs sont très faciles.

L'inconvénient, c'est qu'avec une si bonne ambiance et un programme si allégé, les élèves ne travaillent pas beaucoup et ne seront pas assez formés pour obtenir un emploi par la suite.

En somme, le système scolaire idéal serait un compromis entre le système américain et le système français: finir à 15 heures, mais bien travailler pendant les heures de cours . . . »

### Le système scolaire américain
### OLIVIER:

«Le système scolaire américain est différent de celui de la France. Il a ses avantages et ses inconvénients mais il comporte, à mon goût, plus d'avantages que d'inconvénients . . .

Commençons par le site où travaillent les élèves. Wellington School est un tout petit peu moins grand que le collège St.-Étienne mais elle comporte moitié moins d'élèves (800 élèves à Wellington contre 1800 à St.-Étienne). Dans cette école américaine, les aménagements sportifs sont sensationnels: 3 terrains de football, 4 terrains de tennis, 2 salles de basket, 1 terrain de base-ball, 1 salle de musculation . . . etc.

Continuons par la journée type . . . Tout d'abord, chaque période ne dure que 45 minutes. En tout, dans la journée, il y a 8 périodes. Les cours commencent le matin à 8 heures 15. De 8 heures à 8 heures et quart, tous les élèves de la high school et leurs professeurs se rassemblent dans un hall. Ils discutent du déroulement de la journée, des résultats sportifs des différentes équipes de l'école et d'autres sujets relatifs à la vie scolaire. Puis, après cette réunion, commencent les cours. Les classes sont allégées. J'ai assisté à un cours de maths où il n'y avait que 6 élèves!!!!! Avec des conditions comme celles-là, il est normal que les élèves comprennent plus vite: le professeur peut combler les lacunes de chacun. Cela n'est pas possible en France, dans des classes surchargées de 35 élèves. Les classes aux USA ne dépassent généralement pas les 15 élèves.

Quelque chose m'a surpris à Wellington: c'est le comportement des élèves. Ils quittent la salle, mangent, boivent, tout cela pendant le cours. Autre point très important: les élèves peuvent choisir les matières qu'ils veulent étudier en vue de leur projet professionnel.

Seul bémol à cet éloge du système scolaire américain: le port de l'uniforme.

Après avoir relu cet article, il me semble que la balance penche très fortement pour le système scolaire américain et non pour le système français.»

© Yves Clady (http://yclady.free.fr/webzine.html)

---

**9.**  **ÉCRIRE** **PARLER**

### Répondez aux questions de compréhension suivantes, à l'écrit ou à l'oral.

1. Comment Jean décrit-il les rapports entre les élèves et les professeurs?

2. Selon les deux garçons, combien de temps dure un cours américain?

3. Quelle est leur perception de la difficulté des cours américains?

4. Quel est le seul point négatif du système américain selon Olivier?

5. Quel serait le système idéal d'après Jean?

**10.**  **ÉCRIRE**  **PARLER**

### Êtes-vous plutôt d'accord avec Jean ou avec Olivier? Donnez votre opinion sur chaque question de l'exercice précédent. Justifiez vos réponses. N'hésitez pas à comparer leurs expériences avec les vôtres. Answers will vary.

**Exercise 9 Answers:**
1. Les contacts entre élèves et professeurs sont très faciles.
2. Selon les deux garçons (dans les écoles où ils sont), les cours américains durent 45 minutes.
3. D'après Jean, les élèves ne travaillent pas beaucoup et ne seront pas assez formés pour obtenir un emploi par la suite. D'après Olivier, les classes sont allégées, les élèves comprennent plus vite car le professeur peut combler les lacunes de chacun.
4. Selon Olivier, le seul point négatif est le port de l'uniforme.
5. D'après Jean, le système idéal serait un compromis entre le système américain et le système français; finir à 15h00, mais bien travailler pendant les heures de cours.

 **LIRE**  **PARLER**

**11.**

**COMMUNICATION:**
**Presentational Communication:** Learners present information, concepts, and ideas to inform, explain, persuade, and narrate on a variety of topics using appropriate media and adapting to various audiences of listeners, readers, or viewers.

**Lisez les phrases suivantes et réfléchissez. Êtes-vous d'accord? Choisissez-en au moins deux et exprimez votre opinion à l'oral. Ajoutez quelques détails ou exemples qui justifieront votre point de vue.** Answers will vary.

1. Les sports à l'école ne sont qu'une distraction.

2. En Belgique, l'éducation des étudiants handicapés (mentaux ou physiques) est séparée. On devrait faire la même chose aux États-Unis.

3. Les étudiants américains sont plus paresseux que les étudiants français.

4. Il est plus facile de comprendre les cours aux États-Unis, parce que les classes ont 15 élèves maximum.

5. En France, les résultats des examens sont annoncés en public, et les américains devraient suivre cet exemple de manière à inciter et motiver leurs élèves à être responsables.

**12.**  **LIRE**  **PARLER**

**Regardez l'emploi du temps ci-dessous, puis parlez des différences que vous remarquez entre l'emploi du temps au lycée en France et aux États-Unis.**

Answers will vary, but may include: different classes each day (more varied schedule), built in break periods, long lunch period, classes end later, no sports or music.

## Emploi du temps – A2 Seconde

|  | LUNDI | MARDI | MERCREDI | JEUDI | VENDREDI |
|---|---|---|---|---|---|
| 8h00 – 8h55 |  | Latin | Français |  | Maths |
| 8h55 – 9h50 |  | Latin | Français | Anglais | Maths |
| 9h50 – 10h05 | Récré | | | | |
| 10h05 – 11h00 | Chimie | Éducation physique | Maths | Espagnol | Chimie |
| 11h00 – 11h55 | Géographie | Éducation physique | Maths | Géographie | Chimie |
| 11h55 – 13h25 | Déjeuner | | | Déjeuner | |
| 13h25 – 14h20 |  | Anglais |  | Labo Chimie | Français |
| 14h20 – 15h15 | Anglais | Espagnol |  | Maths | Latin |
| 15h15 – 15h30 | Pause | | | Pause | |
| 15h30 – 16h25 | Espagnol | Chimie |  | Géographie |  |
| 16h25 – 17h20 |  | Maths |  | Français |  |

**COMPARISONS:**
**Cultural Comparisons:** Learners use the language to investigate, explain, and reflect on the concept of culture through comparisons of the cultures studied and their own.

**13.**  ÉCRIRE  PARLER

**Choisissez une question et (1) écrivez un paragraphe pour exprimer votre avis sur le sujet choisi ou (2) parlez de votre avis avec un camarade de classe. Faites une liste de vos idées et discutez-en. Donnez votre opinion et répondez aux opinions de vos camarades.** Answers will vary.

1. Quelles sont certaines conséquences du choix de séparer l'école et les sports? Par exemple, quels effets les sports ont-ils sur les vêtements des élèves et les activités après les cours ou le soir? Faites une liste de ces conséquences, puis discutez-en. Donnez votre opinion et répondez aux opinions de vos camarades.

2. Quelles sont certaines conséquences du choix de se spécialiser au lycée français avant le niveau universitaire? Que peut-on faire après le lycée en France et après le high school aux États-Unis? Faut-il aller à l'université pour avoir du succès dans la vie professionnelle?

**COMMUNICATION:**
**Presentational Communication:** Learners present information, concepts, and ideas to inform, explain, persuade, and narrate on a variety of topics using appropriate media and adapting to various audiences of listeners, readers, or viewers.

**COMPARISONS:**
**Cultural Comparisons:** Learners use the language to investigate, explain, and reflect on the concept of culture through comparisons of the cultures studied and their own.

**SUGGESTION:**
Ask students to use the topics in Exercises 11 and 13 as the basis for a debate, either in partners or in groups.

**SUGGESTION:**
Use the photo of Asilah, Morocco as a springboard for a conversation or discussion. Ask students to investigate the education system in Morocco and compare it to that of France or the United States.

**EXPLORER:**
For additional exercises, AP® practice tasks, discussion forums, and external links, go to *APprenons* Explorer at **learningsite.waysidepublishing.com**

ASILAH, MAROC

**LIRE**

La sélection suivante est accompagnée de plusieurs questions. Pour chaque question, choisissez la meilleure réponse selon la sélection.

### Introduction:

La sélection suivante est un menu de la **cantine** scolaire dans un lycée en banlieue parisienne.

**THEME/CONTEXT:**
Les défis mondiaux - L'alimentation
**SECONDARY THEME/ CONTEXT:**
La vie contemporaine - L'éducation et l'enseignement

# Restaurant Scolaire du Lycée Césaire

Menus du 22 avril au 02 mai

Nous nous réservons la possibilité de modifier le menu en fonction des arrivages et des contraintes du marché, tout en respectant l'équilibre nutritionnel!

| LUNDI 22 | MARDI 23 | MERCREDI 24 |
|---|---|---|
| Lentilles en salade | Demi pomelos | Carottes râpées à l'orange |
| Rôti de porc ardennais | Normandin de veau provençale | Filet de poisson sauce bonne femme |
| Chou-fleur persillé | Semoule au beurre | Haricots verts |
| Gouda | Fromage frais nature | Fromage blanc |
| Fruit de saison | Compote de pommes | Gaufre au sucre |

| LUNDI 29 | MARDI 30 | MERCREDI 31 |
|---|---|---|
| Haricots verts en salade | Melon jaune | Céleri rémoulade |
| Sauté de porc dijonnaise | Côtelettes de veau Cordon bleu | Rosbif |
| Lentilles ardèchoises | Épinards béchamel | Tortis au beurre |
| Chèvre | Yaourt nature sucré | Cantal |
| Fruit de saison | Clafoutis aux fraises | Ananas au sirop |

# Menu

| JEUDI 25 | VENDREDI 26 |
|---|---|
| Salade verte | Oeuf mayonnaise |
| Coquillettes à la bolognaise | Cuisse de poulet aux herbes |
| | Julienne de légumes |
| Brie | Tome de Savoie |
| Glace | Fruit de saison |

| JEUDI 01 | VENDREDI 02 |
|---|---|
| | Salade verte |
| | Filet de poisson pané citron |
| Férié | Riz à la tomate |
| | Edam |
| | Entremet chocolat |

1. **Quel est le but de la sélection?**
   - a. informer les familles de ce que l'école offre comme alimentation
   - b. inciter les passants à choisir ce restaurant
   - c. encourager les élèves à choisir leur plat à l'avance
   - d. informer les familles des modifications faites sur le menu

2. **Pourquoi l'école se réserve-t-elle le droit de changer le menu?**
   - a. s'il y a un manque d'argent
   - b. si le chef de cuisine tombe malade
   - c. si la nourriture prévue n'est pas à la disposition des acheteurs
   - d. si la nourriture prévue ne respecte pas l'équilibre nutritionnel

3. **Quel est le ton de cette sélection?**
   - a. didactique
   - b. informationnel
   - c. comique
   - d. ludique

4. **Qu'est-ce qu'on mange directement avant le dessert?**
   - a. des produits laitiers
   - b. des féculents
   - c. des salades
   - d. des aliments riches en protéines

5. **Pourquoi n'y a-t-il pas de repas le 1ᵉʳ mai?**
   - a. C'est la fête de l'armistice.
   - b. Le premier jeudi de chaque mois il n'y a pas de cours.
   - c. Il y a un évènement exceptionnel à l'école.
   - d. C'est un jour où l'on ne travaille pas en France.

» **Interpretive Communication: PRINT AND AUDIO TEXTS**

 **LIRE**  **ÉCOUTER**

Vous allez lire un passage et écouter une sélection audio. Pour la lecture, vous aurez un temps déterminé pour la lire. Pour la sélection audio, vous aurez d'abord un temps déterminé pour lire une introduction et pour parcourir les questions qui vous seront posées. La sélection sera présentée deux fois. Vous pouvez prendre des notes pendant que vous écoutez la sélection mais elles ne seront pas comptées. Après avoir écouté la sélection une première fois, vous aurez 1 minute pour commencer à répondre aux questions; après avoir écouté la sélection une deuxième fois, vous aurez 15 secondes par question pour finir de répondre aux questions. Pour chaque question, choisissez la meilleure réponse selon la sélection audio ou lecture et indiquez votre réponse sur votre feuille de réponse.

**THEME/CONTEXT:**
La vie contemporaine - L'éducation et l'enseignement

**SECONDARY THEME/CONTEXT:**
La science et la technologie - La technologie et ses effets sur la société

**TERTIARY THEME/CONTEXT:**
La vie contemporaine - Les rites de passage

**SOURCE 1:**

### Introduction:
**Dans cette sélection, il s'agit de la publication des résultats de l'examen du baccalauréat. Cet article a paru le 4 juillet 2011 sur le site www.category.net.** © category.net

## Bac, brevet: pourquoi vous ne trouverez pas votre résultat dans la presse et sur internet cette année?

Alors que les résultats du bac sont attendus le 5 juillet 2011 et ceux du brevet le 8 juillet, beaucoup de candidats et leurs proches ignorent que leur résultat ne sera pas publié, comme *Ligne* c'est l'usage depuis des années, dans le journal local ou sur 5 les sites internet. La raison à cela: la modification du recueil de consentement mis en place depuis 2 ans par le ministère de l'Education nationale.

Chaque année c'est le même rituel: au lendemain des résultats, parents et grands-parents de candidats achètent le journal pour 10 avoir la fierté de voir le nom de leur enfant figurer dans la liste des admis au baccalauréat ou au brevet. Un plaisir désormais gâché, puisqu'une grande partie des résultats ne sont plus transmis à la presse et aux sites internet tels que France-examen.com. Après la stupeur, la colère des lecteurs et internautes qui ne comprennent 15 pas pourquoi le nom recherché n'apparaît pas dans la liste. La raison en est pourtant simple: le candidat, ou son représentant légal, n'a pas donné l'autorisation de diffusion de son résultat auprès de la presse et des sites internet de sociétés de droit privé. Simple. En apparence seulement puisque dans les faits, nombre 20 d'entre eux ne se sont jamais prononcés sur le refus de publication. C'est le ministère qui l'a décidé pour eux!

Jusqu'en 2008, les candidats à un examen devaient se prononcer s'ils ne souhaitaient pas divulguer leur résultat à la presse. Depuis deux ans, c'est l'inverse: c'est au candidat d'autoriser expressément la communication de cette
25 information, le ministère considérant que par défaut la réponse est « non ». Mais comment être certain que le candidat s'est réellement prononcé sur ce point quand la question sur le formulaire est facultative et que l'absence de réponse équivaut à un « non »? Comment savoir ce que souhaite le candidat ou son représentant légal quand l'inscription à l'examen se fait directement par
30 l'établissement scolaire comme pour le Diplôme national du brevet? Dans ce dernier cas, les parents reçoivent simplement une confirmation d'inscription de leur enfant au brevet sur laquelle figure:
« Acceptation communication de données personnelles sur le résultat de l'examen à des organismes privés: NON ». Qui est là pour leur expliquer la signification de ce
35 « non » et leur préciser qu'ils peuvent modifier ce choix?

Dans les faits, les nouvelles modalités de recueil du consentement ont de lourdes répercussions sur la diffusion des résultats puisqu'en 2009, 77 % des résultats, tous diplômes confondus, étaient transmis à la presse et aux sites internet titulaires d'une licence avec le ministère de l'Education nationale (et 86 % des résultats du
40 brevet). En 2010 ce taux chute à 47 % et 22 % seulement pour le brevet. Une situation incompréhensible pour les candidats et leurs proches habitués pendant de nombreuses années à consulter leurs résultats d'examen dans la **PQR** ou sur internet.

A ce jour, seul le site internet du ministère, dédié à la publication des résultats, Publinet, dispose d'une liste complète des résultats. Et pour cause: aucun recueil de consentement
45 n'est réalisé dans ce cas de figure.

France-examen, acteur de référence, depuis 1986, de la diffusion des résultats d'examen sur **Minitel** puis sur internet, se bat depuis deux ans pour faire modifier la manière dont le recueil de consentement est opéré par le ministère de l'Education nationale. Il n'est pas question de demander au ministère le transfert de tous les résultats d'examen
50 mais bel et bien de permettre au candidat ou à son représentant légal de bénéficier d'un choix éclairé au moment de se prononcer.

Pour la session des examens 2012, le ministère a consenti à apporter des améliorations dans les modalités de recueil du consentement. France-examen restera vigilant sur ce point afin que les candidats qui le souhaitent puissent retrouver dès l'année prochaine
55 leur résultat au bac, au brevet et à tout autre examen (CAP, BEP, BTS…) dans la presse et sur internet, comme cela a toujours été le cas auparavant.

## SOURCE 2: SÉLECTION AUDIO

**AUDIOSCRIPT:**
The audioscript for each listening activity is supplied in Appendix F of this Teacher's Edition and online in Explorer.

## Introduction:

Il s'agit de l'annonce publique des résultats du bac. C'est une élève française, Pauline, qui nous parle de son avis à ce sujet. © Mireille Henderson

1. **Quel est le ton du passage?**

   a. positif

   b. neutre

   c. humoristique

   d. polémique

2. **Selon l'extrait audio, quelle est la raison pour laquelle Pauline est contre l'annonce du résultat public du bac?**

   a. Ses parents auront honte si elle ne l'a pas.

   b. C'est trop stressant pour les élèves.

   c. Elle ne va pas aller au lycée pour voir les résultats affichés sur les portes.

   d. On montre seulement les résultats de certains élèves.

3. **Dans le passage, qu'est-ce que la phrase «[…] seul le site internet du ministère, dédié à la publication des résultats, Publinet, dispose d'une liste complète des résultats» veut dire?**

   a. Publinet possède tous les résultats du bac.

   b. Uniquement Publinet a le droit de jeter les résultats à la poubelle.

   c. Publinet cache les résultats du bac.

   d. Publinet est le seul site à ne pas avoir les résultats complets.

4. **D'après Pauline, quand va-t-elle passer son bac?**

   a. dans quelques années

   b. elle l'a déjà passé l'année dernière

   c. l'année prochaine

   d. quand elle aura 15 ans

5. **Selon le passage, France-examen aimerait que:**

   a. les élèves soient obligés de faire publier leurs résultats.

   b. le ministère s'occupe de tous les résultats.

   c. les familles des élèves n'aient pas le choix concernant la publication des résultats.

   d. les familles des élèves aient la possibilité de choisir si les résultats sont publiés.

NICE, FRANCE

### Vocabulaire
métier (n.m.)
rater (v.)
rattrapage (n.m)

» **Interpretive Communication: AUDIO TEXTS**

 **ÉCOUTER**

**AUDIOSCRIPT:**
The audioscript for each listening activity is supplied in Appendix F of this Teacher's Edition and online in Explorer.

**Vocabulaire**
périscolaire

**THEME/CONTEXT:**
La vie contemporaine - Les loisirs et le sport
**SECONDARY THEME/CONTEXT:**
La vie contemporaine - L'éducation et l'enseignement

Vous allez écouter une sélection audio. Vous aurez d'abord un temps déterminé pour lire l'introduction et pour parcourir les questions qui vous seront posées. La sélection sera présentée deux fois. Après avoir écouté la sélection une première fois, vous aurez 1 minute pour commencer à répondre aux questions; après avoir écouté la sélection une deuxième fois, vous aurez 15 secondes par question pour finir de répondre aux questions. Pour chaque question, choisissez la meilleure réponse selon la sélection audio et indiquez votre réponse sur la feuille de réponse.

## Introduction:

Dans cette sélection, il s'agit d'un professeur français, Jean Michel Quarantotti, qui s'exprime sur l'importance des activités extra-scolaires. Cet entretien a eu lieu entre deux collègues dans un collège/lycée en mars 2014. © Elizabeth Rench

1. **Selon Jean Michel, pourquoi l'organisation des activités est-elle un devoir de l'école?**

   a. parce que l'école est obligée, par l'État, de les offrir.

   b. parce que les élèves apprennent en dehors des heures de cours.

   c. parce que les activités sont intéressantes.

   d. parce que les élèves aiment les activités périscolaires.

2. **Complétez la phrase, « En participant aux activités périscolaires, les élèves peuvent . . . »**

   a. découvrir un nouveau talent ou don.

   b. se faire des amis pour la vie.

   c. mettre en pratique ce qu'ils apprennent.

   d. s'exprimer d'une façon plus certaine.

3. **Les élèves faibles à l'école primaire remontent leur niveau scolaire grâce à quoi?**

   a. à l'intérêt du sport

   b. aux rapports sociaux

   c. au réinvestissement à l'école

   d. au rétablissement des limites

4. **D'après Jean Michel, faut-il intégrer les activités périscolaires dans la salle de classe?**

   a. Oui, parce que les élèves s'y intéressent.

   b. Oui, parce que les activités font partie du programme scolaire.

   c. Non, parce que les activités ne font pas partie du programme scolaire.

   d. Non, parce que tous les élèves ne peuvent pas y participer.

5. **Quelle activité n'est pas mentionnée dans la sélection audio?**

   a. les clubs culturels

   b. le théâtre

   c. le sport

   d. la musique

6. **Quelle est la définition du mot «connaissances» dans le contexte de cet extrait audio?**

   a. des compétences dans un domaine

   b. les gens que les élèves connaissent

   c. ce qu'un élève a mémorisé avant un contrôle

   d. le contraire du savoir

## » Interpersonal Writing: E-MAIL REPLY

 LIRE  ÉCRIRE

Vous allez écrire une réponse à un message électronique. Vous aurez 15 minutes pour lire le message et écrire votre réponse. Votre réponse devrait débuter par une salutation et terminer par une formule de politesse. Vous devriez répondre à toutes les questions et demandes du message. Dans votre réponse, vous devriez demander des détails à propos de quelque chose mentionnée dans le texte. Vous devriez également utiliser un registre de langue soutenue.

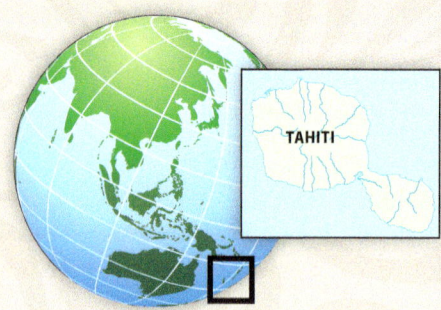

TAHITI

**THEME/CONTEXT:**
La vie contemporaine - L'éducation et l'enseignement

**SECONDARY THEME/CONTEXT:**
La vie contemporaine - Les voyages

**SCORING GUIDELINES:**
See the scoring guidelines proposed by The College Board for the AP® French Language Culture Exam for the Interpersonal Writing: E-mail Reply, the Presentational Writing: Argumentative Essay, the Interpersonal Speaking: Conversation, and the Presentational Speaking: Cultural Comparison exercises.

## Introduction:

C'est un message électronique d'Aata Ofati du Lycée privé Michou Chaze. Vous recevez ce message parce que vous avez envoyé une demande pour savoir si vous pouvez être inscrit(e) à cette école à la rentrée.

Papeete, le 3 mai 2015

De: Aata Ofati
    oftai@lpchaze.pf

Mademoiselle, Monsieur,

Bienvenue à Tahiti. Nous sommes ravis de vous accueillir. Nous vous remercions de votre intérêt et vous demandons quelques informations supplémentaires en ce qui concerne

*Ligne* votre demande de **poursuivre** vos études au Lycée

5 Privé Michou Chaze à partir du mois d'août. Cela vous donnera l'occasion de nous expliquer vos motivations en plus grand détail.

• Pourquoi avez-vous choisi d'étudier à Tahiti?

10 • Pourquoi préféreriez-vous une école privée à une école publique?

• Décrivez votre niveau de langue française dans tous les domaines: écrit, lecture, oral, écoute.

15 Dès que je serai en possession de toutes les informations nécessaires, je vous contacterai pour finir votre demande.

En attendant votre réponse, je vous prie d'agréer,

20 Mademoiselle/Monsieur, l'expression de mes sentiments les meilleurs.

Aata Ofati
Lycée privé Michou Chaze

**COMMUNITIES:**
**School and Global Communities:** Learners use the language both within and beyond the classroom to interact and collaborate in their community and the globalized world.

LIRE  ÉCOUTER

 ÉCRIRE

Vous allez écrire un essai argumentatif pour un concours d'écriture de langue française. Le sujet de l'essai est basé sur trois sources ci-jointes, qui présentent des points de vue différents sur le sujet et qui comprennent à la fois du matériel audio et imprimé. Vous aurez d'abord 6 minutes pour lire le sujet de l'essai et le matériel imprimé. Ensuite, vous écouterez l'audio deux fois; vous devriez prendre des notes pendant que vous écoutez. Enfin, vous aurez 40 minutes pour préparer et écrire votre essai. Dans votre essai, vous devriez présenter les points de vue différents des sources sur le sujet et aussi indiquer clairement votre propre point de vue que vous défendrez à fond. Utilisez les renseignements fournis par toutes les sources pour soutenir votre essai. Quand vous ferez référence aux sources, identifiez-les de façon appropriée. Organisez aussi votre essai en paragraphes bien distincts.

**THEME/CONTEXT:**
La science et la technologie - La technologie et ses effets sur la société
**SECONDARY THEME/CONTEXT:**
Les défis mondiaux - L'environnement
**TERTIARY THEME/CONTEXT:**
Les défis mondiaux - L'économie

**SUJET DE LA COMPOSITION:**
Les livres traditionnels ou les livres numériques, lesquels devrait-on utiliser à l'école?

**SOURCE 1:**

## Introduction:

**Dans cette sélection il s'agit des livres en papier et des livres numériques. Cet extrait vient d'un article qui a été publié en novembre 2011 sur le site www.consoglobe.com.** © Consoglobe

# Livre papier vs livre numérique: lequel est le plus écolo?

Même si la lecture sur support numérique reste marginale en France, elle **grignote** peu à peu des parts de marché. Outre le côté pratique du livre dématérialisé, les pro e-books avancent souvent l'argument d'une consommation du livre plus verte. Qu'en est-il réellement? Le livre électronique est-il plus écolo que son **homologue** en papier?

Le livre numérique fait une entrée **sur la pointe des pieds** en France. Il ne représente aujourd'hui que 0,5% des ventes de livres dans l'Hexagone. Mais le développement des **liseuses** et l'arrivée du fameux Kindle en octobre dernier chez Amazon changent peu à peu les habitudes de lecture. Dans l'esprit de la dématérialisation des objets comme cela a été le cas avec le MP3 rendant nos vieux CD tout poussiéreux, le livre numérique avance un argument de poids en faveur de l'écologie: plus de papier donc plus de déforestation.

Mais est-ce aussi simple que cela? Le livre numérique est-il vraiment plus écolo que son vieil ancêtre en papier?

### Le marché du livre numérique dans le monde
Outre-atlantique, le livre numérique a déjà fait ses preuves. Sur le marché du livre, l'e-book aux Etats-Unis est passé de 0,6% des parts de marché en 2008 à 6,8% aujourd'hui.

Les romans version électronique en sont les grands gagnants: ils représentent 13,6% des revenus nets alors que la version papier a chuté de 25,7% en 2010.

*Ligne 5, 10, 15, 20*

25 Le n°1 du marché de l'e-book aux Etats-Unis est Amazon, qui capte 70% des utilisateurs avec son Kindle Store. La librairie virtuelle propose 950.000 titres.

Les Britanniques sont les autres « e-lecteurs » dans le monde, avec une part de marché proche de celle des Etats-Unis, 6%. Ceci
30 s'explique certainement par la large mise à disposition de titres en anglais.

En France, même si le taux de lecture de livres numériques progresse tout doucement: 8% des Français ont déjà lu un livre numérique en 2011 (contre 5% en septembre 2009 – source SNE),
35 la consommation d'e-book reste marginale. De plus, les Français paraissent peu enclins à payer pour un livre dématérialisé. Le baromètre GFK indiquait dernièrement que 77% des téléchargements d'e-books concernaient les gratuits.

### Le livre numérique est-il vraiment écolo?

40 Si on s'attache au fait qu'un e-book ne nécessite ni bois, ni transport, on peut s'attendre à ce que son empreinte écologique soit bien inférieure à celle de son homologue en papier. A l'inverse, en termes de production, on s'accorde à penser que la fabrication d'une liseuse numérique comme un Kindle par exemple coûte bien
45 plus cher à l'environnement que l'impression d'un seul livre papier.

Pourtant, parce que l'on n'achète qu'une seule fois une liseuse numérique pour y stocker quantité de livres électroniques (environ 200 selon les modèles), et que l'on achète plusieurs unités de livres en papier par an (16 livres par an et par Français environ),
50 la balance devrait pencher du côté de la version numérique.

### L'empreinte carbone des livres

Lorsque l'on prend en considération toute la chaîne de production d'un livre papier jusqu'à son transport, on considère qu'il coûte 7,5 kg en équivalent carbone, selon le cabinet de consultants Cleantech.

55 En outre, pour ce qui est de la version papier du livre, le transport est l'une des étapes impactant le plus l'environnement. Il intervient tout au long de la conception de l'ouvrage, pour acheminer les matières premières, puis du papetier à l'imprimeur, et de l'imprimeur aux plateformes logistiques pour assurer la
60 distribution.

*(suite à la page suivante)*

### SOURCE 1 (SUITE):

Toujours selon Cleantech, un Ipad d'Apple équivaut à 130 kg d'équivalent carbone pendant tout son cycle de vie; un Kindle équivaut à 168 kg. [...]

### La consommation d'eau

65 L'eau est également une source importante intervenant dans la production d'un livre. Alors qu'il faut 27 litres d'eau pour produire un livre papier, il en faut moins de 500 ml pour fabriquer un e-book. Par contre, 300 litres d'eau sont nécessaires à la fabrication d'une liseuse. À partir d'une
70 douzaine d'e-books, on peut commencer à économiser de l'eau. [...]

### Les produits chimiques

De nombreux produits chimiques entrent dans le processus de fabrication d'un livre papier: colles, agents de résistance, colorants, azurants optiques, antimousses... Et c'est sans
75 parler du **blanchiment** du papier pour lequel l'utilisation de chlore, extrêmement polluant est nécessaire.

Autre élément des plus polluants dans la conception d'un ouvrage papier, l'encre. Cependant, des avancées technologiques permettent d'imprimer les livres avec des encres végétales, 80 élaborées à partir de colza ou de soja. Par contre, seule la bonne foi de l'éditeur permet de s'assurer que ces encres végétales ne sont pas élaborées à partir d'huile de palme, ni ne contiennent d'OGM.

La plupart des imprimeurs continuent à opter pour l'impression 85 standard, pour des questions de coût évidemment.

Concernant la fin de vie, que ce soit pour la version numérique ou la version papier, l'absence de recyclage génère une forte pollution. [...]

### Quelle serait alors la meilleure solution?

90 Quels que soient les chiffres sur lesquels on se base, la balance penche sérieusement du côté du livre en papier recyclé, qui reste la manière la plus écologique de lire.

PARIS, FRANCE

**SOURCE 2:**

## Introduction:

Dans cette sélection, il s'agit du prix des livres de poche, des livres cartonnés et des livres numériques. Ces informations ont paru dans le magazine PC Pro en juin 2011. © PC Pro

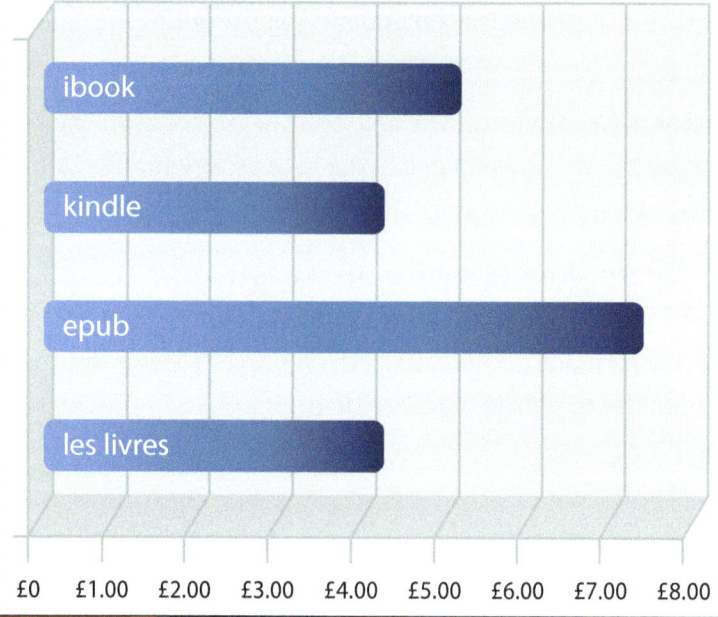

**Les livres de poche**

- ibook
- kindle
- epub
- les livres

£0  £1.00  £2.00  £3.00  £4.00  £5.00  £6.00  £7.00  £8.00

**CULTURES:**

**Relating Cultural Practices to Perspectives:** Learners use the language to investigate, explain, and reflect on the relationship between practices and perspectives of the cultures studied.

**CONNECTIONS:**

**Acquiring Information and Diverse Perspectives:** Learners access and evaluate information and diverse perspectives that are available through the language and its cultures.

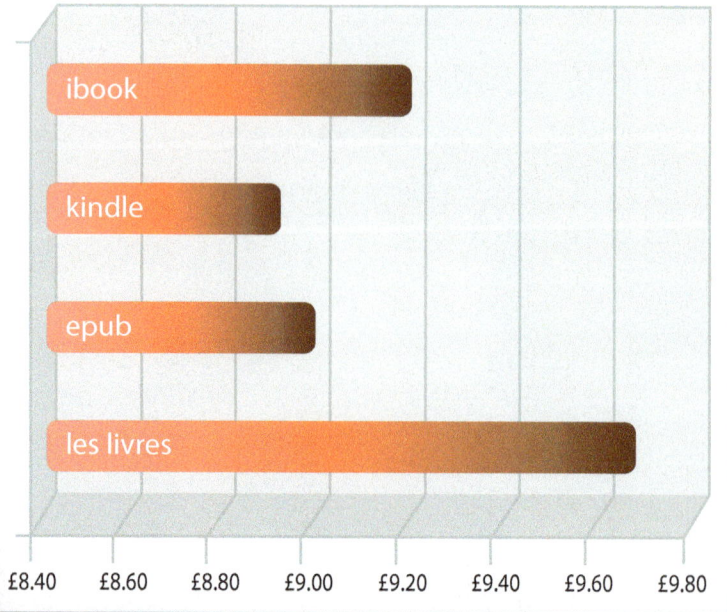

**Les livres cartonnés**

- ibook
- kindle
- epub
- les livres

£8.40  £8.60  £8.80  £9.00  £9.20  £9.40  £9.60  £9.80

(1,00 € = £ ,81)

## SOURCE 3:
## SÉLECTION AUDIO

**AUDIOSCRIPT:**
The audioscript for each listening activity is supplied in Appendix F of this Teacher's Edition and online in Explorer.

### Introduction:

Dans cette sélection, il s'agit des livres numériques destinés aux jeunes. Cet extrait audio vient d'un article intitulé *Pour la jeunesse, les livres numériques sont plus souvent interactifs et multimédias,* tiré du site **www.livreshebdo.fr.** © Livres hebdo

**Vocabulaire**
augmenter
livre numérique
marché
ouvrage

**SUGGESTIONS:**

Ideas for composition organization:

**Introduction**

**Source 1 viewpoint:**

Traditional books made of recycled paper are the most green book format. If schools and individuals are interested in eco-friendly reading, this would be the format to choose.

**Source 2 viewpoint:**

From an economic point of view, hardback books are more costly in paper format than in digital format.

**Source 3 viewpoint:**

Digital books are becoming more popular for school books, whereas in the past they were mostly novels. The digital format is becoming more popular in France where one third report reading more in digital format than in paper format.

**Student's own viewpoint:**

**Conclusion**

## » Interpersonal Speaking: CONVERSATION

**THEME/CONTEXT:**
La vie contemporaine - L'éducation et l'enseignement

 LIRE   ÉCOUTER   PARLER

Vous allez participer à une conversation. D'abord, vous aurez une minute pour lire une introduction à cette conversation qui comprend le schéma des échanges. Ensuite, la conversation commencera, suivant le schéma. Quand ce sera à vous de parler, vous aurez 20 secondes pour enregistrer votre réponse. Vous devriez participer à la conversation de façon aussi complète et appropriée que possible.

## Introduction:

**C'est une conversation avec Ludovic, un camarade de classe. C'est la fin de l'été et vous discutez de l'année scolaire qui arrive.**

| | |
|---|---|
| Ludovic | Il vous salue et vous demande comment se sont passées les vacances. |
| Vous | Répondez d'une manière positive en lui posant la même question. |
| Ludovic | Il vous demande si vous êtes prêt(e) pour la rentrée. |
| Vous | Expliquez que vous êtes préoccupé(e) par le stress des décisions qui approchent en troisième. |
| Ludovic | Il vous demande de lui expliquer plus précisément de quoi vous parlez. |
| Vous | Donnez-lui deux exemples de ce qui vous inquiète. |
| Ludovic | Il exprime sa compréhension et vous dit qu'il vient de prendre sa décision concernant la voie qu'il va suivre. |
| Vous | Félicitez-le pour sa décision et commentez sur la voie qu'il a choisie. |
| Ludovic | Il vous assure que tout va s'arranger en ce qui concerne vos inquiétudes. |
| Vous | Dites au revoir et que vous vous en reparlerez après la rentrée. |

**AUDIOSCRIPT:**
The audioscript for each listening activity is supplied in Appendix F of this Teacher's Edition and online in Explorer.

**COMMUNITIES:**
**School and Global Communities:**
Learners use the language both within and beyond the classroom to interact and collaborate in their community and the globalized world.

## » Presentational Speaking: CULTURAL COMPARISON

**THEME/CONTEXT:**
La vie contemporaine - L'éducation et l'enseignement

 LIRE  PARLER

Vous allez faire un exposé pour votre classe sur un sujet spécifique. Vous aurez 4 minutes pour lire le sujet de présentation et préparer votre exposé. Vous aurez alors 2 minutes pour l'enregistrer. Dans votre exposé, comparez votre propre communauté à une région du monde francophone que vous connaissez. Vous devriez montrer votre compréhension des facettes culturelles du monde francophone. Vous devriez aussi organiser clairement votre exposé.

# Sujet de la présentation:

**Quel système éducatif, celui de la France ou celui des États-Unis, prépare mieux les élèves à la vie active du point de vue des connaissances acquises aussi bien que du point de vue social?**

**COMPARISONS:**
**Cultural Comparisons:**
Learners use the language to investigate, explain, and reflect on the concept of culture through comparisons of the cultures studied and their own.

**LIRE**

La sélection suivante est accompagnée de plusieurs questions. Pour chaque question, choisissez la meilleure réponse selon la sélection.

MAROC

**THEME/CONTEXT:**
La vie contemporaine - L'éducation et l'enseignement

## Introduction:

**Dans cette sélection, il s'agit des informations sur le fonctionnement de Casablanca American School, au Maroc.**

© Casablanca American School

# Casablanca American School – Questions fréquemment posées

## Comment puis-je communiquer avec l'école et les enseignants de mon enfant?

- Contact avec la réception pour prendre un rendez-vous.

- Envoi d'une note à l'enseignant en utilisant Edline (logiciel de communication)

Ligne

5
- Réunions parents/professeurs programmées à la mi-trimestre deux fois par an. Les parents ayant besoin de traduction peuvent en bénéficier sur demande.

- Calendrier annuel (dates de la rentrée et des congés)

- Bulletin bimensuel, What's Up

- **Fascicule** des procédures et des programmes

10 ## Quelles sont les langues enseignées à CAS?

Quelle que soit la langue maternelle, l'arabe et le français sont enseignés à tous les enfants du grade 2 (CE1) au grade 12 (terminale). L'espagnol de base est offert comme un cours de langue Ab Initio en tant qu'option au baccalauréat

15 international. CAS offre la possibilité aux parents désireux d'enseigner leur langue maternelle à leurs enfants, de recruter des enseignants de l'extérieur et d'utiliser les infrastructures de l'école. Ainsi le maintien et le développement de la langue maternelle permettent à l'enfant, non seulement de réussir

20 dans son apprentissage de l'anglais mais aussi dans son **cursus** académique en général.

### Est-ce que CAS a un programme de soutien scolaire?

Les élèves du secondaire participent à l'Advisory Block 4 fois par
semaine, 25 minutes par jour. Les groupes sont composés de dix
25  élèves qui se réunissent avec un enseignant pour une aide sur
une variété de sujets.

### Y a-t-il une cantine à l'école?

Oui, il y a une cantine. Les élèves peuvent apporter leur déjeuner
ou s'abonner mensuellement à la cantine en utilisant la carte
30  scolaire comme moyen de paiement. En cas de perte de la carte,
il y a un montant de 100dhs* à payer pour son remplacement.

### Quels types de sports sont offerts à CAS?

Le responsable du département d'éducation physique
coordonne l'ensemble des événements sportifs qui ont lieu
35  dans le cadre de l'école. Parmi les disciplines sportives
figurent: le badminton, le basketball, le football, le base-ball, l'athlétisme et le
volley-ball.

### Y a-t-il des activités parascolaires?

Chaque trimestre, les élèves reçoivent une brochure qui mentionne le programme des
40  activités offertes. Parmi les activités figurent: le comité d'étudiants, les Legos, les jeux
de société, le football du samedi, les cours de cuisine, le T Ball, l'alphabet et les chansons
en arabe, les histoires racontées en anglais-français-arabe, la danse, les séances de
**rattrapage**, le club d'art, le modèle de Congrès de Harvard, le soutien en mathématiques,
diverses activités de service communautaire, le club d'athlétisme, la culture physique, et
45  la photographie.

### Qui constitue le Conseil d'administration?

Le Conseil d'administration est constitué de sept parents de CAS élus par les membres de
l'Association, un citoyen américain du Consulat des États-Unis et le directeur de l'école.
Le Conseil est un groupe chargé des prises de décision, légalement autorisé pour agir
50  au nom de l'Association. Le but principal du Conseil est de définir un plan d'action tout
en promouvant et garantissant à l'Association, la politique de l'école et le respect de sa
philosophie.

*100 dirhams = 8,90€

1. **À quels élèves les cours de français et d'arabe sont-ils destinés?**

   a. aux élèves du CE1 jusqu'en terminale

   b. aux élèves du CE1 seulement

   c. aux élèves en terminale seulement

   d. aux élèves d'Ab Initio

2. **Quelle forme de communication entre parents et professeur n'est pas suggérée dans ce document?**

   a. envoyer directement un mail au professeur

   b. feuilleter le livret de procédures

   c. lire « What's Up » chaque mois

   d. prendre un rendez-vous avec l'enseignant

3. **Comment les élèves paient-ils à la cantine de l'école?**

   a. par abonnement

   b. en billets de dirhams

   c. par carte scolaire

   d. par carte de crédit

4. **Quelle activité/quel sport offre-t-on dans le cadre de l'école?**

   a. le T Ball

   b. le badminton

   c. les cours de cuisine

   d. la danse

5. **Dans le texte, que veut-dire la phrase « Le but principal du Conseil est de définir un plan d'action . . . »?**

   a. Le Conseil doit écrire des descriptions pour les postes de professeurs.

   b. Dans le mois de mai, on décide les détails d'un plan pour l'été.

   c. Le principal de l'école doit décider des actions des professeurs.

   d. Le Conseil est censé identifier les étapes pour réussir en tant qu'école.

6. **Quel est le but de ce passage écrit?**

   a. répondre aux questions qui sont souvent posées par des parents d'élèves

   b. annoncer un événement spécifique aux parents d'élèves

   c. demander aux parents d'élèves de payer les frais de scolarité pour l'année en cours

   d. informer les enseignants des heures supplémentaires des activités parascolaires

LIRE 🎧 ÉCOUTER

**SOURCE 1:** 📖

# Introduction:

**La sélection suivante est tirée du roman *Le Petit Chose* (1868) d'Alphonse Daudet, écrivain et auteur dramatique français (1840-1897). Cet extrait vient du Chapitre 6, intitulé *Les Petits*. Le narrateur est un professeur de collège qui parle de la visite d'un inspecteur d'école dans sa classe.**

Domaine public

Vous allez lire un passage et écouter une sélection audio. Pour la lecture, vous aurez un temps déterminé pour la lire. Pour la sélection audio, vous aurez d'abord un temps déterminé pour lire une introduction et pour parcourir les questions qui vous seront posées. La sélection sera présentée deux fois. Vous pouvez prendre des notes pendant que vous écoutez la sélection mais elles ne seront pas comptées. Après avoir écouté la sélection une première fois, vous aurez 1 minute pour commencer à répondre aux questions; après avoir écouté la sélection une deuxième fois, vous aurez 15 secondes par question pour finir de répondre aux questions. Pour chaque question, choisissez la meilleure réponse selon la sélection audio ou lecture et indiquez votre réponse sur votre feuille de réponse.

**THEME/CONTEXT:**
La vie contemporaine - L'éducation et l'enseignement
**SECONDARY THEME/CONTEXT:**
L'esthétique - Les arts littéraires

Ceux-là n'étaient pas méchants; c'étaient les autres. Ceux-là ne me firent jamais de mal, et moi je les aimais bien, parce qu'ils ne sentaient pas encore le collège et qu'on lisait toute leur âme dans leurs yeux.

5　Je ne les punissais jamais. A quoi bon? Est-ce qu'on punit les oiseaux? . . . Quand ils pépiaient trop haut, je n'avais qu'à crier: «Silence!» Aussitôt ma **volière** se taisait—au moins pour cinq minutes.

Le plus âgé de l'étude avait onze ans. Onze ans, je vous demande!
10　Et le gros Serrières qui se vantait de les mener à la baguette!...

Moi, je ne les menai pas à la baguette. J'essayai d'être toujours bon, voilà tout.

*(suite à la page suivante)*

**SOURCE 1 (SUITE):** 📖

Quelquefois, quand ils avaient été bien sages, je leur racontais une histoire... Une histoire!... Quel bonheur! Vite, vite, on
15 pliait les cahiers, on fermait les livres; encriers, règles, porte-plume, on jetait tout pêle-mêle au fond des pupitres; puis, les bras croisés sur la table, on ouvrait de grands yeux et on écoutait. J'avais composé à leur intention cinq ou six petits contes fantastiques: les Débuts d'une cigale, les Infortunes de
20 Jean Lapin, etc. Alors, comme aujourd'hui, le bonhomme La Fontaine était mon saint de prédilection dans le calendrier littéraire, et mes romans ne faisaient que commenter ses fables; seulement j'y mêlais de ma propre histoire. Il y avait toujours un pauvre grillon obligé de gagner sa vie comme le petit Chose,
25 des bêtes à bon Dieu qui cartonnaient en sanglotant, comme Eyssette (Jacques). Cela amusait beaucoup mes petits, et moi aussi cela m'amusait beaucoup. Malheureusement M. Viot n'entendait pas qu'on s'amusât de la sorte.

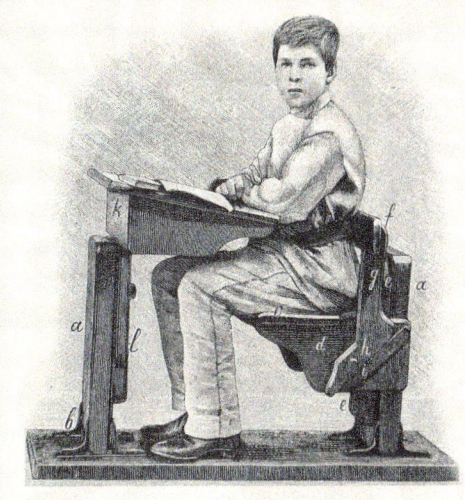

Trois ou quatre fois par semaine, le terrible homme aux clefs

30 faisait une tournée d'inspection dans le collège, pour voir si tout s'y passait selon le règlement . . . Or, un de ces jours-là, il arriva dans notre étude juste au moment le plus pathétique de l'histoire de Jean Lapin. En voyant entrer M. Viot toute l'étude tressauta. Les petits, effarés, se regardèrent. Le narrateur s'arrêta

35 court. Jean Lapin, interdit, resta une patte en l'air, en dressant de frayeur ses grandes oreilles.

Debout devant ma chaire, le souriant M. Viot promenait un long regard d'étonnement sur les **pupitres** dégarnis. Il ne parlait pas, mais ses clefs s'agitaient d'un air féroce: «Frinc! frinc! frinc! tas de

40 drôles, on ne travaille donc plus ici!»

J'essayai tout tremblant d'apaiser les terribles clefs.

«Ces messieurs ont beaucoup travaillé, ces jours-ci, balbutiai-je . . .

J'ai voulu les récompenser en leur racontant une

45 petite histoire.»

M. Viot ne me répondit pas. Il s'inclina en souriant, fit gronder ses clefs une dernière fois et sortit.

Le soir, à la récréation de quatre heures, il vint

50 vers moi, et me remit, toujours souriant, toujours muet, le cahier du règlement ouvert à la page 12: Devoirs du maître envers les élèves.

Je compris qu'il ne fallait plus raconter d'histoires et je n'en racontai plus jamais.

## SOURCE 2: SÉLECTION AUDIO

**AUDIOSCRIPT:**
The audioscript for each listening activity is supplied in Appendix F of this Teacher's Edition and online in Explorer.

## Introduction:

Dans la sélection audio, un professeur français, Jean Michel Quarantotti, discute des différences entre l'école du passé et celle du présent. Cet entretien entre deux collègues a eu lieu en mars 2014 dans une salle de classe. © Elizabeth Rench

1. D'après le professeur qui parle sur l'extrait audio, quel était le résultat du niveau de discipline à l'école quand il était enfant?

   a. les élèves bougeaient tout le temps

   b. les élèves n'écoutaient pas la leçon du professeur

   c. les élèves avaient beaucoup de liberté

   d. les élèves ne s'exprimaient pas beaucoup

2. Dans le contexte du passage écrit, quelle est la définition du mot «devoir»?

   a. le travail que l'élève fait le soir à la maison

   b. ce que l'élève doit faire

   c. ce que le professeur doit faire

   d. ce que fait l'inspecteur

3. Selon le professeur dans l'extrait audio, en quoi consiste la différence principale entre l'école du passé et l'école d'aujourd'hui?

   a. Au vingt et unième siècle, on demande aux élèves de redire ce que le prof a enseigné.

   b. De nos jours, on inclut les élèves dans la découverte du savoir.

   c. Maintenant les élèves s'expriment moins qu'avant.

   d. Dans le passé, on insistait plus sur la découverte chez l'élève.

4. Selon la sélection écrite, qu'est-ce que ce professeur de collège dirait au sujet de ses élèves?

   a. «Je les punis assez souvent.»

   b. «Ces élèves n'aiment pas beaucoup les histoires.»

   c. «Ils sourient dès qu'ils entendent le bruit des clés.»

   d. «S'ils travaillent bien, on s'amuse après.»

5. Dans le passage écrit, comment décririez-vous les sentiments du professeur envers Monsieur Viot?

   a. Il est d'accord avec la philosophie de Monsieur Viot.

   b. Les deux hommes sont amis.

   c. Il a peur de Monsieur Viot.

   d. Il pense que Monsieur Viot ne travaille pas beaucoup.

## » Interpretive Communication: AUDIO TEXTS

**ÉCOUTER**

**AUDIOSCRIPT:**
The audioscript for each listening activity is supplied in Appendix F of this Teacher's Edition and online in Explorer.

Vous allez écouter une sélection audio. Vous aurez d'abord un temps déterminé pour lire l'introduction et pour parcourir les questions qui vous seront posées. La sélection sera présentée deux fois. Après avoir écouté la sélection une première fois, vous aurez 1 minute pour commencer à répondre aux questions; après avoir écouté la sélection une deuxième fois, vous aurez 15 secondes par question pour finir de répondre aux questions. Pour chaque question, choisissez la meilleure réponse selon la sélection audio et indiquez votre réponse sur la feuille de réponse.

## Introduction:

Dans cette sélection, un professeur français, Inna Winckell, parle de l'apprentissage des langues étrangères dans sa vie scolaire et dans sa vie personnelle. Elle en a appris quelques-unes à l'école et d'autres en s'immergeant dans la langue et la culture d'un pays étranger. © Elizabeth Rench

**THEME/CONTEXT:**
La quête de soi - L'identité linguistique
**SECONDARY THEME/CONTEXT:**
La vie contemporaine - L'éducation et l'enseignement

**Vocabulaire**
fac (faculté)

1. **Le professeur qui parle est originaire:**
   a. du sud de la France.
   b. de Vendée.
   c. du Pérou.
   d. d'Angleterre.

2. **Madame Winckell se dit bilingue. De quelles deux langues s'agit-il?**
   a. le français et l'espagnol
   b. l'anglais et l'espagnol
   c. le hollandais et l'arabe
   d. le portugais et l'arabe

3. **Selon le contexte de l'extrait audio, que veut dire l'expression «parler couramment»?**
   a. étudier une langue
   b. comprendre une langue
   c. maîtriser une langue
   d. s'exprimer dans une langue

4. **D'après ce que dit Madame Winckell dans cet extrait audio, quelles langues a-t-elle étudiées à l'école primaire, au collège ou à l'université?**
   a. l'arabe et l'espagnol
   b. l'anglais et le portugais
   c. le français et l'anglais
   d. le hollandais et l'anglais

5. **Quel est le but de cette sélection audio?**
   a. présenter son identité linguistique
   b. présenter sa famille
   c. raconter une histoire
   d. divertir son audience

» **Interpersonal Writing: E-MAIL REPLY**

 **LIRE**  **ÉCRIRE**

Vous allez écrire une réponse à un message électronique. Vous aurez 15 minutes pour lire le message et écrire votre réponse. Votre réponse devrait débuter par une salutation et terminer par une formule de politesse. Vous devriez répondre à toutes les questions et demandes du message. Dans votre réponse, vous devriez demander des détails à propos de quelque chose mentionnée dans le texte. Vous devriez également utiliser un registre de langue soutenue.

**THEME/CONTEXT:**
La vie contemporaine - Les voyages
**SECONDARY THEME/CONTEXT:**
La vie contemporaine - L'éducation et l'enseignement

## Introduction:

C'est un message de Madeleine Girand, directrice d'une école de séjours linguistiques, Cours Pays de Loire. Vous avez reçu le message car, le semestre prochain, vous serez assistant d'un séjour linguistique avec Cours Pays de Loire, et vous avez demandé des informations sur ce qu'ils offrent comme séjour.

De: madeleineg@courspaysdeloire.fr
Cc: elodier@courspaysdeloire.fr
Objet: voyage scolaire

Nantes, le 5 septembre 2015

Madame/Monsieur:

Je reviens vers vous en ce qui concerne le groupe de
Ligne votre lycée pour lequel vous serez assistant(e) et qui
5 s'intéresse à suivre des cours dans notre école, Cours
Pays de Loire, dans quelques mois. Après concertation
avec mes collègues, nous serons en mesure de vous
offrir le même type de service que l'année dernière.

C'est Élodie Rouchet (en copie de ce message) qui sera
10 votre contact cette année pour l'organisation de cette
visite. Vous pouvez voir directement avec elle comment
prévoir au mieux la semaine.

- Savez-vous déjà de combien d'élèves sera composé le
  groupe et quel est leur profil (âge/intérêts)?

15 - Avez-vous une date précise ou des endroits que vous
  voudrez visiter dans notre ville?

- En termes de cours, quels sujets aimeriez-vous
  aborder en cours avec nos professeurs?

- En termes de durée, qu'est-ce que vous préférez
20  pour les cours?

Restant à votre disposition, nous vous prions d'agréer,
Madame/Monsieur, nos salutations distinguées.

Madeleine Girand

Directrice de séjours linguistiques,
25 Cours Pays de Loire

**SUGGESTION:**
Before completing the task, ask students to
discuss what they know about the Vallee de
la Loire. Discuss how they can leverage this
knowledge in completing the task. See Tips
and Tricks on pages 486-490 for more ideas
about the Interpersonal Writing: E-mail Reply.

**COMMUNITIES:**
**School and Global Communities:** Learners
use the language both within and beyond the
classroom to interact and collaborate in their
community and the globalized world.

LIRE  ÉCOUTER

 ÉCRIRE

Vous allez écrire un essai argumentatif pour un concours d'écriture de langue française. Le sujet de l'essai est basé sur trois sources ci-jointes, qui présentent des points de vue différents sur le sujet et qui comprennent à la fois du matériel audio et imprimé. Vous aurez d'abord 6 minutes pour lire le sujet de l'essai et le matériel imprimé. Ensuite, vous écouterez l'audio deux fois; vous devriez prendre des notes pendant que vous écoutez. Enfin, vous aurez 40 minutes pour préparer et écrire votre essai. Dans votre essai, vous devriez présenter les points de vue différents des sources sur le sujet et aussi indiquer clairement votre propre point de vue que vous défendrez à fond. Utilisez les renseignements fournis par toutes les sources pour soutenir votre essai. Quand vous ferez référence aux sources, identifiez-les de façon appropriée. Organisez aussi votre essai en paragraphes bien distincts.

**SUJET DE LA COMPOSITION:**

La **scolarité** est-elle abordable pour tous?

**SOURCE 1:** 📖

**THEME/CONTEXT:**
Les défis mondiaux - L'économie

**SECONDARY THEME/ CONTEXT:**
La vie contemporaine - L'éducation et l'enseignement

### Introduction:

La sélection suivante a été rédigée par Kanigui le 7 août 2012 et vient du site Global Voices Online. Il s'agit des frais d'inscription à l'université en Côte d'Ivoire. © Creative Commons

## Côte d'Ivoire: Vives polémiques autour des frais d'inscription à l'université

Après de longs mois de fermeture ayant suscité des débats, les universités de Côte d'Ivoire s'apprêtent à ré-ouvrir leurs portes le 3 septembre 2012. La joie suscitée par cette annonce a vite été

*Ligne*
5 oubliée et a été remplacée par une vague de réactions indignées par la décision des présidents des universités d'augmenter les nouveaux **frais d'inscription**. Voici un résumé des réactions diverses [...]. [...]

Les étudiants débourseront désormais respectivement 100.000 FCFA [franc de la Communauté financière africaine = 152€]
10 par an pour s'inscrire au premier cycle (de la 1ère année à la

CÔTE D'IVOIRE

licence), 200.000 FCFA [305€] pour le Master, et 300.000 [457€] pour le DEA [le Diplôme d'études approfondies] et le Doctorat. Par le passé les étudiants ivoiriens payaient seulement 6.000 FCFA [9€] pour leurs inscriptions. Pour les autorités ivoiriennes,

15 «Ces montants permettront, en plus de la subvention de l'Etat, d'accroître les capacités financières des universités, en vue de faire face au manque de matériel didactique dont l'absence criante avait obligé par exemple l'UFR [l'Unité de formation et de recherche] des sciences à suspendre les travaux pratiques.»

20 Mais ces mesures ont entraîné de nombreuses fortes réactions  dans les média, et sur les différents réseaux sociaux, forums et blogs ivoiriens. Les avis sont partagés mais les déclarations des organisations d'étudiants sont sans équivoque. Elles rejettent la mesure. [...]

25 Pendant que les débats faisaient rage sur les réseaux sociaux et dans la réalité, le gouvernement ivoirien a surpris tout le monde par une décision de suspension de la mesure envisagée d'augmentation des frais d'inscription dans les universités publiques, le temps de poursuivre la réflexion.

–Écrit par Kanigui de globalvoicesonline.org, le 7 août 2012. Permission Creative Commons.

ABIDJAN, CÔTE D'IVOIRE

**SOURCE 2:** 🔍

## Introduction:

Dans cette sélection, il s'agit des frais scolaires de l'université en Côte d'Ivoire (mentionnés à la page précédente) et de Casablanca American School, une école privée qui accueille des élèves de 3 ans à 18 ans. Elle se trouve à Casablanca, au Maroc. © Casablanca American School

| Les frais d'inscription à l'université en Côte d'Ivoire[1] | montant proposé[2] | montant auparavant[2] |
| --- | --- | --- |
| 1ère année - Licence | 100.000 FCFA (152€) | 6.000 FCFA (9€) |
| Master | 200.000 FCFA (305€) | 6.000 FCFA (9€) |
| DEA (diplôme d'études approfondies)/ Doctorat | 300.000 FCFA (457€) | 6.000 FCFA (9€) |

[1]Le salaire moyen en Côte d'Ivoire est de 577.800 FCFA (881€) par an [Journaldunet.com].
[2]en FCFA (franc de la Communauté financière africaine)

| Frais de scolarité – Casablanca American School – 2011-2012[1] | | MAD[2] | Euros |
| --- | --- | --- | --- |
| Frais de dossier | | 750 | 67 |
| Frais d'admission | | 10.000 | 890 |
| Frais d'inscription annuels | | 750 | 67 |
| Frais de maintenance des installations | | 5000 | 445 |
| Frais de scolarité | de 3 à 5 ans | 53.175 | 4732 |
| | de 5 à 11 ans | 110.750 | 9854 |
| | de 11 à 18 ans | 129.550 | 11.527 |

[1]Le salaire moyen au Maroc est de 36.000 MAD (3200€) par an (Bladinet.com).
[2]MAD – dirhams marocains (la monnaie du Maroc)

## SOURCE 3: SÉLECTION AUDIO

**AUDIOSCRIPT:**
The audioscript for each listening activity is supplied in Appendix F of this Teacher's Edition and online in Explorer.

### Introduction:

Dans cette sélection audio il s'agit des coûts de la **scolarité**. Une étudiante en terminale qui vit en région parisienne parle de l'accessibilité des écoles privées et de la différence entre l'éducation publique et l'éducation privée. © E.M.

**CULTURES:**
**Relating Cultural Practices to Perspectives:** Learners use the language to investigate, explain, and reflect on the relationship between practices and perspectives of the cultures studied.

**CONNECTIONS:**
**Acquiring Information and Diverse Perspectives:** Learners access and evaluate information and diverse perspectives that are available through the language and its cultures.

**SUGGESTIONS:**
Ideas for composition organization:

**Introduction**

**Source 1 viewpoint:**

The government of Ivory Coast decided to re-open its universities in 2012 with a tuition hike from the equivalent of 9€ per year to 152-457€ per year, for a population whose average salary is 881€ per year. This would render higher education nearly unaffordable for most. The government temporarily suspended this proposal while reconsidering.

**Source 2 viewpoint:**

In addition to showing the Ivory Coast data, Source 2 shows an example of the tuition of a private school in Casablanca Morocco, ranging from the equivalent of 4000 to 11.500€ in a country whose average yearly salary is 3200€.

**Source 3 viewpoint:**

Public secondary schools in France can be excellent or very poor, and the public school one attends depends upon his/her place of residence. If one lives in an area with an undesirable school, one may enroll in a semi-private or private school, of which the tuition may range from 1500 to 8000€ or higher.

**Student's own viewpoint:**

**Conclusion**

CASABLANCA, MAROC

## » Interpersonal Speaking: CONVERSATION

**THEME/CONTEXT:**
La vie contemporaine - L'éducation et l'enseignement

 LIRE   ÉCOUTER   PARLER

Vous allez participer à une conversation. D'abord, vous aurez une minute pour lire une introduction à cette conversation qui comprend le schéma des échanges. Ensuite, la conversation commencera, suivant le schéma. Quand ce sera à vous de parler, vous aurez 20 secondes pour enregistrer votre réponse. Vous devriez participer à la conversation de façon aussi complète et appropriée que possible.

## Introduction:

C'est la pause déjeuner au lycée et vous parlez avec une amie, Agnès. Vous discutez de ce qui s'est passé dans vos cours aujourd'hui et de ce que vous faisiez souvent à l'école primaire.

| | |
|---|---|
| Agnès | Elle vous salue et demande ce que vous avez fait en cours ce matin. |
| Vous | Remerciez Agnès et dites-lui que vous avez appris quelque chose de nouveau ce matin. |
| Agnès | Elle vous explique pourquoi elle n'aime pas les mathématiques. Elle vous pose une question au sujet de votre expérience personnelle à l'école primaire. |
| Vous | Racontez une anecdote d'un professeur strict dans votre école primaire. |
| Agnès | Elle parle d'une personne qui a joué un rôle important dans sa vie. Ensuite, elle vous demande une source d'inspiration personnelle. |
| Vous | Répondez-lui et expliquez pourquoi cette personne vous a inspiré(e). |
| Agnès | Elle continue la conversation et elle vous demande ce que vous faisiez pendant la récréation quand vous étiez jeune. |
| Vous | Dites-lui ce que vous faisiez pendant la récréation quand vous étiez à l'école primaire. |
| Agnès | Elle se rend compte que c'est l'heure du cours et qu'elle doit partir. Elle vous propose de déjeuner avec elle demain. |
| Vous | Répondez affirmativement et encouragez Agnès pour son cours de mathématiques. |

**COMMUNITIES:**
**School and Global Communities:**
Learners use the language both within and beyond the classroom to interact and collaborate in their community and the globalized world.

## » Presentational Speaking: CULTURAL COMPARISON

**THEME/CONTEXT:**
La vie contemporaine - Le monde du travail

**SECONDARY THEME/CONTEXT:**
L'éducation et l'enseignement

 LIRE  PARLER

Vous allez faire un exposé pour votre classe sur un sujet spécifique. Vous aurez 4 minutes pour lire le sujet de présentation et préparer votre exposé. Vous aurez alors 2 minutes pour l'enregistrer. Dans votre exposé, comparez votre propre communauté à une région du monde francophone que vous connaissez. Vous devriez montrer votre compréhension des facettes culturelles du monde francophone. Vous devriez aussi organiser clairement votre exposé.

# Sujet de la présentation:

**L'âge auquel on s'oriente vers un métier varie d'un pays à l'autre. Comparez l'âge de l'orientation vers un métier dans votre pays par rapport à celui d'un pays francophone.**

**COMPARISONS:**
**Cultural Comparisons:** Learners use the language to investigate, explain, and reflect on the concept of culture through comparisons of the cultures studied and their own.

## Compréhension

**augmenter** (v.) (71) devenir plus grand, plus important, plus cher

**bachoter** (v.) (45) étudier beaucoup dans peu de temps

**blanchiment** (n.m.) (68) fait de rendre quelque chose blanc

**Brevet** (n.m.) (47) examen à passer en France pour terminer le collège et nécessaire pour commencer le lycée

**cancre** (n.m.) (52) personne bête qui porte, traditionnellement, un chapeau pointu

**cantine** (n.f.) (58) endroit où on mange le déjeuner à l'école

**cursus** (n.m.) (74) programme d'études, curriculum

**fac** (n.f.) (81) faculté; université

**fascicule** (n.m.) (74) petit livre avec les informations spécifiques, normalement quelques pages

**frais d'inscription** (n.m./pl.) (84) argent qu'il faut payer pour aller à l'école, pour s'inscrire

**grignoter** (v.) (66) manger peu à peu, ronger (lit.), gagner peu à peu (fig.)

**homologue** (n.m.) (66) personne ou objet qui remplit les mêmes fonctions qu'un autre

**liseuse** (n.f.) (66) appareil qui permet de lire des livres sur un écran adapté

**livre numérique** (n.m.) (71) un livre qui n'est pas fait en papier, livre électronique

**marché** (n.m.) (71) où on vend et achète les produits

**métier** (n.m.) (62) travail pour gagner sa vie, carrière

**Minitel** (n.m.) (61) ancêtre français d'Internet, pour trouver des informations numériques

**ouvrage** (n.m.) (71) livre, oeuvre

**périscolaire** (adj.) (63) activités organisées par l'école qui ne sont pas obligatoires

**poursuivre** (v.) (65) continuer sans interruption

**EXPLORER:**
For vocabulary flashcards, additional exercises, AP® practice tasks, discussion forums, and external links, go to *APprenons* Explorer at **learningsite.waysidepublishing.com**

**PQR** (n.f.) (61) Presse Quotidienne Régionale (plusieurs journaux français)

**pupitre** (n.m.) (79) petit bureau pour élève, chaise et table sont attachées

**rater** (v.) (62) contraire de réussir

**rattrapage** (n.m.) (62) démarche qui consiste à repasser quelques examens du bac ou redoubler un cours

**scolarité** (n.f.) (87) le fait d'aller à l'école

**sur la pointe des pieds** (loc.) (66) s'appuyer uniquement sur les orteils pour marcher

**volière** (n.f.) (77) cage à oiseau

**GLOSSARY:**
Vocabulary words from each chapter also appear in the Glossary in Appendix B, beginning on page 505. French-French, French-English, and English-French glossaries are provided.

## Pour mieux s'exprimer à ce sujet

**agenda** (n.m.) où on note les évènements importants et les taches à faire

**bulletin de notes** (n.m.) le document officiel avec les notes qu'on envoie aux parents

**Conseil de classe** (n.m.) réunion officielle des représentants d'une classe (élèves, parents, professeurs) pour discuter du cas de chaque élève

**échec** (n.m.) contraire de réussite, quand on rate.

**enfant** prodige (n.m.) un enfant avec une (des) capacité(s) exceptionnelle(s), généralement dans une domaine spécifique

**formation** (n.f.) un programme d'études, souvent technique ou spécifique

**instituteur** (-trice) (n.m/f) professeur pour l'école primaire

**maître/maîtresse** (n.m/f) professeur dans une école primaire

**pochette** (n.f.) enveloppe

**voie** (n.f.) chemin dans une direction spécifique, direction professionnelle

**ADDITIONAL VOCABULARY:**

The vocabulary words that appear in the *Pour mieux s'exprimer à ce sujet* category are presented as supplementary vocabulary to enhance students' expression on the topics of the chapter.

CONSTANTINE, ALGÉRIE

# QUESTIONS **ESSENTIELLES**

1. De quelle manière les contacts avec d'autres cultures enrichissent-ils la vie?

2. Quelle est l'importance du voyage et des découvertes dans la vie contemporaine?

**SUGGESTIONS:**
Use the essential questions as a basis for discussion for topics addressed in the chapter, either as an introduction, while working on the chapter or as a wrap-up activity/assessment.

**VOCABULARY:**
Vocabulary related to the topics covered in this chapter appears on pages 136 and 137 (French definitions) as well as in Appendix B starting on page 505 (French definitions and English translations).

MAROC

# Chapitre **2**

# On y va!

**EXPLORER:**
For additional exercises, AP® practice tasks, discussion forums, and external links, go to *APprenons* Explorer at
**learningsite.waysidepublishing.com**

**» OBJECTIF**   *Respecter la chronologie*

**COMMUNICATION:**

**Interpretive Communication:** Learners understand, interpret, and analyze what is heard, read, or viewed on a variety of topics.

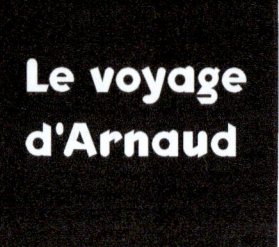

Le voyage d'Arnaud

Dessiné par Cora Olson

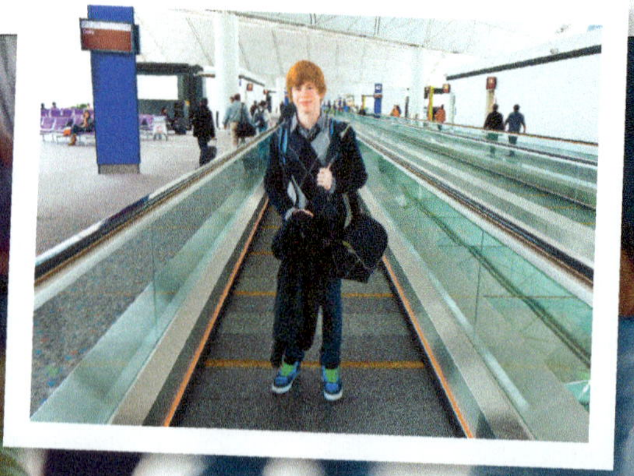

**1.**  **LIRE**

**Regardez la bande dessinée pour identifier les différentes étapes nécessaires à la préparation d'un voyage.** Visual activity.

**2.** **LIRE**

**Réorganisez les activités ci-dessous selon l'ordre chronologique de la bande dessinée.**

**1.** Arnaud achète son billet sur le site www.sncf.fr. _____2_____

**2.** Arnaud composte son billet. _____9_____

**3.** Arnaud consulte le Guide du Routard pour préparer son voyage. _____1_____

**4.** Arnaud demande la durée du trajet du train. _____6_____

**5.** Arnaud écoute les annonces d'arrivée au haut parleur. _____5_____

**6.** Arnaud fait ses valises. _____3_____

**7.** Arnaud prend le métro pour aller à la gare. _____4_____

**8.** Arnaud prend un taxi pour aller à l'hôtel. _____10_____

**9.** Arnaud se présente à la réception de l'hôtel. _____11_____

**10.** Arnaud trouve son quai. _____8_____

**11.** Arnaud va dans une boulangerie pour acheter un pain au chocolat et demande si l'accès Internet par le wifi est disponible. _____7_____

**3.**  **PARLER**

**Utilisez les mots du tableau ci-contre pour décrire les étapes du voyage d'Arnaud.** Answers will vary, but should include transition words from the Point Rappel.

**4.**  **ÉCRIRE** **PARLER**

**Comparez votre façon de voyager avec celle d'Arnaud.**

Est-ce que votre famille fait des voyages comme Arnaud? Quelles sont les différences?

| | ARNAUD | MOI |
|---|---|---|
| la préparation | la préparation: lire le Guide du Routard | Answers will vary. |
| la durée | la durée: quelques heures dans le train | Answers will vary. |
| le nombre de valises | le nombre de valises: une valise | Answers will vary. |
| le mode de transport | le mode de transport: le train | Answers will vary. |
| les destinations | les destinations: international (Pise, Italie) | Answers will vary. |

**POINTRAPPEL**

Vous souvenez-vous des mots suivants? Ils sont utiles pour parler de l'ordre d'une série d'événements.

| | |
|---|---|
| d'abord | puis |
| ensuite | enfin |
| avant | après |

**COMMUNICATION**
**Interpretive Communication:** Learners understand, interpret, and analyze what is heard, read, or viewed on a variety of topics.

**POINTCULTURE**

Sachez que voyager en Europe est très facile. En France, on consulte le Guide du Routard, une collection de guides touristiques français. Il y a un voyageur sur la couverture qui a un sac à dos en forme de globe; c'est le logo de la collection. On peut voyager dans toute l'Union Européenne sans passeport. Le train est le mode de transport le plus populaire. En France, le train le plus connu est le TGV, un Train à Grande Vitesse propulsé par des moteurs électriques et atteignant 320 km/h avec des passagers et 574 km/h sans passagers.

**CULTURES:**
**Relating Cultural Practices to Perspectives:** Learners use the language to investigate, explain, and reflect on the relationship between practices and perspectives of the cultures studied.

» **OBJECTIF**    *Lire un horaire*

**COMMUNICATION:**
**Interpretive Communication:** Learners understand, interpret, and analyze what is heard, read, or viewed on a variety of topics.

| Départ | Heure | Destination | Arrivée |
|--------|-------|-------------|---------|
| MARSEILLE | 08H20 | PARIS | 11H40 |
| BRUXELLES | 16H46 | LIÈGE | 17H31 |
| LILLE | 13H10 | BRUXELLES | 13H44 |
| PARIS | 14H00 | BRUXELLES | 15H25 |
| REIMS | 06H30 | PARIS | 07H37 |
| LYON | 15H34 | GENÈVE | 17H16 |
| | 08H05 | LYON | 10H07 |

**AUDIOSCRIPT:**
The audioscript for each listening activity is supplied in Appendix F of this Teacher's Edition and online in Explorer.

**1.**  **LIRE**  **ÉCOUTER**

**Regardez les horaires ci-dessus et écoutez les conversations.**

D'après les conversations et vos expériences, quelles sont les différences entre un voyage en avion et un voyage en train?

*Answers will vary, but may include: travelers keep their baggage with them for a train ride, tickets are checked in the train sometime during the ride, tickets need to be punched before entering the train to be validated, travelers do not need to be at the train station several hours before a train leaves as is the case when taking a plane.*

**2.** **PARLER**

**Exprimez l'heure officielle dans une conversation.**

Modèle: 15h27 - Notre train part à quinze heures vingt-sept, alors nous avons le temps de manger.

**1.** 13h15 — Le train part dans dix minutes! Dépêchons-nous!
*1. Treize heures quinze*

**2.** 0h — Nous avons raté le vol.
*2. Zéro heure*

**3.** 6h30 — Réveille-toi, nous partons dans une demi-heure.
*3. Six heures trente*

**3.**  **ÉCRIRE** **PARLER**

**Expliquez le plan de voyage en utilisant les horaires ci-dessus.**

Modèle: de Marseille à Bruxelles

*Le train de Marseille à Paris part à 8h20 et arrive vers 11h30. On attend à la gare jusqu'à 14h. Le train pour Bruxelles arrive à 15h25.*

**1.** de Lille à Liège
**2.** de Reims à Lyon
**3.** de Paris à Genève

*Answers will vary, but will resemble the following:*
*1. Le train de Lille à Bruxelles part à 13h10 et arrive à 13h44. On attend jusqu'à 16h46 pour prendre le train de Bruxelles à Liège. On arrive à Liège à 17h31.*
*2. On quitte Reims à 6h30 pour aller à Paris et changer de train. On arrive à Paris à 7h37 et prend le train suivant à 8h05. Ce train arrive à Lyon à 10h07.*
*3. Le train de Paris à Lyon part à 8h05 et arrive à 10h07. On prend le deuxième train à 15h34 de Lyon à Genève, arrivant à 17h16.*

**POINTGRAMMAIRE**

**Indiquer la durée**

| Heure officielle | Heure dans une conversation |
|------------------|------------------------------|
| 8h | Il est huit heures du matin. |
| 12h | Il est midi. |
| 0h | Il est minuit. |
| 18h | Il est six heures du soir. |

**POINTRAPPEL**

**Indiquer la durée**

un espace de temps: **de** 10h **à** 13h

une limite: **jusqu'à** 23h59

l'heure approximative: **vers** 12h

l'heure exacte: **à** 9h30

l'heure exacte: **à** 16h **pile**

## » OBJECTIF  *Exprimer ses préférences vis-à-vis d'un horaire*

**1.**  **ÉCOUTER**

**Vous allez entendre une conversation entre Arnaud et Didier. Écoutez d'abord sans regarder.**

**2.** **LIRE**

**Maintenant, lisez la conversation.**

**ARNAUD** – Salut Didier, as-tu vu l'horaire des trains?

**DIDIER** – Oui, je le regarde maintenant. À quelle heure est-ce que tu veux que je vienne à Lyon jeudi?

**ARNAUD** – J'aimerais que tu viennes avant 10h parce que nous allons visiter la basilique Notre-Dame de Fourvière avant le déjeuner.

**DIDIER** – Ah bon? C'est chouette, il est important que nous visitions la basilique. Tu sais que je suis passionné de photos . . . Où devrions-nous déjeuner, pour être près de la basilique?

**ARNAUD** – Il est nécessaire que nous déjeunions au Petit Dauphin. Sophie et Clémentine vont nous y rejoindre à midi.

**DIDIER** – Sophie et Clémentine?

**ARNAUD** – Bien sûr, il faut que tu fasses la connaissance de mes amies. Sophie aime bien faire des photos, et elle est belle, blonde et célibataire!

**DIDIER** – Tu rigoles! Alors, il y a quelques trains qui partent avant 10h. Lequel veux-tu que je prenne?

**ARNAUD** – Je préfère que tu prennes le train de 7h55. Je t'attendrai à la gare.

**DIDIER** – D'accord, à jeudi.

**ARNAUD** – Vivement jeudi!

**3.** **PARLER**

**Répondez aux questions suivantes.**

1. Où va Didier?
2. Quand?
3. Qu'est-ce qu'ils vont faire?
4. À quelle heure est son train?

1. Didier va à Lyon.
2. Il y va jeudi.
3. Ils vont visiter la basilique Notre-Dame de Fourvière et déjeuner au Petit Dauphin avec Sophie et Clémentine.
4. Son train part à 7h55.

**4.** **ÉCRIRE**

**Utilisez la transcription de la conversation pour compléter les phrases ci-dessous.**

1. À quelle heure est-ce que tu veux ___que___ je vienne à Lyon jeudi?

2. ___Il est important___ que nous visitions la basilique.

3. Il est nécessaire que ___nous déjeunions___ au Petit Dauphin.

## POINT**GRAMMAIRE**

Pour former une phrase de préférence ou de nécessité, il y a trois éléments importants:

**1.** La cause      **2.** Le deuxième sujet      **3.** Le deuxième verbe

| LA CAUSE: | LE SUBJONCTIF:<br>2e sujet + (3e personne pluriel -ent) |
|---|---|
| Il faut que | -e |
| Il est important que | -es |
| Il est nécessaire que | -e |
| Je veux que | -ions |
| Je préfère que | -iez |
| J'aimerais que | -ent |

Modèle:

La Cause: il faut que

Le Subjonctif: nous + parler

  3e personne pluriel de parler:   parlent

                                                  -ent

  Radical:                                PARL

| être | |
|---|---|
| je sois | nous soyons |
| tu sois | vous soyez |
| il/elle soit | ils/elles soient |

*Il faut que nous parlions en français.*

Il y a quelques radicaux irréguliers:

savoir:     sach-

pouvoir:   puiss-

faire:        fass-

*aller:      aill- /all-

*vouloir:   veuill- / voul-

*Vouloir et Aller ont deux radicaux

| avoir | |
|---|---|
| j'aie | nous ayons |
| tu aies | vous ayez |
| il/elle ait | ils/elles aient |

S'il n'y a qu'un seul sujet, le deuxième verbe sera à l'infinitif.
Exemple: Elle veut passer ses vacances en Tunisie.

---

**5.** ✎ **ÉCRIRE**

**Lisez les phrases et donnez l'infinitif du verbe souligné.**

1. À quelle heure est-ce que tu veux que je <u>vienne</u> à Lyon jeudi? *venir*

2. J'aimerais que tu <u>viennes</u> avant 10h parce que nous allons visiter la basilique Notre-Dame de Fourvière avant le déjeuner. *venir*

3. Il est important que nous <u>visitions</u> la basilique. *visiter*

4. Il est nécessaire que nous <u>déjeunions</u> au Petit Dauphin. *déjeuner*

5. Il faut que tu <u>fasses</u> la connaissance de mes amies. *faire*

6. Lequel veux-tu que je <u>prenne</u>? *prendre*

7. Je préfère que tu <u>prennes</u> le train de 7h55. *prendre*

**6.** 📖 **LIRE** ✎ **ÉCRIRE**

**Faites correspondre les causes avec les verbes au subjonctif dans le contexte de l'histoire d'Arnaud et de Didier à la page précédente.**

Il est nécessaire que . — . nous visitions la basilique

J'aimerais que . — . tu viennes avant 10h

Tu veux que . — . tu fasses la connaissance de mes amies.

Il faut que . — . tu prennes le train de 7h55

Je préfère que . — . je vienne à Lyon jeudi?

Il est important que . — . nous déjeunions au Petit Dauphin.

Il est nécessaire que … nous déjeunions au Petit Dauphin.
J'aimerais que … tu viennes avant 10h.
Tu veux que … je vienne à Lyon jeudi?
Il faut que … tu fasses la connaissance de mes amies.
Je préfère que … tu prennes le train de 7h55.
Il est important que … nous visitions la basilique.

**7.**  **ÉCRIRE**

**Déterminez le mode: Le subjonctif ou l'indicatif? S'il n'y a pas deux sujets différents et une cause, le verbe sera à l'indicatif et non pas au subjonctif. Analysez les phrases ci-dessous. Sur une feuille de papier, reproduisez les tableaux ci-dessous et complétez-les, en utilisant les phrases suivantes.**

**1.** Il faut que tu fasses ta valise.

**2.** Je dois partir vers midi.

**3.** Ils veulent que je leur rende visite.

**4.** Tu veux faire un voyage.

**5.** Nous ne voulons pas que tu partes.

| Le premier sujet | Le premier verbe | QUE | Le deuxième sujet | SUBJONCTIF ou INDICATIF | La phrase en anglais |
|---|---|---|---|---|---|
| Il | faut | que | tu | fasses (ta valise) | It is necessary that you pack. |
| Ils | veulent | que | je | (leur) rende (visite) | They want me to visit them. |
| Nous | ne voulons pas | que | tu | tu partes | We don't want you to leave. |

**Pour les phrases avec un seul sujet et un infinitif:**

| Sujet | Le premier verbe | L'infinitif | La phrase en anglais |
|---|---|---|---|
| je | dois | partir (vers midi) | I must leave around noon. |
| tu | veux | faire (un voyage) | You want to take a trip. |

**9.** ✏️ ÉCRIRE ❓ PARLER

**Copiez la structure ci-dessous et formez les phrases suivantes en français.**

**1.** It is important that we be on time.

| | ANGLAIS | FRANÇAIS |
|---|---|---|
| La cause: | It is important that | Il est important que |
| Le deuxième sujet: | we | nous |
| Le deuxième verbe (au subjonctif): | be | soyons |
| La phrase: | Il est important que nous soyons à l'heure. | |

**2.** My mom wants me to take the 5 PM train.  Ma maman veut que je prenne le train à 17h.

**3.** I want you to go to Paris with me.  Je veux que tu ailles à Paris avec moi.

**4.** I would like for him to come to Dakar in June.  J'aimerais qu'il vienne à Dakar en juin.

**5.** It is important that she validate her ticket.  Il est important qu'elle composte son billet.

**10.** ✏️ ÉCRIRE ❓ PARLER

**Arnaud vient chez vous cet été. Faites une liste de sept choses que vous voulez qu'il fasse.**  Answers will vary, but should be in the subjunctive.

Modèle: Je veux qu'il fasse la connaissance de ma mère, et qu'il rencontre ma famille.

UN TGV DUPLEX À STRASBOURG, FRANCE

**» OBJECTIF** *Bien se préparer à voyager*

1.  **PARLER**

**Regardez le pense-bête et faites des phrases complètes en utilisant les structures générales et spécifiques en vous référant au Point Grammaire ci-contre.**

Pense-bête

faire les valises

acheter les billets

valider les billets

aller à la banque

recharger le portable

acheter un nouveau maillot de bain

acheter de la crème solaire

Answers will vary, but will resemble the following:
Il est important de faire ses valises la veille.
Il est important que je fasse ma valise la veille.

## POINT**GRAMMAIRE**

| | | |
|---|---|---|
| il est important | | |
| il est essentiel | d'acheter les billets en avance. | il faut acheter les billets en avance. |
| il est bon | | |

**général (infinitif, un seul sujet)**

| | |
|---|---|
| il est important | |
| il est essentiel | que vous achetiez les billets en avance |
| il est bon | |

**spécifique (subjonctif, deux sujets)**

# Pense-bête pour bien faire ses valises et préparer son voyage

*Avion, train, bateau: les voyages nécessitent de ne rien oublier. Réussir ses vacances loin de chez soi requiert donc une préparation soignée de sa valise.*

Voyager, en train ou en avion, impose d'emporter avec soi un minimum d'affaires. Il est indispensable de ne pas oublier l'essentiel pour ne pas se trouver en difficulté lors du voyage ou une fois arrivé à destination.

## Six conseils indispensables pour bien préparer son départ

On ne rate pas ses vacances en oubliant de mettre un maillot de bain dans la valise mais en n'ayant aucun document à fournir après s'être fait voler ses papiers ou en se trouvant dépourvu du médicament que l'on doit prendre habituellement.

Souvenez-vous donc qu'un long déplacement peut très vite se transformer en «galère», **voire** en «cauchemar», quand on a oublié de prendre un minimum de précautions. Avant de penser à la tenue que vous allez mettre à la plage ou au ski, pensez à tout ce qui risque de vous mettre en difficulté en cas d'oubli ou de problème.

À cet effet, vous pouvez lire «Faire un beau voyage, les précautions pour réussir ses vacances», mais voici six points essentiels auxquels il vous faut penser:

1. Passeport, titres de transport, fiches et numéros de réservations diverses, adresses des lieux de rendez-vous (hébergements, véhicule, lieu d'embarquement), horaires de rendez-vous, certificats de vaccination et de santé, facture d'appareil photo ou caméra . . . sont tous à photocopier (une copie par personne). Gardez un **exemplaire** sur vous, si vos originaux sont en soute, ou l'inverse. Notez aussi les numéros des chèques de voyage sur un papier que vous garderez avec vous.

2. Pour un pays de langue étrangère, munissez vous d'un petit dictionnaire bilingue avec quelques formules passe-partout, pour pouvoir communiquer un peu. Joignez-y un carnet et un crayon: sur place, si vous ne comprenez pas, vous pourrez toujours faire écrire quelques mots ou faire tracer un plan sur une page.

3. Emportez la dose complète de médicaments liés à votre traitement en cours, si c'est le cas, et votre **ordonnance** médicale (dont vous aurez laissé une copie chez-vous). Prévoyez à l'avance les vaccins indispensables. Emportez des pastilles de traitement de l'eau et les médicaments nécessaires au traitement des problèmes que vous risquez de rencontrer (parlez de votre voyage à votre médecin suffisamment tôt).

4. N'oubliez pas d'emporter cartes, plans de ville et plans de situation des lieux de rendez-vous (cherchés sur Internet et imprimés). Consultez-les avant les départs et rendez-vous, afin de vous familiariser avec les lieux et leur situation, précaution utile dans le cas où vous utiliseriez des moyens de déplacement locaux, pour déceler ceux qui vous font faire des trajets plus longs que nécessaire.

5. Côté argent, à plusieurs, répartissez la somme entre les diverses personnes, en petites

**2.** 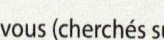 **LIRE** ✏ **ÉCRIRE**

**Lisez l'article et répondez aux questions suivantes.** Answers will vary, but may include the following:

1. Qu'est-ce qui est absolument indispensable pour un voyage réussi d'après le texte? Marquez ce que vous trouvez le plus important.

2. Quels conseils l'auteur donne-t-il au sujet de l'argent?

3. En ce qui concerne sa santé, qu'est-ce que l'auteur suggère?

4. Qu'est-ce qu'il suggère comme vêtements?

**3.**  **ÉCRIRE**

**Faites une liste d'au moins dix tâches générales pour la préparation de votre prochain voyage, puis une liste spécifique pour les membres de votre famille.** Answers will vary.

1. Il est indispensable de bien préparer sa valise. Il faut ne pas oublier ses documents importants. Apporter un dictionnaire est une bonne idée pour un voyage à l'étranger.

2. Il est bon de mettre de l'argent dans des endroits différents en cas de perte.

3. Il est essentiel de mettre ses médicaments dans son bagage à main.

4. Il suggère de partir avec le minimum de vêtements. Les vêtements longs sont indispensables. C'est une bonne idée de mettre dans son bagage à main un vêtement de rechange.

d'argent dans plusieurs lieux (poche du pantalon, sac, poche du blouson, porte-monnaie dans la **sacoche**...).

**6.** Sur une fiche rédigée dans la langue du pays d'accueil, indiquez vos coordonnées, celles des personnes à joindre en cas de problème (pensez aux indicatifs internationaux de téléphone), votre groupe sanguin (ex : «My blood type is O+»), les indications d'urgence médicale, les coordonnées de votre lieu d'hébergement. Photocopiez cette fiche et gardez-en toujours une avec vous et une autre dans un sac ou une valise.

### Une valise ou un sac bien fait est une valise ou un sac bien plein

Chaque compagnie aérienne a ses conditions de bagages (poids, volume, nombre). Renseignez-vous. Attention aux petites compagnies de vols intérieurs qui sont parfois très exigeantes.

Adaptez vos bagages exactement au volume de ce que vous emportez. Remplissez-les au maximum pour éviter d'abîmer vos affaires et de **froisser** le linge.

Utilisez des sacs plastiques pour emballer séparément tout ce qui n'est pas du linge.

Ne vous chargez pas inutilement de vêtements. Sur place, il sera toujours possible de compléter si nécessaire. Privilégiez le confort pour la destination visée, et ce qui se nettoie très facilement sans se froisser.

Les vêtements longs sont indispensables quelle que soit la destination. S'ils ne servent pas pour sortir, ils peuvent être nécessaires pour des questions religieuses ou sociales, pour se protéger des insectes (taons, moustiques…), faciliter une guérison de brûlure par le soleil, s'abriter de la poussière...

Pensez à emporter un sac à dos dans vos valises (pour vos promenades et pour ramener les souvenirs), une gourde thermos, un canif décapsuleur, une mini trousse de couture, un couvre-chef.

Anti-moustiques, piles de rechange, lotions solaires coûtent souvent bien moins cher en France (métropolitaine). Emportez-les emballés dans des sachets étanches.

Placez en valises de soute tout object coupant ou pointu (pince et lime à ongles, pince à épiler, canif...) et les produits de beauté et votre trousse de toilette (privilégiez les échantillons récupérés au cours de l'année!).

### Le bagage à main, sac ou valise de cabine

Depuis la France, vous n'avez droit qu'à un seul bagage à main (5 kg par personne et de dimensions règlementaires).

Placez-y, pour ne pas être pris au dépourvu en cas de problèmes avec vos bagages:

un vêtement de rechange,

des médicaments pour plusieurs jours,

un nécessaire rudimentaire de toilette,

une paire de lunettes de vue de rechange et des lunettes de soleil,

vos objets de valeur (ordinateur, matériel photographique, bijoux),

des pellicules ou cartes mémoire, accus ou piles rechargeables, chargeur, un adaptateur de prises de courant,

une petite lampe torche ou frontale,

vos documents importants,

les plans, le dictionnaire linguistique.

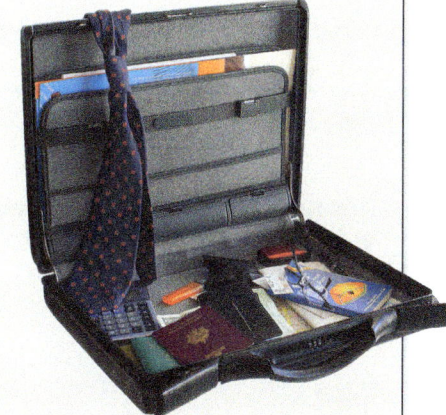

**SUGGESTION:**
Discuss with the students how packing for an international trip differs from packing for a domestic trip.

Une **astuce**: si vous voyagez à plusieurs, ne faites surtout pas un bagage par personne, mais au contraire répartissez les effets de tout le monde dans chaque bagage, un bon moyen pour que l'un d'entre vous ne soit pas pris totalement au dépourvu en cas de problèmes de bagages.

—Jean-Luc Mercier, Bergerac-France, 18 juin 2010

» **OBJECTIF** *Comparer les vacances*

**HAYLIE:** Hé, Arnaud, j'ai besoin de ton aide. Je dois faire une comparaison de vacances pour mon cours de français. Je ne sais pas par où commencer . . .

**ARNAUD:** Ne t'inquiète pas, au collège, j'ai dû rédiger un exposé au sujet de mes vacances. Veux-tu que je te l'envoie? Comme ça tu pourras voir un exemple.

**HAYLIE:** Oui, tu me sauves! Je déteste lire des graphiques . . . c'est trop difficile. Je ne les comprends jamais.

**ARNAUD:** T'es dingue, les graphiques sont faciles à comprendre. Tu peux t'exercer avec ma présentation!

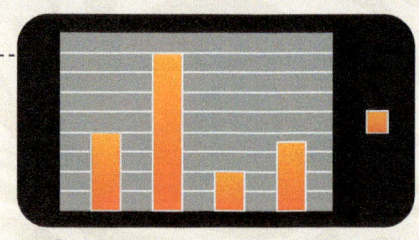
**La durée**

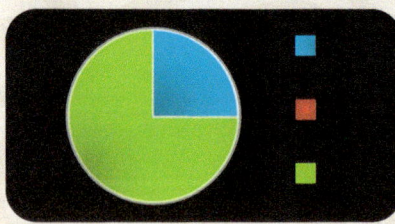
**Le transport**

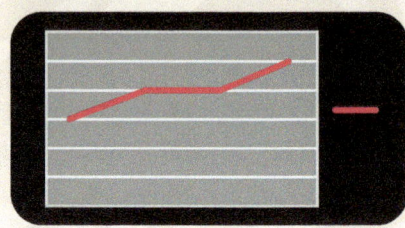
**Les voyageurs**

## Les types de graphiques

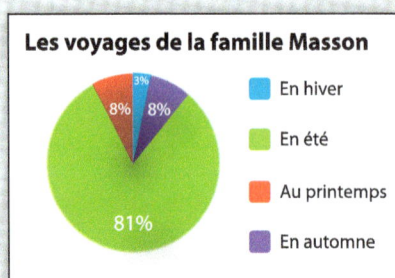
**un camembert**

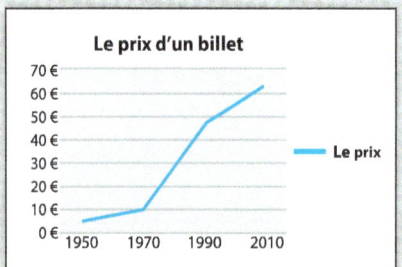
**un graphique en courbes**

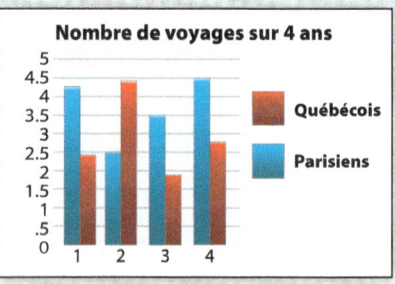
**un histogramme**

1.  **LIRE**

**Arnaud et Haylie font un tchat vidéo sur Internet. Ils discutent de leurs devoirs. Lisez leur conversation ci-dessus.**

2.  **LIRE**  **PARLER**

**Répondez aux questions.**

1. Quel est le but d'un graphique?

2. Quels sont les mots de vocabulaire importants?

Answers will vary, but may resemble:
1. Donner de l'information d'une manière visuelle.
2. camembert, courbes, histogramme

3.  **PARLER**

**Regardez les graphiques ci-dessus. Identifiez les éléments.**

1. Quel type de document est-ce?

2. Identifiez ces éléments du graphique:

   l'axe des ordonnées
   l'axe des abscisses
   le titre
   l'unité
   la légende

3. Quel type de graphique trouvez-vous le plus facile à comprendre et pourquoi? Expliquez.

1. Teacher will show or refer to one of the graphics on the page to elicit answers from students.

2. Teacher will ask students to point at or explain the following elements:
   Y axis
   X axis
   title
   unit (of measure)
   legend/key

3. Answers will vary.

**EXPLORER:**
For additional exercises, AP® practice tasks, discussion forums, and external links, go to *APprenons* Explorer at **learningsite.waysidepublishing.com**

**CONNECTIONS:**

**Making Connections:** Learners build, reinforce, and expand their knowledge of other disciplines while using the language to develop critical thinking and to solve problems creatively.

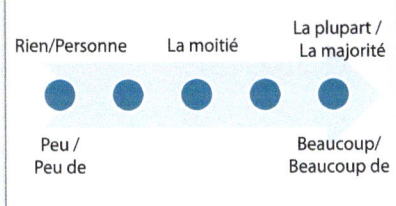

La majorité des Français voyagent en train. Peu de d'Américains voyagent en train.

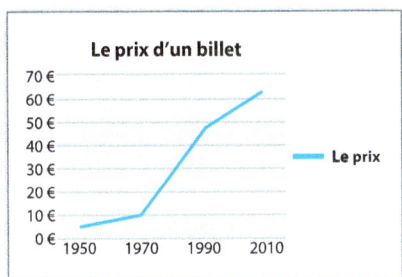

Le prix augmente entre 1950 et 2010.

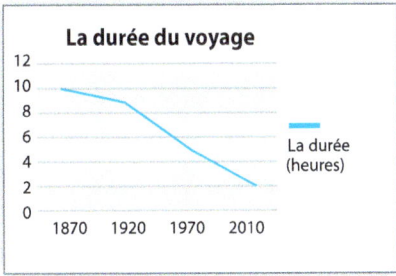

La durée du voyage diminue entre 1870 et 2010.

**Exercise 4 Answers:**
1. Reading exercise.
2. Students should ask themselves the same questions as in Exercise 3 to identify and describe the type of each chart.
3. Answers will vary, but may include: La famille Masson voyage le plus en été. Arnaud a plus de valises bleues que de valises noires. La durée d'un voyage en train diminue. Les congés payés sont stalbes depuis 1980. Arnaud préfère acheter des cartes postales comme souvenirs.

**CONNECTIONS:**

**Acquiring Information and Diverse Perspectives:** Learners access and evaluate information and diverse perspectives that are available through the language and its cultures.

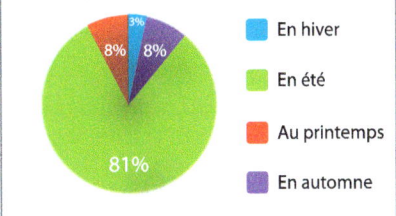

En hiver · En été · Au printemps · En automne

La famille Masson voyage en été 81 pour cent du temps.

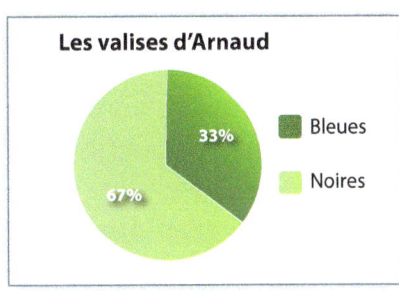

**Les valises d'Arnaud**

Bleues · Noires

Un tiers des valises d'Arnaud sont bleues.

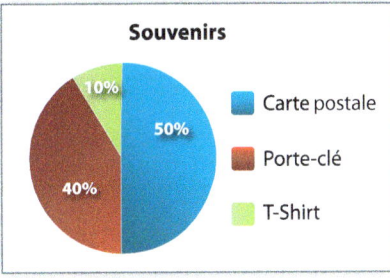

**Souvenirs**

Carte postale · Porte-clé · T-Shirt

La moitié des souvenirs d'Arnaud sont des cartes postales.

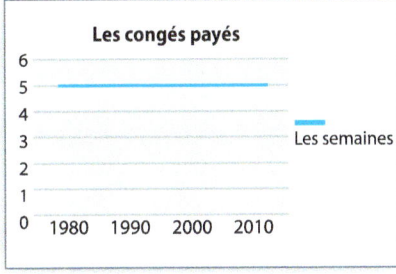

**Les congés payés**

Les semaines

Les congés payés sont stables entre 1980 et 2010.

**COMMUNICATION:**

**Presentational Communication:** Learners present information, concepts, and ideas to inform, explain, persuade, and narrate on a variety of topics using appropriate media and adapting to various audiences of listeners, readers, or viewers.

**4.**  LIRE  PARLER

### Décrivez les voyages d'Arnaud.

1. Lisez la présentation d'Arnaud.
2. Posez les mêmes questions.
3. Faites (au minimum) cinq phrases qui décrivent ses vacances.

**5.** SE CONNECTER

### Allez plus loin sur notre site: Choisissez un article sur le portail de l'étudiant et faites les activités suivantes. Answers will vary.

1. Lisez l'article.
   a. Quel est le but de l'article/ du graphique?
   b. Quels sont les mots importants?
2. Identifiez les éléments.
   a. Quel type de document est-ce?
   b. Pouvez-vous identifier ces éléments du graphique:
      l'axe des ordonnées
      l'axe des abscisses
      le titre
      l'unité
      la légende
   c. Quelle est la source?
3. Analysez le document et notez quelques observations.
4. Écrivez un paragraphe qui explique vos observations puis, un paragraphe qui les compare à votre vie. Finissez votre composition avec votre opinion sur la meilleure façon de voyager.

**6.**  ÉCRIRE PARLER

### Comparez les informations que vous avez rassemblées sur votre vie quotidienne et celle de vos camarades de classe.

Faites une présentation sur vos habitudes de voyages, sans oublier d'inclure une variété de graphiques.

Answers will vary. Students should use Arnaud's presentation as a guide.

### LIRE

La sélection suivante est accompagnée de plusieurs questions. Pour chaque question, choisissez la meilleure réponse selon la sélection.

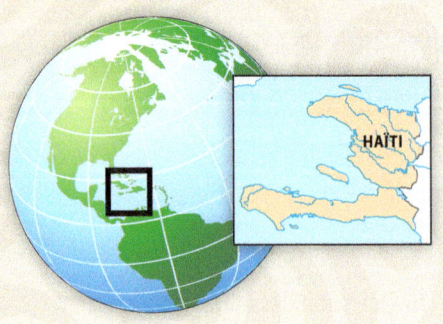

HAÏTI

**THEME/CONTEXT:**
La vie contemporaine - Les voyages

## Introduction:

**Dans cette sélection il s'agit d'un voyage à Haïti. Le message original a été publié le 10 février 2005 au Canada par VoyageForum.com.** © Hal2005

| | |
|---|---|
| Re: [moisdejuin] Voyage à Haïti (en réponse à...) 10 février 2005 à 10:01 | **Hal2005** Québec (Canada) Message 2 sur 18 Consulté 6 826 fois **Signaler ce message aux modérateurs** Adresse du message Haut de la page |

Bonjour moisdejuin,

Haiti fut mon 1er vrai voyage à la fin de mes études, mais j'ai toujours gardé un merveilleux
*Ligne* souvenir de ce voyage, malgré notre jeunesse
5 inconsciente qui nous a menés là-bas durant la révolution de Duvalier! Eh oui! Petit budget d'étudiant ne nous permettait pas d'autres destinations aussi économiques. Du 1er janvier au 14 janvier et la température était super; soleil,
10 soleil et soleil et la température de l'eau pour se baigner à la mer était aussi bonne que celle de mon bain! Je ne peux te dire comment t'y rendre de la Belgique puisque nous sommes parties du Canada.

Nous étions à Jacmel, un beau petit village de la
15 bourgeoisie qui y a déjà eu de belles résidences, qui ont été abandonnées avec le temps. Nous n'avons pas visité Port-au-Prince qui était sous les balles et n'avons pas insisté pour y demeurer non plus! Notre hôtel était tout petit, une trentaine de
20 chambres, une très belle plage (sous la surveillance

des «tontons macoute»). Nous avions un guide (Don Don) qui nous attendait tous les jours à la porte de l'hôtel pour nous accompagner et répondre à nos questions. Il nous a organisé une excursion dans la montagne, à dos
25 d'âne, traversant plantations de **bananiers**, cimetières isolés, petits villages de quelques habitants . . . et là-haut, le Bassin sans fond. Genre de formation dans les rochers qui était une merveille dans un pays si déchiré. Je garde de beaux souvenirs de cet endroit méconnu et aussi beau que bien
30 d'autres plus populaires.

Aujourd'hui, la situation a-t-elle changé? Oui, la révolution est terminée et Monsieur Duvalier est parti mais le pays ne s'est pas totalement reconstruit étant donné ses problèmes politiques. L'infrastructure touristique n'est pas celle des autres
35 îles environnantes. Et il y a quelques mois, il y a eu des pluies diluviennes aux Gonaïves. Mais j'ai bien aimé ce pays, avec des gens bien sympathiques.

Ah oui, il y a environ 5 ans, nous nous sommes arrêtés à Labadee lors d'une **escale** au cours d'une **croisière**. Mais je crois que ce
40 petit coin qui ressemble à un minuscule bras de mer est installé en fonction des croisièristes qui envahissent la plage la durée de quelques heures. C'était en octobre, et avions eu du beau temps. Mais étant la saison des ouragans, ce n'est pas la saison que je choisirais pour un séjour à long terme.

Et voilà! Bon voyage!
par Hal2005

LE DRAPEAU D'HAÏTI

1. **Pour quelle raison l'article a-t-il été écrit?**

   a. faire de la publicité pour le voyage

   b. donner des conseils

   c. exprimer les souvenirs d'un voyage

   d. exprimer le point de vue sur le Canada

2. **Dans cet article, quel est le ton de l'auteur?**

   a. didactique

   b. argumentatif

   c. objectif

   d. mélancolique

3. **Vous allez contacter l'auteur pour lui demander plus d'informations. Comment devriez-vous formuler votre demande?**

   a. «Salut mec, as-tu des conseils pour acheter une valise?»

   b. «J'aimerais voyager à Haïti cet été. Avez-vous d'autres conseils?»

   c. «Auriez-vous donc l'amabilité de bien vouloir m'envoyer des conseils pour voyager avec mon enfant ? Je vous remercie.»

   d. «Monsieur, j'habite aux États-Unis! je n'ai pas besoin de voyager!»

4. **Que veut dire l'expression «sous les balles»?**

   a. l'objet d'attaques

   b. sous les ballons

   c. sous l'eau

   d. l'endroit bal

5. **« . . . soleil, soleil et soleil et la température de l'eau pour se baigner à la mer était aussi bonne que celle de mon bain!» Selon l'auteur, comment est le temps à Haïti?**

   a. fantastique sauf pendant l'automne

   b. incroyable toute l'année

   c. imprévisible

   d. l'auteur ne discute jamais de la météo

**SOURCE 1:** 

**THEME/CONTEXT:**
La vie contemporaine - Les voyages

**Introduction:**
Dans cette sélection il s'agit de l'importance de voyager à l'étranger. L'article original a été publié sur voyageplus.net. © Voyage plus

# SORTIR DE L'ORDINAIRE

Vous est-il déjà arrivé de regretter de ne pouvoir vivre une autre vie que la vôtre? Avez-vous parfois l'impression que, d'une part, le temps file trop vite et que, d'autre part, vos journées sont d'une monotonie

Ligne 5 désespérante? Si ça vous arrive, c'est qu'il est temps de «mettre un peu de voyage» dans votre vie.

Même quand on aime bien la vie qu'on mène, il arrive toujours un moment où son ordinaire devient vraiment trop . . . ordinaire. Alors qu'il y a tant d'endroits magnifiques à découvrir, tant de

10 routes passionnantes à parcourir, tant de manières de vivre fascinantes à explorer et de gens merveilleux à rencontrer, pourquoi se satisfaire de rester tranquillement chez soi?

Pourquoi **se priver** du plaisir de se réveiller un beau matin dans une chambre d'hôtel inconnue et de se dire: «Aujourd'hui, je vais

15 visiter New York», ou «Je vais descendre Li jiang en bateau», ou « Je vais **grimper** sur le Machu Picchu»? Pourquoi ne pas s'offrir de l'extraordinaire et de l'inédit? Quand le poids des journées répétitives nous colle les pieds au plancher, un voyage nous donne des ailes.

20 Nous méritons tous mieux que la vie que nous avons. Et comme nous pouvons difficilement vivre une autre vie que la nôtre, nous avons tous le droit de tricher un peu avec nos limites. Partir ailleurs pour quelque temps fait franchir des frontières bien plus importantes que les frontières géographiques.

 LIRE  ÉCOUTER

Vous allez lire un passage et écouter une sélection audio. Pour la lecture, vous aurez un temps déterminé pour la lire. Pour la sélection audio, vous aurez d'abord un temps déterminé pour lire une introduction et pour parcourir les questions qui vous seront posées. La sélection sera présentée deux fois. Après avoir écouté la sélection une première fois, vous aurez 1 minute pour commencer à répondre aux questions; après avoir écouté la sélection une deuxième fois, vous aurez 15 secondes par question pour finir de répondre aux questions. Pour chaque question, choisissez la meilleure réponse selon la sélection audio ou la lecture et indiquez votre réponse sur votre feuille de réponse.

## SOURCE 2: SÉLECTION AUDIO

## Introduction:

Dans cette sélection il s'agit de l'expédition unique d'Antoine de Maximy. Le reportage original intitulé *Souvenirs de voyages: Antoine de Maximy* a été publié le 1 décembre 2011 en France par Le Nouvel Observateur.

© Le Nouvel observateur

**AUDIOSCRIPT:**
The audioscript for each listening activity is supplied in Appendix F of this Teacher's Edition and online in Explorer.

1. **Selon le passage, pourquoi devrait-on voyager?**
   a. la vie domestique n'est pas tranquille
   b. pour ne pas regretter la vie
   c. pour voir les frontières géographiques
   d. pour éviter des problèmes chez vous

2. **L'extrait audio indique:**
   a. que le métro parisien est dangereux.
   b. qu'il faut voyager pour le film.
   c. qu'il faut voyager pour faire une expédition.
   d. que les expéditions ou les voyages peuvent se passer chez vous.

3. **Dans le passage, qu'est-ce que la phrase «Je vais grimper sur le Machu Picchu» veut dire?**
   a. se blesser
   b. monter
   c. descendre
   d. faire une grimace

4. **Selon la vidéo, pourquoi Maxime choisit-il de faire un voyage en métro?**
   a. C'est un de ses lieux favoris à Paris.
   b. Il y a des pistes extraordinaires.
   c. C'est tout près de son appartement.
   d. Il voulait faire une parodie de l'expédition.

5. **Quelle réplique de Maxime serait la plus appropriée à la fin de la vidéo?**
   a. «As-tu fait d'autres films?»
   b. «Quels sont les autres films que vous avez faits en voyageant?»
   c. «Assez parlé, voyageons!»
   d. «Je voudrais voir ton film!»

## » Interpretive Communication: AUDIO TEXTS

### ÉCOUTER

Vous allez écouter une sélection audio. Vous aurez d'abord un temps déterminé pour lire l'introduction et pour parcourir les questions qui vous seront posées. La sélection sera présentée deux fois. Après avoir écouté la sélection une première fois, vous aurez 1 minute pour commencer à répondre aux questions; après avoir écouté la sélection une deuxième fois, vous aurez 15 secondes par question pour finir de répondre aux questions. Pour chaque question, choisissez la meilleure réponse selon la sélection audio et indiquez votre réponse sur la feuille de réponse.

## Introduction:

**Dans cette sélection, il s'agit d'un voyage au Cambodge. Cet entretien a été tiré du podcast Voyagecast qui se trouve sur le site www.trip85.com.** © trip85.com

**AUDIOSCRIPT:**
The audioscript for each listening activity is supplied in Appendix F of this Teacher's Edition and online in Explorer.

**THEME/CONTEXT:**
La vie contemporaine - Les voyages

**SUGGESTION:**
Use the photo of Cambodia as a springboard for a conversation/discussion on countries with a francophone influence in southeast Asia. Many of the rich images throughout the book may be used in a similar way.

CAMBODGE

1. **Guillaume n'est plus au Cambodge. Où est-il au moment de l'entretien?**

   a. au Mali

   b. à Bali

   c. en Thaïlande

   d. au Viêt-nam

2. **Guillaume a vécu au Cambodge pendant combien de temps?**

   a. 9 mois

   b. 9 ans

   c. 6 mois

   d. un an

3. **Pourquoi Guillaume vous suggère-t-il de ne pas atterrir directement au Cambodge?**

   a. car les aéroports cambodgiens sont trop grands

   b. parce qu'il n'y a aucun aéroport international au Cambodge

   c. car l'atterrissage a plus de turbulence à cause des montagnes

   d. parce que les billets coûtent trop cher

4. **D'après Guillaume, traverser la frontière par voie terrestre est plus « sympa » parce que:**

   a. On n'est dans aucun pays.

   b. C'est plus facile de passer par la douane.

   c. On peut voir les différences marquantes du paysage.

   d. C'est une grande aventure.

5. **Que fait-on quand on sort d'un pays dans une zone internationale selon Guillaume?**

   a. On examine vos papiers.

   b. On tamponne votre passeport.

   c. On inspecte vos bagages.

   d. On vous questionne.

## Interpersonal Writing: E-MAIL REPLY

 **LIRE**  **ÉCRIRE**

Vous allez écrire une réponse à un message électronique. Vous aurez 15 minutes pour lire le message et écrire votre réponse. Votre réponse devrait débuter par une salutation et terminer par une formule de politesse. Vous devriez répondre à toutes les questions et demandes du message. Dans votre réponse, vous devriez demander des détails à propos de quelque chose mentionnée dans le texte. Vous devriez également utiliser un registre de langue soutenue.

### SCORING GUIDELINES:

See the scoring guidelines proposed by The College Board for the AP® French Language Culture Exam for the Interpersonal Writing: E-mail Reply, the Presentational Writing: Argumentative Essay, the Interpersonal Speaking: Conversation, and the Presentational Speaking: Cultural Comparison exercises.

**THEME/CONTEXT:**
La vie contemporaine - Les voyages

### Introduction:

C'est un message électronique de Pauline Pierre, Responsable des relations à la clientèle. Vous recevez ce message parce que vous avez contacté la compagnie aérienne pour demander des informations concernant votre valise perdue.

De: pp@relationsclientele.be

Bruxelles, 13 septembre 2012

Monsieur ou Madame,

J'ai bien reçu votre courrier dans lequel vous nous faites part de votre manque de satisfaction quant
*Ligne* au traitement donné à votre valise. Votre demande
5 d'intervention, reçue le 3 septembre, a retenu toute mon attention et je la soumets immédiatement pour examen auprès des services concernés.

BRUXELLES, BELGIQUE

BELGIQUE

J'aurais besoin des détails suivants:

- une description détaillée de l'extérieur de la
10    valise.

- une liste complète du contenu de la valise

- les villes, les dates et les heures du voyage au
  cours duquel la valise a disparu.

Dès que je serai en possession de toutes les
15  informations nécessaires, je ne manquerai pas
de prendre position quant au contenu de votre
réclamation et vous ferai parvenir ma décision.

Je vous prie d'agréer, Monsieur, Madame,
l'expression de mes meilleurs sentiments.

20  Pauline Pierre
Responsable des relations à la clientèle

**COMMUNITIES:**
**School and Global Communities:** Learners use the language both
within and beyond the classroom to interact and collaborate in their
community and the globalized world.

## » Presentational Writing: ARGUMENTATIVE ESSAY

 **LIRE**  **ÉCOUTER**

 **ÉCRIRE**

Vous allez écrire un essai argumentatif pour un concours d'écriture de langue française. Le sujet de l'essai est basé sur trois sources ci-jointes, qui présentent des points de vue différents sur le sujet et qui comprennent à la fois du matériel audio et imprimé. Vous aurez d'abord 6 minutes pour lire le sujet de l'essai et le matériel imprimé. Ensuite, vous écouterez l'audio deux fois; vous devriez prendre des notes pendant que vous écoutez. Enfin, vous aurez 40 minutes pour préparer et écrire votre essai. Dans votre essai, vous devriez présenter les points de vue différents des sources sur le sujet et aussi indiquer clairement votre propre point de vue que vous défendrez à fond. Utilisez les renseignements fournis par toutes les sources pour soutenir votre essai. Quand vous ferez référence aux sources, identifiez-les de façon appropriée. Organisez aussi votre essai en paragraphes bien distincts.

**THEME/CONTEXT:**
Les défis mondiaux - Les droits de l'être humain

**SECONDARY THEME/CONTEXT:**
La vie contemporaine - Les voyages

**TERTIARY THEME/CONTEXT:**
Les défis mondiaux - L'économie

**SUJET DE LA COMPOSITION:**

Les obèses devraient-ils payer plus pour un siège d'avion?

**SOURCE 1:**

## Introduction:

**Dans cette sélection il s'agit d'une discrimination à l'encontre des personnes obèses.** © Ginette Villa

# Va-t-on nous demander notre poids pour voyager sur Air France?

N'est-ce pas une double peine que de faire payer plus cher les personnes obèses, dixit Viviane Gacquère, Présidente de l'association Allegro Fortissimo.

### Air France nie.

*Ligne*
5 Que pensez-vous de la décision de la compagnie Air France de faire payer 75% du prix pour le second siège occupé par les personnes obèses?

Pas d'accord! La collaboration d'Allegro Fortissimo (depuis 4 ans) avec Air France a amélioré grandement l'accueil des personnes **corpulentes** mais de façon limitée quand même.

10 C'est, en tout cas, pénaliser doublement ces personnes car le paiement du second billet (taxes d'aéroport déduites) est discriminatoire et cela, nous ne pouvons l'accepter!!!

### Qui est obèse, qui ne l'est pas?

Très difficile à dire. Cela dépend. Certaines personnes peuvent s'asseoir dans les sièges et d'autres pas . . .

15 Doit-on imposer des tests avant la réservation, genre: tour de taille, poids, ou tout simplement s'asseoir dans un «siège test»?

### Ridicule!

Devra-t-on prendre des photos, ou présenter des témoins afin de prouver que l'avion n'était pas complet, lors d'une demande de remboursement? Cela dépasse le bon entendement!

### Quel est le pourcentage des personnes obèses voyageant avec Air France?

20  Il n'y a pas de chiffre précis. Mais n'exagérons pas: les personnes fortes ne sont pas majoritaires!

Souvent, les avions ne sont remplis qu'à concurrence de 90% en moyenne. Alors, quand un passager obèse occupe un second siège (vide), il ne pénalise pas du tout financièrement la
25  compagnie. Et dans le cas où un avion est complet, il suffirait de proposer au passager en question de prendre le vol suivant.

### Contradictions.

Air France et l'agence Go Voyage ont été condamnés à payer des dommages et intérêts à une personne de forte corpulence. Malgré cela, Air France **dément** l'obligation de faire payer un
30  second siège aux personnes obèses, alors que la veille, un **porte-parole** de la compagnie disait le contraire! Contradictions?

### Alors que faire?

Ne pourrait-on pas identifier les personnes obèses comme passagers à caractère particulier au même titre que les handicapés et autres mères de famille? Elles pourraient
35  alors voyager dans de bonnes conditions! Et pourquoi ne pas s'imaginer réserver uniquement si l'avion est complet ou pas? Plusieurs solutions pourraient être étudiées.

À l'image d'Allegro Fortissimo, il faut lutter contre la discrimination faite aux personnes obèses dans la société.

## CULTURES:
**Relating Cultural Practices to Perspectives:** Learners use the language to investigate, explain, and reflect on the relationship between practices and perspectives of the cultures studied.

## CONNECTIONS:
**Acquiring Information and Diverse Perspectives:** Learners access and evaluate information and diverse perspectives that are available through the language and its cultures.

**SOURCE 2:**

## Introduction:
Dans cette sélection il s'agit du nombre de voyages que font les français chaque année. Le graphique original a été publié en 2011 par EuroStat.
© Eurostat

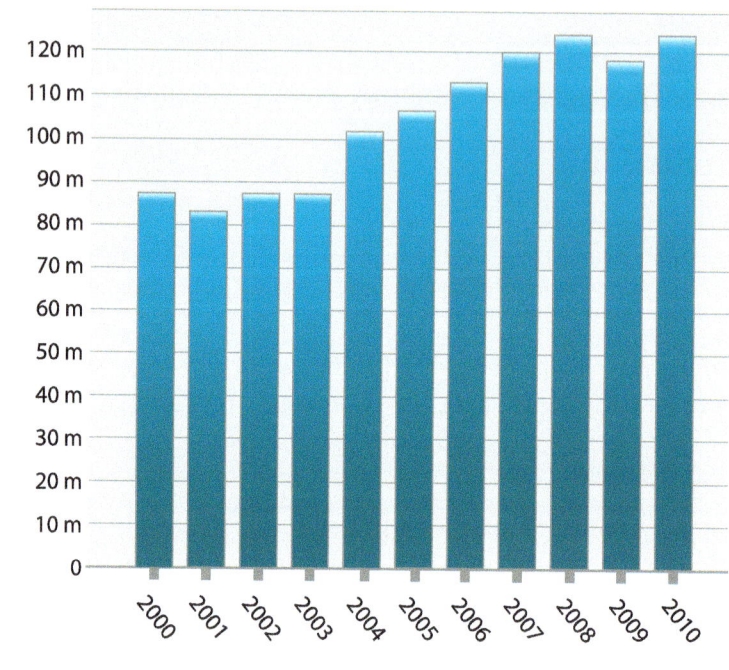

**Les transports aériens en France**

m = le nombre de voyages effectués (en milliards)

eurostat 2011

**Vocabulaire**
se plaindre
soupir

## SOURCE 3: SÉLECTION AUDIO 🎧

**AUDIOSCRIPT:**
The audioscript for each listening activity is supplied in Appendix F of this Teacher's Edition and online in Explorer.

### Introduction:

**Dans cette sélection audio il s'agit du montant que les compagnies aériennes font payer aux voyageurs obèses pour un siège d'avion.**
© TF1 Group

**SUGGESTIONS:**

Ideas for composition organization:

**Introduction**

**Source 1 viewpoint:**

Asking obese passengers to pay for a second seat on a plane is discriminatory, particularly if the flight is not full and the company would not be making money for a particular seat in any case.

**Source 2 viewpoint:**

The number of flights in France has largely been on the rise since 2004. This, presumably, includes all segments of the population.

**Source 3 viewpoint:**

The question of whether to charge obese passengers for two seats is also a financial one on the part of the airline. Passengers have submitted requests in the form of letters and survey responses asking for the rule to be enforced.

**Student's own viewpoint:**

**Conclusion**

**SUGGESTION:**

Ask the students to discuss past experiences while flying, including both the positive and negative aspects of this means of travel.

## » Interpersonal Speaking: CONVERSATION

 **LIRE**   **ÉCOUTER**   **PARLER**

**THEME/CONTEXT:**
La vie contemporaine -
Les voyages

Vous allez participer à une conversation. D'abord, vous aurez une minute pour lire une introduction à cette conversation qui comprend le schéma des échanges. Ensuite, la conversation commencera, suivant le schéma. Quand ce sera à vous de parler, vous aurez 20 secondes pour enregistrer votre réponse. Vous devriez participer à la conversation de façon aussi complète et appropriée que possible.

## Introduction:

**Vous êtes en train de téléphoner à un ami qui vous attend à la gare à Casablanca. Vous participez à cette conversation parce que vous avez raté votre train et vous êtes en retard.**

**AUDIOSCRIPT:**
The audioscript for each listening activity is supplied in Appendix F of this Teacher's Edition and online in Explorer.

| | |
|---|---|
| Ami | Il vous salue. |
| Vous | Identifiez-vous; expliquez votre situation. |
| Ami | Il demande des détails. |
| Vous | Donnez les détails de votre arrivée. |
| Ami | Il explique qu'il y a un problème. |
| Vous | Proposez un mode de transport différent. |
| Ami | Il est d'accord et il propose un rendez-vous plus tard. |
| Vous | Acceptez sa proposition. |
| Ami | Il termine la conversation. |
| Vous | Dites au revoir et assurez-lui que vous le verrez bientôt. |

**COMMUNITIES:**
**School and Global Communities:** Learners use the language both within and beyond the classroom to interact and collaborate in their community and the globalized world.

## » Presentational Speaking: CULTURAL COMPARISON

 LIRE  PARLER

**THEME/CONTEXT:**
La science et la technologie - Les découvertes et les inventions
**SECONDARY THEME/CONTEXT:**
La vie contemporaine - Les voyages

Vous allez faire un exposé pour votre classe sur un sujet spécifique. Vous aurez 4 minutes pour lire le sujet de présentation et préparer votre exposé. Vous aurez alors 2 minutes pour l'enregistrer. Dans votre exposé, comparez votre propre communauté à une région du monde francophone que vous connaissez. Vous devriez montrer votre compréhension des facettes culturelles du monde francophone. Vous devriez aussi organiser clairement votre exposé.

## Sujet de la présentation:

**Décrivez les modes de transport utilisés dans votre pays. Comparez-les à ceux du monde francophone.**

**COMPARISONS:**
**Cultural Comparisons:** Learners use the language to investigate, explain, and reflect on the concept of culture through comparisons of the cultures studied and their own.

**LIRE**

La sélection suivante est accompagnée de plusieurs questions. Pour chaque question, choisissez la meilleure réponse selon la sélection.

**THEME/CONTEXT:**
La vie contemporaine - Le monde du travail
**SECONDARY THEME/CONTEXT:**
L'éducation et l'enseignement

### Introduction:
**Dans cette sélection, il s'agit d'une convention d'accueil, un contrat entre une association de familles d'accueil et un groupe universitaire qui passe un court séjour en Bretagne.** © Association S2F

**CONVENTION D'ACCUEIL**

**D'un groupe d'étudiants du 12 (soir) au 19 (après-midi) mai 2015**

Entre les soussignés:

**Ligne**

**5** | **Association S2F (Séjour en famille française)**
Association loi 1901
Chez Madame VANDROY
5 allée de Bretagne
35830  BETTON
**10** | Tel : +33 (0) 2 99 53 70 57     +33 (0) 6 69 27 99 31
marianne.vandroy@neuf.fr

**Et le groupe universitaire, Iowa, États-Unis (IEU)**

Dans le cadre de ses activités; l'association S2F propose un accueil en famille aux étudiants participant à un séjour sur Rennes pour **15** | la période:

**du 12 (soir) au 19 (après-midi) mai 2015 soit 7 nuitées**

L'association s'engage à fournir à l'étudiant:
- une chambre individuelle ou en duo avec accès salle de bain et toilettes
**20** | - les repas du soir et du week-end avec la famille
- les repas de midi avec l'association
- une aide personnalisée pour l'accueil dont une prise en charge dès l'arrivée

• lui faire découvrir notre culture et **patrimoine**

25  L'association S2F s'engage à assurer:

• Le bon déroulement du séjour en famille et la qualité de l'accueil

• La liaison avec la responsable du groupe en cas de besoin

• L'accompagnement

Dans le cadre des visites culturelles, l'association ne fait que rendre service en
30  accompagnant le groupe et en ayant réservé les divers animations.

S2F se dégage de toute responsabilité au cas où l'une ou l'autre des visites
devait être annulée du fait d'un imprévu extérieur à l'association.

L'association met à disposition 3 bénévoles qui guideront le groupe dans les
divers sites proposés sur le **devis**. Elle louera pour le compte du groupe: 3
35  véhicules, 2 minibus et 1 voiture 5 places pour les déplacements.

La facture est en 2 parties distinctes:

• L'hébergement

• La partie culturelle

L'association a contracté une assurance responsabilité étendue aux personnes
40  qu'elle accueille toutefois en cas de dégât matériel occasionné par l'une des
personnes accueillies, une franchise de 200 euros est appliquée et sera à
charge de l'auteur des faits. Chaque étudiant est responsable de lui-même et
devra respecter les conditions d'accueil (chambre mise à disposition, horaires
des repas) Si l'étudiant souhaite rentrer plus tard que l'heure prévue, il devra
45  informer la famille et le retour sera à sa charge.

En contrepartie de cet accueil, IEU s'engage:

À acquitter les frais suivants, selon le devis proposé:

• Indemnités d'hébergement: 25 euros par nuitée et par étudiant

• **Forfait** pour recherche de famille: 5 euros par étudiant

50  • Participation à la vie de l'association: 22 euros

• Frais d'accompagnement: 200 euros

LE DRAPEAU DE LA BRETAGNE

*(suite à la page suivante)*

**1. De quel genre de document s'agit-il?**

a. un accord

b. un article

c. une lettre

d. une publicité

**2. Selon la sélection, qu'est-ce qui coûtera le plus cher pour le groupe universitaire?**

a. la recherche de famille

b. le logement

c. l'indemnisation pour l'association

d. l'accompagnement

**3. Dans le contexte de cet extrait, quel serait un synonyme pour le mot «fournir»?**

a. terminer

b. faire la cuisine pour

c. demander à

d. offrir à

**4. Quelle serait la réponse la plus logique à ce texte écrit?**

a. «J'accepte ces conditions.»

b. «Je suis très ému.»

c. «Je ne suis pas d'accord avec cette interprétation.»

d. «J'aimerais vous inviter à cet événement politique.»

**5. D'après cet extrait, un «interlocuteur» serait quelqu'un qui pourrait:**

a. déposer le stagiaire à un endroit précis

b. être contacté en cas d'urgence

c. accompagner le groupe

d. payer les frais du stagiaire en cas de besoin

**6. Quel genre de découvertes propose l'association au groupe universitaire?**

a. culturelles

b. scientifiques

c. professionnelles

d. médicales

**SOURCE 1 (SUITE):**

• Partie culturelle et animation: voir devis

IEU s'engage à fournir à chaque stagiaire toutes les informations nécessaires sur son assurance santé. S2F et les familles déclinent
55 | toute responsabilité concernant les assurances médicales.

IEU s'engage à prévenir S2F de tout changement qui interviendrait concernant la venue de l'étudiant.

IEU s'engage à fournir le nom d'un interlocuteur de contact pendant la durée du séjour.

60 | Une fiche d'évaluation par l'étudiant sur son séjour en famille sera remplie en fin de séjour.

La présente convention prend effet à compter de sa signature par les 2 parties pour la durée visée à l'article 01.

Fait en double exemplaire, à Rennes

65 | Le 5 mai 2015

*Lu et approuvé*

Pour IEU

Pour S2F
La présidente

**LIRE**  **ÉCOUTER**

Vous allez lire un passage et écouter une sélection audio. Pour la lecture, vous aurez un temps déterminé pour la lire. Pour la sélection audio, vous aurez d'abord un temps déterminé pour lire une introduction et pour parcourir les questions qui vous seront posées. La sélection sera présentée deux fois. Après avoir écouté la sélection une première fois, vous aurez 1 minute pour commencer à répondre aux questions; après avoir écouté la sélection une deuxième fois, vous aurez 15 secondes par question pour finir de répondre aux questions. Pour chaque question, choisissez la meilleure réponse selon la sélection audio ou la lecture et indiquez votre réponse sur votre feuille de réponse.

**SOURCE 1:**

**THEME/CONTEXT:**
La vie contemporaine - Les voyages

### Introduction:

**Cette sélection est tirée du site www.b2zen.com de Johann Yang-Ting. Dans cet article, il s'agit des sentiments que ressentent les voyageurs lors d'un long voyage.** © Johann Yang-Ting

# Les **5** phases que vous vivrez lors d'un long voyage

J'ai eu beaucoup de lecteurs qui m'ont parlé de projet d'**expatriation** ou de désir de voyager beaucoup plus souvent sur de longues périodes.

*Ligne*
5 Voyager c'est le rêve de beaucoup de personnes, un peu comme un rêve d'évasion. Mais lorsque la durée d'un voyage dépasse celle d'un simple petit séjour touristique, il faut s'attendre à vivre des phases bien particulières.

J'ai pas mal voyagé ces 2 dernières années: Canada, États-Unis, Caraïbes, plusieurs villes d'Europe et la Thaïlande plus
10 récemment [. . .]. Et j'ai pu me rendre compte qu'à chacun de mes voyages, j'ai vécu 5 phases particulières, surtout lors de mes longs séjours (au-delà d'un mois). Je l'ai particulièrement ressenti quand j'étais étudiant et que j'avais effectué des stages et séjours académiques de entre de 3 à 6 mois en Amérique du Nord.

15 Je me suis renseigné autour de moi, j'ai discuté avec d'autres voyageurs, et il semblerait que ces phases soient plutôt courantes lorsque nous restons longtemps dans un pays étranger. Donc si vous avez des projets de voyages et même de changement, vous vivrez très certainement ces différentes phases:

### 1) Phase de découverte et d'émerveillement

20 Lors de l'arrivée dans le nouveau pays, c'est la phase où nous nous sentons émerveillés et charmés par notre nouvelle vie. On s'empresse de découvrir les lieux, on tombe sous le charme de la ville, on est curieux, fasciné, c'est tout nouveau, tout beau . . . Cette phase dure généralement une à deux semaines, cette
25 phase nous permet de vite nous immerger dans notre nouvelle vie et d'en tirer tout le positif.

### 2) Phase de mal du pays

La phase la moins drôle des cinq, parfois même la dernière pour ceux qui n'ont pas le courage d'aller plus loin. Cette phase arrive généralement la 3ème ou 4ème semaine du séjour. Elle peut durer plus ou moins longtemps selon les personnes.

30 On se demande qu'est-ce qu'on fait là, on a du mal à accepter la culture du pays, le quotidien devient pesant, on se lasse, la nourriture devient insupportable, la famille et les proches nous manquent . . . nous remettons en cause toute la phase d'émerveillement. Cette phase est très difficile et demande beaucoup d'ouverture d'esprit et de volonté pour être passée.

35 Le meilleur moyen pour surmonter ce mal du pays est de prendre du recul, de communiquer avec ses proches (nous avons suffisamment de moyens de communication actuellement pour faciliter les contacts), et surtout de se faire des amis sur place, rencontrer du monde et sortir. Si la phase dure trop longtemps, c'est peut être que le pays ne nous correspond pas, sinon c'est un

40 mauvais moment à passer qui devrait être surmonté en moins d'une semaine.

### 3) Phase d'adaptation

C'est en quelque sorte la phase d'acceptation. Le rythme est pris, la culture est acceptée, on commence à vivre et à faire partie de ce nouveau pays. Cette phase dure la grande majorité du séjour. Une fois le rythme de vie pris, tout s'enchaîne rapidement, et il est plus facile de profiter du pays.

### 4) Phase d'attachement

45 Dans la continuité de la phase d'adaptation, quand le voyageur se sent parfaitement intégré dans son nouveau pays, le lien d'attachement se crée au fur et à mesure. C'est cet attachement qui va déterminer la dernière phase et surtout qui marquera l'esprit du voyageur.

### 5) Phase de nostalgie

De retour en France (ou dans le pays de résidence principale), la phase de
50 nostalgie correspond à cette difficulté à revenir à la vie d'avant, à se réadapter à notre vie initiale. Plus l'attachement aura été fort, plus la nostalgie sera grande. Mais cette nostalgie peut être si forte qu'elle peut nous faire retourner vivre dans ce pays qui nous aura tant marqué . . . Il n'y a pas vraiment de durée pour la nostalgie, elle peut durer quelques jours ou toute une vie.

55 Quoi qu'il arrive, nous sortons toujours grandi de ces expériences, et nous apprenons toujours au cours de chacune de ces phases. Le voyage reste le meilleur moyen d'évoluer, car souvent il nous met face à nous-mêmes.

## SOURCE 2: SÉLECTION AUDIO 🎧

**AUDIOSCRIPT:**
The audioscript for each listening activity is supplied in Appendix F of this Teacher's Edition and online in Explorer.

**Vocabulaire**
tâtonner
pimenter

## Introduction:

Dans la sélection audio, il s'agit d'un blog sur le thème du voyage. L'auteur du blog est Christophe Boudrie. Il se trouve à l'adresse suivante: voyage-sur-le-fil.fr. Cet extrait audio a été enregistré le 27 août 2012. © Christophe Boudrie, voyage sur le fil

1. **D'après l'auteur du texte, un « long voyage » dure combien de temps?**
   a. plus d'un an
   **b. plus de 30 jours** ✓
   c. plus de 2 mois
   d. plus d'une semaine

2. **Que veut dire l'auteur « Une fois le rythme de vie pris, tout s'enchaîne rapidement, et il est plus facile de profiter du pays »?**
   a. Quand vous vous y habituez, vous gagnez plus d'argent.
   **b. Quand vous vous y habituez, vous appréciez plus vos expériences.** ✓
   c. Quand vous vous sentez à l'aise, vous voyez la réalité comme elle est.
   d. Quand vous vous sentez à l'aise, le pays vous semble moins enchanté qu'avant.

3. **Dans la sélection audio, Christophe mentionne ses expériences personnelles avec les types de voyages différents. Lequel ne mentionne-t-il pas?**
   **a. un voyage individuel** ✓
   b. le voyage en randonné
   c. les voyages en vélo
   d. un voyage organisé

4. **Quelle phase du voyage, selon le texte, risque de durer le plus longtemps?**
   a. phase de découverte
   b. phase de mal du pays
   c. phase d'adaptation
   **d. phase de nostalgie** ✓

5. **Quel est l'objectif principal du blog de Christophe?**
   a. observer les voyages des autres
   b. inspirer les jeunes à partir à l'étranger
   **c. partager et discuter le savoir-faire de voyager** ✓
   d. organiser les voyages entre amis

6. **Quel est un avantage du voyage qui apparaît dans le texte et dans la sélection audio?**
   a. établir une routine quotidienne
   b. exercer un sport pour la première fois
   c. voir une nouvelle culture
   **d. s'améliorer personnellement** ✓

## » Interpretive Communication: AUDIO TEXTS

 **ÉCOUTER**

**THEME/CONTEXT:**
La vie contemporaine - Les voyages

**Vocabulaire**
Orient

Vous allez écouter une sélection audio. Vous aurez d'abord un temps déterminé pour lire l'introduction et pour parcourir les questions qui vous seront posées. La sélection sera présentée deux fois. Après avoir écouté la sélection une première fois, vous aurez 1 minute pour commencer à répondre aux questions; après avoir écouté la sélection une deuxième fois, vous aurez 15 secondes par question pour finir de répondre aux questions. Pour chaque question, choisissez la meilleure réponse selon la sélection audio et indiquez votre réponse sur la feuille de réponse.

## Introduction:

Cette sélection est un extrait d'un podcast intitulé *Perdu en Asie* dont l'animateur s'appelle Bobbie Dennie, qui est d'origine québécoise. L'épisode s'appelle «Vivre au Laos aujourd'hui» et a été tiré du site www.getlostinasia.com. © Bobbie Dennie, Get Lost in Asia

**AUDIOSCRIPT:**
The audioscript for each listening activity is supplied in Appendix F of this Teacher's Edition and online in Explorer.

LAOS

1. **Dans ce podcast, il s'agit de quelle région du monde?**

   a. l'extrême orient
   b. l'occident
   c. l'hémisphère sud
   d. l'hémisphère nord

2. **À quels types de voyage Bobbie fait-il allusion?**

   a. de groupe
   b. écologiques
   c. d'expatriation
   d. de patriotisme

3. **D'après le contexte de cet extrait audio, quel synonyme pourrait correspondre au terme «bougon»?**

   a. bourgignon
   b. sportif
   c. malade
   d. grincheux

4. **Bobbie Dennie trouve que les autres magazines de voyage sont:**

   a. trop simplistes.
   b. trop longs.
   c. trop centrés sur l'Asie.
   d. trop chers.

5. **Selon l'extrait audio, comment peut-on décrire l'animateur, Bobbie Dennie?**

   a. Il connaît bien la technologie.
   b. Il n'a pas de passion pour ce qu'il fait.
   c. Il préfère les articles généraux.
   d. Il ne connaît que l'Amérique du Nord.

LIRE  ÉCRIRE

Vous allez écrire une réponse à un message électronique. Vous aurez 15 minutes pour lire le message et écrire votre réponse. Votre réponse devrait débuter par une salutation et terminer par une formule de politesse. Vous devriez répondre à toutes les questions et demandes du message. Dans votre réponse, vous devriez demander des détails à propos de quelque chose mentionnée dans le texte. Vous devriez également utiliser un registre de langue soutenue.

**THEME/CONTEXT:**
La vie contemporaine - L'éducation et l'enseignement
**SECONDARY THEME/CONTEXT:**
La vie contemporaine - Les voyages

## Introduction:

C'est un message de la part de Catherine Lhomet, directrice de l'agence de voyages École de Commerce, où vous passez l'année scolaire dans le cadre d'un échange.

De: lhometc@ecolec.fr

Objet: voyager pendant les vacances scolaires

Paris, le 10 septembre 2015

Cher/Chère étudiant(e):

Bienvenue sur le campus de l'École de Commerce. Je suis la directrice de l'Agence de voyages de l'EC. Nous aidons nos étudiants à organiser leurs vacances universitaires à des prix abordables.

*Ligne*
5 Avez-vous envie de bien profiter des vacances cette année? Offrez-vous une **escapade** organisée par notre agence. Veuillez nous donner les informations suivantes pour que nous puissions vous aider:

10 • Quelles destinations vous intéressent?

• Quel genre de découvertes aimeriez-vous faire?

• Quel type de logement préférez-vous?

• Pendant quelles vacances souhaitez-vous

15 partir? (vacances de la Toussaint, de Noël, d'hiver, de Pâques ou d'été)

Nous vous souhaitons une rentrée pleine de réussite à l'École de Commerce en vous demandant de bien vouloir accepter nos salutations distinguées.

20  Catherine Lhomet

Directrice, l'Agence de voyages, École de Commerce

**COMMUNITIES:**
**School and Global Communities:**
Learners use the language both within and beyond the classroom to interact and collaborate in their community and the globalized world.

## » Presentational Writing: ARGUMENTATIVE ESSAY

 LIRE  ÉCOUTER

 ÉCRIRE

Vous allez écrire un essai argumentatif pour un concours d'écriture de langue française. Le sujet de l'essai est basé sur trois sources ci-jointes, qui présentent des points de vue différents sur le sujet et qui comprennent à la fois du matériel audio et imprimé. Vous aurez d'abord 6 minutes pour lire le sujet de l'essai et le matériel imprimé. Ensuite, vous écouterez l'audio deux fois; vous devriez prendre des notes pendant que vous écoutez. Enfin, vous aurez 40 minutes pour préparer et écrire votre essai. Dans votre essai, vous devriez présenter les points de vue différents des sources sur le sujet et aussi indiquer clairement votre propre point de vue que vous défendrez à fond. Utilisez les renseignements fournis par toutes les sources pour soutenir votre essai. Quand vous ferez référence aux sources, identifiez-les de façon appropriée. Organisez aussi votre essai en paragraphes bien distincts.

**THEME/CONTEXT:**
La science et la technologie - La technologie et ses effets sur la société

**SECONDARY THEME/CONTEXT:**
La vie contemporaine - Les voyages

**SUJET DE LA COMPOSITION:**

Les appareils électroniques sont-ils efficaces ou gênants pendant les vacances?

### SOURCE 1:

### Introduction:

La sélection suivante est un extrait d'un blog intitulé Instinct voyageur écrit par Fabrice Dubesset. Le passage a été publié sur le site www.instinct-voyageur.fr le 3 février 2014.

© Fabrice Dubesset, Instinct voyageur

# Voyageurs: partez sans être connecté, sans blog de voyage!

Pourquoi ne pas voyager sans être connecté? Vous souhaitez faire un tour du monde en tenant un blog de voyage? Vous devriez lire ces lignes . . .

Ligne

Il était une fois . . . dans un passé pas si lointain que cela, les
5  mots « wifi », « Instagram », « tweeter » étaient inconnus.

Ce monde-là ne date que d'il y a 20 ans, voire 15 ans en arrière. Le voyageur n'était alors pas connecté. Il partait sur les routes du monde le sac à dos vide d'écrans en tout genre.

Il voyageait alors sans cette envie addictive de regarder ses
10  messages.

J'ai commencé à voyager il y a plus de 15 ans. À l'époque, la seule action digitale que je faisais, c'était d'aller consulter mes mails une fois par semaine, lorsque je trouvais un cybercafé. Et encore, c'était plus pour occuper une heure que par réelle
15  nécessité.

Les temps ont bien changé.

De nos jours, la communication digitale avec les smartphones et la 3G (voire la 4G), nous sommes devenus habitués à préférer la communication avec nos écrans au lieu de la personne en face

20 de nous.

Qui n'a pas observé ceci dans son quotidien?
Dans les transports en France, plus personne ne
se parle ou presque dans le bus. Nous sommes
tous occupés à écouter de la musique, regarder

25 un film ou répondre à un mail. Même chose
dans les salles d'attente.

L'expérience est bien différente en Afrique
noire par exemple. Ici, pas de connexion ou de
smartphone à tour de bras. Serrés dans une

30 Peugeot 505, les gens se parlent entre eux. Pour
un peu, on penserait que c'est bizarre. Enfin,
c'était le cas lors de mon dernier passage il y a
quelques années. Nul doute que cela change.

Parfois, je me dis que le film de Pixar « Wall- E » est prophétique.

35 Dans un futur pas si lointain, les hommes ont fui la Terre
transformée en poubelle. Ils vivent dans un immense vaisseau
spatial et passent leur temps à ne rien faire, ils ne communiquent
que par écran interposé, même lorsqu'ils sont à côté!

[. . .]

Quand je regarde autour de moi dans un hôtel, je me dis que

40 nous n'en sommes pas loin. Beaucoup de voyageurs passent leurs
soirées où le moindre temps mort à vérifier leurs messages sur
leur tablette ou leur smartphone.

Du coup, les communications (en vrai) en prennent un coup
forcément . . .

hors du bureau

**CULTURES:**
**Relating Cultural Practices to Perspectives:** Learners use the language to investigate, explain, and reflect on the relationship between practices and perspectives of the cultures studied.

**CONNECTIONS:**
**Acquiring Information and Diverse Perspectives:** Learners access and evaluate information and diverse perspectives that are available through the language and its cultures.

**SOURCE 2:**

## Introduction:

Dans cette sélection, il s'agit d'un sondage rédigé par Crucial.fr, un site qui se spécialise dans la vente de modules de mémoire pour les ordinateurs. Les données, venant de 1015 personnes interrogées, montrent que 47% d'entre elles comptent emporter leur ordinateur en voyage. Les trois graphiques ci-dessous montrent d'autres résultats de ce sondage.[1]

### Le temps que les vacanciers passeront sur l'ordinateur

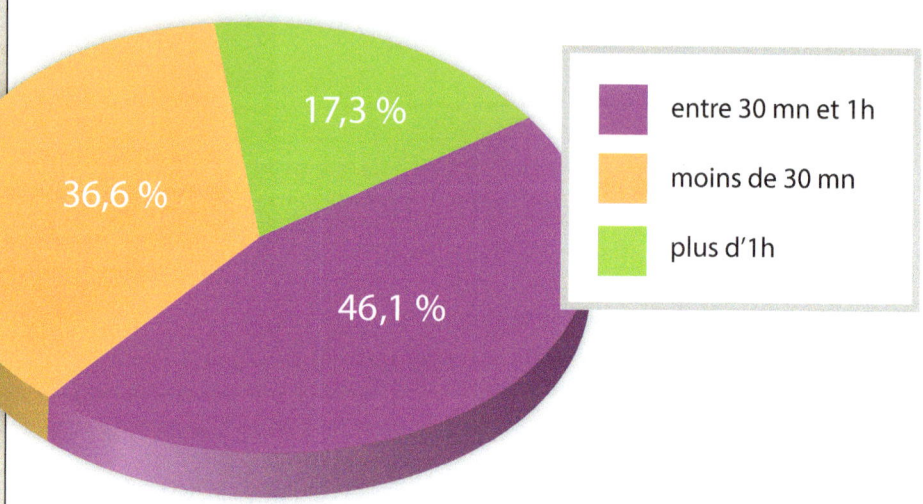

- entre 30 mn et 1h
- moins de 30 mn
- plus d'1h

17,3 %
36,6 %
46,1 %

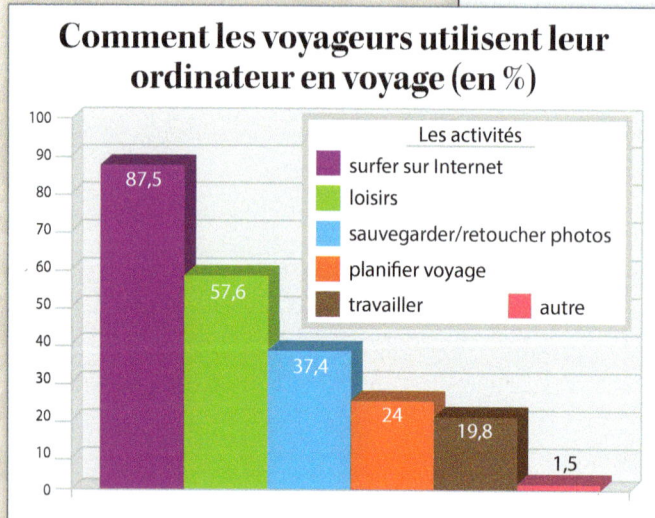

### Comment les voyageurs utilisent leur ordinateur en voyage (en %)

Les activités
- surfer sur Internet
- loisirs
- sauvegarder/retoucher photos
- planifier voyage
- travailler
- autre

87,5 — 57,6 — 37,4 — 24 — 19,8 — 1,5

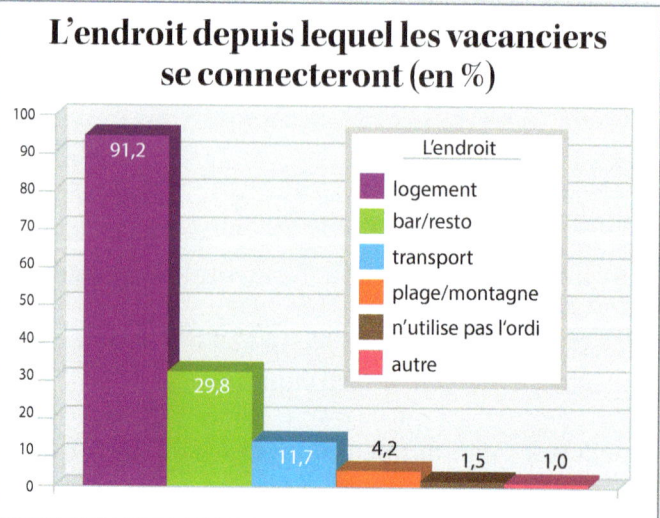

### L'endroit depuis lequel les vacanciers se connecteront (en %)

L'endroit
- logement
- bar/resto
- transport
- plage/montagne
- n'utilise pas l'ordi
- autre

91,2 — 29,8 — 11,7 — 4,2 — 1,5 — 1,0

[1]Toutes les données de la Source 3 sont tirées de l'étude suivante: Crucial.fr. (2013). L'utilisation faite par les français de leur ordinateur pendant les vacances. Date d'accès au site: le 24 avril 2014.

## SOURCE 3: SÉLECTION AUDIO 🎧

**AUDIOSCRIPT:**
The audioscript for each listening activity is supplied in Appendix F of this Teacher's Edition and online in Explorer.

### Introduction:

Cet extrait audio vient d'un podcast intitulé *Allô la Planète* dont l'animateur s'appelle Eric Lange et qui se trouve sur le site www.lemouv.fr. Dans cet épisode, il s'agit de Jérémy Janin, un voyageur et blogueur qui parle de son emploi de la technologie en voyage.

© Le mouv', Radio France.

QUÉBEC

**SUGGESTIONS:**

Ideas for composition organization:

**Introduction**

**Source 1 viewpoint:**

When traveling, people tend to be checking messages or listening to music instead of having contact with other human beings. This was not the case 15 or 20 years ago. Taking technology while traveling is detrimental to human contact.

**Source 2 viewpoint:**

According to the survey, almost half of vacationers in France reported their intention to bring a computer with them on vacation. They planned to use their computer between 30 minutes and one hour a day surfing the Internet or on other leisure activities from their place of lodging or a restaurant.

**Source 3 viewpoint:**

This traveler appreciates having a camera, video equipment, and a computer with him while traveling, both for pleasure and work, to capture special moments of the trip. He cannot imagine not having that equipment along.

**Student's own viewpoint:**

**Conclusion**

## » Interpersonal Speaking: CONVERSATION

 LIRE  ÉCOUTER  PARLER

**THEME/CONTEXT:**
La vie contemporaine - Les voyages

Vous allez participer à une conversation. D'abord, vous aurez une minute pour lire une introduction à cette conversation qui comprend le schéma des échanges. Ensuite, la conversation commencera, suivant le schéma. Quand ce sera à vous de parler, vous aurez 20 secondes pour enregistrer votre réponse. Vous devriez participer à la conversation de façon aussi complète et appropriée que possible.

## Introduction:

**Vous venez de rentrer d'un voyage incroyable avec votre famille et vous tombez sur votre ami, Jacques, au centre-ville. Il vous pose beaucoup de questions au sujet de votre voyage.**

| | |
|---|---|
| Jacques | Il vous salue et vous demande où vous êtes allé(e). |
| Vous | Vous lui expliquez où vous êtes allé(e) et quand vous êtes parti(e). |
| Jacques | Il vous demande s'il y avait des problèmes. |
| Vous | Racontez un problème du voyage. |
| Jacques | Il vous demande quels monuments historiques vous avez visités. |
| Vous | Répondez avec au moins un monument historique que vous avez visité. |
| Jacques | Il vous demande votre recommandation. |
| Vous | Donnez votre recommandation d'après votre expérience. |
| Jacques | Il vous remercie. |
| Vous | Dites-lui que vous êtes toujours prêt à répondre à ses questions de voyage. |

**COMMUNITIES:**
**School and Global Communities:**
Learners use the language both within and beyond the classroom to interact and collaborate in their community and the globalized world.

## » Presentational Speaking: CULTURAL COMPARISON

 **LIRE**  **PARLER**

Vous allez faire un exposé pour votre classe sur un sujet spécifique. Vous aurez 4 minutes pour lire le sujet de présentation et préparer votre exposé. Vous aurez alors 2 minutes pour l'enregistrer. Dans votre exposé, comparez votre propre communauté à une région du monde francophone que vous connaissez. Vous devriez montrer votre compréhension des facettes culturelles du monde francophone. Vous devriez aussi organiser clairement votre exposé.

**THEME/CONTEXT:**
La vie contemporaine - L'éducation et l'enseignement

# Sujet de la présentation:

Le rythme scolaire varie d'un pays à l'autre. Comparez les vacances scolaires dans votre pays par rapport à celles d'un pays francophone. Expliquez ce que vous percevez comme les avantages et les inconvénients du rythme scolaire dans chacun des deux pays.

**COMPARISONS:**
**Cultural Comparisons:** Learners use the language to investigate, explain, and reflect on the concept of culture through comparisons of the cultures studied and their own.

## Compréhension

**astuce** (n.f.) (103) quelque chose qui rend une action plus rapide, efficace

**bananier** (n.m.) (107) arbre qui produit les bananes

**corpulent(e)** (adj.) (114) obèse, imposant

**croisière** (n.f.) (107) voyage sur un grand bateau

**démentir** (v.) (115) contredire quelqu'un

**devis** (n.m.) (121) une estimation, une évaluation détaillée

**escale** (n.f.) (107) le temps entre deux étapes d'un voyage

**escapade** (n.f.) (128) action d'échapper aux obligations de la vie quotidienne, aventure

**exemplaire** (n.m.) (102) copie qui peut servir comme exemple

**expatriation** (n.f.) (124) action de quitter son pays de naissance

**forfait** (n.m.) (121) prix pour des produits qu'on achète en groupe

**froisser** (v.) (103) chiffonner

**grimper** (v.) (109) acte de monter sur quelque chose

**Orient** (n.m.) (127) l'Est

**ordonnance** (n.f.) (102) prescription écrite du médecin

**patrimoine** (n.m.) (120) ensemble des biens hérités, héritage d'une communauté

**pimenter** (v.) (126) mettre de la variété

**porte-parole** (n.m.) (115) personne officielle qui parle pour une compagnie

**sacoche** (n.f.) (103) type de sac en toile ou en cuir porté à l'épaule

**EXPLORER:**
For vocabulary flashcards, additional exercises, AP® practice tasks, discussion forums, and external links, go to *APprenons* Explorer at **learningsite.waysidepublishing.com**

**se plaindre** (v.) (117) exprimer une douleur, un mal-être ou un mécontentement

**se priver** (v.) (109) s'abstenir de quelque chose

**soupir** (n.m.) (117) expiration forte exprimant la fatigue ou l'émotion

**tâtonner** (v.) (126) chercher autour de soi

**voire** (adv.) (102) aussi, encore

**GLOSSARY:**
Vocabulary words from each chapter also appear in the Glossary in Appendix B, beginning on page 505. French-French, French-English, and English-French glossaries are provided.

## Pour mieux s'exprimer à ce sujet

**atterrissage** (n.m.) lorsqu'un un avion revient à la terre

**camembert** (n.m.) type de fromage, graphique qui représente les divisions d'un entier

**courbe** (n.f.) ligne de forme arrondie

**décollage** (n.m.) lorsqu'un avion quitte la terre

**faire la valise** (v.) acte de mettre tout dans une valise avant de partir en vacances

**Guide du Routard** (n.m.) guide de voyage, très connu en France

**horaire** (n.m.) heures des arrivés et départs d'un train ou d'un avion

**quant à** (prep.) en ce qui concerne

**TGV** (n.m.) Train à Grande Vitesse, train français qui roule à 300 ou 320 km/heure

**ADDITIONAL VOCABULARY:**

The vocabulary words that appear in the *Pour mieux s'exprimer à ce sujet* category are presented as supplementary vocabulary to enhance students' expression on the topics of the chapter.

ÎLES DES SAINTES

# QUESTIONS ESSENTIELLES

1. Comment définit-on la qualité de la vie?

2. En quoi consiste le défi de trouver un équilibre sain entre son travail et sa vie personnelle?

3. Comment chaque individu peut-il contribuer à sa communauté ou au monde dans son travail?

**SUGGESTIONS:**
Use the essential questions as a basis for discussion for topics addressed in the chapter, either as an introduction, while working on the chapter or as a wrap-up activity/assessment.

**VOCABULARY:**
Vocabulary related to the topics covered in this chapter appears on pages 186 and 187 (French definitions) as well as in Appendix B starting on page 505 (French definitions and English translations).

TROIS RIVIÈRES, MARTINIQUE

# Chapitre 3

# Mon boulot, ma vie

**EXPLORER:**
For additional exercises, AP® practice tasks, discussion forums, and external links, go to *APprenons* Explorer at **learningsite.waysidepublishing.com**

## » OBJECTIF  *Chercher un emploi*

1.  PARLER   ÉCRIRE

Answers will vary, but may include vacations, summer jobs, or holidays.

**Avant de lire: Haylie et Arnaud discutent via tchat de certains projets d'été. Pouvez-vous deviner les sujets qu'ils vont aborder? Après, faites une liste de vos idées de projets d'été.**

---

**Chat - Arnaud et Haylie**                                                — ▢ ✕

**Haylie:** Tu es là?

**Arnaud:** Oui. Quoi de neuf?

**Haylie:** Je suis hyper contente! Mes parents sont d'accord pour que je vienne visiter la France et te rendre visite cet été!

**Arnaud:** :) Super! C'est génial ça.

**Haylie:** :)

**Arnaud:** Il faut juste qu'on **s'arrange** pour les dates, parce que j'ai mon boulot d'étudiant cet été.

**Haylie:** Ton boulot d'étudiant?

**Arnaud:** Ouais, **j'en** ai vraiment **ras-le-bol** de travailler pour mon père. Tu sais, un déménagement c'est dur physiquement et en plus il ne me paie pas beaucoup.

**Haylie:** Qu'est-ce que tu vas faire alors?

**Arnaud:** Là, j'attends des nouvelles de l'agence de l'emploi. C'est une agence pour les petits boulots et les jobs d'étudiants, surtout pour les grandes vacances.

**Haylie:** Je croyais que tu m'avais dit que pendant les vacances tu partais en Angleterre pour améliorer ton anglais.

**Arnaud:** Oui, ça tient toujours. Je vais faire un stage de langues pendant une semaine à Ramsgate, dans une famille d'accueil. Ça va être très chouette. Je m'en réjouis vraiment.

**Arnaud:** Mais le reste des vacances, il faut vraiment que je me trouve un boulot. Tu sais, ici, ce n'est pas comme chez vous. Nous, on n'a pas de boulot fixe pendant l'année, on fait juste des petits boulots à droite et à gauche, comme quand j'aide mon père, ou ma copine Isa et son babysitting. Alors l'été, c'est ma seule chance de vraiment travailler pour économiser du fric, pour le reste de l'année.

**Haylie:** Je pensais que vous ne travailliez pas. Je pensais que tes parents te donnaient de l'argent de poche.

**Arnaud:** Oui, ils m'en donnent, mais ce n'est que la deuxième année où je suis assez âgée pour trouver un job d'été. C'est ma chance de gagner beaucoup de **tune** qui va me durer toute l'année et m'éviter de devoir en demander tout le temps à mes parents.

**Haylie:** Pourquoi seulement en été?

**Arnaud:** Tu vois, c'est parce que tout le monde prend ses 2 à 4 semaines de congé à ce moment là. Alors les boîtes embauchent des jeunes pendant ces quelques semaines. C'est marrant, les « vieux » prennent leurs vacances et ça crée plein de petits jobs à court terme pour les jeunes, qui ne sont pas disponibles pendant l'année normale.

**Haylie:** Ah d'accord, je comprends. Alors ce ne sera pas possible de te voir quand je serai en France? Tu seras occupé.

**Arnaud:** Mais non. Ne te tracasse pas. Bien sûr qu'on va se voir. Il faut juste que je m'arrange. Envoie-moi les dates précises dès que tu les auras et je m'arrangerai pour te voir.

**Haylie:** Super.

**Arnaud:** Bon il faut que j'y aille. A+?

**Haylie:** :) A+

---

**COMMUNICATION:**

**Interpretive Communication:** Learners understand, interpret, and analyze what is heard, read, or viewed on a variety of topics.

**SUGGESTION:**

Ask students to find examples in the chat conversation of language that more closely resembles oral style than written style (*Quoi de neuf?*, *hyper* as an adverb, *ouais* instead of *oui*, *de la tune*, *A+*) Thinking of language elements such as these that exist in English may be useful and interesting for comparison.

**COMPARISONS:**

**Language Comparisons:** Learners use the language to investigate, explain, and reflect on the nature of language through comparisons of the language studied and their own.

**envoyer**

**2.**  **LIRE**

**Lisez le passage ci-contre et vérifiez vos prédictions.** Answers will vary according to the predictions made by students.

**3.**  **PARLER** **ÉCRIRE**

**Observez les mots et les expressions ci-dessous et en utilisant le contexte du passage que vous venez de lire, donnez un synonyme et une définition.**

Modèle:

| VOCABULAIRE | SYNONYME | EXPLICATION |
|---|---|---|
| se raser | enlever sa barbe | couper les "poils" de son visage |
| un boulot | un travail | ce qu'on fait pour gagner sa vie |
| en avoir ras-le-bol | en avoir marre | ne plus vouloir |
| un stage | période d'apprentissage | travailler sans être payé |
| de la tune | de l'argent | la monnaie d'un pays |
| une boîte | une entreprise | une compagnie de biens ou de services |
| embaucher | engager | prendre un nouvel employé |
| se tracasser | s'inquiéter | paniquer |
| à court terme | à courte échéance | dans un délai très bref |
| l'argent de poche | l'argent en réserve | une somme mise de côté pour les petites dépenses |
| prendre ses congés | prendre des vacances | ne pas travailler |

**SUGGESTION:**
Ask the students what they might learn about French culture from the chat between Arnaud and Haylie, such as the length of time people take for vacations and what students do during the summer.

**CULTURES:**
**Relating Cultural Practices to Perspectives:** Learners use the language to investigate, explain, and reflect on the relationship between practices and perspectives of the cultures studied.

**4.**  **PARLER**  **LIRE**  **ÉCRIRE**

**Relisez la conversation entre Haylie et Arnaud et répondez par VRAI ou FAUX aux questions qui s'y rapportent. Expliquez votre choix et corrigez la phrase si elle n'est pas correcte. Utilisez vos propres mots ou ceux du texte pour justifier votre réponse.**

**Modèle: Haylie va voir Arnaud pendant les vacances de Pâques.**

*La réponse est fausse. Dans la conversation Haylie dit: «Mes parents sont d'accord pour que je vienne visiter la France et te rendre visite cet été.»*

*ou*

*Haylie dit que ses parents sont d'accord pour qu'elle vienne visiter la France et lui rendre visite cet été.*

**1.** Arnaud travaille chaque samedi avec son père. F

**2.** Pendant l'été Arnaud va aller en Angleterre pour perfectionner son anglais. V

**3.** Arnaud n'a pas besoin d'aide pour trouver un travail. F

**4.** Arnaud cherche un travail fixe. F

**5.** La copine d'Arnaud fait du babysitting. V

**6.** Arnaud ne reçoit pas d'argent de la part de ses parents. F

**7.** En général, les adultes français prennent de 10 à 15 jours de vacances par an. F

**8.** En général, les entreprises françaises ferment leurs portes pendant les grandes vacances. F

**1.** Arnaud dit qu'il travaille à droite et à gauche.

**2.** Je vais faire un stage de langues pendant une semaine à Ramsgate, dans une famille d'accueil.

**3.** Arnaud demande de l'aide auprès d'une agence d'emploi.

**4.** Arnaud cherche un travail d'étudiant pour l'été.

**6.** Si, il en reçoit de ses parents, mais il en demande moins s'il travaille.

**7.** Les adultes français prennent de 2 à 4 semaines de vacances par an.

**8.** Les entreprises ne ferment pas leurs portes pendant les grandes vacances. Elles embauchent des étudiants pendant quelques semaines.

**5.** 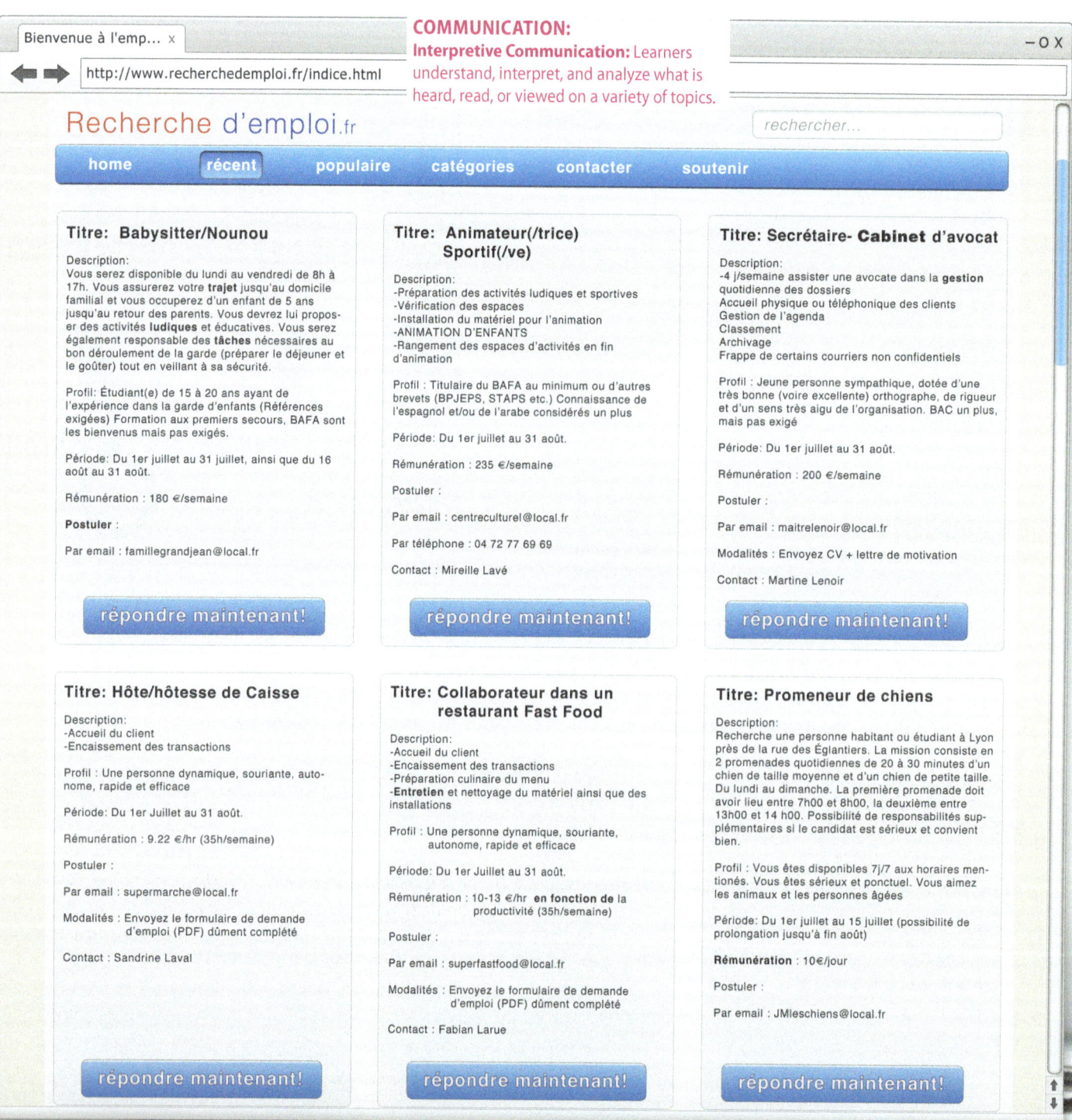 **LIRE**

**En attendant d'avoir des nouvelles de l'agence d'emploi où il a soumis son CV, Arnaud ne reste pas inactif. Il décide de surfer sur Internet à la recherche de petites annonces qui pourront peut-être l'aider à trouver un job d'étudiant cet été. Regardez les annonces qu'il a sélectionnées.**

Bienvenue à l'emp... x

http://www.recherchedemploi.fr/indice.html

COMMUNICATION:
**Interpretive Communication:** Learners understand, interpret, and analyze what is heard, read, or viewed on a variety of topics.

## Recherche d'emploi.fr

rechercher...

home | récent | populaire | catégories | contacter | soutenir

### Titre: Babysitter/Nounou

Description:
Vous serez disponible du lundi au vendredi de 8h à 17h. Vous assurerez votre **trajet** jusqu'au domicile familial et vous occuperez d'un enfant de 5 ans jusqu'au retour des parents. Vous devrez lui proposer des activités **ludiques** et éducatives. Vous serez également responsable des **tâches** nécessaires au bon déroulement de la garde (préparer le déjeuner et le goûter) tout en veillant à sa sécurité.

Profil : Étudiant(e) de 15 à 20 ans ayant de l'expérience dans la garde d'enfants (Références exigées) Formation aux premiers secours, BAFA sont les bienvenus mais pas exigés.

Période: Du 1er juillet au 31 juillet, ainsi que du 16 août au 31 août.

Rémunération : 180 €/semaine

**Postuler** :

Par email : famillegrandjean@local.fr

répondre maintenant!

### Titre: Animateur(/trice) Sportif(/ve)

Description:
-Préparation des activités ludiques et sportives
-Vérification des espaces
-Installation du matériel pour l'animation
-ANIMATION D'ENFANTS
-Rangement des espaces d'activités en fin d'animation

Profil : Titulaire du BAFA au minimum ou d'autres brevets (BPJEPS, STAPS etc.) Connaissance de l'espagnol et/ou de l'arabe considérés un plus

Période: Du 1er juillet au 31 août.

Rémunération : 235 €/semaine

Postuler :

Par email : centreculturel@local.fr

Par téléphone : 04 72 77 69 69

Contact : Mireille Lavé

répondre maintenant!

### Titre: Secrétaire- **Cabinet** d'avocat

Description:
-4 j/semaine assister une avocate dans la **gestion** quotidienne des dossiers
Accueil physique ou téléphonique des clients
Gestion de l'agenda
Classement
Archivage
Frappe de certains courriers non confidentiels

Profil : Jeune personne sympathique, dotée d'une très bonne (voire excellente) orthographe, de rigueur et d'un sens très aigu de l'organisation. BAC un plus, mais pas exigé

Période: Du 1er juillet au 31 août.

Rémunération : 200 €/semaine

Postuler :

Par email : maitrelenoir@local.fr

Modalités : Envoyez CV + lettre de motivation

Contact : Martine Lenoir

répondre maintenant!

### Titre: Hôte/hôtesse de Caisse

Description:
-Accueil du client
-Encaissement des transactions

Profil : Une personne dynamique, souriante, autonome, rapide et efficace

Période: Du 1er Juillet au 31 août.

Rémunération : 9.22 €/hr (35h/semaine)

Postuler :

Par email : supermarche@local.fr

Modalités : Envoyez le formulaire de demande d'emploi (PDF) dûment complété

Contact : Sandrine Laval

répondre maintenant!

### Titre: Collaborateur dans un restaurant Fast Food

Description:
-Accueil du client
-Encaissement des transactions
-Préparation culinaire du menu
-**Entretien** et nettoyage du matériel ainsi que des installations

Profil : Une personne dynamique, souriante, autonome, rapide et efficace

Période: Du 1er Juillet au 31 août.

Rémunération : 10-13 €/hr **en fonction de** la productivité (35h/semaine)

Postuler :

Par email : superfastfood@local.fr

Modalités : Envoyez le formulaire de demande d'emploi (PDF) dûment complété

Contact : Fabian Larue

répondre maintenant!

### Titre: Promeneur de chiens

Description:
Recherche une personne habitant ou étudiant à Lyon près de la rue des Églantiers. La mission consiste en 2 promenades quotidiennes de 20 à 30 minutes d'un chien de taille moyenne et d'un chien de petite taille. Du lundi au dimanche. La première promenade doit avoir lieu entre 7h00 et 8h00, la deuxième entre 13h00 et 14 h00. Possibilité de responsabilités supplémentaires si le candidat est sérieux et convient bien.

Profil : Vous êtes disponibles 7j/7 aux horaires mentionés. Vous êtes sérieux et ponctuel. Vous aimez les animaux et les personnes âgées

Période: Du 1er juillet au 15 juillet (possibilité de prolongation jusqu'à fin août)

**Rémunération** : 10€/jour

Postuler :

Par email : JMleschiens@local.fr

répondre maintenant!

SUGGESTION:
Conduct a class discussion on how your students go about looking for a summer job.

SUGGESTION:
This artifact, as well as those on pages 144, 147 and 149, relate to the theme context of *La vie contemporaine - Le monde du travail*. It could be used as the basis for a discussion on that topic.

**6.**  LIRE  ÉCRIRE

**Regardez bien ces offres d'emploi. Faites correspondre les mots de vocabulaire ci-dessous avec leurs synonymes utilisés dans ces annonces.**

| MOT | SYNONYME | ANNONCE |
|---|---|---|
| Modèle: élève (n.f.) | étudiante (n.f.) | Annonce Babysitter/ Nounou |
| 1. stipulation (n.f.) | profil (n.m.) | toutes les annonces |
| 2. indemnité (n.f.) | rémunération (n.f.) | toutes les annonces |
| 3. questionnaire (n.m.) | formulaire (n.m.) | Hôte et Collaborateur |
| 4. gérance (n.f.) | gestion (n.f.) | Secrétaire |
| 5. compétent (adj.) | efficace (adj.) | Hôte et Collaborateur |
| 6. pétulant (adj.) | dynamique (adj.) | Hôte et Collaborateur |
| 7. pourvoir (v.) | s'occuper (v.) | Babysitter |
| 8. certificat (n.m.) | brevet (n.m.) | Animateur |
| 9. précision (n.f.) | organisation (n.f.) | Secrétaire |
| 10. recommandation (n.f.) | référence (n.f.) | Babysitter |
| 11. hospitalité (n.f.) | accueil (n.m.) | Secrétaire, Hôte, Collaborateur |
| 12. journalier (adj.) | quotidien (adj.) | Promeneur |
| 13. collecte (n.f.) | encaissement (n.m.) | Hôte et Collaborateur |
| 14. allongement (n.m.) | prolongation (n.f.) | Promeneur |

**Exercise 7 Answers:**

**1.** Answers will vary, but may include: Arnaud a de l'expérience avec le babysitting et le sport, alors il peut postuler l'emploi du babysitter/nounou ou celui de l'animateur sportif.

**2. - 5.** Answers will vary.

**Exercise 8 Answers:**

**1.** le brevet d'aptitude aux fonctions d'animateur

**2.** C'est une porte d'entrée vers le métier d'animation pour les adolescents.

**3.** On peut travailler avec des enfants seulement en été, dans une colonie de vacances, par exemple.

**4.** Ce n'est pas très bien payé.

**COMMUNICATION:**

**Presentational Communication:** Learners present information, concepts, and ideas to inform, explain, persuade, and narrate on a variety of topics using appropriate media and adapting to various audiences of listeners, readers, or viewers.

---

**7.**  LIRE  PARLER  ÉCRIRE

**Prenez le temps de lire ces annonces une fois de plus, et répondez aux questions suivantes. Justifiez votre réponse en donnant au moins deux raisons différentes.**

**1.** Sachant ce que vous savez sur Arnaud, quel boulot trouvez-vous qu'il devrait postuler?

**2.** Si vous cherchiez un emploi d'étudiant, lequel choisiriez-vous et pourquoi?

**3.** Êtes-vous qualifié(e) pour les postes dans chacune de ces annonces?

**4.** Est-ce que vous avez (ou avez déjà eu) un job d'étudiant? En quoi est-il (était-il) similaire ou différent par rapport aux annonces sélectionnées par Arnaud?

**5.** Que pensez-vous des salaires offerts? Sont-ils appropriés?

**8.**  ÉCOUTER  LIRE  ÉCRIRE

**Le BAFA (Brevet d'Aptitude aux Fonctions d'Animateur) est** une spécialisation qui est souvent requise lorsqu'on postule un poste dans le domaine du travail avec des enfants. Écoutez la sélection audio pour en apprendre plus. À l'écoute, essayez de prendre note des informations relatives aux questions suivantes.

| Vocabulaire |
|---|
| force vive |
| sésame |

**1.** Qu'est ce que le BAFA? (Description détaillée)

**2.** Pourquoi le BAFA a-t-il été créé? Quel en est le but?

**3.** Quels sont les avantages de ce brevet?

**4.** Quels sont les inconvénients de ce brevet?

**9.**  PARLER

Student products will vary.

**Partagez les informations recueillies dans l'activité précédente. Pour ce faire, vous pouvez créer un support visuel qui guidera votre présentation orale. Il peut s'agir d'un collage de photos/ dessins ou bien d'un collage de mots clés qui vous aideront à formuler des phrases complètes. Dans votre présentation, il s'agira du BAFA.**

**AUDIOSCRIPT:**
The audioscript for each listening activity is supplied in Appendix F of this Teacher's Edition and online in Explorer.

» **OBJECTIF**  *Postuler un emploi*

| | |
|---|---|
| **Adresse de l'expéditeur** | Mlle Jeanne Dupont<br>36, rue Duvivier<br>69001 LYON<br>06.55.50.35<br>jdupont@monmail.fr |

**COMMUNICATION:**
**Interpretive Communication:** Learners understand, interpret, and analyze what is heard, read, or viewed on a variety of topics.

**Destinataire**

À l'attention de la Famille Grand Jean

Lyon, le 14 mars

**Objet de la lettre**

Objet: Candidature au poste de babysitter/nounou

**Formule d'appel**

Madame, Monsieur,

**Référence d'annonce**
**Présentation de candidature**

Suite à votre annonce, je vous écris pour poser ma candidature pour la période *du 1ᵉʳ juillet au 31 août*.

**Qualifications**

Titulaire du BAFA, j'ai travaillé comme **animatrice** dans une colonie de vacances l'été dernier. J'étais chargée de la création d'ateliers d'art et de musique pour les enfants âgés de 5 à 12 ans. J'adore les enfants et j'ai vraiment apprécié cette expérience. Je m'occupe souvent de mes petits cousins le weekend et normalement je prépare le déjeuner et un goûter pendant la journée. De plus, j'ai suivi un cours de premiers soins l'été dernier et je viens de faire mettre à jour mes qualifications. Comme j'ai une tante qui habite aux États-Unis, je parle couramment anglais, je **maîtrise** bien l'espagnol, et j'ai aussi quelques notions de chinois.

**Clôture de lettre**

Je me tiens à votre disposition pour un rendez-vous éventuel ou pour tout renseignement complémentaire. Dans l'attente d'une réponse favorable, je vous prie d'agréer Madame, Monsieur, l'expression de mes salutations distinguées.

*Jeanne Dupont*

Jeanne Dupont

---

**1.**  **LIRE**

**Il y a deux façons de postuler un emploi. La première est de rédiger une lettre de candidature. Lisez la lettre et faites attention aux éléments requis.**

**2.**  **LIRE**  **ÉCRIRE**

**Choisissez deux annonces qui pourraient bien vous convenir. Vous allez soumettre votre candidature.**

1. Soulignez les éléments requis.
2. Faites une liste de vos points importants avant de formuler votre réponse.
3. Assurez-vous de bien suivre les consignes données dans l'annonce.

Students may choose job announcements from page 142 or online. Answers will vary.

**3.**  **SE CONNECTER**

**Allons plus loin sur notre site. Une autre façon de postuler un emploi est de remplir le formulaire d'une agence de l'emploi. Faites cela en ligne en utilisant le contenu de votre CV.**

**» OBJECTIF** **Préparer un entretien**

**COMMUNICATION:**
**Interpretive Communication:** Learners understand, interpret, and analyze what is heard, read, or viewed on a variety of topics.

| | Zahara Einstein | Clémentine Bête |
|---|---|---|
| **Pourquoi avez-vous répondu à notre annonce?** | Depuis toute petite, j'aime les animaux, surtout les chiens. Après mes études universitaires, j'aimerais être vétérinaire. En fait, cet été je ferai un **stage** à la fourrière. Chez moi, nous avons deux petits chiens qui sont mes meilleurs amis. Je les promène chaque matin au parc. Je souhaite que votre chien puisse nous rejoindre. | Ben, je ne sais pas. J'avais besoin d'argent et ma mère m'a dit qu'il fallait que je trouve un boulot cet été. |
| **Parlez-nous de vous.** | J'ai seize ans et je suis au lycée. Je me considère **débrouillarde**, responsable, aimable. Je fais partie de l'équipe de basket locale, et à l'école les sciences m'intéressent beaucoup. | Je suis très populaire. J'aime bien dormir tard le matin parce que je sors souvent avec mes amis le soir. J'aime la musique rock et j'ai un chien qui s'appelle Rockstar. |
| **Quelles sont vos deux qualités principales et vos deux plus gros défauts?** | Bien que je n'aie pas encore beaucoup d'expérience, cela ne m'empêche pas d'être quelqu'un de mature. En tout cas, j'ai apprécié d'avoir eu des responsabilités durant mes stages et d'avoir pu montrer mes **compétences**. Je pense être quelqu'un d'énergique et de dynamique. Lorsqu'il faut régler un problème ou mettre les bouchées doubles pour terminer un dossier, je réponds présente. On m'a souvent dit que j'avais «de bonnes qualités relationnelles». C'est, je crois, ce qui me caractérise le mieux. | Ça c'est une question difficile. Je pense que je suis très amusante et fort appréciée par les garçons. Comme défauts, je ne suis pas trop certaine comment répondre à cette question. Désolée. Peut-être devrais-je travailler un peu mieux à l'école. J'ai tendance à être un peu **paresseuse** quand je dois faire quelque chose qui m'ennuie. |
| **Que ferez-vous pour nous aider?** | Je promènerai vos chiens sans question et sans problème. Je m'occuperai de vos chiens et ferai tout ce qui est nécessaire à leur bien-être. Je leur donnerai à manger, et je leur laisserai de l'eau. Je rangerai toujours les laisses, et je serai à l'heure. | Cela dépendra de votre chien. S'il est sympathique et qu'il me plaît bien je lui ferai faire une bonne promenade, et lui donnerai des biscuits pour chiens. S'il a mauvais caractère, je le promènerai juste les 30 minutes demandées et il peut oublier les biscuits. |
| **Quel poste aimeriez-vous occuper dans 5 ans?** | Dans 5 ans, je serai probablement à l'université, mais comme je l'ai déjà mentionné, j'aspire à devenir vétérinaire. Il est donc fort probable que dans 5 ans, mon travail d'étudiante sera dans le domaine des soins animaliers. | Dans 5 ans, je serai mariée avec mon petit copain. Lui, il travaillera, et avec un peu de chance, moi je serai femme au foyer, comme dans les séries réalité américaines. |
| **Avez-vous des questions pour moi?** | Comment s'appelle vos chien femelles? Quel âge ont-ils? Ont-ils un pédigrée? | |

1. Likely response: Zahara Einstein. Reasons will vary.

2. - 3. Answers will vary.

4. Answers will vary, but may include: Elle a répondu «je ne sais pas». Elle a beaucoup parlé de sa vie personnelle. Elle a dit qu'elle est paresseuse. Elle a parlé du chien d'une manière négative. Elle a dit qu'elle espère épouser quelqu'un qui a de l'argent pour éviter de travailler elle-même. Elle a déjà demandé d'être remplacée pendant un jour.

5. Answers will vary.

**1.**  **ÉCRIRE** **PARLER**

**Vous savez que passer un entretien est une expérience complexe. Il faut bien se préparer, et penser aux questions qui vont vous être posées. Pouvez-vous prédire au minimum 5 questions typiques formulées par les futurs employeurs lorsqu'ils rencontrent les candidats? Faites une liste et formulez votre réponse.**

Answers will vary, but may include: Quels sont vos principaux défauts? Quelles sont vos principales qualités? Qu'est-ce qui est le plus important dans votre vie? Pourquoi pensez-vous être le candidat idéal? Pourquoi avez-vous répondu à notre annonce?

**2.**  **ÉCRIRE**  **PARLER**

**Réflexion: Comparez les réponses de Zahara et Clémentine dans l'entretien ci-dessus pour identifier les éléments d'un bon entretien.**

1. Qui est la meilleure candidate et pourquoi?

2. Quelle est la meilleure réponse de Zahara? Quelle est la réponse la moins bonne? Pourquoi?

3. Quelle est la meilleure réponse de Clémentine? Quelle est la réponse la moins bonne? Pourquoi?

4. Faites une liste détaillée des fautes commises par la pire candidate.

5. Quels conseils donneriez-vous à chaque candidate? (modèle: Soyez plus spécifique)

**COMMUNICATION:**
**Interpretive Communication:** Learners understand, interpret, and analyze what is heard, read, or viewed on a variety of topics.

**Titre:** Babysitter/Nounou

**Description:** Vous serez disponible du lundi au vendredi de 8h à 17h. Vous assurerez votre trajet jusqu'au domicile familial et vous voua occuperez d'un enfant de 5 ans jusqu'au retour des parents. Vous devrez lui proposer des activités ludiques et éducatives. Vous serez également responsable des tâches nécessaires au bon déroulement de la garde (préparer le déjeuner et le goûter) tout en veillant à sa sécurité.

**Profil:** Étudiant(e) de 15 à 20 ans ayant de l'expérience dans la garde d'enfants (Références exigées) Formation aux premiers secours, BAFA sont les bienvenus mais pas exigés.

**Période:** Du 1er juillet au 31 juillet, ainsi que du 16 août au 31 août.

**Rémunération:** 180 €/semaine        **Postuler:**

**Par email:** famillegrandjean@local.fr

## POINT**GRAMMAIRE**

Pour former le futur simple d'un verbe régulier, prenez l'infinitif du verbe comme radical et ajoutez les terminaisons **–ai, –as, –a, –ons, –ez, –ont.**

**Pour les verbes en –re, supprimez le «e» de l'infinitif.**

| aider | choisir | apprendre |
|---|---|---|
| j'aider**ai** | je choisir**ai** | je apprendr**ai** |
| tu aider**as** | tu choisir**as** | tu apprendr**as** |
| il/elle/on aider**a** | il/elle/on choisir**a** | il/elle/on apprendr**a** |
| nous aider**ons** | nous choisir**ons** | nous apprendr**ons** |
| vous aider**ez** | vous choisir**ez** | vous apprendr**ez** |
| ils/elles aider**ont** | ils/elles choisir**ont** | ils/elles apprendr**ont** |

| | | | |
|---|---|---|---|
| **savoir:** | **saur-** | **vouloir:** | **voudr-** |
| **pouvoir:** | **pourr-** | **être:** | **ser-** |
| **faire:** | **fer-** | **avoir:** | **aur-** |
| **aller:** | **ir-** | **devoir:** | **devr-** |

**Exercise 4 Answers:**
1. Vous gèrerez le planning des patrons.
2. Vous répondrez au téléphone.
3. Vous préparerez des documents.
4. Vous organiserez des réunions.
5. Vous ferez des commandes.
6. Vous fournirez des réponses aux questions.

---

**3.**  **LIRE**   **ÉCRIRE**

### Le futur simple pour parler des responsabilités.

Dans les annonces, on utilise souvent le futur simple pour parler des responsabilités.

Trouvez le radical des verbes suivants dans l'annonce ci-contre:

1. Vous _____ser**ez** disponible du lundi au vendredi de 8h a 17h.

2. Vous _____assurer**ez** votre trajet jusqu'au domicile familial et vous vous _____occuper**ez** d'un enfant de 5 ans jusqu'au retour des parents.

3. Vous _____devr**ez** lui proposer des activités ludiques et éducatives.

4. Vous _____ser**ez** également responsable des tâches nécessaires au bon déroulement de la garde (préparer le déjeuner et le goûter) tout en veillant à sa sécurité.

**4.**  **ÉCRIRE**

### Utilisez le futur simple pour parler des responsabilités. Mme Duboulot prépare une annonce pour le poste de secrétaire dans son entreprise. Elle utilisera le futur simple pour parler des responsabilités.

*Modèle : Traiter le courrier.*
  *Vous traiterez le courrier.*

1. Gérer le planning des patrons.
2. Répondre au téléphone.
3. Préparer des documents.
4. Organiser des réunions.
5. Faire des commandes.
6. Fournir des réponses aux questions.

**5.** **ÉCRIRE**   **PARLER**

### En utilisant des adjectifs descriptifs et le futur simple, répondez bien aux questions de l'entretien à la page précédente.

Answers will vary.

# Les avantages sociaux

## POINT**CULTURE**

### Les congés payés

L'idée de payer les salariés pendant leurs vacances est originaire de France au début du 20ᵉ siècle. Dans les années 1930, après des mouvements de grève à travers tout le pays, le prolétariat et les syndicats ont **remporté** de grandes victoires sociales, parmi lesquelles on trouve «les congés payés.» De 2 semaines payées en 1936, les Français sont maintenant passés à 5 semaines de vacances payées par an. Bien sûr, ce n'est le cas que pour les travailleurs salariés. Les indépendants, ceux qui sont leur propre patron, ne bénéficient pas de cet avantage social; car pour eux, chaque arrêt de travail signifie une perte de revenus.

## POINT**CULTURE**

### Le SMIC

Le SMIC, c'est-à-dire le salaire minimum interprofessionnel de croissance, est la somme d'argent minimale à rémunérer un salarié. Ce montant est réévalué une fois par an par le gouvernement. En 2014, le SMIC est de 9,53 € par heure (www.urssaf.fr). Attention – ce montant est un montant brut et il ne faut pas oublier de tenir compte des taxes. Comme pour chaque règle, il y a bien sûr des exceptions; par exemple, le SMIC n'est pas toujours utilisé pour les jeunes qui sont en stage ou sous contrat d'apprentissage. Il existe alors une autre forme de rémunération.

## POINT**CULTURE**

### Le chômage

En France, le taux de chômage en 2014 est aux alentours de 10 pourcent de la population active (http://data.lesechos.fr). Pour avoir droit aux indemnités de chômage, on doit remplir les conditions suivantes: être âgé de moins de 62 ans, avoir perdu son emploi de façon involontaire, être physiquement capable d'exercer un emploi, être inscrit comme demandeur d'emploi ou suivant une formation, recherchant un nouvel emploi de façon effective. Si toutes les conditions sont remplies, le chômeur recevra une indemnité. Le montant de cette indemnité est calculé en fonction du dernier salaire perçu et de la durée du dernier emploi détenu.

**1.**  **PARLER** ✏ **ÉCRIRE**

**COMPARISONS:**
**Cultural Comparisons:** Learners use the language to investigate, explain, and reflect on the concept of culture through comparisons of the cultures studied and their own.

## Qu'en pensez-vous?

**Après avoir lu plusieurs fois les trois Points culture, à la page 147, organisez les informations importantes au tableau ci-dessous. Ensuite, comparez la situation en France avec celle qui existe aux États-Unis (Consultez Internet pour faire des recherches si nécessaire). Préparez vos réponses et comparez-les à celles de vos camarades de classe.**

1. Quelles sont les similitudes?
2. Quelles sont les grandes différences?
3. À votre avis, quel pays a le meilleur système et pourquoi?

| EN FRANCE | | |
|---|---|---|
| Les congés payés | Le SMIC* | Le chômage |
| 5 semaines pour les travailleurs salariés | 9,22€/heure (en 2014) | 9% de la population active (en 2014) |

| AUX ÉTATS-UNIS | | |
|---|---|---|
| Les congés payés | Le SMIC | Le chômage |
| 2 semaines pour les travailleurs salariés | 7,25$/heure (en 2014) | 5,6% de la population active (en 2014) |

*vocabulaire

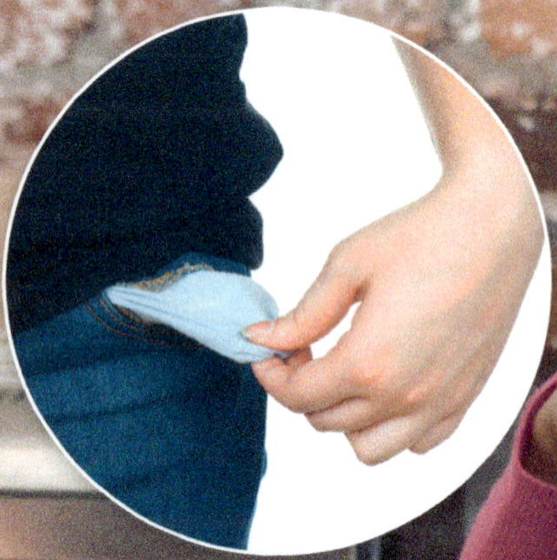

1. Ceux qui sont leur propre patron n'ont pas de congé payé en France et aux États-Unis. La France a aussi un salaire minimum, comme les États-Unis. Aux États-Unis et en France, les chômeurs reçoivent une indemnité sous certaines conditions.

2. Les Français ont beaucoup plus de congés payés que les Américains, en général. Le SMIC en France est beaucoup plus élevé que celui des États-Unis. La France a un taux de chômage plus important que celui des États-Unis.

3. Answers will vary.

## >> Les cadres et la loi des 35 heures

**COMMUNICATION:**
**Interpretive Communication:** Learners understand, interpret, and analyze what is heard, read, or viewed on a variety of topics.

**CULTURES:**
**Relating Cultural Practices to Perspectives:** Learners use the language to investigate, explain, and reflect on the relationship between practices and perspectives of the cultures studied.

http://www.vousmessage.fr/msg/142984.html

général > emploi

**Je travaille trop!**

**Florence**
nouvel utilisateur 
messages: 4

Je suis obligée de travailler + de 40h par semaine.

Mon salaire est le même qu'un employé qui travaille 35h et fait des heures supplémentaires. Dans mon entreprise, la pratique des 35h est d'actualité mais pas pour les cadres car ceux-ci n'ont pas d'horaire fixe. De plus, ils sont là avant tout le monde et sont encore là quand tous les employés sont partis.

Mon horaire habituel de travail est de 7h à 18/19h. Si je compte en plus le temps passé dans les trajets, je ne vois pas beaucoup ma famille.

Je n'aime pas du tout mon boulot qui est hyper stressant et pourtant je passe pratiquement tout mon temps au travail. Heureusement qu'il y a la fiche de paie pour adoucir ce sentiment.
Ce serait quand même mieux de travailler 35h avec un salaire moindre. Ainsi j'aurais beaucoup plus de temps pour vivre tout simplement et être auprès de ma famille et de mes amis.

Citer   Répondre

**Re: Je travaille trop!**                                                    28-2-14 à 16h 02

**Aimée**
spécialiste utilisateur 
messages: 43

On sait que les cadres ont un statut particulier et ne bénéficient pas de la loi des 35h. Leur salaire plus important est justifié par de nombreuses contraintes et notamment le manque d'horaire fixe.

La convention collective cadre est à même de vous renseigner sur toutes les questions que vous vous posez et aussi vos droits.

Pourquoi ne pas postuler un poste d'employé, avec un salaire moindre et sans responsabilités, si vous n'aimez pas votre boulot à ce point?

Moi je l'ai fait lorsque j'ai décidé d'avoir une famille. Je gagnais confortablement ma vie, mais vu les horaires, j'aurais dû prendre des dispositions pour faire garder mes enfants.

Il faut voir quelles sont vos priorités dans la vie. On ne peut pas tout avoir!!!

Citer   Répondre

**Re: Je travaille trop!**                                                    28-2-14 à 17h 12

**Simon**
spécialiste utilisateur 
messages: 87

J'ai atteint le sommet de l'échelle de ma catégorie. Le stade suivant est de passer cadre.

Cela ne m'intéresse nullement. Je préfère mon statut actuel: pas de responsabilités, pas d'heures sup, pas d'obligation de travailler le soir, ni de devoir renoncer à un jour de congé.

Mon but dans la vie n'est pas que le travail.

De plus, je suis certain qu'en comparant le tarif horaire, je suis gagnant par rapport au cadre et j'ai plus de temps pour mes loisirs que lui.
Que du bonheur pour moi.

Citer   Répondre

**Re: Je travaille trop!**                                                    28-2-14 à 20h 13

**Michel**
spécialiste utilisateur 
messages: 107

Bien sûr qu'être cadre a ses bons côtés, notamment lors de votre retraite vous bénéficierez de 80% de votre salaire. Les conventions exigent d'un cadre qu'il n'ait pas d'horaire, qu'il soit disponible, etc.

Prenez contact avec l'ANPE* pour faire un bilan de vos compétences et voir vers quoi vous diriger si vous souhaitez changer de boulot.

Après, vous pourrez chercher une formation et prendre un congé de formation (fongécif).

Le patron est obligé de cotiser et ne peut refuser que 2 fois.

Si malgré tout, à la 3ème fois, il refuse, vous pourrez toujours démissionner ou alors négocier un licenciement à l'amiable!!!

Il ne faut jamais avoir peur d'exposer son problème car tout patron est plus heureux de voir ses employés bien dans leur peau que d'avoir du personnel non motivé.
Alors courage !

*Agence nationale pour l'emploi

**2.**  **LIRE**

**La semaine de 35 heures est une réforme sociale en France qui a pour but de diminuer le taux de chômage en réduisant et en partageant les heures de travail. Le succès de cette mesure est au centre d'une controverse. Lisez le forum «Les cadres et la loi des 35 heures» (ci-dessus) pour vous informer.**

**3.**  **PARLER**

**1.** On travaille 40 heures par semaine aux États-Unis.
**2. - 4.** Answers will vary.

**Prenez quelques minutes pour discuter de ce sujet avec d'autres étudiants.**

**1.** Combien d'heures par semaine travaille-t-on aux États-Unis généralement?

**2.** Que pensez-vous de la loi des 35 heures?

**3.** Quelle est votre réaction à ce que disent les gens dans le forum ci-dessus?

**4.** Avec quelle réponse vous identifiez-vous le plus?

**4.**  ÉCOUTER  LIRE

**AUDIOSCRIPT:**
The audioscript for each listening activity is supplied in Appendix F of this Teacher's Edition and online in Explorer.

**Vous allez écouter 5 entretiens avec des francophones provenant de 5 pays différents. Ils vont répondre à quelques questions.**

**Vocabulaire**
SMIG

1. De tous les facteurs cités, à votre avis lequel est le plus important?

2. Dans votre pays, l'éducation est-elle gratuite ou payante ? Qui assume les frais?

3. Quelle est la durée moyenne des vacances pour les travailleurs? Cela inclue-t-il aussi les jours de maladie?

4. Quel est le salaire moyen d'un travailleur salarié?

5. En moyenne, combien d'heures par semaine travaille-t-on pour être considéré travailleur à temps plein?

6. À votre avis, quels sont les plus grands avantages sociaux de votre pays?

Questions are shown here so that students are aware of the questions to which the five speakers are responding.

**5.**  ÉCOUTER  ÉCRIRE

**En écoutant les entretiens, identifiez de quels pays ils proviennent et comparez leurs réponses. Pour ce faire il est nécessaire de prendre des notes détaillées et de les organiser de façon logique.** La République démocratique du Congo, Le Québec, Le Luxembourg, Haïti, La Belgique

## POINT**GRAMMAIRE**

Le conditionnel sert à rapporter un fait qui n'est pas certain et qui est soumis à une condition. Pour former le conditionnel d'un verbe régulier, prenez l'infinitif du verbe et ajoutez les terminaisons **–ais, –ais, –ait, –ions, –iez, –aient.**

**Pour les verbes en -re, supprimez le «e» de l'infinitif.**

| aider | choisir | apprendre |
|---|---|---|
| j'aider**ais** | je choisir**ais** | je apprendr**ais** |
| tu aider**ais** | tu choisir**ais** | tu apprendr**ais** |
| il/elle/on aider**ait** | il/elle/on choisir**ait** | il/elle/on apprendr**ait** |
| nous aider**ions** | nous choisir**ions** | nous apprendr**ions** |
| vous aider**iez** | vous choisir**iez** | vous apprendr**iez** |
| ils/elles aider**aient** | ils/elles choisir**aient** | ils/elles apprendr**aient** |

**6.**  PARLER

**Répondez aux questions suivantes.**

1. À votre avis, quel pays a la meilleure qualité de vie et pourquoi?

2. Quels sont les facteurs/indicateurs qui comptent le plus à vos yeux?

3. Quels avantages sociaux mentionnés aimeriez-vous voir appliqués aux États-Unis?

Answers will vary. Students may want to refer to their notes of the five interviews, summarized below.

**Summary of Audio for Exercises 4, 5, and 6:**

| | L'école | Les salaires | Les jours de congé | Les heures de travail |
|---|---|---|---|---|
| La République démocratique du Congo | L'éducation primaire gratuite et obligatoire | SMIG: 335 francs congolais par jour salaire moyen: 145.000 francs congolais par mois | un jour de congé par mois | 45 heures par semaine |
| Le Québec | (pas d'informations) | SMIC: 9,50$ par heure salaire moyen: 3.000$ par mois | deux semaines par an, quelques jours de maladie en plus | 40 heures par semaine |
| Le Luxembourg | obligatoire et gratuite | salaire moyen: 60.000€ par an | 25 jours de congé par an | 40 heures par semaine |
| Haïti | gratuite | 27.000 gourdes par an | 15 jours consécutifs par an | 48 heures par semaine |
| La Belgique | système national, payé par l'État | salaire moyen: 3.103€ par mois | 20 par an, jours de maladie en plus | entre 36 et 39 heures par semaine |

**7.**  ÉCRIRE  PARLER

On dit souvent que «rien n'est parfait.» Mais si vous aviez la possibilité de créer un monde parfait, quels critères seraient les plus importants? Imaginez que vous faites campagne pour la présidence du pays idéal, et que vous devez délivrer un discours. En utilisant les notes rassemblées à l'écoute des 5 entretiens précédents, préparez votre discours sur l'importance de la qualité de la vie. Assurez-vous de rassembler les meilleurs points pour créer votre idéologie, et laissez de côté les points négatifs.

> Bonjour à tous, comme vous le savez sans doute déjà, je m'appelle X et je suis devant vous aujourd'hui car je me présente comme candidat(e) à la présidence. Pour notre nouveau pays, je ne désire que ce qu'il y a de mieux. Pour créer ce monde parfait, voici ce que je suggère:
>
> • point 1 de Belgique, je prendrais...
> • point 2 et comme le font nos amis suisses, nous devrions...
> • point 3 et l'idée congolaise qu'il faudrait utiliser...
> • etc.
>
> Je vous remercie de m'avoir écouté(e) attentivement et j'espère que vous me donnerez l'occasion de réaliser tous ces projets.

**COMMUNICATION:**
**Presentational Communication:** Learners present information, concepts, and ideas to inform, explain, persuade, and narrate on a variety of topics using appropriate media and adapting to various audiences of listeners, readers, or viewers.

**EXPLORER:**
For additional exercises, AP® practice tasks, discussion forums, and external links, go to *APprenons* Explorer at **learningsite.waysidepublishing.com**

**LIRE**

La sélection suivante est accompagnée de plusieurs questions. Pour chaque question, choisissez la meilleure réponse selon la sélection.

**THEME/CONTEXT:**
La famille et la communauté - Les rapports sociaux

**SECONDARY THEME/CONTEXT:**
La vie contemporaine - Le monde du travail

## Introduction:

**La sélection suivante fait référence au monde du travail et à la jeunesse. L'article original a été écrit par Hela Khamarou et publié le 11 mars 2011 par Rue89.com.**

# Chômage, stages, précarité: les jeunes, ces «esclaves modernes»

Le nouveau numéro d'Alternatives Economiques (n° 300 de mars 2011) fait sa couverture sur la jeunesse dite «Génération galère». Dans cette enquête, AE fait un état des lieux du chômage des 15-25 ans qui atteint les 24% en 2010. Notons qu'il s'agit là d'une enquête sur la jeunesse qui est déjà dans la vie active, ou qui essaye désespérément de l'être.

Un autre chiffre me vient en tête, dans un article de *Time* du 28 février sur les révoltes de la jeunesse arabe. Il y était mentionné que le chômage des jeunes dans ces pays atteignait les 25%. Drôle de coïncidence. Sauf que nous, jeunes Français, nous ne faisons rien pour changer les choses. Nous sommes pris dans ce **marasme**. Et pourtant, notre quotidien est de plus en plus difficile.

Selon les critères économiques et sociaux, la «jeunesse» est un terme bien plus vague qu'il y a cinquante ans. C'est pourquoi les limites de cette enquête sont très vite atteintes. Le quart de siècle ne marque pas la fin de la jeunesse et l'entrée dans la vie active et le monde adulte. Au contraire, le concept évolue en fonction des difficultés économiques et sociales auxquelles font face ces nouvelles générations. À 30-35 ans, nous rentrons encore dans la case «jeunesse». Nous sommes des «vieux-jeunes».

Aujourd'hui, être jeune est un réel défi. Entre faire des études plus longues car on nous a promis que plus d'études = plus de sécurité, trouver un stage, un premier emploi (souvent précaire), ou un CDI[1] (sésame du droit au bonheur?) ou encore pouvoir être locataire, il semble bien loin le temps où la jeunesse française trouvera une stabilité pourtant bien méritée.

*Ligne*
5

10

15

20

25

La pauvreté frappe lourdement les jeunes: 20% des 20-24 ans et 12% des 25-29 ans. Alors que le SMIC a augmenté de 121 euros en quinze ans pour atteindre en 2011 la coquette somme de 1 071 euros mensuels net, la jeunesse doit se battre pour joindre les deux bouts.

30

Nous sommes de plus en plus dépendants de nos parents. Et même si nous finissons par trouver un travail, celui-ci demeure précaire. Aujourd'hui, si un jeune trouve un premier emploi, il a de grandes chances pour que ce CDD[2] soit suivi d'une nouvelle période de chômage de plusieurs mois avant de retrouver un emploi.

35

Il est donc difficile d'accéder à une toute relative indépendance financière sans retomber au moindre revers dans les pattes de papa et maman. Et qu'en est-il d'une partie de cette jeunesse qui ne peut pas compter sur un parent pour le nourrir?

40 En France aujourd'hui, une partie de la jeunesse vit en dessous du seuil de pauvreté. Et ce ne sont pas les dernières mesures du gouvernement permettant un RSA[3] jeune qui arrivent à **endiguer** ce phénomène.

Alors que les Français se battaient pour sauver leurs retraites à l'automne 2010, la jeunesse était dans la rue, consciente que son sort était lié à ce

45 mouvement. Nous étions aux côtés des manifestants et nous scandions ce message: «Laissez-nous payer vos retraites». Délibérément provocateur, ce slogan avait pour but de sensibiliser l'opinion publique sur le problème du chômage des jeunes.

La réalité est brutale: la crise économique de 2008 a aggravé la situation.

50 Aujourd'hui, la période d'essai payée est remplacée par un stage (rémunéré à 30% du SMIC au-delà de deux mois de stage) qui est loin d'être la garantie de l'embauche à la fin du stage.

*(suite à la page suivante)*

**(SUITE):**

Autre fait majeur, les postes dits «juniors» ont eux aussi été remplacés par des stages. En gros, c'est du travail dissimulé. J'irai même plus loin, c'est une
55  nouvelle forme d'esclavagisme moderne. D'ailleurs, quels sont les droits des stagiaires? Ils ne sont pas comptabilisés dans les effectifs de l'entreprise, ils n'ont pas le droit à des congés payés, et n'ont pas de **syndicat**.

Par contre, ils sont très productifs ces petits jeunes, souvent surqualifiés, acceptant des postes déclassés, et prêts à faire des heures supplémentaires
60  non rémunérées par espoir d'être embauchés à la fin de leur stage (ce qui demeure un fait assez rare). Il est bien loin le temps du stage café/ photocopieuse.

Le collectif Génération précaire se bat depuis 2005 pour amener le débat dans la sphère publique, mais pourtant les abus continuent. De 800 000 stagiaires
65  il y a quelques années, nous sommes passés à près de 1,5 million en 2010.

Les étudiants ne font plus un seul stage de fin d'études, mais plusieurs stages tout au long de leur parcours académique. La multiplication des stages par étudiant découle de cette pénurie d'emplois. Drôle de société dans laquelle nous vivons où il y a du travail (les stages le prouvent) mais pas d'emplois.

[1] CDI = contrat à durée indéterminée
[2] CDD = contrat à durée déterminée
[3] RSA = revenu de solidarité active

1. **Pour quelle raison l'article a-t-il été écrit?**
   a. motiver les jeunes
   b. raconter l'histoire des révoltes de la jeunesse arabe
   (c.) décrire les difficultés des jeunes d'aujourd'hui
   d. résoudre la crise économique des jeunes

2. **Dans cet article, quel est le ton de l'auteur?**
   a. optimiste
   (b.) pessimiste
   c. sarcastique
   d. humoristique

3. **Selon l'article, la fin de la jeunesse qui coïncide avec l'entrée dans la vie active:**
   a. commence plus tôt qu'autrefois.
   b. n'a pas changé depuis 50 ans.
   c. devient de plus en plus facile avec l'augmentation du SMIC.
   (d.) n'est plus à l'âge de 25 ans.

4. **Que veut dire «CDI»?**
   a. contrat qui n'est pas achevable
   (b.) contrat pour un nombre d'années qui n'est pas limité
   c. contrat d'une certaine importance
   d. contrat qui n'est pas décidé

5. **Selon l'article, après la crise économique de 2008,:**
   a. la vie devient plus facile pour les stagiaires.
   b. la vie n'a pas changé pour les stagiaires.
   c. les stagiaires font rarement des stages.
   (d.) les stagiaires acceptent beaucoup plus de responsabilités.

» Interpretive Communication: PRINT AND AUDIO TEXTS

 LIRE  ÉCOUTER

Vous allez lire un passage et écouter une sélection audio. Pour la lecture, vous aurez un temps déterminé pour la lire. Pour la sélection audio, vous aurez d'abord un temps déterminé pour lire une introduction et pour parcourir les questions qui vous seront posées. La sélection sera présentée deux fois. Après avoir écouté la sélection une première fois, vous aurez 1 minute pour commencer à répondre aux questions; après avoir écouté la sélection une deuxième fois, vous aurez 15 secondes par question pour finir de répondre aux questions. Pour chaque question, choisissez la meilleure réponse selon la sélection audio ou la lecture et indiquez votre réponse sur votre feuille de réponse.

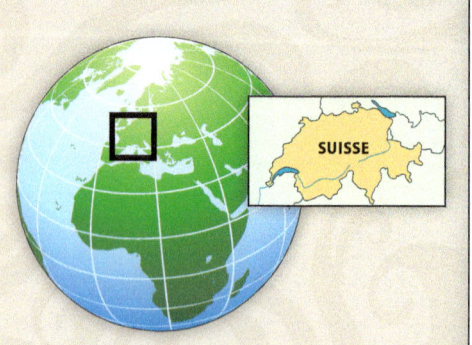

SUISSE

**SOURCE 1:** 📖

**Introduction:**

THEME/CONTEXT:
La vie contemporaine - Le monde du travail
SECONDARY THEME/CONTEXT:
Les défis mondiaux - L'économie

**La sélection suivante aborde le sujet des horaires dans les magasins en Suisse. Le reportage original a été publié le 16 juin 2010 en Suisse par Le Syndicat Interprofessionnel de Travailleuses et Travailleurs.**

Le personnel réuni en Assemblée et les syndicats Sit et Unia appellent à présent les parlementaires à prendre en considération l'extension des heures d'ouverture des commerces et invite la

*Ligne* population au rassemblement devant le parlement le jeudi 17 juin
5 dès 16h00, jour du débat parlementaire. «Non» à une extension des heures d'ouverture des magasins.

Contacts:

Syndicat SIT: Valérie Balleys et Lara Cataldi Syndicat Unia: Joël Varone

## Le personnel de vente refuse l'extension des horaires des magasins

Communiqué de presse 16.6.2010

10 **Sans compensation suffisante: le personnel de vente refuse l'extension des horaires des magasins.** ▶ Réuni par les syndicats Sit et Unia en Assemblée générale le 15 juin 2010, le personnel de vente du canton de Genève s'est dit prêt, à une très large majorité, à combattre par référendum toute extension des
15 heures d'ouverture des commerces.

Au cours de cette assemblée, le personnel a été amené à se prononcer sur le résultat des négociations qui ont eu lieu de fin janvier à début juin entre les syndicats et les associations patronales. Ces négociations portaient sur une amélioration
20 de la Convention collective cadre du commerce de détail (qui

arrive à échéance fin 2010) contre une extension des heures d'ouverture des commerces à 19h30 en semaine, 19h le samedi et 2 dimanches par an. Après discussion et débats, le personnel a estimé que les améliorations concédées par les patrons dans le cadre de ces négociations étaient

25   clairement insuffisantes et bien en dessous des revendications syndicales. L'absence de compensation salariale pour tout le personnel (alors que le salaire médian stagne dans ce secteur depuis l'entrée en vigueur de la CCT\*), le refus de compensations pour le travail au-delà de 19h et pour le travail du samedi, l'absence de protection contre de longues journées

30   de travail (dont l'amplitude peut aller jusqu'à 14 heures) et la dégradation continuelle des conditions de travail ces dernières années dans le secteur ont pesé dans la balance.

\* CCT = convention collective de travail

**SOURCE 2: SÉLECTION AUDIO**

**AUDIOSCRIPT:**
The audioscript for each listening activity is supplied in Appendix F of this Teacher's Edition and online in Explorer.

**Vocabulaire**
jour férié
rompre

## Introduction:

La sélection traite de l'expansion des heures de travail à Genève. Cet extrait audio s'intitule *Entretien avec Pierre-François Unger concernant l'ouverture des magasins à Genève.* Il a été diffusé sur RTS, Radio Télévision Suisse.

1. **Quel est le sujet du débat à Genève?**

   a. Le gouvernement veut éliminer la flexibilité des heures de travail.

   b. Les marchands refusent de travailler le week-end.

   c. Les marchands sont mécontents quant au salaire minimum interprofessionnel de croissance.

   d. Un changement de l'horaire d'ouverture est proposé.

2. **Quel est le ton de la sélection audio?**

   a. optimiste

   b. argumentatif

   c. pessimiste

   d. antagoniste

3. **Selon le passage, le personnel de vente refuse l'extension des horaires des magasins:**

   a. parce qu'il ne veut pas travailler le week-end.

   b. parce qu'il pense que les patrons sont déjà trop riches.

   c. parce qu'il n'y aurait pas assez de compensation pour tout le personnel.

   d. parce que les transports en commun sont fermés le dimanche.

4. **Selon l'article, quel facteur n'était pas l'une des causes du mécontentement du personnel?**

   a. le manque de sécurité concernant la durée de la journée de travail

   b. le personnel de vente ne veut jamais travailler le week-end

   c. aucune augmentation de salaire n'était inclue

   d. la continuité des mauvaises conditions de travail

5. **Selon la sélection audio, quelle est la cause principale de l'échec de cette initiative?**

   a. le manque d'harmonisation des heures de travail

   b. l'augmentation du tourisme

   c. le manque de soutien des partenaires sociaux

   d. l'augmentation des impôts locaux

## » Interpretive Communication: AUDIO TEXTS

**ÉCOUTER**

Vous allez écouter une sélection audio. Vous aurez d'abord un temps déterminé pour lire l'introduction et pour parcourir les questions qui vous seront posées. La sélection sera présentée deux fois. Après avoir écouté la sélection une première fois, vous aurez 1 minute pour commencer à répondre aux questions; après avoir écouté la sélection une deuxième fois, vous aurez 15 secondes par question pour finir de répondre aux questions. Pour chaque question, choisissez la meilleure réponse selon la sélection audio et indiquez votre réponse sur la feuille de réponse.

## Introduction:

**Dans cet extrait audio, on parle des nouveaux lieux pour travailler. C'est un podcast dans la série *Entreprise et Convivialité,* diffusée par Moustic, à Paris. Ce podcast s'intitule *Interview de Xavier Mazenod – Ces lieux sont-ils conviviaux?*** © Entreprise et Convivialité, Moustic.fr

**THEME/CONTEXT:**
La vie contemporaine - Le monde du travail
**SECONDARY THEME/CONTEXT:**
L'esthétique - L'architecture

1. **Selon la sélection audio, quel serait un synonyme du mot convivial (conviviaux, pl.)?**
   a. ouvert
   b. organisé
   c. stagnant
   d. silencieux

2. **À quoi servent les petites pièces dans le contexte de cette sélection?**
   a. On peut les ranger sur des étagères.
   b. On peut faire des appels en privé.
   c. On peut organiser des fêtes.
   d. On peut rester dans son petit coin.

3. **D'après cet extrait, que comprend la structure architecturale de l'entreprise traditionnelle?**
   a. une grande pièce partagée
   b. une ferme
   c. des murs qui séparent les collègues les uns des autres
   d. des constructions solides

4. **Quel est une définition du mot ludique selon cette sélection?**
   a. qui a trait au jeu
   b. un rapport compétitif
   c. un aspect didactique
   d. un rapport conflictuel

5. **Comment peut-on résumer le concept des lieux conviviaux en une phrase?**
   a. «C'est un concept démodé.»
   b. «C'est un concept basé sur la concurrence.»
   c. «C'est une manière de s'échapper de son travail.»
   d. «C'est un concept basé sur le partage entre les gens.»

**LIRE**  **ÉCRIRE**

Vous allez écrire une réponse à un message électronique. Vous aurez 15 minutes pour lire le message et écrire votre réponse. Votre réponse devrait débuter par une salutation et terminer par une formule de politesse. Vous devriez répondre à toutes les questions et demandes du message. Dans votre réponse, vous devriez demander des détails à propos de quelque chose mentionnée dans le texte. Vous devriez également utiliser un registre de langue soutenue.

**SCORING GUIDELINES:**
See the scoring guidelines proposed by The College Board for the AP® French Language Culture Exam for the Interpersonal Writing: E-mail Reply, the Presentational Writing: Argumentative Essay, the Interpersonal Speaking: Conversation, and the Presentational Speaking: Cultural Comparison exercises.

## Introduction:

C'est un message de Madame Sandrine Ledoyen, coordinatrice nationale des centres « Espace Enfants », centres spécialisés à l'animation des 6 à 12 ans, le mercredi après-midi. Elle vous écrit pour confirmer la réception de votre candidature ainsi que pour vous demander quelques informations supplémentaires avant de vous accorder un entretien.

De: Sledoyen@espace-enfant.fr

A: Cdubois@monmail.fr

Date: 19-04-2012

**THEME/CONTEXT:**
La vie contemporaine - Le monde du travail

**SECONDARY THEME/CONTEXT:**
La famille et la communauté - L'enfance et l'adolescence

Mademoiselle,

J'accuse réception de votre courrier du 14 avril, relatif au poste d'animatrice, disponible dans notre centre de Lille. Afin que je puisse traiter

*Ligne*
*5* votre candidature dans les plus brefs délais, il est nécessaire que vous nous fournissiez des renseignements supplémentaires et que vous confirmiez certaines données fournies sur votre formulaire de candidature.

Veuillez nous faire parvenir les documents
*10* suivants:

- copie de votre BAC

- copie de votre BAFA

- lettre de recommandation de votre ancien employeur

15 Tous ces documents doivent être soumis en format PDF. Veuillez également confirmer les données suivantes:

- votre adresse physique

- votre numéro de téléphone

20 - votre date de disponibilité

- le nombre d'heures (par semaine) que vous désirez

Une fois en possession de ces documents et de ces renseignements et après révision **desdits**
25 documents, je vous contacterai afin de vous proposer une date pour un entretien avec Mr Guy Delorme, notre coordinateur national.

Je vous prie d'agréer, Mademoiselle, l'expression de mes salutations les meilleures.

Sandrine Ledoyen
Coordinatrice - Nord Pas de Calais
Espace Enfants

**COMMUNITIES:**
**School and Global Communities:**
Learners use the language both within and beyond the classroom to interact and collaborate in their community and the globalized world.

**LIRE**   **ÉCOUTER**

 **ÉCRIRE**

Vous allez écrire un essai argumentatif pour un concours d'écriture de langue française. Le sujet de l'essai est basé sur trois sources ci-jointes, qui présentent des points de vue différents sur le sujet et qui comprennent à la fois du matériel audio et imprimé. Vous aurez d'abord 6 minutes pour lire le sujet de l'essai et le matériel imprimé. Ensuite, vous écouterez l'audio deux fois; vous devriez prendre des notes pendant que vous écoutez. Enfin, vous aurez 40 minutes pour préparer et écrire votre essai. Dans votre essai, vous devriez présenter les points de vue différents des sources sur le sujet et aussi indiquer clairement votre propre point de vue que vous défendrez à fond. Utilisez les renseignements fournis par toutes les sources pour soutenir votre essai. Quand vous ferez référence aux sources, identifiez-les de façon appropriée. Organisez aussi votre essai en paragraphes bien distincts.

**SUJET DE LA COMPOSITION:**

Le **télétravail** est-il une bonne option?

**SOURCE 1:** 📕

## Introduction:

Dans cette sélection il s'agit du télétravail. Ces textes sont les réponses aux questions posées par Ginette Villa sur les avantages et les inconvénients de cette façon de travailler.

**THEME/CONTEXT:**
La science et la technologie - La technologie et ses effets sur la société

**SECONDARY THEME/CONTEXT:**
La vie contemporaine - Le monde du travail

**Delphine Giroud**

Bonjour,

Quels sont pour vous les inconvénients du télétravail?

*Ligne*
*5*

Pourriez-vous me donner vos avis et réactions sur le télétravail? En effet, je dois rédiger un article à ce sujet et vos témoignages m'intéressent.

Merci de me dire aussi si vous acceptez d'être cités dans ledit article.

Cordialement.

**Christelle Dubois**

Bonjour,

Je suis télétravailleuse, bien que 30% de mon temps (cela est stipulé dans mon contrat), soit également prévu pour des déplacements sur nos sites de fabrication ainsi que pour l'accompagnement de nos commerciaux chez les clients.

Mon travail se résume au marketing de ma société ainsi que de son service création.

L'indépendance et l'organisation de son travail (sans personne derrière soi) sont pour moi des atouts majeurs.

Une très grande rigueur et de la structuration ainsi que la possibilité d'être joignable à tout moment, sont ultra nécessaires à cette formule de travail.

Cela peut être **contraignant**. C'est pourquoi, il est impératif de savoir mettre des barrières entre vie privée et vie professionnelle!

À cet effet, je me suis aménagé un espace privé, bien à moi, dans la maison. C'est important.

C'est aussi un avantage, car en cas de nécessité et d'urgence, on peut toujours retravailler sur un dossier ou autre mail, le soir après souper, et cela sans avoir l'inconvénient de rester «coincé» au bureau.

Je pense également que l'on travaille plus rapidement chez soi, déjà du fait que l'on ne perd pas de temps en déplacements, bien que je doive, quand même, me rendre au bureau de poste qui ne se trouve pas à côté de la maison!

Cependant, le manque de contacts reste le plus gros inconvénient . . .

Le téléphone, Internet (des outils formidables, bien sûr) nous permettent de rester en contact avec la société, c'est évident, mais quand vous restez une ou deux semaines sans vous déplacer, ne voir personne de la journée devient pesant.

Un réseau de télétravailleurs dans ma région, que l'on pourrait rencontrer de temps en temps, serait l'idéal pour moi.

Cela me fait penser que finalement la pause-café dans les entreprises est très agréable et importante pour les échanges même si cela fait perdre un peu de temps de travail . . . !!! Voilà mon avis sur le sujet, n'hésitez pas à me contacter si vous le désirez.

*(suite à la page suivante)*

**SOURCE 1 (SUITE):**

### Frédéric Hinix

40  Extrait de ma réponse via l'autre hub: www.portail-des-pme.fr/.../1351-le-teletravail

«Ce n'est pas nouveau de travailler chez soi. La plupart des commerçants ont commencé ainsi. Le monde moderne offre les outils appropriés au télétravail, c'est tout. Quelle est la signification du travail à domicile»?

45  Pour moi, les obligations sont PRATIQUEMENT identiques à celles du travail à l'extérieur.

Je ne pense pas qu'en entreprise, vous pourriez emmener votre enfant avec vous sur votre lieu de travail.

Madame Dubois, il y a aussi le fait que pas mal de personnes ne
50  savent pas faire la séparation nécessaire entre vie privée et vie professionnelle même s'ils travaillent à l'extérieur de chez eux.

### Michel Denis

Christelle,

J'ai fonctionné comme vous pendant plusieurs années.

55  Je vous comprends donc très bien et l'importance des contacts «réels», sociaux et conviviaux sont primordiaux. Même les outils les plus performants ne les remplaceront jamais!

Pourtant, après avoir travaillé quelques années dans une multinationale américaine, j'ai apprécié la «co-présence» dans les «espaces virtuels» 3D immersifs
60  utilisables en télétravail à domicile.

J'ai donc récemment **démarré** ma petite société en France, spécialisée dans ce genre de solution, suite à cette expérience qui m'a parue très positive!

Michel

**SUGGESTION:**
Ask students to discuss whether their parents telecommute for their jobs or whether they themselves have taken online classes. Talk about what they see as advantages and disadvantages for working at home instead of on site.

**CULTURES:**
**Relating Cultural Practices to Perspectives:** Learners use the language to investigate, explain, and reflect on the relationship between practices and perspectives of the cultures studied.

**CONNECTIONS:**
**Acquiring Information and Diverse Perspectives:** Learners access and evaluate information and diverse perspectives that are available through the language and its cultures.

**SOURCE 2:**

## Introduction:

Cette sélection traite des possibilités du travail mobile, en fonction des catégories professionnelles
(Eurostat 2011).

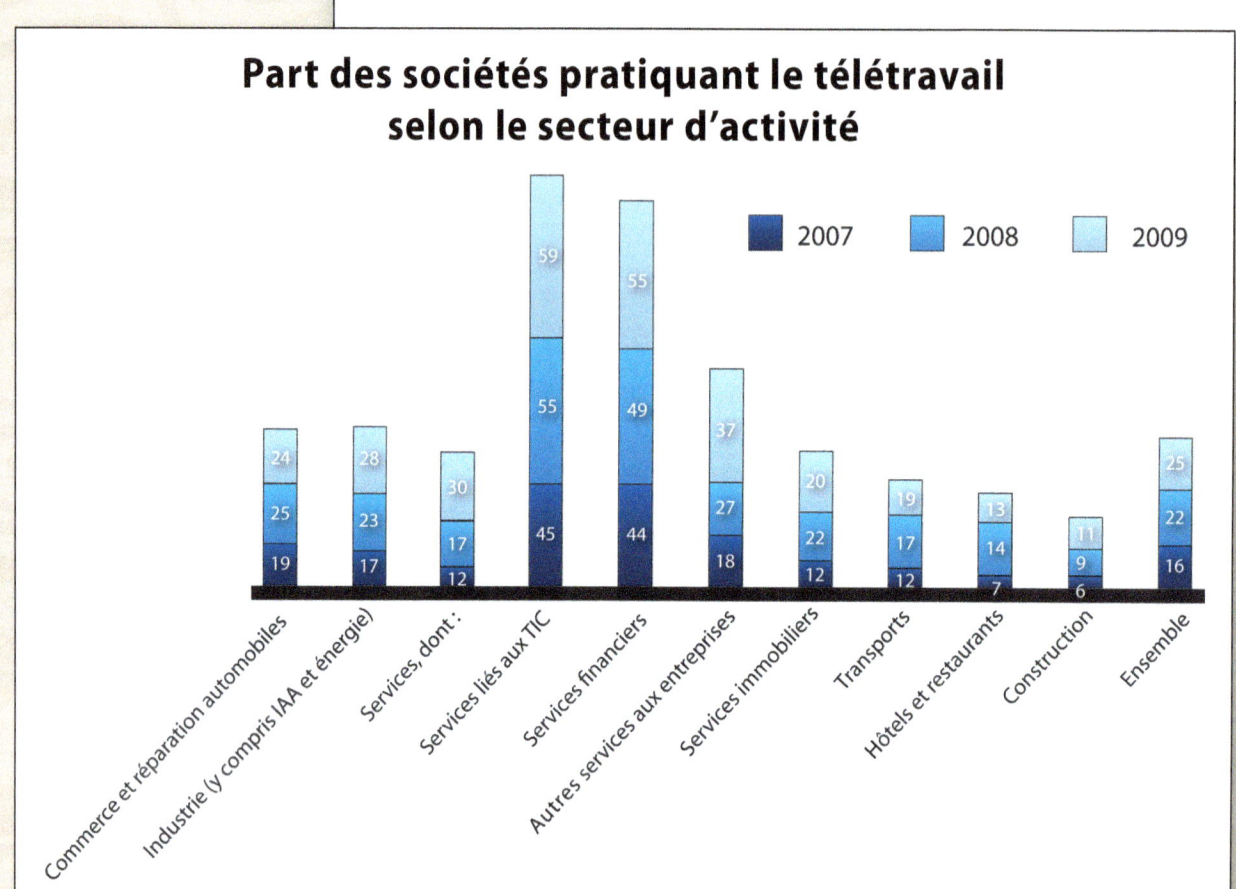

**Part des sociétés pratiquant le télétravail selon le secteur d'activité**

Légende : 2007, 2008, 2009

| Secteur d'activité | 2007 | 2008 | 2009 |
|---|---|---|---|
| Commerce et réparation automobiles | 19 | 25 | 24 |
| Industrie (y compris IAA et énergie) | 17 | 23 | 28 |
| Services, dont : | 12 | 17 | 30 |
| Services liés aux TIC | 45 | 55 | 59 |
| Services financiers | 44 | 49 | 55 |
| Autres services aux entreprises | 18 | 27 | 37 |
| Services immobiliers | 12 | 22 | 20 |
| Transports | 12 | 17 | 19 |
| Hôtels et restaurants | 7 | 14 | 13 |
| Construction | 6 | 9 | 11 |
| Ensemble | 16 | 22 | 25 |

## SOURCE 3: SÉLECTION AUDIO

### Introduction:

**AUDIOSCRIPT:**
The audioscript for each listening activity is supplied in Appendix F of this Teacher's Edition and online in Explorer.

La sélection audio suivante présente certaines personnes qui participent à la journée suisse du télétravail (19 mai 2011); elles discutent des avantages du télétravail. L'extrait audio s'intitule *Pour ou contre le télétravail en Suisse* et a été diffusé sur RTS, Radio Télévision Suisse. ©RTS

**Vocabulaire**

accroître
concilier
en chair et en os
épanouissement

**SUGGESTIONS:**
Ideas for composition organization:
**Introduction**
**Source 1 viewpoint:**
Telecommuting has advantages and disadvantages. Notable disadvantages include having to be reachable for work at any moment as well as a lack of human contact with others.
**Source 2 viewpoint:**
More telecommuting possibilities are available in the areas of information technology and financial services than in other domains.
**Source 3 viewpoint:**
Telecommuting provides a better quality of life and is eco-friendly due to having less (or no) travel to work. A study also shows that greater productivity is a result of telecommuting.
**Student's own viewpoint:**
**Conclusion**

## » Interpersonal Speaking: CONVERSATION

**THEME/CONTEXT:**
La vie contemporaine - Le monde du travail

 LIRE   ÉCOUTER   PARLER

Vous allez participer à une conversation. D'abord, vous aurez une minute pour lire une introduction à cette conversation qui comprend le schéma des échanges. Ensuite, la conversation commencera, suivant le schéma. Quand ce sera à vous de parler, vous aurez 20 secondes pour enregistrer votre réponse. Vous devriez participer à la conversation de façon aussi complète et appropriée que possible.

## Introduction:

**Vous êtes en train de téléphoner au directeur des ressources humaines (DRH) de la société où vous avez posé votre candidature. Vous participez à cette conversation parce que vous passez un pré-entretien téléphonique avec cette société pour déterminer si votre candidature sera retenue pour un entretien d'embauche au siège central de la société, à Paris.**

| | |
|---|---|
| Directeur | Il vous salue et vous demande de confirmer votre identité. |
| Vous | Saluez-le et identifiez-vous. |
| Directeur | Il vous décrit la procédure et vous demande si vous êtes prêt(e). |
| Vous | Dites que vous êtes prêt et exprimez vos sentiments envers cette opportunité professionnelle. |
| Directeur | Il vous demande d'expliquer votre motivation pour le poste recherché. |
| Vous | Donnez au moins deux raisons pour votre candidature. |
| Directeur | Il vous demande des détails sur vos qualifications. |
| Vous | Décrivez votre expérience dans une entreprise concurrente ainsi que vos diplômes, brevets. |
| Directeur | Il vous demande de vous décrire. |
| Vous | Décrivez votre personnalité. |
| Directeur | Il vous interroge sur vos buts. |
| Vous | Expliquez vos buts dans votre vie professionnelle et dans votre vie personnelle. |
| Directeur | Il vous demande vos dates de disponibilité. |
| Vous | Informez-le que vous n'avez pas d'obligations pour les 3 semaines à venir. |
| Directeur | Il termine la conversation. |
| Vous | Dites au revoir et remerciez-le de son appel. |

**AUDIOSCRIPT:**
The audioscript for each listening activity is supplied in Appendix F of this Teacher's Edition and online in Explorer.

**COMMUNITIES:**
**School and Global Communities:** Learners use the language both within and beyond the classroom to interact and collaborate in their community and the globalized world.

## » Presentational Speaking: CULTURAL COMPARISON

**THEME/CONTEXT:**
La vie contemporaine - Le monde du travail

 LIRE  PARLER

Vous allez faire un exposé pour votre classe sur un sujet spécifique. Vous aurez 4 minutes pour lire le sujet de présentation et préparer votre exposé. Vous aurez alors 2 minutes pour l'enregistrer. Dans votre exposé, comparez votre propre communauté à une région du monde francophone que vous connaissez. Vous devriez montrer votre compréhension des facettes culturelles du monde francophone. Vous devriez aussi organiser clairement votre exposé.

**COMPARISONS:**
**Cultural Comparisons:** Learners use the language to investigate, explain, and reflect on the concept of culture through comparisons of the cultures studied and their own.

## Sujet de la présentation:

**Comparez les heures de travail par semaine aux États-Unis à celles en France. N'oubliez pas d'expliquer les avantages et les inconvénients de chaque système.**

**LIRE**

La sélection suivante est accompagnée de plusieurs questions. Pour chaque question, choisissez la meilleure réponse selon la sélection.

**THEME/CONTEXT:**
Les défis mondiaux - L'économie
**SECONDARY THEME/CONTEXT:**
La vie contemporaine - Le monde du travail

**SUGGESTION:**
Use the photo on these two pages as a springboard for discussion. Ask students to describe what they see and to make comparisons between the products and services that contribute to the economy of Burkina Faso and those of their own region.

### Introduction:

**Dans cette sélection, il s'agit du marché d'emploi au Burkina Faso. Cet article a paru sur le site de fr.globalvoices le 22 janvier 2014.**
© Creative Commons

# Les inquiétantes perspectives du marché du travail au Burkina Faso

L'AFDB (Banque Africaine de Développement) a publié son rapport sur le Burkina Faso, qui fait ressortir une inquiétante projection du marché du travail pour les dix prochaines années:

Ligne
5

Sept burkinabé sur dix ont moins de 30 ans. Le nombre de jeunes (15-24 ans), primo demandeurs d'emplois, doublera entre 2010 et 2030, passant de trois à six millions ce qui va créer une tension sur le marché du travail. Les opportunités de travail se limitent à celles qui ont une faible productivité ou qui génèrent peu de revenus: environ 80 % des travailleurs dépendent de
10  la production agricole; seuls 5 % des travailleurs sont **salariés** dans le secteur formel (public ou privé).

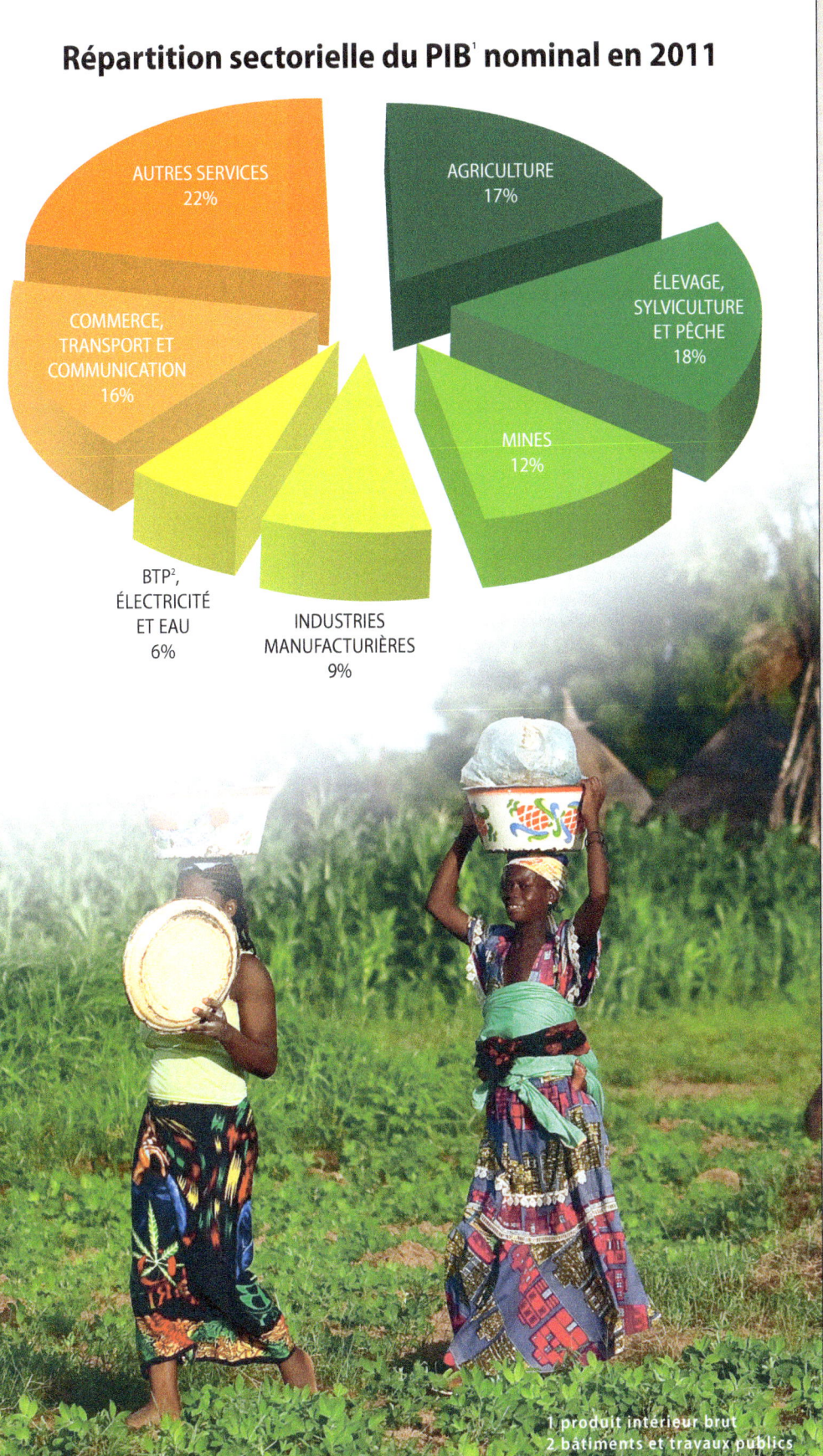

**Répartition sectorielle du PIB¹ nominal en 2011**

AUTRES SERVICES
22%

AGRICULTURE
17%

ÉLEVAGE,
SYLVICULTURE
ET PÊCHE
18%

COMMERCE,
TRANSPORT ET
COMMUNICATION
16%

MINES
12%

BTP², ÉLECTRICITÉ
ET EAU
6%

INDUSTRIES
MANUFACTURIÈRES
9%

1 produit intérieur brut
2 bâtiments et travaux publics

1. **La population de Burkina Faso est:**
   a. vieille.
   b. travailleuse.
   c. jeune.
   d. satisfaite.

2. **Selon cette sélection, la situation du marché du travail au Burkina Faso:**
   a. va s'aggraver dans les années qui viennent.
   b. a été grave ces dernières années.
   c. est sérieuse en ce moment.
   d. n'est pas très troublante en ce moment.

3. **D'après les données de la sélection, quel est le pourcentage du PIB rapporté par ceux qui travaillent avec des animaux?**
   a. 9 %          b. 12 %
   c. 18 %         d. 22 %

4. **Pourquoi les opportunités de travail ne sont-elles pas considérées très intéressantes selon cet article?**
   a. On ne gagne pas beaucoup d'argent.
   b. On gagne trop d'argent pour ne rien faire.
   c. Ces opportunités sont dans le secteur de l'énergie.
   d. Les opportunités sont limitées dans le domaine de l'agriculture.

5. **Dans le contexte de cet extrait, quelle est la définition du mot «salarié»?**
   a. le montant d'argent gagné
   b. le travail que l'on fait
   c. exercer une action professionnelle
   d. quelqu'un qui travaille

» Interpretive Communication: PRINT AND AUDIO TEXTS

 LIRE  ÉCOUTER

Vous allez lire un passage et écouter une sélection audio. Pour la lecture, vous aurez un temps déterminé pour la lire. Pour la sélection audio, vous aurez d'abord un temps déterminé pour lire une introduction et pour parcourir les questions qui vous seront posées. La sélection sera présentée deux fois. Après avoir écouté la sélection une première fois, vous aurez 1 minute pour commencer à répondre aux questions; après avoir écouté la sélection une deuxième fois, vous aurez 15 secondes par question pour finir de répondre aux questions. Pour chaque question, choisissez la meilleure réponse selon la sélection audio ou la lecture et indiquez votre réponse sur votre feuille de réponse.

**SOURCE 1:**

**THEME/CONTEXT:**
La vie contemporaine - Le monde du travail

## Introduction:

**Dans cette sélection, il s'agit du concept de la QVT, la qualité de la vie au travail. Ce texte a été écrit par Caroline Rome et publié sur le site laqvt.fr le 27 novembre 2013.** © Novéquilibres

# Les mammouths: ont-ils disparu?

**Ce n'est pas parce que le concept de QVT (Qualité de Vie au Travail) est récent, d'autant plus à l'échelle de l'histoire de la planète, que je ne vais pas m'autoriser à revenir quelques années en arrière pour cette contribution métaphorique.**

*Ligne*

5 Les mammouths sont des mammifères éteints de la famille des éléphantidés correspondant au genre Mammuthus et à de nombreuses espèces. Du temps de l'homme des cavernes, il est perçu à juste titre comme une menace et quand il débarque, la poussée d'adrénaline permet à l'homme des cavernes de

10 s'enfuir à toutes jambes, ou s'il est très courageux et surtout pas seul, de le combattre avec sa massue. C'est le combat ou la fuite, réaction très ancienne dans l'histoire de l'homme face à une poussée salutaire de stress lié à l'instinct de survie.

Comme le mammouth est une grosse bête, quand il n'est plus
15 là, ou quand il a été abattu et ne présente plus aucun danger, l'homme préhistorique voit bien qu'il n'y a plus de risque, et l'agent stressant étant absent son taux de cortisol (hormone du stress) redescend à la normale. Il lui suffit de s'adapter à son environnement plus tranquille et tout revient à un état
20 d'équilibre en adéquation avec la situation du moment.

De nos jours, l'animal a disparu, et seuls quelques spécimens sont retrouvés congelés dans les zones glaciaires. Du moins c'est ce que l'on croit, car en fait la réalité est tout autre . . . le monde est envahi de mammouths et plusieurs espèces vivent
25 parmi nous dont voici les principales:

30 • **Le mammouthason** est très bruyant. Selon les régions où il vit, il s'exprime différemment, mais avec toujours trop de puissance pour l'oreille humaine. Les sons les plus connus sont: marteaux piqueurs, voitures et motos, métros et trains, avions, **usines** et machines... L'animal nous envoie un nombre de décibels si important que bon nombre d'insomnies, d'acouphènes entraînant même des surdités, en résultent. Il existe cependant quelques mammouthasons muets et innoffensifs sur une île déserte perdue dans le Pacifique.

• **Le technomammouth** est complètement addict à tout ce qui est nouveau en matière de technologie. Ceux qui vivent dans les entreprises sont utiles, certes, mais quand ils investissent les habitations, ils sont particulièrement dangereux. Certains vont même
35 jusqu'à suivre les humains sur leur lieu de vacances, et la nuit ils se tapissent sous le lit pour ne leur laisser aucun **répit**. Leur addiction est variée: téléphone portable, ordinateur, oreillette, vidéo conférence... certains cumulent le tout et hélas, ces derniers sont de plus en plus nombreux.

• **Le speedmammouth** est très rapide et il est très difficile de l'attraper. Il court tout le
40 temps après le temps et, résultat, il n'a jamais le temps de prendre son temps. Il dort très peu pour essayer de ne pas perdre de temps et gagner du temps, ce qu'il n'arrive jamais à faire par manque de temps. En fait l'animal est toujours pressé car il aime les citrons pressés et comme il prend les humains pour des citrons, son but est de les presser et les compresser... résultat, tout le monde est stressé, le speedmammouth et l'humain.

45 • **Le surpopmammouth** se reproduit très vite, à tel point que les humains en font autant pour protéger leur territoire. Résultat, beaucoup de monde, une surpopulation inquiétante tant en mammouths qu'en capital humain. Les ressources de la terre s'épuisent, et l'eau potable risque de manquer. Les cultures vont-elles pouvoir subvenir à nourrir les habitants de la planète? Beaucoup d'entreprises licencient pour **pallier** à ce problème.

50 • **Le flashmammouth** est un animal lumineux de tendance indigo qui éclaire outre mesure nos rues, nos villes, notre ciel, et même nos campagnes. Une photo satellite de la terre il y a une cinquantaine d'années la montre comme une boule tamisée, la même prise de nos jours à la même heure et c'est une boule digne d'un sapin de Noël qui clignote de tous ses feux. Certains vivent à demeure dans les entreprises. Les salariés y sont confrontés
55 du matin au soir sans relâche. D'autres ont investi les habitations et trônent dans le salon, et les familles **s'agglutinent** devant en extase. Souvent elles les emmènent dans les chambres, et si par malheur un technomammouth y est déjà, la rencontre est explosive...

*(suite à la page suivante)*

### SOURCE 1 (SUITE):

• **Le burnmammouth** est très actif et ne s'arrête jamais
de travailler. Il parle un dialecte qui lui est propre, le
60  workaholic, et en principe il jette son dévolu sur un seul
individu. Comme il n'a pas de limite à son engagement, il
déteint sur cette personne qui en arrive à ne plus avoir de
relations sociales, à perdre le sommeil ou ne penser à rien
d'autre qu'à son travail. De récentes études ont démontré
65  que le burnmammouth rendait l'humain ergomane (obsédé
par le travail) jusqu'à être out.

L'ennui c'est que ces espèces sont invisibles et **nuisibles**.
Personne ne les voit, résultat, quand ces mammouths ne sont
plus là, les humains ne le savent pas et restent en alerte comme
70  s'ils étaient toujours présents. Le stress est alors excessif
puisque trop important par rapport au besoin, et c'est alors
qu'au lieu d'être aidant il va être destructeur.

De la fiction à la réalité, tout est possible! Au mois de mai une
équipe scientifique russe a fait une découverte exceptionnelle
75  sur l'îlot Maly Liakhovski dans l'océan Arctique, celle d'une
carcasse de mammouth congelée dont le sang est resté
liquide. Grâce à l'ADN, des souris ont déjà été clonées grâce
à une simple goutte de sang : faire la même chose avec des
mammouths et le résultat sera impressionnant vue la taille de
80  l'animal . . .

Quand vous verrez des éléphants gambader, vérifiez si ce
ne sont pas plutôt ses cousins les mammouths et non leurs
ancêtres (voir photo plus haut), et chassez-les hors de nos
frontières, et même par souci d'humanité, hors de la planète . . .

85  Retrouvons notre instinct de survie.

## SOURCE 2: SÉLECTION AUDIO

**AUDIOSCRIPT:**
The audioscript for each listening activity is supplied in Appendix F of this Teacher's Edition and online in Explorer.

**Vocabulaire**
convivialité
levier
tiers lieux
TPE

## Introduction:

Dans cet extrait audio, on parle de l'atmosphère dans les lieux de travail. C'est un podcast dans la série *Entreprise et Convivialité,* diffusé par Moustic, à Paris. Dans ce podcast, intitulé *Votre avis sur ces tiers lieux,* il s'agit des Tiers lieux – des espaces physiques ou virtuels de rencontre entre des personnes qui ont des compétences différentes à partager.

© Entreprise et Convivialité, Moustic.fr

www.moustic.fr

1. **Dans l'article, les espèces de mammouths différents sont comparées aux:**

   (a.) types de personnes dans le monde du travail.

   b. espèces d'éléphants de nos jours.

   c. espèces de souris étudiées dans le domaine de la biologie.

   d. façons d'atteindre des buts.

2. **Dans la sélection audio, quel est le ton des employés interviewés sur le concept des Tiers lieux?**

   (a.) positif

   b. embarrassé

   c. incertain

   d. humoristique

3. **Quel est le but de la sélection écrite?**

   a. convaincre le lecteur de s'identifier parmi les types de personnalité

   (b.) faire valoir la diversité de ceux qui sont présents sur le lieu de travail

   c. faire de la publicité pour l'exposition des mammouths au musée du quartier

   d. montrer les résultats scientifiques de leur étude

4. **Dans le contexte de l'extrait audio, quel est le meilleur synonyme pour le terme co-construction?**

   a. consommation

   b. solitude

   c. confidentialité

   (d.) échange

5. **Dans le contexte de l'extrait écrit, pourquoi ces mammouths sont-ils «nuisibles»?**

   a. parce qu'ils dorment la nuit

   b. parce qu'ils sont nocturnes

   c. parce qu'ils sont faciles à voir

   (d.) parce qu'ils sont dangereux

## » Interpretive Communication: AUDIO TEXTS

**Vocabulaire**
réaliser

ÉCOUTER

Vous allez lire un passage et écouter une sélection audio. Pour la lecture, vous aurez un temps déterminé pour la lire. Pour la sélection audio, vous aurez d'abord un temps déterminé pour lire une introduction et pour parcourir les questions qui vous seront posées. La sélection sera présentée deux fois. Après avoir écouté la sélection une première fois, vous aurez 1 minute pour commencer à répondre aux questions; après avoir écouté la sélection une deuxième fois, vous aurez 15 secondes par question pour finir de répondre aux questions. Pour chaque question, choisissez la meilleure réponse selon la sélection audio ou la lecture et indiquez votre réponse sur votre feuille de réponse.

**AUDIOSCRIPT:**
The audioscript for each listening activity is supplied in Appendix F of this Teacher's Edition and online in Explorer.

ÉCOUTER

**THEME/CONTEXT:**
La vie contemporaine - Le monde du travail

Vous allez écouter une sélection audio. Vous aurez d'abord un temps déterminé pour lire l'introduction et pour parcourir les questions qui vous seront posées. La sélection sera présentée deux fois. Après avoir écouté la sélection une première fois, vous aurez 1 minute pour commencer à répondre aux questions; après avoir écouté la sélection une deuxième fois, vous aurez 15 secondes par question pour finir de répondre aux questions. Pour chaque question, choisissez la meilleure réponse selon la sélection audio et indiquez votre réponse sur la feuille de réponse.

### Introduction:

**Cette sélection est un extrait d'un podcast intitulé Vivre de son blog dont l'animateur s'appelle Ling-en Hsia. L'épisode s'appelle «14 Techniques pour se motiver au travail» et a été tiré du site www.vivredesonblog.com/37/. Dans cet extrait du podcast, il s'agit des deux premières techniques pour se motiver au travail.**

© Ling-en Hsia

1. **Ling-en se motive par quel moyen?**

   a. en faisant du webmarketing

   b. en répétant des idées motivantes dans sa tête

   (c.) en lisant et en écoutant des gens passionnés

   d. en méditant en silence

2. **Quel est le premier conseil (la première technique) que propose Ling-en pour se motiver au travail?**

   a. trouver de la motivation

   b. se calmer en contrôlant sa respiration

   c. conserver son énergie

   (d.) trouver de l'inspiration

3. **La deuxième technique pour se motiver proposée par Ling-en est «manger la grenouille». Que représente la grenouille dans cette métaphore?**

   (a.) une tâche difficile

   b. une personne de nationalité française

   c. la cuisine française

   d. quelque chose de mignon

4. **Quel est le but principal de ce podcast?**

   (a.) développer l'efficacité chez les gens qui travaillent

   b. raconter des histoires de travail

   c. distraire ceux qui travaillent trop

   d. faire travailler les auditeurs encore plus

5. **Quel est le ton de ce podcast et de son animateur?**

   (a.) positif

   b. négatif

   c. moqueur

   d. blagueur

LIRE  ÉCRIRE

Vous allez écrire une réponse à un message électronique. Vous aurez 15 minutes pour lire le message et écrire votre réponse. Votre réponse devrait débuter par une salutation et terminer par une formule de politesse. Vous devriez répondre à toutes les questions et demandes du message. Dans votre réponse, vous devriez demander des détails à propos de quelque chose mentionnée dans le texte. Vous devriez également utiliser un registre de langue soutenue.

STRASBOURG, FRANCE

**THEME/CONTEXT:**
La vie contemporaine - L'éducation et l'enseignement
**SECONDARY THEME/CONTEXT:**
La vie contemporaine - Le monde du travail

## Introduction:

C'est un message de la part de Philippe Leduvier, qui travaille dans le Service recrutement de l'organisation Aide anglais. Il répond à votre lettre de motivation en candidature spontanée.

de: philippe.leduvier@aideanglais.fr

Strasbourg, le 23 septembre 2015

Cher candidat/Chère candidate,

Nous avons bien reçu votre candidature pour un poste en tant que tuteur de langue anglaise dans notre organisation et nous vous remercions de *Ligne* l'intérêt que vous manifestez ainsi pour notre 5 groupe.

Votre candidature sera étudiée attentivement dans les meilleurs délais. **Entretemps**, veuillez nous indiquer les informations suivantes afin que 10 nous puissions mieux choisir le tuteur que nous recherchons:

- Le nombre de mois que vous aimeriez rester candidat à ce poste.

- La raison principale pour laquelle votre 15 candidature correspond à nos besoins, selon l'annonce à laquelle vous avez répondu.

- Ce qui vous motive le plus à postuler cet emploi (une raison concrète).

Nous vous invitons à consulter régulièrement
20 les offres d'emploi publiées sur notre site afin de
postuler à nouveau les emplois susceptibles de vous
intéresser à l'avenir.

Nous vous prions d'agréer, Madame/Monsieur,
l'expression de nos sentiments distingués.

25 Philippe Leduvier

Service recrutement, Aide anglais

**COMMUNITIES:**
**School and Global Communities:** Learners use the language
both within and beyond the classroom to interact and collaborate
in their community and the globalized world.

**LIRE**    **ÉCOUTER**

 **ÉCRIRE**

Vous allez écrire un essai argumentif pour un concours d'écriture de langue française. Le sujet de l'essai est basé sur trois sources ci-jointes, qui présentent des points de vue différents sur le sujet et qui comprennent à la fois du matériel audio et imprimé. Vous aurez d'abord 6 minutes pour lire le sujet de l'essai et le matériel imprimé. Ensuite, vous écouterez l'audio deux fois; vous devriez prendre des notes pendant que vous écoutez. Enfin, vous aurez 40 minutes pour préparer et écrire votre essai. Dans votre essai, vous devriez présenter les points de vue différents des sources sur le sujet et aussi indiquer clairement votre propre point de vue que vous défendrez à fond. Utilisez les renseignements fournis par toutes les sources pour soutenir votre essai. Quand vous ferez référence aux sources, identifiez-les de façon appropriée. Organisez aussi votre essai en paragraphes bien distincts.

**THEME/CONTEXT:**
La quête de soi - La sexualité
**SECONDARY THEME/CONTEXT:**
La vie contemporaine - Le monde du travail

## SUJET DE LA COMPOSITION:

**Les hommes et les femmes sont-ils véritablement égaux dans le monde du travail de nos jours?**

### SOURCE 1:

### Introduction:

**La sélection suivante a été tirée du site www.enquete-debat.fr. L'article a été écrit par Cyrille Godonou et publié le 9 mars 2013.**
© Enquête et débat

## Le mythe de l'écart salarial hommes-femmes de plus de 20% "à travail égal"

*À l'occasion des déclarations surréalistes de la ministre des Droits des femmes Najat Vallaud-Belkacem, qui promet des sanctions dans les six mois aux entreprises qui ne luttent pas assez efficacement contre*

Ligne *l'écart salarial homme femme, nous rediffusons un article de grande*

5 *qualité que nous avions fait paraître le 21 avril 2011, de Cyril Godonou.*

Parité, communautarisme et discrimination positive sont les symptômes de l'égalitarisme. En effet, l'examen des données statistiques n'atteste pas d'une discrimination prétendument importante, notamment pour l'égalité salariale hommes – femmes.

10 Les écarts de salaires de 27 % brut s'expliquent surtout par les préférences de carrière (le temps partiel, la différence de secteur, d'heures supplémentaires et de responsabilité). Lorsqu'on se restreint au travail à temps complet, l'écart est de 10%, dont 5 points inexpliqués.

15 Toutefois, on constate un écart encore plus fort chez les non-salariés sans employeurs (33 % bruts dont 12 points inexpliqués)

que chez les salariés (27 % bruts dont 4,2 points inexpliqués). Chez les salariés à temps complet le différentiel est de 11 % dont 5,1 % inexpliqués. Ainsi, la part inexpliquée d'écart salarial de l'ordre de

20 5 % entre salariés masculins et féminins, est inférieure à la part inexpliquée chez les actifs sans employeurs (12 %). Des différences moyennes de "performance" expliquent donc probablement une partie de ces 5 % inexpliquées. La discrimination salariale hommes-femmes, à travail égal, semble ainsi tout à fait marginale.

25 L'énorme discrimination salariale que **subiraient** les femmes au travail est un exemple qui montre que la passion de l'égalité pousse certains à énoncer des contre-vérités.

Lors des débats sur l'écart salarial hommes-femmes, on entend souvent dire qu'à travail égal les femmes gagneraient 20 % à 30 %

30 de moins que les hommes en France, ce qui serait bien entendu un scandale absolu.

L'observatoire de la parité reprend d'ailleurs ces chiffres bruts: "Le salaire annuel moyen brut des femmes est inférieur à celui des hommes de 18.9 % dans le secteur privé et semi-public, 37% inférieur

35 si on intègre les heures des temps partiels." (www.observatoire-parite.gouv.fr)

Toutefois, ceci semble statistiquement inexact, sauf à considérer comme travail égal le seul fait de travailler, indépendamment de la durée, du domaine d'activité et du niveau hiérarchique.

40 En effet, l'écart de 27 % est brut et intègre donc le temps partiel, la différence de secteur, d'heures supplémentaires et de responsabilité. Techniquement, la part inexpliquée, assimilable à de la discrimination, par les experts est de l'ordre de 5 % en France.

**SOURCE 2:**

## Introduction:

Dans cette sélection, il s'agit des données publiées par l'Institut national de la statistique et des études économiques (www.insee.fr). Le tableau présente des données concernant les hommes et les femmes dans le monde du travail en France métropolitaine en 2010. © INSEE

### Écarts de revenu salarial, de nombre d'heures travaillées et de salaire horaire par secteur en 2010

| | Proportion de femmes ( % ) | Proportion de cadres[1] ( % ) | Revenu salarial annuel net (en euros) | | | Nombre d'heures travaillées dans l'année | | | Salaire horaire (en euros) | | |
|---|---|---|---|---|---|---|---|---|---|---|---|
| | | | Hommes | Femmes | écart H/F ( % ) | Hommes | Femmes | écart H/F ( % ) | Hommes | Femmes | écart H/F ( % ) |
| **Tertiaire** | **49,9** | **15,1** | **20 792** | **15 072** | **27,5** | **1 402** | **1 264** | **9,8** | **14,83** | **11,92** | **19,6** |
| *dont commerce de détail à l'exception des automobiles et des motorcycles* | 64,0 | 7,1 | 16 120 | 11 928 | 26,0 | 1 401 | 1 233 | 12,0 | 11,51 | 9,67 | 15,9 |
| *dont action sociale* | 75,5 | 3,3 | 14 055 | 12 435 | 11,5 | 1 353 | 1 246 | 7,9 | 10,39 | 9,98 | 4,0 |
| *dont activités financières et d'assurance* | 58,5 | 34,3 | 43 565 | 24 567 | 43,6 | 1 668 | 1 577 | 5,4 | 26,13 | 15,58 | 40,4 |
| *dont activités spécialisées, scientifiques et techniques* | 51,0 | 33,6 | 32 214 | 20 930 | 35,0 | 1 558 | 1 425 | 8,6 | 20,67 | 14,69 | 28,9 |
| **Industrie** | **23,2** | **12,3** | **23 496** | **19 069** | **18,8** | **1 645** | **1 512** | **8,1** | **14,28** | **12,61** | **11,7** |
| *dont industrie textile* | 61,6 | 9,3 | 23 025 | 16 147 | 29,9 | 1 624 | 1 526 | 6,0 | 14,18 | 10,58 | 25,4 |
| *dont industrie pharmaceutique* | 52,7 | 23,6 | 36 191 | 29 386 | 18,8 | 1 765 | 1 672 | 5,2 | 20,51 | 17,57 | 14,3 |
| **Ensemble** | **43,3** | **14,4** | **21 700** | **15 603** | **28,1** | **1 484** | **1 297** | **12,6** | **14,63** | **12,03** | **17,8** |

1. Y compris chefs d'entreprises salariés

Champ : France métropolitaine, ensemble des salariés du privé, hors agriculture et salariés des particuliers-employeurs.

Source : Insee, DADS, exploitation au 1/12.

**CULTURES:**
**Relating Cultural Practices to Perspectives:** Learners use the language to investigate, explain, and reflect on the relationship between practices and perspectives of the cultures studied.

**CONNECTIONS:**
**Acquiring Information and Diverse Perspectives:** Learners access and evaluate information and diverse perspectives that are available through the language and its cultures.

**SOURCE 3:
SÉLECTION AUDIO**

## Introduction:

Cet extrait audio vient du site www.jobat.be. La sélection s'intitule «5 raisons pour lesquelles les femmes gagnent moins.» © Jobat media

**AUDIOSCRIPT:**
The audioscript for each listening activity is supplied in Appendix F of this Teacher's Edition and online in Explorer.

<u>Vocabulaire</u>
filière
fossé

**SUGGESTIONS:**
Ideas for composition organization:

**Introduction**

**Source 1 viewpoint:**

The gap in salary between men and women can largely be explained by the fact that more women work part-time, women tend to work in different sectors, women tend to work less overtime, and women tend to have positions with less responsibility. When these factors are taken in to account, women make only 5% less than men.

**Source 2 viewpoint:**

There are fewer women than men in upper management positions. On the average, women make 28% less than men as an annual salary, and 17,8% less in hourly wage. Women tend to work 12,6% fewer hours then men.

**Source 3 viewpoint:**

Five reasons that women make less money than men are: they do not negotiate, they are less likely to become an upper manager, they choose positions in sectors that are typically female, they work part-time, and they tend to do their studies in areas that provide lower salaries.

**Student's own viewpoint:**

**Conclusion**

## » Interpersonal Speaking: **CONVERSATION**

 LIRE   ÉCOUTER   PARLER

Vous allez participer à une conversation. D'abord, vous aurez une minute pour lire une introduction à cette conversation qui comprend le schéma des échanges. Ensuite, la conversation commencera, suivant le schéma. Quand ce sera à vous de parler, vous aurez 20 secondes pour enregistrer votre réponse. Vous devriez participer à la conversation de façon aussi complète et appropriée que possible.

### Introduction:
**Vous discutez avec votre professeur du français au sujet de votre futur professionnel.**

**THEME/CONTEXT:**
La vie contemporaine - Le monde du travail

| | |
|---|---|
| Professeur | Il vous demande si vous avez le temps de parler. |
| Vous | Répondez à l'affirmatif et demandez-lui son avis sur les professions qui correspondent à vos compétences. |
| Professeur | Il vous suggère de penser d'abord aux professions qui ne vous intéressent pas pour pouvoir les éliminer. |
| Vous | Dites-lui un ou deux métiers qui ne vous intéresse(nt) pas et expliquez pourquoi. |
| Professeur | Il vous demande d'expliquer un de vos **atouts**. |
| Vous | Dites-lui un de vos atouts et mentionnez un métier qui correspond à cet atout. |
| Professeur | Il vous suggère de continuer vos études de langue étrangère. |
| Vous | Répondez-lui et expliquez si vous comptez faire ce qu'il vous propose. |
| Professeur | Il vous dit au revoir. |
| Vous | Remerciez-le et dites-lui au revoir. |

**COMMUNITIES:**
**School and Global Communities:**
Learners use the language both within and beyond the classroom to interact and collaborate in their community and the globalized world.

## » Presentational Speaking: CULTURAL COMPARISON

 **LIRE**   **PARLER**

Vous allez faire un exposé pour votre classe sur un sujet spécifique. Vous aurez 4 minutes pour lire le sujet de présentation et préparer votre exposé. Vous aurez alors 2 minutes pour l'enregistrer. Dans votre exposé, comparez votre propre communauté à une région du monde francophone que vous connaissez. Vous devriez montrer votre compréhension des facettes culturelles du monde francophone. Vous devriez aussi organiser clairement votre exposé.

# Sujet de la présentation:

L'âge auquel on commence à travailler varie d'un pays à l'autre. Comparez le phénomène du travail chez les jeunes aux États-Unis à celui d'un pays francophone que vous connaissez. N'oubliez pas de commenter sur ce que ce phénomène révèle sur les pays que vous comparez.

**THEME/CONTEXT:**
La famille et la communauté - Les rapports sociaux

**SECONDARY THEME/CONTEXT:**
La vie contemporaine - Le monde du travail

**COMPARISONS:**
**Cultural Comparisons:** Learners use the language to investigate, explain, and reflect on the concept of culture through comparisons of the cultures studied and their own.

## Compréhension

**EXPLORER:**

For vocabulary flashcards, additional exercises, AP® practice tasks, discussion forums, and external links, go to *APprenons* Explorer at **learningsite.waysidepublishing.com**

**accroître** (v.) (167) augmenter

**agence de l'emploi** (n.m.) (144) entreprise qui propose des services entre l'offre et la demande d'emploi

**animatrice** (n.f.) (144) personne chargée d'animer certaines activités lors d'un divertissement ou d'un spectacle

**atout** (n.m.) (184) avantage qui permet de réussir

**cabinet** (n.m.) (142) bureau de travail

**cadre** (n.m.) (149) personne de la catégorie supérieure des salariés, membre du management

**chômage** (n.m.) (147) situation d'une personne qui n'a plus de travail

**compétence** (n.f.) (145) aptitude ou capacité reconnue dans un domaine

**concilier** (v.) (167) accorder des choses qui s'opposent

**congé** (n.m.) (147) courte période de vacances publiques ou personnelles

**contraignant** (adj.) (163) qui oblige à agir dans un certain sens, dans certaines limites

**convivialité** (n.f.) (175) caractère chaleureux dans une société

**débrouillard(e)** (adj.) (145) malin, astucieux

**démarrer** (v.) (164) commencer à faire fonctionner, mettre sur pied

**desdits** (adj.) (161) locution qui renvoie au sujet dont on vient de parler

**écart** (n.m.) (180) différence ou variation

**en avoir ras-le-bol** (loc.) (140) être exaspéré, en avoir assez

**en chair et en os** (loc.) (167) en personne

**endiguer** (v.) (153) bloquer

**en fonction de** (loc.) (142) agir en considérant les circonstances

**entretemps** (adv.) (178) pendant ce temps-là, dans cet intervalle de temps

**entretien** (n.m.) (142) entrevue, interview

**épanouissement** (n.m.) (167) développement heureux d'une personnalité

**filière** (n.f.) (183) secteur d'étude

**force vive** (n.f.) (143) personne dont les atouts et les actions contribuent à améliorer une situation

**fossé** (n.m.) (183) ce qui sépare

**gestion** (n.m.) (142) action ou manière d'organiser ou de surveiller un projet

**jour férié** (n.m.) (158) fête officielle où personne (ou presque) ne travaille; souvent religieux ou commémoratif

**levier** (n.m.) (175) moyen d'action

**ludique** (adj.) (142) qui tient du jeu

**maîtriser** (v.) (144) se rendre maître de quelque chose

**marasme** (n.m.) (152) crise ou arrêt de l'activité économique

**nuisible** (adj.) (174) menaçant

**pallier** (v.) (173) remédier à une difficulté plus ou moins bien

**paresseux (-euse)** (adj.) (145) inactif, lent

**postuler** (v.) (142) être candidat à un emploi, demander un poste

**réaliser** (v.) (176) accomplir

**remporter** (v.) (147) être vainqueur, obtenir un succès

**rémunération** (n.f.) (142) paiement

**répit** (n.m.) (173) pause, repos

**rompre** (v.) (158) cesser, arrêter

**s'agglutiner** (v.) (173) se réunir en groupe

**salarié** (n.m.) (170) personne dont le travail est payé

**s'arranger** (v.) (140) trouver une solution

**sésame** (n.m.) (143) ce qui permet d'ouvrir toutes les portes

**SMIC** (n.m.) (148) Salaire Minimum Interprofessionnel de Croissance, anciennement SMIG

**SMIG** (n.m.) (150) Salaire Minimum Interprofessionnel Garanti salaire horaire minimum fixé par la loi

**stage** (n.m.) (145) période d'apprentissage dans une entreprise, un service, ou une association

**subir** (v.) (181) endurer, supporter

**syndicat** (n.m.) (154) association ayant pour objectif la défense des intérêts des employés

**tâche** (n.f.) (142) travail qui doit être effectué dans un temps donné

**télétravail** (n.m.) (162) travail à distance de l'employeur grâce à la technologie

**tiers-lieux** (n.m.) (175) des espaces physiques ou virtuels de rencontres entre personnes et compétences variées qui n'ont pas forcément vocation à se croiser

**TPE** (n.f./pl.) (175) Très Petites Entreprises, toutes les entreprises de petite taille possédant moins de dix salariés et dont le chiffre d'affaires est en dessous de deux millions d'euros

**trajet** (n.m.) (142) distance à parcourir entre deux points

**tune** (n.f.) (140) argent (fam.)

**usine** (n.f.) (173) établissement industriel

**GLOSSARY:**
Vocabulary words from each chapter also appear in the Glossary in Appendix B, beginning on page 505. French-French, French-English, and English-French glossaries are provided.

## Pour mieux s'exprimer à ce sujet

**avancement** (n.m.) promotion

**bourreau de travail** (n.m.) personne qui travaille beaucoup

**démissionner** (v.) renoncer à un emploi

**domaine de travail** (n.f.) type de profession, métier

**fonctionnaire** (n.m.) employé de l'état

**gérant** (n.m.) administrateur, directeur, chef de projet

**licence** (n.f.) grade universitaire, diplôme

**retraite** (n.f.) arrêt des activités professionnelles en fin de carrière

**se faire embaucher** (v.) commencer un travail, être accepté par un employeur

**virer** (v.) expulser quelqu'un d'un poste (fam.)

NANTES, FRANCE

**ADDITIONAL VOCABULARY:**
The vocabulary words that appear in the *Pour mieux s'exprimer à ce sujet* category are presented as supplementary vocabulary to enhance students' expression on the topics of the chapter.

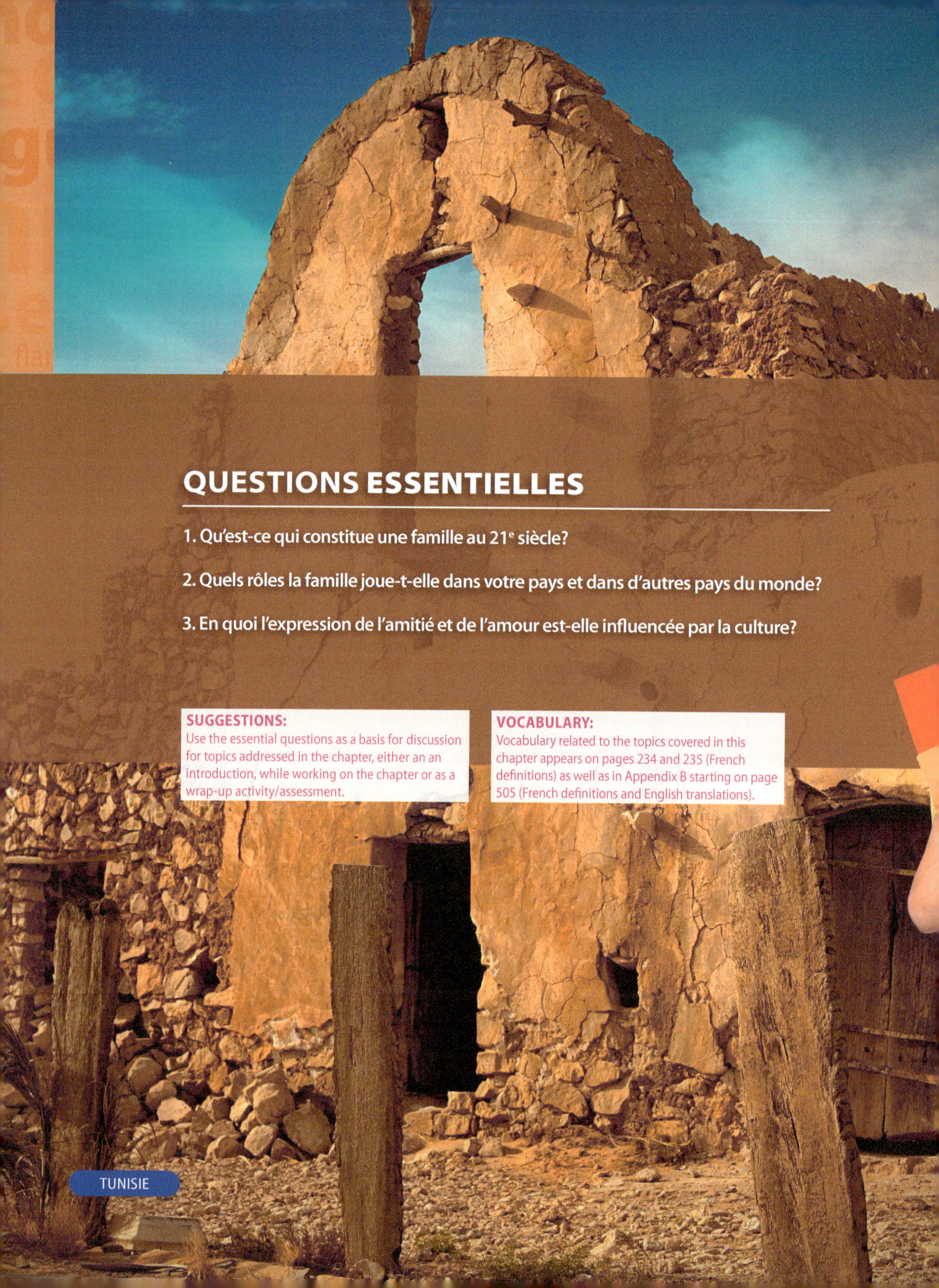

# QUESTIONS ESSENTIELLES

1. Qu'est-ce qui constitue une famille au 21ᵉ siècle?

2. Quels rôles la famille joue-t-elle dans votre pays et dans d'autres pays du monde?

3. En quoi l'expression de l'amitié et de l'amour est-elle influencée par la culture?

**SUGGESTIONS:**
Use the essential questions as a basis for discussion for topics addressed in the chapter, either an an introduction, while working on the chapter or as a wrap-up activity/assessment.

**VOCABULARY:**
Vocabulary related to the topics covered in this chapter appears on pages 234 and 235 (French definitions) as well as in Appendix B starting on page 505 (French definitions and English translations).

TUNISIE

# Chapitre 4

## Je t'aime

**EXPLORER:**
For additional exercises, AP® practice tasks, discussion forums, and external links, go to *APprenons* Explorer at **learningsite.waysidepublishing.com**

**» OBJECTIF** *Décrire sa famille et sa communauté*

---

1.  **PARLER** **ÉCRIRE**

**Regardez les photos ci-dessus de quatre familles venant du monde francophone. Discutez de ce que vous voyez avec un partenaire ou écrivez une description de ce que vous voyez sur les photos à l'aide des questions suivantes.** Answers will vary.

1. Quelles sont les caractéristiques de ces familles?
2. Comment sont-elles semblables les unes aux autres ou comment sont-elles différentes?
3. Combien d'enfants ont-elles? Sont-elles des familles nombreuses?
4. Voyez-vous des familles monoparentales sur les photos?
5. Voyez-vous la famille proche ou la famille élargie sur ces photos? Quels en sont les membres divers?
6. Combien de générations voyez-vous sur les photos?

**COMMUNICATION:**
**Interpersonal Communication:**
Learners interact and negotiate meaning in spoken, signed, or written conversations to share information, reactions, feelings, and opinions.

**AUDIOSCRIPT:**
The audioscript for each listening activity is supplied in Appendix F of this Teacher's Edition and online in Explorer.

**2.**  ÉCOUTER LIRE

 ÉCRIRE

### Témoignages

1. Lequel des trois témoins a la famille la plus nombreuse?

2. Quand voient-ils leurs familles élargies et qu'est-ce que leurs familles font ensemble?

3. Décrivez les similitudes et les différences entre ces familles francophones.

4. Comparez les caractéristiques de ces familles à celles de votre famille.

1. La Guyanaise a une famille nucléaire qui est nombreuse. Le Tunisien a une famille élargie qui est nombreuse.

2. Answers will vary, but may resemble: La Guyanaise ne voit plus sa famille élargie depuis son déménagement en France. Le Tunisien voit sa famille élargie pendant les fêtes religieuses. La Belge voit sa famille pour les grandes fêtes; elle ne parle pas de sa famille élargie.

3. Answers will vary, but may include: Les trois personnes aiment beaucoup passer du temps avec leurs familles. La Guyanaise et la Belge voient principalement certains membres de leurs familles nucléaires. Le Tunisien voit régulièrement sa famille élargie. Le Tunisien et la Belge voient leurs familles pendant les fêtes religieuses. La Guyanaise habite loin de ses parents, mais avec sa grande sœur. La Belge est fille unique, mais les deux autres ont de nombreux frères et sœurs.

**COMMUNICATION:**
**Interpretive Communication:** Learners understand, interpret, and analyze what is heard, read, or viewed on a variety of topics.

**1.** Je suis née en Guyane, un département et région d'outre mer français d'Amérique du Sud. J'ai seize frères et sœurs, mais on n'habite pas tous ensemble. J'ai décidé de quitter mes parents et mes jeunes frères et sœurs pour vivre en France avec ma grande sœur. Ma sœur travaille et je fais mes études à l'université publique et on se voit le soir pour dîner et passer du temps ensemble. Mes parents et moi nous écrivons toutes les semaines, mais je les vois rarement. Ils me manquent, mais j'aime ma nouvelle vie en France.

**2.** Je suis d'origine tunisienne. La famille est tout pour moi. Dans la génération de mes parents et mes grand-parents, tous les membres de la famille se voyaient pratiquement tous les jours car tout le monde vivait ensemble. Il est toujours important de consolider les liens familiaux, mais je ne vois que ma **famille nucléaire** quotidiennement. Nous sommes ensemble le soir, après le travail pour les grands et après l'école pour les jeunes, pour manger et discuter de nos journées. Pendant les fêtes religieuses, la Fête du prophète, la Fête de la fin du Ramadan, et la **Fête du mouton**, je suis avec toute ma famille: mon épouse, mes deux enfants, mes parents, mes frères et sœurs, mes oncles, mes tantes, mes cousins et mes grand-parents.

**3.** Je suis belge et fille **unique**. J'habite à Bruxelles la plupart du temps avec ma mère. Mes parents sont divorcés et mon père habite à Liège. Je passe tous les deux week-ends et deux mercredis par mois avec lui. Il s'est remarié, donc j'ai deux beaux-frères et une belle-mère. J'aime bien ma famille **recomposée**. Tout le monde **s'entend** bien et je suis heureuse de partager ma vie avec tout le monde. Je suis plus proche de ma mère car je la vois plus souvent et nous dînons ensemble tous les soirs que je suis à la maison. Pour les grandes fêtes, comme le Noël et le Nouvel An, je change de maison tous les ans. Cela me donne l'occasion de profiter de tous les membres de ma famille.

**SUGGESTION:**
This reading passage relates to the theme/context of *La vie contemporaine - Les fêtes*. It could be used as the basis for a discussion on that topic.

**3.**  ÉCRIRE

### L'expression de l'amitié* et de l'amour

**Il y a plusieurs types d'amour: celui entre parent et enfant, celui entre les frères et sœurs (l'amour fraternel) celui entre les ami(e)s et celui entre deux amoureux (l'amour romantique). L'amitié et l'amour s'expriment différemment selon la personnalité et la culture de chacun. Décrivez, en quelques mots, comment vous exprimez votre amitié ou votre amour envers les personnes suivantes. Ajoutez d'autres personnes à la liste si vous en avez envie.**

| personne dans votre vie | expression de l'amitié ou de l'amour |
|---|---|
| mère ou père | Answers will vary, but may include how often and via what means students talk to the person, whether they give hugs or kisses on the cheek, and how they might show encouragement or support. |
| frère ou sœur | |
| grand-parents | |
| ami(e) | |
| petit(e) ami(e) | |

* vocabulaire

**COMMUNICATION:**
**Presentational Communication:** Learners present information, concepts, and ideas to inform, explain, persuade, and narrate on a variety of topics using appropriate media and adapting to various audiences of listeners, readers, or viewers.

**4.**  PARLER ÉCRIRE

### L'amitié, l'amour et la culture

**Regardez ce que vous avez écrit dans la grille de l'activité précédente. Réfléchissez à la manière dont vous exprimez l'amitié et l'amour et la relation de ces faits à votre culture et/ou à votre communauté. Comment votre culture influence-t-elle votre vie familiale et les relations amicales avec d'autres membres de la communauté? Soyez précis dans votre réponse en citant des exemples concrets.**

Answers will vary.

**» OBJECTIF** *Exprimer ses désirs*

**COMMUNICATION:**
**Presentational Communication:** Learners present information, concepts, and ideas to inform, explain, persuade, and narrate on a variety of topics using appropriate media and adapting to various audiences of listeners, readers, or viewers.

**COMMUNICATION:**
**Interpersonal Communication:** Learners interact and negotiate meaning in spoken, signed, or written conversations to share information, reactions, feelings, and opinions.

1.  **PARLER** ✏️ **ÉCRIRE** Answers will vary.

Regardez les images ci-dessus. Décrivez ce que vous voyez sur les photos en employant du vocabulaire de l'amour (ou du contraire!).

2. ✏️ **ÉCRIRE**

Décrivez votre compagnon ou compagne idéal(e). Faites une liste d'une dizaine de ses qualités. Dans cette liste, vous pourrez décrire ses activités favorites ou ses attributs personnels. Ensuite, arrangez les éléments de la liste selon leur importance. Answers will vary.

*Modèle: aime sortir, optimiste, souriant*

1. _____

2. _____

3. _____

4. _____

5. _____

3.  **PARLER**

À partir de la liste de qualités que vous avez faite, expliquez à l'oral à votre partenaire ce que vous cherchez dans un compagnon ou une compagne. Commencez chaque phrase par «je cherche quelqu'un qui». N'oubliez pas d'employer le subjonctif. Answers will vary.

4. ✏️ **ÉCRIRE** Answers will vary.

Maintenant écrivez quelques exemples de l'exercice précédent. Encore une fois, attention au subjonctif.

5. 📖 **LIRE** ✏️ **ÉCRIRE**

Examinez le camembert que Haylie a dessiné (à la page 193). Écrivez un paragraphe qui explique ce qu'elle recherche chez un compagnon. Expliquez comment les qualités qu'elle a choisies montrent sa personnalité aussi. Answers will vary.

### Haylie cherche quelqu'un qui . . . ?

Haylie décide d'organiser ses pensées en dessinant ce qu'elle cherche comme **compagnon**. Elle va suivre trois étapes:

1. Elle fait une liste de qualités qu'elle cherche dans un compagnon.

2. Elle met les qualités en ordre selon leur importance et elle met le pourcentage qui correspond à chaque qualité. Attention – il faut que que la somme des pourcentages forment un total de 100.

3. Elle fait un camembert dans lequel chaque qualité a sa taille (par rapport au pourcentage) et sa couleur (pour différencier les qualités).

*Modèle: Cela se voit que Haylie adore les animaux puisqu'elle veut que son compagnon puisse vivre avec un chien.*

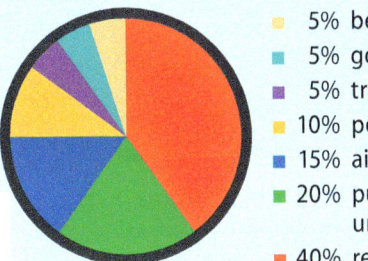

### les qualités que je cherche

- 5% beau
- 5% gourmand
- 5% travailleur
- 10% positif
- 15% aime sortir
- 20% puisse vivre avec un chien
- 40% respectueux de tous

**COMMUNICATION:**
**Interpretive Communication:** Learners understand, interpret, and analyze what is heard, read, or viewed on a variety of topics.

**6.**  **ÉCRIRE**  **PARLER**

Avec la liste des qualités que vous recherchez dans un compagnon ou une compagne organisées par ordre d'importance, écrivez le pourcentage qui correspond à chaque qualité. Attention – ne dépassez pas un total de 100%! Ensuite, dessinez un camembert qui montre ce que vous recherchez. Expliquez-le à un partenaire et/ou essayez de lire le camembert de votre partenaire.

**COMMUNICATION:**
**Interpersonal Communication:** Learners interact and negotiate meaning in spoken, signed, or written conversations to share information, reactions, feelings, and opinions.

**COMMUNICATION:**
**Presentational Communication:** Learners present information, concepts, and ideas to inform, explain, persuade, and narrate on a variety of topics using appropriate media and adapting to various audiences of listeners, readers, or viewers.

**7.**  **LIRE**

**ÉCOUTER** **PARLER**

**Vocabulaire**
doué(e)

### Lisez la description de Nachida.

Salut! Je m'appelle Nachida et je suis d'origine algérienne. Maintenant je vis et travaille en région parisienne et je **suis à la recherche d'**un compagnon. Plutôt extrovertie et énergique, je cherche quelqu'un qui soit prêt à sortir tous les week-ends. J'adore voir des spectacles et danser toute la nuit. En même temps, j'apprécie beaucoup le calme pendant la semaine – un peu de lecture le soir avec mon thé vert avant de me coucher. Par contre, le sport, ce n'est pas ma tasse de thé! J'ai envie de rencontrer quelqu'un avec qui partager ma vie. Trouve-moi, s'il te plaît!

**Écoutez les introductions des trois garçons: Lequel serait le plus compatible avec Nachida? Pourquoi? Citez plusieurs raisons.**

### POINT**CULTURE**

Faire un camembert – ce n'est pas que pour les fromagers! Un camembert est un graphique qui ressemble à un fromage coupé en tranches. Les Français adorent leur fromage! Et les camemberts sont une excellente façon d'organiser ses pensées!

**AUDIOSCRIPT:**
The audioscript for each listening activity is supplied in Appendix F of this Teacher's Edition and online in Explorer.

**COMMUNICATION:**
**Interpretive Communication:** Learners understand, interpret, and analyze what is heard, read, or viewed on a variety of topics.

### POINT**GRAMMAIRE**

*Je cherche quelqu'un qui* est une expression qui exige le subjonctif car c'est une proposition hypothétique. On ne sait pas si la personne en question existe en réalité! Pensez à des phrases qui expriment ce que la personne veut faire, peut faire, aime faire aussi bien que des traits physiques et des attributs de sa personnalité.

*Modèles:*

*Elle cherche quelqu'un qui* **soit** *intellectuel et optimiste.*

*Tu cherches quelqu'un qui* **puisse** *parler une deuxième langue.*

## POINTGRAMMAIRE

# L'INTERROGATION: Les questions en français

**Il y a quatre formes de questions qui sont employées le plus souvent en français.
Remarquez leurs différences en ce qui concerne l'ordre des mots et le registre de langue.**

| Question | Registre de langue | Ordre des mots | Mode d'emploi |
|---|---|---|---|
| Où habites-tu? | soutenu | mot interrogatif > verbe > sujet (inversion) | employée à l'écrit et à l'oral |
| Où est-ce que tu habites? | courant | mot interrogatif > *est-ce que* > sujet > verbe | généralement employée à l'oral |
| Où tu habites? | familier | mot interrogatif > sujet > verbe | réservée à l'oral |
| Tu habites où? | familier | sujet > verbe > mot interrogatif | réservée à l'oral |

La grammaticalité de la question dépend de son mot interrogatif.

Modèles:

1. La question *Quand tu commences?* n'est PAS grammaticale. Le mot interrogatif *quand* ne s'emploie pas à la forme mot interrogatif > sujet > verbe.

2. Le mot interrogatif *que* devient *quoi* à la forme sujet > verbe > mot interrogatif. *Que* fait-elle ce soir? Elle fait *quoi* ce soir?

Les francophones ont tendance à alterner ces quatre formes interrogatives selon le contexte.

---

**8.**  LIRE  PARLER

**Lisez chaque question et reformulez des questions orales en utilisant deux ou trois structures différentes. Demandez à un partenaire de répondre à l'oral pour que vous appreniez ses désirs.**

1. Où est-ce que vous allez pour rencontrer des gens?

2. Qu'est-ce que vous faites pour vous amuser le soir?

3. Comment est-ce que vos parents réagissent quand vous leur présentez un(e) ami(e)?

4. Quand est-ce que vous aimeriez vous marier? Ou sinon, pourquoi est-ce que vous n'aimeriez pas vous marier?

5. Combien de fois est-ce que vous êtes déjà tombé(e) amoureux (-euse)?

**9.** ÉCRIRE

**Maintenant transformez vos questions encore une fois. Utilisez le registre soutenu, ce qui est la forme la plus appropriée du langage écrit. Écrivez vos propres réponses qui montreront vos désirs à ces sujets.**

1. Où allez-vous pour rencontrer des gens?

2. Que faites-vous pour vous amuser le soir?

3. Comment vos parents réagissent-ils quand vous leur présentez un(e) ami(e)?

4. Quand aimeriez-vous vous marier? Pourquoi n'aimeriez-vous pas vous marier?

5. Combien de fois êtes-vous déjà tombé(e) amoureux(-euse)?

**Exercise 8 Answers:**

1. Où allez-vous pour rencontrer des gens? Où vous allez pour rencontrer des gens? Vous allez où pour rencontrer des gens?

2. Que faites-vous pour vous amuser le soir? Vous faites quoi pour vous amuser le soir?

3. Comment vos parents réagissent-ils quand vous leur présentez un(e) ami(e)?
Comment vos parents réagissent quand vous leur présentez un(e) ami(e)?

**10.**  PARLER

Answers will vary.

**Imaginez que vous participez à une séance de speed-dating. Inventez au moins dix questions qui vous semblent importantes à poser lorsqu'on est à la recherche de l'amour. Assurez-vous d'employer le registre de la langue orale.**

**11.**  ÉCRIRE

**Écrivez les mêmes questions en employant le registre de la langue écrite.**
Answers will vary.

Vos parents réagissent comment quand vous leur présentez un(e) ami(e)?

4. Quand aimeriez-vous vous marier? Vous aimeriez vous marier quand? Pourquoi n'aimeriez-vous pas vous marier? Pourquoi vous n'aimeriez pas vous marier?

5. Combien de fois êtes-vous déjà tombé(e) amoureux(-euse)? Combien de fois vous êtes tombé(e) amoureux (-euse)? Vous êtes tombé amoureux (-euse) combien de fois?

## » OBJECTIF  **Donner des conseils**

*Answers to Exercise 3 on page 199 are underlined in the text below in pink. Explanations for direct or indirect object pronouns in the third person are marked at the end of each paragraph in parentheses.*

**1.**  ÉCRIRE  PARLER

**Avez-vous eu des problèmes d'amour? Lesquels? Vos amis vous ont-ils donné des conseils? Avaient-ils raison? Écrivez vos histoires d'amour ou partagez-les avec un partenaire.** *Answers will vary.*

**COMMUNICATION:**

**Interpretive Communication:** Learners understand, interpret, and analyze what is heard, read, or viewed on a variety of topics.

---

**1** Cher Docteur Amour,

J'ai 14 ans et je ne suis jamais sortie avec quelqu'un. C'est grave? Je suis la seule à rester à la maison le samedi soir et j'en ai marre. J'ai bien été amoureuse une fois, mais il n'a pas voulu de moi. Je suis hyper timide et je ne m'habille pas aussi bien que les autres – je crois que c'est le problème. Si mes vêtements étaient plus stylés, peut-être que j'aurais plus de chance. Mais je ne sais pas par où commencer! Je suis désespérée! Que me conseillez-vous?

**Prendsmamain**

*Chère Prendsmamain,*

*Ne me dites pas qu'il vous faut des* **fringues** *pour leur plaire! Là, vous trompez! La vraie beauté vient de l'intérieur. Bon, si ça vous fait du bien, allez acheter deux trucs, mais ce qu'il vous faut, c'est travailler sur votre confiance. Plus vous êtes sûre de vous, plus vous aurez du succès. Adoptez la nouvelle devise, «je vaux la peine d'être aimée!» Si vous démarrez votre nouvelle vie avec cette* **devise,** *vous ne pourrez pas vous tromper. Alors, je recommande que vous vous arrêtiez de vous ronger les ongles! Et surtout ne me remerciez pas. Vous avez déjà tout pour plaire – il suffit de vous lancer!*

**Docteur Amour** (... il vous faut des fringues pour plaire aux garçons)

---

**2** Cher Docteur Amour,

Je suis en 3ème au Collège François Truffaut à Lyon, et j'ai un gros problème. À 15 ans, je ne suis jamais sorti en couple avec quelqu'un. Ce n'est pas ce fait qui me dérange, mais le souci c'est que celle dont je suis amoureux vient des États-Unis. Je n'**ose** pas lui dire que je suis amoureuse d'elle et en même temps j'hésite car elle va sûrement retourner aux États-Unis et m'oublier après. Si seulement je savais comment aborder la situation, elle dirait sans doute «oui» - je joue au foot et c'est un sport qui intéresse tout le monde, non? Pourrez-vous me rendre service en me disant comment lui parler pour la première fois? Au secours!

**Battementdecoeur** (... comment parler à la fille)

*Cher Battementdecoeur,*

*Tout d'abord, je trouve que vous êtes très jeune pour vous inquiéter tant! Si vous invitiez votre* **toquade** *pour un dîner entre copains, vous pourriez la connaître mieux. Et puis si elle vous plaît toujours, vous lui écrirez une belle lettre pour exprimer vos sentiments envers elle. Mais, je suis d'accord avec vous! Attention – le seul* **bémol** *sera son éventuel départ pour son pays et qu'est-ce que ça vous fera? À votre place, je verrais si ça vaut le coup avant d'y aller à fond.*

**Docteur Amour**

*P.S. Tout à fait! Qui n'aime pas le foot?!*
(... vous pourriez mieux connaître la fille)

---

**3** Cher Docteur Amour,

J'ai un gros problème! Peut-être que vous ne le trouverez pas si grave, mais pour moi ça l'est! J'aime quelqu'un qui est super beau et archi gentil avec moi, mais malheureusement ma mère ne l'aime pas. Si je sors avec lui et ma mère l'apprend, elle sera en colère. Elle le trouve dangereux, ce qui n'est pas vrai à mon avis. J'essaie de lui expliquer, mais elle ne veut pas m'écouter. Qu'est-ce que je devrais faire??

Bises de Côte d'Ivoire

**Larcetlaflèche**

(le=ce qui se passe, ça l'est=c'est grave, l', lui=le garçon, l'=ce qui se passe, le=le garçon, lui=à ma mère)

*Chère Larcetlaflèche,*

*La première chose que je vous dirais, c'est de vous assurer qu'il vous aime vraiment, car ce serait triste de rompre la relation avec votre mère pour rien. Si sa réponse est définitive, vous n'aurez pas une minute à perdre. Je vous conseille de parler à votre mère – choisissez un moment où elle n'est pas trop occupée. Ensuite je vous propose de lui poser la question suivante «Maman, as-tu peur qu'il m'arrive quelque chose avec lui au point que tu ne veuilles pas que je sois heureuse?». Cette question va la faire réfléchir. Vous êtes sa fille et elle ne veut pas vous perdre. Donnez-lui le temps de réfléchir après en lui montrant que vous l'aimez aussi. Si c'est écrit dans les étoiles, vous serez ensemble. Soyez patiente – bonne chance!*

**Docteur Amour** (la=votre mère, lui=à votre mère, lui=à votre mère, l'=votre mère)

 **LIRE**  **ÉCRIRE**  **PARLER**

**2.**

**Lisez les lettres des amoureux et les réponses de Docteur Amour à la page précédente. Résumez les problèmes qui sont présentés à Docteur Amour dans les trois lettres.**

| lettre | auteur | problème |
|--------|--------|----------|
| 1 | prendsmamain | jamais sortie, à la maison le samedi, timide, ne s'habille pas bien |
| 2 | battementdecoeur | jamais sorti en couple, fille est étrangère et va partir |
| 3 | larcetlaflèche | sa mère n'aime pas le garçon qu'elle aime |

**3.**  **LIRE**  **ÉCRIRE**

**En lisant les lettres, pouvez-vous identifier les filles et les garçons? Quels sont les mots qui les identifient dans les lettres?**

| lettre | auteur | fille ou garçon? | mots indicateurs |
|--------|--------|------------------|------------------|
| 1 | prendsmamain | fille | sortie, seule, amoureuse, désperée |
| 2 | battementdecoeur | garçon | sorti, amoureux |
| 3 | larcetlaflèche | fille | (dans la lettre de Docteur Amour) - heureuse, fille, patiente |

**4.**  **ÉCRIRE** **PARLER**

**Expliquez le sens des trois pseudonymes utilisés par les auteurs des lettres. Que veulent-ils dire? Pourquoi sont-ils appropriés?**

**1.** prendsmamain

Answers will vary, but may resemble the following:
**1.** c'est ce qu'on demande à son amoureux(-euse) de faire

**2.** battementdecoeur

**2.** le coeur bat plus rapidement quand on est amoureux(-euse)

**3.** c'est ce que Cupidon utilise pour que les gens tombent amoureux les uns des autres

**3.** larcetlaflèche

**4.** Answers will vary.

**4.** Quel pseudonyme choisiriez-vous et pourquoi?

**5.**  **LIRE**  **ÉCRIRE**

**Les mots d'amour – Trouvez du vocabulaire d'amour dans les lettres et ailleurs dans le chapitre. Définissez ou trouvez un synonyme pour chacun.** Answers will vary. Students may want to refer to the vocabulary list on pages 234 and 235.

*Modèle: la flamme = synonyme pour l'amour*

1. _____

2. _____

3. _____

4. _____

5. _____

6. _____

7. _____

8. _____

# Quelques expressions utiles pour les conseils

| partager son opinion | être d'accord | ne pas être d'accord |
|---|---|---|
| je pense que … | je suis d'accord | je crois que là tu te trompes (vous vous trompez) |
| je crois que … | je partage ton/votre point de vue tout à fait! | je ne suis pas (tout à fait) d'accord |
| à mon avis … | je vois ce que tu veux (vous voulez) dire | au contraire |
| je trouve que … | je te/vous concède que …, | par contre |
| je considère que … | | tu vas/vous allez trop loin en disant que … |
| il me semble que … | | tu as/vous avez tort de croire que … |
| je suis convaincu(e) que … | | il est inexact de dire que … |
| je suis persuadé(e) que … | | mais … |
| je recommande que … (+subj.) | | |
| à ta place / à votre place, je … (+cond.) | | |
| je te/vous conseille de … (+inf.) | | |
| tous ces facteurs semblent indiquer que … (+indicatif) | | |
| si tu/vous … (+imparfait) | | |

**6.**  ÉCRIRE

**En lisant les réponses de Docteur Amour, pouvez-vous identifier ses conseils? Quels sont les mots et les expressions qui les identifient?** Answers may vary, but may resemble the following:

| lettre | auteur | les conseils donnés par Docteur Amour |
|---|---|---|
| 1 | prendsmamain | Là, vous vous trompez. Si vous démarrez votre nouvelle vie avec cette devise, vous ne pourrez pas vous tromper. Je recommande que vous arrêtiez de ronger les ongles. |
| 2 | battementdecoeur | Je trouve que vous êtes très jeune pour vous inquiéter tant. Si vous invitiez votre toquade pour un dîner entre coapins, vous pourriez la connaître mieux. Et puis si elle vous plaît toujours, vous lui écrirez une belle lettre. À votre place, je verrais si ça vaut le coup avant d'y aller à fond. |
| 3 | larcetlaflèche | Si sa réponse est définitive, vous n'aurez pas une minute à perdre. Je vous conseille de parler à votre mère. Si c'est écrit dans les étoiles, vous serez ensemble. |

**7.** ÉCRIRE PARLER

**Êtes-vous d'accord avec les conseils donnés? Pourquoi ou pourquoi pas?** Answers will vary.

_____

_____

_____

_____

_____

**SUGGESTION:**
Students are used to receiving advice from their parents and teachers. Have them turn the tables and think of advice they could give to their parents, grandparents, siblings, friends, or other people they know.

» OBJECTIF   *Composer une lettre personnelle*

**Vous avez lu les conseils de Docteur Amour pour Battementdecoeur (à la page 195) – c'est le pseudo d'Arnaud! Il a décidé de suivre ses conseils en écrivant une lettre à Maddi, mais il ne sait pas par où commencer. Il demande à Haylie de lui donner des conseils pour la lettre.**

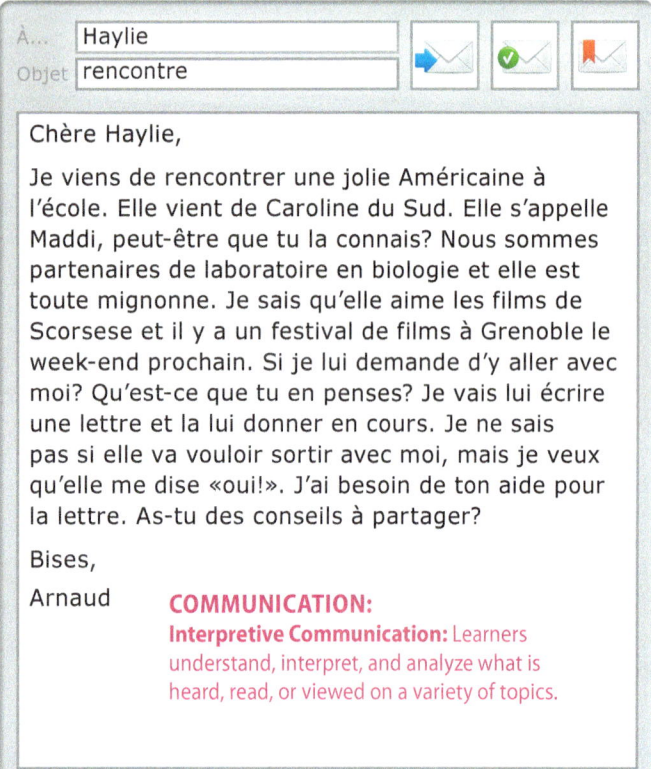

À... Haylie
Objet rencontre

Chère Haylie,

Je viens de rencontrer une jolie Américaine à l'école. Elle vient de Caroline du Sud. Elle s'appelle Maddi, peut-être que tu la connais? Nous sommes partenaires de laboratoire en biologie et elle est toute mignonne. Je sais qu'elle aime les films de Scorsese et il y a un festival de films à Grenoble le week-end prochain. Si je lui demande d'y aller avec moi? Qu'est-ce que tu en penses? Je vais lui écrire une lettre et la lui donner en cours. Je ne sais pas si elle va vouloir sortir avec moi, mais je veux qu'elle me dise «oui!». J'ai besoin de ton aide pour la lettre. As-tu des conseils à partager?

Bises,

Arnaud

**COMMUNICATION:**
**Interpretive Communication:** Learners understand, interpret, and analyze what is heard, read, or viewed on a variety of topics.

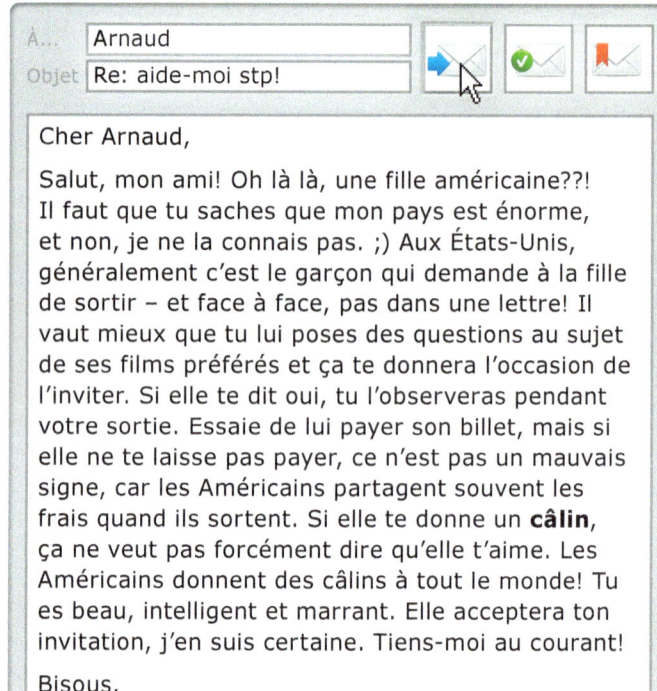

À... Arnaud
Objet Re: aide-moi stp!

Cher Arnaud,

Salut, mon ami! Oh là là, une fille américaine??! Il faut que tu saches que mon pays est énorme, et non, je ne la connais pas. ;) Aux États-Unis, généralement c'est le garçon qui demande à la fille de sortir – et face à face, pas dans une lettre! Il vaut mieux que tu lui poses des questions au sujet de ses films préférés et ça te donnera l'occasion de l'inviter. Si elle te dit oui, tu l'observeras pendant votre sortie. Essaie de lui payer son billet, mais si elle ne te laisse pas payer, ce n'est pas un mauvais signe, car les Américains partagent souvent les frais quand ils sortent. Si elle te donne un **câlin**, ça ne veut pas forcément dire qu'elle t'aime. Les Américains donnent des câlins à tout le monde! Tu es beau, intelligent et marrant. Elle acceptera ton invitation, j'en suis certaine. Tiens-moi au courant!

Bisous,

Haylie

**Exercise 1 Answers:**
Answers will vary, but may include: Pour les lettres officielles, on utilise un registre de langue plus formel et on écrit sur du papier en-tête. On écrit une lettre officielle pour le travail et pour une raison spécifique. Pour les lettres personnelles, on utilise un registre moins formel et on peut écrire une lettre lettre pour une raison spécifique ou pas de raison du tout. L'échange entre Haylie et Arnaud est personnel - tout est en un paragraphe, ils se tutoient, il y a des smileys et ils terminent les lettres par les mots bises et bisous.

**1.**  LIRE   ÉCRIRE

**Lisez les messages ci-dessus. Quelle est la distinction entre une lettre officielle et une lettre personnelle?**

**L'échange entre Haylie et Arnaud est-il plutôt officiel ou personnel? Expliquez les éléments de leur communication qui le prouvent.**

**2.**  LIRE    ÉCRIRE (Answers on page 199)

**Relisez les messages de Haylie et d'Arnaud ci-dessus. Identifiez et réécrivez cinq phrases où vous voyez un pronom d'objet direct ou indirect et soulignez le pronom. Si le pronom se réfère à la troisième personne, réécrivez la phrase une deuxième fois sans le pronom et avec le mot auquel le pronom se réfère. Si la phrase ne se réfère pas à la troisième personne, il ne faut pas réécrire la phrase.**

*Modèle:* *Si je lui demande d'y aller ensemble?* (dans le message d'Arnaud)
*lui* est à la troisième personne

*Si je demande à Maddi d'y aller ensemble?*

*Si elle te dit oui...* (dans le message de Haylie)

**POINTCULTURE**

**Les cadenas d'amour**

Les amoureux de Paris qui traversent le Pont de l'Archevêché ou le Pont des Arts attachent un cadenas au pont pour déclarer leur flamme et concrétiser leur **coup de foudre**. Si vous désirez participer à cette déclaration d'amour, le Pont de l'Archevêché se situe entre l'Île de la Cité et la rive gauche, tout près de la Cathédrale de Notre Dame et Le Pont des Arts se trouve devant l'Institut de France, dans le 6e arrondissement.

## POINTGRAMMAIRE

# Les pronoms d'objet direct et indirect

### les pronoms d'objet direct

|  | singulier | pluriel |
|---|---|---|
| 1ère personne | me (m') | nous |
| 2ème personne | te (t') | vous |
| 3ème personne | **le (l')** | **les** |
|  | **la (l')** |  |

### les pronoms d'objet indirect

|  | singulier | pluriel |
|---|---|---|
| 1ère personne | me (m') | nous |
| 2ème personne | te (t') | vous |
| 3ème personne | **lui** | **leur** |

\*ASTUCE!\* Remarquez que la seule différence entre les pronoms d'objet direct et indirect est la forme de la 3ème personne (singulier et pluriel).

\*ASTUCE!\* Les pronoms d'object direct **le**, **la** et **les** peuvent remplacer des choses OU des personnes. Tous les autres pronoms (directs et indirects) remplacent les personnes.

C'est le verbe qui détermine si on emploie un pronom d'objet direct ou indirect. Les verbes qui sont suivis par la préposition à + une personne prennent un pronom d'objet indirect. Si le verbe ne prend pas de préposition, on emploie le pronom d'object direct.

**Exemples:**

Je plais à mes parents. > Je <u>leur</u> plais.
[*plaire à quelqu'un* prend un pronom d'objet indirect]

Il parle à son ami. > Il <u>lui</u> parle.
[*parler à quelqu'un* prend un pronom d'objet indirect]

Elle adore les chiens. > Elle <u>les</u> adore.
[*adorer* prend un pronom d'objet direct]

Nous ne connaissons pas cette fille. >
Nous ne <u>la</u> connaissons pas.
[*connaître* prend un pronom d'objet direct]

**direct**

regarder quelqu'un/quelque chose
aimer quelqu'un/quelque chose
détester quelqu'un/quelque chose
voir quelqu'un/quelque chose

**direct et indirect**

demander quelque chose à quelqu'un
expliquer quelque chose à quelqu'un
dire quelque chose à quelqu'un

**indirect**

parler à quelqu'un
plaire à quelqu'un
répondre à quelqu'un

3.  LIRE  PARLER — Answers to Exercise 3 appear on page 195 with the text to which it refers.

**Refaites l'exercice précédent à l'oral avec les lettres de Docteur Amour à la page 195.**

**Exercise 2 Answers (from page 198):**

le message d'Arnaud:

Peut–être que tu <u>la</u> connais? Peut-être que tu connais <u>la jolie Américaine</u>?

Si je <u>lui</u> demande d'y aller avec moi? Si je demande <u>à la jolie Américaine</u> d'y aller avec moi?

Je vais <u>lui</u> écrire une lettre et <u>la</u> <u>lui</u> donner en cours. Je vais écrire une lettre <u>à la jolie Américaine</u> et donner <u>la lettre</u> <u>à la jolie Américaine</u> en cours.

Je veux qu'elle <u>me</u> dise «oui».

le message de Haylie:

Je ne <u>la</u> connais pas. Je ne connais pas <u>la jolie Américaine</u>.

Il vaut mieux que tu <u>lui</u> poses des questions. Il vaut mieux que tu poses des questions <u>à la jolie Américaine</u>.

Ça <u>te</u> donnera l'occasion de <u>l'</u>inviter. Ça <u>te</u> donnera l'occasion d'inviter <u>la jolie Américaine</u>.

Essaie de <u>lui</u> payer son billet. Essaie de payer le billet <u>à la jolie Américaine</u>.

Si elle ne <u>te</u> laisse pas payer . . .

**4.**  **LIRE**  **PARLER**

**Lisez l'invitation de mariage d'Arnaud (il rêve!). Identifiez le pronom d'objet direct ou indirect sur l'invitation. Puis partagez votre avis sur le mariage d'Arnaud avec un partenaire.** *Pronom complément d'objet direct: Nous vous invitons. Answers will vary for the second question.*

**5.**  **LIRE**  **ÉCRIRE**

**Remplacez les mots soulignés par le pronom d'objet direct ou indirect qui convient.**

*Modèle:* *Les femmes adorent les fleurs.*

Les femmes **les** adorent.

**1.** Elle écrit le message romantique.
**2.** Tu regardes ton ami droit dans les yeux.
**3.** Le garçon plaît à toutes les filles.
**4.** On ne déteste jamais l'amour.
**5.** Le garçon demande à la fille de sortir.

**1.** Elle l'écrit.
**2.** Tu le regardes droit dans les yeux.
**3.** Le garçon leur plaît.
**4.** On ne le déteste jamais.
**5.** Le garçon lui demande de sortir.

**6.**  **LIRE** 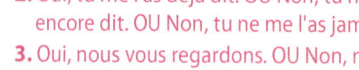 **ÉCRIRE**

**Répondez aux questions par une phrase complète et le(s) pronom(s) d'objet direct ou indirect qui convient/conviennent.**

**1.** Chéri, tu m'aimes?
**2.** T'ai-je déjà dit que je t'aime?
**3.** Vous, les garçons, vous nous regardez?
**4.** Nous vous tentons avec ces bonbons au chocolat?

**1.** Oui, je t'aime. OU Non, je ne t'aime pas.
**2.** Oui, tu me l'as déjà dit. OU Non, tu ne me l'as pas encore dit. OU Non, tu ne me l'as jamais dit.
**3.** Oui, nous vous regardons. OU Non, nous ne vous regardons pas.
**4.** Oui, vous nous tentez avec ces bonbons au chocolat. OU Non, vous ne nous tentez pas avec ces bonbons au chocolat.

ANNE ET FRÉDÉRIC MONET
13, RUE DE L'ALMA
69001 LYON
FRANCE

SUSAN ET RICHARD ANDERSON
2670 ORCHARD HILL LANE
CHARLESTON, SC 29412
ÉTATS-UNIS

NOUS **VOUS** INVITONS AU MARIAGE
DE NOS ENFANTS

*Arnaud* ET *Maddi*

QUI AURA LIEU

LE 24 AOÛT 2024

À 17H30

À LA MAIRIE DU 1ER ARRONDISSEMENT DE LYON

RÉCEPTION ET SOIRÉE DANSANTE
IMMÉDIATEMENT APRÈS LA CÉRÉMONIE
AU RESTAURANT L'AIGLE D'OR

VOTRE RÉPONSE EST SOUHAITÉE AVANT LE 1ER AOÛT 2024

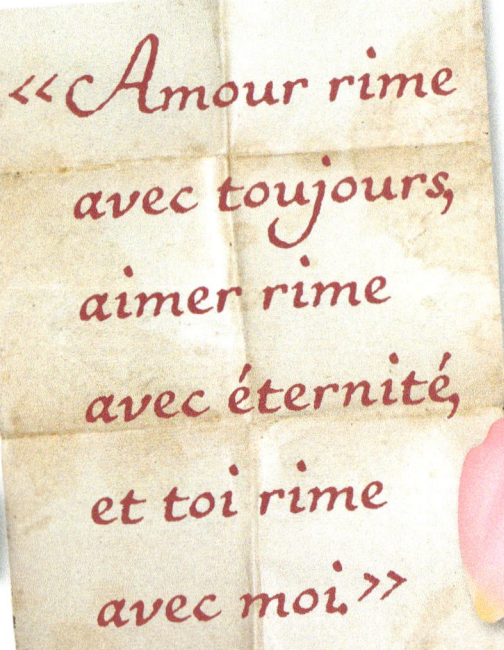

«Amour rime avec toujours, aimer rime avec éternité, et toi rime avec moi»

**7.**  LIRE 🎧 ÉCOUTER

**Pensez aux couples célèbres de l'histoire: Romeo et Juliette, Napoléon et Joséphine, Abélard et Héloïse . . . Écoutez, puis lisez la lettre d'amour ci-contre que Joséphine aurait pu écrire à Napoléon.**

**COMMUNICATION:**
**Interpretive Communication:** Learners understand, interpret, and analyze what is heard, read, or viewed on a variety of topics.

«*Avec un ami à ses côtés, aucune route ne semble trop longue.*»

**COMMUNICATION:**
**Presentational Communication:** Learners present information, concepts, and ideas to inform, explain, persuade, and narrate on a variety of topics using appropriate media and adapting to various audiences of listeners, readers, or viewers.

**8.**  ÉCRIRE

**Choisissez l'une des deux activités.**

1. Avez-vous un très bon ami/bonne amie? Écrivez deux lettres d'amitié, la lettre que vous envoyez et, ensuite, la réponse de la personne sous forme de lettre personnelle. Employez plusieurs pronoms d'objet direct ou indirect.

2. Êtes-vous amoureux (-euse) de quelqu'un? Écrivez deux lettres d'amour, la lettre que vous envoyez et, ensuite, la réponse de la personne sous forme de lettre personnelle. Employez plusieurs pronoms d'objet direct ou indirect.
Answers will vary.

*Mon très cher Napoléon,*

*Mon amour, tu me manques infiniment. Je ne fais que penser à toi jour et nuit. Quand reviendras-tu me voir? Mon coeur t'appelle — tu l'entends? Il devient de plus en plus impatient, mais sera ravi à ton retour. Je suis la plus* **amoureuse** *des amoureuses — ne l'oublie pas et ne m'oublie pas. Reviens vite me voir. Tu es mon amour, tu* **ES** *l'amour. Je t'aime* **tellement**. *Je t'aime à la folie.*

*Je t'embrasse très fort,*
*Joséphine*

| Pour commencer une lettre personnelle | Pour terminer une lettre personnelle | |
|---|---|---|
| Cher Julien | Chaleureusement | Je t'embrasse |
| Chère Noémie | Bien amicalement | Je t'embrasse très fort |
| Chers Luc et Marine | Amitiés | Grosses bises |
| Ma très chère Lise | Bien des choses à tous | Bises |
| | Bien à toi | Bisous |
| | À bientôt | Biz (langue de texto) |

«*C'est dans la flammè de tes yeux que brûle mon avenir.*»

**EXPLORER:**
For additional exercises, AP® practice tasks, discussion forums, and external links, go to *APprenons* Explorer at **learningsite.waysidepublishing.com**

**LIRE**

La sélection suivante est accompagnée de plusieurs questions. Pour chaque question, choisissez la meilleure réponse selon la sélection.

**THEME/CONTEXT:**
L'esthétique - Les arts littéraires
**SECONDARY THEME/CONTEXT:**
La famille et la communauté - L'amitié et l'amour

## Introduction:

**La sélection suivante est une lettre d'amour écrite par lame-de-geisha (son pseudonyme) pour son blog sur Skyrock.com. La lettre parle de la matinée d'un couple à la maison.** © Lame-de-geisha, Jade Gardais

Mon amour,

Je te regarde dormir, et j'aimerais que cet instant dure toujours. Tu dois rêver, . . . sûrement . . . Un léger frisson parcourt ta
*Ligne* nuque, je ne peux résister. J'effleure ton cou de mes lèvres.
5 Une trace rouge sang fleurit sur ta peau, tu vas encore m'en vouloir.

J'ai peur de te réveiller, alors je m'en vais préparer le petit déjeuner. Enfoui parmi les draps tu me murmures un «ne me laisse pas . . . ». Je me contente de sourire, un dernier regard et je
10 **m'arrache** à ma contemplation.

Tu sais, parfois je me lève le matin, en me disant que la même journée commence sans relâche, morne et grise. Je me sens **lasse**, et pourtant, en regardant le ciel, accoudée au balcon, je sais que je donnerais tout pour que la vie ne change pas, que
15 tu restes là, à dormir, et moi d'observer, que le ciel, témoin de notre existence **éphémère**, continue de veiller sur nous.

Je me perds dans mes métaphores à l'eau de rose, et je pense que je suis en retard . . . je te laisse, à ce soir . . . peut-être . . .

P.S. Je crois bien que je t'aime . . .

1. **Pour quelle raison le document a-t-il été écrit?**

   a. pour que l'auteur exprime ses sentiments

   b. pour donner des conseils à son compagnon

   c. pour expliquer la situation au lecteur

   d. pour dire ce que l'auteur va faire de sa journée

2. **Dans cet article, quel est le ton de l'auteur?**

   a. ludique

   b. argumentatif

   c. pensif

   d. comique

3. **Que veut dire la métaphore «Une trace rouge sang fleurit sur ta peau»?**

   a. Il y a une fleur qui pousse chez eux.

   b. Il y a une trace de rouge à lèvres qu'elle a laissée.

   c. Il saigne car il s'était fait mal.

   d. Il dessine avec un crayon de couleur rouge.

4. **Qu'est-ce que l'auteur contemple de son balcon?**

   a. son petit déjeuner ce matin

   b. le sourire de son compagnon

   c. les roses sur le balcon

   d. sa vie en couple

5. **Imaginez que vous allez répondre à l'auteur. Comment devriez-vous formuler votre réponse?**

   a. Cher Monsieur, pourquoi m'avez-vous regardée?

   b. Coucou! Je t'aime chérie . . . à plus!

   c. T'es comme un ange qui me regarde. Je crois que je t'aime aussi.

   d. Vous n'êtes pas en retard, allez chercher le journal et du café.

**LIRE**  **ÉCOUTER**

Vous allez lire un passage et écouter une sélection audio. Pour la lecture, vous aurez un temps déterminé pour la lire. Pour la sélection audio, vous aurez d'abord un temps déterminé pour lire une introduction et pour parcourir les questions qui vous seront posées. La sélection sera présentée deux fois. Après avoir écouté la sélection une première fois, vous aurez 1 minute pour commencer à répondre aux questions; après avoir écouté la sélection une deuxième fois, vous aurez 15 secondes par question pour finir de répondre aux questions. Pour chaque question, choisissez la meilleure réponse selon la sélection audio ou la lecture et indiquez votre réponse sur votre feuille de réponse.

**SOURCE 1:**

### Introduction:

**THEME/CONTEXT:**
La vie contemporaine - Les fêtes
**SECONDARY THEME/CONTEXT:**
La famille et la communauté - Les coutumes

**Dans cette sélection il s'agit de la fête de la Saint-Valentin au Liban. L'article original, dont nous vous présentons quelques extraits, a été publié sur globalvoicesonline.org par Antoun Issa le 15 février 2009.** © Global Voices, Creative Commons

# La Saint-Valentin pour le mariage civil

De nouveaux appels à ce que le Liban autorise le mariage civil ont été lancés lors d'une fête de la Saint-Valentin dans un bar de Beyrouth ce week-end.

Ligne    Plusieurs couples interreligieux ont mis en scène des
5    **simulacres** de mariage dans un bar du quartier à la mode de Gammayze à Beyrouth, pour protester contre la législation rigide du mariage dans ce pays.

Dans l'état actuel des choses, le mariage de couples interreligieux n'est reconnu que s'il n'a pas eu lieu sur le
10    territoire libanais. Dans un pays de nombreuses religions, ceci met dans une situation délicate beaucoup de couples de confessions différentes.

Cette manifestation est un élément d'une campagne générale dans le pays pour remplacer la domination religieuse et sectaire
15    étouffante exercée sur les institutions politiques libanaises par un système laïque et égalitaire.

La cérémonie de la Saint-Valentin n'a suivi que de quelques jours la déclaration du ministre de l'Intérieur Ziad Baroud, affirmant que les citoyens peuvent désormais faire supprimer
20    leur **appartenance** religieuse de leur carte d'identité s'ils le souhaitent.

Cette action a été applaudie par de nombreux blogueurs libanais, bien que d'autres soient restés sceptiques.

## SOURCE 2: SÉLECTION AUDIO

**AUDIOSCRIPT:**
The audioscript for each listening activity is supplied in Appendix F of this Teacher's Edition and online in Explorer.

### Introduction:

Dans cette sélection il s'agit également de la fête de la Saint-Valentin.
Cet extrait audio s'intitule *Emma Daumas - Interview St. Valentin* et a été diffusé sur www.lci.fr. © WAT TV

**Vocabulaire**
bander les yeux
Cupidon

1. **Quel est le sujet du passage écrit?**

   a. la violence dans un bar le 14 février au Liban

   b. (une protestation contre une législation)

   c. une fête joyeuse de Saint-Valentin

   d. une cérémonie religieuse à Beyrouth

2. **Le passage audio indique que la fête de la Saint-Valentin:**

   a. devient de plus en plus populaire.

   b. est la pire des fêtes.

   c. (a un sens différent pour chaque personne.)

   d. existe pour vendre des fleurs.

3. **Dans le passage, que veut dire la phrase «le mariage de couples interreligieux n'est reconnu que s'il n'a pas eu lieu sur le territoire libanais»?**

   a. aucun mariage interreligieux n'est accepté au Liban

   b. tout mariage doit se faire sur le territoire libanais pour être reconnu

   c. (les mariages interreligieux au Liban sont reconnus s'ils sont faits ailleurs)

   d. les mariages interreligieux sont reconnus par le gouvernement libanais

4. **La sélection audio a pour but de/d':**

   a. faire pleurer.

   b. vendre des produits.

   c. instruire.

   d. (distraire les auditeurs.)

5. **Quel est le ton du passage écrit?**

   a. (sérieux)

   b. humoristique

   c. gai

   d. festif

BEYROUTH, LIBAN

## » Interpretive Communication: AUDIO TEXTS

### Vocabulaire
baptême
moyens

 ÉCOUTER

Vous allez lire un passage et écouter une sélection audio. Pour la lecture, vous aurez un temps déterminé pour la lire. Pour la sélection audio, vous aurez d'abord un temps déterminé pour lire une introduction et pour parcourir les questions qui vous seront posées. La sélection sera présentée deux fois. Après avoir écouté la sélection une première fois, vous aurez 1 minute pour commencer à répondre aux questions; après avoir écouté la sélection une deuxième fois, vous aurez 15 secondes par question pour finir de répondre aux questions. Pour chaque question, choisissez la meilleure réponse selon la sélection audio ou la lecture et indiquez votre réponse sur votre feuille de réponse.

**THEME/CONTEXT:**
La famille et la communauté - La famille
**SECONDARY THEME/CONTEXT:**
La vie contemporaine - Les fêtes

**AUDIOSCRIPT:**
The audioscript for each listening activity is supplied in Appendix F of this Teacher's Edition and online in Explorer.

 ÉCOUTER

Vous allez écouter une sélection audio. Vous aurez d'abord un temps déterminé pour lire l'introduction et pour parcourir les questions qui vous seront posées. La sélection sera présentée deux fois. Après avoir écouté la sélection une première fois, vous aurez 1 minute pour commencer à répondre aux questions; après avoir écouté la sélection une deuxième fois, vous aurez 15 secondes par question pour finir de répondre aux questions. Pour chaque question, choisissez la meilleure réponse selon la sélection audio et indiquez votre réponse sur la feuille de réponse.

## Introduction:

**Dans cet extrait audio, la locutrice marocaine, Ghania Baghdadi, parle de sa conception de la famille au Maroc.** © Elizabeth Rench

MAROC

1. **Selon la sélection audio, pour quelles activités la famille de Ghania se rassemble-t-elle?**

   a. regarder la télé

   b. aller au restaurant

   c. célébrer les baptêmes et les mariages

   d. toutes les réponses précédentes

2. **Lorsque Ghania dit que l'on a «moins de moyens», qu'est-ce que cette expression veut dire dans le contexte de l'extrait audio?**

   a. On a moins d'argent car la vie coûte cher.

   b. On n'est ni grand ni petit.

   c. Le transport est parfois difficile.

   d. La famille reste une valeur importante.

3. **D'après cet extrait, dans quel type de logement vivent sa famille et ses proches?**

   a. un appartement

   b. une villa

   c. une maison individuelle

   d. un studio

4. **Quelle phrase correspond à ce que dit Ghania concernant la transformation de la structure familiale de nos jours?**

   a. Toute la famille élargie habite une grande maison ensemble.

   b. Il y avait moins d'enfants dans une famille dans le passé.

   c. Il y avait plus d'enfants dans une famille dans le passé.

   d. Les familles ne se réunissent plus pour les fêtes.

5. **Quel est le but de cette sélection audio?**

   a. convaincre l'auditeur de visiter le Maghreb

   b. parler de ce qu'elle mange quotidiennement

   c. partager un aspect de sa culture avec l'auditeur

   d. comparer des aspects de la famille dans deux cultures

LIRE  ÉCRIRE

Vous allez écrire une réponse à un message électronique. Vous aurez 15 minutes pour lire le message et écrire votre réponse. Votre réponse devrait débuter par une salutation et terminer par une formule de politesse. Vous devriez répondre à toutes les questions et demandes du message. Dans votre réponse, vous devriez demander des détails à propos de quelque chose mentionnée dans le texte. Vous devriez également utiliser un registre de langue soutenue.

**THEME/CONTEXT:**
La famille et la communauté - L'amitié et l'amour

### Introduction:

C'est un message électronique de Flore Lacolombe, Présidente, Association amideplume à Basse Terre, en Guadeloupe. Vous recevez ce message parce que vous avez contacté l'association pour demander des informations concernant un ami de plume francophone à l'étranger.

De: florelacolombe@amideplume.gq

Objet: demande d'informations

Basse Terre, le 2 septembre 2014

Mademoiselle, Monsieur,

Je vous remercie de votre demande auprès de notre association concernant un(e) *Ligne* correspondant(e) francophone. Nous sommes ravis 5 que vous compreniez la valeur d'une amitié à l'étranger. Basés en Guadeloupe, nous pouvons vous proposer un(e) correspondant(e) qui puisse vous écrire en français et vous montrer d'autres horizons en partageant notre pays avec vous à 10 travers un échange de conversation sur Internet. Nous vous demandons de répondre à ce message en nous communiquant les informations suivantes afin que nous puissions vous mettre en contact avec un(e) correspondant(e) compatible.

15 Veuillez nous indiquer:

- d'où vous venez

- pourquoi vous désirez un(e) correspondant(e)

- si vous préférez un correspondant ou plutôt une correspondante

20 • combien de fois par mois vous comptez écrire

• quelques **traits** importants de votre personnalité

• ce que vous avez à offrir à un(e) correspondant(e)

25 Une fois que nous aurons ces informations, nous vous communiquerons le nom et l'adresse électronique de votre correspondant(e). Si jamais il y a un problème qui se pose, n'hésitez pas à contacter l'Association amideplume.

30 Je vous prie d'agréer, Madame/Monsieur, l'expression de mes sentiments les meilleurs.

Flore Lacolombe

Présidente, Association amideplume

**COMMUNITIES:**
**School and Global Communities:**
Learners use the language both within and beyond the classroom to interact and collaborate in their community and the globalized world.

GUADELOUPE

**SUGGESTION:**
Use these photos of Guadeloupe to have students describe what they see. Take the discussion further by discussing the islands around the world where French is spoken.

**LIRE**   **ÉCOUTER**

 **ÉCRIRE**

Vous allez écrire un essai argumentatif pour un concours d'écriture de langue française. Le sujet de l'essai est basé sur trois sources ci-jointes, qui présentent des points de vue différents sur le sujet et qui comprennent à la fois du matériel audio et imprimé. Vous aurez d'abord 6 minutes pour lire le sujet de l'essai et le matériel imprimé. Ensuite, vous écouterez l'audio deux fois; vous devriez prendre des notes pendant que vous écoutez. Enfin, vous aurez 40 minutes pour préparer et écrire votre essai. Dans votre essai, vous devriez présenter les points de vue différents des sources sur le sujet et aussi indiquer clairement votre propre point de vue que vous défendrez à fond. Utilisez les renseignements fournis par toutes les sources pour soutenir votre essai. Quand vous ferez référence aux sources, identifiez-les de façon appropriée. Organisez aussi votre essai en paragraphes bien distincts.

**THEME/CONTEXT:**
La famille et la communauté - Les coutumes
**SECONDARY THEME/CONTEXT:**
La famille et la communauté - L'amitié et l'amour
**TERTIARY THEME/CONTEXT:**
La vie contemporaine - Les rites de passage

**SUJET DE LA COMPOSITION:**

Le choix d'un époux ou d'une épouse joue-t-il un rôle important dans le bonheur éventuel du couple?

**SOURCE 1:** 📖

### Introduction:

**La sélection suivante vient de la Revue Terrain, une publication du Ministère de la Culture et de la Communication en France. L'article, dont nous vous présentons des extraits, a été publié en septembre 1996 par Kate Gavron.** © Terrain

# Du mariage arrangé au mariage d'amour

«Aujourd'hui les filles, les jeunes, elles aimeraient beaucoup pouvoir choisir elles-mêmes leur mari, je pense que ça leur tient vraiment à cœur. C'est peut-être le système qui les influence, ou autre chose, mais en tout cas c'est quelque chose qu'elles aimeraient vraiment pouvoir faire, et c'est le problème qu'elles ont chez elles. Mais je crois que ce sont les familles qui reconnaissent que leurs enfants, leurs jeunes, veulent choisir eux-mêmes leurs **époux**, que ce sont ces familles qui sont assez intelligentes pour parler à leurs enfants et qui leur disent: «Bon, on va aller au Bangladesh et vous pourrez choisir», ou qui les font participer au choix de quelqu'un, ce sont ces familles-là qui arrivent encore à garder leurs enfants. Mais celles qui ont **tendance** à ne pas communiquer avec eux, qui n'ont pas l'air de trouver des solutions, moi je pense que ce sont celles qui perdent leurs enfants» (jeune femme de 23 ans) (p. 1-2).

Ce sont généralement les parents qui trouvent et choisissent les époux de leurs enfants, qu'ils soient garçons ou filles. Habituellement, les futurs mariés ne sont autorisés à se rencontrer qu'une fois un accord passé entre leurs parents. Ils se verront parfois officiellement une ou deux fois, leurs frères et sœurs faisant alors office de chaperons, mais dans tous les cas, ils n'auront eu que très peu d'occasions d'apprendre à se connaître avant la cérémonie du mariage.

*Ligne*
*5*
*10*
*15*
*20*

Quel que soit le discours tenu sur la possibilité de refuser de se
25  marier, cela est difficile en réalité car les parties considèrent que
la question du mariage est **réglée** avant même que le couple se
soit rencontré (p. 10).

«Bon, elle n'était pas obligée, mais d'une certaine manière,
elle était forcée de dire oui. Vous savez comment c'est, avec le
30  mariage? Si vos parents sont contents, s'ils aiment bien leur futur
**gendre**, alors ils vous demandent, parce que ma sœur, elle avait
le choix. En fait, c'est pas tout à fait vrai, ils lui ont dit: «Tu veux
te marier avec lui?» Ils lui ont montré sa photo et tout, et elle ne
savait pas quoi faire, elle avait dans l'idée d'aller un peu plus loin.
35  Et puis, parce que tous les autres étaient vraiment contents de
ce mariage, enfin, mon père s'en fichait un peu, ça ne lui aurait
rien fait si elle avait dit non, mais c'était ma mère et mes oncles,
ils voulaient qu'elle se marie. Et elle se disait: «Si je dis non, ma
mère va peut-être penser qu'il y a quelque chose, que j'ai un petit

40  ami, ou un truc comme ça». Alors elle a dit oui. Et après ça, ils
ont fait ce . . . il est venu, et on a fait ce . . . ça s'appelle un sinifan,
c'est quand les futurs mariés se rencontrent avant les fiançailles,
et qu'ils peuvent se parler. Alors elle ne lui a parlé que pendant
une heure – qu'est-ce qu'on peut savoir en une heure? C'était un
mariage arrangé» (fille de 17 ans) (p. 11).

Il semble qu'il y ait un mouvement général, provoqué par les
jeunes eux-mêmes, hommes et femmes, vers une plus grande
participation dans le choix de leur **conjoint**. Ils pensent que
c'est inévitable. Il est cependant intéressant de noter que

50  presque toutes les jeunes femmes rencontrées qui participaient
activement au choix de leur mari étaient aussi pragmatiques
et **exigeantes** que l'auraient été leurs parents pour elles. En
conclusion, je voudrais suggérer que, pour la majorité des jeunes
Bengali et leurs parents, la tête gouverne le cœur quand il faut
55  faire un choix, et le cœur est **conquis** après le mariage quand les
couples construisent leurs **rapports** (p. 21).

**SOURCE 2:**

## Introduction:

Dans cette sélection il s'agit du nombre de mariages et de divorces en Belgique. Les statistiques originales ont été publiées en 2011 par EuroStat.

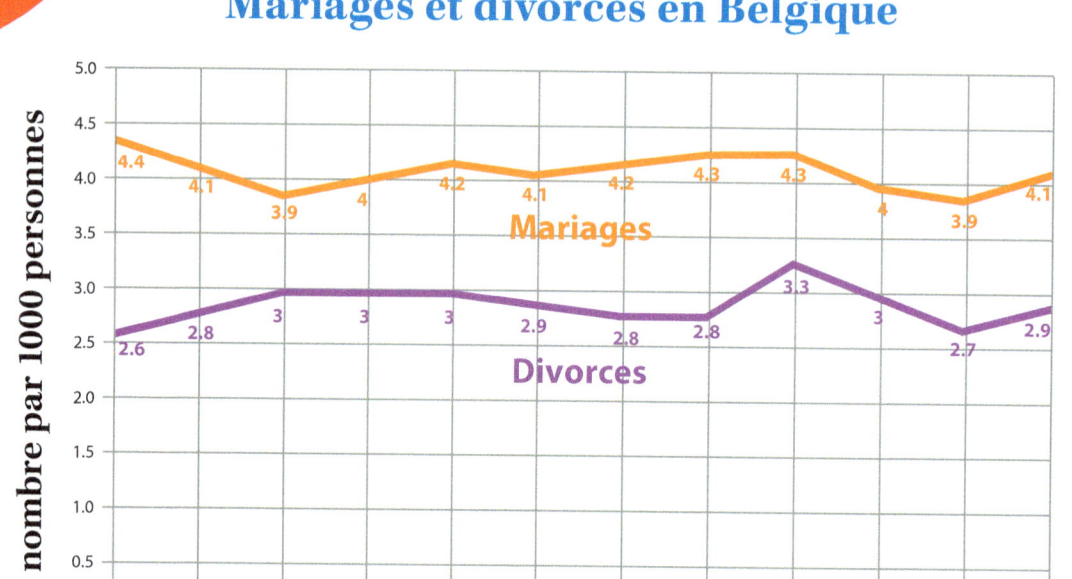

**Mariages et divorces en Belgique**

Source: eurostat.com

**CULTURES:**
**Relating Cultural Practices to Perspectives:** Learners use the language to investigate, explain, and reflect on the relationship between practices and perspectives of the cultures studied.

**CONNECTIONS:**
**Acquiring Information and Diverse Perspectives:** Learners access and evaluate information and diverse perspectives that are available through the language and its cultures.

## SOURCE 3: SÉLECTION AUDIO

### Introduction:

La sélection audio suivante présente les avis du fondateur de Net Dating Assistant, Vincent Fabre. Net Dating Assistant est un site de rencontres qui se trouve sur http://frenchweb.fr/saint-valentin-netdatingassistant-coach-drague-en-ligne-60737/47976. L'entretien a eu lieu le 14 février 2012. © French Web

**AUDIOSCRIPT:**
The audioscript for each listening activity is supplied in Appendix F of this Teacher's Edition and online in Explorer.

**Vocabulaire**
charme
rédiger
rencontre
séduire
se focaliser

**SUGGESTIONS:**
Ideas for composition organization:

**Introduction**

**Source 1 viewpoint:**
Whether or not a woman has the choice of a spouse herself, she or her parents make an informed choice. It's during the marriage that the emotional ties are built, as the couple gets to know one another.

**Source 2 viewpoint:**
Over a ten year period in Belgium, the number of marriages has declined slightly, whereas the number of divorces has increased slightly.

**Source 3 viewpoint:**
This online dating site in France provides a service that helps a person with his/her profile in order to attract a mate online up until the point when a face to face meeting occurs, which is guaranteed. The logistics of the meeting process are discussed between the client and the service. Any emotional aspect of a relationship is left to the individual and his/her mate.

**Student's own viewpoint:**

**Conclusion**

## » Interpersonal Speaking: **CONVERSATION**

 LIRE   ÉCOUTER  ? PARLER

**AUDIOSCRIPT:**
The audioscript for each listening activity is supplied in Appendix F of this Teacher's Edition and online in Explorer.

Vous allez participer à une conversation. D'abord, vous aurez une minute pour lire une introduction à cette conversation qui comprend le schéma des échanges. Ensuite, la conversation commencera, suivant le schéma. Quand ce sera à vous de parler, vous aurez 20 secondes pour enregistrer votre réponse. Vous devriez participer à la conversation de façon aussi complète et appropriée que possible.

## Introduction:

**Vous parlez au téléphone avec un copain afin d'organiser une surprise-partie pour votre amie en commun.**

**THEME/CONTEXT:**
La vie contemporaine - Les fêtes

| | |
|---|---|
| Copain | Il vous salue. |
| Vous | Identifiez-vous. Expliquez ce que vous proposez de faire. |
| Copain | Il répond à l'affirmative et vous pose une question au sujet de l'endroit pour la fête. |
| Vous | Expliquez où se trouve l'endroit que vous proposez et demandez ce qu'il en pense. |
| Copain | Il vous demande l'heure de la fête et s'il peut vous aider avec les préparatifs. |
| Vous | Dites-lui l'heure que vous proposez et donnez-lui deux choses à faire pour vous aider. |
| Copain | Il accepte et demande si vous pouvez vous voir avant l'évènement pour faire le point. |
| Vous | Assurez-le que vous l'appellerez la semaine prochaine et dites-lui deux choses que vous comptez faire comme préparatifs. |
| Copain | Il vous remercie d'avoir eu l'idée et reconfirme ce qu'il fera. |
| Vous | Exprimez vos sentiments au sujet de la soirée à venir et dites au revoir. |

**COMMUNITIES:**
**School and Global Communities:**
Learners use the language both within and beyond the classroom to interact and collaborate in their community and the globalized world.

## » Presentational Speaking: CULTURAL COMPARISON

 **LIRE**  **PARLER**

Vous allez faire un exposé pour votre classe sur un sujet spécifique. Vous aurez 4 minutes pour lire le sujet de présentation et préparer votre exposé. Vous aurez alors 2 minutes pour l'enregistrer. Dans votre exposé, comparez votre propre communauté à une région du monde francophone que vous connaissez. Vous devriez montrer votre compréhension des facettes culturelles du monde francophone. Vous devriez aussi organiser clairement votre exposé.

# Sujet de la présentation:

**Décrivez les façons d'exprimer ses sentiments, son amitié, ou son amour aux États-Unis. Comparez-les à celles du monde francophone.**

**THEME/CONTEXT:**
La famille et la communauté - L'amitié et l'amour

**SECONDARY THEME/CONTEXT:**
La famille et la communauté - Les coutumes

**COMPARISONS:**
**Cultural Comparisons:** Learners use the language to investigate, explain, and reflect on the concept of culture through comparisons of the cultures studied and their own.

**LIRE**

La sélection suivante est accompagnée de plusieurs questions. Pour chaque question, choisissez la meilleure réponse selon la sélection.

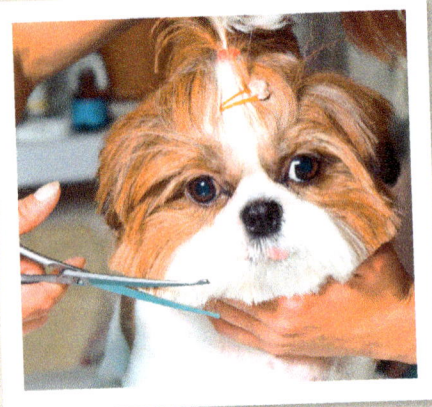

**SUGGESTION:**
Discuss with students the importance of pets in their families. Ask them whether they find the services mentioned in this article reasonable or outlandish and why.

## Les adresses:

**Pinceloup**
Toilettage et massage canin
53, quai des Grands Augustins - Paris 6e.

**Mon Bon Chien**
12, rue Mademoiselle - Paris 15e
M°: Commerce

**Animado**
Les taxis pour chien
Tél.: 01.40.35.71.51

**La Canicrèche**
24, rue du Renard - Paris 4e
www.canicreche.fr

**Les Cadors**
12, rue Ferdinand Duval - Paris 4e
et 11, rue Princesse - Paris 6e

### Introduction:

**THEME/CONTEXT:**
La famille et la communauté - L'amitié et l'amour

«Les Français adorent les animaux et avec plus de 44,3 millions sur son territoire, la France est le pays d'Europe où il y a le plus d'animaux familiers» [www.caloundracity.asn.au]. **Dans cette sélection, Pas bêtes! Animaux de compagnie chics et chocs, il s'agit de l'amour pour son animal domestique. Cet article a paru dans Temps Libre Magazine sur le site http://www.temps-libre.info/article71.html.**
© Temps Libre Magazine

## Pas bêtes! Animaux de compagnie chics et chocs

Vie de chien? Cette expression ne veut plus dire grand chose. À Paris , c'est plutôt «Tout, pour mon **toutou**». Haute-couture, pâtisserie, salon de thé et . . . SPA pour chiens, la Toutou-mania débarque!

*Ligne*

5   Un véritable marché est né, celui des services et accessoires **haut de gamme** pour bêtes de luxe. Les professionnels de la Toutou-mania ne s'y sont pas trompés . . . Ils s'adressent à près de 6 millions de consommateurs canins potentiels en France et 200 000 rien qu'à Paris!!!

### Des pâtisseries pour chien

10   «Mon Bon Chien» n'est autre qu'une boulangerie pour chiens! Ancienne psychologue, Harriet Sternstein, y propose des pâtisseries sans sel ni sucre, c'est mieux pour Loulou. En plus, il pourra même déguster! La toute première boutique parisienne à avoir flairé le gros nonos, c'est les Cadors en 2003. On y

15   trouve des produits décalés et design: du canapé pour chiens, aux bijoux, en passant par les lunettes et les jouets. D'autres ont suivi, comme «Un Chien dans le Marais» ou «Pinceloup», boutique et salon de beauté, avec massages anti-stress et soins esthétiques canins, épilation comprise! «J'ai voulu transposer

20   l'art de vivre à l'animal», explique Couli Joubert, ancienne styliste de mode et instigatrice du genre.

## La Toutou-mania

En fait, le phénomène touche tous les secteurs. La presse, avec le bimestriel Trésor, «magazine de l'animal moderne», attaquant le segment des «Very Important Pet».

25 L'hôtellerie, avec le développement d'un accueil spécifique dans les palaces. Les vêtements **griffés**: tel Burberry et ses trench-coats sur mesure pour chiens. Collier-montre, lunettes de plongée, tente de camping, treillis militaire ... Rien n'est trop beau pour eux mais, à produit haut-de-gamme correspond tarif

30 hors-norme! L'apposition des «griffes» peut faire grimper le prix d'une niche de couchage à plus de 120 Euros!

## Du service

Les services pour animaux à poils se multiplient aussi, avec la création de sociétés de taxis, de colonies de vacances et de haltes-garderies. Sans oublier la cosmétique avec les

35 shampooings ou le parfum «Oh, my dog !». Si avec tout ça, Loulou n'est toujours pas content, emmenez-le voir un psy!

1. **D'après le texte, combien de chiens habitent à Paris?**
   a. 20.000          c. 44,3 millions
   b. 6 millions      d. 200.000

2. **Les chiens comptent de plus en plus services uniquement pour eux. Quel service n'est pas mentionné dans l'article?**
   a. la haute couture
   b. une boucherie
   c. une colonie de vacances
   d. des taxis

3. **Dans cette phrase « Si avec tout ça, Loulou n'est toujours pas content, emmenez-le voir un psy! » l'objet direct « le » fait référence à quoi?**
   a. Loulou
   b. tout ça
   c. le psychologue
   d. l'être-humain

4. **Que veut-dire « J'ai voulu transposer l'art de vivre à l'animal »?**
   a. Je préfère les chiens aux êtres-humains.
   b. J'ai inventé de la musique spécifiquement pour les chiens.
   c. J'ai voulu créer des produits de luxe pour les animaux.
   d. J'aime peindre les portraits des animaux.

5. **À la page 216, il y a des coordonnées pour les boutiques mentionnés. Que veut dire « M°: Commerce »?**
   a. Monter la rue de Commerce
   b. Membre de la chambre de commerce
   c. La station de métro la plus proche
   d. Membre de l'union de commerce

LIRE  ÉCOUTER

Vous allez lire un passage et écouter une sélection audio. Pour la lecture, vous aurez un temps déterminé pour la lire. Pour la sélection audio, vous aurez d'abord un temps déterminé pour lire une introduction et pour parcourir les questions qui vous seront posées. La sélection sera présentée deux fois. Après avoir écouté la sélection une première fois, vous aurez 1 minute pour commencer à répondre aux questions; après avoir écouté la sélection une deuxième fois, vous aurez 15 secondes par question pour finir de répondre aux questions. Pour chaque question, choisissez la meilleure réponse selon la sélection audio ou la lecture et indiquez votre réponse sur votre feuille de réponse.

**SUGGESTION:**
Ask students to describe what their typical Sunday is like. With whom do they spend time? What do they do? Where do they go?

**SOURCE 1:**

**THEME/CONTEXT:**
La vie contemporaine - Les loisirs et le sport
**SECONDARY THEME/CONTEXT:**
La famille et la communauté - Les coutumes

## Introduction:

**En France le dimanche est souvent réservé aux activités en famille. Dans cette sélection, il s'agit des suggestions d'activités pour le dimanche. L'article, intitulé *Que faire le dimanche,* a été tiré du site www.meetinggame.fr, le réseau des loisirs et de l'amitié.**
© meetinggame.fr

# Que faire le dimanche . . .

Certains d'entre nous détestent les dimanches. Juliette Greco chantait: *Je hais les dimanches!* Sans doute que nous gardons de nos souvenirs d'enfants, l'angoisse de reprendre l'école le

*Ligne* lundi matin. Cependant d'autres ont repris cette même phrase
5 comme thème, pour organiser des après-midi dominicaux festifs, avec collation et musique.

Le dimanche est bien un jour particulier, la majorité des magasins sont fermés et les rues commerçantes désertées. Les traditions se perdent, aujourd'hui les déjeuners familiaux
10 autour du poulet rôti, avec l'oncle Léon qui attend le **digestif** pour aller faire sa sieste, ne sont plus d'actualité. Il faut dire que la télé est passée par là et comme chacun le sait, on dort très bien devant la télé et ses programmes du dimanche, sans avoir recours aux digestifs . . .

15 ## Que fait-on généralement le dimanche?

La grasse matinée évidemment, puisque c'est le seul jour où les bonnes **mœurs** nous l'autorisent. Et puis pour peu que le samedi soir ait été un peu agité, il faut bien récupérer de ses excès de la veille. Ensuite pour ne pas briser la tradition, on se vautre sur le
20 canapé devant la télé, ou un bon jeu vidéo, et retour à la case sieste . . . Le dimanche passe, et comme une punition même si on ne va plus à l'école, arrive l'angoisse de reprendre le travail lundi matin.

## Que faire d'autre le dimanche?

C'est le jour privilégié pour beaucoup d'entre nous pour aller
25 faire du sport ou pratiquer une activité qui nous passionne, et comme par hasard, dans ce cas le réveil n'est pas si difficile. On va retrouver ses amis pour une partie de foot ou de golf, un tour en vélo, un jogging ou une balade en moto.

De nombreuses villes ou villages de France ont des terrains de
30 sports ouverts au public. Jeunes et moins jeunes s'y retrouvent
pour pratiquer leur sport préféré, allez les voir jouer, cela vous
donnera peut-être envie de vous joindre à eux pour un prochain
dimanche. Et même si vous n'êtes pas sportif dans l'âme, de toute
façon c'est à un véritable spectacle que vous allez assister. Si l'on
35 n'est pas encore inscrit dans un club de sport, c'est l'occasion
d'aller prendre des renseignements pour commencer à se mettre à
nager, à faire du golf, du tennis ou de l'équitation. Étonnement, le
dimanche dans les clubs de sport, l'accueil est souvent plus sympathique
que les jours de semaine. Le dimanche est également un jour idéal pour
40 vous inscrire sur un site de rencontres amicales. Le dimanche les gens sont
disponibles pour correspondre avec vous, alors profitez de votre dimanche
pour trouver de nouveaux amis, et ainsi organiser vos prochains loisirs
avec eux.

*C'est dimanche! inscrivez-vous, pour trouver des amis sur*
45 *le réseau amical de loisirs meetinggame.*

### Si le sport ne nous attire pas trop, ce ne sont pas les idées d'activités à faire le dimanche, qui manquent . . .

Avez-vous été vous promener au marché le dimanche
50 matin? Les marchés des villes de France, qu'ils soient
traditionnels, bios, ou originaux, sont des espaces où il
fait bon **flâner**. C'est l'occasion de sortir votre appareil
photo, et vous ferez d'une pierre deux coups, en vous
préparant ainsi une prochaine soirée scrapbooking avec toutes vos
55 images. Bien entendu, il y a le traditionnel ciné du dimanche après-midi,
les musées et certaines galeries d'art sont ouverts le dimanche, c'est
l'occasion de développer sa sensibilité artistique, et d'avoir quelques sujets
de conversation originaux pour le lundi, autour de la machine à café. En
vous y prenant un peu à l'avance organisez avec vos amis une sortie au
60 théâtre, les fameuses matinées du dimanche sont l'occasion de voir ou
revoir les grands classiques. Consultez le site de votre mairie ou de l'office
du tourisme, vous serez surpris par le nombre d'évènements proposés
le dimanche, souvent certains sont gratuits. Chaque grande ville à ses
curiosités, et elles ne sont pas réservées aux touristes.

*(suite à la page suivante)*

**SOURCE 1 (SUITE):**

65  À **Paris**, sur les quais de Seine, le
dimanche est le jour des **bouquinistes**,
du quai de la Mégisserie au quai de
Gesvres. Plongez-vous dans leurs
caissons à malices, à la recherche de la
70  carte postale ou de l'affiche de cinéma
qui trouvera sa place à votre retour,
dans votre entrée ou votre chambre.
**Lyon** a également ses puces du Canal, où brocanteurs et chineurs vous
feront partager cette ambiance de « bric et de broc » . . . une promenade
75  qui vous aura autant épuisée qu'un jogging dans le parc, mais vous
pourrez récupérer à la table d'un des bars du quartier, encore eux aussi
assez typiques. À **Marseille**, et même si vous avez déjà fait cette balade,
on ne peut pas se lasser de la traversée en navette du Vieux Port à L'Ile du
Frioul. Le dimanche à Lille, vous pouvez faire le tour des bouquinistes à
80  la recherche d'un bouquin pour passer la soirée, et également observer les
joueurs d'échec, dans la cour de la Vieille Bourse. **Bordeaux** a sa brocante
du dimanche, place Duburg et Quai des Salinières. Sur le Quai des
Chartrons vous trouverez également quelques bouquinistes. Le dimanche,
si le temps s'y prête, sortez votre vélo de la cave ou du garage, et profitez de
85  la plus faible circulation dans les centres ville, pour aller faire
du shopping ou pour redécouvrir votre ville à votre rythme,
tout en faisant un peu d'exercice.

*À lire également: Faire du vélo en ville.*

Jouez au touriste: prenez un bus touristique, vous savez, ces
90  grands bus avec un étage découvert, vous allez découvrir
votre ville avec un autre regard. Et là aussi c'est l'occasion
de prendre votre appareil photo, pour un mini reportage
sur votre ville ou votre quartier. Votre toutou s'ennuie aussi
le dimanche, alors amenez le faire une grande balade, les
95  chiens aussi contribuent aux liens sociaux, et vous rencontrerez sûrement
à l'occasion de cette balade d'autres promeneurs avec qui engager la
conversation.

Aux beaux jours, conviez vos amis pour un petit pique-nique dans un
espace vert près de chez vous. Les jeux de société: si le temps vous incite à
100  rester à l'intérieur, organisez un jeu de société chez l'un ou chez l'autre. Les

jeux de société sont un prétexte sympathique pour passer un dimanche après-midi entre amis. Nous avons tous dans un coin d'une pièce, des jeux de société que nous avons un peu oubliés. Le dimanche, c'est l'occasion de sortir ces jeux du placard, et de convier quelques

105  amis pour une partie de Pictionary ou de Monopoly, et de passer ainsi un moment convivial qui risque de se prolonger tard dans la soirée du dimanche. Terminez la journée du dimanche avec vos amis autour d'une fondue ou d'une raclette, et vous voilà tous prêt à vous replonger avec entrain dans la semaine à venir.

110  *À lire également: Les Jeux de Société, pour se divertir entre Amis.*

Invitez vos voisins: Faites un effort pour aller à la rencontre de vos voisins, surtout si vous ne faites que les croiser, sans jamais communiquer avec eux. Invitez ceux qui vous semblent sympathiques à prendre un verre ou un café, apprenez à vous

115  connaître. Et pour joindre l'utile à l'agréable, ce sera plus facile quand vous en aurez besoin, de demander un coup de main à vos voisins, pour vous aider à déplacer un meuble, ou pour jeter un coup d'œil sur votre maison ou votre appartement pendant vos absences.

*À lire également: La Fête des Voisins; voisins, voisines, la proximité . . .*

[. . .]

120  Comment trouver des amis pour organiser des activités le dimanche?

Meetinggame est un réseau social amical, qui vous permet d'entrer en relation et de rencontrer d'autres amis ayant les mêmes affinités que vous. En vous inscrivant sur le réseau amical de loisirs meetinggame.fr, vous

125  allez communiquer et rencontrer des amis, et partager des affinités avec eux, pour la culture, les loisirs, et tout simplement l'amitié . . .

Inscrivez-vous pour trouver des amis et partager des loisirs, sur le réseau amical meetinggame.

## SOURCE 2: SÉLECTION AUDIO

**AUDIOSCRIPT:**
The audioscript for each listening activity is supplied in Appendix F of this Teacher's Edition and online in Explorer.

**Vocabulaire**
autour de
pétanque

## Introduction:

Dans cet extrait audio, un oncle parle d'une sortie avec son neveu. C'est un podcast dans la série *Paris en famille* de Ling-en Hsia, tiré du site www.parisenfamille.com. C'est un site qui donne des idées de sorties pour les enfants de 6 à 12 ans. Dans ce podcast, intitulé *Paris plages,* il s'agit d'un jeu qui les intéresse. © Ling-en Hsia, parisenfamille.com

1. **Selon la sélection écrite, quelle phrase décrit le mieux le dimanche en France actuellement?**

   a. Il y a un grand repas de famille.

   b. Tous les magasins sont ouverts.

   c. Beaucoup de gens pratiquent une activité sportive.

   d. Les gens se promènent plus souvent en voiture qu'à pied.

2. **Dans la sélection audio, pourquoi l'oncle et son neveu ont-ils été absents pendant plusieurs semaines?**

   a. L'oncle a été malade.

   b. Ils ont aidé à étaler du sable pour *Paris plages.*

   c. Ils ont participé à un événement avec leur église.

   d. Le neveu a participé à un tournoi de boules.

3. **D'après l'article, quel type de marchand vend des livres, des cartes postales, des affiches de cinéma, parmi d'autres articles et se trouve très souvent sur les quais?**

   a. les bouquinistes

   b. les maraîchers

   c. les brocanteurs

   d. les poissonniers

4. **Dans le contexte de l'extrait audio, quel est le but de la pétanque?**

   a. lancer une boule pour la rapprocher d'une autre boule

   b. jeter une boule à la poubelle

   c. lancer une boule le plus loin possible

   d. jeter une boule pour frapper les autres boules

5. **Dans le contexte de l'extrait écrit, quelle activité serait la plus appropriée dans un espace vert?**

   a. une raclette

   b. des jeux de société

   c. une série télévisée

   d. un repas sur l'herbe

## » Interpretive Communication: AUDIO TEXTS

 **ÉCOUTER**

Vous allez écouter une sélection audio. Vous aurez d'abord un temps déterminé pour lire l'introduction et pour parcourir les questions qui vous seront posées. La sélection sera présentée deux fois. Après avoir écouté la sélection une première fois, vous aurez 1 minute pour commencer à répondre aux questions; après avoir écouté la sélection une deuxième fois, vous aurez 15 secondes par question pour finir de répondre aux questions. Pour chaque question, choisissez la meilleure réponse selon la sélection audio et indiquez votre réponse sur la feuille de réponse.

### Vocabulaire
aîné(e)
esthétique
s'épanouir
valeur

## Introduction:

**Dans cet extrait audio, on parle de la notion du bonheur chez les Français. C'est un podcast dans la série *Claireco*, diffusé par Moustic The Audio Agency, à Paris. Le podcast s'intitule *C'est quoi le bonheur pour les Français?*.** © Claireco, Moustic.fr

www.moustic.fr

**AUDIOSCRIPT:**
The audioscript for each listening activity is supplied in Appendix F of this Teacher's Edition and online in Explorer.

**THEME/CONTEXT:**
La famille et la communauté - La famille
**SECONDARY THEME/CONTEXT:**
La famille et la communauté – L'amitié et l'amour

1. **D'après les résultats de ce sondage, il y a trois valeurs principales attachées au bonheur. Laquelle n'en fait pas partie?**
   a. la santé
   b. la famille
   c. le travail
   d. l'amour

2. **Qui identifie la famille en tant que valeur importante plus souvent?**
   a. les hommes
   b. les femmes
   c. les ados
   d. les cadres

3. **D'après l'extrait audio, lequel des aspects suivants souligne l'idée que « la famille est devenue plus libérale »?**
   a. le taux de natalité en baisse
   b. l'obéissance des parents
   c. l'épanouissement des enfants
   d. la diminution du taux de divorce

4. **Les années 80 marquent un changement dans l'objectif de la famille. Quelle phrase représente cet objectif selon l'extrait audio?**
   a. reconnaître les individus
   b. créer la solidarité
   c. obéir à la hiérarchie
   d. dîner ensemble

5. **Le principe fondamental d'une famille, d'après l'extrait audio, est:**
   a. l'amour.
   b. le respect.
   c. l'obéissance.
   d. la coopération.

LIRE  ÉCRIRE

Vous allez écrire une réponse à un message électronique. Vous aurez 15 minutes pour lire le message et écrire votre réponse. Votre réponse devrait débuter par une salutation et terminer par une formule de politesse. Vous devriez répondre à toutes les questions et demandes du message. Dans votre réponse, vous devriez demander des détails à propos de quelque chose mentionnée dans le texte. Vous devriez également utiliser un registre de langue soutenue.

**THEME/CONTEXT:**
La famille et la communauté - La famille
**SECONDARY THEME/CONTEXT:**
La famille et la communauté - L'amitié et l'amour

## Introduction:

Dans cette sélection, il s'agit de l'amour fraternel, c'est à dire l'amour entre frère et sœur ainsi que l'amour familiale. C'est un message de la part de Claudette Lemoine, qui est l'organisatrice du Festival des jumeaux. Elle répond à l'enquête que vous avez effectuée auprès de l'organisation sur son site Internet.

de: claudettel@festivaljumeaux.fr

Rennes, le 12 janvier 2015

Cher participant/Chère participante,

Nous accusons réception de votre demande d'informations sur le site du Festival des **jumeaux**.

*Ligne*
5 Le Festival des jumeaux a lieu tous les ans au printemps en Bretagne. Les dates précises pour cette année sont les suivantes: du 15 au 17 avril. Le festival a pour but de rassembler les jumeaux, les triplés, les quadruplés (etc.) avec leurs familles et leurs amis pour renforcer les liens d'amour
10 et célébrer la relation unique que possèdent les jumeaux.

Si vous désirez participer à cet événement cette année, veuillez nous fournir les informations suivantes afin que nous puissions mieux vous
15 accueillir.

• Votre nom et votre date de naissance.

- Votre situation familiale (Êtes-vous jumeau/jumelle? Avez-vous des jumeaux dans votre famille? Êtes-vous ami(e) avec un jumeau/une jumelle?)

20

- Désirez-vous assister:

    au repas du soir?

    au défilé?

    à la séance de photographie professionnelle?

25

- Pourquoi vous intéressez-vous particulièrement à cet événement?

- Qu'est-ce que vous désirez en **tirer**?

Les sentiments partagés entre frère et sœur sont **inégalables**, surtout dans le cas d'une naissance
30 multiple. Nous vous encourageons à partager ce moment de fête avec nous ce printemps. N'hésitez pas à nous contacter pour plus d'informations.

En espérant vous rencontrer prochainement, nous vous prions d'agréer, Madame/Monsieur,
35 l'expression de nos meilleurs sentiments.

Claudette Lemoine
Organisatrice, Festival des jumeaux

**COMMUNITIES:**
**School and Global Communities:**
Learners use the language both within and beyond the classroom to interact and collaborate in their community and the globalized world.

**LIRE**   **ÉCOUTER**

 **ÉCRIRE**

Vous allez écrire un essai argumentatif pour un concours d'écriture de langue française. Le sujet de l'essai est basé sur trois sources ci-jointes, qui présentent des points de vue différents sur le sujet et qui comprennent à la fois du matériel audio et imprimé. Vous aurez d'abord 6 minutes pour lire le sujet de l'essai et le matériel imprimé. Ensuite, vous écouterez l'audio deux fois; vous devriez prendre des notes pendant que vous écoutez. Enfin, vous aurez 40 minutes pour préparer et écrire votre essai. Dans votre essai, vous devriez présenter les points de vue différents des sources sur le sujet et aussi indiquer clairement votre propre point de vue que vous défendrez à fond. Utilisez les renseignements fournis par toutes les sources pour soutenir votre essai. Quand vous ferez référence aux sources, identifiez-les de façon appropriée. Organisez aussi votre essai en paragraphes bien distincts.

**THEME/CONTEXT:**
La famille et la communauté - La famille
**SECONDARY THEME/CONTEXT:**
La quête de soi - Les croyances et les systèmes de valeurs

**SUJET DE LA COMPOSITION:**
En quoi les différentes structures familiales ont-elles un effet positif ou négatif sur la société?
**SOURCE 1:**
## Introduction:
La sélection suivante a été tiré du site http://autonote.net/ses. Dans cet article, il s'agit des transformations de la famille et le rôle de cette dernière dans la société de nos jours. © Guy Bonvallet.

# Les transitions de la famille ont-elles affaibli son rôle intégrateur?

*Introduction:* L'insécurité et la violence urbaine sont devenus des thèmes importants des discours sur la société française, qu'ils soient tenus par des journalistes, des responsables politiques ou des chercheurs. Ces discours mettent souvent en cause le
5 rôle éducatif joué par les familles, qui serait parfois **défaillant**, dans le cas des parents de jeunes délinquants notamment. Le changement des mentalités en France, à partir des années 60, sur les questions du mariage, du divorce, de la contraception, ou du travail des femmes, a eu en effet des conséquences sur la
10 composition des familles et sur les rôles qu'elles peuvent jouer. Dans quelle mesure ces transformations ont-elle affecté la façon dont les familles contribuent à l'apprentissage des règles sociales, et entretiennent le respect de celles-ci? Favorisent-elles autant qu'auparavant la cohésion sociale, notamment le sentiment
15 d'appartenance à la société chez les individus?

## I.- L'évolution des structures familiales a en partie modifié la façon dont les familles assument leur fonction de socialisation

### A) La famille joue traditionnellement un rôle majeur dans
20 la socialisation primaire et secondaire des individus

1. Son rôle est essentiel dans la socialisation primaire, c'est-à-dire le premier apprentissage des règles de la vie sociale par les plus jeunes, l'éducation. D'autres instances de

socialisation, comme l'école, participent à ce processus, mais
25   le rôle des parents est primordial. Ce sont eux qui peuvent
incarner, en tant que personnes, à la fois la satisfaction de
certains désirs des enfants et leur frustration par rapport à
d'autres désirs. Ceci facilite l'acceptation des **contraintes**, des
limites au désir, que sont les règles sociales.

30   2. Mais la fonction de socialisation des familles ne s'arrête pas
là: tout au long de la vie, en effet, elles contribuent à encadrer
le comportement des individus par des règles. C'est valable
non seulement entre parents et enfants par exemple, mais
dans les relations entre conjoints. Ces derniers s'imposent
35   mutuellement des contraintes dans la vie quotidienne, et ils
relaient notamment, chacun vis-à-vis de son partenaire, les
habitudes culturelles des groupes auxquels ils appartiennent. C'est une
forme de socialisation secondaire.

**B) Cette fonction a dû s'adapter à l'évolution des structures**
40   **familiales**

1. Le fonctionnement et la composition des familles ont
profondément évolué, en France et dans la plupart des pays
développés, depuis les années 60. La **solennité** de l'engagement
dans les liens du mariage a décliné, avec un mariage sur trois qui
45   débouche aujourd'hui sur un divorce en moyenne, à comparer
avec un sur dix en 1965. Cela a conduit en particulier au
développement du nombre d'enfants vivant avec un seul adulte,
autrement dit dans une famille **monoparentale**: un mineur
sur huit actuellement.

50   2. Ces évolutions ont pu être accusées d'être un
facteur d'**affaiblissement** de la fonction de
socialisation tenue par les familles. L'instabilité
de l'entourage familial rend moins cohérent le
système de contraintes qui s'exercent sur les
55   individus, notamment les plus jeunes. Le
manque de solidarité des divorcés par rapport
aux décisions que chacun prend pour l'éducation
des enfants, assez fréquent compte tenu de l'enjeu
affectif que les petits représentent, peut aussi
60   déboucher sur un affaiblissement de leur autorité.

*(suite à la page suivante)*

**SOURCE 1 (SUITE):**

**II.- Cependant non seulement l'importance de la famille ne décline pas, mais les difficultés économiques ont plutôt renforcé son rôle intégrateur**

65

**A) Le développement des nouvelles formes de famille montre la permanence du besoin éprouvé par les individus d'entretenir des liens familiaux**

1. La diminution du nombre des mariages et l'augmentation du
70 nombre des divorces ont sans doute traduit le déclin relatif du mariage, au cours des années 70 et 80 principalement, mais cela ne signifie pas un déclin de la famille et de ses fonctions. Le mode de vie célibataire ne s'est pas généralisé. La garde des enfants au quotidien se fait peut-être un peu plus souvent
75 par des professionnels, mais elle reste principalement l'affaire des parents, y compris dans les familles monoparentales ou recomposées.

2. On peut même défendre l'idée que les nouvelles formes de famille présentent quelques avantages pour la socialisation
80 des jeunes qui en sont issus. Dans les familles recomposées, où les enfants vivent avec le nouveau conjoint de leur père ou de leur mère, parfois avec des demi-frères, des beaux-frères, des demi-sœurs ou des belles-sœurs, les jeunes sont confrontés plus tôt à des façons d'agir ou de penser
85 différentes, et peuvent en retirer une certaine forme d'ouverture d'esprit utile à leur insertion dans la société.

**B) La famille apparaît même de plus en plus souvent comme le dernier rempart contre l'exclusion sociale**

1. Dans un environnement marqué par un niveau élevé de
90   chômage, la famille apparaît comme une protection plus
importante que jamais contre l'exclusion sociale. Les études
menées sur les « sans domiciles fixes » (SDF) montrent que
ce sont souvent des personnes en rupture à la fois de liens
professionnels et de liens familiaux. La famille protège de la
95   marginalité sociale non seulement par l'aide matérielle qu'elle
peut apporter, mais aussi par le **soutien** moral et le cadre réglé
qu'elle offre à ses membres.

2. Face aux difficultés qui affectent l'intégration par le travail,
c'est-à-dire la forme de solidarité organique décrite par
100   Durkheim, la cohésion sociale repose d'autant plus sur le rôle
intégrateur des familles que l'État-providence est également
en crise. La priorité donnée à la baisse des prélèvements, dans
un contexte de croissance économique plus faible que pendant
les 30 glorieuses, réduit les possibilités d'intervention de l'État
105   dans les domaines qui favorisent la cohésion sociale, comme
l'éducation ou la sécurité sociale.

*Conclusion:* L'importance de la fonction de socialisation exercée
des familles n'a donc pas diminué, et se serait même plutôt
renforcée, malgré la transformation des formes de la famille
110   avec le déclin relatif du mariage. La crise d'autres instances
d'intégration comme les églises ou l'État est peut-être plus
profonde que celle de la famille. Cela pose d'ailleurs d'autres
questions, car si les services de l'État comme l'enseignement
public ne jouent pas un rôle de socialisation capable de rivaliser
115   avec celui des familles, l'inégalité des chances risque de
s'accroître à cause des différences de capital social et culturel
entre les familles.

SOURCE 2: 🔍

## Introduction:

Dans cette sélection, il s'agit des données publiées par l'Institut national de la statistique et des études économiques (www.insee.fr). Le tableau présente des données concernant la famille et le logement ainsi que les relations familiales intergénérationnelles en France métropolitaine en 2005 et en 2011, respectivement. © INSEE

### Tableau A: **Plus d'un tiers des enfants en famille recomposée vit avec ses deux parents**

Réparition des enfants par type de familles

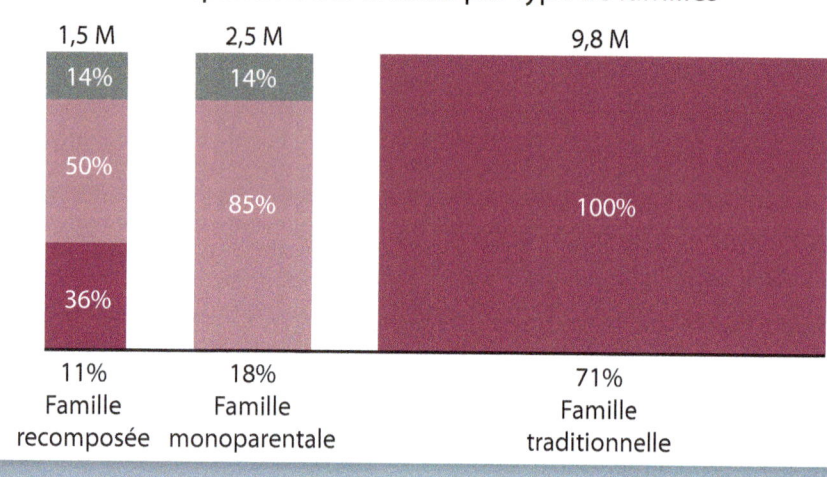

vit avec son père: 0,5 M
vit avec sa mère: 2,9 M
vit avec ses deux parents: 10,3 M

Unité – millions d'individus

Champ: enfants de moins de 18 ans vivant en famille, France métropolitaine.

Source: Insee, enquête Famille et logements 2011.

### Tableau B: **Famille monoparentale, une situation familiale de transition?**

| | en % |
|---|---|
| Part des femmes et des hommes vivant seuls avec des enfants qui déclarent . . . | |
| . . . ne pas avoir de «relation amoureuse stable» | 77 |
| . . . avoir une «relation amoureuse stable» sans souhaiter vivre avec la personne concernée | 10 |
| . . . avoir une «relation amoureuse stable», mais être contraints de vivre séparés (raisons professionnelles, financières . . .) | 13 |
| Total | 100 |

Champ: hommes et femmes vivant sans conjoint cohabitant avec des enfants de 24 ans ou moins.

Source: Insee, enquête Études des relations familiales intergénérationnelles (Erfi), 2005.

### Tableau C: **La plupart des enfants gardent un lien avec leur mere et leur père après une séparation**

| | en % | |
|---|---|---|
| | Mères | Pères |
| Enfants déclarés spontanément par le parent comme faisant partie du ménage 1 | 68 | 17 |
| **Sinon, fréquence des rencontres** | | |
| Au moins une fois par semaine | 9 | 25 |
| Au moins une fois par mois | 8 | 18 |
| Quelques fois par mois | 9 | 22 |
| Jamais | 6 | 18 |
| Total | 100 | 100 |

Champ: relations entre adulte et ses enfants de 24 ans ou moins issus d'une union rompue, qu'ils soient cohabitants ou non.

Source: Insee, enquête Études des relations familiales intergénérationnelles (Erfi), 2005.

**CULTURES:**
**Relating Cultural Practices to Perspectives:** Learners use the language to investigate, explain, and reflect on the relationship between practices and perspectives of the cultures studied.

**CONNECTIONS:**
**Acquiring Information and Diverse Perspectives:** Learners access and evaluate information and diverse perspectives that are available through the language and its cultures.

## SOURCE 3: SÉLECTION AUDIO 🎧

### Introduction:

Cette sélection a été tiré du site blogue.travailsantevie.com. Il a été écrit par Natalie et publié le 17 février 2014. © 2014 Shepell. Message original http://blogue. travailsantevie.com

© Shepell, 2014. Article offert par Shepell, chef de file dans le domaine des solutions intégrées en santé et productivité. Shepell offre des services qui permettent de gérer les problèmes de santé mentale, physique et émotionnelle ou sociale ayant des répercussions négatives en milieu de travail. Cet article a été rédigé à des fins d'information et son contenu pourrait ne pas refléter nécessairement les opinions des organisations individuelles. Pour de plus amples renseignements, veuillez communiquer avec votre Programme d'aide aux employés et à la famille (PAEF) ou consulter un autre professionnel.

**AUDIOSCRIPT:**
The audioscript for each listening activity is supplied in Appendix F of this Teacher's Edition and online in Explorer.

**Vocabulaire**

animal de compagnie
fidèle
surgir

**SUGGESTIONS:**

Ideas for composition organization:

**Introduction**

**Source 1 viewpoint:**

Despite a decrease in the number of marriages, an increase in the divorce rate, and changes in the make-up of families, among other societal issues, the social function of the family remains strong in French society.

**Source 2 viewpoint:**

In France, 71% of families with a child include both a mother and father. Most children in single parent families live with their mother. In blended families, over one third of children live with both parents. Most single parents report not being in another serious romantic relationship. After a separation, most French children continue a relationship with both parents.

**Source 3 viewpoint:**

The word family can be defined differently in the 21st century, extending further than a mother, father, and child, and including a pet, those who hold the same beliefs as you, those who support you, and more. No matter the composition of the family, it plays an important role for individuals in the areas of mental health, a feeling of belonging, and self-esteem.

**Student's own viewpoint:**

**Conclusion**

## » Interpersonal Speaking: CONVERSATION

 LIRE  ÉCOUTER  PARLER

**THEME/CONTEXT:**
La famille et la communauté - L'amitié et l'amour

Vous allez participer à une conversation. D'abord, vous aurez une minute pour lire une introduction à cette conversation qui comprend le schéma des échanges. Ensuite, la conversation commencera, suivant le schéma. Quand ce sera à vous de parler, vous aurez 20 secondes pour enregistrer votre réponse. Vous devriez participer à la conversation de façon aussi complète et appropriée que possible.

## Introduction:

**Vous avez un problème avec un(e) ancien(ne) petit(e) ami(e) qui cependant continue à vous parler. Vous discutez du problème avec votre meilleure amie. Elle vous donne des suggestions et vous pose des questions.**

| | |
|---|---|
| Amie | Elle vous salue. |
| Vous | Saluez votre amie et racontez-lui le problème. |
| Amie | Elle vous montre de la compassion et elle vous demande si la relation est finie. |
| Vous | Réaffirmez que la relation est terminée et demandez-lui des suggestions pour résoudre le problème. |
| Amie | Elle vous donne une suggestion pour répondre à votre ancien(ne) ami(e). |
| Vous | Donnez votre opinion sur sa suggestion. |
| Amie | Elle vous pose une question au sujet de l'avenir de votre vie amoureuse. |
| Vous | Répondez à la question soit par une description de l'autre personne soit par une explication de la situation. |
| Amie | Elle vous encourage en partant. |
| Vous | Rassurez-la que vous resterez en contact et dites-lui au revoir. |

**COMMUNITIES:**
**School and Global Communities:**
Learners use the language both within and beyond the classroom to interact and collaborate in their community and the globalized world.

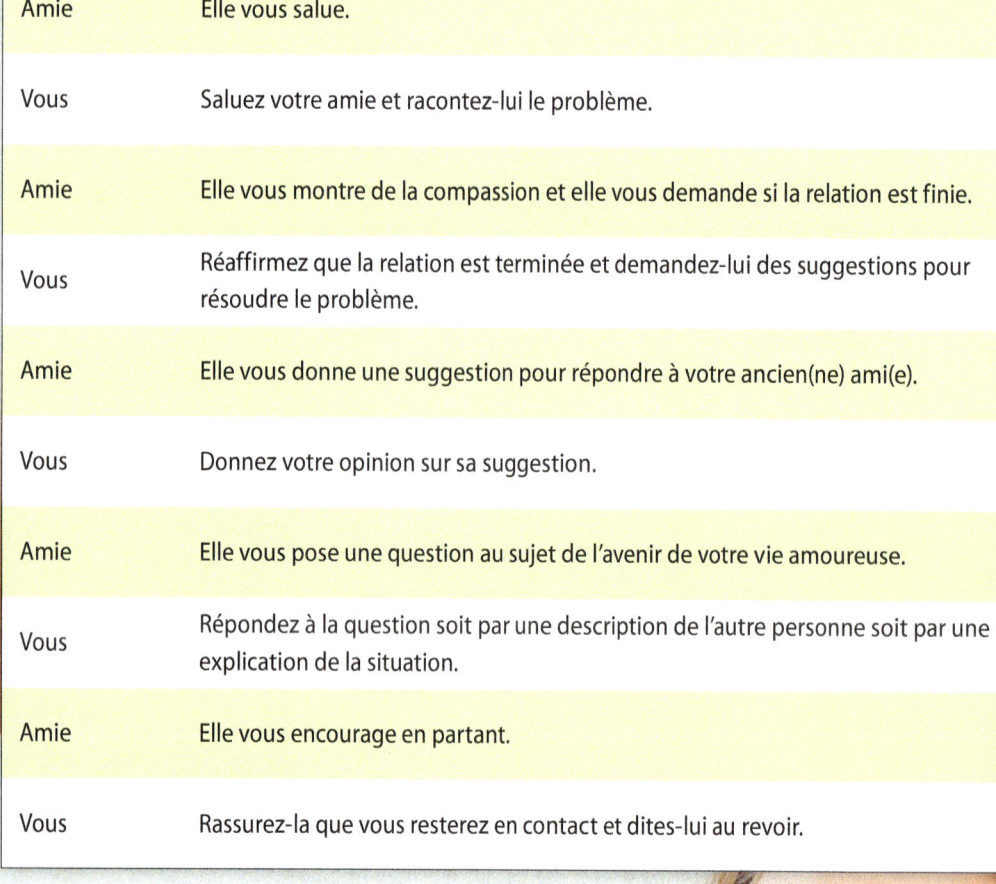

## » Presentational Speaking: CULTURAL COMPARISON

 LIRE  PARLER

**THEME/CONTEXT:**
La famille et la communauté - La famille

Vous allez faire un exposé pour votre classe sur un sujet spécifique. Vous aurez 4 minutes pour lire le sujet de présentation et préparer votre exposé. Vous aurez alors 2 minutes pour l'enregistrer. Dans votre exposé, comparez votre propre communauté à une région du monde francophone que vous connaissez. Vous devriez montrer votre compréhension des facettes culturelles du monde francophone. Vous devriez aussi organiser clairement votre exposé.

# Sujet de la présentation:

La qualité et la quantité de temps que l'on passe en famille varie d'un pays à l'autre. Comparez l'importance de la famille dans la vie quotidienne aux États-Unis à celle d'un pays francophone que vous connaissez.

**COMPARISONS:**
**Cultural Comparisons:** Learners use the language to investigate, explain, and reflect on the concept of culture through comparisons of the cultures studied and their own.

## Compréhension

**EXPLORER:**
For vocabulary flashcards, additional exercises, AP® practice tasks, discussion forums, and external links, go to *APprenons* Explorer at
**learningsite.waysidepublishing.com**

**affaiblissement** (n.m.) (227) diminution des forces ou de l'énergie

**aimer à la folie** (loc.) (201) aimer quelqu'un passionnément

**aîné** (n.m.) (223) enfant qui est né le premier par rapport à ses frères et sœurs

**amitié** (n.f.) (191) relation cordiale entre deux personnes

**amoureux (-euse)** (n.m.) (201) qui éprouve de l'amour pour quelqu'un

**animal de compagnie** (n.m.) (231) animal domestique

**appartenance** (n.f) (204) affiliation à un groupe

**autour de** (prép.) (222) dans l'espace environnant

**avoir lieu** (v.) (200) signifie que tel ou tel événement va se dérouler

**bander les yeux** (v.) (205) couvrir les yeux

**baptême** (n.m.) (206) premier sacrement religieux

**bémol** (n.m.) (195) restriction, problème

**bouquiniste** (n.m./f.) (220) vendeur de livres d'occasion

**cadenas** (n.m.) (198) mécanisme fonctionnant avec une clé, permettant de fermer

**câlin** (n.m.) (198) marque de tendresse, échange de caresses

**charme** (n.m.) (213) ensemble de caractéristiques qui plaisent et attirent chez une personne

**compagnon/compagne** (n.m.) (193) personne qui partage la vie d'une autre

**conjoint(e)** (n.m.) (211) femme ou mari

**conquis(e)** (adj.) (211) séduit, captivé

**contrainte** (n.f.) (227) obligation ou pression

**coup de foudre** (loc.) (198) amour soudain contre lequel on ne peut pas lutter

**Cupidon** (n.m.) (205) dieu romain de l'amour

**défaillant** (adj.) (226) faible

**devise** (n.f.) (195) inscription, maxime

**digestif** (n.m.) (218) alcool servi après le repas

**doué(e)** (adj.) (193) qui a des dons, des aptitudes

**entretenir** (v.) (228) maintenir en état, faire durer

**éphémère** (adj.) (202) qui dure peu de temps

**époux (-se)** (n.m./f.) (210) conjoint(e)

**esthétique** (n.f.) (223) beauté

**être à la recherche de** (v.) (193) chercher quelqu'un ou quelque chose

**exigeant(e)** (adj.) (211) strict, précis

**famille nucléaire** (n.f.) (191) famille composée d'un couple et des enfants

**flâner** (v.) (219) se promener lentement

**fête du mouton** (n.f.) (191) fête musulmane, Aïd-al-Adha

**fidèle** (adj.) (231) devoué, attaché

**fringues** (n.f./pl.)( 195) vêtements (fam.)

**gendre** (n.m.) (211) beau-fils

**griffé(e)** (adj.) (217) qui porte l'étiquette d'une grande marque

**haut de gamme** (adj.) (216) modèles supérieurs

**inégalable** (adj.) (225) unique

**jumeaux** (n.m./pl.) (224) enfants né en même temps de la même mère

**las(se)** (adj.) (202) fatigué, manquant d'énergie

**mœurs** (n.f./pl.) (218) coutumes ou habitudes particulières

**monoparental(e)** (adj.) (227) famille composée uniquement d'un seul parent avec des enfants

**moyens** (n.m./pl.) (206) ressources

**oser** (v.) (195) avoir le courage de faire

**pétanque** (n.f.) (222) jeu de boules d'origine méditerranéenne

**rapport** (n.m.) (211) lien, relation

**recomposé(e)** (adj.) (191) famille formée de parents ayant eu des enfants d'une précédente union

**rédiger** (v.) (213) écrire

**réglé(e)** (adj.) (211) résolu

**rencontre** (n.f.) (213) entrée en contact

**s'arracher** (v.) (202) se séparer avec effort de quelque chose

**séduire** (v.) (213) charmer volontairement

**s'épanouir** (v.) (223) trouver un équilibre psychique, se développer

**s'entendre** (v.) (191) sympathiser, s'accorder

**se focaliser** (v.) (213) se concentrer sur un point précis

**simulacre** (n.m.) (204) d'une apparence de quelque chose qui ressemble à la réalité

**solennité** (n.f.) (227) célébration ou cérémonie importante

**soutien** (n.m.) (229) action de soutenir, d'aider, de défendre, de protéger

**surgir** (v.) (231) apparaître ou émerger brusquement

**tellement** (adv.) (201) tant, beaucoup

**tendance** (n.f.) (210) disposition naturelle, inclination

**tirer** (v.) (225) prendre de, recevoir de

**toquade** (n.f.) (195) amourette

**toutou** (n.m.) (216) chien (fam.)

**trait** (n.m.) (209) attribut, caractéristique

**unique** (adj.) (191) seul enfant

**valeur** (n.f.) (223) élément d'un ensemble de principes

**GLOSSARY:**
Vocabulary words from each chapter also appear in the Glossary in Appendix B, beginning on page 505. French-French, French-English, and English-French glossaries are provided.

## Pour mieux s'exprimer à ce sujet

**âme sœur** (loc.) personne qui semble prédestinée pour une autre personne

**à la folie** (loc.) passionnément

**benjamin(e)** (n.m./f.) enfant le plus jeune des frères et des sœurs, dernier né

**cadet(te)** (n.m./f.) qui est né après l'aîné

**caprice** (n.m.) amour bref et passager

**chéri(e)** (n.m./f., adj.) appellation affectueuse entre amoureux

**extroverti(e)** (adj.) d'un esprit ouvert vers les autres

**platonique** (adj.) relation de pure amitié

**tendresse** (n.f.) sentiment doux et tendre

**tomber amoureux** (loc.) aimer quelqu'un de façon soudaine

**ADDITIONAL VOCABULARY:**
The vocabulary words that appear in the *Pour mieux s'exprimer à ce sujet* category are presented as supplementary vocabulary to enhance students' expression on the topics of the chapter.

PARIS, FRANCE

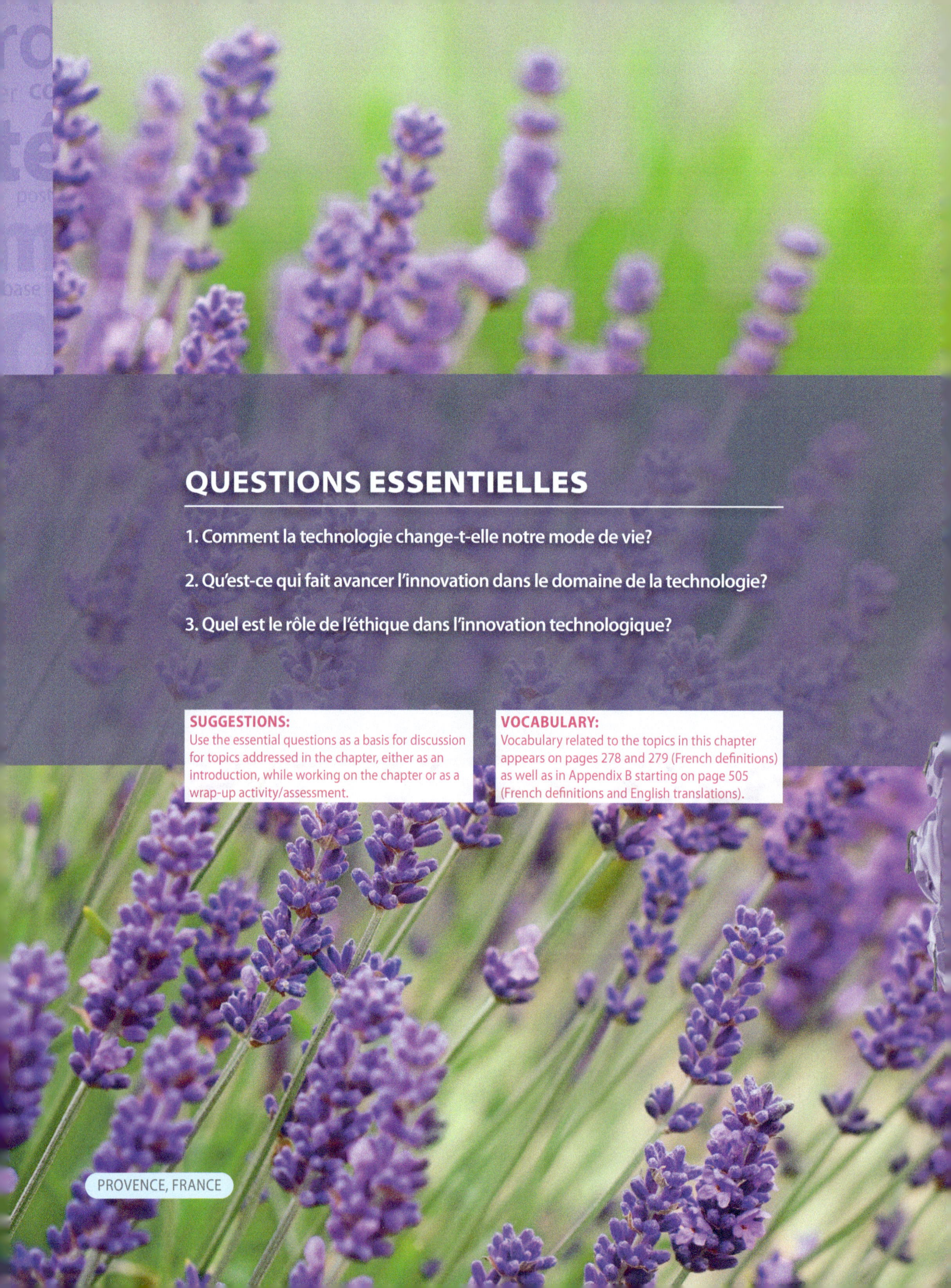

# QUESTIONS ESSENTIELLES

1. Comment la technologie change-t-elle notre mode de vie?

2. Qu'est-ce qui fait avancer l'innovation dans le domaine de la technologie?

3. Quel est le rôle de l'éthique dans l'innovation technologique?

**SUGGESTIONS:**
Use the essential questions as a basis for discussion for topics addressed in the chapter, either as an introduction, while working on the chapter or as a wrap-up activity/assessment.

**VOCABULARY:**
Vocabulary related to the topics in this chapter appears on pages 278 and 279 (French definitions) as well as in Appendix B starting on page 505 (French definitions and English translations).

PROVENCE, FRANCE

# Chapitre **5**

## Suivez le rythme du 21ᵉ siècle

**EXPLORER:**
For additional exercises, AP® practice tasks, discussion forums, and external links, go to *APprenons* Explorer at
**learningsite.waysidepublishing.com**

» **OBJECTIF** *Expliquer les étapes vers un objectif*

**COMMUNICATION:**
**Interpretive Communication:** Learners understand, interpret, and analyze what is heard, read, or viewed on a variety of topics.

🎧 **ÉCOUTER** 📖 **LIRE**

**BÉATRICE** – Allô, Arnaud? C'est Tante Béa à l'**appareil**.

**ARNAUD** – Bonjour, Tata Béa! Ça va?

**BÉATRICE** – Oui, ça va très bien! Devine ce que je viens d'acheter . . .

**ARNAUD** – Enfin – tu as acheté la voiture que tu regardais! Je t'ai dit qu'il était essentiel que tu prennes une nouvelle voiture avant l'hiver.

**BÉA** – Mais, non! J'ai acheté un smartphone! T'inquiète pas, j'ai toujours mon **téléphone fixe** au cas où, mais n'es-tu pas fier de ta tata?

**ARNAUD** – Dis donc! Impressionnant! Bienvenue au 21e siècle, Tantine! Félicitations! Il est absolument primordial que tout le monde ait un **portable**. On ne peut plus vivre sans. Mais, au fait, je vois que tu m'appelles de ton fixe. Pourquoi?

**BÉA** – Mais comment tu vois ça?

**ARNAUD** – Il est très utile que tu regardes la **présentation du nom** avant de répondre. Comme ça tu peux **filtrer** tes appels. Il est obligatoire que tu apprennes à te servir de ton smartphone tout de suite!

**BÉA** – Ben . . . justement, c'est pour ça que je t'appelle. Apprends-moi à envoyer un SMS, s'il te plaît. J'ai envie de communiquer avec toi tous les jours comme mes copines avec leurs neveux.

**ARNAUD** – D'accord, Tata. Avant d'envoyer un SMS, il est nécessaire d'**allumer** le téléphone. Allume-le en appuyant sur la **touche Marche/Arrêt** et attends quelques secondes.

**BÉA** – Bon, c'est fait . . .

**ARNAUD** – Ensuite, tu vois une flèche marquée **déverrouiller**? Fais **glisser** la flèche en bas de l'écran de gauche à droite.

**BÉA** – Ah, super! Je vois des icônes!

**AUDIOSCRIPT:**
The audioscript for each listening activity is supplied in Appendix F of this Teacher's Edition and online in Explorer.

**ARNAUD** – Impecc! Tape sur l'icône qui ressemble à une **bulle de BD**. Elle est verte et blanche.

**BÉA** – Mais . . . je ne comprends pas – il n'y a pas de touches sur ce portable!

**ARNAUD** – Si, mais ce sont des touches tactiles – il suffit de toucher l'icône sur l'**écran tactile**.

**BÉA** – Oh là là! On dirait de la magie!

**ARNAUD** – Alors, compose mon numéro de téléphone. Il est indispensable que tu fasses le bon numéro! C'est le 04 72 04 06 27 85. Et puis, en bas de l'écran tape-moi un petit message. Après avoir terminé le message, tape sur la touche marquée Envoyer.

**BÉA** – C'est fait!

**ARNAUD** – Ça y est! Je l'ai eu!

**BÉA** – Incroyable – il est inutile que nous nous envoyions des lettres par la poste. Tu m'as convaincue. À partir de maintenant, je suis Tata Technologie! Merci, bouchon!

**ARNAUD** – De rien – ça fait plaisir d'initier des gens à la technologie. À bientôt, Tata!

**BÉA** – Au revoir, Arnaud!

**1.** 📖 LIRE ❓ PARLER ✏️ ÉCRIRE

**Relisez la conversation entre Arnaud et Béa. Pouvez-vous deviner le sens des mots du vocabulaire de la technologie dans le passage d'après le contexte? Discutez-en avec un partenaire ou faites une liste de ces mots.** Answers will vary.

**2.** ❓ PARLER ✏️ ÉCRIRE

**Avez-vous bien deviné? Vérifiez vos réponses à l'aide de la liste ci-dessous. Notez les mots que vous ne connaissez pas.** Answers will vary.

### POINT**LEXIQUE**

| | |
|---|---|
| allumer (v.) | faire fonctionner, actionner un appareil électrique |
| appuyer sur (v.) | exercer une pression sur |
| arrêt (n.m.) | fait de s'arrêter |
| bulle de BD (n.f.) | élément d'une bande dessinée où sont inscrites les pensées et paroles des personnages |
| déverrouiller (v.) | ouvrir |
| écran tactile (n.m.) | moniteur informatique qui réagit au contact des doigts |
| filtrer (v.) | soumettre à un contrôle |
| glisser (v.) | se déplacer sur l'écran par un mouvement continu |
| marche (n.f.) | fonctionnement d'un appareil |
| portable (n.m.) | téléphone ou ordinateur mobile |
| présentation du nom (n.f.) | service qui donne des informations sur l'appel |
| téléphone fixe (n.m.) | téléphone dont la ligne terminale d'abonné est située à un emplacement fixe |
| texto/SMS (n.m.) | message envoyé par téléphone mobile |
| touche (n.f.) | bouton |

**CONNECTIONS:**

**Making Connections:** Learners build, reinforce, and expand their knowledge of other disciplines while using the language to develop critical thinking and to solve problems creatively.

**VOCABULARY:**

For additional vocabulary words on technology see pages 278-279.

**3.** 📖 LIRE ❓ PARLER

**Réorganisez par ordre chronologique les différentes étapes à suivre pour télécharger une chanson d'Internet. Ensuite, réécrivez ces étapes avec des phrases complètes en employant une expression impersonnelle et le subjonctif.**

**1.** Taper votre mot de passe.          2

**2.** Rechercher l'artiste.          3

**3.** Ouvrir le programme.          1

**4.** Synchroniser votre lecteur de MP3.          6

**5.** Cliquer sur télécharger.          5

**6.** Écouter la chanson pour l'identifier.          4

**7.** Écouter la chanson pour le plaisir.          7

**4.**  **LIRE**  **ÉCRIRE**

**Regardez le passage et trouvez des exemples du subjonctif avec des expressions impersonnelles. Faites-en une liste. Il y en a six.**

*Modèle : Il est important que vous éteigniez l'ordinateur le soir.* Underlining refers to page 241, Exercise 5.

1. Il était essentiel que tu prennes une nouvelle voiture avant l'hiver.

2. Il est absolument primordial que tout le monde ait un portable.

3. Il est très utile que tu regardes la présentation du nom avant de répondre.

4. Il est obligatoire que tu apprennes à te servir de ton smartphone tout de suite!

5. Il est indispensable que tu fasses le bon numéro!

6. Il est inutile que nous nous envoyions des lettres par la poste.

## POINT**GRAMMAIRE**

Le subjonctif est employé après des expressions impersonnelles dans lesquelles le sujet est un **il** impersonnel.

**Voici quelques exemples d'expressions impersonnelles:**

| | | |
|---|---|---|
| il suffit que | il vaut mieux que | il faut que |
| il est bon que | il est (in)utile que | il est primordial que |
| il est essentiel que | il est indispensable que | il est obligatoire que |

**Pour former une phrase avec les expressions impersonnelles ci-dessous, il y a trois éléments obligatoires:**

(1) l'expression impersonnelle avec que
(2) un deuxième pronom sujet
(3) un verbe conjugué au subjonctif

Le présent du subjonctif se forme en français avec le radical de la 3e personne du pluriel du présent de l'indicatif (REGARDER- ils regard - ~~ent~~) et les terminaisons - **e, -es, - e, ions, iez, ent**.

Modèle:  parlent > parl~~ent~~ > parl + iez

  <u>Il est bon que</u>   <u>vous</u>   <u>parliez</u> français en cours.
    1        2       3

**Attention!** Les verbes aller et vouloir ont deux radicaux.
Un radical pour les formes de 'la botte'* et un autre pour les formes nous et vous.

| aller | |
|---|---|
| que j'aill**e** | que nous all**ions** |
| que tu aill**es** | que vous all**iez** |
| qu'il/elle aill**e** | qu'ils/elles aill**ent** |

| vouloir | |
|---|---|
| que je veuill**e** | que nous voul**ions** |
| que tu veuill**es** | que vous voul**iez** |
| qu'il/elle veuill**e** | qu'ils/elles veuill**ent** |

*Avez-vous remarqué qu'aux pronoms sujets pronoms sujets *je, tu, il/elle/on, ils/elles* les formes du verbe se ressemblent. C'est la botte!

## POINT**GRAMMAIRE**

### D'autres verbes à deux radicaux

| verbe | radical 1<br>je, tu, il(s), elle(s) | radical 2<br>nous, vous |
|---|---|---|
| venir (tenir, revenir, devenir) | vienn- | ven- |
| croire (voir) | croi- | croy- |
| prendre (comprendre, surprendre, apprendre) | prenn- | pren- |
| devoir | doiv- | dev- |
| apercevoir | aperçoiv- | apercev- |
| essayer* | essai- | essay- |

*Pour tous les verbes en –*yer*, on emploie le *i* pour le premier radical et le *y* pour le deuxième radical.

N'oubliez pas que les expressions impersonnelles peuvent également s'employer avec <u>de + infinitif</u> si la phrase n'a qu'un seul sujet.

Modèle: **Il** <u>est bon de vérifier</u> son orthographe dans un courriel. (un seul sujet)

**Il** <u>vaut mieux qu'**ils** fassent</u> scanner le document. (deux sujets différents)

## POINT**RAPPEL**

N'oubliez pas qu'il y a des verbes où le radical reste irrégulier à toutes les personnes:

| verbe | radical |
|---|---|
| faire | fass- |
| pouvoir | puiss- |
| savoir | sach- |

5.  **LIRE**   See Exercise 4 answers for underlining.

**Dans les phrases que vous avez trouvées pour l'exercice 4, soulignez la cause, la conjonction *que*, et le verbe au subjonctif de chacune.**

*Modèle: <u>Il est important</u> <u>que</u> vous <u>éteigniez</u> l'ordinateur le soir.*

6.  **LIRE**   **ÉCRIRE**

**Regardez à nouveau le passage et trouvez les deux propositions avec une expression impersonnelle, *de*, et un infinitif. Ensuite reformulez les phrases au subjonctif; il va falloir ajouter un deuxième sujet.**

*Modèle: <u>Il est naturel de taper</u> au lieu d'écrire à la main.*

*<u>Il est naturel qu'**ils** tapent</u> au lieu d'écrire à la main.*

Il est nécessaire que nous allumions le téléphone.
Il suffit que vous touchiez l'icône sur l'écran tactile.
(Chosen subject pronouns and verb forms will vary.)

7.  **ÉCRIRE**

**Faites une liste des étapes à suivre pour réaliser les objectifs suivants. Employez plusieurs expressions impersonnelles suivies du subjonctif pour chaque liste.**  Answers will vary slightly.

1. joindre un fichier à un mail (ou une photo ou un document)
2. créer un nouveau document
3. taper avec des accents sur l'ordinateur
4. télécharger une application sur une tablette numérique
5. autre?

» OBJECTIF  *Gérer ses priorités*

## Qu'est-ce que tu fais avant, pendant, et après l'envoi d'un message électronique ou un SMS?

**Jeanne**  *16 ans*  *Saguenay*

Avant d'envoyer un message électronique, je réfléchis un peu. En l'envoyant j'ajoute quelques émoticônes. Après avoir envoyé le mél, j'attends impatiemment la réponse.

**COMMUNICATION:**
**Interpretive Communication:**
Learners understand, interpret, and analyze what is heard, read, or viewed on a variety of topics.

**SUGGESTION:**
Ask students how many text messages they send per day and what sorts of topics are discussed in their messages. Discuss the dangers of texting while driving, which lends itself to practicing the present participle *en conduisant*.

**Marc**  *14 ans*  *Annecy*

Avant d'envoyer un SMS à une fille, il est bon de discuter du message avec ses amis. Je tremble en envoyant des textos à des filles. Après avoir envoyé un texto, très souvent, je me rends compte que j'avais fait une faute de frappe, et je me sens bête.

**Pauline**  *17 ans*  *Nîmes*

C'est toujours une bonne idée de vérifier le numéro de téléphone avant d'envoyer un message électronique. Je crois que la plupart des jeunes ne pensent pas en tapant un SMS. C'est toujours après l'avoir envoyé que je pense à une réponse créative et drôle.

**1.**  LIRE  ÉCRIRE

**Lisez les réponses de Jeanne, Marc et Pauline. Déterminez l'ordre chronologique des étapes que chacun a suivies. Ensuite recopiez la phrase du texte original qui correspond à chaque définition.**

| Ordre (n°) | Description | Phrase originale |
|---|---|---|
| | **JEANNE** | Avant d'envoyer un message électronique, je réfléchis un peu. |
| 2 | Elle envoie le message. | |
| 1 | Elle réfléchit. | |
| | **MARC** | Avant d'envoyer un SMS à une fille, il est bon de discuter du message avec ses amis. Je tremble en envoyant des texto à des filles. Après avoir envoyé un texto, très souvent, je me rends compte que j'avais fait une faute de frappe et je me sens bête. |
| 3 | Il se sent bête. | |
| 1 | Il discute avec ses amis. | |
| 2 | Il tremble et envoie en texto. | |
| | **PAULINE** | C'est toujours une bonne idée de vérifier le numéro de téléphone avant d'envoyer un message électronique. C'est toujours après l'avoir envoyé que je pense à une réponse créative et drôle. |
| 1 | Elle vérifie le numéro. | |
| 2 | Elle envoie un SMS, mais ne pense pas. | |
| 3 | Elle pense à une phrase créative et drôle. | |

## POINT**GRAMMAIRE**

**Pour exprimer l'ordre dans lequel l'action se déroule -
Ce que l'on fait avant, pendant, et après un évènement**

**SUGGESTION:**
If students have not seen the *avant de*, present participle, and past infinitive structures all together before, it may be helpful for them to use these structures by writing or speaking about their typical daily routine at school to establish the sequence of events through these structures.

Évènement

avant | pendant | après

### AVANT

Pour parler d'un évènement qui a lieu avant un deuxième évènement, on peut employer la structure **avant de** + *infinitif*.

Exemple: Avant de me coucher, je branche mon ordinateur dans une prise électrique.

Cela veut dire que la personne a branché son ordinateur en premier lieu et ensuite s'est couchée.

### PENDANT

Pour parler d'une action qui se déroule en même temps qu'une autre action, on utilise la préposition *en* + *le participe présent*. Il se forme avec le radical de la forme *nous* du verbe au présent + *ant*.

Exemple: La forme nous du verbe taper = tapons. Le radical de ce verbe est *tap-*. Ajoutez *-ant*. Le participe présent est *tapant*, alors (*en tapant = while typing* en anglais)

En tapant un SMS, elle a fait une faute de frappe car les touches sont si petites!

### APRÈS

Pour parler d'un évènement qui s'est déroulé avant un autre évènement déjà passé, on peut employer **l'infinitif passé** qui est formé de l'auxiliaire avoir ou être et du participe passé du verbe. On l'utilise souvent avec la préposition *après*.

Exemple: Après avoir sauvegardé le document, il a éteint son ordi.

Après être parti, il a changé son statut sur son réseau social.*

*les verbes qui se conjuguent avec *être* au passé composé exigent l'auxiliaire *être* pour l'infinitif passé également.

---

**2.**  LIRE  ÉCRIRE  PARLER   Answers will vary.

**Terminez chaque début de phrase de façon logique en employant du vocabulaire de la technologie.**

1. Après avoir allumé ma tablette, …
2. En téléchargeant un document, …
3. Avant de mettre une photo sur un réseau social, …
4. Après avoir déverrouillé le portable, …
5. Avant d'éteindre l'ordinateur, …
6. En faisant mes devoirs sur l'ordi, …

**3.**  LIRE  ÉCRIRE PARLER

**Cette fois-ci, inventez le début de chaque phrase en employant *avant de* et le participe présent ou *après* et l'infinitif passé.**   Answers will vary.

1. … , elle vide sa boîte de réception.
2. … , je commande un express au cybercafé.
3. … , il écoute de la musique.
4. … , il faut s'assurer d'avoir bien attaché la pièce jointe.
5. … , on met tous les brouillons dans la corbeille.

**4.** LIRE ÉCRIRE   Answers will vary.

**Faites une liste chronologique des étapes que vous suivez pour accomplir les tâches ci-dessous en employant *avant de* et le participe présent ou *après* et l'infinitif passé. N'oubliez pas que l'ordre que vous proposez montre votre façon de gérer vos priorités!**

1. mettre une vidéo sur un site Internet

**COMMUNICATION:**
**Presentational Communication:** Learners present information, concepts, and ideas to inform, explain, persuade, and narrate on a variety of topics using appropriate media and adapting to various audiences of listeners, readers, or viewers.

2. créer un diaporama pour un cours
3. télécharger une chanson d'Internet
4. mettre un blog à jour
5. taper un devoir sur l'ordi
6. changer votre statut sur un réseau social
7. identifier la photo d'un(e) ami(e) sur un réseau social

**CONNECTIONS:**
**Making Connections:** Learners build, reinforce, and expand their knowledge of other disciplines while using the language to develop critical thinking and to solve problems creatively.

**» OBJECTIF**   *Être un bon citoyen numérique*

**COMMUNICATION:**
**Interpretive Communication:** Learners understand, interpret, and analyze what is heard, read, or viewed on a variety of topics.

# Sondage sur le comportement des internautes

| | Zahara Einstein | Clémentine Bête | Et vous? |
|---|---|---|---|
| **Avez-vous une page sur un réseau social?** | J'ai ma page personnelle depuis l'âge de 13 ans, ce qui est la règle de mon réseau social. Avoir une page sur un réseau social est quelque chose qu'il faut éviter quand on est trop jeune. | Ça fait déjà 5 ans que j'ai ma page. Je ne suis pas quelqu'un qui suit les règles en général. Je suis plutôt individualiste! Ce que je fais dans la vie, ça ne regarde personne d'autre. | Answers will vary. |
| **Qu'est-ce que vous mettez sur votre page?** | J'aime bien mettre des photos qui sont drôles, mais sans identifier les personnes qui paraissent dessus. Ce que j'adore faire sur mon réseau, c'est changer mon statut – c'est rigolo! | Tout! Des photos de l'équipe de basket de l'école (qu'est-ce que ça prend du temps pour identifier tout le monde!), mon statut qui change toutes les heures (je raconte tout – où je suis, ce que je fais …) | |
| **Qu'est-ce que vous ne mettez surtout pas sur votre page?** | Les informations personnelles que j'ai envie de cacher, comme mon adresse, mon numéro de portable, le nom de mon école, etc. | Rien! Tout ce qui fait partie de ma vie y paraît! Il y a des paramètres de sécurité pour une raison, non? | |
| **Qui a le droit de regarder votre page?** | Mes amis et mon père – je lui ai demandé en ami. C'est lui qui m'aide à la surveiller – c'est très gentil! | C'est une page qui est ouverte à tout le monde. Je cherche toujours à me faire plus d'amis, donc ce que je donne comme information va m'aider à prendre contact avec des gens intéressants – mon adresse postale, mon courriel, mon numéro de téléphone. | |
| **Faut-il se méfier des réseaux sociaux?** | Oui, bien sûr! Je me méfie des cybercriminels (c'est très courant de nos jours!) et je sais que mes futurs employeurs vont essayer de trouver ma page avant de m'offrir un emploi. | Non, je crois que les gens qui pensent à ça exagèrent. | |
| **En dehors de la vie sociale, les réseaux sociaux ont-ils une raison d'être?** | Ce qui m'impressionne le plus, c'est qu'un réseau social peut servir d'une sorte de CV moderne et ça demande beaucoup de responsabilité chez l'utilisateur. | Je pense qu'à l'avenir, je m'en servirai pour le boulot, mais pour l'instant c'est rigolo – c'est tout. Ce n'est pas une activité qui sert à grand-chose. | |

**SUGGESTION:**
Students may remember Zahara Einstein and Clémentine Bête from their comments in Chapter 3 on page 145 in their job interviews. Given the two girls' previous comments as well as those on this page, ask students to comment on the personalities and responsibility level of these two individuals.

**1.**  LIRE  ÉCRIRE

**CONNECTIONS:**
**Making Connections:** Learners build, reinforce, and expand their knowledge of other disciplines while using the language to develop critical thinking and to solve problems creatively.

Lisez le tableau intitulé *Sondage sur le comportement des internautes* à la page 244. Sur une feuille de papier, dessinez un diagramme de Venn pour illustrer les similarités et les différences dans les réponses de Zahara Einstein et Clémentine Bête.

-depuis l'âge de 13 ans
-n'identifie personne
-ne donne pas d'infos personnelles
-ses amis et son père regardent sa page
-pense aux cybercriminels et aux futurs employeurs
-sa page demande beaucoup de responsabilité

-ont une page sur un réseau social
-mettent des photos sur la page
-changent leur statut

-depuis 5 ans
-identifie tout le monde
-donne beaucoup d'infos personnelles
-n'importe qui peut regarder sa page
-ne pense pas aux cybercriminels et aux futurs employeurs
-sa page, c'est rigolo

**2.**  LIRE  ÉCRIRE

Cherchez les phrases où se trouvent les pronoms du tableau (ci-dessous) sur le comportement des internautes de la lecture à la page 244. Écrivez deux exemples de phrases pour chaque pronom. Soulignez son environnement, c'est-à-dire les mots qui entourent ce pronom relatif dans chaque phrase.

| Phrases | environnement de la structure |
| --- | --- |
| **ce que** Ce que je | beginning of sentence, followed by subject |
| **ce que** donc ce que je | conjunction before, followed by subject |
| **que** quelque chose qu'il faut | noun before, followed by subject |
| **que** je crois que les gens | verb before, followed by subject |
| **ce qui** , ce qui est | sentence and comma before, followed by verb with object |
| **ce qui** Ce qui m'impressionne | beginning of sentence, followed by verb |
| **qui** quelqu'un qui suit | noun before, followed by verb |
| **qui** les gens qui pensent | noun before, followed by verb |

**3.**  PARLER  ÉCRIRE

Terminez les phrases suivantes à l'aide du pronom relatif qui convient.

**1.** ___Ce que___ tu trouves le plus utile, c'est la tablette numérique.

**2.** Les touches ___qui___ sont sur le clavier du portable sont minuscules!

**3.** Le pavé tactile sur l'ordi ___que___ j'utilise à l'école est plus difficile à utiliser que la souris.

**4.** Certains adultes ne voient pas l'utilité de ___ce que___ les jeunes font sur l'ordi, des jeux vidéo par exemple.

**5.** Tchatter sur Internet, voilà ___ce qui___ attire le plus les ados, de nos jours.

**NOTE ON EXERCISE 1:**
It is a useful skill for AP students to be able to make sentence fragments or bulleted notes (not only complete sentences) of main ideas in order to organize their ideas before writing an essay or speaking in the presentational mode.

**POINT CULTURE**

**Le téléphone mobile**

Plus de 40 millions de Français sont désormais équipés d'un téléphone mobile. 90% des jeunes de 18 à 29 ans en sont pourvus. Les jeunes sont très attirés par les nouveaux services: 92% des adolescents disposant d'un téléphone mobile ont déjà envoyé des SMS et 23% des MMS (un message contenant une image, une photo, ou du son). Cependant, en 3 ans, seuls 4% des foyers semblent avoir abandonné leur ligne fixe au profit de leur mobile.

Source: www.futura.sciences.com/fr
Permission Creative Commons

**SUGGESTION:**
Ask students to compare the percentages in the Point Culture about technology use in France to their estimation of their own use of technology.

**COMPARISONS:**
**Cultural Comparisons:** Learners use the language to investigate, explain, and reflect on the concept of culture through comparisons of the cultures studied and their own.

**NOTE:**
This graphic provides another way of thinking through these four relative pronouns, including parts of speech, possible English equivalents, and linguistic environment.

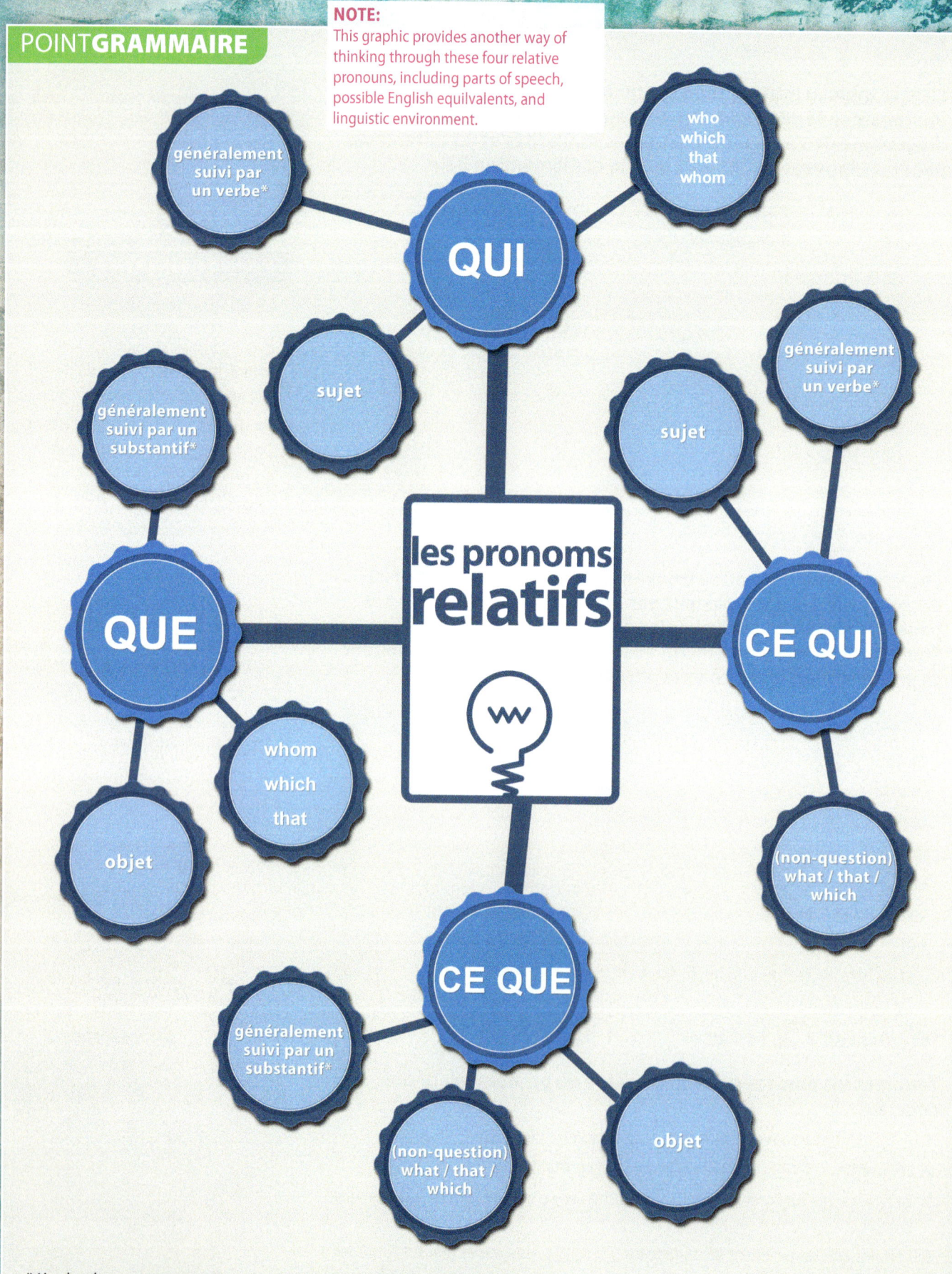

\* L'ordre des mots peut varier pour des raisons stylistiques dans certains cas.

**4.**  **ÉCRIRE**

**Composez des phrases pour expliquer comment vous gérez votre vie d'internaute. Utilisez les commentaires de Zahara Einstein et Clémentine Bête comme modèles.** Answers will vary.

1. ce que vous mettez sur Internet:

2. les gens que vous ajoutez sur votre page perso d'un réseau social:

3. ce qui est votre application préférée:

4. les gens qui vous demandent en ami:

## La citoyenneté numérique

| | |
|---|---|
| maîtrisez votre réputation sur Internet | téléchargez une chanson que vous n'avez pas achetée |
| soyez responsable | utilisez un traducteur électronique |
| pensez à votre avenir | commettez un plagiat |

**COMMUNICATION:**
**Interpretive Communication:** Learners understand, interpret, and analyze what is heard, read, or viewed on a variety of topics.

**5.**  **ÉCRIRE**

**Écrivez une composition qui décrit les responsabilités et les dangers d'Internet pour les étudiants du 21ᵉ siècle. Soyez précis et donnez des exemples. Employez du vocabulaire de la technologie et les quatre types de pronoms relatifs abordés dans ce chapitre. Vous pourrez utiliser le tableau ci-dessus sur la citoyenneté numérique pour vous aider à penser aux idées.** Answers will vary.

**COMMUNICATION:**
**Presentational Communication:** Learners present information, concepts, and ideas to inform, explain, persuade, and narrate on a variety of topics using appropriate media and adapting to various audiences of listeners, readers, or viewers.

**EXPLORER:**
For additional exercises, AP® practice tasks, discussion forums, and external links, go to *APprenons* Explorer at **learningsite.waysidepublishing.com**

**CONNECTIONS:**
**Making Connections:** Learners build, reinforce, and expand their knowledge of other disciplines while using the language to develop critical thinking and to solve problems creatively.

**SUGGESTION:**
The table on La citoyenneté numérique relates to the theme/context of *La famille et la communauté - La citoyenneté*. It could be used as the basis for a discussion on that topic.

» Interpretive Communication: PRINT TEXTS

 **LIRE**

La sélection suivante est accompagnée de plusieurs questions. Pour chaque question, choisissez la meilleure réponse selon la sélection.

**THEME/CONTEXT:**
La science et la technologie - La technologie et ses effets sur la société

**SECONDARY THEME/CONTEXT:**
La quête de soi - L'identité linguistique

*CIAO*

### Introduction

*SALUT*

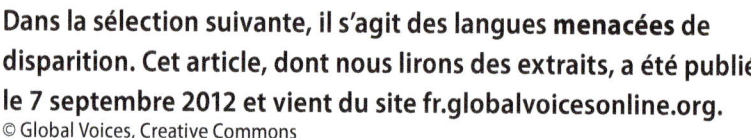

Dans la sélection suivante, il s'agit des langues **menacées de disparition**. Cet article, dont nous lirons des extraits, a été publié le 7 septembre 2012 et vient du site fr.globalvoicesonline.org.
© Global Voices, Creative Commons

# Garder vivantes les langues menacées de disparition, grâce à l'Internet

Ne restera-t-il bientôt que l'anglais et le chinois sur le web? Ou bien la technologie aidera-t-elle à maintenir en vie nos multiples langues maternelles?

Eddie Avila, directeur de Rising Voices, souligne la différence entre langues menacées de disparition et langues sous-représentées. Trois des membres du panel travaillent sur ces dernières dans des langues africaines sans présence proportionnelle en ligne. Pour que les jeunes comprennent que leur langue appartient à l'avenir et non au passé, il faut qu'ils la voient présente sur internet et dans des
10 logiciels localisés (comme OpenOffice).

### Boukary Konate

Boukary (@fasokan, il blogue sur Fasokan.com), vient du Mali, et parle le bambara, une des quelque quinze langues du Mali. Le bambara est parlé par environ 80% de la population. L'enseignement commence en langue maternelle, et se poursuit
15 en français et anglais. Il pense qu'il est crucial de conserver sa langue natale en ligne, c'est pourquoi il blogue en bambara et en français. La langue se transmet dans les villages avec les cours **d'alphabétisation**, Boukary a donc créé des cours pour encourager les enfants à écrire et raconter des histoires dans
20 leur langue maternelle.

Le bambara nécessite quatre caractères qui lui sont propres, et que ne possèdent pas les claviers **occidentaux**. Mais le clavier QWERTY standard dispose de caractères inutilisés, comme le Q, qui n'existe pas en bambara, des substitutions peuvent donc
25 être faites manuellement et des caractères échangés. Quelqu'un a développé une application Facebook / Twitter compatible avec le bambara, permettant de poster des statuts en langue maternelle.

Est-ce que des claviers virtuels, basés sur des logiciels, pourraient nous aider à surmonter les limitations des claviers physiques

30 créés pour les langues dominantes? (Voir plus d'informations sur la page des claviers langues d'ANLOC). Accentuate.us est une autre solution. C'est une excellente extension Firefox qui "vous permet de taper vite et facilement dans plus de 100 langues sans touches supplémentaires ni clavier spécial."

 SVEIKI

## Abdoulaye Bah

35 Abdoulaye est un blogueur de Global Voices du groupe francophone. Originaire de Guinée, il vit en Italie et France. Au courant de sa vie, il a parlé 8 langues, mais celle qu'il connaît le moins est la sienne, le peul. Il a pratiqué davantage les autres langues, dont il avait besoin pour des raisons concrètes. Le peul

40 est parlé comme première ou seconde langue dans pas moins de 18 pays africains, dont la Guinée, où 40% de la population le parle, ainsi que la Mauritanie, le Cameroun, le Tchad, et des parties de l'Éthiopie.

Beaucoup de problèmes qu'affronte cette langue viennent de ce

45 qu'elle n'est pas enseignée à l'école. Les gens apprennent à l'écrire par des cours particuliers, ou pas du tout. Abdoulaye voit dans la pratique des blogs l'une des seules voies pour garder la langue vivante. Il y a de nombreux blogs en peul. Les vidéos en ligne sont une autre présence de la langue en ligne, qui surmonte l'obstacle

50 que plus de gens parlent la langue que ne l'écrivent.

 HI

La semaine passée, Google a lancé son opération EndangeredLanguages.com avec l'Alliance pour la Diversité Linguistique. Le premier défi est de compter les langues menacées de disparition. L'initiative Google liste plus de

55 3.000 langues, dont certaines sont plutôt sous-représentées que menacées. Seules 285 langues ont une édition Wikipédia de quelque importance (et beaucoup moins, une édition consistante). Le **fossé** entre les 3.054 langues recensées par Google et les 285 éditions Wikipédia illustre le défi de mettre en

60 ligne les langues en danger.

 ПРИВІТ

1. **Quel est le but de l'article?**
   a. vendre des appareils numériques au Mali et en Guinée
   b. faire rire le lecteur
   c. encourager une diversité linguistique sur Internet
   d. changer l'enseignement des langues dans le système éducatif

2. **Quelle langue ne représente pas une menace envers d'autres langues?**
   a. le peul
   b. le chinois
   c. le français
   d. l'anglais

3. **Quel est le ton de l'auteur dans cet article?**
   a. ludique
   b. instructif
   c. humoristique
   d. moqueur

4. **Qu'est-ce qu'on apprend dans un cours d'alphabétisation?**
   a. les lettres de l'alphabet
   b. l'orthographe des mots
   c. à taper sur le clavier d'un ordinateur
   d. à lire et écrire une langue

5. **Quel est le plus grand obstacle que rencontre le bambara en ligne?**
   a. Les claviers européens et nord-américains ne correspondent pas au bambara.
   b. Les grandes langues essaient de dominer Internet.
   c. Il n'y a pas d'appli qui correspond aux caractères en bambara.
   d. Le bambara est uniquement une langue orale.

**LIRE**  **ÉCOUTER**

Vous allez lire un passage et écouter une sélection audio. Pour la lecture, vous aurez un temps déterminé pour la lire. Pour la sélection audio, vous aurez d'abord un temps déterminé pour lire une introduction et pour parcourir les questions qui vous seront posées. la sélection sera présentée deux fois. Après avoir écouté la sélection une première fois, vous aurez 1 minute pour commencer à répondre aux questions; après avoir écouté la sélection une deuxième fois, vous aurez 15 secondes par question pour finir de répondre aux questions. Pour chaque question, choisissez la meilleure réponse selon la sélection audio ou la lecture et indiquez votre réponse sur votre feuille de réponse.

**THEME/CONTEXT:**
La science et la technologie - La technologie et ses effets sur la société
**SECONDARY THEME/CONTEXT:**
La famille et la communauté - Les rapports sociaux

### SOURCE 1:

### Introduction:

**Cette sélection, qui parle de l'accès à Internet, vient du site www.futura-sciences.com. Dans cet extrait, il s'agit des résultats d'une enquête sur la diffusion des technologies de l'information (TIC) dans la société française, menée par l'Autorité de régulation des télécommunications (ART), le Conseil Général des technologies de l'Information (Cgti) et le Centre de recherche pour l'étude et l'observation des conditions de vie (Crédoc).** © Futura Sciences

## L'accès à Internet

Selon l'étude, 30 % des personnes de plus de 18 ans, et 40 % des 12–17 ans avaient accès à l'internet depuis leurs domiciles en juin 2003, dont un tiers à haut débit.

*Ligne*
5 Les inégalités d'accès à l'internet sont manifestes. Le taux d'équipement des **ménages** les plus **aisés** (67 %), des cadres supérieurs (66 %) comme des diplômés du supérieur (60 %) est nettement supérieur à celui des foyers les plus modestes (14 %), des ouvriers (21 %) et des femmes au **foyer** (19 %).

40 % des internautes visionnent des mini-clips vidéo sur
10 l'internet, 30 % utilisent le réseau en mode peer to peer pour télécharger de la musique, des films ou des logiciels. En revanche, les services de messagerie instantanée et de jeux en réseau s'adressent à un public plus ciblé d'adolescents et de jeunes de 18–24 ans.

15 Les achats sur l'internet sont en progression: 7 % des personnes de 18 ans et plus avaient déjà utilisé ce mode d'achats en juin 2001; ils sont 13 % en juin 2003. Mais 79 % des personnes ne pensent toujours pas effectuer des achats par internet dans les douze mois.

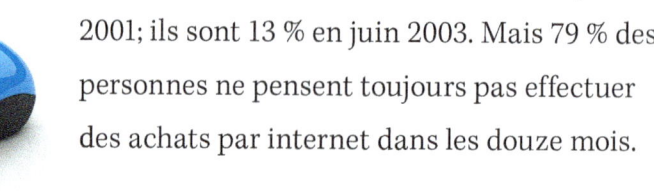

20  Les personnes les plus âgées ressentent moins le besoin de recourir aux technologies de l'information: à partir de 60 ans, moins de la moitié des personnes disposent d'un téléphone mobile, et moins d'un quart à partir de 70 ans; 14 % des retraités seulement disposent d'un ordinateur à leur domicile, et, parmi

25  eux, la moitié seulement l'utilise effectivement.

Selon le Crédoc, il n'y a quasiment plus aucun adolescent pour considérer que «l'internet n'est pas utile à la vie quotidienne», et seulement un quart des personnes de plus de soixante ans. En revanche, le coût apparaît toujours comme étant le principal

30  frein tant à l'accès au micro-ordinateur qu'à l'internet, qu'il s'agisse du coût des communications ou du coût du matériel.

## SOURCE 2: SÉLECTION AUDIO

**AUDIOSCRIPT:**
The audioscript for each listening activity is supplied in Appendix F of this Teacher's Edition and online in Explorer.

**Vocabulaire**
boulverser
diffuser
onde
sans fil

## Introduction:

Dans cette sélection audio il s'agit d'une façon de se connecter à Internet. Cet extrait audio vient de l'émission *De quoi je me mail,* dirigée par François Sorel et **diffusée** sur la radio RMC le 12 octobre 2012. © François Sorel, RMC

1. **Selon le passage, quel est le principal obstacle à l'utilisation d'Internet à la maison?**

   a. l'âge des gens

   b. le prix

   c. le nombre de pièces de la maison

   d. le caractère modeste des gens

2. **Selon l'extrait audio, en quoi cette nouvelle technologie est-elle limitée?**

   a. Elle ne fonctionne que dans une seule pièce.

   b. Elle transmet des données.

   c. L'appareil s'attache au mur.

   d. Elle n'est pas assez lumineuse.

3. **Dans le passage, qu'est-ce que les mots «il n'y a quasiment plus aucun adolescent» veulent dire?**

   a. seulement un adolescent

   b. pas un seul adolescent

   c. tous les adolescents

   d. pratiquement pas d'adolescent

4. **Qu'est-ce qu'on a dit pendant l'extrait audio au sujet du wifi?**

   a. Le lifi remplace complètement le wifi.

   b. On n'a pas besoin de wifi dans les hôpitaux.

   c. Le wifi est déjà démodé et ne va pas durer longtemps.

   d. Les gens auraient beaucoup de mal à survivre sans le wifi.

5. **Selon le passage, quelle activité est pratiquée plus souvent que télécharger de la musique?**

   a. faire du shopping en ligne

   b. regarder des vidéoclips

   c. communiquer avec des amis

   d. jouer aux jeux virtuels

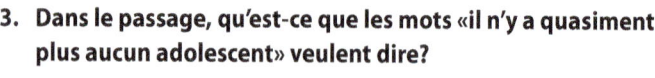

## » Interpretive Communication: AUDIO TEXTS

**ÉCOUTER**

**AUDIOSCRIPT:**
The audioscript for each listening activity is supplied in Appendix F of this Teacher's Edition and online in Explorer.

Vous allez écouter une sélection audio. Vous aurez d'abord un temps déterminé pour lire l'introduction et pour parcourir les questions qui vous seront posées. La sélection sera présentée deux fois. Après avoir écouté la sélection une première fois, vous aurez 1 minute pour commencer à répondre aux questions; après avoir écouté la sélection une deuxième fois, vous aurez 15 secondes par question pour finir de répondre aux questions. Pour chaque question, choisissez la meilleure réponse selon la sélection audio et indiquez votre réponse sur la feuille de réponse.

## Introduction:

Dans cet extrait audio, un professeur de français langue étrangère (FLE), Jean Michel Quarantotti, parle du rôle de la technologie dans la salle de classe. Monsieur Quarantotti travaille à Casablanca American School au Maroc. © Elizabeth Rench

**Vocabulaire**
péjoratif (-ve)

**THEME/CONTEXT:**
La vie contemporaine - L'éducation et l'enseignement

**SECONDARY THEME/CONTEXT:**
La science et la technologie - La technologie et ses effets sur la société

1. **Quel adjectif représente le mieux l'idée de «presse-bouton» selon cet extrait?**
   a. ennuyeux
   b. patient
   c. ambitieux
   d. paresseux *(entouré)*

2. **D'après l'ancien instituteur de Jean Michel, les élèves faisaient partie de cette génération «presse-bouton». Quel est le ton de cette classification?**
   a. informatif
   b. amusant
   c. éducatif
   d. défavorable *(entouré)*

3. **Le portable a complètement reformé la vie de tous les jours. Quel exemple Jean Michel donne-t-il?**
   a. la correspondance écrite
   b. les leçons de français
   c. l'heure d'un rendez-vous *(entouré)*
   d. ça donne des directives pour aller à un endroit précis

4. **Les élèves de Monsieur Quarantotti ne s'intéressent pas beaucoup à écrire une lettre. D'après lui, pourquoi?**
   a. L'écriture à l'encre est trop difficile.
   b. Les autres formats sont plus pertinents. *(entouré)*
   c. Ils ne connaissent pas de destinataire.
   d. Les timbres coûtent trop cher.

5. **D'après cet extrait audio, en ce qui concerne la technologie, Jean Michel a une attitude plutôt:**
   a. optimiste. *(entouré)*    c. inquiète.
   b. pessimiste.    d. irritable.

**» Interpersonal Writing: E-MAIL REPLY**

 **ÉCRIRE**  **LIRE**

Vous allez écrire une réponse à un message électronique. Vous aurez 15 minutes pour lire le message et écrire votre réponse. Votre réponse devrait débuter par une salutation et terminer par une formule de politesse. Vous devriez répondre à toutes les questions et demandes du message. Dans votre réponse, vous devriez demander des détails à propos de quelque chose mentionnée dans le texte. Vous devriez également utiliser un registre de langue soutenue.

**SCORING GUIDELINES:**
See the scoring guidelines proposed by The College Board for the AP® French Language Culture Exam for the Interpersonal Writing: E-mail Reply, the Presentational Writing: Argumentative Essay, the Interpersonal Speaking: Conversation, and the Presentational Speaking: Cultural Comparison exercises.

**THEME/CONTEXT:**
La science et la technologie - Les nouveaux moyens de communication

### Introduction:

C'est un message électronique de Mamadou Ndiaye de techinfo.sn. Vous recevez ce message parce que vous avez contacté le service pour demander des informations précises concernant votre problème technologique.

De: <u>Mamadou Ndiaye <technifo.sn></u>
Objet: **abonnement**

Dakar, le 21 avril 2013

Monsieur ou Mademoiselle,

Félicitations et bienvenue sur techinfo.sn! Nous vous remercions de votre abonnement et vous demandons quelques informations supplémentaires *Ligne* en ce qui concerne votre problème technologique 5 afin de vous aider à trouver une solution.

- Quel genre d'appareil numérique est en panne?

- Quelle est la marque et quel est le modèle de l'appareil?

10 - En quelle année l'avez-vous acheté?

- Précisez les problèmes dans la mesure du possible.

- Qu'est-ce que vous avez essayé de faire jusqu'à présent pour résoudre le problème?

15 Dès que je serai en possession de toutes les informations nécessaires, je vous contacterai pour que notre technicien puisse vous fixer un rendez-vous.

Bien cordialement,

Mamadou Ndiaye

**COMMUNITIES:**
**School and Global Communities:** Learners use the language both within and beyond the classroom to interact and collaborate in their community and the globalized world.

» Presentational Writing: ARGUMENTATIVE ESSAY

**LIRE**   **ÉCOUTER**

**ÉCRIRE**

Vous allez écrire un essai argumentatif pour un concours d'écriture de langue française. Le sujet de l'essai est basé sur trois sources ci-jointes, qui présentent des points de vue différents sur le sujet et qui comprennent à la fois du matériel audio et imprimé. Vous aurez d'abord 6 minutes pour lire le sujet de l'essai et le matériel imprimé. Ensuite, vous écouterez l'audio deux fois; vous devriez prendre des notes pendant que vous écoutez. Enfin, vous aurez 40 minutes pour préparer et écrire votre essai. Dans votre essai, vous devriez présenter les points de vue différents des sources sur le sujet et aussi indiquer clairement votre propre point de vue que vous défendrez à fond. Utilisez les renseignements fournis par toutes les sources pour soutenir votre essai. Quand vous ferez référence aux sources, identifiez-les de façon appropriée. Organisez aussi votre essai en paragraphes bien distincts.

**THEME/CONTEXT:**
La science et la technologie - La technologie et ses effets sur la société

**SUJET DE LA COMPOSITION:**

La technologie est-elle une nécessité absolue au 21e siècle?

**SOURCE 1:** 📕

## Introduction:

**Dans cette sélection il s'agit de vivre avec ou sans la technologie. Cet article a été écrit par Éric Dupin et vient du site www.presse-citron.net.** © Éric Dupin, Presse citron

# Peut-on vivre sans la technologie?

J'entends dire parfois que la science a remplacé la religion (enfin, pas partout) et que certains s'effraient de l'omnipotence de la technologie.

*Ligne*
5 N'étant ni scientifique ni religieux j'aurais du mal à me prononcer sur cette assertion, mais je constate avec surprise au hasard de certaines rencontres qu'il existe encore autour de nous des gens qui n'utilisent pas la technologie. Mais alors pas du tout.

Ainsi ai-je dans mes relations deux personnes (2) qui ne
10 possèdent pas de téléphone mobile. Je ne parle pas de smartphone, mais bien du bon vieux mobile basique qui sert juste à téléphoner, un truc purement pratique, vous savez. L'un d'entre eux ne possède d'ailleurs pas de voiture, et je le soupçonne même de ne pas avoir le permis de conduire (oui
15 c'est suspect ☺). Bizarre pour un père de famille quadragénaire urbain bobo quand même, non?

Je constate également que les personnes en question sont divisées en deux catégories.

Dans la première catégorie, celles qui font de l'hostilité aux
20 nouvelles technologies une affaire de principe qui confine à l'engagement politico-idéologique, dans lequel on retrouve **pêle-mêle** altermondialisme, refus de la société de consommation et militantisme écologique (ce qui va souvent ensemble d'ailleurs). Ces personnes n'ont rien contre les
25 technologies en tant que telles, mais les refusent pour tous les

dommages collatéraux qu'elles seraient supposées occasionner, en omettant quand même de mettre dans la balance les progrès qu'elles constituent pour l'homme, et même pour l'humanité, soyons fous.

30  Dans la deuxième catégorie, on trouve des personnes qui, malgré un niveau socio-culturel et professionnel plutôt élevé, ignorent les nouvelles technologies parce qu'elles n'en voient pas l'utilité, préférant privilégier un mode de vie dans lequel le contact dans la vie réelle serait fondamental. Je parle de
35  *contact dans la vie réelle à* défaut de trouver une meilleure terminologie car je fais la différence avec le contact humain: l'erreur la plus fréquente que commettent ceux qui sont réfractaires à internet par exemple, est de penser que c'est un outil d'aliénation et d'isolement. Nous savons tous que, bien utilisé, c'est exactement l'inverse:
40  voir l'engouement pour les réseaux sociaux, les forums, et les messageries instantanées. Pour un exemple de prétendue aliénation je peux donner 10 exemples de socialisation.

Les *yes-life* (en opposition aux no-life, hahaha) sont aussi ceux qui n'utilisent pas les guichets automatiques mais vont retirer leur argent à la banque pour
45  tout payer en espèces (comme certains commerçants, mais pour d'autres raisons . . . ). Nous pourrions certainement trouver de nombreux autres exemples de refus de la technologie.

Bien sûr, on peut vivre et être heureux sans la technologie, c'est parfois un choix délibéré et parfaitement respectable qui nous amène accessoirement
50  à réfléchir sur la vanité de la course au dernier gadget (je sais de quoi je parle . . . ), mais il y a une certitude: ceux qui font ce choix par peur de voir disparaître les «vrais» rapports humains se trompent.

C'est un **leurre** de penser que la technologie est aliénante pour l'homme. Toute l'histoire de l'évolution, et son accélération phénoménale aux 20ème
55  et 21ème siècles tendent à prouver le contraire: de l'imprimerie au chemin de fer, de l'aviation à la TSF (transmission sans fil), de la presse écrite à la télévision, les grandes innovations adoptées en masse sont celles qui ont permis à l'homme de communiquer, et aux hommes de se rapprocher.

**SOURCE 2:**

## Introduction:

Dans cette sélection il s'agit des exportations en haute technologie de Belgique, de France, du Luxembourg, et de Suisse. Le graphique original a été publié en 2011 par EuroStat. © Eurostat

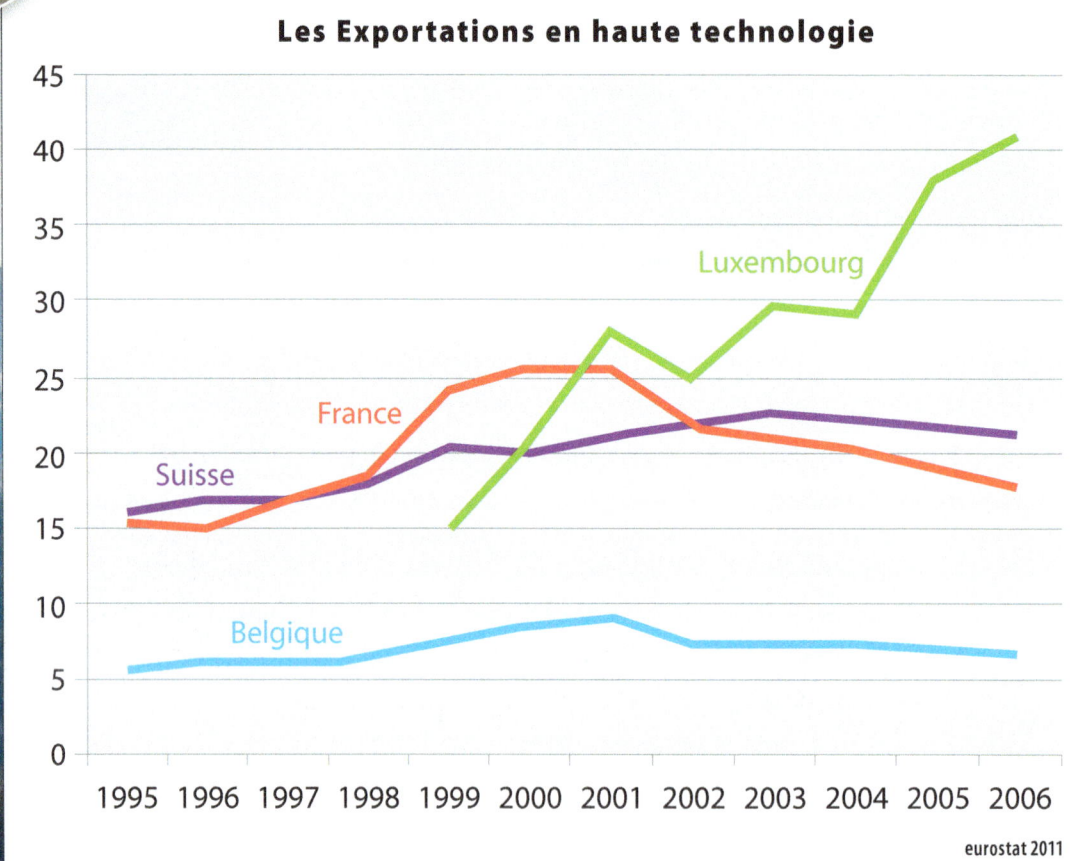

### Les Exportations en haute technologie

Luxembourg
France
Suisse
Belgique

eurostat 2011

**CULTURES:**
**Relating Cultural Practices to Perspectives:** Learners use the language to investigate, explain, and reflect on the relationship between practices and perspectives of the cultures studied.

**CONNECTIONS:**
**Acquiring Information and Diverse Perspectives:** Learners access and evaluate information and diverse perspectives that are available through the language and its cultures.

## SOURCE 3: SÉLECTION AUDIO

### Introduction:

Dans cette sélection audio il s'agit de l'utilité des appareils numériques et la possibilité de s'en servir dans des endroits inattendus. Cet extrait audio vient de l'émission *De quoi je me mail,* dirigée par François Sorel et diffusée sur la radio RMC le 5 octobre 2012. © François Sorel, RMC

**AUDIOSCRIPT:**
The audioscript for each listening activity is supplied in Appendix F of this Teacher's Edition and online in Explorer.

**Vocabulaire**
milliampère

**SUGGESTIONS:**

Ideas for composition organization:

**Introduction Source 1 viewpoint:**

One certainly can live without technology, but technology has permitted humans to communicate with each other and to become closer.

**Source 2 viewpoint:**

Of the four European countries shown (Belgium, Switzerland, France, and Luxembourg), all four have seen an increase in technology exports in the eleven year period shown (seven year period for Luxembourg).

**Source 3 viewpoint:**

Devices now exist so that a person can charge digital devices such as phones, tablets and computers in remote areas such as in the mountains or in campsites.

**Student's own viewpoint:** Conclusion

# Leçon **2** | Préparez-vous pour l'examen

 **» Interpersonal Speaking: CONVERSATION**

 **LIRE**  **ÉCOUTER**  **PARLER**

**THEME/CONTEXT:**
La science et la technologie - La technologie et ses effets sur la société

Vous allez participer à une conversation. D'abord, vous aurez une minute pour lire une introduction à cette conversation qui comprend le schéma des échanges. Ensuite, la conversation commencera, suivant le schéma. Quand ce sera à vous de parler, vous aurez 20 secondes pour enregistrer votre réponse. Vous devriez participer à la conversation de façon aussi complète et appropriée que possible.

## Introduction

**C'est une conversation avec Amina, une copine qui voudrait acheter un appareil numérique et vous demande des conseils. Vous participez à cette conversation parce que vous en avez plusieurs.**

| | |
|---|---|
| Amina | Elle vous salue et vous informe qu'elle a une question. |
| Vous | Dites que vous avez le temps et que vous aimeriez l'aider si possible. |
| Amina | Elle vous demande ce que vous pensez de votre ordinateur portable. |
| Vous | Donnez deux raisons pour lesquelles vous aimez cet ordinateur et parlez d'une caractéristique qui ne vous plaît pas. |
| Amina | Elle vous demande ce que vous pensez de votre nouvelle tablette numérique. |
| Vous | Dites-lui combien vous adorez la tablette et expliquez pourquoi en donnant plusieurs exemples. |
| Amina | Elle vous demande de recommander l'un ou l'autre appareil. |
| Vous | Recommandez un appareil de préférence à l'autre et expliquez pourquoi vous faites cette recommandation. |
| Amina | Elle vous remercie et vous dit quand elle vous reverra. |
| Vous | Dites-lui au revoir et quand vous la reverrez. |

**AUDIOSCRIPT:**
The audioscript for each listening activity is supplied in Appendix F of this Teacher's Edition and online in Explorer.

**COMMUNITIES:**
**School and Global Communities:**
Learners use the language both within and beyond the classroom to interact and collaborate in their community and the globalized world.

## » Presentational Speaking: CULTURAL COMPARISON

 **PARLER**  **LIRE**

Vous allez faire un exposé pour votre classe sur un sujet spécifique. Vous aurez 4 minutes pour lire le sujet de présentation et préparer votre exposé. Vous aurez alors 2 minutes pour l'enregistrer. Dans votre exposé, comparez votre propre communauté à une région du monde francophone que vous connaissez. Vous devriez montrer votre compréhension des facettes culturelles du monde francophone. Vous devriez aussi organiser clairement votre exposé.

**THEME/CONTEXT:**
La vie contemporaine - L'éducation et l'enseignement

**SECONDARY THEME/CONTEXT:**
La science et la technologie - La technologie et ses effets sur la société

# Sujet de la présentation:

Décrivez les nouvelles technologies en salle de classe aux États-Unis et comparez-les à celles dont on dispose en Europe et en Afrique francophone.

**COMPARISONS:**
**Cultural Comparisons:** Learners use the language to investigate, explain, and reflect on the concept of culture through comparisons of the cultures studied and their own.

**LIRE**

La sélection suivante est accompagnée de plusieurs questions. Pour chaque question, choisissez la meilleure réponse selon la sélection.

PHNOM PENH, CAMBODGE

**THEME/CONTEXT:**
La science et la technologie - Les choix moraux

**SECONDARY THEME/CONTEXT:**
Les défis mondiaux - Les droits de l'être humain

## Introduction:

**Cette sélection parle de la liberté d'expression en ligne au Cambodge, un pays francophone en Asie. L'article a été publié le 19 avril 2014 sur le site de Global Voices Advocacy, qui sert à combattre la cyber-censure.** © Global Voices, Creative Commons

# Cambodge: Un projet de loi liberticide pour Internet

Les internautes cambodgiens et les organisations de défense des droits de l'homme dénoncent un **projet de loi** contre la cybercriminalité contenant des dispositions qui pourraient nuire à la liberté d'expression.

*Ligne*

5  Bien que le gouvernement ait refusé de commenter le projet de loi, Article 19, une organisation de défense des médias, basée à Londres, a obtenu une traduction anglaise non officielle du projet. Le gouvernement avait annoncé son intention d'adopter une loi anti-cybercriminalité en 2012, mais il n'a tenu aucune

10  consultation publique à propos de cette proposition au cours de ces deux dernières années.

Selon le Phnom Penh Post, le principal quotidien du Cambodge de langue anglaise, le projet de loi a été rédigé par le Groupe de travail du Conseil des ministres pour la formulation de la loi sur

15  la cybercriminalité.

De nombreux internautes ont condamné les dispositions répressives du projet de loi, en particulier l'article 28, qui criminalise le contenu web qui «**entrave** la souveraineté et l'intégrité du Royaume du Cambodge.» Comme si cela ne

20  suffisait pas, la même disposition pénalise la publication en ligne qui «génère l'insécurité, l'instabilité et la cohésion politique». Il y a peu d'information de la population sur le délit contre la «cohésion politique».

[...]

Les personnes reconnues coupables de cyber **délits** seront

25  sanctionnées par une amende allant de 2 000 000 à 6 000 000
de riels (500 à 1 500 dollars US). Les critiques soulignent que
les sanctions prévues dans le projet de loi sont plus lourdes que
celles appliquées aux mêmes délits lorsqu'ils sont commis hors
ligne.

30  Chak Sopheap, directeur exécutif du Centre cambodgien pour
les droits de l'homme, a écrit que ce projet de loi sur Internet
pourrait être utilisée pour harceler et punir les critiques du
gouvernement.

[...]

L'Internet s'est avéré être une plate-forme efficace pour le
35  partage et la diffusion de nouvelles et d'informations sur la vie
politique cambodgienne. À l'occasion des élections de l'année
dernière, les partis d'opposition avaient exploité avec succès
la puissance des médias sociaux pour recruter des militants
et gagner des voix. Les jeunes avaient ouvertement critiqué les
40  politiciens et la corruption dans le gouvernement par le biais des
réseaux en ligne. Comme les stations de télévision sont financées
par des entreprises pro-gouvernement, des nouvelles sur les
grèves et les manifestations de l'opposition ces derniers mois
n'ont principalement été rapportées que sur Internet.

45  S'il est adopté, le projet de loi sur la cybercriminalité pourrait
constituer un des principaux obstacles juridiques pour les
journalistes, les empêchant de publier en ligne leurs articles sur
des questions d'intérêt public, et pour les militants des partis
politiques qui cherchent à critiquer ou exiger des changements
50  des dirigeants politiques. S'il est adopté, il pourrait exposer les
Cambodgiens à des peines sévères pour leurs écrits critiques en
ligne, par une réglementation plus stricte d'Internet et la censure
sur les médias sociaux.

**SUGGESTION:**
Ask students to examine the two photos of Cambodia and describe what they see. What do they find surprising? What comparisons can be made to their own country or other countries?

1. **Pourquoi les organisations de défense des droits de l'homme dénoncent-elles cette loi cambodgienne?**

   a. Ce que l'on trouve sur Internet n'est pas toujours juste.

   b. C'est une violation des droits fondamentaux.

   c. Les Cambodgiens ne veulent pas de grande compagnie technologique basée à *Phnom Penh*.

   d. Il est dangereux pour la culture cambodgienne d'accepter la technologie occidentale.

2. **Le gouvernement cambodgien a demandé des consultations et des remarques concernant cette loi de la part:**

   a. du public et de la presse.

   b. de plusieurs associations bénévoles.

   c. d'un comité de professionnels.

   d. d'aucune personne en dehors du gouvernement.

3. **D'où vient la plupart de cette information au sujet de la loi proposée?**

   a. du gouvernement cambodgien

   b. du quotidien *Phnom Penh Post*

   c. d'une traduction non-officielle

   d. de l'Article 28, une ONG

4. **Les amendes et les sanctions pour les cybers délits sont:**

   a. plus sévères que les mêmes délits hors ligne.

   b. aussi sévères que les mêmes délits hors ligne.

   c. moins strictes que les mêmes crimes dans la vraie vie.

   d. aussi strictes que les mêmes crimes dans la vraie vie.

5. **Pourquoi Internet est-il essentiel pour les partis politiques d'opposition?**

   a. pour recruter les gens, surtout les jeunes

   b. pour diffuser leur message sans censure

   c. pour informer le peuple sur les manifestations

   d. pour toutes les raisons ci-dessus

**SOURCE 1:** 📖

## Introduction:

**AUDIOSCRIPT:**
The audioscript for each listening activity is supplied in Appendix F of this Teacher's Edition and online in Explorer.

**Dans cette sélection il s'agit des distributeurs automatiques de nourriture et de boissons à l'école, des appareils qui permettent aux élèves de se servir sans la surveillance d'un adulte. C'est un article qui paraît sur le site guide-ecole.ch, un guide qui sert à promouvoir la bonne santé dans les écoles en Suisse.** © www.guide-ecole.ch

# Promouvoir une alimentation équilibrée en supprimant les distributeurs ou en proposant une gamme de produits équilibrés dans ces derniers

## Pourquoi est-ce important?

Les distributeurs incitent très souvent les enfants à une surconsommation de boissons sucrées, de chocolats et d'autres sucreries. La corrélation entre la consommation de

*Ligne*
boissons sucrées et la prise de poids est significative. De plus
5  la consommation de tels produits favorise le développement de caries et de diabète de type 2.

La problématique des distributeurs est relativement complexe. S'il est évident qu'en terme d'exemplarité, la présence de distributeurs à l'école doit être combattue, les données de la
10  littérature scientifique ne sont pas claires quand à l'impact d'une telle mesure (légèrement bénéfique). Toutefois un lien existe entre le nombre de distributeurs de boissons sucrées dans les établissements et leur consommation, de même qu'entre une politique publique restrictive et le nombre de distributeurs.

15  Par ailleurs, les distributeurs génèrent des revenus pour l'école ou le propriétaire de la cafétéria (caisse pour des voyages d'étude ou sorties scolaires, financement du personnel) et leur

*(suite à la page suivante)*

---

📖 **LIRE** 🎧 **ÉCOUTER**

Vous allez lire un passage et écouter une sélection audio. Pour la lecture, vous aurez un temps déterminé pour la lire. Pour la sélection audio, vous aurez d'abord un temps déterminé pour lire une introduction et pour parcourir les questions qui vous seront posées. la sélection sera présentée deux fois. Après avoir écouté la sélection une première fois, vous aurez 1 minute pour commencer à répondre aux questions; après avoir écouté la sélection une deuxième fois, vous aurez 15 secondes par question pour finir de répondre aux questions. Pour chaque question, choisissez la meilleure réponse selon la sélection audio ou la lecture et indiquez votre réponse sur votre feuille de réponse.

**THEME/CONTEXT:**
La science et la technologie - Les découvertes et les inventions
**SECONDARY THEME/CONTEXT:**
Les défis mondiaux - L'alimentation
**TERTIARY THEME/CONTEXT:**
Les défis mondiaux - La santé

### SOURCE 1 (SUITE):

suppression en est complexifiée. Enfin, à partir d'un certain âge (enseignement postobligatoire), l'interdiction peut être
20 contradictoire à l'acquisition de responsabilité et d'autonomie. Il en ressort que la suppression est à évaluer de manière différente entre l'enseignement obligatoire et le postobligatoire.

## Recommandations

Selon la littérature scientifique, l'influence de l'école sur la façon de se nourrir est non négligeable, d'autant plus que les
25 enfants et adolescents passent la plus grande partie de leur journée à l'école et qu'ils y mangent régulièrement lors des récréations et des repas de midi. Afin d'être cohérent, l'offre alimentaire doit soutenir le message de promotion d'une alimentation équilibrée.

30 Il est par conséquent recommandé de réfléchir à la pertinence et à la nécessité de mettre des distributeurs de boissons et d'aliments à disposition des élèves à l'école obligatoire et de modifier leur contenu en proposant une offre équilibrée au postobligatoire.

## Comment agir?

35 • Renoncer si possible aux distributeurs dans les établissements de la scolarité obligatoire.

• Si un distributeur d'aliments et de boissons est nécessaire, négocier l'offre afin d'y intégrer des aliments d'une meilleure valeur nutritionnelle: eaux minérales gazeuses (pour l'eau plate, valoriser l'eau du robinet), jus de fruits
40 (sans sucre ajouté), yogourts, yogourts à boire, lait, barres de céréales au naturel, fruits, sandwiches, salades. Éviter les produits **édulcorés** dont la consommation n'est pas recommandée pour les enfants, limiter également la
45 possibilité pour ceux-ci d'acheter du café, des boissons énergisantes et bien sûr interdire les boissons alcoolisées.

- Identifier la/les personne(s) validant le choix des produits mis en vente dans l'appareil et vérifiant chaque semestre le respect de ce choix ainsi que les prix.

50 
- Vendre les produits équilibrés à un prix plus attractif que ne le sont les barres chocolatées ou les boissons sucrées dans les commerces **de proximité**.

- Choisir un distributeur de pommes ainsi que ses variations (pommes séchées, jus de pommes).

55 
- Faire participer les enfants au choix des produits après les avoir sensibilisés à l'importance d'une alimentation équilibrée.

- Varier l'offre alimentaire malgré la présence de distributeurs: par ex. organiser des ventes de fruits ou de produits laitiers 
60 avec certaines classes.

- Mettre à disposition une fontaine à eau potable branchée sur le secteur.

- Favoriser la consommation d'eau du **robinet** et son accès en autorisant l'utilisation de bouteilles personnelles.

**SOURCE 2: SÉLECTION AUDIO**

**AUDIOSCRIPT:**
The audioscript for each listening activity is supplied in Appendix F of this Teacher's Edition and online in Explorer.

**Vocabulaire**
chausson
onglet
surveillé(e)

## Introduction:

Dans cette sélection audio, on parle d'une application qui sert à l'achat des billets de trains sans l'intermédiaire de l'employé qui travaille au guichet. L'extrait audio s'appelle *Prendre le train sans billet avec l'application Voyages SNCF* et a été tiré du site applegeek.fr. © Ling-en Hsia

1. **Pourquoi le locuteur dans l'extrait audio a-t-il décidé de se servir de cette application sur son téléphone?**
   a. Il a oublié son billet pour le retour.
   b. Il a oublié son billet pour l'aller.
   c. Il a oublié ses chaussons.
   d. Il n'a rien oublié.

2. **Les distributeurs automatiques laissent les jeunes gérer leurs choix alimentaires. D'après l'article, pour quelle raison ne doit-on pas enlever ces distributeurs?**
   a. Les parents d'élèves veulent qu'ils soient à la disposition de leurs enfants.
   b. Les distributeurs ne gagnent pas d'argent pour l'école.
   c. Les écoles n'ont pas les moyens d'embaucher des employés pour vendre ces aliments et boissons.
   d. Il faut que les élèves apprennent à bien choisir leurs aliments et leurs boissons.

3. **Dans le contexte de la sélection audio, que veut dire *l'onglet mes billets*?**
   a. Quelque chose que l'on met sur le doigt pour utiliser l'application.
   b. Le bouton sur lequel on clique pour fixer son rendez-vous pour une manucure dans le train.
   c. Le bouton sur lequel on clique pour acheter un billet.
   d. Le bouton sur lequel on clique pour réserver un repas dans le train.

4. **Dans le contexte de l'extrait écrit, quelle solution potentielle remplace la technologie non surveillée des distributeurs par une vente surveillée?**
   a. le fait de remplacer les produits sucrés par des produits sains
   b. demander aux élèves d'acheter à boire et à manger dans les magasins du quartier
   c. demander aux élèves de boire de l'eau du robinet au lieu de l'eau minérale du distributeur
   d. le fait de remplacer le distributeur classique par un distributeur de pommes

5. **Selon le podcast, comment le contrôleur peut-il régler le problème d'un billet oublié ou perdu dans le cas d'un portable oublié ou perdu?**
   a. Il peut téléphoner directement à la SNCF avec votre portable.
   b. Il accepte les cartes de crédit dans le train.
   c. Il peut faire scanner le flashcode.
   d. Il peut faire une recherche pour voir votre billet si vous avez une pièce d'identité.

**SUGGESTION:**
Ask students to describe instances in which they choose to buy products either from vending machines or through an application or website instead of dealing directly with a human being. Which do they prefer and why?

## » Interpretive Communication: AUDIO TEXTS

 **ÉCOUTER**

Vous allez écouter une sélection audio. Vous aurez d'abord un temps déterminé pour lire l'introduction et pour parcourir les questions qui vous seront posées. La sélection sera présentée deux fois. Après avoir écouté la sélection une première fois, vous aurez 1 minute pour commencer à répondre aux questions; après avoir écouté la sélection une deuxième fois, vous aurez 15 secondes par question pour finir de répondre aux questions. Pour chaque question, choisissez la meilleure réponse selon la sélection audio et indiquez votre réponse sur la feuille de réponse.

**Vocabulaire**
dégivrage
tergiversation

### Introduction:

**Dans cette sélection audio, il s'agit de la technologie aéronautique. Le podcast s'intitule *Visite à Roissy de l'A380* et a été diffusé le 6 juin 2007 sur le site aeroweb-fr.net. L'auteur de cet extrait s'appelle Guillaume Boucherat.** © Aeroweb-fr.net

**AUDIOSCRIPT:**
The audioscript for each listening activity is supplied in Appendix F of this Teacher's Edition and online in Explorer.

**THEME/CONTEXT:**
La science et la technologie - Les découvertes et les inventions

**SECONDARY THEME/CONTEXT:**
La science et la technologie - La recherche et ses nouvelles frontières

1. **Airbus, un constructeur aéronautique basé en France, et Boeing, un constructeur aéronautique basé aux États-Unis sont concurrents. Comment s'appelle l'un des modèles de Boeing qui a reçu une énorme commande cette semaine-là selon le podcast?**

   a. 380     c. 350

   (b.) 737     d. 747

2. **L'Aéroport de Roissy, Charles de Gaulle, accueillera combien d'avions A380 le 1ᵉʳ juin?**

   (a.) 10     d. 30

   b. 80

   c. 6

3. **L'avion A380 subit une batterie de tests. Dans le contexte de l'extrait audio, quelle serait la définition la plus appropriée du mot «dégivrage»?**

   a. faire baisser le niveau d'alcool dans le carburant

   b. faire augmenter le niveau d'alcool dans le carburant

   c. maintenir le verglas pour le bon fonctionnement de l'avion

   (d.) enlever le verglas de l'extérieur de l'avion

4. **Beaucoup de chiffres sont cités dans cette sélection. De quoi s'agissent-ils pour la plupart?**

   a. la date des commandes importantes

   b. les prix et le moyen de paiement

   c. le nombre de lignes aériennes concernées

   (d.) le nombre d'avions et les modèles commandés

5. **Quel est le but de ce podcast?**

   a. distraire

   (b.) informer

   c. chercher de la clientèle

   d. vendre dans le domaine de l'aéronautique

» **Interpersonal Writing: E-MAIL REPLY**

 **LIRE**  **ÉCRIRE**

Vous allez écrire une réponse à un message électronique. Vous aurez 15 minutes pour lire le message et écrire votre réponse. Votre réponse devrait débuter par une salutation et terminer par une formule de politesse. Vous devriez répondre à toutes les questions et demandes du message. Dans votre réponse, vous devriez demander des détails à propos de quelque chose mentionnée dans le texte. Vous devriez également utiliser un registre de langue soutenue.

**THEME/CONTEXT:**
La vie contemporaine - Le monde du travail
**SECONDARY THEME/CONTEXT:**
La science et la technologie - Les choix moraux

## Introduction:

Dans cette sélection, il s'agit d'un stage pour lequel vous avez posé votre candidature. C'est un stage d'été où vous aideriez des utilisateurs d'Internet à résoudre leurs problèmes informatiques. Le directeur des ressources humaines vous pose quelques questions sur la dimension éthique de travailler avec les données personnelles des autres.

de: damien@aidetechno.ci

Abidjan, le 3 septembre 2015

Cher/chère stagiaire potentiel(le),

Nous accusons réception de votre lettre de motivation pour le stage d'été chez Aidetechno.ci.

*Ligne*
Chez Aidetechno.ci nous cherchons à fournir
5 des réponses à toute question technologique concernant Internet, des logiciels et des applications pour tablette. Nos clients, qui vivent dans de nombreux pays francophones de l'Afrique de l'ouest, nous appellent par téléphone ou par
10 messagerie instantanée et puis nous répondons tout de suite à leurs questions. Il nous faut des stagiaires qui soient **astucieux** et rapides d'esprit ainsi que d'une intégrité inébranlable.

Pour passer à l'étape suivante dans le traitement
15 de votre dossier, veuillez répondre aux questions ci-dessous qui portent sur des sujets d'éthique en rapport avec ce poste.

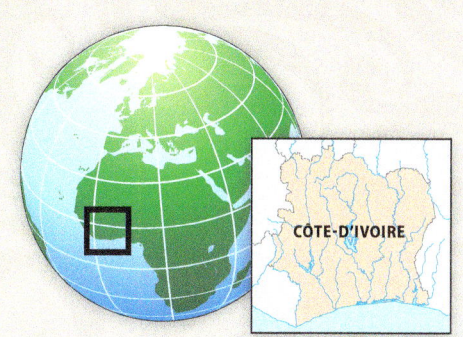

20   • Vous aurez accès aux données personnelles de nos clients. Décrivez ce que vous ferez pour protéger ces données pendant et après la transaction.

  • Décrivez un comportement que vous jugeriez contraire à l'éthique dans ce poste comme stagiaire.

25   • Quel serait l'impact réel du comportement que vous avez cité pour la question précédente sur le client?

Si vous avez des questions sur le stage pour l'été prochain, n'hésitez pas à nous contacter par
30 courrier électronique ou par téléphone. Nous vous tiendrons au courant de votre candidature dans les semaines qui viennent.

Dans l'attente de vous lire, nous vous prions d'agréer l'expression de nos salutations les plus
35 distinguées.

Damien Koudou

Directeur,

Aidetechno ressources humaines

**COMMUNITIES:**
**School and Global Communities:** Learners use the language both within and beyond the classroom to interact and collaborate in their community and the globalized world.

**LIRE**  **ÉCOUTER**

 **ÉCRIRE**

Vous allez écrire un essai argumentatif pour un concours d'écriture de langue française. Le sujet de l'essai est basé sur trois sources ci-jointes, qui présentent des points de vue différents sur le sujet et qui comprennent à la fois du matériel audio et imprimé. Vous aurez d'abord 6 minutes pour lire le sujet de l'essai et le matériel imprimé. Ensuite, vous écouterez l'audio deux fois; vous devriez prendre des notes pendant que vous écoutez. Enfin, vous aurez 40 minutes pour préparer et écrire votre essai. Dans votre essai, vous devriez présenter les points de vue différents des sources sur le sujet et aussi indiquer clairement votre propre point de vue que vous défendrez à fond. Utilisez les renseignements fournis par toutes les sources pour soutenir votre essai. Quand vous ferez référence aux sources, identifiez-les de façon appropriée. Organisez aussi votre essai en paragraphes bien distincts.

**THEME/CONTEXT:**
La science et la technologie - Les nouveaux moyens de communication
**SECONDARY THEME/CONTEXT:**
La famille et la communauté - L'amitié et l'amour

**SUJET DE LA COMPOSITION:**

En quoi la technologie facilite-t-elle ou empêche-t-elle un véritable échange communicatif entre les êtres humains (à l'oral et à l'écrit)?

**SOURCE 1:**

### Introduction:

L'article suivant a été tiré du blog espritvif.com sous la rubrique *Vie sociale*. Dans cet extrait, il s'agit de l'expression sur Internet.
© Ling-en Hsia.

# Internet, l'eldorado de l'expression

*Internet a amélioré la communication entre les gens. Mais au-delà de la simple communication, qu'en est-il de la véritable expression?*

*Une **ère** d'(in)expression*

Ligne    Avant, il fallait être «quelqu'un» pour être entendu.

5    Aujourd'hui, chacun peut le faire et c'est une opportunité non négligeable. On peut tous créer un compte Twitter, Facebook ou un blog si on veut une présence plus complète et **affermie** sur le web. Alors que les comptes sur les réseaux sociaux sont gratuits, créer un blog (avec ses nombreux bénéfices

10    uniquement), est financièrement très accessible. Un nom de domaine et un espace d'hébergement pour son site coûtent moins de 30€ par an. Des milliers d'artistes se sont fait connaître à travers le vlogging (video blogging) et Youtube. Ils n'auraient pas pu autrement. Dans nos sociétés de plus en plus

15    individualistes et techno-dépendantes, l'homme est plus que jamais seul.

Personnellement, l'un des moments que je crains le plus quand je sors de chez moi le matin, c'est de devoir partager l'ascenseur avec un de mes voisins. Ne rien avoir à dire avec [sic] un visage

20    que l'on **cotoie** depuis 20 ans. L'année dernière, j'ai même découvert que pour des sujets de discussion quelque peu plus délicats avec mes amis même très proches, je préfère . . . envoyer un SMS. Passer un appel pour parler d'argent, pour remettre

25 un RDV à plus tard . . . tout ça, je préfère éviter le malaise et communiquer textuellement. Finalement, est-ce que notre capacité à communiquer a baissé? Est-ce qu'il y a un impact **néfaste** sur notre quotidien?

*Un aire d'expression*

30 Le blog et les réseaux sociaux, c'est avant tout un espace d'expression. Et qu'on l'admette ou non, on a tous ce besoin profond de partager nos pensées, nos désirs, nos rêves et parfois aussi nos souffrances. Après, qu'on veuille le faire publiquement ou pas, c'est autre chose. Certes. Tout le monde ne ressent pas ce besoin. Mais c'est la possibilité de le faire grâce au web qui 35 est intéressante. Prenons un exemple. Lors de mon adolescence, j'ai découvert les langages de l'amour. Une compréhension des choses qui changera littéralement le cours de ma vie (en bien évidemment). Et si c'est le cas, j'ai non seulement l'envie de le partager sur la blogosphère. J'en ressens pratiquement un 40 devoir moral. Du moins, c'est la manière dont je vis les choses.

Dernièrement, j'ai eu des débats sur Facebook quelque peu tendu sur des sujets de société et sur la politique. Depuis que j'ai quitté les bancs du lycée et de la fac, je n'ai plus tellement l'occasion de confronter mes idées à ceux des autres autour 45 d'un débat. Et je suis reconnaissant auprès de Facebook, d'avoir permis cela. Si tu veux créer ton blog pour toi aussi avoir ta plateforme d'expression, voici un tutoriel pour créer un blog professionnel.

*Un air d'expression?*

50 Et toi, que penses-tu du web comme terre d'expression? Est-ce réel et utile, ou penses-tu simplement que c'est du vent? Laisse un commentaire!

**SOURCE 2:**

## Introduction

Dans cette sélection, il s'agit des statistiques d'une enquête, effectuée en 2013 et publiée en 2014, sur les raisons pour lesquelles les citoyens du Luxembourg ne soumettent pas les formulaires gouvernementaux sur Internet. L'auteur de l'enquête s'appelle Cécile de Puydt. Les données sont présentées par tranche d'âge.

© STATEC (Institut national de la statistique et des études économiques du Luxembourg)

| Raisons pour ne pas avoir rempli de formulaires des autorités publiques en ligne, en fonction de l'âge (en %) | | | | | |
|---|---|---|---|---|---|
| Raison | Total | 16-24 ans | 25-39 ans | 40-59 ans | 60 ans et + |
| Je n'ai dû soumettre aucun formulaire officiel. | 44.9 | 59.7 | 41 | 44.2 | 37.6 |
| Je préfère les contacts personnels et me rendre sur place. | 41.6 | 44 | 42.7 | 38.3 | 46.9 |
| J'ai davantage confiance lorsque je les soumets en version papier. | 38.5 | 38.1 | 38.4 | 38.1 | 40 |
| Je préfère obtenir une réponse immédiate. | 19.9 | 23.4 | 19.4 | 20.1 | 17.5 |
| Je suis inquiet par rapport à la protection et à la sécurité de mes données personnelles. | 19.2 | 17.4 | 15.1 | 21.6 | 22.2 |
| Je devrai de toute façon me rendre sur place ou rendre un formulaire papier pour ce genre de services. | 18.1 | 23 | 17.4 | 17.3 | 18.1 |
| Absence de ou problèmes avec la signature électronique ou carte d'identité / certificat électronique. | 17.4 | 12.3 | 18.6 | 18.2 | 16.5 |
| Autre raison. | 16 | 13.5 | 16 | 17.6 | 13.6 |
| Manque de compétences ou de connaissances. | 13.3 | 4.2 | 10.7 | 13.9 | 24 |
| Quelqu'un d'autre l'a fait en mon nom. | 8.3 | 13.7 | 4.4 | 10.4 | 6.1 |
| Le site web ne proposait pas ce genre de services. | 7.8 | 7.4 | 11.8 | 6.3 | 3.8 |

Source: STATEC. Enquête sur l'utilisation des TIC dans les ménages et par les particuliers 2013; personnes ayant utilisé Internet au cours des 12 mois précédant l'enquête.

**CULTURES:**
**Relating Cultural Practices to Perspectives:** Learners use the language to investigate, explain, and reflect on the relationship between practices and perspectives of the cultures studied.

**CONNECTIONS:**
**Acquiring Information and Diverse Perspectives:** Learners access and evaluate information and diverse perspectives that are available through the language and its cultures.

## SOURCE 3: SÉLECTION AUDIO 🎧

### Introduction

Cet extrait audio est une interview réalisée avec Christophe Peiffer, qui tient le blog www.leblogdesrapportshumains.fr. L'interview porte de nom *Besoins relationnels et communication virtuelle* et paraît sur le site espritvif.com. © Ling-en Hsia

**AUDIOSCRIPT:**
The audioscript for each listening activity is supplied in Appendix F of this Teacher's Edition and online in Explorer.

**Vocabulaire**
lâcheté
suivi

**SUGGESTIONS:**

Ideas for composition organization:

**Introduction**

**Source 1 viewpoint:**

The Internet (blogs, videoblogs, social networking, etc.) is a space where self expression is supported. It is an opportunity to express oneself through one's keyboard or videocamera instead of face to face. For some people this venue is a more comfortable way to communicate.

**Source 2 viewpoint:**

In a survey conducted in Luxembourg regarding Internet use, respondents reported not using the Internet for submitting government forms for reasons such as preferring face to face contact (from 41 to 47%), wanting an immediate response (from 17% to 20%), or being worried about the safety of personal information on the Internet (from 17% to 18%). The oldest agegroup (60 and older) had the strongest preference for face to face contact.

**Source 3 viewpoint:**

Virtual communication is an effective way to begin a discussion or relationship, but it needs to be followed up by actual human contact.

**Student's own viewpoint:**

**Conclusion**

## » Interpersonal Speaking: CONVERSATION

 **LIRE**    **ÉCOUTER**    **PARLER**

**AUDIOSCRIPT:**
The audioscript for each listening activity is supplied in Appendix F of this Teacher's Edition and online in Explorer.

Vous allez participer à une conversation. D'abord, vous aurez une minute pour lire une introduction à cette conversation qui comprend le schéma des échanges. Ensuite, la conversation commencera, suivant le schéma. Quand ce sera à vous de parler, vous aurez 20 secondes pour enregistrer votre réponse. Vous devriez participer à la conversation de façon aussi complète et appropriée que possible.

## Introduction

**Votre père ne sait pas utiliser les réseaux sociaux. Il vous pose des questions et vous lui expliquez les étapes nécessaires pour communiquer sur un réseau social.**

| | |
|---|---|
| Père | Il vous demande comment s'inscrire sur un réseau social. |
| Vous | Dites-lui qu'il faut choisir un réseau et expliquer comment on crée un compte. |
| Père | Il est encouragé par votre réponse et il vous demande la prochaine étape. |
| Vous | Dites-lui qu'il faut commencer à créer sa page personnelle. |
| Père | Il vous demande ce qu'il peut faire sur ce réseau. |
| Vous | Expliquez-lui une autre fonction de ce réseau social et comment l'utiliser. |
| Père | Il est intéressé, mais il est inquiet au sujet de la sécurité de ses données personnelles. |
| Vous | Expliquez-lui les paramètres de sécurité sur ce réseau et rassurez-le. |
| Père | Il vous demande de l'aide pour créer un compte. |
| Vous | Répondez-lui et donnez un rendez-vous pour commencer son compte. |

**THEME/CONTEXT:**
La science et la technologie - Les nouveaux moyens de communication

**SECONDARY THEME/CONTEXT:**
La science et la technologie - La technologie et ses effets sur la société

**COMMUNITIES:**
**School and Global Communities:**
Learners use the language both within and beyond the classroom to interact and collaborate in their community and the globalized world.

## » Presentational Speaking: CULTURAL COMPARISON

 LIRE  PARLER

Vous allez faire un exposé pour votre classe sur un sujet spécifique. Vous aurez 4 minutes pour lire le sujet de présentation et préparer votre exposé. Vous aurez alors 2 minutes pour l'enregistrer. Dans votre exposé, comparez votre propre communauté à une région du monde francophone que vous connaissez. Vous devriez montrer votre compréhension des facettes culturelles du monde francophone. Vous devriez aussi organiser clairement votre exposé.

# Sujet de la présentation:

La technologie se définit comme l'ensemble des connaissances et pratiques concernant une technique industrielle.[1] Comparez l'importance de la technologie dans la vie quotidienne aux États-Unis à celle d'un pays francophone que vous connaissez. Ne parlez pas uniquement de votre portable et votre ordinateur, mais considérez aussi la haute technologie dans l'aéronautique, l'architecture, l'agriculture, les sciences, etc.

[1] www.linternaute.com. Accédé le 7 juillet 2014.

**AUDIOSCRIPT:**
The audioscript for each listening activity is supplied in Appendix F of this Teacher's Edition and online in Explorer.

**THEME/CONTEXT:**
La science et la technologie - La technologie et ses effets sur la société

**SECONDARY THEME/CONTEXT:**
La science et la technologie - Les découvertes et les inventions

**COMPARISONS:**
**Cultural Comparisons:** Learners use the language to investigate, explain, and reflect on the concept of culture through comparisons of the cultures studied and their own.

## Compréhension

**abonnement** (n.m.) (254) souscription

**allumer** (v.) (238) faire fonctionner, actionner un appareil électrique

**appareil** (n.m.) (238) instrument

**affermi(e)** (adj.) (272) fortifié, ancré

**aisé(e)** (adj.) (250) qui vit d'une manière confortable

**alphabétisation** (n.f.) (248) transmission des connaissances de base de lecture et d'écriture

**appuyer sur** (v.) (239) exercer une pression sur

**arrêt** (n.m.) (238) fait de s'arrêter

**astucieux** (-euse) (adj.) (270) qui a de l'ingéniosité

**boulverser** (v.) (252) introduire un brusque changement

**bulle de BD** (n.f.) (238) élément d'une bande dessinée où sont inscrites les pensées et paroles des personnages

**chausson** (n.m.) (268) chaussure souple destinée à être portée en intérieur

**cotoyer** (v.) (272) fréquenter

**de proximité** (adv.) (267) proche dans l'espace

**dégivrage** (n.m.) (269) action d'enlever le givre

**délit** (n.m.) (262) infraction à la loi

**déverrouiller** (v.) (238) ouvrir

**diffuser** (v.) (252) transmettre

**écran tactile** (n.m.) (238) moniteur informatique qui réagit au contact des doigts

**édulcoré(e)** (adj.) (266) artificiellement sucré

**entraver** (v.) (262) gêner

**ère** (n.f.) (272) époque

**filtrer** (v.) (238) soumettre à un contrôle

**fossé** (n.m.) (249) séparation

**foyer** (n.m.) (250) lieu où habite une famille

**glisser** (v.) (238) se déplacer sur l'écran par un mouvement continu

**lâcheté** (n.f.) (275) manque de courage

**EXPLORER:**
For vocabulary flashcards, additional exercises, AP® practice tasks, discussion forums, and external links, go to *APprenons* Explorer at **learningsite.waysidepublishing.com**

**leurre** (n.m.) (257) erreur

**marche** (n.f.) (238) fonctionnement d'un appareil

**menacé(e)** (adj.) (248) en danger

**ménage** (n.m.) (250) famille

**milliampère** (n.m.) (259) unité de mesure d'intensité électrique

**néfaste** (adj.) (273) nuisible, désastreux

**occidental** (adj.) (248) qui appartient à la civilisation européenne

**onde** (n.f.) (252) vibration qui se propage

**onglet** (n.m.) (268) symbole en forme d'échancrure pour signaler une nouvelle section

**péjoratif (-ve)** (adj.) (253) qui implique un jugement négatif

**pêle-mêle** (adv.) (256) confusément, en désordre

**portable** (n.m.) (238) téléphone ou ordinateur mobile

**présentation du nom** (n.f.) (238) service qui donne des informations sur l'origine d'un appel

**projet de loi** (n.m.) (262) texte de loi soumis au Conseil d'État par le gouvernement

**réseau** (n.m.) (244) ensemble de personnes qui sont en contact les unes avec les autres

**robinet** (n.m.) (267) dispositif qui sert à retenir ou à faire écouler un liquide

**sans fil** (adv.) (252) qui connecte différents postes ou systèmes par ondes radio

**suivi** (n.m.) (275) surveillance permanente d'une personne sur une période prolongée

**surveillé(e)** (adj.) (268) observé

**téléphone fixe** (n.m.) (238) téléphone dont la ligne terminale d'abonné est située à un emplacement fixe

**tergiversation** (n.f.) (269) le fait d'inventer des excuses pour ne pas avoir à accomplir une action

**texto/SMS** (n.m.) (239) message envoyé par téléphone mobile

**touche** (n.f.) (238) bouton

**GLOSSARY:**
Vocabulary words from each chapter also appear in the Glossary in Appendix B, beginning on page 505. French-French, French-English, and English-French glossaries are provided.

## Pour mieux s'exprimer à ce sujet

**arobase** (n.m.) signe typographique @ utilisé dans les adresses électroniques

**AZERTY** (adj.) nom du clavier dactylographique utilisé dans les pays francophones

**brouillon** (n.m.) ébauche, première version d'un document

**clavier** (n.m.) ensemble des touches d'un appareil

**corbeille** (n.f.) poubelle

**courriel** (n.m.) l'abréviation de courrier électronique

**effacer** (v.) faire disparaître ce qui était écrit

**étape** (n.f.) phase d'une progression

**éteindre** (v.) faire cesser de fonctionner

**fichier** (n.m.) document électronique

**gérer** (v.) administrer des affaires

**internaute** (n.m./n.f.) celui ou celle qui utilise Internet

**logiciel** (n.m.) software, programme de traitement de données

**maîtriser** (v.) contrôler, dominer

**moteur de recherche** (n.m.) application permettant d'accéder à des ressources sur la toile (ressource web)

**numérique** (adj.) digital

**pavé tactile** (n.m.) dispositif de pointage formé d'une surface plane sensible au toucher

**pièce jointe** (n.f.) document ou fichier annexé au corps d'un message électronique

**poste de travail** (n.m.) élément d'un ordinateur qui permet à l'utilisateur d'avoir accès aux ressources locales de son ordinateur

**prise** (n.f.) connecteur permettant de relier les appareils domestiques ou industriels au réseau électrique

**sauvegarder** (v.) effectuer la sauvegarde d'un document pour le protéger

**souris** (n.f.) petit appareil permettant de contrôler le curseur sur l'écran

**supprimer** (v.) faire disparaître

**tableau blanc interactif** (n.m.) tableau sur lequel on peut afficher le contenu d'un ordinateur et le contrôler à l'aide d'un crayon-souris

**taper** (v.) écrire sur un ordinateur

**télécharger** (v.) copier ou transférer des données d'un autre ordinateur à son propre ordinateur

**ADDITIONAL VOCABULARY:**
The vocabulary words that appear in the *Pour mieux s'exprimer à ce sujet* category are presented as supplementary vocabulary to enhance students' expression on the topics of the chapter.

VILLE DE QUÉBEC, CANADA

# QUESTIONS ESSENTIELLES

1. Quels sont les plus grands défis environnementaux du monde actuel?

2. Quelles en sont les origines?

3. Quelles y sont les solutions potentielles?

PARIS, FRANCE

# Chapitre 6

# L'esprit écolo

» **OBJECTIF** *Faire le tri dans sa vie*

1. ✎ **ÉCRIRE**

**VOCABULARY:**
For additional vocabulary related to the environment, see pages 334-335.

**Dans la liste des mots donnés ci-dessous, identifiez les objets qui sont fabriqués avec les matières suggérées ci-contre.**

| | | |
|---|---|---|
| un pot | un **pneu** | une bouteille de vin |
| un journal | une bouteille de shampooing | une canette de coca |
| un **flacon** de parfum | une boîte de comprimés | une boîte de conserve |
| un élastique à cheveux | une **étagère** | une boîte en carton |
| une cuillère | un **bocal** | un vase |

**Quels sont les objets …**

1. en **bois**
2. en verre
3. en papier
4. en plastique
5. en métal
6. en aluminium
7. en **caoutchouc**

1. une cuillère, une étagère
2. un pot, un flacon de parfum, un bocal, une bouteille de vin, un vase
3. un journal, une boîte en carton
4. une cuillère, une boîte de comprimés, une bouteille de shampooing
5. une cuillère, une boîte de conserve
6. une canette de coca
7. un élastique à cheveux, un pneu

**ANNE** – Arnaud, merci de m'aider à ranger le grenier et le sous-sol. J'en ai marre! C'est vraiment le bazar! On commence par lequel des deux?

**ARNAUD** – T'inquiète pas, Maman. On va s'en sortir! Commençons par le grenier. On va faire le tri: à garder, à recycler, à réemployer, ou à jeter.

**ANNE** – Regarde – deux vieilles chaises que des amis nous ont offertes à notre mariage il y a 20 ans. Qu'est-ce qu'on en fait?

**ARNAUD** – Elles sont confortables … si j'en prenais une pour ma chambre? Je préfère la réutiliser au lieu de la jeter.

**ANNE** – Tu veux laquelle, donc? Celle-ci ou celle-là?

**ARNAUD** – Celle-là – elle est plus grande. Et regarde, tout un carton de bocaux à conserve. Tata Béa m'a dit qu'elle compte faire de la confiture ce week-end. Je lui en donnerai.

**ANNE** – Mais, elle n'a pas besoin de tout ça! Tu lui donnes lesquels?

**ARNAUD** – Voyons … seulement ceux qui ont des couvercles. Je peux recycler les autres. Le verre se recycle facilement.

**ANNE** – De tous mes enfants, tu es celui qui pense le plus à l'environnement, Arnaud.

**ARNAUD** – Je suis très fier d'être le plus écoresponsable de la famille! … Ouah! Ces photos sont magnifiques! Qui les a prises?

**ANNE** – Celles-là … ta grand-mère, je dirais.

**ARNAUD** – Je peux prendre celles qui montrent le centre-ville de Lyon à l'époque? Je fais un projet sur Lyon pour mon cours d'histoire.

**ANNE** – Tiens … voici un vieil album dans lequel tu pourras mettre celles que tu choisiras.

**COMMUNICATION:**
**Interpretive Communication:** Learners understand, interpret, and analyze what is heard, read, or viewed on a variety of topics.

**2.**  LIRE  ÉCRIRE

**Relisez le dialogue entre Arnaud et sa mère. Trouvez les pronoms de la liste ci-dessous et relevez dans le dialogue le mot ou les mots au(x)quel(s) chaque pronom se réfère. Ensuite donnez le sens du pronom dans son contexte.**

| pronom | référence dans le contexte | sens en anglais |
|---|---|---|
| lequel | On commence par lequel des deux? | which one |
| laquelle | Tu veux laquelle, donc? | which one |
| lesquels | Tu lui donnes lesquels? | which ones |
| lesquelles | - | - |
| celui | Tu es celui qui pense le plus à l'environnement. | the one |
| celle | ... celle-ci ou celle-là? | this one/that one |
| ceux | ... seulement ceux qui ont des couvercles | the ones |
| celles | ... tu pourras mettre celles que tu choisiras | the ones |

**NOTE:**
Exercise 2 is designed to be a discovery activity for which students will find the target structure in the reading and see how it is used in context.

**3.**  ÉCRIRE

**Terminez les phrases avec le pronom *celui* à la forme qui convient.**

**1.** Les matières recyclables sont meilleures que _____celles_____ qui ne le sont pas.

**2.** Si on parle du bois, _____celui_____ que je préfère, c'est l'**érable**.

**3.** _____Ceux_____-ci sont noirs, mais _____ceux_____-là sont jaunes.

**4.** Quelle voiture est la plus écolo? _____Celle_____ de Corinne.

**5.** La poubelle pour les objets recyclables, c'est _____celle_____ qui est verte.

**4.**  ÉCRIRE

**Terminez les phrases avec le pronom *lequel* à la forme qui convient.**

**1.** La raison pour _____laquelle_____ la famille recycle, c'est qu'ils pensent à l'avenir de leurs petits-enfants.

**2.** Elle adore les deux vases en bois, mais _____lequel_____ préfère-t-elle?

**3.** J'ai compris les réponses de pratiquement tous les jeunes, qui sont de très bons candidats pour notre groupe. Mais le troisième candidat, dans la réponse _____duquel_____ je n'ai pas entendu beaucoup de solutions vertes, ne me semble pas très écoresponsable.

**4.** Qui a posé toutes ces boîtes en carton devant ma porte? C'est le monsieur _____auquel_____ l'immeuble appartient.

## Le pronom *lequel*

- **se réfère à un antécédent qui le précède dans le contexte**
- **varie en genre et en nombre en fonction de son antécédent**

| |
|---|
| lequel (m./sing.) |
| laquelle (f./sing.) |
| lesquels (m./pl.) |
| lesquelles (f./pl.) |

Le pronom *interrogatif* **lequel**:
- permet de choisir dans un ensemble.
  **exemple:** Il y a trois verres. Lequel est à mon mari? (which one)

Le pronom *relatif* **lequel**:
- se réfère à quelque chose déjà présent dans le contexte et fonctionne comme le pronom *que*, mais avec une préposition.
  **exemples:** Voici le carton **dans lequel** j'ai rangé mes livres. (in which)
  C'est la poubelle **sur laquelle** elle a marqué 'plastique'. (on which)

Attention: le pronom se contracte avec les prépositions *à* ou *de*.

| | |
|---|---|
| à + lequel = auquel | de + lequel = duquel |
| à + laquelle = à laquelle | de + laquelle = de laquelle |
| à + lesquels = auxquels | de + lesquels = desquels |
| à + lesquelles = auxquelles | de + lesquelles = desquelles |

**exemples:** Le centre de recyclage près duquel j'habite n'accepte plus l'aluminium.
(près de + lequel = près duquel)
Les questions auxquelles tu penses sont très importantes.
(à + lesquelles = auxquelles)

## Le pronom démonstratif *celui*

- **remplace un nom qui le précède dans le contexte**
- **varie en genre et en nombre en fonction de son antécédent**

| |
|---|
| celui (m./sing.) |
| celle (f./sing.) |
| ceux (m./pl.) |
| celles (f./pl.) |

Le pronom **celui** employé avec un suffixe indique la proximité de l'objet mentionné.
  **exemple:** Ces deux verres sont différents. **Celui-ci** est bleu et **celui-là** est vert.
  (this one/that one)

Le pronom **celui** employé avec la préposition *de* peut indiquer la possession.
  **exemple:** Les nouvelles voitures hybrides m'ont l'air très intéressantes, mais **celle** de Noémie est beaucoup plus rapide que **celle** de Laure. (Noémie's/Laure's)

Le pronom **celui** peut être suivi d'un pronom relatif (qui, que, dont, où).
  **exemple:** Nous avons beaucoup de politiciens qui se battent pour l'environnement.
  **Ceux** que j'aime le plus sont les verts. (the ones)

**5.**  ÉCRIRE

**Écrivez deux phrases avec les pronoms du groupe *celui* et deux phrases avec les pronoms du groupe *lequel*. Employez le vocabulaire de l'environnement et utilisez les pronoms dans des contextes variés, selon les exemples du Point Grammaire précédent.** Answers will vary.

1. _____

2. _____

3. _____

4. _____

**6.** ÉCRIRE ? PARLER

**Réemployons les déchets! Tout le monde met à la poubelle des objets qui pourraient être réemployés. Pensez à ceux que vous jetez, puis proposez une deuxième vie pour ces objets.**

*Modèle: Je pourrais réemployer un journal pour emballer un cadeau.*

| Objet | Deuxième vie pour l'objet |
|-------|---------------------------|
| Answers will vary. | |
| | |
| | |

**CULTURES:**
**Relating Cultural Practices to Perspectives:** Learners use the language to investigate, explain, and reflect on the relationship between practices and perspectives of the cultures studied.

## POINT**CULTURE**

L'accélération de la **croissance** démographique mondiale conjuguée à une raréfaction de certaines matières premières nous obligent à repenser nos modes de production et de consommation. Pour un nombre croissant d'adeptes, cela signifie passer d'une économie linéaire («extraire, fabriquer, jeter») à une économie circulaire, c'est-à-dire une économie du recyclage, de la réparation et du réemploi, qui minimise au maximum les impacts environnementaux de la production comme de la consommation. Il s'agit d'utiliser nos ressources de manière optimale pour consommer moins mais aussi et surtout pour consommer mieux.

Extrait de: *98% des français ont déjà donné une seconde vie à un objet* (http://www. notre-planete.info/)

## Le réemploi, une pratique de plus en plus populaire

Comment le consommateur peut-il réduire significativement la quantité de **déchets** qu'il produit et participer ainsi à la mise en place d'une économie circulaire? Les français semblent déjà bien informés, puisqu'en 2010 ils sont 98% à avoir déjà donné une seconde vie à un objet quelconque. Ainsi, le réemploi n'est plus exclusivement associé à des situations de grande pauvreté et se pare d'une image positive, celle du consommateur «malin». La crise économique que nous traversons n'est pas étrangère à cette évolution des modes de consommation: l'inflation (une augmentation des prix de 23% entre début 2000 et fin 2011) a incité beaucoup de français à se tourner vers d'autres circuits que ceux de la distribution classique, afin de réaliser des économies substantielles. Il existe aujourd'hui en France près de 5000 structures de réemploi:

- Les ressourceries fédérées en un réseau et qui réparent les objets pour leur donner une seconde vie.
- Les sites de **vente aux enchères** et de petites annonces: Le bon coin, E-bay, Price Minister, Consoglobe, Recupe, Donnons, etc.
- Les **vides-grenier** et brocantes très populaires.
- Les **dépôts-ventes**.
- Les revendeurs: easy cash, eurocash, cash converters, la caverne des particuliers, Gibert Joseph, etc.
- Les entreprises de réinsertion: Emmaüs, La Croix Rouge, le Secours Populaire...

## Pour autant, le réemploi n'est pas exempt de risques

Dans le cas d'un achat par Internet ou en vide-grenier, comment s'assurer du bon fonctionnement d'un réfrigérateur? La vente d'occasion entre particuliers ne permet pas la délivrance de garanties, c'est pourquoi beaucoup préfèrent se tourner vers leur famille, leurs amis ou voisins. Ainsi, les appareils électroménagers et le matériel informatique peinent à trouver une seconde vie, tandis que les livres, les CDs, les DVDs, les jeux et les articles de décoration sont les grands gagnants du réemploi. Ces pratiques doivent donc être encouragées car elles permettent de réduire sensiblement la quantité de déchets que nous produisons et permettent d'économiser parfois pas mal d'argent.

Attention toutefois aux limites de ces pratiques, parfois inefficaces voire contre-productives sur le plan environnemental. Entre les fausses bonnes idées et les arnaques, il est parfois difficile de s'y retrouver. Voici quelques situations dont il faut se méfier:

- Les déplacements inutiles: faire 30 km en voiture pour acheter un tee-shirt à bas prix n'est certainement pas idéal sur le plan écologique.
- Les prix d'appels faussés: certains vendeurs affichent des prix très bas pour attirer d'éventuels acheteurs puis modifient celui-ci au moment de la vente ou la refusent.
- Le receveur absent: étonnant et pourtant courant, certaines transactions non commerciales n'aboutissent pas car l'intéressé ne se déplace pas pour récupérer l'objet…
- Les **arnaques**: ne donnez jamais vos coordonnées bancaires en dehors d'un formulaire sécurisé (et en aucun cas votre code). Attention aussi à l'envoi de paiement par chèque, rien ne vous assure que vous recevrez l'objet convoité en retour!
- Le **guet-apens**: dans une société toujours plus violente, il faut se méfier des offres trop alléchantes qui peuvent masquer des tentatives de vols et d'agressions.

Toutefois, le réemploi est sans conteste une solution intéressante et d'avenir lorsqu'il est avantageux pour toutes les parties. D'autant plus qu'il minimise effectivement notre impact sur l'environnement.

Extraits de: *98% des français ont déjà donné une seconde vie à un objet* (http://www.notre-planete.info/)

7.  LIRE  PARLER  ÉCRIRE

**Répondez aux questions de compréhension qui portent sur le texte précédent.** See responses on page 287.

1. Y a-t-il un rapport entre la pauvreté et le réemploi? Expliquez.
2. Donnez quelques exemples de différentes façons de réutiliser un objet.
3. Quelles sont les situations auxquelles il faut faire attention quand on entreprend de donner une deuxième vie à un objet?
4. Pour qui le réemploi est-il le plus avantageux? Pour celui qui donne l'objet ou celui qui le reçoit?

# L'écoresponsabilité

**AUDIOSCRIPT:**
The audioscript for each listening activity is supplied in Appendix F of this Teacher's Edition and online in Explorer.

**COMMUNICATION:**
**Interpretive Communication:**
Learners understand, interpret, and analyze what is heard, read, or viewed on a variety of topics.

**8.** 🎧 ÉCOUTER ✏️ ÉCRIRE

**Écoutez l'extrait audio et écrivez les mots qui manquent.**

**1.** Avez-vous trop d'objets non-utilisés chez vous?

Ne ___les jetez___ pas! ___Donnez-les___ à quelqu'un qui en a besoin!

**2.** Jetez-vous trop de déchets qui sont recyclables?

___Recyclez-les___!

**3.** Ne savez-vous pas ce qu'il faut faire pour recycler?

___Triez les objets___ et ___jetez-les___ dans la bonne poubelle!

**4.** Habitez-vous avec quelqu'un qui n'est pas écoresponsable?

___Demandez-lui___ de changer ses habitudes et ___aidez-le___ à comprendre les différents modes de réduction, réemploi et recyclage.

**5.** Alors, voyons si vous avez compris …

Vous avez une bouteille en verre dont vous n'avez plus besoin. Qu'est-ce que vous en faites?

Oui … ne ___la jetez___ pas! ___Réemployez-la___ ou ___recyclez-la___!
Bravo – vous êtes écolo!

**9.** 📖 LIRE ❓ PARLER

**Examinez les verbes de vos réponses aux questions de l'exercice précédent. Quelle est la forme de ces verbes? Y a-t-il une différence entre la forme affirmative et la forme négative? Discutez-en avec un partenaire.**

**COMMUNICATION:**
**Interpersonal Communication:**
Learners interact and negotiate meaning in spoken, signed, or written conversations to share information, reactions, feelings, and opinions.

**Exercise 7 Answers:**
Answers will vary, but may resemble the following:
1. Non, la pauvreté n'est pas exclusivement liée au réemploi. Il y a aussi d'autres raisons, telles que la crise économique et l'inflation.
2. On peut facilement vendre (ou donner) des CDs, des DVDs, des livres et des articles de décoration à quelqu'un d'autre. On peut aussi acheter un objet que quelqu'un d'autre ne veut plus sur E-bay poru un prix moins cher.
3. S'il faut se déplacer très loin en voiture, ce n'est pas écoresponsable. Les prix ou des offres peuvent être faussées par les vendeurs. Il faut faire attention avec son numéro de carte de crédit sur Internet pour qu'il ne soit pas volé.
4. Le réemploi est avantageux pour toutes les parties.

**Exercise 9 Answers:**
Answers will vary slightly, but will resemble:
À la forme affirmative, on met un trait d'union et les pronoms après le verbe. À la forme négative, on met les pronoms avant le verbe sans trait d'union.

## POINTRAPPEL

# L'impératif

L'impératif se forme à partir des formes *tu, nous,* et *vous* du présent de l'indicatif.

Pour les verbes en *–er*, la forme *tu* n'a pas de *–s* à l'impératif.

Réutilise ce bocal!
Réduisons nos déchets!
Recyclez tout ce que vous utilisez!

Pour les verbes *être* et *avoir* on utilise les formes *tu, nous,* et *vous* du subjonctif.

| être | avoir |
|------|-------|
| sois | aie |
| soyons | ayons |
| soyez | ayez |

**L'impératif avec un pronom complément d'objet direct ou indirect**

À la forme affirmative, le pronom d'objet direct suit le verbe et on se sert d'un trait d'union.

**Exemple:** Dis-leur d'arrêter de jeter le plastique!
Aidez-moi! (*me* et *te* deviennent *moi* et *toi* à la forme affirmative)
Prenez-les au centre de recyclage!

À la forme négative, le pronom d'objet direct ou indirect précède le verbe.

**Exemple:** Ne leur dis pas d'arrêter de jeter le plastique!
Ne m'aidez pas!
Ne les apportez pas au centre de recyclage!

## POINTLEXIQUE

| | |
|---|---|
| **une agrafeuse** | appareil à agrafer |
| **les ciseaux** | instrument à deux lames mobiles et tranchantes, destiné à couper le papier, le tissu |
| **coller** | adhérer à quelque chose |
| **la corde** | lien composé de fils d'une matière textile |
| **découper** | couper en morceaux |
| **une épingle de sûreté** | dispositif en métal recourbé sur lui-même permettant de fixer du tissu en le piquant et en refermant l'aiguille de façon sécurisée |
| **le fil** | brin long et fin de matière textile |
| **le pistolet à colle** | instrument permettant de projeter de la colle |
| **une punaise** | petit clou à grosse tête et à pointe courte |
| **le ruban adhésif** | bande autocollante |

**10.** **PARLER**

**Apportez de chez vous des petits objets dont vous n'avez plus besoin (un rouleau de papier de toilette, du fil, du tissu, du papier utilisé, etc.) Pensez à 'une deuxième vie' pour ces objets. Avec ce que vous avez apporté, faites une oeuvre d'art, un nouvel objet utile ou un cadeau pour un ami. À l'oral ou à l'écrit, donnez les étapes que vous avez suivies pour faire ces transformations en utilisant l'impératif avec des pronoms d'objets directs ou indirects.** Student products and explanations will vary.

*Modèle: Découpez des petits coeurs avec des ciseaux. Attachez-les avec du fil pour faire un joli collier.*

**COMMUNICATION:**
**Presentational Communication:** Learners present information, concepts, and ideas to inform, explain, persuade, and narrate on a variety of topics using appropriate media and adapting to various audiences of listeners, readers, or viewers.

» OBJECTIF   *Planifier une vie à long terme*

**COMMUNICATION:**
**Interpretive Communication:** Learners understand, interpret, and analyze what is heard, read, or viewed on a variety of topics.

**Jahia, une Québécoise, écrit à Aurore au sujet du concept de l'empreinte écologique.**

Chère Aurore,

BONNE FÊTE! J'espère que tu passes une belle journée d'anniversaire avec ta famille et tes amis. Je veux aussi répondre aux questions que tu m'as posées dans ta dernière lettre au sujet de **l'empreinte** écologique. Peut-être as-tu de la difficulté à comprendre ce que c'est. Imagine un pied qui **s'enfonce** dans un sable humide: il laisse une trace. L'être humain est comme le pied: ses comportements laissent une trace sur notre environnement.

L'empreinte écologique est une estimation de la superficie de cette trace. On la calcule entre autres en nombre de terrains écologiquement productifs de 100 m sur 100 m (c'est un peu plus grand qu'un terrain de soccer). Le nombre de terrains nécessaires pour produire ou renouveler les ressources naturelles qu'il faut pour satisfaire nos besoins équivaut à l'empreinte écologique d'une personne, d'une ville, d'un pays ou même du monde entier. Tout va bien tant que nous ne prenons pas plus que ce que la Terre peut fournir.

Tu sais Aurore, aujourd'hui, pour satisfaire nos besoins, on utilise les ressources naturelles à une telle rapidité que la nature n'arrive plus à suivre le rythme. La conséquence? On consomme les ressources 20 % plus vite qu'elles ne se renouvellent!

C'est comme si à chaque fois qu'on coupait 10 arbres, on n'en replantait que 8 . . . Si on continue comme ça, on risque d'épuiser toutes les ressources disponibles. Les scientifiques calculent qu'actuellement chaque humain dispose, en théorie, de 1,9 terrain écologiquement productif pour satisfaire ses besoins. Le hic? Si on fait une moyenne, on utilise chacun la valeur de 2,3 terrains! La Terre n'a pas autant à nous offrir à chacun. En fait, si on continue ainsi, il faudrait deux planètes de plus pour répondre à nos besoins à long terme. Mais attention, ce n'est qu'une moyenne! Dans les pays riches comme le Canada ou les États-Unis, l'empreinte écologique est 5 à 6 fois plus importante que dans les pays moins favorisés. Regarde ce tableau et tu constateras que l'empreinte varie beaucoup d'un pays à l'autre.

**COMPARISONS:**
**Cultural Comparisons:** Learners use the language to investigate, explain, and reflect on the concept of culture through comparisons of the cultures studied and their own.

| Pays | Empreinte écologique (par habitant) |
|------|-------------------------------------|
| États-Unis | Plus de 10 terrains |
| Canada | 8,84 terrains |
| France | 5,3 terrains |
| Gabon | 2,12 terrains |
| Inde | 0,77 terrain |

**SUGGESTION:**
This reading passage, as well as the ones found on pages 192 and 296 relate to the theme/context of *Les défis mondiaux - L'environnement*. They could be used as the basis for a discussion on that topic.

(suite à la page suivante)

(suite)

Maintenant, tu te demandes sûrement si tous les habitants d'un pays ont la même empreinte écologique. La réponse est non. Ton mode de vie influence beaucoup ton empreinte écologique. Si tu as besoin d'un exemple pour mieux comprendre, je t'invite à jeter un coup d'œil sur les deux fiches que je t'ai envoyées avec cette lettre.

Je te laisse là-dessus. J'espère t'avoir bien renseignée. J'attends ta prochaine lettre avec impatience!

À bientôt,

Jahia

## Sur la pointe des pieds...

J'habite en ville dans un appartement confortable que je partage avec ma famille. Comme je vis proche de mon lieu de travail, je voyage à vélo. Pour les déplacements plus longs, j'utilise généralement les transports en commun.

J'achète de préférence de la nourriture produite dans ma région et je choisis des produits qui ne sont pas suremballés. Je pense à éteindre la lumière lorsque je quitte une pièce et je préfère me vêtir chaudement plutôt que de chauffer davantage mon logement. Je me lave une fois par jour en prenant une courte douche.

Le soir, ma famille et moi jouons à des jeux de société, faisons du sport et regardons un peu la télévision.

**SUGGESTION:**
Ask students whether or not they believe themselves to be eco-conscious. Have them estimate whether they have a lifestyle that more closely resembles the person in *Sur la pointe des pieds* or *Le pied lourd*.

http://www.mddep.gouv.qc.ca/jeunesse/chronique/2004/0410-jahia.htm

## Le pied lourd...

J'habite seul, en banlieue, et je voyage dans mon véhicule utilitaire sport. Puisque je vis loin de mon lieu de travail et des commodités telles que l'épicerie, mes déplacements sont fréquents.

J'achète tous les aliments qui me font envie, peu importe la saison ou la provenance. Le soir, je laisse allumées les lumières extérieures de mon domicile: elles mettent en valeur la grande maison que j'ai fait construire. Frileux de nature, je maintiens la température de ma maison à 24° C nuit et jour.

Je clavarde souvent sur Internet tout en regardant la télé. J'aime prendre un bain chaud le soir et me doucher longuement le matin.

---

**1.**  **LIRE** **ÉCRIRE**

### Lisez la lettre de Jahia et les deux documents joints et répondez aux questions suivantes.

**1.** Qu'est-ce que c'est qu'une empreinte écologique?

**2.** Quels exemples de ressources naturelles sur terre pouvez-vous donner?

**3.** Qu'est-ce que vous faites pour conserver ces ressources?

**1.** Une empreinte écologique est une estimation de la superficie de la trace laisée par quelqu'un sur son environnement.

**2.** Answers will vary, but may include: l'eau, l'air, le charbon, le gaz naturel ou le pétrole.

**3.** Answers will vary, but may include: prendre des douches moins longues, conduire moins, utiliser moins d'électricité, etc.

**2.** **ÉCRIRE**

### Donnez quelques exemples qui entrent dans les catégories suivantes:

*Modèle: recyclage – plastique, métal, papier, etc.*

**1.** logement

**2.** alimentation

**3.** loisirs

**4.** déplacements

**5.** consommation d'eau

**6.** consommation d'électricité

Answers will vary, but may include:

**1.** maison, appartement, château, hôtel, palais

**2.** céréales, viande, fruits, légumes, produits laitiers

**3.** musique, arts, sports, lecture

**4.** voiture, bus, métro, vélo, autocar

**5.** lave-vaisselle, lave-linge, lavabo, évier

**6.** lumières, télé, jeux-vidéo, ordinateur

**SUGGESTION:**
Students may want to work on the ecology quiz in partners or small groups to work through potential unknown vocabulary. It may be interesting to make a chart of the results of the class.

# QUELLE EST VOTRE EMPREINTE ÉCOLOGIQUE?

**DANS MON HABITATION, IL Y A:**
•1 chambre/pers. + cuis. + salon 0
•1 chambre/pers. + cuis. + salon + 1 autre pièce 11
•1 chambre/pers. + cuis. + salon+
•2 autres pièces au moins 20

**EN HIVER, CHEZ MOI, LES GENS PORTENT LE PLUS SOUVENT:**
•un gros pull de laine -13
•un pull léger -6

**COMMUNICATION:**
**Interpretive Communication:**
Learners understand, interpret, and analyze what is heard, read, or viewed on a variety of topics.

### Empreinte maison

**MON HABITATION EST-ELLE CHAUFFÉE SURTOUT:**
•avec du fioul -5
•avec du gaz -27
•avec de l'électricité 16
•avec du bois -80
•je ne sais pas 0

**JE LAISSE MES APPAREILS ÉLECTRIQUES EN MODE VEILLE:**
•jamais -2
•peu souvent -1
•le plus souvent 0

**MES PARENTS UTILISENT DES APPAREILS À FAIBLE CONSOMMATION D'EAU OU D'ÉNERGIE (LAVE VAISSELLE, LAVE LINGE…):**
•rarement 2
•assez souvent 0
•le plus souvent possible -1
•toujours -2

**QUAND JE ME LAVE, JE PRENDS LE PLUS SOUVENT:**
•une douche avec un robinet pour réguler la température -6
•une douche 0
•un bain le plus souvent 37
•un bain toujours 73

**J'HABITE DANS:**
•un appartement -32
•une maison qui touche d'autres maisons 0
•une maison qui ne touche pas d'autres maisons 14
•autres 0

## Empreinte alimentation

**JE MANGE DES PRODUITS LOCAUX OU DE SAISON:**
•toujours -7
•le plus souvent possible -4
•de temps en temps -2
•rarement ou jamais 0
•je ne sais pas 0

**JE MANGE DE LA VIANDE OU DU POISSON:**
•jamais ou rarement -33
•2 ou 3 fois par semaine -30
•1 fois par jour -23
•2 fois par jour 0

**JE BOIS DE L'EAU EN BOUTEILLE OU DU SODA:**
•toujours 3
•souvent 0
•de temps en temps -1
•je bois surtout de l'eau du robinet -3

**JE MANGE DES PLATS SURGELÉS OU EN CONSERVE:**
•toujours 16
•le plus souvent possible 9
•de temps en temps 0
•rarement ou jamais -16
•je ne sais pas 0

**JE CONSOMME DE PRÉFÉRENCE DES PRODUITS AU FORMAT FAMILIAL ET/OU AVEC AUSSI PEU D'EMBALLAGES QUE POSSIBLE:**
•toujours 16
•le plus souvent possible -8
•de temps en temps 0
•rarement ou jamais 16
•je ne sais pas 0

## Empreinte déplacements

**LA VOITURE DE MES PARENTS EST:**
•un 4X4 93
•un monospace 46
•une sportive 70
•une grande routière 57
•une familiale moyenne ou une citadine 0
•nous n'avons pas de voiture -102

**POUR ALLER À L'ÉCOLE ET EN REVENIR, J'UTILISE:**
•la voiture (mes parents m'amènent) 4
•le bus 0
•le métro, le RER ou le TER 0
•un vélo ou mes jambes -2

## Empreinte école

**JE CHOISIS DES CAHIERS OU DES COPIES EN PAPIER RECYCLÉ:**
oui -1
non 0

**JE FINIS MES CRAYONS ET MES STYLOS AVANT D'EN ACHETER D'AUTRES:**
oui 0
non -1

## Empreinte déchets

**MA FAMILLE PRATIQUE LE TRI SÉLECTIF:**
•oui -10
•non 0

**A LA MAISON, MA FAMILLE JETTE EN MOYENNE:**
•plus de 1 sac poubelle par jour 63
•1 sac poubelle par jour 0
•2 à 3 sacs poubelles par semaine -32
•moins de 2 sacs poubelle par semaine -64
•je ne sais pas 0

## Choisissez une seule réponse par question et additionnez les points:

Total empreinte maison: + _____

Total empreinte déchets: + _____

Total empreinte déplacements: + _____

Total empreinte alimentation: + _____

Total empreinte école: + _____

= _____

*(suite à la page suivante)*

*(suite)*

| Votre total est compris entre: | Votre empreinte écologique est d'environ: |
| --- | --- |
| -400 et -300 points | 3,6 terrains de foot |
| -300 et -200 points | 4,2 terrains de foot |
| -200 et -100 points | 4,8 terrains de foot |
| -100 et 0 points | 5,4 terrains de foot |
| 1 et 100 points | 6 terrains de foot |
| 100 et 200 points | 6,3 terrains de foot |
| 200 et 300 points | 6,9 terrains de foot |
| 300 et 400 points | 7,5 terrains de foot |

## Votre empreinte écologique est inférieure à 4,5 terrains de foot:

Bravo! Vous êtes bien au-dessus de la moyenne nationale (environ 5,8 terrains de foot). Pour vous, il n'y a qu'une seule terre et il faut la protéger. Si tout le monde faisait comme vous, la planète se porterait déjà beaucoup mieux. N'oubliez pas d'informer vos parents et vos amis pour que la petite rivière devienne un grand fleuve!

## Votre empreinte écologique est comprise entre 4,5 et 6,5 terrains de foot:

C'est bien: vous préférez la verdure aux ordures mais vous ne savez pas toujours comment agir. Pourtant, vous êtes conscient que la planète, c'est l'affaire de tous et vous vous sentez responsable de son avenir. Alors, n'attendez plus pour agir, c'est très simple!

## Votre empreinte écologique est supérieure à 6,5 terrains de foot:

Aïe, aïe, aïe … Nous n'avons qu'une seule planète et si tout le monde faisait comme vous, nous aurions besoin de 2 planètes supplémentaires pour que nous puissions tous vivre ensemble. La bonne nouvelle, c'est qu'il est possible de changer dès aujourd'hui pour être plus en harmonie avec la nature, car un petit pas pour l'homme, c'est toujours un grand pas vers la planète …

© WWF France

**3.**  ÉCRIRE  PARLER

**Calculez votre empreinte écologique (à l'aide du quiz aux pages 291–292) et présentez vos résultats.** Answers will vary.

1. Êtes-vous surpris(e) par les résultats?
2. Dans quelle catégorie avez-vous le plus de succès?
3. Dans quelle catégorie pouvez-vous apporter le plus d'améliorations?

**4.**  ÉCRIRE  PARLER

**Avec un partenaire, identifiez la catégorie dans laquelle vous pouvez apporter le plus d'améliorations. Puis, faites une liste de cinq phrases en utilisant des propositions avec «si» pour expliquer les améliorations que vous feriez. Partagez votre liste avec la classe.**

1. Answers will vary.
2. 
3. 
4. 
5. 

**5.**  ÉCRIRE

**Choisissez un des sujets suivants et élaborez votre réponse en un paragraphe.**

- Si vous aviez le pouvoir de créer une loi en faveur de l'environnement, qu'est-ce que vous proposeriez comme projet de loi?
- Si vous aviez la capacité de changer la manière de vivre de votre famille, qu'est-ce que vous changeriez? Donnez plusieurs idées.
- Si vous aviez la capacité de changer un aspect de votre ville en ce qui concerne l'environnement, qu'est-ce que vous changeriez?

**COMMUNICATION:**
**Presentational Communication:** Learners present information, concepts, and ideas to inform, explain, persuade, and narrate on a variety of topics using appropriate media and adapting to various audiences of listeners, readers, or viewers.

**POINT RAPPEL**

Vous souvenez-vous de l'imparfait et du conditionnel? Sinon, révisez un peu les chapitres 0 et 3!

**NOTE:**
If students need a refresher on *l'imparfait* and/or *le conditionnel*, they may refer to pages 13 and 150, respectively.

**POINT GRAMMAIRE**

If we *saw* the effects of deforestation, we *would recycle*.

**Proposition avec *si* = imparfait**
**Le résultat potentiel = conditionnel**

*Si* nous *voyions* les effets du déboisement, nous *recyclerions*.

*Si* tu *habitais* en Europe, tu *consommerais* moins d'essence.

Les gens *donneraient* plus d'argent *si* l'association *était* plus organisée.

» OBJECTIF   **Adhérer à un groupe bénévole**

**1.**  LIRE  PARLER

### Avant de regarder la vidéo, répondez aux questions suivantes. Discutez de vos réponses avec la classe.

**1.** Connaissez-vous des groupes bénévoles? Lesquels?

**2.** Quels sont les buts ou les missions de ces groupes?

**3.** Qu'est-ce que le covoiturage?

**4.** Avons-nous le covoiturage aux États-Unis?

**1.** Answers will vary.

**2.** Answers will vary.

**3.** Le covoiturage est un mode de déplacement dans lequel plusieurs personnes utilisent une seule et même voiture, afin de faire ensemble un trajet commun et organisé.

**4.** Oui, il y a des organisations qui s'appellent *carpool network* et *rideshare* aux États-Unis.

**2.**  LIRE  ÉCRIRE

### Les effets du covoiturage. Classez les éléments ci-dessous dans l'une des deux catégories suivantes: *bénéfices* ou *risques*.

• la réduction des dépenses de carburant

• la diminution des embouteillages

• la diminution de la pollution

• des passagers désagréables

• la diminution des accidents de la route

• le partage des frais

• moins de liberté pour le conducteur

• la possibilité de partager des dialogues, des expériences, etc.

| bénéfices | risques |
|---|---|
| la réduction des dépenses de carburant | avoir une panne |
| la diminution des embouteillages | des passagers désagréables |
| la diminution de la pollution | moins de liberté pour le conducteur |
| la diminution des accidents de la route | |
| le partage des frais | |
| la possibilité de partager des dialogues, des expériences, etc. | |

**3.**  ÉCOUTER  VISIONNER  LIRE  ÉCRIRE

### Répondez aux questions suivantes d'après le vidéoclip.

**1.** Quels sont les trois inconvénients de faire la route tout seul?

**2.** Quels sont les trois avantages du covoiturage?

**3.** Qu'est-ce que le conducteur (Alex) met sur le site covoiturage.fr?

**4.** Le covoiturage, c'est un service gratuit?

**5.** Les passagers, que font-ils pendant le trajet?

**COMMUNICATION:**

**Interpretive Communication:** Learners understand, interpret, and analyze what is heard, read, or viewed on a variety of topics.

**1.** Ça coûte cher, c'est ennuyeux et ce n'est pas bon pour l'environnement.

**2.** C'est sympa, c'est moins cher et c'est écologique.

**3.** Alex met ses préférences sur le site.

**4.** Oui, le service est grauit, mais on partage le coût de l'essence et les péages avec le conducteur.

**5.** Les passagers discutent ou ils font une sieste.

**AUDIOSCRIPT:**

The audioscript for each listening activity is supplied in Appendix F of this Teacher's Edition and online in Explorer.

## POINTGRAMMAIRE

Avec certains verbes qui se suivent dans une seule phrase, il faut ajouter une préposition entre les deux verbes. La préposition employée dépend du premier verbe.

### Verbes suivis par *à*

| | | |
|---|---|---|
| aider à | consentir à | inviter à |
| apprendre à | continuer à | se mettre à |
| s'attendre à | enseigner à | passer (son temps) à |
| chercher à | forcer à | penser à |
| commencer à | hésiter à | réussir à |

### Verbes suivis par *de*

| | | |
|---|---|---|
| arrêter de | essayer de | proposer de |
| conseiller de | finir de | refuser de |
| craindre de | menacer de | regretter de |
| décider de | offrir de | répéter de |
| défendre de | oublier de | risquer de |
| demander de | permettre à quelqu'un de | rêver de |
| dire de | prier de | venir de |
| empêcher de | promettre de | |

**Exemples:** Mon frère <u>refuse *de* sortir</u> les poubelles – ça m'agace!

Ses copines <u>commencent *à* aider</u> les gens dans leur association.

Nous <u>risquons *d'*abîmer</u> notre planète pour toujours.

N'oubliez pas que d'autres verbes n'exigent aucune préposition dans le cas de deux verbes qui se suivent dans une phrase, notamment les verbes de désir (aimer, adorer, espérer, désirer, détester), les verbes modaux (pouvoir, vouloir, devoir), et le verbe *aller*.

**Exemples:** Nous <u>adorons faire</u> des projets d'art avec des objets recyclés.

Je <u>veux trouver</u> des gens avec qui je peux faire du covoiturage.

On <u>compte acheter</u> une voiture hybride.

#### 4. ÉCRIRE

**Complétez les phrases avec la préposition convenable: *à, de,* ou aucune préposition.**

1. Je continue _____à_____ recycler le papier.
2. Nous avons arrêté _____d'_____ acheter de l'eau en bouteille.
3. Tu peux _____-_____ minimiser ton empreinte écologique.
4. Je vais commencer _____à_____ faire du tri.
5. J'aime _____-_____ améliorer l'environnement.
6. J'oublie _____de_____ conserver de l'énergie.
7. Je dois _____-_____ me joindre à un groupe bénévole.

8. Vous avez décidé _____de_____ recycler le journal.
9. Tu espères _____-_____ changer l'avenir de notre planète.
10. Nous essayons _____de_____ faire du covoiturage si possible.
11. Ils apprennent _____à_____ vivre la vie verte.
12. Elle refuse _____d'_____ utiliser les verres en plastique.
13. Tu vas _____-_____ être écoresponsable.
14. On veut _____-_____ trier davantage.

#### 5. ÉCRIRE PARLER

**COMMUNICATION:**
**Interpretive Communication:** Learners understand, interpret, and analyze what is heard, read, or viewed on a variety of topics.

**Complétez le texte avec les prépositions manquantes, si nécessaire. Puis, traduisez le texte en anglais à l'oral.**

La mission du Programme des Nations Unies pour l'environnement est de montrer la voie et d'encourager la coopération pour protéger l'environnement. Elle se doit aussi d'être une source d'inspiration et d'information pour les États et les populations et un instrument de facilitation leur permettant _____d'_____ améliorer la qualité de leur vie sans toutefois compromettre celle des générations à venir. Il essaie _____de_____ trouver un équilibre entre la conservation et le développement. Il hésite _____à_____ exclure parfois certaines formes de développement pour les populations indigènes ou nouvellement arrivées. Par exemple, au parc national de Garamba en République démocratique du Congo, il commence _____à_____ construire un hôpital pour améliorer les services de santé pour le personnel du parc ainsi que les communautés locales.

http://www.unep.org/french/

#### 6. PARLER

**SUGGESTION:**
In addition to using Exercise 5 to work on prepositions, also read it for content to find out about the mission of the *Programme des Nations Unies pour l'environnement.*

**Avec un partenaire, faites une liste de cinq actions qu'on pourrait entreprendre pour améliorer l'environnement. Employez des verbes qui exigent des prépositions.** Answers will vary.

1. _____
2. _____
3. _____
4. _____
5. _____

**7.**  **ÉCRIRE**  **PARLER**

**Quels problèmes écologiques sont importants pour vous? Pourquoi? Discutez-en avec votre groupe.** Answers will vary.

**8.**  **LIRE**  **ÉCRIRE**

**Regardez les groupes ci-dessous. Qui/que représentent-ils? Faites des recherches et choisissez celui que vous préférez. Expliquez votre choix à l'écrit.**

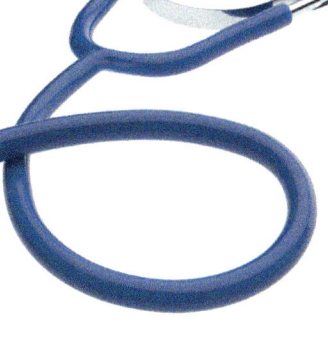

| le groupe bénévole | la mission du groupe | votre groupe préféré? |
|---|---|---|
| <br>www.wwf.fr | protéger les espèces, conserver les écosystèmes, réduire l'empreinte écologique, promouvoir la transition énergétique | Answers will vary. Students may either place a checkmark indicating whether each group is their favorite and/or they may explain the reasons for their preference. |
| <br>http://www.hsi.org/french/francais.html | secourir les animaux, protéger les animaux, soutenir les services vétérinaires | |
| <br>http://msf.fr/ | apporter une assistance médicale à des populations dont la santé est menacée | |
| <br>http://www.restosducoeur.org/ | apporter une aide alimentaire aux populations vulnérables | |

**SUGGESTION:**
For Exercise 8, students may either scan the QR codes on their digital devices or use the URL to find the organizations' websites.

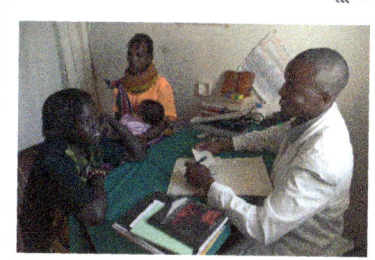

**9.**  **ÉCRIRE**  **PARLER**

**Choisissez un groupe bénévole qui partage vos intérêts, ou même imaginez votre propre groupe. Créez une publicité pour votre groupe en employant un minimum de 5 exemples de verbe conjugué + préposition + infinitif.**

**COMMUNICATION:**
**Presentational Communication:** Learners present information, concepts, and ideas to inform, explain, persuade, and narrate on a variety of topics using appropriate media and adapting to various audiences of listeners, readers, or viewers.

BÉNÉVOLE

# Leçon **1** | **Pensons vert!**

raz de marée
carbone  inondation
effet de serre  déboisement  volontaria
écoresponsable

» **OBJECTIF** *Réfléchissons et agissons ensemble*

**Lisez la conversation entre Arnaud et son grand-père, Jacques. Arnaud parle de son avenir et Jacques parle de son passé.**

**ARNAUD**– Salut, Papi! Comment ça va?

**JACQUES**–Pas mal, Arnaud. Merci de m'avoir appelé. Ça fait plaisir de t'entendre.

**ARNAUD**– En cours on a parlé du bénévolat. J'ai beaucoup réfléchi et ça m'intéresse beaucoup. Une fois le bac terminé, j'aimerais faire du volontariat. Dans ma tête je le vois comme ça: Quand j'aurai 20 ans, j'aurai déjà fait partie d'un groupe bénévole qui s'engage à mieux prendre en compte l'environnement. Puis quand j'aurai 30 ans, j'aurai créé ma propre association pour la protection de l'environnement. Qu'est-ce que tu en penses, Papi? Je t'appelle car je sais que tu as créé une association récemment.

**COMMUNICATION:**
**Interpretive Communication:** Learners understand, interpret, and analyze what is heard, read, or viewed on a variety of topics.

**JACQUES**–Je suis très fier de toi, Arnaud. Tu penses à ton avenir et à ce que tu pourras apporter aux autres et à la planète. Si tu me le permets, je vais te donner quelques conseils à ce sujet. Si j'avais eu le temps de commencer plus jeune, mon association aurait aidé plus de personnes. J'étais si occupé avec ma vie et mon boulot que je ne pensais pas assez aux autres. Tu as raison de commencer jeune! Et si j'avais pu, je serais parti dans d'autres pays pour monter des associations de bénévoles. Je n'étais pas en bonne santé, alors j'ai dû rester en France.

**ARNAUD**– Merci, Papi. Ça donne à réfléchir. J'ai de la chance de t'avoir dans ma vie!

**Pour une explication des temps et modes composés, regardez les pages 300 et 301.**

1.  **LIRE** **ÉCRIRE**

**Lisez la conversation entre Arnaud et Jacques puis écrivez ce qu'Arnaud compte faire à l'avenir en ordre chronologique. Recopiez les verbes comme ils sont conjugués dans le passage.**

1. Arnaud: avoir 20 ans / faire partie d'un groupe bénévole

   première action: J'aurai fait partie d'un groupe bénévole.

   deuxième action: J'aurai 20 ans.

2. Arnaud: avoir 30 ans / créer une association

   première action: J'aurai créé une association.

   deuxième action: J'aurai 30 ans.

2.  **LIRE**  **ÉCRIRE**

**Lisez la conversation entre Arnaud et Jacques. Quels sont les deux regrets principaux de son grand-père et pourquoi n'a-t-il pas réalisé ces deux possibilités? Recopiez les verbes comme ils sont conjugués dans le passage.**

1. Si j'avais eu le temps de commencer plus jeune, mon association aurait aidé plus de personnes.
2. Si j'avais pu, je serais parti dans d'autres pays pour monter des associations de bénévoles.

**3.**  ÉCRIRE

**Répondez en phrases complètes. Qu'est-ce que vous aurez fait pour améliorer l'environnement avant l'âge de:** Answers will vary.

**1.** 20 ans?

**2.** 30 ans?

**3.** 50 ans?

**4.** 70 ans?

**4.**  ÉCRIRE  PARLER

**Soulignez les verbes dans les phrases ci-dessous et identifiez le temps ou le mode des verbes. Ensuite traduisez-les en anglais à l'oral.**

**1.** Si vous <u>aviez recyclé</u>, vous <u>auriez eu</u> une meilleure empreinte écologique.

**2.** Si j'<u>avais eu</u> le temps, je l'<u>aurais fait</u>.

**3.** Si elle <u>savait</u>, ma grand-mère <u>ferait</u> du tri.

**4.** Si elle <u>avait su</u>, ma grand-mère <u>aurait fait</u> du tri.

**5.** S'ils <u>avaient</u> le temps, ils le <u>feraient</u>.

**6.** Si vous <u>recycliez</u>, vous <u>auriez</u> une meilleure empreinte écologique.

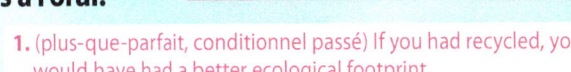
Saviez-vous que la coccinelle est un symbole porte-bonheur en France?

**1.** (plus-que-parfait, conditionnel passé) If you had recycled, you would have had a better ecological footprint.

**2.** (plus-que-parfait, conditionnel passé) If I had had the time, I would have done it.

**3.** (imparfait, conditionnel) If she knew, my grandmother would sort (her recycling).

**4.** (plus-que-parfait, conditionnel passé) If she had known, she would have sorted (her recycling).

**5.** (imparfait, conditionnel) If they had (the) time, they would do it.

**6.** (plus-que-parfait, conditionnel passé) If you recycled, you would have a better ecological footprint.

**5.**  ÉCRIRE  PARLER

**Finissez les phrases suivantes au temps ou au mode qui convient.**

**1.** Si je buvais moins d'eau en bouteille … Answers will vary.

**2.** Si nous étions riches …

**3.** Si tout le monde avait recyclé depuis le début …

**4.** Si nous avions su en 1800 …

**6.**  ÉCRIRE

**Qu'est-ce que vous auriez fait si vous étiez vivant:** Answers will vary.

**1.** à l'invention de la voiture?

**2.** à la découverte du trou d'ozone?

**3.** à l'invention de l'imprimerie?

**7.** ÉCRIRE

**Écrivez deux paragraphes.** Answers will vary.

**1.** Imaginez que votre premier enfant vient de naître. Vous lui parlez de son avenir et de ce que vous espérez pour lui dans sa vie. Écrivez en employant le registre informel (à la forme *tu*, comme si vous lui parliez directement), le futur et le futur antérieur.

**2.** Imaginez que vous avez 100 ans, vous décidez de changer certains aspects de votre façon de vivre. Vous regrettez quelques-uns des chemins que vous avez pris. Si vous aviez décidé de changer plus tôt, qu'est-ce que vous auriez fait?

**COMMUNICATION:**
**Presentational Communication:** Learners present information, concepts, and ideas to inform, explain, persuade, and narrate on a variety of topics using appropriate media and adapting to various audiences of listeners, readers, or viewers.

**EXPLORER:**
For additional exercises, AP® practice tasks, discussion forums, and external links, go to *APprenons* Explorer at
**learningsite.waysidepublishing.com**

## POINT**GRAMMAIRE**

# Les temps et les modes composés

Tout comme le passé composé, le futur antérieur, le plus-que-parfait, et le conditionnel passé sont tous composés de deux éléments: un verbe auxiliaire (VA) et un participe passé (PP).

Si le verbe principal prend le verbe auxiliaire *avoir* au passé composé, il prend également le verbe *avoir* aux autres temps et modes composés. C'est aussi le cas pour le verbe auxiliaire *être*.

**Le futur antérieur (temps)**
***will have verbed***

Le futur antérieur marque l'antériorité. Il indique une action qui aura lieu avant une deuxième action qui aura lieu dans l'avenir. Ce temps se forme à l'aide d'un verbe auxiliaire au futur simple et un participe passé.

**Exemples:** Quand elle <u>aura terminé</u> l'année scolaire, elle fera du bénévolat.

**SUGGESTION:**
Students may want to refresh their memories on *le futur simple* (p. 146) in order to help them grasp *le futur antérieur*.

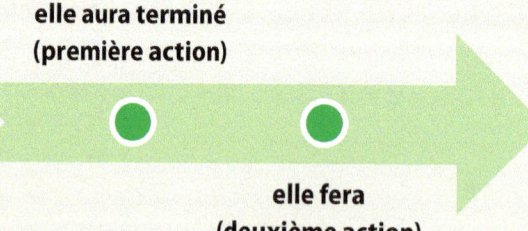

**elle aura terminé**
**(première action)**

**elle fera**
**(deuxième action)**

Quand nous rentrerons de vacances, le camion poubelle <u>sera</u> déjà <u>passé</u>.

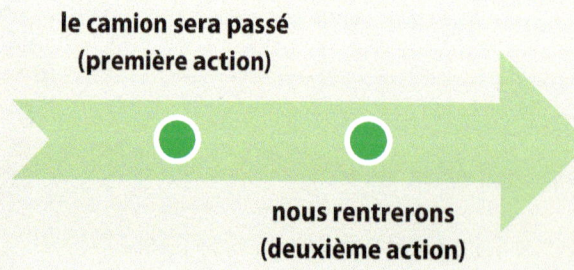

**le camion sera passé**
**(première action)**

**nous rentrerons**
**(deuxième action)**

## Le plus-que-parfait (temps)
### *had verbed*

Le plus-que-parfait marque également l'antériorité. Il indique une action qui a lieu avant une deuxième action dans le passé. Ce temps se forme à l'aide d'un verbe auxiliaire à l'imparfait et un participe passé.

**Exemples:** Nous <u>avions</u> déjà <u>travaillé</u> dans le recyclage quand nous avons ouvert le centre.

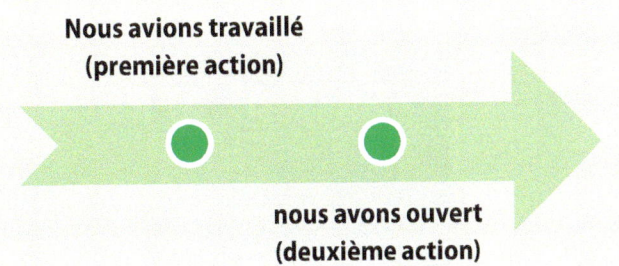

**Nous avions travaillé
(première action)**

**nous avons ouvert
(deuxième action)**

**SUGGESTION:**
Students may also want to refresh their memories on *l'imparfait* and *le passé composé* (p. 13) in order to help them grasp *le plus-que-parfait*.

J'ai regardé dans les poubelles et ma fille <u>avait</u> déjà <u>fait</u> le tri! =)

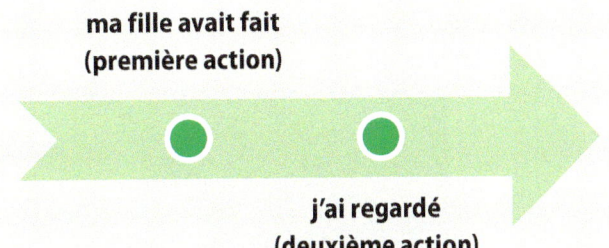

**ma fille avait fait
(première action)**

**j'ai regardé
(deuxième action)**

**SUGGESTION:**
Students may want to refresh their memories on *le conditionnel* (p. 150) in order to help them grasp *le conditionnel passé*. They may also want to refresh their memories on *si* clauses with *l'imparfait* and *le conditionnel* (p. 293) in order to help them grasp *si* clauses with *le plus-que-parfait* and *le conditionnel passé*.

## Le conditionnel passé (mode)
### *would have verbed*

Le conditionnel passé sert à exprimer un reproche ou un regret. Il indique une supposition imaginaire ou hypothétique qui n'a pas eu lieu. Ce mode se forme à l'aide d'un verbe auxiliaire au conditionnel et un participe passé.

**Exemples:** Elle <u>aurait aimé</u> fonder une association.
Tu <u>serais allée</u> au Cameroun.

## Les propositions avec *si*
### *If I had verbed, I would have verbed.*

Le plus-que-parfait et le conditionnel passé peuvent s'employer dans une même phrase avec la conjonction si pour exprimer une condition hypothétique (plus-que-parfait) et le résultat potentiel de cette condition (conditionnel passé).

*Si* plus-que-parfait, conditionnel passé:

**Exemples:** Si nous <u>avions vu</u> les effets du **déboisement**, nous <u>aurions recyclé</u>.
If we had seen the effects of deforestation, we would have recycled.

Nous <u>serions partis</u> s'ils n'<u>avaient</u> pas <u>annoncé</u> le **tremblement de terre**.
We would have left if they hadn't announced the earthquake.

# Leçon 2 | Préparez-vous pour l'examen

## » Interpretive Communication: PRINT TEXTS

**LIRE**

La sélection suivante est accompagnée de plusieurs questions. Pour chaque question, choisissez la meilleure réponse selon la sélection.

**THEME/CONTEXT:**
Les défis mondiaux - L'environnement

## Introduction

**Dans la sélection suivante, il s'agit du Festival africain sur l'écologie et le développement durable. Ce document a été publié en 2009 et vient du site www.festival-écologie.com.** 

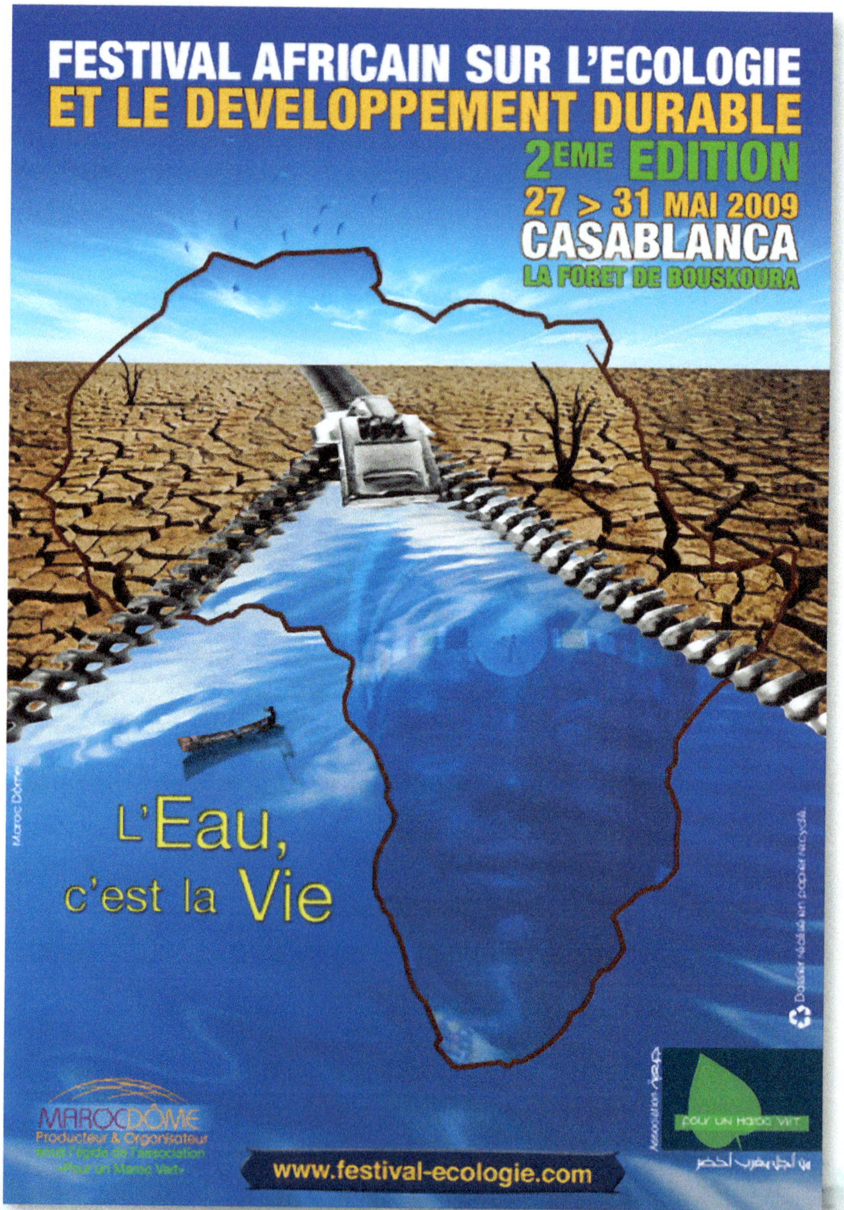

FESTIVAL AFRICAIN SUR L'ECOLOGIE
ET LE DEVELOPPEMENT DURABLE
2EME EDITION
27 > 31 MAI 2009
CASABLANCA
LA FORET DE BOUSKOURA
L'Eau,
c'est la Vie
MAROCDÔME
Producteur & Organisateur
www.festival-ecologie.com

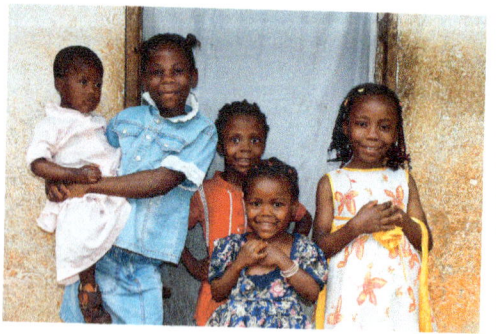

1. **Quel est le but de l'article?**

   a. vendre de l'eau

   b. vendre un forfait touristique dans un pays francophone

   c. attirer des participants à l'événement

   d. créer une association écologique

2. **Quand ce festival a-t-il lieu?**

   a. tous les mois de mai depuis des décennies

   b. c'est la première fois

   c. c'est la seconde fois

   d. le document ne nous le dit pas

MAROC

3. **Quel serait l'un des thèmes de ce festival d'après son titre?**

   a. trouver une solution qui soit stable

   b. de la publicité pour les produits du Marocdôme

   c. les arbres abattus de la forêt Bouskoura

   d. se réjouir de l'approvisionnement d'eau au Maroc

4. **Quel contraste n'est pas explicite dans ce document?**

   a. long terme / court terme

   b. fermeture éclair / bouton pression

   c sec / mouillé

   d. mer / forêt

5. **Quel est l'organisme responsable de l'organisation et de la production de cet évènement?**

   a. une association

   b. Marocdôme

   c. la forêt de Bouskoura

   d. www.festival-ecologie.com

**LIRE**  **ÉCOUTER**

Vous allez lire un passage et écouter une sélection audio. Pour la lecture, vous aurez un temps déterminé pour la lire. Pour la sélection audio, vous aurez d'abord un temps déterminé pour lire une introduction et pour parcourir les questions qui vous seront posées. La sélection sera présentée deux fois. Après avoir écouté la sélection une première fois, vous aurez 1 minute pour commencer à répondre aux questions; après avoir écouté la sélection une deuxième fois, vous aurez 15 secondes par question pour finir de répondre aux questions. Pour chaque question, choisissez la meilleure réponse selon la sélection audio ou la lecture et indiquez votre réponse sur votre feuille de réponse.

**SOURCE 1:**

**THEME/CONTEXT:**
Les défis mondiaux - L'alimentation
**SECONDARY THEME/CONTEXT:**
Les défis mondiaux - L'environnement

**Introduction:**

Cette sélection vient du site www.livenet.fr. L'article a été écrit par Audrey et publiée le 24 février 2009. © livenet.fr

# La cuisine moléculaire, une cuisine écolo?

À Prague, le chef cuisinier Marc Veyrat, épaulé par Zdenek Rajnis, espère bien révolutionner la gastronomie en **mélangeant** les concepts d'écologie et de cuisine moléculaire.

*Ligne*
5

Son projet, ou plutôt son incroyable **pari** est de mettre au point à Prague, un restaurant «laboratoire» spécialement destiné à la cuisine moléculaire.

Cet homme, passionné de cuisine, mais également fervent écolo, espère bien faire naître de son idée un «restaurant écologique».

Au menu de son restaurant qui s'appellera «L'auberge de la
10 **clairière**», Marc imagine des assiettes à base de produits de la forêt (champignons, baies, herbes), de fleurs, et bien entendu de produits bio.

Cependant, l'un des marchands qui sera chargé d'alimenter le restaurant en **primeurs** n'est pas très convaincu par le concept.
15 Pour lui le «bio» c'est surtout pour les pays «riches», et Prague n'en fait pas partie, et ne lui parlons même pas de cuisine moléculaire car le brave homme ne sait pas du tout ce que cela signifie.

Mais l'équipe de Marc Veyrat est confiante, pour eux Prague
20 est en plein **éveil**, le niveau de la vie devient plus élevé et les habitants commencent à avoir des goûts de plus en plus «haut de gamme».

Ce restaurant apporterait un plus pour la Tchéquie, en faisant découvrir l'art de bien manger et surtout de manger sain et

25 original.

Le projet a pris un peu de retard avec la crise économique actuelle, mais la notoriété de Marc Veyrat aidant, les investisseurs sont motivés et la construction du restaurant devrait bientôt démarrer sur le terrain militaire désaffecté qui a

30 été choisi pour être réhabilité.

## SOURCE 2: SÉLECTION AUDIO

**AUDIOSCRIPT:**
The audioscript for each listening activity is supplied in Appendix F of this Teacher's Edition and online in Explorer.

## Introduction:

Dans cette sélection audio il s'agit de l'avenir de la nourriture sur la Terre. Cette sélection audio vient de «Comment nourrir la planète, demain?» de Francis Duriez, Rungis Actualités, écrit par Bruno Parmentier, Philippe Chalmin, Hervé Guyomard et Bernard Hubert. L'extrait s'intitule «Des solutions pour l'avenir». © Rungis

1. **Selon l'extrait audio, quel changement sera nécessaire dans les pays développés en ce qui concerne la nourriture?**

   a. améliorer le système de stockage

   (b.) consommer moins

   c. augmenter la production

   d. transporter plus de produits à l'intérieur du pays

2. **Selon le passage, qu'est-ce que l'on ne verra pas dans le restaurant écolo de Marc Veyrat?**

   a. des morilles

   b. du romarin

   (c.) des fruits de mer

   d. des framboises

3. **Dans l'extrait audio, que veulent dire les mots «une traque au gâchis»?**

   a. on a peur

   b. mieux surveiller la progression de la cuisson

   c. transporter la nourriture le plus rapidement possible

   (d.) il faut moins de gaspillage

4. **Quelle est la conclusion de l'extrait audio?**

   a. Il y aura toujours des crises de la faim sur la planète.

   (b.) Les êtres humains devraient pouvoir gérer le problème de la faim dans le monde.

   c. Le problème principal serait le manque de savoir dans le domaine de la biologie moléculaire.

   d. Le projet de développement durable sera difficile à gérer.

5. **Selon le passage, pourquoi le marchand critique-t-il l'endroit qu'a choisi Marc Veyrat pour ce nouveau restaurant?**

   (a.) Les gens des pays moins fortunés connaissent moins bien les produits bio.

   b. Il n'a jamais vraiment apprécié la cuisine moléculaire.

   c. Prague a déjà trop de restaurants nouvelle vague.

   d. La crise économique actuelle représente une menace sérieuse.

**Vocabulaire**
défi
gâchis
traque
vivrier (-ère)

## » Interpretive Communication: AUDIO TEXTS

 **ÉCOUTER**

**Vocabulaire**
fléau
gaspillage

Vous allez écouter une sélection audio. Vous aurez d'abord un temps déterminé pour lire l'introduction et pour parcourir les questions qui vous seront posées. La sélection sera présentée deux fois. Après avoir écouté la sélection une première fois, vous aurez 1 minute pour commencer à répondre aux questions; après avoir écouté la sélection une deuxième fois, vous aurez 15 secondes par question pour finir de répondre aux questions. Pour chaque question, choisissez la meilleure réponse selon la sélection audio et indiquez votre réponse sur la feuille de réponse.

## Introduction:

**Dans cette sélection audio, il s'agit du gaspillage de nourriture. L'article, rédigé en 2010 a été publié sur le site Chimistes pour l'environnement, le comité environnemental du département de chimie de l'Université Laval, au Québec.** © Chimistes pour l'environnement

**AUDIOSCRIPT:**
The audioscript for each listening activity is supplied in Appendix F of this Teacher's Edition and online in Explorer.

**THEME/CONTEXT:**
Les défis mondiaux - L'alimentation
**SECONDARY THEME/CONTEXT:**
Les défis mondiaux - L'environnement

1. **Quelle quantité de nourriture n'est pas mangée à cause d'un manque de qualité?**
   a. 183 kg
   (c.) 10 à 15 %
   b. 20%
   d. 0 kg

2. **D'après cette sélection, quelle est l'une des raisons du gaspillage de nourriture?**
   a. Nos réfrigérateurs sont trop petits.
   b. Nous achetons de la nourriture tous les jours.
   c. Beaucoup de fruits et légumes ont des défauts.
   (d.) La nourriture ne coûte pas cher.

3. **Dans le contexte de cet extrait audio, que veut dire l'expression «garder au froid»?**
   a. avoir une mauvaise attitude
   b. surveiller
   c. froisser
   (d.) réfrigérer

4. **Quel est le but de la sélection?**
   a. faire rire
   (b.) faire réfléchir et agir
   c. faire étudier les sciences
   d. faire acheter des produits bio

5. **Vous parlez à un ami au sujet de cet extrait audio. Quelle phrase serait la plus appropriée?**
   (a.) «Nous devons faire nos courses plus d'une fois par semaine.»
   b. «Les Canadiens ne gaspillent pas beaucoup de nourriture.»
   c. «Heureusement que les nouveaux réfrigérateurs n'utilisent pas de $CO_2$.»
   d. «Le problème de gaspillage de nourriture n'est plus d'actualité.»

**LIRE**  **ÉCRIRE**

Vous allez écrire une réponse à un message électronique. Vous aurez 15 minutes pour lire le message et écrire votre réponse. Votre réponse devrait débuter par une salutation et terminer par une formule de politesse. Vous devriez répondre à toutes les questions et demandes du message. Dans votre réponse, vous devriez demander des détails à propos de quelque chose mentionnée dans le texte. Vous devriez également utiliser un registre de langue soutenue.

**SCORING GUIDELINES:**
See the scoring guidelines proposed by The College Board for the AP® French Language Culture Exam for the Interpersonal Writing: E-mail Reply, the Presentational Writing: Argumentative Essay, the Interpersonal Speaking: Conversation, and the Presentational Speaking: Cultural Comparison exercises.

## Introduction:

C'est un message électronique de Nour Saidani, responsable d'un groupe bénévole de purification d'eau. Vous recevez ce message parce que vous avez contacté le service pour demander des informations précises concernant leurs projets.

Tunis, le 3 décembre 2015

De: Nour Saidani

**THEME/CONTEXT:**
Les défits mondiaux - L'alimentation
**SECONDARY THEME/CONTEXT:**
Les défis mondiaux - L'environnement

Mademoiselle, Monsieur,

Nous vous remercions de l'intérêt que vous portez à notre groupe bénévole de purification d'eau pour l'eau **potable** en Tunisie rurale. Nous
*Ligne* aurons seulement besoin de quelques informations
5 supplémentaires afin de terminer la procédure d'adhésion au groupe:

- Pourquoi aimeriez-vous participer à ce mouvement?

- Si vous êtes invité à vous joindre à nous,
10 qu'est-ce que vous pourriez nous apporter? Donnez plusieurs exemples de contributions que vous nous proposeriez.

TUNISIE

Étant en phase de développement, nous sommes à la recherche de **pigistes** afin de combler nos
15 besoins pour différents projets. Nous annoncerons nos besoins au fur et à mesure de l'avancement de nos projets. Évidemment nous nous réservons le droit d'accepter ou de refuser les candidatures. La date limite d'inscription pour l'année 2013-
20 2014 est le 31 décembre 2015. Pour avoir plus d'informations sur nos projets, nous vous invitons à nous contacter par méthode traditionnelle ou par courriel

Une fois que vous aurez envoyé les renseignements demandés, vérifiez votre boîte de réception. Vous
25 y trouverez un mail contenant un lien. Veuillez cliquer dessus pour confirmer votre identité.

Nous vous prions d'agréer, Mademoiselle/Monsieur, l'expression de nos sentiments les meilleurs.

Nour Saidani

Responsable

**COMMUNITIES:**
**School and Global Communities:**
Learners use the language both within and beyond the classroom to interact and collaborate in their community and the globalized world.

**LIRE**   **ÉCOUTER**

 **ÉCRIRE**

Vous allez écrire un essai argumentatif pour un concours d'écriture de langue française. Le sujet de l'essai est basé sur trois sources ci-jointes, qui présentent des points de vue différents sur le sujet et qui comprennent à la fois du matériel audio et imprimé. Vous aurez d'abord 6 minutes pour lire le sujet de l'essai et le matériel imprimé. Ensuite, vous écouterez l'audio deux fois; vous devriez prendre des notes pendant que vous écoutez. Enfin, vous aurez 40 minutes pour préparer et écrire votre essai. Dans votre essai, vous devriez présenter les points de vue différents des sources sur le sujet et aussi indiquer clairement votre propre point de vue que vous défendrez à fond. Utilisez les renseignements fournis par toutes les sources pour soutenir votre essai. Quand vous ferez référence aux sources, identifiez-les de façon appropriée. Organisez aussi votre essai en paragraphes bien distincts.

**THEME/CONTEXT:**
Les défis mondiaux - L'environnement
**SECONDARY THEME/CONTEXT:**
Les défis mondiaux - L'économie

**SUJET DE LA COMPOSITION:**

L'autopartage des voitures est-il un bon choix écologique et économique pour se déplacer?

**SOURCE 1:**

## Introduction:

**Dans cette sélection il s'agit d'Autolib', un service de voitures électriques en libre service (autopartage) à Paris. Cet article a été écrit par Catherine Calmet le 3 octobre 2011 et vient du site www.europeecologiecreteil.wordpress.com.** © Word Press

# Autolib n'est ni écologique, ni révolutionnaire . . .

Première fois que ce dossier vient sur la table du Conseil Municipal – puisque c'est un projet porté par la Communauté d'agglo . . .

*Ligne*  Pour autant, pas nécessaire de développer longuement ce qu'est
5   Autolib' . . . une **déferlante** médiatique s'en est chargé durant tout le week-end . . . et ce n'est qu'un début!

En résumé:

Un service de petits véhicules électriques rechargeables, en libre service, disponibles dans des stations disséminées dans
10   le cœur de l'agglomération (dans 46 communes adhérentes – essentiellement concentrées à l'ouest et au sud de Paris). L'abonnement annuel revient à 12€ par mois, et l'utilisation est facturée à la demi-heure . . .

Jusque là, ça paraît simple . . . ça se complique quand on nous
15   explique qu'il s'agit là d'une nouveauté écologique, qui va révolutionner la mobilité en Ile de France.

## Or, pour nous, Autolib' n'est ni écologique, ni révolutionnaire . . . il est juste inutile et coûteux.

Autolib' n'a rien d'écologique. Au début, on expliquait qu'il permettrait aux parisiens de renoncer à la voiture personnelle, et réduirait d'autant la congestion urbaine avec des voitures partagées. En fait, Autolib' consiste
20 surtout à introduire 3000 nouveaux véhicules dans Paris et la petite couronne, là où le réseau de transport public est le plus dense . . . Et pour tenter d'assurer la disponibilité et le rechargement des véhicules, des camions devront **arpenter** en permanence le réseau routier pour regarnir les stations vides ou décharger les stations saturées . . . bref, ce qu'on gagne
25 à coup sûr, c'est de la congestion routière supplémentaire.

Là où Vélib' donnait une solution alternative à la voiture avec des modes de déplacements doux, par définition écologiques, il s'agit ici d'ajouter plusieurs milliers de véhicules automobiles dans l'espace public, y compris dans l'espace public de l'hyper-centre de la Région, à savoir pas du tout là
30 où le besoin automobile pourrait se justifier . . .

Les véhicules électriques rechargeables sont eux aussi une fausse bonne idée . . . quand on sait qu'il faudra plusieurs heures, en fin de journée, pour recharger simultanément des milliers de batteries, y compris l'hiver lors des pics de consommations énergétiques qui surchauffe le réseau . . . là
35 encore, Autolib' est à contre temps de la sobriété énergétique dont nous devons faire preuve, et n'a donc rien d'écologique . . .

Autolib' n'a rien de révolutionnaire non plus . . . Qu'y a t'il de révolutionnaire à prendre un véhicule à un endroit donné et le laisser à destination? Les taxis assurent ce service depuis un siècle . . . dans des
40 conditions parfois difficiles et pour des tarifs peu attractifs, c'est vrai . . . mais imaginons un moment que les 50M€ investis par la Ville de Paris et toutes les contributions des collectivités **franciliennes** soient consacrées à l'amélioration et à la démocratisation de l'offre de taxi. Il y avait là un vrai gisement d'emplois et de service public, à l'échelle de toute l'Ile de France
45 et pas seulement d'une cinquantaine de communes . . . D'autres services intéressants et innovants existent aussi depuis quelques années: ce sont des services d'autopartage, qui permettent sur abonnement de réserver et d'utiliser des véhicules à la demande. Bref, Autolib' n'invente rien de bien nouveau . . . et une fois la folie médiatique retombée, les lendemains
50 pourraient bien déchanter!

*(suite à la page suivante)*

### SOURCE 1 (SUITE):

En fait, aujourd'hui, Autolib' pourrait surtout rapidement se révéler inutile et inadapté – en tout cas, il est permis de se demander par quelle étude de marché sérieuse on propose d'implanter 19 stations dans notre ville, avec potentiellement
55  112 véhicules disponibles . . . et un abonnement de base de 140€ par an, auquel s'ajoute les coûts d'utilisation . . .

En tout cas, Autolib' a d'ores et déjà un coût . . . pour les collectivités adhérentes au Syndicat Mixte puisque, la délibération technique qui nous est proposée le rappelle,
60  la communauté d'agglomération va devoir débourser pas moins de 450 000 € pour le financement de 8 des 19 stations cristoliennes (la même chose pour les stations d'Alfortville et

de Limeil . . . ), le reste étant pris en charge par la Région, qui ferait mieux de les consacrer à l'offre de transports public . . . Un tel coût
65 est-il vraiment justifié, pour un service au mieux marginal et au pire défaillant . . . ?

Franchement, l'amélioration de la mobilité de nos concitoyens mérite mieux que cette vaste entreprise de «greenwashing» du groupe Bolloré.

70 À l'heure où notre ville bénéficie d'une amélioration de l'offre de transport considérable, dont nous nous réjouissons tous, c'est un message vraiment paradoxal que l'on adresse aux cristoliens.

Vous l'aurez compris . . . nous ne voterons pas cette délibération car nous sommes convaincues qu'Autolib' n'est pas un bon projet . . .

**SUGGESTION:**
Ask students to describe what they see in these photos. This may serve as a springboard for a discussion on modes of transportation available in their communities or their preferences on the subject.

**SOURCE 2:**

## Introduction:

Dans cette sélection il s'agit des tarifs d'Autolib'. Ces informations ont été tirées du site www.autolib.fr en 2012. © Autolib'

### CATÉGORIE 1: Renault Twingo, Toyota Aygo et Citroën C1

| | |
|---|---|
| prise en charge | 2,10 |
| par heure, de 7h à 23h | 2,10 |
| par heure, de 23h à 7h | gratuit |
| forfait 24h | 21,00 |
| par kilomètre | 0,40 |
| à partir de 100 km | 0,24 |

### CATÉGORIE 2: Renault Kangoo, Citroen Berlingo

| | |
|---|---|
| prise en charge | 2,10 |
| par heure, de 7h à 23h | 2,52 |
| par heure, de 23h à 7h | gratuit |
| forfait 24h | 25,20 |
| par kilomètre | 0,47 |
| à partir de 100 km | 0,29 |

### CATÉGORIE 3: Citroën C4 Picasso

| | |
|---|---|
| prise en charge | 2,10 |
| par heure, de 7h à 23h | 3,50 |
| par heure, de 23h à 7h | gratuit |
| forfait 24h | 35,00 |
| par kilomètre | 0,63 |
| à partir de 100 km | 0,39 |

**CULTURES:**
**Relating Cultural Practices to Perspectives:** Learners use the language to investigate, explain, and reflect on the relationship between practices and perspectives of the cultures studied.

**CONNECTIONS:**
**Acquiring Information and Diverse Perspectives:** Learners access and evaluate information and diverse perspectives that are available through the language and its cultures.

## SOURCE 3: SÉLECTION AUDIO

### Introduction:

Dans cette sélection audio il s'agit également d'Autolib'. Ce podcast s'intitule «Autolib' voit la vie en rose», vient du site www. frequenceterre.com, et date du 31 octobre 2012. Vous entendrez la voix de Jean-Brice Senegas qui pose les questions. © Fréquence Terre

**AUDIOSCRIPT:**
The audioscript for each listening activity is supplied in Appendix F of this Teacher's Edition and online in Explorer.

**Vocabulaire**
séduit(e)

**SUGGESTIONS:**

Ideas for composition organization:

**Introduction**

**Source 1 viewpoint:**

Autolib' is not ecologically sound. It is actually adding 3000 cars to Paris traffic congestion. Autolib' also uses energy to recharge the batteries of those 3000 cars. Autolib' is not economically sound either. It provides a service that taxis have been providing for years and the cost of the service is high.

**Source 2 viewpoint:**

Autolib' cars can be used for no hourly fee during the overnight hours. There is a small fee for use (2,10€) and then the customer pays either hourly, ranging from 2,10€ to 3,50€ depending on the model of car, or for a 24 hour period for 21€ to 35€ plus a per kilometer rate ranging from ,40€ to ,63€.

**Source 3 viewpoint:**

Autolib' is considered clean transport. One Autolib' car replaces seven to eight cars, which cuts down on pollution, traffic congestion and noise.

**Student's own viewpoint:**

**Conclusion**

## » Interpersonal Speaking: CONVERSATION

 LIRE  ÉCOUTER **?** PARLER

**AUDIOSCRIPT:**
The audioscript for each listening activity is supplied in Appendix F of this Teacher's Edition and online in Explorer.

Vous allez participer à une conversation. D'abord, vous aurez une minute pour lire une introduction à cette conversation qui comprend le schéma des échanges. Ensuite, la conversation commencera, suivant le schéma. Quand ce sera à vous de parler, vous aurez 20 secondes pour enregistrer votre réponse. Vous devriez participer à la conversation de façon aussi complète et appropriée que possible.

## Introduction:

**C'est une conversation avec Youssef, un copain. Vous participez à cette conversation parce que vous êtes en train de créer un nouvel éco-club, et vous voulez l'inviter à y participer.**

| | | |
|---|---|---|
| Youssef | Il vous salue et vous informe de la raison de son appel. | **THEME/CONTEXT:** Les défis mondiaux - L'économie |
| Vous | Parlez d'un nouvel éco-club que vous êtes en train de créer dans votre lycée. | |
| Youssef | Il exprime son intérêt et pose une question sur le but de ce projet. | |
| Vous | Expliquez deux buts que vous avez pour ce projet. | |
| Youssef | Il parle des activités 'vertes' qu'il préfère, et il exprime son opinion sur le recyclage à l'école. | |
| Vous | Parlez des genres d'activités vertes que vous préférez. | |
| Youssef | Il parle des activités potentielles qu'il projette de faire. | |
| Vous | Donnez et soutenez votre opinion sur l'activité proposée. | |
| Youssef | Il promet de vous contacter bientôt avec des détails. | |
| Vous | Dites au revoir et assurez-lui que vous le verrez bientôt. | |

**COMMUNITIES:**
**School and Global Communities:** Learners use the language both within and beyond the classroom to interact and collaborate in their community and the globalized world.

## » Presentational Speaking: CULTURAL COMPARISON

 LIRE  PARLER

Vous allez faire un exposé pour votre classe sur un sujet spécifique. Vous aurez 4 minutes pour lire le sujet de présentation et préparer votre exposé. Vous aurez alors 2 minutes pour l'enregistrer. Dans votre exposé, comparez votre propre communauté à une région du monde francophone que vous connaissez. Vous devriez montrer votre compréhension des facettes culturelles du monde francophone. Vous devriez aussi organiser clairement votre exposé.

# Sujet de la présentation:

**Quelle est l'attitude des gens de votre communauté envers la protection de l'environnement? Comparez vos observations avec celles d'une communauté francophone que vous connaissez.**

**THEME/CONTEXT:**
Les défis mondiaux - L'environnement

**COMPARISONS:**
**Cultural Comparisons:** Learners use the language to investigate, explain, and reflect on the concept of culture through comparisons of the cultures studied and their own.

**LIRE**

La sélection suivante est accompagnée de plusieurs questions. Pour chaque question, choisissez la meilleure réponse selon la sélection.

**THEME/CONTEXT:**
Les défis mondiaux - L'environnement
**SECONDARY THEME/CONTEXT:**
Les défis mondiaux - La santé

### Introduction:

**Dans cet article, il s'agit de la protection des animaux au Laos, un pays francophone en Asie. L'article a été publié le 22 février 2014 sur le site de Global Voices.** © Global Voices

## Laos: Un centre pour la protection des éléphants

On appelait autrefois le Laos "le pays au million d'éléphants", mais aujourd'hui la population de ces animaux a été réduite à quelques centaines du fait du
*Ligne* **braconnage** et du commerce illégal de l'ivoire. On
5 estime le nombre d'éléphants sauvages aujourd'hui à entre 300 à 600 individus:

**Éparpillée** en petites troupes fragmentées, la population d'éléphants sauvages compte environ 300 à 600 animaux. Comme dans beaucoup d'autres pays,
10 les éléphants sauvages du Laos sont menacés par le comportement des humains. Il comprend la déforestation, le braconnage, l'extension de l'habitat humain et les conflits entre les éléphants et les hommes.

Par ailleurs, il y aurait environ 420 éléphants en captivité:
15 La triste population des éléphants en captivité est sur le déclin, il y en aurait seulement 420 au Laos. Le nouveau millénaire à apporté avec lui le fardeau de la productivité, les Mahouts (propriétaires d'éléphants), sont obligés pour survivre de faire travailler leur animal sept jours sur sept. Les éléphants sont
20 surtout employés dans les exploitations forestières, une activité très dure et dangereuse. De ce fait les éléphants mâles sont trop fatigués pour se reproduire et meurent souvent à la tâche.

Heureusement, on constate actuellement une prise de conscience croissante de la nécessité de protéger les éléphants
25 dans ce pays. Un des organismes les plus efficaces pour cette sensibilisation est le Centre pour la protection des éléphants.

Le Centre pour la protection des éléphants est bien différent des camps d'éléphants pour les touristes, il possède une unité destinée à la reproduction, à l'**allaitement** des "petits" et au
30 diagnostic et traitement des maladies. Ne vous attendez pas à

y voir des groupes de touristes montés sur ces éléphants toute la journée . . .

C'est le premier hôpital pour éléphant qui sert aussi de base d'écotourisme. Il offre une assistance technique et des moyens
35  d'existence aux propriétaires d'éléphants qui comptent sur leurs animaux pour leur revenu quotidien. Le centre est également un sanctuaire permettant de recueillir des éléphants en détresse. On y a entre autre récupéré un jeune éléphant appelé d'abord Noy. Après quelques années, l'éléphant choisira son nouveau
40  nom selon une procédure que décrit la vétérinaire en chef Emmanuelle Chave:

À l'âge de trois ans, les éléphants commencent à s'entraîner avec leur futur Mahout, pour apprendre les différents signaux leur permettant de travailler avec des humains. Un chamane
45  accompagne ce voyage crucial pour l'éléphant, du monde de la forêt à celui des humains. À la fin de sa formation, on offre à l'éléphant trois morceaux de canne à sucre sur lesquels sont écrits des noms. Le nom écrit sur le premier morceau qu'il saisit sera le sien.

50  Brita a visité le centre et lui reconnaît un rôle positif pour le bien-être des éléphants:

Le Centre pour la protection des éléphants est sans doute un des rares endroits où il n'est pas question d'adapter les éléphants aux rythmes et besoins des hommes, mais au contraire de s'adapter
55  aux rythmes et besoins des éléphants.

Je suis très difficile quand le moment est venu de "placer" un éléphant car il y a trop d'endroits où ils sont maltraités et **s'épuisent** en transportant des grumes d'arbres ou en satisfaisant les caprices des touristes.  [ . . . ]

1. **Les chasseurs s'intéressent à quelle partie du corps de l'éléphant?**
   a. la peau
   b. les cornes
   c. le tronc
   d. la queue

2. **Les Mahouts font travailler leurs éléphants à quel rythme?**
   a. sept fois par jour
   b. sept fois par mois
   c. une fois tous les sept jours
   d. quotidiennement

3. **Que veut dire le mot «allaitement»?**
   a. fabriquer du lait pasteurisé
   b. vendre du lait dans un commerce
   c. rendre plus léger
   d. nourrir de son lait un petit

4. **Quel est le ton de l'article?**
   a. empathique
   b. insensible
   c. comique
   d. moqueur

5. **Vous parlez à un ami de cet article. Quelle phrase serait la plus appropriée?**
   a. «J'ai peur de partir au Laos car il y a trop d'éléphants.»
   b. «Comme tu adores les animaux, tu vas trouver ce centre génial.»
   c. «Ils perdent leurs temps avec le travail qu'ils font dans ce centre.»
   d. «Les gens ne donnent pas de nom à leurs éléphants en captivité.»

 **LIRE** · **ÉCOUTER**

Vous allez lire un passage et écouter une sélection audio. Pour la lecture, vous aurez un temps déterminé pour la lire. Pour la sélection audio, vous aurez d'abord un temps déterminé pour lire une introduction et pour parcourir les questions qui vous seront posées. La sélection sera présentée deux fois. Après avoir écouté la sélection une première fois, vous aurez 1 minute pour commencer à répondre aux questions; après avoir écouté la sélection une deuxième fois, vous aurez 15 secondes par question pour finir de répondre aux questions. Pour chaque question, choisissez la meilleure réponse selon la sélection audio ou la lecture et indiquez votre réponse sur votre feuille de réponse.

**THEME/CONTEXT:**
Les défis mondiaux - L'environnement
**SECONDARY THEME/CONTEXT:**
L'alimentation
**TERTIARY THEME/CONTEXT:**
La vie contemporaine - La publicité et le marketing

**SOURCE 1:**

## Introduction:

**Dans cet article, il s'agit de l'emballage éco-responsable des produits. L'article a été publié sur le site L'emballage écologique, qui présente l'actualité de l'emballage éco-responsable. Il date du 28 avril 2011.** © www.emballageecologique

# Le bouchon en liège: un avantage pour l'environnement

## La Fabrications des bouchons en liège

Le **liège** est extrait de l'écorce du chêne-liège (Quercus Suber), une espèce unique en son genre puisque son écorce, le liège se régénère une fois extraite. C'est lorsque l'arbre atteint l'âge de 20 à 25 ans que la première couche de liège est extraite. Il faut cependant attendre encore au moins 18 ans avant d'obtenir une écorce adaptée à la production de bouchons de qualité. Cette délicate opération d'écorçage, confiée à des personnes **aguerries**, sera répétée tous les 9 ans, période durant laquelle les arbres ne seront jamais coupés ni endommagés.

La récolte du liège reste très artisanale. C'est un processus ancestral qui ne peut être effectué que manuellement avec des haches adaptées. Cette opération est en effet très délicate et s'effectue au moment de la phase active de croissance pour ne pas blesser l'arbre. Le risque est d'endommager la couche mère en frappant jusqu'au bois et ainsi de sectionner les vaisseaux conducteurs de sève, ce qui pourrait aller jusqu'à tuer l'arbre.

Le liège se récolte de la fin du printemps et pendant l'été (entre mai et août), tous les 9 ans minimum lorsque l'arbre est adulte. La durée de vie moyenne du chêne-liège est de l'ordre de 150 ans, soit environ 12 à 15 levées par arbre.

Chaque année, environ 300 000 tonnes de liège sont extraites dans le monde, le premier pays producteur étant le Portugal avec 52,5% de la production. 69% de la production de liège est exploitée pour la fabrication de bouchons pour les récipients en verre, ce qui représente près de 14 milliards de bouchons en liège!

Si le liège sert traditionnellement à fabriquer des bouchons à vin, ses propriétés exceptionnelles le destinent à de multiples usages: matériaux isolants, éco-construction, aérospatial, chaussures, instruments de
30 musique, décoration, ameublement, sièges de voiture, articles de sports, canne à pêche, secteur industriel…

Léger, résistant, élastique, imperméable, naturel et recyclable, le liège a de nombreux atouts qui ont séduit l'humanité depuis plus de 5000 ans! Et pourtant, depuis quelques années, la recherche de nouveaux
35 marchés par les industriels le met en concurrence avec les bouchons en plastique et en aluminium.

## Les avantages environnementaux du liège

Les produits alimentaires liquides ont vu leur emballages évoluer: la bouteille en verre est en perdition, remplacée par les briques alimentaires
40 dont le bilan environnemental est pourtant sujet à caution. Si pour le vin, la bouteille en verre résiste encore bien, son traditionnel bouchon en liège a vu l'arrivée de nouveaux concurrents: les bouchons en plastique et en aluminium.

Pourtant, sous le mirage marketing du toujours mieux et du toujours
45 plus pratique, ces pseudos innovations sont bien plus préjudiciables pour l'environnement que le bouchon en liège.

[…]

Enfin, les bouchons sont entièrement recyclables. Récupérés, ils sont **broyés** en granulés de différentes tailles qui serviront principalement à la fabrication de matériaux isolants et de parquets. Dans tous les cas, les
50 bouchons de liège ne peuvent pas être réutilisés comme bouchons.

Malheureusement, la filière de récupération des bouchons n'est pas encore mûre même si de nombreux projets en Europe et aux USA sont en
55 cours et que des pays comme l'Allemagne ou la Belgique récoltent environ 10% des bouchons de liège utilisés sur leur territoire. Les professionnels du liège se mobilisent. La France se mobilise aujourd'hui pour une organisation ad hoc.
60 Certaines associations proposent de récupérer vos bouchons.

## SOURCE 2: SÉLECTION AUDIO

**AUDIOSCRIPT:**
The audioscript for each listening activity is supplied in Appendix F of this Teacher's Edition and online in Explorer.

**Vocabulaire**
grenelle
trier

## Introduction:

Dans cette sélection audio, il s'agit d'une interview avec Christophe Neumann, le directeur régional pour Éco-emballage. L'interview a été présentée le 1er décembre 2013 sur Radio Oméga 90.9, une station qui diffuse à Belfort, à Hercourt et à Montbéliard, dans la région de Franche-Comté. La rubrique sous laquelle le podcast a été diffusé s'appelle Éco-logiquement. © Radio Oméga

1. Dans le contexte de la sélection écrite, quelle serait un synonyme qui correspondrait au mot «endommager»?
   a. endormir
   b. améliorer
   c. fabriquer
   d. **abîmer**

2. Selon le podcast, que veulent dire les flèches vertes sur l'emballage d'un produit?
   a. l'emballage est fabriqué de produits recyclés
   b. l'emballage a déjà été trié
   c. **l'entreprise qui fabrique le produit contribue à la collecte du recyclage**
   d. ceux qui achètent le produit paient davantage pour un produit recyclable

3. D'après l'extrait écrit, combien de fois dans la vie d'un arbre peut-on récolter du liège?
   a. 9
   b. 150
   c. **12**
   d. 52,5

4. D'après ce que dit Monsieur Neumann dans le podcast, quel est le pourcentage du recyclage des emballages en France actuellement?
   a. **67 %**
   b. 77 %
   c. 66 %
   d. 50 %

5. Selon l'article, qu'est-ce qui est le point faible des bouchons en liège?
   a. **le rattrapage**
   b. le recyclage
   c. la fabrication
   d. l'imperméabilité

## » Interpretive Communication: AUDIO TEXTS

 ÉCOUTER

Vous allez écouter une sélection audio. Vous aurez d'abord un temps déterminé pour lire l'introduction et pour parcourir les questions qui vous seront posées. La sélection sera présentée deux fois. Après avoir écouté la sélection une première fois, vous aurez 1 minute pour commencer à répondre aux questions; après avoir écouté la sélection une deuxième fois, vous aurez 15 secondes par question pour finir de répondre aux questions. Pour chaque question, choisissez la meilleure réponse selon la sélection audio et indiquez votre réponse sur la feuille de réponse.

**Vocabulaire**

avoisinant(e)

benne

berge

## Introduction:

**Dans cette sélection audio, il s'agit de l'Association OSE, l'organe de sauvetage écologique. Ce podcast a été diffusé par Moustic Audio Agency à Paris.** © Moustic Audio Agency

**AUDIOSCRIPT:**
The audioscript for each listening activity is supplied in Appendix F of this Teacher's Edition and online in Explorer.

**THEME/CONTEXT:**
Les défis mondiaux - L'environnement
**SECONDARY THEME/CONTEXT:**
La famille et la communauté - La citoyenneté

1. **Chaque mois, l'Association OSE participe à une activité écologique. Laquelle?**
   a. ramasser les déchets des rives parisiennes
   b. nettoyer les bancs dans les parcs
   c. réparer les auberges des jeunes en difficulté
   d. organiser les produits au centre de recyclage

2. **Cette association fait partie de la communauté depuis quand?**
   a. les années 70    c. les années 90
   b. l'année 1980     d. l'année 2000

3. **Depuis le début, ils ont fait participer quels groupes de personnes sur place?**
   a. les retraités et les adhérents du Parti vert
   b. la SNCF et les étrangers
   c. les fonctionnaires et les femmes au foyer
   d. les SDF (sans domicile fixe) et les Roms

4. **D'après la bénévole interviewée, comment peut-on améliorer la situation en France en ce qui concerne l'écologie?**
   a. changer les mentalités en entreprise
   b. développer l'éducation écologique dans les écoles
   c. sceller les amitiés avec d'autres groupes
   d. toutes les actions mentionnées ci-dessus

5. **Michael, le jeune homme qui aide l'association régulièrement, explique pourquoi il le fait. Quelle raison donne-t-il?**
   a. parce qu'il veut protéger la Seine pour ses enfants
   b. parce qu'il est membre du Parti vert
   c. pour trouver des déchets intéressants et les vendre
   d. pour montrer que les stéréotypes ne sont pas toujours corrects

LIRE  ÉCRIRE

Vous allez écrire une réponse à un message électronique. Vous aurez 15 minutes pour lire le message et écrire votre réponse. Votre réponse devrait débuter par une salutation et terminer par une formule de politesse. Vous devriez répondre à toutes les questions et demandes du message. Dans votre réponse, vous devriez demander des détails à propos de quelque chose mentionnée dans le texte. Vous devriez également utiliser un registre de langue soutenue.

**THEME/CONTEXT:**
La vie contemporaine - Le logement

**SECONDARY THEME/CONTEXT:**
Les défis mondiaux - La santé

**TERTIARY THEME/CONTEXT:**
Les défis mondiaux - Les droits de l'être humain

**SUGGESTION:**
Ask students to discuss whether they've been involved in service projects or service trips in the past. Have them describe their experiences.

## Introduction:

Dans cette sélection, il s'agit d'un voyage alternatif au Burkina Faso. Vous avez proposé à l'organisme de **séjourner** aux **alentours** de Ouagadougou pour participer à la construction d'un hôpital fabriqué entièrement de matériaux écologiques. Voici la première réponse de l'organisme à laquelle vous devrez répondre pour confirmer votre intention de participer à ce projet.

de: participation@sante-ecologique.bf

Ouagadougou, le 29 décembre 2014

Cher/chère participant(e):

Nous confirmons la réception de votre demande pour participer à un séjour alternatif au Burkina Faso qui a pour but d'aider notre association
*Ligne* à construire un hôpital près de la capitale
5 burkinabée.

Chez Santé écologique, nous aidons nos communautés du Burkina Faso à faire construire des établissements de santé de première qualité avec des matériaux entièrement écologiques
10 pour que nos citoyens puissent profiter de soins médicaux de premier ordre. Nos volontaires profitent d'une expérience inoubliable en travaillant, mais surtout en créant des liens d'amitié qui dureront toute la vie.

15 Nous vous demandons de bien vouloir nous fournir les informations suivantes qui nous permettront de mieux vous connaître avant votre séjour éventuel parmi nous.

- Avez-vous de l'expérience dans la construction **d'édifices**? Si oui, décrivez-les.

- Si vous n'avez pas d'expérience dans le domaine de la construction, dans quelle mesure pensez-vous que ce projet correspondra à vos compétences et à vos intérêts?

- Dans quels pays avez-vous séjourné et quelles étaient les circonstances de ces séjours?

Il va sans dire que si vous avez des questions à nous poser, nous restons à votre disposition pour tout renseignement complémentaire.

Dans l'attente de votre réponse, nous vous prions d'agréer, cher/chère participant(e), l'expression de nos meilleurs sentiments.

Oumar Ouédraogo
Directeur de participation, Santé Ecologique

**COMMUNITIES:**
**School and Global Communities:** Learners use the language both within and beyond the classroom to interact and collaborate in their community and the globalized world.

LIRE  ÉCOUTER

 ÉCRIRE

Vous allez écrire un essai argumentatif pour un concours d'écriture de langue française. Le sujet de l'essai est basé sur trois sources ci-jointes, qui présentent des points de vue différents sur le sujet et qui comprennent à la fois du matériel audio et imprimé. Vous aurez d'abord 6 minutes pour lire le sujet de l'essai et le matériel imprimé. Ensuite, vous écouterez l'audio deux fois; vous devriez prendre des notes pendant que vous écoutez. Enfin, vous aurez 40 minutes pour préparer et écrire votre essai. Dans votre essai, vous devriez présenter les points de vue différents des sources sur le sujet et aussi indiquer clairement votre propre point de vue que vous défendrez à fond. Utilisez les renseignements fournis par toutes les sources pour soutenir votre essai. Quand vous ferez référence aux sources, identifiez-les de façon appropriée. Organisez aussi votre essai en paragraphes bien distincts.

**SUJET DE LA COMPOSITION:**

L'environnement est-il un aspect motivant dans l'achat d'un produit?

**SOURCE 1:**

## Introduction:

La sélection suivante vient du site JPD Conseil dont le siège se trouve à Laval, Québec. C'est un cabinet de conseil en stratégie et opérations. Dans l'article il s'agit des fautes qui sont commises dans les stratégies de marketing concernant l'environnement.

© Jean-Pierre Dubé Conseil

# Évitez les 7 péchés de l'écoblanchiment ou Greenwashing

**Par Jean-Pierre Dubé, ing., http://jeanpierredube.com**

Lorsque vous essayez de rendre votre organisation plus écologique, il est important de demeurer juste quant aux actions «vertes» que vous entreprenez. Vous ne devez pas donner l'impression que votre organisation est plus verte qu'elle ne l'est réellement.

*Ligne 5*

*«Le péché possède beaucoup d'outils, mais le mensonge est le manche convenant à tous.»*  Oliver Wendell Holmes

Le mot *Greenwashing* est formé par l'association des mots *Green* (vert) et *Brainwashing* (lavage de cerveau). L'écoblanchiment

*10* est une stratégie de marketing utilisée par les organisations pour accroître leurs ventes en présentant volontairement ou involontairement, une fausse image écologique de leurs activités, produits ou services.

C'est en 2007 que la firme américaine de consultants en

*15* marketing environnemental TerraChoice, aujourd'hui la propriété de ULC Standards, a publié pour la première fois son étude *«Les péchés de mascarade écologique»* pour dénoncer les prétentions environnementales mensongères et trompeuses.

Dans son rapport 2010, TerraChoice révèle que seulement 4,5%

20 des produits verts destinés à la maison et aux familles sont

exempts des 7 péchés d'écoblanchiment présentés ci-dessous.

### Le 1ᵉʳ péché: Le compromis caché

C'est un péché lorsque votre organisation laisse croire qu'un

produit ou un service est vert basé sur un nombre réduit de

25 critères environnementaux. Exemple: La publicité d'un produit

**vante** sa bonne performance en termes d'émission de gaz à effet

de serre (GES) mais passe sous silence sa faible performance en

termes de pollution de l'air et de l'eau.

**THEME/CONTEXT:**
La vie contemporaine - La publicité et le marketing
**SECONDARY THEME/CONTEXT:**
Les défis mondiaux - L'environnement
**TERTIARY THEME/CONTEXT:**
Les défis mondiaux - L'économie

### Le 2ᵉ péché: L'absence de preuve

30 C'est un péché lorsque votre organisation est incapable de

prouver ses déclarations par une documentation facilement

accessible ou par une certification d'une tierce partie

indépendante. Exemple: De nombreux produits sont publicisés

comme étant verts sans fournir la moindre preuve.

### Le 3ᵉ péché: L'imprécision

35

C'est un péché lorsque votre organisation fait des déclarations

vagues pouvant prêter à confusion dans l'esprit de vos clients.

Exemple: Un produit annoncé comme entièrement naturel alors

que plusieurs substances toxiques comme l'arsenic, l'uranium,

40 le mercure, etc. sont aussi entièrement naturelles mais pas

nécessairement vertes.

### Le 4ᵉ péché: La non pertinence

C'est un péché lorsque votre organisation fait des déclarations

véridiques mais futiles. Exemple: Un produit annoncé «Sans

45 chlorofluorocarbure ou CFC» alors que l'utilisation des CFC est

interdite par la loi.

*(suite à la page suivante)*

**SOURCE 1 (SUITE):**

---

### Le 5ᵉ péché: Le moindre de deux maux

C'est un péché lorsque votre organisation fait des déclarations qui servent avant tout à détourner l'attention sur vos impacts

50 environnementaux ou sociaux plus sérieux. Exemple: Les cigarettes biologiques, les véhicules sport utilitaires économes en carburant, et les publicités écologiques des exploitants des sables bitumineux canadiens.

---

### Le 6ᵉ péché: Le mensonge

55 C'est un péché lorsque votre organisation fait des déclarations trompeuses. Exemple: La publicité d'un produit basée sur des données, des analyses ou des études fausses ou inexistantes.

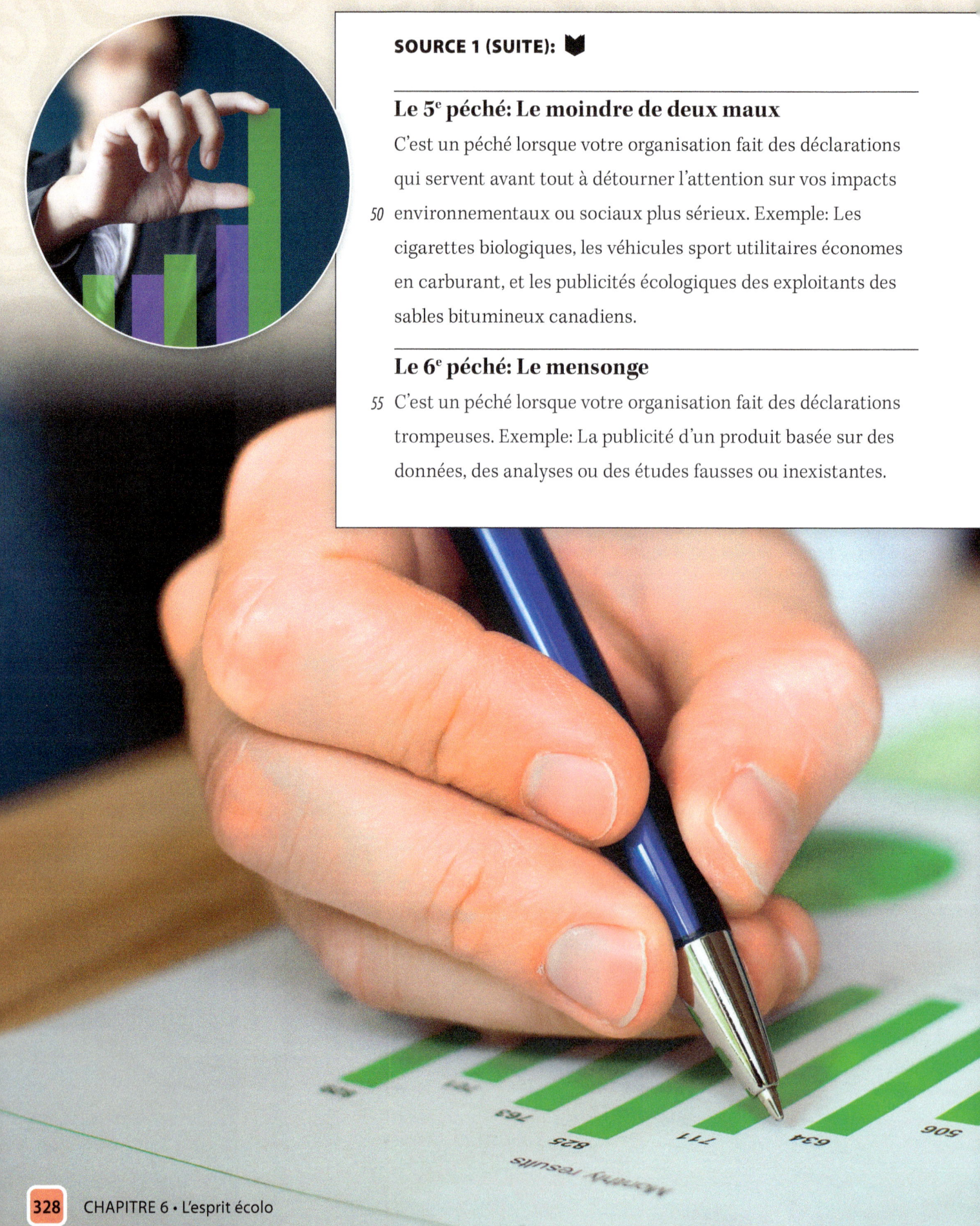

### Le 7ᵉ péché: L'étiquette mensongère

C'est un péché lorsque votre organisation utilise un écolabel

60 pour laisser croire que votre produit ou service est certifié par

une **tierce** partie reconnue alors que ce n'est pas le cas.

## SOURCE 2:

### Introduction:

Dans cette sélection, il s'agit de la vente des produits qui sont présentés à la clientèle comme naturels, biologiques ou écologiques en France.

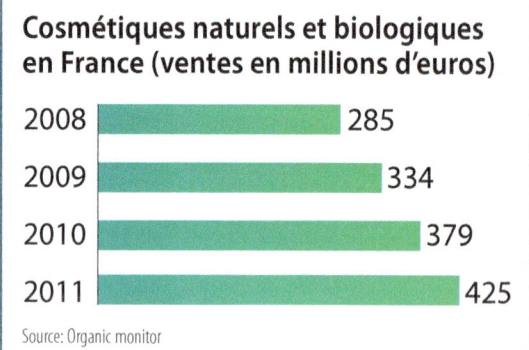

Cosmétiques naturels et biologiques en France (ventes en millions d'euros)

| Année | Ventes |
|-------|--------|
| 2008 | 285 |
| 2009 | 334 |
| 2010 | 379 |
| 2011 | 425 |

Source: Organic monitor

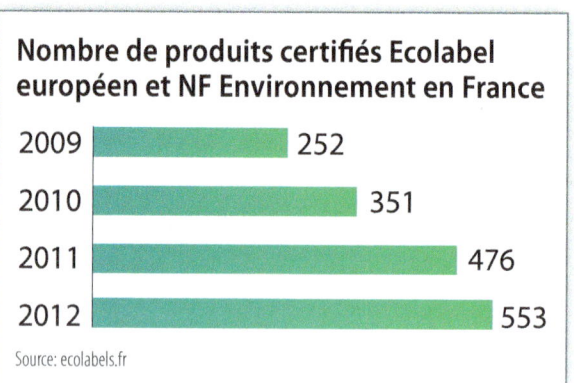

Nombre de produits certifiés Ecolabel européen et NF Environnement en France

| Année | Nombre |
|-------|--------|
| 2009 | 252 |
| 2010 | 351 |
| 2011 | 476 |
| 2012 | 553 |

Source: ecolabels.fr

| Marché des cosmétiques naturels et biologiques — 2010, En France | |
|---|---|
| Le marché représente (2010) | 336 millions € |
| Croissance (2007-2010) | 38% |
| Part du marché global des cosmétiques | 3% |
| Part du marché européen | 15% |

Source: www.quebecinternational.ca

**CULTURES:**
**Relating Cultural Practices to Perspectives:** Learners use the language to investigate, explain, and reflect on the relationship between practices and perspectives of the cultures studied.

**CONNECTIONS:**
**Acquiring Information and Diverse Perspectives:** Learners access and evaluate information and diverse perspectives that are available through the language and its cultures.

BOURGOGNE, FRANCE

## SOURCE 3:
## SÉLECTION AUDIO

**AUDIOSCRIPT:**
The audioscript for each listening activity is supplied in Appendix F of this Teacher's Edition and online in Explorer.

### Introduction:

Cette sélection audio s'intitule «Le paradigme écologiste expliqué par Yves Cochet». Monsieur Cochet est un eurodéputé écologiste qui présente son point de vue sur le rapport entre l'économique, le social et l'écosphère. Ce podcast a été publié sur le site de podcasters.ch le 19 octobre 2007. © podcasters.ch

**Vocabulaire**
englober

**SUGGESTIONS:**

Ideas for composition organization:

**Introduction**

**Source 1 viewpoint:**

Companies should not give the impression that they are more green than they really are, labeled as greenwashing. Among other points, companies are counseled to avoid the following: not being able to prove its ecological statistics, being vague about its ecological data, and using certain data to detract attention from other potentially damaging statistics.

**Source 2 viewpoint:**

In France, sales of natural and organic products are steadily on the rise. Also, the number of products certified with the European Ecolabel more than doubled between 2009 and 2012.

**Source 3 viewpoint:**

This source proposes that in sustainable development, the economic aspect, the social or human aspect, and the ecological aspect are not separate from one another. Rather, it is proposed that the situation could be characterized as the following: the economic aspect could be considered a small circle, which is encompassed by a larger circle representing the social aspect, which is encompassed by the largest circle of the biosphere or the ecological aspect to which everything is subject.

**Student's own viewpoint:**

**Conclusion**

## » Interpersonal Speaking: **CONVERSATION**

 **LIRE**   **ÉCOUTER**   **PARLER**

**AUDIOSCRIPT:**
The audioscript for each listening activity is supplied in Appendix F of this Teacher's Edition and online in Explorer.

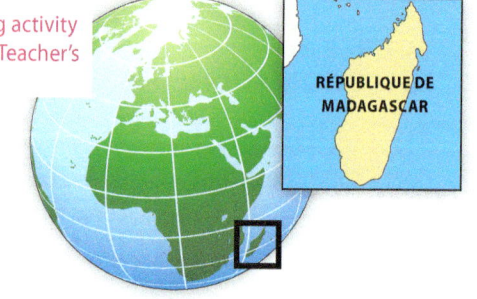

RÉPUBLIQUE DE MADAGASCAR

Vous allez participer à une conversation. D'abord, vous aurez une minute pour lire une introduction à cette conversation qui comprend le schéma des échanges. Ensuite, la conversation commencera, suivant le schéma. Quand ce sera à vous de parler, vous aurez 20 secondes pour enregistrer votre réponse. Vous devriez participer à la conversation de façon aussi complète et appropriée que possible.

**THEME/CONTEXT:**
Les défis mondiaux - L'environnement

## Introduction:

**Vous parlez avec votre ami malgache, Feno, au sujet de l'écologie et ce que vous faites chez vous pour protéger l'environnement. Il a beaucoup de questions à vous poser.**

| | |
|---|---|
| Feno | Il vous salue et vous interroge sur vos activités plus tôt dans la journée. |
| Vous | Répondez-lui et dites-lui que vous avez participé à une activité écologique ce matin (à votre choix). |
| Feno | Il vous demande depuis quand vous en faites et votre raison pour y participer. |
| Vous | Expliquez vos motivations pour participer à cette activité et depuis quand vous le faites. |
| Feno | Il est très curieux et il vous demande d'expliquer plus vos actions responsables. |
| Vous | Racontez au moins deux autres activités que vous faites chez vous ou à l'école pour être écocitoyen(ne). |
| Feno | Il vous demande si cette attitude écologique est typique dans votre milieu. |
| Vous | Répondez-lui et justifiez votre réponse. Demandez-lui ce qu'il fait chez lui pour être un citoyen responsable. |
| Feno | Il vous explique ses actions en ce qui concerne les forêts à Madagascar. |
| Vous | Dites-lui que les forêts vous intéressent beaucoup, mais que vous devez partir. Demandez-lui si vous pouvez continuer la conversation plus tard. |
| Feno | Il répond affirmativement. |

**COMMUNITIES:**
**School and Global Communities:**
Learners use the language both within and beyond the classroom to interact and collaborate in their community and the globalized world.

RÉPUBLIQUE DE MADAGASCAR

## » Presentational Speaking: CULTURAL COMPARISON

 LIRE  PARLER

Vous allez faire un exposé pour votre classe sur un sujet spécifique. Vous aurez 4 minutes pour lire le sujet de présentation et préparer votre exposé. Vous aurez alors 2 minutes pour l'enregistrer. Dans votre exposé, comparez votre propre communauté à une région du monde francophone que vous connaissez. Vous devriez montrer votre compréhension des facettes culturelles du monde francophone. Vous devriez aussi organiser clairement votre exposé.

# Sujet de la présentation:

La façon de **s'alimenter** est un aspect de la vie quotidienne qui varie d'un pays à l'autre (ou même d'une région à l'autre). Comparez les façons de s'alimenter dans votre pays à celles d'un pays francophone que vous connaissez. N'oubliez pas de considérer le rapport entre l'environnement, la santé, et le milieu social des populations que vous comparez.

**THEME/CONTEXT:**
Les défis mondiaux - L'alimentation
**SECONDARY THEME/CONTEXT:**
Les défis mondiaux - La santé

**COMPARISONS:**
**Cultural Comparisons:** Learners use the language to investigate, explain, and reflect on the concept of culture through comparisons of the cultures studied and their own.

## Compréhension

**EXPLORER:**
For vocabulary flashcards, additional exercises, AP® practice tasks, discussion forums, and external links, go to *APprenons* Explorer at
**learningsite.waysidepublishing.com**

**agguerri(e)** (adj.) (320) endurci par les combats

**agrafeuse** (n.f.) (288) appareil à agrafer

**alentours** (n.m./pl.) (324) les lieux autour

**allaitement** (n.m.) (318) le fait de nourrir

**arnaque** (n.f.) (286) escroquerie, tromperie

**arpenter** (v.) (311) parcourir de grandes distances

**avoisinant(e)** (adj.) (323) proche, voisin

**benne** (n.f.) (323) caisson servant à stocker et transporter des matériaux

**berge** (n.f.) (323) bord d'un cours d'eau

**bocal** (n.m.) (282) récipient généralement en verre et à large goulot

**bois** (n.m.) (282) substance solide qui constitue le tronc, les racines et les branches des arbres

**braconnage** (n.m.) (318) chasse illégale

**broyé(e)** (adj.) (321) écrasé

**caoutchouc** (n.m.) (282) substance élastique et imperméable provenant du latex de plantes tropicales ou obtenue à partir d'hydrocarbures

**ciseaux** (n.m./pl.) (288) instrument à deux lames mobiles et tranchantes, destiné à couper le papier, le tissu, etc.

**clairière** (n.f.) (304) zone dégarnie d'arbres dans un bois

**coller** (v.) (288) faire adhérer à quelque chose

**corde** (n.f.) (288) lien composé de fils d'une matière textile

**croissance** (n.f.) (285) augmentation

**déboisement** (n.m.) (301) fait d'enlever les bois d'un terrain

**déchet** (n.m.) (286) ce qu'on rejette après utilisation

**découper** (v.) (288) couper en morceaux

**déferlante** (n.f.) (310) phénomène de masse qui se propage

**défi** (n.m.) (306) challenge, épreuve

**dépôt-vente** (n.m.) (286) système de vente dans lequel le vendeur confie sa marchandise à un magasin

**édifice** (n.m.) (325) bâtiment

**empreinte** (n.f.) (289) marque, trace

**englober** (v.) (331) réunir, contenir

**éparpillé(e)** (adj.) (318) répandu

**épingle de sûreté** (n.f.) (288) dispositif en métal recourbé sur lui-même permettant de fixer du tissu en le piquant et en refermant l'aiguille de façon sécurisée

**érable** (n.m) (283) arbre à fruits secs munis de deux ailettes et qui produit un sirop

**étagère** (n.f.) (282) meuble composé de tablettes superposées

**éveil** (n.m.) (304) développement

**fil** (n.m.) (288) brin long et fin de matière textile

**flacon** (n.m.) (282) petite bouteille de verre

**fléau** (n.m.) (307) calamité

**francilien(ne)** (adj.) (311) de l'Île de France

**gâchis** (n.m.) (306) fait de gâcher, d'abîmer, d'endommager

**gaspillage** (n.m.) (307) gâchage, perte

**grenelle** (n.m.) (322) qui réunit différents acteurs politiques et associatifs pour trouver des solutions en matière d'écologie

**guet-apens** (n.m.) (286) piège

**liège** (n.m.) (320) matériau naturel, léger et imperméable fourni principalement par le chêne-liège

**malgache** (adj.) (332) de Madagascar

**mélanger** (v.) (304) agglomérer

**pari** (n.m.) (304) action de parier

**pigiste** (n.m.) (309) journaliste rémunéré à l'article

**pistolet à colle** (n.m.) (288) instrument permettant de projeter de la colle

**pneu** (n.m.) (282) bandage en caoutchouc enveloppant la chambre à air d'une roue

**potable** (adj.) (308) que l'on peut boire sans danger pour la santé

**primeur** (n.f.) (304) fruits et légumes

**punaise** (n.f.) (288) petit clou à grosse tête et à pointe courte

**ruban adhésif** (n.m.) (288) bande autocollante

**s'alimenter** (v.) (333) manger

**séduit(e)** (adj.) (315) charmé(e)

**s'enfoncer** (v.) (289) aller vers le fond

**s'épuiser** (v.) (319) se fatiguer

**séjourner** (v.) (324) passer du temps dans un lieu

**tierce** (n.f.) (329) troisième partie

**traque** (n.f.) (306) chasse

**tremblement de terre** (n.m.) (301) séisme

**trier** (v.) (322) séparer pour répartir et regrouper selon certains critères

**vanter** (v.) (327) glorifier

**vente aux enchères** (n.f.) (286) vente ouverte au public lors de laquelle le bien vendu est adjugé au plus offrant

**vide-grenier** (n.m.) (286) braderie organisée par des particuliers

**vivrier(ère)** (adj.) (306) qui produit des aliments destinés à l'homme

**GLOSSARY:**
Vocabulary words from each chapter also appear in the Glossary in Appendix B, beginning on page 505. French-French, French-English, and English-French glossaries are provided.

## Pour mieux s'exprimer à ce sujet

**bénévole** (adj.) qui rend un service sans demander une rémunération en retour

**couche d'ozone** (n.f.) zone de l'atmosphère terrestre riche en ozone, située entre 15 et 40 km d'altitude

**coûteux(-euse)** (adj.) cher

**effet de serre** (n.m.) réchauffement de l'atmosphère du à l'émission de gaz carbonique

**inondation** (n.f.) débordement des eaux

**planifier** (v.) organiser

**pollution sonore** (n.f.) bruit qui provoque une gêne

**réchauffement climatique** (n.m.) augmentation de la température des océans et de l'atmosphère

**tarif** (n.m.) prix

**volontariat** (n.m.) bénévolat

**ADDITIONAL VOCABULARY:**
The vocabulary words that appear in the *Pour mieux s'exprimer à ce sujet* category are presented as supplementary vocabulary to enhance students' expression on the topics of the chapter.

CHAMONIX, FRANCE

# QUESTIONS ESSENTIELLES

1. En quoi la créativité de l'être humain influence-t-elle le mode de vie dans notre société?

2. Dans quelle mesure nos penchants personnels influencent-ils les produits que nous consommons?

3. Comment nos goûts et nos préférences personnelles portent-elles sur la vie quotidienne?

**SUGGESTIONS:**
Use the essential questions as a basis for discussion for topics addressed in the chapter, either as an introduction, while working on the chapter or as a wrap-up activity/assessment.

**VOCABULARY:**
Vocabulary related to the topics covered in this chapter appears on pages 384 and 385 (French definitions) as well as in Appendix B starting on page 505 (French definitions and English translations).

QUÉBEC, CANADA

# Chapitre **7**

# À votre goût

» OBJECTIF **Présenter un point de vue en le soutenant**

1.  LIRE  ÉCRIRE ❓ PARLER

**Haylie est en train de lire l'article suivant dans son cours de marketing. Identifiez le point de vue de l'auteur dans cet article. Cherchez au moins trois arguments employés par l'auteur et écrivez-les dans la boîte ci-contre, à la page 339. Puis, partagez ce que vous avez écrit avec un camarade de classe.**

**Lutter contre la publicité pourquoi?**

**Pourquoi lutter contre la publicité en général?**

La publicité est omniprésente. Son **matraquage** est incessant et ses intrusions toujours plus **sournoises**: coupures TV et radio, téléphone, internet, autobus et métro emballés, sacs, vêtements, objets, etc. Nous subissons chacun(e) un nombre impressionnant de publicités par jour. La publicité fait progressivement son entrée dans les écoles (matériel pédagogique, partenariats, ventes de boissons). Avec le sponsorat, elle altère l'esprit du sport et s'immisce dangereusement dans la culture. A coups de millions, les multinationales font leur propagande, quels que soient les risques sur l'environnement et les répercussions sur la santé physique et mentale (nucléaire, automobile, alcool, cigarettes . . .).

**Rétrograde et dangereuse**

La publicité propage des idéologies néfastes: sexisme, ethnocentrisme, culte de l'apparence, compétition, violence . . . en une escalade sans but et sans fin. Elle n'hésite pas à jouer sur nos pulsions animales, nos souffrances et nos frustrations pour nous vendre cette recette trompeuse qu'est le bonheur par la seule consommation. Pour se faire, toutes les disciplines artistiques, la psychologie et la sociologie sont utilisées pour accroître la force de leur persuasion. La publicité génère la violence chez ceux et celles qui n'ont pas les moyens d'acheter les objets qu'elle nous dicte d'acquérir et qui nous permettrait d'accéder au bonheur. Elle provoque la frustration, un sentiment d'exclusion et des complexes en terme d'image de soi face à ses modèles. Son seul objectif est de pousser à la consommation au mépris des réalités humaines, écologiques, et sociales.

**Antidémocratique et inégalitaire**

Quelqu'un qui souhaite vivre en société ne peut pas échapper à la publicité. Elle a le monopole de l'expression, elle n'est pas de la communication puisque l'envoi du message se fait à sens unique, ne nous donnant jamais l'occasion de répondre. Seuls ceux et celles qui ont de l'argent peuvent l'utiliser. Dans ce système, une grosse entreprise peut se doter d'une image positive et vendeuse même si elle a des mauvais produits à vendre et un comportement irresponsable. Au contraire, un petit producteur aux procédés éthiques se retrouve noyé, faute de moyens . . . Elle construit un système de **prétendue** compétition où ce n'est pas le meilleur qui gagne mais le plus riche. La publicité lie les médias (puisqu'elle les finance) aux exigences des annonceurs-entreprises, les poussant à ne rechercher que la plus large audience, le public le plus vaste, au détriment de la qualité et de l'esprit critique. En menaçant de retirer les budgets publicitaires dont les médias dépendent, les pouvoirs économiques se mettent à l'abri de toutes critiques.

**Inutile et coûteuse**

La publicité crée de faux besoins et provoque des dépenses inutiles et le surendettement. En poussant vers une consommation superflue et futile, la publicité contribue à l'épuisement des ressources de la planète et à la création de déchets. Elle n'est pas nécessaire à l'économie (sur les 5 dernières années, elle a augmenté six fois plus vite que la croissance réelle) mais uniquement à la bataille des parts de marché dont elle est l'arme favorite. Au contraire, nous payons son coût, il est inclus dans le montant de nos achats.

Pire encore, ce que les entreprises dépensent en publicité est hélas compensé par des réductions de budget sur les autres postes (emplois supprimés ou délocalisés, conditions de sécurité négligées, salaires et conditions sociales indécentes). C'est sur cette réalité que repose la stratégie des multinationales.

Pour en savoir plus sur les (bonnes!) raisons de combattre la pub:

- http://www.bap.propagande.org
- http://www.blogantipub.wordpress.com
- http://www.casseursdepub.org

-Cet article a été écrit par Alain Geerts et publié le 15 janvier 2013 sur le site internet de la Fédération Inter-Environnement Wallonie, http://www.iew.be.

| Argument 1: | Answers may vary slightly, but will resemble the following. |
| | **Argument 1:** (paragraph 2) La publicité propage des idéologies néfastes. |
| **Argument 2:** | **Argument 2:** (paragraph 3) Quelqu'un qui souhaite vivre en société ne peut pas échapper à la publicité. |
| **Argument 3:** | **Argument 3:** (paragraphs 4 and 5) La publicité crée de faux besoins et provoque des dépenses inutiles et le surendettement. |

2.  LIRE  ÉCRIRE

**Maintenant que vous avez identifié les arguments, examinez la façon dont l'auteur a soutenu ses arguments. Écrivez trois idées que l'auteur propose pour soutenir ses arguments.** Answers may vary, but may include the following.

| Argument | Idées qui soutiennent l'argument |
|---|---|
| Argument 1: | 1. La publicité joue sur nos pulsions animales et nos souffrances. |
| | 2. La publicité génère la violence pour ceux qui ne peuvent pas acheter les objets. |
| | 3. La publicité provoque la frustration, qui est un sentiment d'exclusion. |
| Argument 2 | 1. La publicité n'est pas de la communication car elle ne se fait dans un sens et les gens n'ont pas l'occasion de répondre. |
| | 2. La publicité construit un système de fausse compétition où ce n'est pas le meilleur qui gagne, mais celui qui est le plus riche. |
| | 3. La publicité finance les médias et ne recherchent que la plus large audience au détriment de la qualité du produit. |
| Argument 3 | 1. La publicité contribue à l'épuisement des ressources de la planète et à la création de déchets. |
| | 2. La publicité n'est pas nécessaire à l'économie; sur les 5 dernières années, elle a augmenté six fois plus vite que la croissance réelle. |
| | 3. Ce que les entreprises dépensent en publicité est compensé par des réductions de budget sur les autres postes. |

3.  PARLER

**Et vous? Après avoir lu cet article, qu'est-ce que vous pensez de la publicité? Êtes-vous pour ou contre? Êtes-vous d'accord avec l'auteur? Expliquez votre point de vue à ce sujet à l'oral avec un(e) camarade de classe.** Answers will vary.

**COMMUNICATION:**
**Presentational Communication:** Learners present information, concepts, and ideas to inform, explain, persuade, and narrate on a variety of topics using appropriate media and adapting to various audiences of listeners, readers, or viewers.

**COMMUNICATION:**

**Interpretive Communication:** Learners understand, interpret, and analyze what is heard, read, or viewed on a variety of topics.

**SUGGESTION:**

Have students discuss their points of view on commercials and marketing. What would be their own arguments for and against it?

4.  **LIRE**    **ÉCRIRE**

**Parfois, plusieurs points de vue sont présentés en même temps dans un texte ou dans une discussion. Il faut pouvoir identifier les points de vue différents. Lisez les points de vue variés ci-dessous. Décidez s'ils sont plutôt positifs ou négatifs en plaçant les noms dans les colonnes qui correspondent. Ensuite, reformulez le point de vue avec vos propres mots.**

- **Antoine:** En général la publicité crée de nouveaux besoins. Nous vivons dans une société de consommation et elle incite à consommer davantage. Pourtant, on devrait apprendre à changer nos valeurs en insistant sur des valeurs comme la famille, le respect, les amis, l'amour . . .

- **Marion:** Sans les pubs à la télé on ne connaîtrait pas les différents produits qui existent! En plus il y en a de très drôles.

- **Yassine:** Le truc que je ne supporte pas, ce sont les pubs avec un slogan et trois notes de musique à la fin qui restent bien coincées dans ta tête tout le temps et qui manipulent les gens.

- **Ludovic:** Les pubs qui sensibilisent contre l'alcool au volant ou contre le suicide sont un bon élément pour notre société.

- **Amina:** La publicité est nécessaire pour une entreprise afin de se faire connaître ou de faire connaître les nouveautés qu'elle lance sur le marché. Cela favorise la consommation et donc l'économie (plus la consommation grandit, plus l'économie est **florissante**).

- **Thérèse:** Souvent les entreprises font croire que leurs nouveaux produits sont meilleurs que ce que fait la concurrence alors que cela peut être faux. On parle alors de publicité mensongère.

| Argument Positif + | Argument Négatif – |
|---|---|
|  | **Exemple: Antoine** pense que les publicités encouragent le public à acheter trop de produits dont on n'a pas vraiment besoin. |
| **Marion** trouve les publicités à la télé très drôles. Elle dit que nous ne connaîtrions pas les produits sans elles. | **Yassine** n'apprécient pas les jingles qu'on ne peut pas oublier. Elle trouve que ce genre de publicité nous manipule. |
| **Ludovic** croit que les publicités qui parlent des problèmes avec l'alcool ou du suicide nous aident à se rendre compte de ses problèmes sociaux. | **Thérèse** pense que les entreprises ne disent pas toujours la vérité quand elles présentent leurs produits. |
| **Amina** dit que la publicité, qui mène à la consommation, est favorable à l'économie. |  |

**5.**  ÉCOUTER  ÉCRIRE

**AUDIOSCRIPT:**
The audioscript for each listening activity is supplied in Appendix F of this Teacher's Edition and online in Explorer.

**Vous allez entendre plusieurs personnes parlent d'un aspect de la vie au Maghreb. Remplissez le tableau ci-dessous avec le nom de chaque personne qui parle et un résumé de son point de vue, c'est à dire son/ses arguments(s) et comment il/elle les soutiennent.**

ALGÉRIE

| Locuteur | Point de vue et arguments |
|---|---|
| 1. Anis | Answers will vary, but may resemble: |
| | **1.** Pour Anis, les adultes qui fument en public ne posent pas de problèmes. Il préfère les cigarettes électroniques aux cigarettes traditionnelles car ces dernières peuvent causer des maladies graves. C'est un choix que font les adultes. |
| 2. Naima | **2.** Naima n'est ni pour ni contre le droit de fumer en public, mais elle parle des effets secondaires de quelqu'un qui fume près d'elle. |
| 3. Mohamed | **3.** Mohamed n'aime pas le fait que les gens fument en public car ça cause des maladies graves pour la personne qui fume et pour les autres. |
| 4. Wafaa | **4.** Wafaa parle du tabagisme actif et passif. Quand quelqu'un fume, tous ceux qui sont autour de cette personne peuvent avoir des effets secondaires à cause de la fumée. |

**6.**  LIRE  ÉCRIRE

**Lisez chaque groupe de phrases qui soutiennent un point de vue. Identifiez le point de vue de chacun.** Answers will vary, but may resemble:

**1. Point de vue:**

Les jeunes conducteurs sont chauffards.

- Les jeunes conduisent plus vite que les générations précédentes.
- Il y a un plus grand nombre d'accidents chez les jeunes conducteurs.
- Pour mieux protéger tous ceux qui sont sur la route, il faut imposer un couvre-feu pour ceux qui ont moins de 18 ans.

**2. Point de vue:**

Voyager enrichit la vie.

- Il est important de découvrir de nouvelles personnes, de nouvelles cultures et de nouvelles langues pour mieux s'adapter à certaines situations dans la vie.
- Les voyages nous permettent d'être plus tolérants et d'avoir une meilleure vision du monde dans lequel on vit.
- Après avoir voyagé, on comprend que l'on peut très bien vivre avec très peu de choses et on apprend à établir les priorités et les valeurs chez soi.

**3. Point de vue:**

L'immigration peut être enrichissante pour tous.

- L'immigration a un impact nettement positif sur l'économie en augmentant la demande des biens et des services locaux.
- Les immigrés apportent leurs compétences, leurs coutumes, leur culture pour enrichir le pays.
- C'est la méthode la plus simple et la moins chère pour aider les pays en difficulté. Il suffit simplement d'ouvrir les frontières aux refugiés.

**COMMUNICATION:**
**Interpretive Communication:** Learners understand, interpret, and analyze what is heard, read, or viewed on a variety of topics.

**SUGGESTION:**
Some topics in this reading passage align well with the theme/context of *La famille et la communauté - Les rapports sociaux* and *Les défis mondiaux - La tolérance* and *Les droits de l'être humain*. It could be used as the basis for a discussion on those topics.

**7.** 📖 LIRE ✏️ ÉCRIRE

**Faites une liste de trois points qui soutiendraient chacun des arguments présentés ci-dessous.** Answers will vary, but may resemble:

**1.** La technologie occupe une trop grande partie de notre vie.

- Beaucoup de personnes vérifient leurs messages électroniques toutes les cinq minutes.
-
-

**2.** La protection de l'environnement est la responsabilité de chaque citoyen.

- Si chaque personne fait un geste simple tous les jours (réutiliser un objet au lieu de le jeter, par exemple), cela ferait une différence.
-
-

**3.** Les performances des athlètes professionnels ne valent pas leurs salaires.

- Il y a des joueurs de foot qui gagnent plus de 1,3 millions d'euros par mois pour une profession qui n'aident pas les autres êtres humains.
-
-

**4.** Les études universitaires coûtent trop cher aux États-Unis.

- Beaucoup d'étudiants américains sont obligés de souscrire un crédit pour financer leurs études.
-
-

**5.** Les cartes de crédit sont un mal nécessaire dans la société de nos jours.

- Un quart des achats se font en ligne, mais pour acheter sur Internet il faut avoir une carte de crédit car on ne peut pas payer en espèces.
-
-

## Quelques connecteurs pour préciser un point de vue

Pour ma part / À mon avis

Je trouve que / J'estime que

En ce qui me concerne

À ses yeux

De plus / En outre

En dépit de

Par conséquent

Sans parler de

À titre d'exemple

Il ne faut pas oublier que

Pour conclure / En résumé / En somme

**COMMUNICATION:**

**Presentational Communication:** Learners present information, concepts, and ideas to inform, explain, persuade, and narrate on a variety of topics using appropriate media and adapting to various audiences of listeners, readers, or viewers.

---

**8.**  **LIRE** ✏ **ÉCRIRE** Answers may vary, but may resemble:

### Complétez le paragraphe suivant avec des connecteurs logiques.

Tout le monde parle des merveilles de Facebook. _Pour ma part/à mon avis_, ça ne sert à rien. _En fait_, c'est une distraction de ma vraie vie et une énorme perte du temps. Certaines personnes plus ou moins seules dans la vie se valorisent en affichant des centaines «d'amis» qu'ils n'ont jamais rencontrés. _À leurs yeux_, les réseaux sociaux comme Facebook sont un excellent outil pour trouver des gens et pour rester en contact avec tout le monde. Mais _en ce qui me concerne_, ceux qui comptent vraiment vont trouver un moyen de communiquer avec moi sans ce genre de communication. _Sans parler du_ fait que je déteste les nouvelles banales qui sont la mode sur les murs. _À titre d'exemple_, j'étais au travail ce matin, et mon collègue lisait les postes sur son mur, «Je déprime depuis 10 minutes a cause de cette pluie . . .» blablabla. Et je n'ai pas envie de lire ce que mon ami d'enfance que je n'ai pas revu depuis 15 ans a pris pour le petit déjeuner. _En fin de compte_, je n'ai aucun désir de suivre les informations personnelles que tout le monde affiche, de regarder les photos des autres, de cliquer «j'aime» sur les commentaires débiles, de commenter, ni d'exposer ma vie personnelle au vu de tout le monde.

---

**9.** ✏ **ÉCRIRE** Answers will vary.

### Écrivez un paragraphe bien structuré qui présente un point de vue logique (ou positif ou négatif) sur l'un des deux sujets mentionnés. N'oubliez pas de soutenir votre argument avec un raisonnement logique. Employez des connecteurs pour embellir votre argument et votre paragraphe d'une manière générale.

(A) L'importance d'être à la mode (dans ses vêtements)

(B) La valeur du travail

# Leçon 1 | À chacun ses préférences

**COMMUNICATION:**
**Interpersonal Communication:**
Learners interact and negotiate meaning in spoken, signed, or written conversations to share information, reactions, feelings, and opinions.

» OBJECTIF   *Réfuter un point de vue*

1.  LIRE   PARLER

**Pour pouvoir réfuter un point de vue, il faut d'abord identifier clairement ce point de vue. Relisez l'article à la page 338 de nouveau en vous rappelant les arguments de l'auteur. Puis, partagez-les à l'oral avec un partenaire.**

2.   ÉCRIRE

**Avec la liste que vous avez faite (ou les arguments de l'article soulignés dans le manuel), écrivez l'argument qui contredit le point de vue de la phrase originale.**

| point de vue original | phrase qui contredit |
|---|---|
| *Exemple: Le sponsorat altère l'esprit de sport.* | *Exemple: Je crois que l'esprit de sport existe malgré le sponsorat.* |
| Answers will vary. Students may base their answers on the arguments cited in Exercises 1 and 2 on page 339. | |
| | |
| | |
| | |

**SUGGESTION:**
The arguments discussed throughout Lesson 1 of this chapter may provide a good basis for a class debate.

## POINT**GRAMMAIRE**

# DONT / CE DONT

Les pronoms *dont* et *ce dont* fonctionnent de la même manière que les pronoms *que* et *ce que* (RAPPEL: voir les pronoms *que/ce que* et *qui/ce qui* dans le Chapitre 5 à la page 246). La différence principale, est que *dont* et *ce dont* s'emploient lorsqu'il y a une expression qui prend la préposition *de*. Dont est généralement suivi par un nom et se traduit comme *that, of which* ou *whose* en anglais.

Le pronom *dont* peut s'appliquer à des personnes ou à des choses. Il joue de multiples rôles: complément de nom, complément d'adjectif, complément d'objet indirect, et marque la possession ou la cause.

Modèles:

Complément d'objet indirect: Le défi *dont* nous parlons est très sérieux. [parler de]

Complément d'adjectif (marquant la cause): Nous verrons le résultat *dont* vous serez très fiers. [être fier de]

Complément de nom (marquant la possession): L'adolescent *dont* la mère est médecin est parti travailler avec Médecins sans frontières. [la mère de l'adolescent]

Voici d'autres expressions avec la préposition de avec lesquels on pourrait employer le pronom *dont:*

> parler de
>
> se servir de
>
> se souvenir de
>
> s'agir de
>
> dépendre de
>
> s'inquiéter de
>
> faire la connaissance de
>
> avoir besoin de
>
> avoir peur de
>
> avoir envie de
>
> être _____ de _____ (ex: Je suis le chef de l'entreprise).

Le pronom *ce dont* remplace une chose ou une idée. La proposition où il est placé peut être sujet (exemple 2) ou object direct (exemple 1).

Exemples:

1. Devinez *ce dont* j'ai envie.

2. *Ce dont* il s'agit dans cet article, est un sujet assez controversé.

**3.**  **LIRE**  **ÉCRIRE**

**Mettez le pronom relatif *dont* ou *ce dont* pour les cinq premières phrases, puis écrivez une phrase originale avec *dont* et une phrase originale avec *ce dont*. N'oubliez pas d'employer ces pronoms relatifs lorsque vous formulerez et soutiendrez des arguments.**

1. Les budgets publicitaires _____dont_____ les médias dépendent sont très importants.

2. Les parts de marché _____dont_____ elle est l'arme favorite tournent autour de l'argent.

3. ____Ce dont____ il n'a pas envie, c'est de faire faillite dans sa deuxième année d'existence.

4. Les outils _____dont_____ on se sert pour faire ce genre de travail sont à la disposition de tous les employés.

5. Le PIB (produit intérieur brut), c'est _____ce dont_____ les chefs d'entreprise s'inquiètent.

6. Phrase originale avec dont: ___Answers will vary._____

7. Phrase originale avec ce dont: ___Answers will vary._____

**4.**  **ÉCRIRE**  **PARLER**

**Maintenant que vous avez une liste de nouvelles phrases qui contredisent les phrases originales de l'article, (Exercice 2, p. 344) pensez à trois raisons qui soutiennent la contradiction (même si vous pensez autrement!). Si vous avez besoin d'aide pour des idées, parlez à un(e) camarade de classe.**

*Exemple: Je crois que l'esprit de sport existe malgré le sponsorat.*

*3 raisons:*

• *Je me perds dans le match et ne regarde aucune publicité.*

• *Les produits avec lesquels ils me tentent sont si connus que les publicités ne me distraient pas pendant un match.*

• *Après avoir payé un match professionnel, je n'ai pas l'argent qu'il faut pour acheter les produits qui le sponsorisent.*

| Phrase: |
| --- |
| Answers will vary and will be based upon the students' responses for Exercise 2 on page 344. |
| 3 raisons: |
| • |
| • |
| • |
| Phrase: |
| 3 raisons: |
| • |
| • |
| • |
| Phrase: |
| 3 raisons: |
| • |
| • |
| • |

**5.** ✏ ÉCRIRE

**Écrivez une composition qui exprime les idées que vous avez organisées pour l'exercice 4 d'une manière soignée, à l'écrit. N'oubliez pas d'employer des mots et des expressions qui embellissent votre argument. Essayez également d'employer des pronoms relatifs dans les phrases complexes que vous créez (*qui, que, dont, ce qui, ce que, ce dont*).** Answers will vary.

**COMMUNICATION:**
**Presentational Communication:** Learners present information, concepts, and ideas to inform, explain, persuade, and narrate on a variety of topics using appropriate media and adapting to various audiences of listeners, readers, or viewers.

| Pour enjoliver vos arguments | |
|---|---|
| **Organiser vos arguments:** | ***Exemples:*** |
| D'abord … | D'abord, je dois dire qu'il y a plusieurs raisons pour lesquelles je ne suis pas d'accord avec ce que dit l'auteur. |
| Premièrement … | Premièrement, je me perds dans le match et ne regarde aucune publicité. |
| Deuxièmement … | Deuxièmement, les produits avec lesquels ils me tentent sont si connus que les publicités ne me distraient pas pendant un match. |
| Troisièmement … | Troisièmement, après avoir payé un match professionnel, je n'ai pas l'argent qu'il faut pour acheter les produits qui le sponsorisent. |
| En premier lieu … | En premier lieu, je me perds dans le match et ne regarde aucune publicité. |
| En deuxième lieu … | En deuxième lieu, les produits avec lesquels ils me tentent sont si connus que les publicités ne me distraient pas pendant un match. |
| Ensuite … | Ensuite, après avoir payé un match professionnel, je n'ai pas l'argent qu'il faut pour acheter les produits qui le sponsorisent. |
| Pour terminer … | Pour terminer, je crois avoir bien montré les raisons pour lesquelles je ne suis pas d'accord. |
| **Pour montrer une contradiction:** | |
| Par contre … | Il est très clair dans son raisonnement en ce qui concerne l'esprit de corps. Par contre, son raisonnement pour ses autres arguments est illogique. |
| Au contraire … | Il est très clair dans son raisonnement en ce qui concerne l'esprit de corps. Au contraire, son raisonnement pour ses autres arguments est illogique. |
| … manquer de … | L'auteur manque de raisonnement lorsqu'il aborde le sujet de la liberté. |
| … ne …. aucun(e) | Je ne vois aucun argument logique dans cet article. |
| Aucun(e) … ne | Aucune logique ne peut soutenir cette hypothèse. |
| … ne …ni …ni … | Je ne suis d'accord ni avec son premier argument ni avec son deuxième. |
| … ne … nulle part | Je ne vois nulle part dans l'article une bonne explication de ses raisons. |

# Leçon **1** | À chacun ses préférences

» OBJECTIF  **Faire des comparaisons**

**COMMUNICATION:**
**Interpretive Communication:** Learners understand, interpret, and analyze what is heard, read, or viewed on a variety of topics.

1.  LIRE  ÉCRIRE

**Avant de lire cet extrait d'article au sujet des marques françaises, faites une liste de toutes les marques françaises ou francophones que vous connaissez. Pensez à la mode, à la nourriture, etc. Ensuite, décrivez la marque à un partenaire sans dire le nom. Votre partenaire doit la deviner.**

Answers will vary, but may include: Louis Vuitton, Chanel, Dior, Renault, La vache qui rit, Perrier, Évian, etc.

## POINT**CULTURE**

Lisez les comparaisons françaises avec les animaux et trouvez la bonne réponse. La locution <u>comme</u> est souvent employé pour exprimer une similitude entre deux choses. Ensuite, décrivez une personne (célèbre ou non) qui représente chaque adjectif.

On dit qu'on est . . . comme . . .

| | |
|---|---|
| 1. bavard  d | a. un âne |
| 2. rusé  f | b. un serpent |
| 3. fort  g | c. une carpe |
| 4. têtu  a | d. une pie |
| 5. sale  h | e. un agneau |
| 6. muet  c | f. un renard |
| 7. venimeux  b | g. un lion |
| 8. doux  e | h. un cochon |

### L'Art singularise l'image de la marque

Seul l'art a cette unique capacité de cristalliser la culture de son temps, aussi le partenariat avec l'art devient pour la marque un canal de diffusion inépuisable.

Selon la prophétie d'Andy Warhol: «*les grands magasins deviendront des musées et les musées des grands magasins*», le «flagship store» est devenu un musée et un diffuseur d'art. La nouvelle Maison Guerlain, 68 Champs-Elysées, accueille ses visiteurs dans son nouveau temple du luxe par l'abeille iconique de Guerlain. En 2012, Louis Vuitton a immergé ses visiteurs dans une scénographie de l'artiste japonaise Yayoi Kusama (83 ans) pour attiser la curiosité et internationaliser la marque.

**CULTURES:**
**Relating Cultural Products to Perspectives:** Learners use the language to investigate, explain, and reflect on the relationship between the products and perspectives of the cultures studied.

Le fameux logo LV que Louis Vuitton imprimait sur la toile des **malles** des voyageurs du XIXe siècle a été réécrit dans le graphisme contemporain des artistes choisis par Marc Jacobs, le directeur artistique américain. Le sac Vuitton devient l'ambassadeur du business artistique. En 2009, Le monogramme LV s'est mis aux graffitis colorés du New Yorkais Stephen Sprouse (1953–2004), connu pour avoir opéré la fusion entre le streetwear et la mode des quartiers chics: l'esprit punk de *la Sprousemania*, «Marc Jacobs a voulu réinventer le langage d'aujourd'hui qu'est le graffiti», Yves Carcelle.

En 2002, Marc Jacobs fait appel au chef de file du néo-pop japonais imprégné de l'imaginaire de la Manga et de la conception shantoïste «où une fleur est habitée par l'esprit», Takashi Murakami. L'artiste est invité à réinterpréter la toile mythique pour une ligne colorée, joyeuse et rafraîchissante. Le sac «Cherry Blossom» affiche la fleur du Printemps japonais et Speedy 30 se pare du Monogram multicolore en 33 couleurs.

Dom Perignon affirme sa singularité en «associant un millésime hors norme et un artiste provocateur en édition limitée», explique le maître de chais de la marque. La Balloon Venus du plus kitsch des artistes américains, Jeff Koons, est le réceptacle des deux grands **millésimes** Rosé 2003 et Blanc 2004. Les deux coffrets réalisés sur mesure à partir de la Vénus préhistorique métallisée ont été vendus à 18 000 € en 650 exemplaires.

© Annette Bonnet-Devred, L'Institut supérieur du commerce de Paris

## 2. ✏️ ÉCRIRE

**En utilisant une expression comparative, comparez les deux éléments mentionnés ci-dessous. Si vous ne les connaissez pas, recherchez dans l'article ci-dessus ou sur Internet pour pouvoir bien expliquer.**

1. Andy Warhol et Marc Jacobs
2. l'esprit punk et l'esprit traditionnel
3. le graffiti et l'art
4. un grand magasin et une boutique
5. New York et Tokyo
6. les stratégies de Dom Pérignon et de Louis Vuitton

*Answers will vary. Students may use examples in the Point Rappel and the Point Lexique as models.*

## 3. ✏️ ÉCRIRE  ❓ PARLER

**D'après Andy Warhol: «les grands magasins deviendront des musées et les musées des grands magasins». Comparez les grands magasins et les musées en utilisant un diagramme Venn pour organiser vos pensées. Ensuite, discutez de votre opinion avec un partenaire.** *Answers will vary.*

characteristics of department stores

characteristics that department stores and museums have in common

characteristics of museums

**COMMUNICATION:**
**Interpersonal Communication:** Learners interact and negotiate meaning in spoken, signed, or written conversations to share information, reactions, feelings, and opinions.

## POINT**RAPPEL**

N'oubliez pas d'utiliser la structure correcte pour indiquer la relation entre les deux éléments quand on emploie le comparatif.

*Exemples:*

*Les sacs à mains de marque sont plus stylés que les autres.*

*Les autres sacs à mains coûtent moins cher que les sacs à mains de marque.*

*Certaines personnes trouvent les sacs sans marque aussi beaux que les sacs de marque.*

Et quand on compare une quantité (en forme de substantif), il est nécessaire d'utiliser «de» avant le substantif et utiliser «autant de» pour l'égalité.

*Exemple:*

*Jacques a moins de temps pour sortir que moi parce qu'il fait partie d'une équipe de sport.*

*Par contre, Sophie fait autant de sorties que moi.*

## POINT**LEXIQUE**

Quand on écrit des comparaisons, il est important de donner un contexte et une explication des éléments comparés. Une phrase ne suffit pas pour une comparaison profonde. Donc, il est nécessaire d'employer des expressions spécifiques pour bien identifier la comparaison et pour ne pas être répétitif. Essayez de créer des exemples pour chaque expression.

| Expressions pour comparer | | |
|---|---|---|
| d'un côté . . . de l'autre (côté) | tout comme | celui (ceux), celle (celles) |
| si vous aimez ceci, vous aimerez également cela | de même que | par contre |
| vice versa | alors que | à la manière de |
| **semblablement** | tandis que | comme |

Exemples:

D'un côté, New York et Tokyo sont des villes très similaires et importantes pour la mode parce que . . . De l'autre côté, New York est plus important en ce qui concerne la mode parce que . . .

Si vous aimez les sacs de Louis Vuitton des années 2000, vous aimerez également les nouveaux sacs de Marc Jacobs.

**4.**  **LIRE**  **ÉCRIRE**

**Lisez le poème ci-dessous et le post d'un blog ci-contre et comparez le ton des deux textes. N'oubliez pas d'inclure des expressions de comparaison.**

### Crépuscule du matin
*Charles Baudelaire (1821–1867)*

La **diane** chantait dans les cours des **casernes**,
Et le vent du matin soufflait sur les lanternes.

C'était l'heure où **l'essaim** des rêves malfaisants
Tord sur leurs oreillers les bruns adolescents;
Où, comme un oeil sanglant qui palpite et qui bouge,
La lampe sur le jour fait une tache rouge;
Où l'âme, sous le poids du corps **revêche** et lourd,
Imite les combats de la lampe et du jour.
Comme un visage en pleurs que les brises essuient,
L'air est plein du frisson des choses qui s'enfuient,
Et l'homme est las d'écrire et la femme d'aimer.

Les maisons çà et là commençaient à fumer.
Les femmes de plaisir, la paupière livide,
Bouche ouverte, dormaient de leur sommeil stupide;
Les pauvresses, traînant leurs seins maigres et froids,
Soufflaient sur leurs **tisons** et soufflaient sur leurs doigts.
C'était l'heure où parmi le froid et la **lésine**
S'aggravent les douleurs des femmes en **gésine**;
Comme un sanglot coupé par un sang **écumeux**
Le chant du coq au loin déchirait l'air brumeux;
Une mer de brouillards baignait les édifices,
Et les agonisants dans le fond des hospices
Poussaient leur dernier râle en hoquets inégaux.
Les débauchés rentraient, brisés par leurs travaux.

L'aurore **grelottante** en robe rose et verte
S'avançait lentement sur la Seine déserte,
Et le sombre Paris, en se frottant les yeux,
Empoignait ses outils, vieillard laborieux.

CHARLES BAUDELAIRE

**COMMUNICATION:**
**Interpretive Communication:**
Learners understand, interpret, and analyze what is heard, read, or viewed on a variety of topics.

**SUGGESTION:**
The reading passages and the comparison exercise relate to the theme/context of *L'esthétique - Les arts littéraires*. They could be used as the basis for a discussion on that topic.

### JE NE SUIS PAS DU MATIN . . .

Mais genre, quand je vous dis que je ne le suis pas, ça n'est pas un vain mot! Le lever est pour moi une lutte **pénible**, voire douloureuse, qui commence à la minute même où mon réveil sonne. Cette sonnerie horripilante, déjà . . . Quelle qu'elle soit, elle l'est forcément puisqu'elle m'arrache sauvagement et **inopinément** des bras de Morphée! Je «snooze» systématiquement une à deux fois la sonnerie, en espérant pouvoir trouver dans les 5 petites minutes de rab que je m'accorde assez de courage pour m'extirper du lit. Évidemment, je n'en sors que parce que je n'ai pas le choix, pas parce que j'ai du courage, à cet instant précis du moins!

Je suis incapable de me dépêcher le matin, j'ai BESOIN de temps pour émerger. J'ai bien essayé de rationaliser en préparant mes affaires la veille (version pas d'hésitation devant la penderie), en zappant l'étape petit déjeuner, rien à faire: je suis toujours ric rac, quand je ne suis pas carrément **à la bourre**. La faute à pas de chance: des poils blancs de chat sur mon manteau noir, impossible de sortir comme ça, et hop! 5 précieuses minutes de brosse collante . . . Le chat, justement, qui miaule avec ses grands yeux humides devant sa **gamelle** vide, vous me prenez pour qui au juste?! je suis obligée de répondre? son fervent appel! La robe que je voulais mettre qui est complètement **froissée** et que je suis obligée de repasser au dernier moment, ces [ . . . ] clefs que je ne trouve pas, évidemment, juste au moment de partir, le pull que je comptais mettre aujourd'hui et qui est comme par hasard introuvable . . . et j'en passe! Sans parler du téléphone ou du parapluie que j'oublie quand je suis déjà quelques étages plus bas, voire carrément dans la rue . . .

Conclusion, je mets entre une 1h et 1h30 pour me préparer, rien que ça . . . et une bonne heure supplémentaire pour sortir de ma léthargie matinale. Vous l'aurez compris: me lever le matin pour moi n'est pas loin d'être une épreuve insurmontable!

Et vous, vous êtes plutôt du matin ou du soir?!

© DeeDeeParis.com/blog

### Comparaisons entre le poème et le post d'un blog

1.
Answers will vary, but may include comments on type of vocabulary used, the level of formality in the language employed, the degree of resemblance to everyday oral language, the rhythm of the phrases, etc.
2.

3.

4.

5.  **ÉCRIRE**

**Écrivez un post pour mettre sur votre blog en répondant à la question: vous êtes plutôt du matin ou du soir? Dans ce post, comparez votre préférence à celle de quelqu'un que vous connaissez qui préfère le contraire. Citez des avantages et des inconvénients des deux préférences.** Answers will vary.

**LIRE**

La sélection suivante est accompagnée de plusieurs questions. Pour chaque question, choisissez la meilleure réponse selon la sélection.

**THEME/CONTEXT:**
La science et la technologie - Les nouveaux moyens de communication

**SECONDARY THEME/CONTEXT:**
La vie contemporaine - La publicité et le marketing

### Introduction:

**Dans cet article, il s'agit de l'agence de communication Audiadis. Cet extrait a été publié sur le site audiadis.net.** © Guy Hausermann

# AUDIADIS

AUDIADIS est une agence de communication multi-sensorielle née d'une idée simple: être proche et commerçant avec ses clients pour communiquer de façon réactive et animer le point de vente sur le terrain.

*Ligne*

5 En 2000, AUDIADIS invente la communication locale pour s'adresser directement aux consommateurs présents en magasin, à l'aide d'un outil efficace, simple, réactif et créatif qui **s'appuie sur** la technologie web et permet la diffusion en temps réel de contenus audio **au sein des** magasins: annonces

10 commerciales locales ou nationales, playlists musicales d'ambiance ou à thématique saisonnière, etc.

Fort du constat que les clients sont réceptifs lorsqu'on s'adresse directement à eux, AUDIADIS se diversifie et ajoute le visuel dynamique à son offre audio. La société complète son offre

15 multi-sensorielle avec le pôle olfactif fortement **épaulé par** un solide réseau de parfumeurs et une technologie unique de diffusion.

Sur ces 3 pôles, audio, visuel et olfactif AUDIADIS développe ses propres technologies de diffusion et produit tous les contenus

20 diffusés chez ses clients.

Enfin, depuis 2012, AUDIADIS Live assure la promotion d'artistes et l'organisation de concerts sur Genève et la Suisse Romande.

Fondée en 2000 par une équipe d'anciens distributeurs

25 alimentaires, AUDIADIS intègre aujourd'hui une équipe d'une quarantaine de personnes aux compétences multiples: graphistes, développeurs, ingénieurs du son, comédiens(nes), créatifs, techniciens installateurs, commerciaux, hotline . . .

1. **AUDIADIS joue avec lesquels des cinq sens dans son approche multi-sensorielle?**

   a. l'odorat, la vue, l'ouïe

   b. l'odorat, l'ouïe, le toucher

   c. le toucher, le goût, la vue

   d. le goût, l'odorat, la vue

2. **Quelle activité l'agence AUDIADIS fait-elle en plus de son travail professionnel?**

   a. exposer des arts plastiques

   b. monter des spectacles dans la région

   c. faire un don annuel aux musées de Genève

   d. fabriquer des outils réceptifs

3. **Qui a fondé AUDIADIS?**

   a. un jeune entrepreneur genevois

   b. deux personnes qui avaient été professeurs auparavant

   c. plusieurs ingénieurs du son

   d. un groupe de personnes qui avaient travaillé dans la distribution de la nourriture

4. **Dans le contexte de cet extrait, que veut dire le mot «quarantaine»?**

   a. 25%

   b. séparé des autres

   c. un type de triangle

   d. environ 40

5. **Quel est le but principal de cette sélection écrite?**

   a. ouvrir de nouveaux magasins

   b. vendre des tableaux en Suisse

   c. attirer des distributeurs alimentaires

   d. présenter et promouvoir l'agence

LIRE  ÉCOUTER

Vous allez lire un passage et écouter une sélection audio. Pour la lecture, vous aurez un temps déterminé pour la lire. Pour la sélection audio, vous aurez d'abord un temps déterminé pour lire une introduction et pour parcourir les questions qui vous seront posées. La sélection sera présentée deux fois. Après avoir écouté la sélection une première fois, vous aurez 1 minute pour commencer à répondre aux questions; après avoir écouté la sélection une deuxième fois, vous aurez 15 secondes par question pour finir de répondre aux questions. Pour chaque question, choisissez la meilleure réponse selon la sélection audio ou la lecture et indiquez votre réponse sur votre feuille de réponse.

**THEME/CONTEXT:**
La vie contemporaine - La publicité et le marketing

**SECONDARY THEME/CONTEXT:**
La science et la technologie - Les nouveaux moyens de technologie

**SOURCE 1:**

## Introduction:

**Dans cet extrait écrit, il s'agit de l'audio dans le marketing et sa capacité d'attirer des clients potentiels. Ce texte a été tiré du site audiadis.net.** © Guy Hausermann

# AUDIO

Notre cœur de métier: l'animation audio de proximité et personnalisée en magasin

En 2001, Audiadis innove et lance la communication de proximité avec les annonces locales en magasin et devient, dès 2003, le leader de l'animation audio locale via Internet, avec une solution 100% web très simple d'utilisation et entièrement paramétrable en fonction des besoins des **enseignes** (diffusion corporate et/ou locale . . .).

*Ligne 5*

Cet outil permet également la diffusion d'une programmation musicale chartée.

*10*

Le programme diffusé est entièrement personnalisé.

## L'audio, le média le plus impactant

Au fil des années et forte de cette expérience, Audiadis développe toute une **panoplie** de services autour du très impactant média audio: créations d'identité sonores, messages d'attente téléphonique, spots radio, habillages sonores de vidéo . . .

*15*

*Découvrez nos solutions et créations!*

### Création d'identités sonores

Un mélange de mix émotionnel!

Musiques, voix et sons véhiculent l'esprit d'une marque pour . . .

20   • Marquer et encoder la mémoire du public

    • Apporter notoriété et légitimité

    • Harmoniser la stratégie de communication

    • Faire passer des messages

À partir, d'un brief précis sur la marque, ses **cibles**, ses buts . . .

25  nos professionnels élaborent une identité déclinable pour jingle radio, TV, programmation musicale, attentes et messages téléphoniques . . .

## SOURCE 2: SÉLECTION AUDIO

## Introduction:

Cette sélection est une publicité catch-traffic pour Perrier Fluo. Elle a été créée par l'agence Audiadis, qui se spécialise en communication multi-sensorielle dans le marketing. © Guy Hausermann

**Vocabulaire**
genièvre
gingembre

**AUDIOSCRIPT:**
The audioscript for each listening activity is supplied in Appendix F of this Teacher's Edition and online in Explorer.

1.  **Quel est l'objectif le plus important de l'agence Audiadis selon le texte?**

    a. La programmation est personnalisée.

    b. Les sons sont faciles à créer.

    c. On enseigne quelque chose par l'écoute.

    d. Le message ne sera pas diffusé en public.

2.  **Quel aspect du produit entend-on sur l'enregistrement audio?**

    a. l'air qui se dépressurise lorsqu'on ouvre la bouteille

    b. une bouteille qui tombe sur le sol

    c. un liquide versé dans un verre

    d. des clients qui boivent dans un café

3.  **Dans le contexte de la sélection écrite, quel serait un synonyme du mot «panoplie»?**

    a. une singularité

    b. un parasol

    c. une brochure

    d. une variété

4.  **Quel parfum de Perrier fluo est mentionné dans la sélection audio?**

    a. gingembre-cerise

    b. guimauve-barbe à papa

    c. grenade-raisin

    d. agrumes-pêche

5.  **Quel est le but du texte?**

    a. attirer de la clientèle

    b. plaire aux lecteurs

    c. demander de la compassion

    d. donner des **échantillons** gratuits

**SUGGESTION:**
Ask the students what their favorite commercials are and why. Does it have to do with the words used, the music or jingle, the images, humor, or other aspects of marketing? Does the commercial entice them to buy the product?

## » Interpretive Communication: AUDIO TEXTS

 ÉCOUTER

**Vocabulaire**
atelier
du cru
facticité
jalonner
terroir

Vous allez écouter une sélection audio. Vous aurez d'abord un temps déterminé pour lire l'introduction et pour parcourir les questions qui vous seront posées. La sélection sera présentée deux fois. Après avoir écouté la sélection une première fois, vous aurez 1 minute pour commencer à répondre aux questions; après avoir écouté la sélection une deuxième fois, vous aurez 15 secondes par question pour finir de répondre aux questions. Pour chaque question, choisissez la meilleure réponse selon la sélection audio et indiquez votre réponse sur la feuille de réponse.

## Introduction:

**Dans cette sélection audio, il s'agit des magasins qui sont destinés aux touristes, les magasins de souvenirs. Ce podcast a été diffusé par Moustic Audio Agency à Paris.** © Moustic Audio Agency

www.moustic.fr

**AUDIOSCRIPT:**
The audioscript for each listening activity is supplied in Appendix F of this Teacher's Edition and online in Explorer.

**THEME/CONTEXT:**
La vie contemporaine - Les voyages
**SECONDARY THEME/CONTEXT:**
La vie contemporaine - La publicité et le marketing

1. **Dans le contexte de ce podcast, que veut dire le mot «souvenir»?**
   a. une sensation d'un évènement passé
   b. un objet qui représente un lieu
   c. la mémoire
   d. la sympathie

2. **Les magasins de souvenirs se trouvent dans quels endroits touristiques?**
   a. des quartiers
   b. des sites naturels
   c. des musées
   d. tous les sites mentionnés

3. **«Le rôle attribué à ces magasins est souvent important et ambigu». Quel est un synonyme pour le mot** *ambigu*?
   a. précis
   b. bien déterminé
   c. élusif
   d. clair

4. **En général, quel est le rôle principal des magasins touristiques?**
   a. intégrer les arts dans le commerce
   b. mettre des toilettes publiques à la disposition des visiteurs
   c. promouvoir des sites touristiques
   d. vendre des produits uniques

5. **Par contre, il existe des touristes qui refusent d'acheter un des souvenirs dans ces magasins. Le podcast donne deux explications possibles: le refus total du magasin comme symbole de consommation et:**
   a. l'insatisfaction.
   b. le prix de produits locaux.
   c. le manque de temps.
   d. trop d'options.

» Interpersonal Writing: E-MAIL REPLY

 LIRE  ÉCRIRE

Vous allez écrire une réponse à un message électronique. Vous aurez 15 minutes pour lire le message et écrire votre réponse. Votre réponse devrait débuter par une salutation et terminer par une formule de politesse. Vous devriez répondre à toutes les questions et demandes du message. Dans votre réponse, vous devriez demander des détails à propos de quelque chose mentionnée dans le texte. Vous devriez également utiliser un registre de langue soutenue.

**SCORING GUIDELINES:**
See the scoring guidelines proposed by The College Board for the AP® French Language Culture Exam for the Interpersonal Writing: E-mail Reply, the Presentational Writing: Argumentative Essay, the Interpersonal Speaking: Conversation, and the Presentational Speaking: Cultural Comparison exercises.

**THEME/CONTEXT:**
La vie contemporaine - Le logement

## Introduction:

Dans cette sélection, il s'agit du logement étudiant. L'agence Immobilier *Immoétudiant Aix* vous contacte pour vous aider à trouver du logement quand vous serez à l'université à Aix-en-Provence. Vous répondrez au sujet de vos désirs le concernant.

de: mbenoît@immoétudiantaix.fr

Aix-en-Provence, le 29 avril 2015

Cher/chère étudiant(e):

C'est avec plaisir que nous vous souhaitons, avec un peu d'avance, la bienvenue à Aix-en-Provence,
*Ligne* la ville estudiantine de la région. Nous vous avons
5 envoyé ce message après avoir reçu la bonne nouvelle que vous serez bientôt étudiant(e) dans l'une de nos universités à Aix.

Chez Immo étudiant Aix, nous cherchons à vous aider à trouver un logement qui vous convienne
10 au niveau de votre budget ainsi que de votre train de vie. Nous avons plusieurs types de logement à vous faire connaître:

- appartements (meublés et/ou non-meublés, deux pièces)

15 - **co-hébergement** (chambre dans une maison individuelle, famille d'accueil)

- cité universitaire (chambre 10 m², avec douche 14 m², avec wc/douche 14 m², studios avec douche, lavabo, wc, cuisinette équipée
20 15 m²)

Si vous désirez que nous vous aidions à trouver un logement, veuillez répondre à cette communication en nous fournissant des réponses aux questions suivantes:

25  • Dans quelle université serez-vous (Question de la proximité du logement par rapport à l'université)?

• Pendant combien de temps comptez-vous vivre à Aix (court/long terme, année scolaire, 30  année entière, nombre d'années)?

• Préférez-vous vivre seul(e) ou en **colocation**?

• Quel est votre budget?

• Quel type de logement (de la liste au-dessus) préféreriez en ce moment?

35 Nous sommes à votre disposition si vous avez des questions. N'hésitez pas à nous contacter.

En attendant votre réponse, nous vous prions d'agréer, cher/chère étudiant(e), l'expression de nos sentiments dévoués.

Mylène Benoît
Immo étudiant Aix

**COMMUNITIES:**
**Lifelong Learning:** Learners set goals and reflect on their progress in using languages for enjoyment, enrichment, and advancement.

AIX-EN-PROVENCE, FRANCE

» **Presentational Writing: ARGUMENTATIVE ESSAY**

LIRE  ÉCOUTER

ÉCRIRE

Vous allez écrire un essai argumentatif pour un concours d'écriture de langue française. Le sujet de l'essai est basé sur trois sources ci-jointes, qui présentent des points de vue différents sur le sujet et qui comprennent à la fois du matériel audio et imprimé. Vous aurez d'abord 6 minutes pour lire le sujet de l'essai et le matériel imprimé. Ensuite, vous écouterez l'audio deux fois; vous devriez prendre des notes pendant que vous écoutez. Enfin, vous aurez 40 minutes pour préparer et écrire votre essai. Dans votre essai, vous devriez présenter les points de vue différents des sources sur le sujet et aussi indiquer clairement votre propre point de vue que vous défendrez à fond. Utilisez les renseignements fournis par toutes les sources pour soutenir votre essai. Quand vous ferez référence aux sources, identifiez-les de façon appropriée. Organisez aussi votre essai en paragraphes bien distincts.

**THEME/CONTEXT:**
Les défis mondiaux - L'économie
**SECONDARY THEME/CONTEXT:**
La vie contemporaine - La publicité et le marketing

**SUJET DE LA COMPOSITION:**

La situation économique du consommateur est-elle le seul moteur dans ce qu'il achète?

**SOURCE 1:**

### Introduction:

La sélection suivante a été publié sur le site www.marketing-professional.fr le 26 août 2009. L'auteur s'appelle **Vladimir Djurovic.** © Marketing-professional.fr

# L'importance du contexte culturel en publicité

On a tous entendu parler de campagnes de publicité menées par des entreprises internationales au niveau local, qui ont été de véritables échecs. Cela peut facilement arriver en Chine.

## Prendre en compte les codes culturels spécifiques aux consommateurs des pays ciblés

*Ligne*
Pour qu'une campagne de publicité soit efficace au niveau
5 local, elle doit transmettre un message adapté, prenant en compte les codes culturels spécifiques de la cible visée. La sémiotique, c'est-à-dire l'ensemble des signes et symboles et leur signification, offre des outils précieux pour décrypter les publicités, leurs forces et leurs faiblesses. L'analyse de la
10 sémiotique peut même s'avérer plus efficace que les entretiens de groupes, puisque les participants à ces entretiens, s'ils peuvent souvent dire qu'ils aiment ou non une publicité, savent rarement expliquer pourquoi.

Prenons l'exemple d'une récente campagne internationale de
15 Tommy Hilfiger. Hilfiger fait la publicité de son eau de Cologne en utilisant l'image d'un homme à la beauté naturelle, ayant même un aspect sauvage, et conduisant une moto vintage seul dans le désert.

D'un point de vue occidental, cette photo représente
20  l'individualité, l'indépendance, la liberté et l'aventure. Les codes
inspirés par chaque image, ou «signe», sont indiqués ci-dessous:

De façon générale, une publicité peut communiquer deux genres
de promesses: soit une solution (achetez nos produits et ils
résoudront vos problèmes), soit une amélioration (votre vie est
25  déjà bien, mais si vous utilisez nos produits, elle sera encore
mieux). La publicité de Tommy Hilfiger est un exemple de la
deuxième catégorie.

Comparons maintenant le message transmis, selon que l'on est
dans un contexte occidental ou un contexte chinois.

*(suite à la page suivante)*

**SOURCE 1 (SUITE):**

## La compréhension (et l'efficacité): une question de contexte

30 **MOTO:** Alors que dans un contexte occidental une moto représente la liberté, l'aventure, et la vitesse, d'un point de vue chinois, un moto est considérée comme dangereuse, bruyante, et réservée aux gens modestes.

**PAYSAGE DÉSERT:** Pour les Occidentaux, le paysage désert
35 représente l'indépendance et un style de vie agréable. Pour les Chinois, le désert peut être perçu comme sale et **poussiéreux**.

Comme on peut le voir, les codes utilisés dans cette publicité transmettent un message très différent du message voulu, une fois placés dans le contexte chinois, et ne permettent pas
40 de communiquer l'image d'un homme sur de lui, accompli et visionnaire, comme sur le marché occidental.

Un tel homme dans la culture chinoise posséderait des attributs tels que la **prévenance**, le sens de la tradition, de fortes valeurs familiales, un réseau social établi, une brillante carrière, et un
45 sentiment personnel de paix et d'harmonie.

## LES CODES CULTURELS

| Code culturel occidental | Code culturel chinois |
| --- | --- |
| Moto (ancienne) | Voiture (neuve) |
| Seul(e) | Avec des amis |
| Vitesse | Farniente |
| Rustique et rude | Calme et confortable |
| Liberté | Responsabilités |
| Satisfaction personnelle | Reconnaissance sociale |

Ainsi, afin de communiquer le message voulu aux consommateurs chinois masculins, il faudrait transcrire les codes utilisés comme suit.

50 Il faudrait également prendre en compte la signification culturelle du parfum et les occasions d'utilisation pour les consommateurs chinois.

Comme on peut le constater, une publicité contient des codes sous-jacents, dont la signification diffère selon le contexte culturel. En réalisant des études de marché via l'analyse de la 55 sémiotique, les entreprises peuvent mieux évaluer le succès futur de leurs campagnes de publicité à l'international. De plus, pour les campagnes qui ont déjà été menées, il est possible d'analyser grâce à la sémiotique, les causes de succès ou d'échec sur des marchés locaux tels que la Chine.

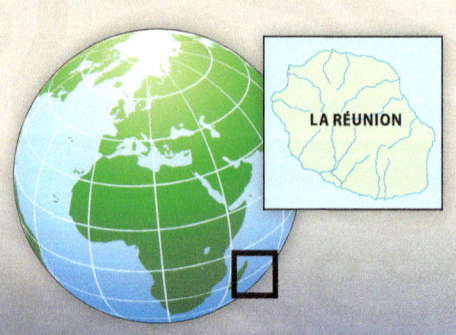

LA RÉUNION

**SOURCE 2:** 🔍

## Introduction:

Dans cette sélection, il s'agit de l'achat et la consommation de certains produits dits bio ou verts à la Réunion, une île du sud-ouest de l'océan Indien et un département et une région d'outre mer français (DROM). Ces données ont été publiées par l'Insee en 2010. L'enquête s'appelle Enquête Emploi Réunion, Module sur les pratiques environnementales.

**Tableau 1:**

| Ampoules basse consommation: un usage qui dépend du diplôme (en %) | | | | |
|---|---|---|---|---|
| | Bac et + | CAP/BEP | pas de diplôme | ensemble |
| Pour tous les luminaires | 50 | 48 | 34 | 42 |
| Pour la majorité des luminaires du logement | 28 | 28 | 21 | 24 |
| Pour moins de la moitié des luminaires | 10 | 7 | 11 | 10 |
| Pour un ou quelques luminaires | 5 | 5 | 13 | 9 |
| Pour aucun luminaire | 7 | 12 | 21 | 15 |

**Tableau 2:**

| Fréquence d'achat de produits issus de l'agriculture biologique (en %) | | | |
|---|---|---|---|
| Achat de produits "bio" dans les douze derniers mois | Régulièrement | De temps en temps | Jamais |
| **Ensemble** | **8** | **26** | **66** |
| Agriculteurs, artisans, chefs d'entreprise | 13 | 27 | 60 |
| Cadres et professions intellectuelles supérieures | 32 | 38 | 30 |
| Professions intermédiaires | 15 | 33 | 52 |
| Employés | 6 | 27 | 67 |
| Ouvriers | 5 | 22 | 73 |
| Personnes sans activité professionnelle | 4 | 25 | 71 |

**CULTURES:**
**Relating Cultural Practices to Perspectives:** Learners use the language to investigate, explain, and reflect on the relationship between practices and perspectives of the cultures studied.

**CONNECTIONS:**
**Acquiring Information and Diverse Perspectives:** Learners access and evaluate information and diverse perspectives that are available through the language and its cultures.

## SOURCE 3: SÉLECTION AUDIO

**AUDIOSCRIPT:**
The audioscript for each listening activity is supplied in Appendix F of this Teacher's Edition and online in Explorer.

### Introduction:

Cette sélection audio s'intitule «Consommateur Malin». C'est un podcast produit par Moustic, spécialiste de la communication audio à Paris. Anthropologue Dominique Desjeux nous parle de ce phénomène pour CLAIRECO – Comprendre l'économie.

© Moustic Audio Agency

**Vocabulaire**
péremption

**SUGGESTIONS:**

Ideas for composition organization:

**Introduction**

**Source 1 viewpoint:**

A consumer makes purchases according to the cultural context from which he/she comes. Companies should take that into account for their marketing campaigns.

**Source 2 viewpoint:**

On the island of Réunion, consumers with a higher level of education tend to use more eco-friendly lighting products than those with lower levels of education. In another statistic, people working as executive managers, other professionals or those in higher education tend to purchase organic products more often than those who work as laborers, farmers or employees.

**Source 3 viewpoint:**

This podcast discusses the "smart buyer". Some consumers buy for ecological reasons, while others due purchase based on economic reasons.

**Student's own viewpoint:**

**Conclusion**

LA RÉUNION

## » Interpersonal Speaking: CONVERSATION

 LIRE  ÉCOUTER  PARLER

**THEME/CONTEXT:**
La famille et la communauté - L'enfance et l'adolescence

**SECONDARY THEME/CONTEXT:**
L'esthétique - Le beau

Vous allez participer à une conversation. D'abord, vous aurez une minute pour lire une introduction à cette conversation qui comprend le schéma des échanges. Ensuite, la conversation commencera, suivant le schéma. Quand ce sera à vous de parler, vous aurez 20 secondes pour enregistrer votre réponse. Vous devriez participer à la conversation de façon aussi complète et appropriée que possible.

## Introduction:

**Vous discutez de vos préférences sur la mode avec une amie belge, Ellen, qui vient d'arriver aux États-Unis pour participer à un échange avec un lycée américain. Elle a des questions avant la rentrée et vous lui expliquez les tendances américaines.**

**AUDIOSCRIPT:**
The audioscript for each listening activity is supplied in Appendix F of this Teacher's Edition and online in Explorer.

| | |
|---|---|
| Ellen | Elle vous salue et fait une observation sur la mode américaine. |
| Vous | Saluez votre amie et répondez à sa question. Demandez-lui ce qu'on porte en Belgique. |
| Ellen | Elle vous explique l'importance du style personnel chez les adolescents belges et pose une question. |
| Vous | Répondez à la question en donnant plusieurs exemples. |
| Ellen | Elle vous explique les stéréotypes des Américains qu'elle connaît. Elle vous demande votre opinion à ce sujet. |
| Vous | Répondez-lui et utilisez une comparaison dans votre réponse. |
| Ellen | Elle essaie de comprendre votre réponse et elle vous pose encore une question. |
| Vous | Répondez à la question posée et donnez un exemple ou une raison pour soutenir votre réponse. |
| Ellen | Elle vous demande de l'aide. |
| Vous | Répondez affirmativement et fixez un rendez-vous avec elle. |

**COMMUNITIES:**
**Lifelong Learning:** Learners set goals and reflect on their progress in using languages for enjoyment, enrichment, and advancement.

» **Presentational Speaking: CULTURAL COMPARISON**

 **LIRE**  **PARLER**

Vous allez faire un exposé pour votre classe sur un sujet spécifique. Vous aurez 4 minutes pour lire le sujet de présentation et préparer votre exposé. Vous aurez alors 2 minutes pour l'enregistrer. Dans votre exposé, comparez votre propre communauté à une région du monde francophone que vous connaissez. Vous devriez montrer votre compréhension des facettes culturelles du monde francophone. Vous devriez aussi organiser clairement votre exposé.

# Sujet de la présentation:

Le patriotisme économique désigne le fait de favoriser les biens et les services de son pays par rapport à ceux provenant d'autres pays. En quoi le patriotisme économique est-il évident aux États-Unis et dans un pays francophone que vous connaissez? Comparez le phénomène dans les deux pays en citant des exemples de produits consommés et services offerts par les deux populations.

**THEME/CONTEXT:**
La quête de soir - Le nationalisme et le patriotisme

**SECONDARY THEME/CONTEXT:**
Les défis mondiaux - L'économie

**COMPARISONS:**
**Cultural Comparisons:** Learners use the language to investigate, explain, and reflect on the concept of culture through comparisons of the cultures studied and their own.

**LIRE**

La sélection suivante est accompagnée de plusieurs questions. Pour chaque question, choisissez la meilleure réponse selon la sélection.

HENRI DE TOULOUSE-LAUTREC

ALFONS MUCHA

**THEME/CONTEXT:**
L'esthétique - Les arts visuels
**SECONDARY THEME/CONTEXT:**
La vie contemporaine - La publicité et le marketing

### Introduction:

**Dans cette sélection écrite, il s'agit de l'art et du marketing. Cet article a été rédigé en 2014 par Annette Bonnet-Devred, professeur à l'Institut supérieur du commerce de Paris.** © Annette Bonnet-Devred

# QUAND L'ART TRANSCENDE LE MARKETING

L'art et la publicité sont deux phénomènes culturels liés entre eux par la création artistique. L'artiste **puise** dans la créativité pour communiquer l'esthétisme de son œuvre tandis que le marketeur l'associe à une campagne de marketing pour séduire le consommateur. Grâce au processus artistique le publicitaire réussit à dématérialiser le produit et véhiculer un message **onirique** vers l'imaginaire au-delà de l'apparence, des chiffres et de la logique. Warren Buffet, connu comme un ardent défenseur des solutions rationalisées et économiques aux problèmes financiers, a déclaré: *«Je ne suis pas un homme d'affaires, je suis un artiste»* - Warren Buffet.

*Ligne*

5

10

### La «Belle Epoque» génère l'Affiche Publicitaire

Dans l'effervescence artistique, intellectuelle et scientifique qui agite Paris, «la Ville Lumière», après l'Exposition Universelle de 1889, l'art devient medium de marketing. Le Cabaret du Moulin Rouge commande une affiche au peintre-lithographe Toulouse-Lautrec pour promouvoir la revue dans laquelle se produit le couple vedette «La Goulue» (the Glutton) et «Valentin le Désossé» (the Boneless). Pour attirer l'œil des passants, l'artiste offre un spectacle étonnamment expressionniste où se profilent la silhouette grise de Valentin et les spectateurs en ombres chinoises admirant les jupons **tourbillonnants** de la Goulue.

15

20

Le graphiste tchèque Alfons Mucha a réussi à insérer le mysticisme inspiré de l'Art Nouveau dans la publicité

Henri de Toulouse-Lautrec

Alfons Mucha, 1899

*La Goulue* (1891)

*Salon at the Rue des Moulins* (1894)

*La Goulue arrivant au Moulin Rouge* (1892)

*Babylone d'Allemagne* (1894)

25 populaire, alors débutante. En dépit du mépris de la rue pour les lignes **ondulées** du style «nouille», la marque de champagnes de Reims Moët et Chandon adopte Mucha pour illustrer ses affiches publicitaires de 1899 misant sur les jeunes femmes aux drapés flottants et onduleuses chevelures pour subjuguer sa clientèle.

**SUGGESTION:**
Ask the students whether they recognize the posters of Henri de Toulouse-Lautrec (1864-1901) and his posters that advertised shows in Montmartre. Ask them whether they consider these posters works of art or marketing pieces and why.

*(suite à la page suivante)*

**(SUITE):**

***Vertumnus* (c. 1590-1)**
Giuseppe Arcimboldo

***Summer* (1572)**
Giuseppe Arcimboldo

GIUSEPPE ARCIMBOLDO

30 De nos jours, les publicitaires continuent cette véritable synergie entre l'art et le marketing. 500 après les «4 Saisons» du peintre milanais, Arcimboldo, la publicité s'inspire de l'originalité des fruits et des légumes du quotidien dessinés en trompe l'œil. Ce jeu visuel est repris par l'agence Cato-Johnson
35 pour la marque Perrier avec les deux personnages mystérieux de l'Ensorceleur/citron vert et le Taquin/citron jaune en 1989 (avant la crise du benzène).

Suivent les compositions exotiques comme Malibu Creation en 2007 de l'agence Marcel, Paris. Le style raffiné de l'alcool
40 Malibu est suggéré par un visage à dominante rouge de piments et gingembre aux yeux écarquillés, faits de rondelles de citrons verts à la prunelle noire.

## À l'ère du digital l'art redessine le paysage du marketing

*«La valeur émotionnelle dépasse le produit, les consommateurs ont besoin d'une histoire.»*
- Corinne Delattre,
DIRECTRICE DE LA COMMUNICATION DE CARTIER INTERNATIONAL

Cartier invite le spectateur à son *«Odyssée», www.odyssée.cartier. fr,* entre rêve et réalité. En suivant le périple de la panthère

45 emblématique de la marque depuis 1904, le consommateur revit avec enchantement un bijou de film publicitaire pour célébrer son histoire sous la houlette de Bruno Aveillan (Publicis). Voyage onirique bercé par une bande son intemporelle, depuis le magasin Place Vendôme, la Chine et la Russie jusqu'à l'avion du célèbre

50 aviateur brésilien, Alberto Santos-Dumont, pour qui Louis Cartier créa la première montre bracelet «Santos» (1904) pour lire l'heure en vol.

1. Que veut dire «au-delà de l'apparence, des chiffres et de la logique» dans le contexte de l'article?

   a. Le matériel est l'élément clé du marketing.

   b. Les véhicules sont issus d'équations mathématiques.

   c. Il ne faut que de la logique dans les publicités.

   (d.) Le message communiqué par une campagne de marketing dépasse ce qui est rationnel.

2. Quel type de ligne correspond aux «lignes ondulées»?

   a. zigzag     c. triangulaire

   (b.) courbe     d. circulaire

3. Quel est le but de cet article?

   a. montrer que le marketing est purement économique

   b. admirer les lithographies de la Belle Époque

   (c.) tracer l'histoire de l'art dans le marketing

   d. répondre à une critique artistique

4. D'après la sélection écrite, quel effet le marketing a–t-il sur le consommateur?

   (a.) Il le séduit.     c. Il le trompe.

   b. Il le dégoûte.     d. Il l'achète.

5. Quelle serait la phrase la plus appropriée pour résumer la sélection?

   (a.) «Il y a bien un côté créatif dans le monde des affaires.»

   b. «La publicité est une activité très scientifique.»

   c. «L'art dans la publicité est un produit du passé.»

   d. «Il n'y a rien de rationnel dans le marketing.»

LIRE  ÉCOUTER

Vous allez lire un passage et écouter une sélection audio. Pour la lecture, vous aurez un temps déterminé pour la lire. Pour la sélection audio, vous aurez d'abord un temps déterminé pour lire une introduction et pour parcourir les questions qui vous seront posées. La sélection sera présentée deux fois. Après avoir écouté la sélection une première fois, vous aurez 1 minute pour commencer à répondre aux questions; après avoir écouté la sélection une deuxième fois, vous aurez 15 secondes par question pour finir de répondre aux questions. Pour chaque question, choisissez la meilleure réponse selon la sélection audio ou la lecture et indiquez votre réponse sur votre feuille de réponse.

**THEME/CONTEXT:**
La science et la technologie - Les nouveaux moyens de communication
**SECONDARY THEME/CONTEXT:**
La vie contemporaine - La publicité et le marketing

## SOURCE 1:

### Introduction:
Dans cette sélection, il s'agit de la communication multi-sensorielle dans le marketing. Cet article a été tiré du site audiadis.net et parle de l'olfactif dans le marketing. © Guy Hausermann

# L'olfactif

**La technologie olfactive AUDIADIS est le fruit de 10 années d'expérience dans la diffusion de senteur.**

Nous avons testé toutes les technologies existantes avant de retenir un gel révolutionnaire, qui sublime la senteur du parfum pour la diffuser sans altération pendant 10 semaines.

### Sa spécificité?

*Ligne*
- Simple: plus de liquide, il suffit de poser le gel dans le bon support
5
- Écologique: utilisation de très peu de solvants; le produit est recyclable après usage

- Économique: le produit diffuse sur plusieurs semaines

- Unique: nous créons la senteur de votre choix

### Développez votre logo olfactif pour . . .

10
- Renforcer l'image de votre marque ou enseigne.

- Fidéliser la clientèle à long terme, les odeurs sont un média au fort pouvoir de mémorisation.

- Créer un univers de bien-être dans lequel le temps semblera compressé.

15
- Vous différencier avec une solution innovante et originale!

### Diffusion de senteurs:

- Création d'une ambiance olfactive dans votre commerce, afin d'éveiller les désirs et fidéliser la clientèle

- Permet d'attirer les consommateurs et peut inciter à des achats impulsifs

20   • Neutralisant d'odeurs

### PLV olfactive:

Diffusion du parfum du produit mis en avant par une PLV.

Le gel est intégré dans la PLV pour:

- Capter l'attention du client

- Attirer le client dans votre secteur

25   • Faire découvrir le produit par l'odorat

### Stop and smell:

Un stop rayon-testeur, installé sur les linéaires permettant aux marques de faire découvrir l'odeur de leur produit.

### Evénementiel

### Parfumez vos galas, événements VIP, soirée entreprises, etc. . . .

- Les senteurs donneront une valeur ajoutée à vos événements

- Choix d'un parfum subtil et en harmonie avec le thème de
30    l'événement

- Un service clé en main, du choix des senteurs à l'installation de nos diffuseurs sur place

**SUGGESTION:**
Ask the student to what extent their sense of smell plays a role in what they buy.

**SOURCE 2: SÉLECTION AUDIO**

## Introduction:

**AUDIOSCRIPT:**
The audioscript for each listening activity is supplied in Appendix F of this Teacher's Edition and online in Explorer.

Cette sélection audio s'intitule Différentes latitudes: Boutiques Liquides, un magasin qui croit à l'importance des odeurs dans le marketing. Designer Philippe Di Méo, créateur des liquides imaginaires parle du phénomène. Ce podcast a été diffusé par Moustic Audio Agency à Paris.

© Moustic Audio Agency

**Vocabulaire**
antinomique
se dévoyer
titiller

1. **Quel est l'objectif du texte écrit?**
   a. aborder une question
   b. informer
   c. faire rire
   d. raconter un évènement

2. **Dans l'extrait audio, on explique que le parfum «suscite les émotions». Que veut-dire cette expression?**
   a. On est paralysé par les émotions.
   b. On est consterné.
   c. Les sentiments se produisent en soi.
   d. Le calme submerge la situation.

3. **L'olfactif est associé à une partie du corps. Laquelle?**
   a. aux sourcils
   b. à la langue
   c. aux oreilles
   d. au nez

4. **Quelle raison n'est pas présentée dans le texte écrit pour utiliser cette technologie olfactive?**
   a. C'est logique.
   b. C'est économique.
   c. C'est attirant.
   d. C'est unique.

5. **Différentes Latitudes aide les créateurs dans les différentes étapes de la production d'un parfum. Laquelle n'en fait pas partie, d'après l'extrait audio?**
   a. la diffusion
   b. la fabrication
   c. la création
   d. la vente

### » Interpretive Communication: AUDIO TEXTS

 **ÉCOUTER**

**Vocabulaire**
rayon

Vous allez écouter une sélection audio. Vous aurez d'abord un temps déterminé pour lire l'introduction et pour parcourir les questions qui vous seront posées. La sélection sera présentée deux fois. Après avoir écouté la sélection une première fois, vous aurez 1 minute pour commencer à répondre aux questions; après avoir écouté la sélection une deuxième fois, vous aurez 15 secondes par question pour finir de répondre aux questions. Pour chaque question, choisissez la meilleure réponse selon la sélection audio et indiquez votre réponse sur la feuille de réponse.

## Introduction:

Dans cette sélection audio, il s'agit d'une agence de communication multi-sensorielle, Audiadis, qui est basée à Genève, en Suisse francophone. Cette agence offre un service qui crée des rubriques radio, dont cet extrait est un exemple. L'agence a créé plus de 300.000 spots radio en 2009. © Guy Hausermann

**AUDIOSCRIPT:**
The audioscript for each listening activity is supplied in Appendix F of this Teacher's Edition and online in Explorer.

**THEME/CONTEXT:**
La science et la technologie - Les nouveaux moyens de communication
**SECONDARY THEME/CONTEXT:**
La vie contemporaine - La publicité et le marketing

1. **De quel type de rubrique s'agit-il dans cette sélection audio?**
   a. actualités
   c. cinéma
   b. infos métiers
   d. chanson

2. **Quel est le ton de l'animatrice qui parle?**
   a. énergique
   d. mystique
   b. reposant
   c. effrayant

3. **Selon l'extrait audio, ils font ce genre de spot radio tous les combien?**
   a. toutes deux les semaines
   b. quotidiennement
   c. mensuellement
   d. une fois par semaine

4. **De quel genre de film s'agit-il dans cet enregistrement?**
   a. d'épouvante
   b. d'amour
   c. de science fiction
   d. historique

5. **D'après la sélection audio, on a passé combien de temps sur la production du film?**
   a. 14 ans
   b. 4 ans et demi
   c. 4 ans
   d. 1 an

6. **Quel est le jingle de la station radio?**
   a. la station qui est chez vous
   b. la station la plus proche de chez vous
   c. la station pour les sorties
   d. la station de mir

## » Interpersonal Writing: E-MAIL REPLY

 LIRE  ÉCRIRE

Vous allez écrire une réponse à un message électronique. Vous aurez 15 minutes pour lire le message et écrire votre réponse. Votre réponse devrait débuter par une salutation et terminer par une formule de politesse. Vous devriez répondre à toutes les questions et demandes du message. Dans votre réponse, vous devriez demander des détails à propos de quelque chose mentionnée dans le texte. Vous devriez également utiliser un registre de langue soutenue.

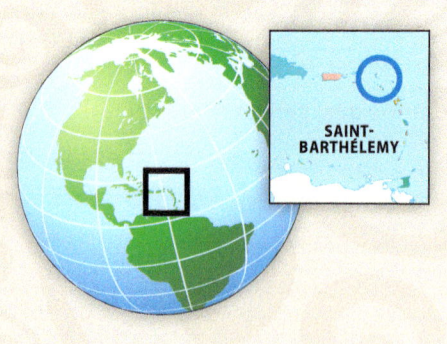

**THEME/CONTEXT:**
La vie contemporaine - La publicité et le marketing
**SECONDARY THEME/CONTEXT:**
La vie contemporaine - Les voyages

### Introduction:

Dans cette sélection, il s'agit d'un petit séjour aux Antilles, dans une station balnéaire à Gustavia, sur l'île Saint-Barthélemy. Vous y passez huit jours avec votre famille. La direction de l'Hôtel Paradis sur terre vous demande de participer à un panel consommateurs pour assurer le meilleur service possible.

de: serviceclientele@paradissurterre.bl

Gustavia, le 29 juin 2015

Cher/chère voyageur/voyageuse:

Nous vous souhaitons la bienvenue sur l'île de Saint-Barthélemy et dans l'hôtel Paradis sur terre à Gustavia. Nous avons pour but de vous plaire au maximum pendant votre séjour en vous fournissant le meilleur service aux Antilles francophones.

Nous vous invitons à participer à un groupe de discussion consommateurs, une réunion qui durera une heure, qui nous aidera à mieux vous plaire dans votre expérience pendant ce séjour et aux séjours à venir. Si vous avez la gentillesse de bien vouloir nous aider, veuillez nous fournir quelques informations afin que nous puissions vous mettre dans un groupe qui corresponde à vos intérêts.

- votre nom

- votre âge

*Ligne*
5

10

15

- votre sexe (masculin/féminin)

20
- votre pays d'origine

- vos motivations pour passer un séjour à Saint-Barthélemy

- si vous préférez participer à une discussion sur les préférences alimentaires (sucrées, salées, goûters, repas) ou sur les activités sportives (natation, planche à voile, ski nautique, kayak, canoë, etc.)

En échange de vos idées, vous aurez droit à un soin de 30 minutes dans notre station de thalassothérapie (soin du visage, massage ou réflexologie). Veuillez nous indiquer votre préférence, s'il vous plaît.

Dès que nous aurons reçu votre réponse, nous vous mettrons dans un panel consommateurs dans les meilleurs délais.

Dans l'attente de votre réponse, Madame/Monsieur, nous vous prions d'agréer l'expression de nos sentiments les plus distingués.

Éliane Monge
Service clientèle, L'Hôtel Paradis sur terre

SAINT-BARTHÉLEMY

**COMMUNITIES:**
**School and Global Communities:** Learners use the language both within and beyond the classroom to interact and collaborate in their community and the globalized world.

LIRE  ÉCOUTER

 ÉCRIRE

Vous allez écrire un essai argumentatif pour un concours d'écriture de langue française. Le sujet de l'essai est basé sur trois sources ci-jointes, qui présentent des points de vue différents sur le sujet et qui comprennent à la fois du matériel audio et imprimé. Vous aurez d'abord 6 minutes pour lire le sujet de l'essai et le matériel imprimé. Ensuite, vous écouterez l'audio deux fois; vous devriez prendre des notes pendant que vous écoutez. Enfin, vous aurez 40 minutes pour préparer et écrire votre essai. Dans votre essai, vous devriez présenter les points de vue différents des sources sur le sujet et aussi indiquer clairement votre propre point de vue que vous défendrez à fond. Utilisez les renseignements fournis par toutes les sources pour soutenir votre essai. Quand vous ferez référence aux sources, identifiez-les de façon appropriée. Organisez aussi votre essai en paragraphes bien distincts.

**THEME/CONTEXT:**
La vie contemporaine - La publicité et le marketing

**SECONDARY THEME/CONTEXT:**
La science et la technologie - Les choix moraux

**SUJET DE LA COMPOSITION:**

Du business pur et simple ou de la manipulation – lequel des deux est au cœur du marketing?

**SOURCE 1:**

## Introduction:

**La sélection suivante vient du site www.succes-marketing.com. L'auteur s'appelle Patrice Decoeur. L'article a été publié le 4 septembre 2012.** © Succès marketing, Patrice Decoeur

# Manipulation marking: Bannir ou bénir?

Vous avez certainement déjà entendu parler du marketing manipulateur. Il est aujourd'hui interdit dans certains pays européens. Devrions-nous:

- Penser aux effets négatifs du marketing sur la société?

5 - Bannir toute forme de marketing basée sur la manipulation, qui joue sur l'estime de soi ou encourage les consommateurs à faire des choses malsaines?

- Bannir les techniques publicitaires modifiant la façon dont nous pensons?

10 - Demander l'interdiction de toute publicité détournant notre attention?

Toutes ses questions doivent se poser un jour ou l'autre dans votre business. Elles ne sont pas à prendre à la légère et vous demandent une réelle réflexion.

## Neuromarketing, pour un meilleur contrôle de notre cerveau

15 Les publicitaires et les marketers apprennent à atteindre le cerveau. Que nous en soyons conscient ou non, nous sommes manipulés et ne pouvons pratiquement rien y faire.

La science fait de grandes avancées dans le domaine du contrôle du cerveau. Cela a donné naissance à un nouveau 20 marketing: le neuromarketing. Au moyen de scanners de notre cerveau, il mesure nos réactions face à certains stimuli.

Les publicitaires utilisant ces techniques de neuromarketing

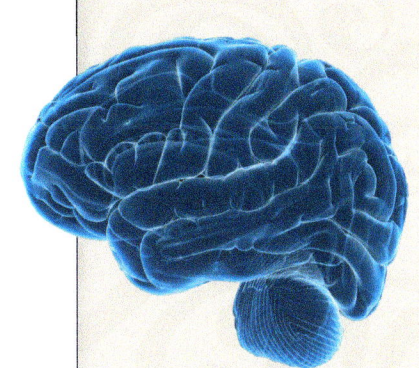

à l'extrême sont un réel danger pour notre société. Ils en obtiennent des informations permettant de nous vendre plus, de nous faire faire des
25  choses sans que nous ne puissions réellement résister.

## Balisage légal de la publicité?

Ce n'est pas la première fois que nous pensons à restreindre l'usage de la manipulation en marketing, même sur notre marché est libre. L'Union Européenne est en constante réflexion sur ce sujet.

Il existe de nombreux cas de personnes ayant subi les dommages à cause
30  du marketing. Je pense par exemple aux publicités pour le tabac ou pour le bienfait de certains médicaments qui n'est absolument pas démontré scientifiquement.

Ne serait-il pas intéressant de mieux baliser légalement la publicité? Nous savons pertinemment que nous sommes manipulés. Alors pourquoi ne pas
35  l'empêcher?

## Rois de la manipulation marketing

Les entreprises du secteur agroalimentaire sont les rois de la publicité. Ils utilisent clairement le neuromarketing pour jouer sur notre désir  de consommer leurs produits. Résultat: notre société connaît de plus en plus de cas d'obésité et l'on ne sait comment enrayer ce phénomène.

40  Les entreprises ont appris à manipuler le consommateur. Il ne peut plus résister à surconsommer, à **se 'goinfrer'** de tout ce qui lui passe sous le nez.

## Comment modifier nos modes de consommation

Un tiers des enfants à l'école primaire sont en **surpoids**. Vous ne me ferez pas croire que c'est un problème de self-contrôle, un problème
45  personnel. En tant qu'entreprise ou citoyen, en tant que parent, en tant que personne responsable, . . . , ne devrions-nous pas intervenir pour corriger ce phénomène et interdire la manipulation marketing de façon plus drastique? Comment
50  le citoyen pourrait-il intervenir? Comment votre entreprise pourrait-elle agir de façon plus responsable?

Je sais que c'est à des marketers que je m'adresse. Mais ne devrions-nous pas penser comme consommateur que nous sommes également?

**SOURCE 2:**

## Introduction:

Dans cette sélection, il s'agit des défis du marketing d'influence. Ces données ont été publiées par Augure, qui cherche à gérer la réputation des entreprises. © Augure.com

### Les défis du marketing d'influence

**61%**

**Identifier** les influenceurs pertinents pour leurs marques et leurs campagnes

**56%**

Réussir à capter l'attention et susciter l'intérêt des influenceurs au travers de leurs **interactions**

**44%**

**Mesurer et évaluer** avec précision le retour sur investissement (ROI) de leurs actions de marketing d'influence

**CULTURES:**
**Relating Cultural Practices to Perspectives:** Learners use the language to investigate, explain, and reflect on the relationship between practices and perspectives of the cultures studied.

**CONNECTIONS:**
**Acquiring Information and Diverse Perspectives:** Learners access and evaluate information and diverse perspectives that are available through the language and its cultures.

## SOURCE 3: SÉLECTION AUDIO

**AUDIOSCRIPT:**
The audioscript for each listening activity is supplied in Appendix F of this Teacher's Edition and online in Explorer.

### Introduction:

Cette sélection audio s'intitule «Digital Marketing One to One: 3 tendances du marketing digital». Le podcast a été publié sur le site visionarymarketing.fr par Yann Gourvennec le 19 mai 2014. C'est une interview avec Jérôme Letu-Montois, directeur de Comexposium Digital Marketing One to One. Il parle d'un évènement qui a eu lieu en juin 2014 à Biarritz et qui avait eu lieu avant à Monaco et à Paris.

© Creative Commons

**SUGGESTIONS:**
Ideas for composition organization:
**Introduction**
**Source 1 viewpoint:**
Marketing can be manipulative, even to a point of promoting products that are dangerous for one's health. Businesses and consumers should both take action against this type of manipulation.
**Source 2 viewpoint:**
This data presents the following as challenges to companies undertaking marketing campaigns (in order or importance.) Companies should identify the aspects of their products or brands that could influence the consumer. They should then figure out how to capture the attention of the customer with these influencing factors in mind. Finally companies need to measure the return on investment of their actions in their marketing strategies.
**Source 3 viewpoint:**
The Digital Networking One to One company in France is working on helping both e-commerce and traditional companies to manage the diverse aspects of their companies, including business, networking and branding.
**Student's own viewpoint:**
**Conclusion**

## » Interpersonal Speaking: CONVERSATION

 LIRE  ÉCOUTER **?** PARLER

**AUDIOSCRIPT:**
The audioscript for each listening activity is supplied in Appendix F of this Teacher's Edition and online in Explorer.

Vous allez participer à une conversation. D'abord, vous aurez une minute pour lire une introduction à cette conversation qui comprend le schéma des échanges. Ensuite, la conversation commencera, suivant le schéma. Quand ce sera à vous de parler, vous aurez 20 secondes pour enregistrer votre réponse. Vous devriez participer à la conversation de façon aussi complète et appropriée que possible.

## Introduction:

**Vous parlez à un ami canadien, Olivier et il vous pose des questions au sujet des moyens de communication entre amis.**

| | |
|---|---|
| Olivier | Il vous salue et pose une question. |
| Vous | Répondez affirmativement et demandez pourquoi il veut vous parler. |
| Olivier | Il vous explique le problème et demande ce que vous faites dans cette situation. |
| Vous | Répondez à la question, mais donnez-lui une raison possible pour expliquer la réponse de son amie. |
| Olivier | Il vous demande votre opinion pour savoir quoi faire. |
| Vous | Répondez et suggérez un autre moyen de communication et donnez une raison logique. |
| Olivier | Il répond et vous décrit ce qu'il ferait. |
| Vous | Rassurez-le qu'un autre moyen de communication sera meilleur. Ensuite, demandez les similarités entre son amie et sa grand-mère. |
| Olivier | Il vous décrit les similarités entre sa grand-mère et son amie et leurs préférences de communication. |
| Vous | Répondez à la question en donnant au moins une raison logique pour soutenir votre réponse. |
| Olivier | Il vous remercie d'avoir écouté ses problèmes. |

**THEME/CONTEXT:**
La science et la technologie - Les nouveaux moyens de communication
**SECONDARY THEME/CONTEXT:**
La science et la technologie - La technologie et ses effets sur la société

**COMMUNITIES:**
**School and Global Communities:**
Learners use the language both within and beyond the classroom to interact and collaborate in their community and the globalized world.

## » Presentational Speaking: CULTURAL COMPARISON

 LIRE  PARLER

Vous allez faire un exposé pour votre classe sur un sujet spécifique. Vous aurez 4 minutes pour lire le sujet de présentation et préparer votre exposé. Vous aurez alors 2 minutes pour l'enregistrer. Dans votre exposé, comparez votre propre communauté à une région du monde francophone que vous connaissez. Vous devriez montrer votre compréhension des facettes culturelles du monde francophone. Vous devriez aussi organiser clairement votre exposé.

# Sujet de la présentation:

On peut dire que le marketing reflète la société dont il est issu. Comparez les façons dont les publicités (audio et textuelles) reflètent les caractéristiques de votre pays par rapport à celles d'un pays francophone que vous connaissez. N'oubliez pas de considérer les images, la musique, le ton des voix, et le texte qui sont employés par ceux qui s'adressent à leur consommateur.

**THEME/CONTEXT:**
La vie contemporaine - La publicité et le marketing

**SECONDARY THEME/CONTEXT:**
L'esthétique - Les arts visuels

**TERTIARY THEME/CONTEXT:**
L'esthétique - La musique

**COMPARISONS:**
**Cultural Comparisons:** Learners use the language to investigate, explain, and reflect on the concept of culture through comparisons of the cultures studied and their own.

## Compréhension

**à la bourre** (exp.) (351) en retard

**antinomique** (adj.) (374) contradictoire

**au sein de** (exp.) (352) parmi, dans

**atelier** (n.m.) (357) lieu de travail d'artistes ou d'ouvriers

**caserne** (n.f.) (350) bâtiment servant à loger les militaires ou les pompiers

**cible** (n.f.) (355) but, objectif qu'on cherche à atteindre

**co-hébergement** (n.m.) (358) répartition d'une résidence

**colocation** (n.f.) (359) répartition d'une résidence

**diane** (n.f.) (350) pratique militaire pour réveiller les soldats au lever du jour au son des tambours, du clairon ou des trompettes

**du cru** (loc.) (357) local, provenant du pays

**échantillon** (n.m.) (356) spécimen, exemple

**écumeux (-euse)** (adj.) (350) mousseux

**enseigne** (n.f.) (354) marque placée sur la façade d'un établissement commercial

**épaulé(e) par** (adj.) (352) aidé

**essaim** (n.m.) (350) multitude

**facticité** (n.f.) (357) caractère de ce qui est factice, imité

**florissant(e)** (adj.) (340) prospère

**froissé(e)** (adj.) (351) chiffonné

**gamelle** (n.f.) (351) écuelle pour les repas

**genièvre** (n.m.) (356) fruit du genévrier

**gésine** (n.f.) (350) accouchement

**gingembre** (n.m.) (356) plante originaire d'Asie, servant de condiment

**grelottant(e)** (adj) (350) tremblant de froid ou de peur

**inopinément** (ad.) (351) qui arrive de façon imprévue

**jalonner** (v.) (357) se succéder

**lésine** (n.f.) (350) avarice

**malle** (n.f.) (348) coffre utilisé comme bagage

**matraquage** (n.m.) (338) propagande, intoxication, insistance

**EXPLORER:**
For vocabulary flashcards, additional exercises, AP® practice tasks, discussion forums, and external links, go to *APprenons* Explorer at **learningsite.waysidepublishing.com**

**millésime** (n.m.) (348) date à quatre chiffres marquant l'année de fabrication de quelque chose

**ondulé(e)** (adj.) (369) avoir un mouvement ondulatoire

**onirique** (adj.) (368) relatif aux rêves

**panoplie** (n.f.) (354) collection

**pénible** (adj.) (351) fatigant, éprouvant

**péremption** (n.f.) (365) état de ce qui est périmé

**poussiéreux (-euse)** (adj.) (362) couvert de poussière

**prétendu(e)** (adj.) (338) apparent

**prévenance** (n.f.) (362) délicatesse, action faite par anticipation des désirs de quelqu'un

**puiser** (v.) (368) tirer

**rayon** (n.m.) (375) département dans un magasin

**revêche** (adj.) (350) récalcitrant, rébarbatif

**s'appuyer sur** (v.) (352) se servir de quelque chose comme support, soutien

**se dévoyer** (v.) (374) se détourner du droit chemin

**se goinfrer** (v.) (379) manger salement et voracement

**semblablement** (adv.) (349) de même nature, identiquement

**sournois(e)** (adj.) (338) qui dissimule ses sentiments ou ses intentions dans un but malveillant

**surpoids** (n.m.) (379) obésité

**terroir** (n.m.) (357) région, terre considérée par rapport à la production agricole

**titiller** (v.) (374) chatouiller légèrement

**tison** (n.m.) (350) reste encore brûlant d'un morceau de bois consumé

**tourbillonnant(e)** (adj.) (368) agitant

**triptyque** (n.m.) (381) projet, document qui comporte trois parties

**GLOSSARY:**
Vocabulary words from each chapter also appear in the Glossary in Appendix B, beginning on page 505. French-French, French-English, and English-French glossaries are provided.

## Pour mieux s'exprimer à ce sujet

**abonnement** (n.m.) contrat passé avec un fournisseur qui permet au client de recevoir un service régulier

**bilan** (n.m.) résumé du positif et du négatif

**chiffre d'affaires** (n.m.) produit des ventes par le prix

**collecte de fonds** (n.f.) utilisation de techniques de marketing pour rassembler des dons, financer des projets

**fidélisation** (n.f.) ensemble des techniques visant à établir un dialogue continu avec des clients

**gamme** (n.f.) ensemble des produits d'une même marque, série

**prime** (n.f.) objet, service ou avantage offert aux clients qui ont répondu à une offre

**renouvellement** (n.m.) fait de renouveler quelque chose

**taux** (n.m.) proportion, pourcentage, rapport

QUÉBEC, CANADA

**ADDITIONAL VOCABULARY:**
The vocabulary words that appear in the *Pour mieux s'exprimer à ce sujet* category are presented as supplementary vocabulary to enhance students' expression on the topics of the chapter.

# QUESTIONS ESSENTIELLES

1. Quels éléments font partie d'une culture?

2. Quel rôle la technologie joue-t-elle dans la diffusion d'une culture au passé et aujourd'hui?

3. Quels sont les avantages et les défis quand on habite dans un monde multiculturel?

**SUGGESTIONS:**
Use the essential questions as a basis for discussion for topics addressed in the chapter, either as an introduction, while working on the chapter or as a wrap-up activity/assessment.

**VOCABULARY:**
Vocabulary related to the topics covered in this chapter appears on pages 432 and 433 (French definitions) as well as in Appendix B starting on page 505 (French definitions and English translations.

TUNISIE

# Chapitre 8

# Les chemins de la culture

**EXPLORER:**
For additional exercises, AP® practice tasks, discussion forums, and external links, go to *APprenons* Explorer at
**learningsite.waysidepublishing.com**

# Leçon **1** | La culture, c'est quoi?

**» OBJECTIF** **_Expliquer le lien entre deux phénomènes_**

**COMMUNICATION:**
**Interpersonal Communication:**
Learners interact and negotiate meaning in spoken, signed, or written conversations to share information, reactions, feelings, and opinions.

**1.**  **PARLER**

**« Qu'est-ce qui est apparu en premier: l'œuf ou la poule? » Discutez de ce paradoxe avec un partenaire.** Answers will vary.

## POINT**LEXIQUE**

### Décrire des liens

Souvent, il existe un lien entre deux idées et il faut l'expliquer de manière aussi précise que possible. Voici quelques expressions pour vous aider à exprimer les relations que vous détectez entre les phénomènes ou des idées dans votre vie de tous les jours. Que vous voyez dans la vie et dans des textes.

| Pour commencer | Conjonctions | Verbes | Types de phénomènes |
|---|---|---|---|
| Par conséquent, | pour que + _subjonctif_ | bénéficier de | cause et effet |
| Il suffit de + _infinitif_ | étant donné que | tenter de | cycle |
| Au risque de + _infinitif_ | tant que | rétablir | système |
| En tout cas, | depuis que | faire référence à | pyramide |
| D'une part . . . d'autre part | avant que | | cible |
| | de peur de + _infinitif_ | | progression du temps |
| | | | résultat |

**2.** **ÉCRIRE** **PARLER**

**Répondez aux questions en utilisant au moins deux pronoms. Répondez par la négative à la moitié des questions.**

1. Connaissez-vous des adultes qui habitent toujours chez leurs parents?
2. Quand mettez-vous un drapeau devant votre logement?
3. Avez-vous jamais dit un mensonge à vos parents?
4. Croyez-vous toujours les articles sur les réseaux sociaux?
5. Pouvez-vous me recommander le nouveau film de _____?
6. Chantez-vous votre chanson préférée dans la voiture?
7. Pouvez-vous nous décrire la situation des réfugiés d'Afrique du nord?
8. Votre frère/votre sœur raconte-t-il/elle des histoires à vos parents?
9. Connaissez-vous les paroles de l'hymne national américain en entier?
10. Vos parents vous expliquent-ils ce qu'est la citoyenneté?

Half of the answers are written in negative form. Students may choose which answers to write in negative form.
1. J'en connais qui y habitent. / Je n'en connais pas qui y habitent.
2. Je n'y en mets pas. / J'y en mets un pour la fête nationale.
3. Je ne leur en ai jamais dit. / Je leur en ai dit.
4. Je ne les y crois pas. / Je les y crois tous.
5. Je ne peux pas vous le recommander. / Je peux vous le recommander.
6. Je ne l'y chante pas. / Je l'y chante.
7. Nous ne pouvons pas vous la décrire. / Nous pouvons vous la décrire.
8. Ma soeur ne leur en raconte pas. / Ma soeur leur en raconte beaucoup.
9. Je ne peux pas vous les réciter toutes. / Je ne les en connais pas toutes. / Je peux vous les réciter toutes. / Je ne les en connais pas toutes.
10. Ils ne me l'expliquent pas. / Ils me l'expliquent.

## POINT**GRAMMAIRE**

**Utiliser deux pronoms dans une même phrase.**

Pour ne pas répéter un nom (un substantif), il faut utiliser un pronom et parfois plusieurs. Il faut les mettre dans l'ordre correct. N'oubliez pas que le pronom se met toujours avant le verbe sauf à l'affirmatif de l'impératif.

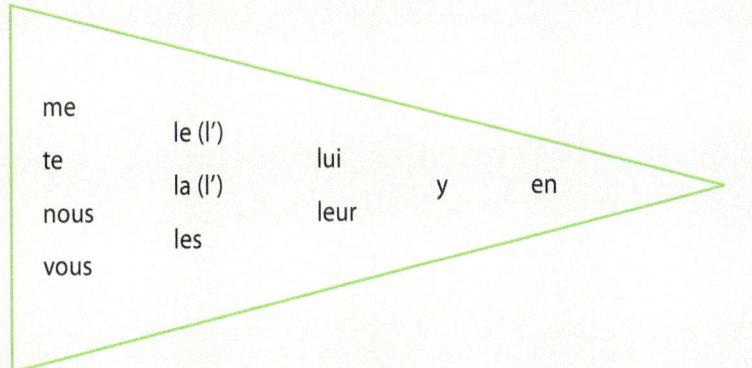

me
te
nous
vous

le (l')
la (l')
les

lui
leur

y

en

Exemples:

| Temps du verbe | Question | Réponse |
|---|---|---|
| Présent | Tu mets le journal **sur la table**? | *Oui, je l'y mets.* |
| Présent | Jacques peut te donner **des biscuits**? | *Non, il ne peut pas m'en donner.* |
| Futur proche | Tu vas raconter cette histoire **à Georges**? | Oui, je vais la lui raconter. |
| Passé composé | Tu as vu le nouveau film **au cinéma** hier soir? | *Non, je ne l'y ai pas encore vu.* |
| | Papa t'a donné **la liste**? | *Oui, il me l'a donnée.* |
| Imparfait | Tu disais la vérité **à Sophie**? | Oui, je la lui disais. |

**CULTURES:**
**Relating Cultural Practices to Perspectives:** Learners use the language to investigate, explain, and reflect on the relationship between practices and perspectives of the cultures studied.

## POINT**CULTURE**

Les Français d'aujourd'hui sont influencés par leur passé. La fermeture des volets le soir, dès qu'il fait nuit, est un rituel en France. On dit qu'avant la Révolution les impôts étaient évalués en regardant les signes extérieurs. Si on ne laissait pas voir l'intérieur de la maison, les impôts coûteraient moins. Donc, fermer les volets est important pour protéger son argent.

*Nadeau, Jean, and Julie Barlow. Sixty Million Frenchmen Can't Be Wrong What Makes the French so French. Réimpr. 2008. ed. London: Robson, 2004. Print.*

**COMMUNICATION:**
**Interpersonal Communication:** Learners interact and negotiate meaning in spoken, signed, or written conversations to share information, reactions, feelings, and opinions.

3. **PARLER** **ÉCRIRE**

**Pensez aux questions suivantes et ensuite discutez-en avec un partenaire.** Answers will vary.

1. Quand devient-on adulte dans votre culture?
2. La guerre influence-t-elle la culture?
3. Le bonheur est-il un droit de l'être humain?

**Ensuite, écrivez un paragraphe en expliquant votre opinion sur chaque question. N'oubliez pas d'utiliser des pronoms pour ne pas répéter les substantifs et des expressions qui éclaircissent le lien entre les idées.**

**COMMUNICATION:**
**Presentational Communication:** Learners present information, concepts, and ideas to inform, explain, persuade, and narrate on a variety of topics using appropriate media and adapting to various audiences of listeners, readers, or viewers.

» **OBJECTIF** *Discuter de situations hypothétiques*

**COMMUNICATION:**
**Interpersonal Communication:**
Learners interact and negotiate meaning in spoken, signed, or written conversations to share information, reactions, feelings, and opinions.

1.  LIRE  ÉCRIRE  PARLER

**Dans son cours de français, Haylie discute des préjugés des Français sur les Américains et ceux des Américains sur les Français. Lisez le texte suivant, écrit par Paula Garrett-Rucks, en soulignant ou en écrivant les préjugés mentionnés, puis discutez avec un camarade de classe pour voir si vous êtes tous les deux d'accord sur ce qui est dit dans l'article.** Answers will vary. See text underlined in pink for examples.

**COMMUNICATION:**
**Interpretive Communication:**
Learners understand, interpret, and analyze what is heard, read, or viewed on a variety of topics.

## Stéréotypes culturels franco-américains et l'enseignement de la langue française

### Quelle perception ont les Français des Américains et les Américains des Français?

Pour Verdaguer, un grand nombre de clichés sur la France et les Français sont véhiculés par les médias américains, incluant les films, les publicités, les livres et les caricatures de presse. Son étude de la représentation de la France dans les médias américains a révélé une vision des Français comme impolis, hypersexuels et sales. Son analyse a également montré que le pays possédait une aura très positive dans les domaines de l'art, de la mode et de l'alimentation. De manière similaire, environ 50% des étudiants interrogés dans une étude récente portant sur la perception de la France chez les Américains étudiant la langue française ont déclaré percevoir les français comme tout à la fois sophistiqués, snobs et impolis (Drewelow). 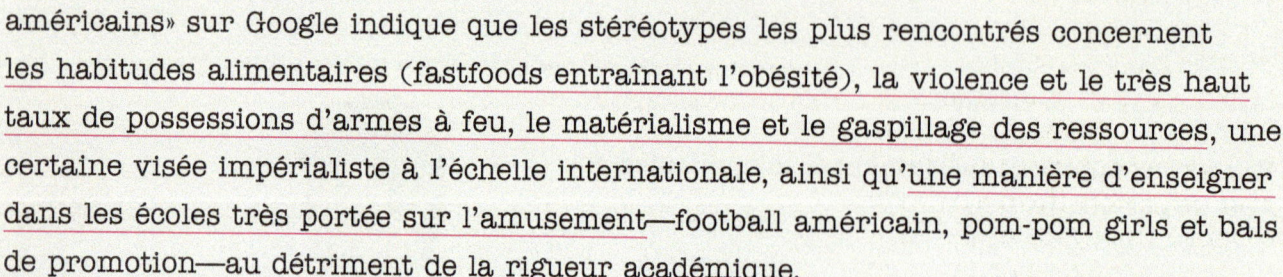 Mais les Français ont eux aussi de nombreux clichés concernant les Américains. La recherche sur les mots « clichés américains» sur Google indique que les stéréotypes les plus rencontrés concernent les habitudes alimentaires (fastfoods entraînant l'obésité), la violence et le très haut taux de possessions d'armes à feu, le matérialisme et le gaspillage des ressources, une certaine visée impérialiste à l'échelle internationale, ainsi qu'une manière d'enseigner dans les écoles très portée sur l'amusement—football américain, pom-pom girls et bals de promotion—au détriment de la rigueur académique.

### La communication—méthodes américaine et française

Une différence culturelle aggrave le problème des stéréotypes: le conflit portant sur la manière d'engager les conversations. Les Américains viennent d'une culture qui veut que l'on approche un inconnu avec un grand sourire « chaleureux », allant de pair avec le respect strict des tours de parole (attendre que l'interlocuteur ait fini de parler) et un accent sur le bavardage « agréable », non provocateur, qui passe le plus souvent par une mise en avant d'informations personnelles concernant le quotidien et la famille. En France, les conversations initiales sont habituellement plus réservées—même si une analyse comparative des styles de discours français et américains révèle que les conversations françaises sont plus énergiques (les participants montrant un fort enthousiasme pour le sujet; une attitude pouvant être interprétée comme une tentative de couper la parole pour un Américain). De plus, les Français tendent à employer de manière fréquente des contre-arguments afin de prolonger la conversation, une attitude qui pour un Américain peut être interprétée comme défiante, ou pire, irrévérente. © AATF National Bulletin 38(3), 25-26.

**SUGGESTION:**
This reading passage relates to the theme/context of *Les défis mondiaux - La tolérance*. It could be used as the basis for a discussion on that topic.

| Stéréotype | Êtes-vous d'accord? Expliquez. |
|---|---|
| | |
| | |

*Références*

Drewelow, I. (2011). American learners of French and their stereotypes of the French language and people: A survey and its implications for teaching. *French Review*, 84(4): 764-781.

Garrett-Rucks, P. (2010). The emergence of U.S. French language learners' intercultural competence in online discussions. *Doctoral dissertation*. University of Wisconsin, Madison.

*Verdaguer*, P. (1996). La France vue par l'Amérique: Considérations sur la pérennité des stéréotypes. *Contemporary French Civilization*, 20(2): 240-77.

2.  **LIRE**  **ÉCRIRE**

**Haylie demande à son ami français, Arnaud, s'il est d'accord avec les préjugés sur les Américains mentionnés dans l'article. En général, il n'est pas d'accord. Imaginez ce qu'il dit pour contredire chaque préjugé en faisant une phrase à l'aide d'une proposition subordonnée avec si + *imparfait, conditionnel*.**

Modèle: Si les Américains avaient plus de temps pour déjeuner pendant la semaine, ils mangeraient moins souvent du fastfood.

1. Answers will vary based on previous activities/discussion.

2.

3.

4.

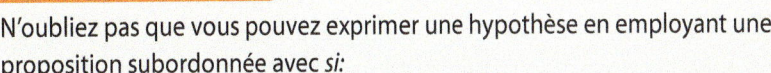

**POINTRAPPEL**

N'oubliez pas que vous pouvez exprimer une hypothèse en employant une proposition subordonnée avec *si*:

*Si* les Américains *étaient* plus intéressés par les langues étrangères, ils *commenceraient* à les étudier à un plus jeune âge.

*[si + imparfait, conditionnel]*

Les Américains *commenceraient* à étudier des langues étrangères à un plus jeune âge s'ils *étaient* plus intéressés.

*[conditionnel, si + imparfait]*

Si on n'avait pas inventé l'avion, nous n'aurions jamais voyagé si loin.

*[si + plus-que-parfait conditionnel passé]*

Nous n'aurions jamais voyagé si loin si on n'avait pas inventé l'avion.

*[conditionnel passé, si+ plus-que-parfait]*

[Voir le chapitre 6 pour d'autres exemples aux pages 293 et 301.]

**3.**  LIRE  ÉCOUTER  ÉCRIRE ❓ PARLER

**Pour son cours d'informatique, Haylie lit l'article suivant au sujet des nouvelles technologies (oui, en français!). Lisez et/ou écoutez le texte en soulignant ou en écrivant les sujets abordés puis, avec un(e) camarade de classe, échangez vos avis sur ces sujets.**

### Deux Américains sur trois confiants sur les nouvelles technologies

**59% des Américains pensent que les technologies vont améliorer leur quotidien et 30% redoutent, au contraire, qu'elles n'aient un effet néfaste. Ces chiffres sont extraits d'une étude menée récemment aux USA auprès de 1001 personnes par le Centre Pew Research. Mais quand on creuse un peu, les résultats sont loin d'être optimistes . . .**

Ces chiffres traduisent la vision qu'ont les Américains sur les sciences et les technologies. Ils concernent évidemment une certaine partie de la population mais sont toute fois un bon indicateur de l'état d'esprit et du degré d'acceptation de la civilisation face aux nouvelles technologies.

Les chiffres sont parfois contradictoires, les Américains semblent vouloir faire la différence entre les progrès de la science et les nouvelles technologies. Néanmoins, ils sont plus de la moitié à penser que leur vie s'améliore grâce aux progrès de la science, et que de manière générale, l'impact des technologies dans le futur sera positif. Cependant, dès que l'étude aborde des questions spécifiques à des découvertes qui changent nos vies [sic], telles que les prothèses électroniques par exemple, les américains prennent subitement peur et leurs réponses sont plutôt négatives.

**Des craintes vis à vis des robots, des drones et des objets connectés**

Les plus optimistes d'entre eux ont toutefois des doutes sur l'utilisation des drones civils, sur le fait de porter sur eux des appareils connectés ou encore, de faire confiance aux robots assistants pour les personnes âgées.

Parmi les quatre technologies les plus contestées, les Google Glass remportent l'opinion la moins défavorable d'entre tous les appareils: 37% de la population pensent que les objets connectés à porter sur soi vont **améliorer** leur quotidien. En revanche, les parents américains ne sont pas du tout attirés par le fait de pouvoir faire modifier l'ADN de leur futur enfant (seulement 26% y sont favorables).

© Humanoïdes.com, 21.04.14

| Pourcentage | Ce que pensent les Américains | Votre avis |
|---|---|---|
| 59% | les technologies vont améliorer leur quotidien | Answers will vary. |
| 30% | redoutent qu'elle n'aient un effet néfaste | |
| 37% | les objets connectés à porter sur soi vont améliorer leur quotidien | |
| 26% | favorables au fait de pouvoir faire modifier l'ADN de leur futur enfant | |

**4.**  **ÉCRIRE**

**En pensant à l'avenir, inspiré par l'article précédent, formulez plusieurs phrases pour exprimer une probabilité ou une quasi-certitude au sujet de la technologie dans le monde moderne. Utilisez le Point Grammaire comme guide pour vos réponses.**

Modèle: Si j'ai un robot pour faire le ménage, je n'aurai plus à le faire!

**1.** Answers will vary.

**2.**

**3.**

**4.**

**5.**  **LIRE**  **ÉCRIRE**

**Considérez les évènements, personnages ou endroits historiques suivants qui font partie de l'histoire des États-Unis ou d'autres pays du monde. Imaginez que les circonstances étaient (ou sont) différents en formulant des hypothèses à l'aide des propositions subordonnées avec *si*. Si vous avez besoin de mieux connaître l'élément historique, vous pourrez consulter Internet pour vous aider.** Answers will vary.

Modèle: Si New York était toujours la capitale des États-Unis, la Maison Blanche y serait aujourd'hui.

**1.** la découverte du Nouveau Monde (la Nouvelle-Angleterre et la Nouvelle France)

**2.** le Président des États-Unis

**3.** la Seconde Guerre mondiale

**4.** le Débarquement de Normandie

**5.** la Colonisation française en Afrique

**6.** l'Attaque de Pearl Harbor

**7.** la Chute de l'Empire romain

**8.** la Chute du mur de Berlin

**9.** l'Union Européenne

**10.** autre évènement du passé ou de notre époque (inventez-en un vous-même)

**6.**  **ÉCRIRE**

**Écrivez un essai sur la paix dans le monde. Imaginez les circonstances qu'il faudrait pour l'avoir. Formulez des hypothèses à l'aide des propositions subordonnées avec *si*. Vous pourrez également inclure des phrases avec le subjonctif pour exprimer vos désirs.**

---

### POINT**GRAMMAIRE**

Les structures avec *si* sont aussi employées pour exprimer une probabilité ou une quasi-certitude.

Modèles:

Si nous avons des lunettes avec une connexion Internet, nous n'aurons plus besoin d'ordinateur.
*[si présent, futur simple]*

Si on travaille dur, on peut réussir.
*[si présent, présent]*

Si vous avez envie de soutenir la cause, agissez! *[si présent, impératif]*

---

**COMMUNICATION:**
**Presentational Communication:** Learners present information, concepts, and ideas to inform, explain, persuade, and narrate on a variety of topics using appropriate media and adapting to various audiences of listeners, readers, or viewers.

**SUGGESTION:**
For practice related to the themes/contexts of *Les défis mondiaux - La paix et la guerre*, encourage students to include aspects of war in their essay for Exercise 6.

**COMMUNICATION:**
**Interpretive Communication:**
Learners understand, interpret, and analyze what is heard, read, or viewed on a variety of topics.

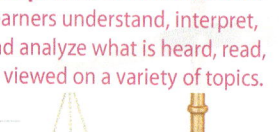

» **OBJECTIF** *Identifier point de vue et partialité dans un texte*

**1.**  **LIRE**  **PARLER**

**Lisez le texte suivant sur les notions de partialité et de perspective en essayant de distinguer les deux concepts. Puis, parlez-en à un(e) camarade de classe.**

### « Partialité des médias . . . »

Afin d'entreprendre l'examen des documents, vous devrez en apprendre davantage sur le rapport qui existe entre les concepts de « partialité » et de « perspective ». Quand vient le temps de se pencher sur une question, chacun de nous la considère en fonction de sa propre opinion; le défi qui se pose aux historiens et aux journalistes est de rendre compte des événements selon une perspective qui est neutre ou impartiale.

Avant de déterminer si un compte rendu journalistique est objectif ou non, il convient de définir clairement la différence entre les concepts de « partialité » et de « perspective ». Plusieurs personnes croient que ces termes sont synonymes, ce qui donne l'impression que tout le monde a un parti pris simplement parce que chacun de nous possède sa propre perspective ou perception du monde. Cette affirmation est beaucoup trop simpliste, et donc trompeuse. Affirmer que tous les gens sont nécessairement partiaux revient-il à dire que personne n'est apte à examiner une question de façon objective et à tirer des conclusions justifiées à la lumière des preuves fournies?

En portant une attention particulière à la signification de chacun de ces termes, il est possible de mieux comprendre comment certaines perspectives peuvent être partiales et d'autres non. Une *perspective* est un point de vue qu'adopte quelqu'un pour observer un évènement. Une perspective est *partiale* si elle mène à une décision teintée de préjugés injustes en faveur d'une personne ou d'un groupe. Le contraire de « partialité » est « impartialité ». Une perspective *impartiale* indique que la personne a tenté de rejeter tout préjugé en faveur ou au détriment d'une personne ou d'un groupe en s'assurant que toutes les parties sont bien représentées et respectées. Bien sûr, il est difficile d'être entièrement impartial. C'est pourquoi il est plus juste de parler de *degré* de partialité ou d'impartialité d'une perspective. Les facteurs suivants peuvent être utiles pour évaluer ce degré d'objectivité:

**Une perspective est impartiale dans la mesure où la personne est:**

- *Ouverte d'esprit:* la personne démontre une volonté d'accepter les nouvelles idées et de modifier ses opinions en fonction de nouveaux éléments de preuve;

- *Équitable:* la personne considère l'ensemble des preuves fournies du point de vue des différentes parties impliquées dans l'affaire;

- *Honnête:* la personne tente sincèrement de laisser ses préférences ou ses intérêts personnels de côté lors de l'évaluation des preuves contradictoires.

**Une perspective est partiale dans la mesure où la personne est:**

- *Étroite d'esprit:* la personne refuse de considérer les éléments de preuve qui pourraient aller à l'encontre de son opinion préconçue;

- *Inique:* la personne tire des conclusions qui s'appuient principalement sur des éléments de preuve favorables à sa propre position;

- *Malhonnête:* la personne laisse ses intérêts personnels teinter sa décision pour favoriser une partie au détriment des autres.

© *Les grands mystères de l'histoire canadienne.* Department of History - University of Victoria.

**COMMUNICATION:**
**Interpersonal Communication:** Learners interact and negotiate meaning in spoken, signed, or written conversations to share information, reactions, feelings, and opinions.

**SUGGESTION:**
This reading passage relates to the theme/context of *La quête de soi - Les croyances et les systèmes de valeurs.* It could be used as the basis for a discussion on that topic.

**Discutez des questions suivantes avec un partenaire.**

**1.** Selon l'auteur de l'article, quelle est la différence principale entre la perspective et la partialité?

**2.** Quels éléments doit-on examiner pour déterminer la perspective ou le degré d'impartialité d'un texte?

**3.** L'auteur a mentionné qu'une perspective impartiale peut poser un défi aux historiens et aux journalistes. Pensez à d'autres professions où l'impartialité se montrerait difficile. Pourquoi?

**4.** À votre avis, est-ce que il est possible de porter un point de vue entièrement objectif? Expliquez.

2.  **LIRE** ✏️ **ÉCRIRE** ❓ **PARLER**

### Partial ou Impartial?

**La partialité se manifeste quand quelqu'un prend une décision ou porte un jugement basé sur l'émotion en ignorant les faits ou la preuve. Regardez «L'échelle de partialité», puis discutez en groupes comment classifier les arguments d'après les chiffres de l'échelle. Ensuite, lisez les deux paragraphes qui suivent en classifiant les arguments présentés d'après l'échelle de partialité.** *Answers will vary. See texts underlined in pink for examples.*

**COMMUNICATION:**
**Interpersonal Communication:** Learners interact and negotiate meaning in spoken, signed, or written conversations to share information, reactions, feelings, and opinions.

## L'Échelle de partialité

1   2   3   4   5   6   7   8   9   10

| **1–3** | **4–7** | **8–10** |
|---|---|---|
| • soutenir un point de vue à l'aide de preuves ou de faits<br><br>• employer un langage rationnel<br><br>• respecter d'autres points de vue | • incorporer quelques faits/raisons/preuves<br><br>• incorporer un mélange d'éléments rationnels et émotionnels | • utiliser un langage plein d'émotion<br><br>• exagérer des éléments<br><br>• ne pas proposer de preuve ou de faits<br><br>• ne pas respecter d'autres perspectives |

1. Depuis toujours, la Suisse a accueilli <u>généreusement</u>, mais de façon contrôlée, des travailleurs étrangers en leur offrant une perspective professionnelle. Toutefois, depuis 2007, le nombre des immigrants a dépassé chaque année d'environ <u>80 000</u> celui des émigrants. En une année, ce phénomène entraîne un accroissement de la population équivalent au nombre d'habitants de la ville de Lucerne, et même, en deux ans, à celui de la ville de Genève. L'année dernière, la Suisse compte [sic] pour la première fois plus de <u>8 millions</u> d'habitants - si l'immigration n'est pas contrôlée, la barre des <u>10 millions</u> sera atteinte dans une vingtaine d'années. Les conséquences de cette évolution <u>funeste</u> sont clairement perceptibles au quotidien: chômage en augmentation (le taux de chômage frôle les <u>8%</u> parmi les étrangers), trains bondés, routes saturées, loyers et prix des terrains en hausse, perte de précieuses terres agricoles, pression sur les salaires, criminalité étrangère, abus en matière d'asile, perte de l'identité culturelle à la tête de nos entreprises, forte proportion d'étrangers à la charge de l'aide sociale et d'autres assurances sociales. L'immigration incontrôlée d'aujourd'hui menace notre liberté, notre sécurité, le plein emploi, la beauté de nos paysages et en fin de compte notre prospérité.

(2013) «Oui à l'initiative populaire «Contre l'immigration de masse»». © Comité interpartis contre l'immigration de masse

1. The author uses some emotional language (*généreusement, funeste*). The author uses some data about the number of immigrants arriving and the unemployment rate.

**COMMUNICATION:**
**Interpretive Communication:** Learners understand, interpret, and analyze what is heard, read, or viewed on a variety of topics.

2. Moi, je dis que quand la <u>haine</u>, l'<u>égoïsme</u>, la <u>stupidité</u> et l'<u>ignorance</u> n'ont plus peur de se montrer au grand jour, ça donne un résultat de sondage pareil . . . <u>Je suis sonnée</u>.

Cela dit en passant, j'ai eu l'occasion de m'en rendre compte depuis le temps que je suis en Métropole, que dans la France profonde, peu de personnes savaient placer géographiquement les départements d'outre mer. J'ai même lu que la métropole ne doit rien aux Antilles, que la métropole s'est forgée toute seule à la force de son poignet. Où en serait la France et nombre de pays d'Europe s'il n'y avait pas eu le plan Marshall pour relancer leurs économies après la seconde guerre mondiale? Un peuple qui ignore son histoire est condamné à <u>sombrer dans la stupidité</u>, à retomber <u>inlassablement</u> dans les mêmes travers, à régresser. <u>51%</u> d'ignorant, <u>ça fait flipper</u>.

-Du blog «Le quotidien d'une fan de Mr. Darcy»
(2014) « <u>51 % des Français favorables à l'indépendance de la Guadeloupe?</u> » © miss Bennett

2. The author uses some emotional language (*haïne, égoïsme*, see underlined in pink). The author cites a percentage in the title and in the last line.

**SUGGESTION:**
These reading passages relate to the themes/contexts of *Les défis mondiaux - La tolérance* and *Les droits de l'être humain*. They could be used as the basis for a discussion on those topics.

3. 📖 **LIRE** ✏️ **ÉCRIRE**

**Les trois comptes rendus suivants décrivent une partie de hockey d'une équipe de niveau secondaire. Lisez-les afin de relever des signes de partialité ou d'impartialité de la part de l'auteur.**

Answers will vary. See texts underlined in pink for examples.

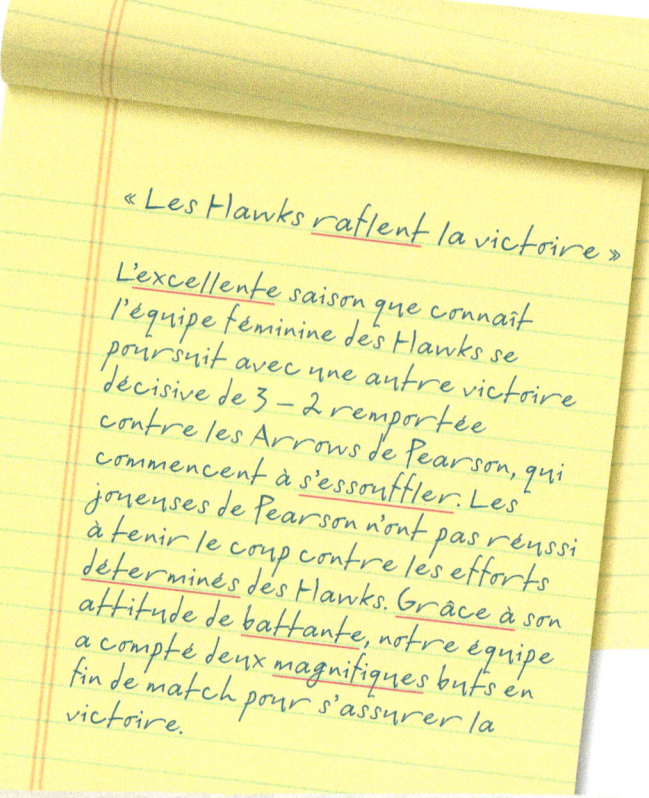

### « Pearson High se fait voler la victoire »

Nos filles se sont battues de toutes leurs forces sur la patinoire hier soir, mais n'ont pu résister au jeu brutal des Hawks de Queensville. Résultat: une défaite crève-cœur de 3 — 2. Pearson menait par un but pendant presque toute la partie. Les brutales mises en échec de la part des Hawks et les deux infractions que l'arbitre a délibérément ignorées en fin de match ont permis aux Hawks de compter deux buts chanceux et de rafler la victoire.

### « Les Hawks raflent la victoire »

L'excellente saison que connaît l'équipe féminine des Hawks se poursuit avec une autre victoire décisive de 3 — 2 remportée contre les Arrows de Pearson, qui commencent à s'essouffler. Les joueuses de Pearson n'ont pas réussi à tenir le coup contre les efforts déterminés des Hawks. Grâce à son attitude de battante, notre équipe a compté deux magnifiques buts en fin de match pour s'assurer la victoire.

### Hawks et Arrows: un match serré jusqu'à la fin

Les Arrows de Pearson High et les Hawks de Queensville ont rivalisé de détermination et d'adresse tout au long du match très serré qu'ils ont disputé. Vers la fin de la partie, alors que les Arrows menaient par un but, elles ont perdu leur concentration quand l'arbitre a omis d'infliger aux Hawks deux pénalités que les Arrows croyaient méritées. L'un de ces incidents méritait probablement une pénalité, mais une équipe de championnat ne peut laisser de tels imprévus lui faire perdre sa concentration. Et les Hawks ont saisi cette chance pour compter rapidement deux buts et ainsi l'emporter sur Pearson 3 — 2.

**4.** ✏️ ÉCRIRE ❓ PARLER

Imaginez que vous êtes témoin d'une collision de voiture. Au moment de l'accident, il pleut et la route est bien glissante. Dans une voiture: un vieil homme de 75 ans qui a des lunettes. Dans l'autre voiture: deux jeunes filles qui ont leur permis de conduire depuis un an. Vous avez entendu le bruit du contact des voitures avant de le voir. La police veut savoir votre explication de ce qui s'est passé précisément.

**ÉTAPE 1:** Faites un récit oral ou écrit *partial* du point de vue:

• des jeunes filles

• du vieil homme

**Puis faites un récit oral ou écrit *partial* de votre propre point de vue en tant que témoin.**

**ÉTAPE 2:** Écrivez le rapport *impartial* que ferait un expert en sinistres pour déterminer qui est en tort dans l'accident.

**COMMUNICATION:**

**Presentational Communication:** Learners present information, concepts, and ideas to inform, explain, persuade, and narrate on a variety of topics using appropriate media and adapting to various audiences of listeners, readers, or viewers.

**EXPLORER:**

For additional exercises, AP® practice tasks, discussion forums, and external links, go to *APprenons* Explorer at **learningsite.waysidepublishing.com**

**LIRE**

La sélection suivante est accompagnée de plusieurs questions. Pour chaque question, choisissez la meilleure réponse selon la sélection.

ISSIAKA DIAKITÉ-KABA, PH. D.

**THEME/CONTEXT:**
La quête de soi - Le pluriculturalisme
**SECONDARY THEME/CONTEXT:**
La quête de soi - L'identité linguistique

## Introduction:

**Dans cet article, il s'agit de l'autobiographie d'Issiaka Diakité-Kaba, auteur et professeur. Monsieur Diakité-Kaba vient de Côte d'Ivoire.**
© Issiaka Diakité-Kaba

**Issiaka DIAKITÉ-KABA, Ph. D.**

Assistant Professeur; Enseignant-chercheur

Unité de Formation et de Recherche Langues, Littératures et Civilisations (UFR LLC)

Département de Lettres Modernes, Université Félix Houphouët-Boigny (U.F.H.B.)

Abidjan-Cocody, République de Côte d'Ivoire

# ENFANCE ET ADOLESCENCE:

Je suis née dans la ville de *Dimbokro*, en *Côte d'Ivoire*, un pays *francophone de l'Afrique de l'Ouest*. En ce temps-la, la région de *Dimbokro* au centre du pays était appelée *la Boucle du Cacao*, parce qu'elle produisait l'essentiel du cacao du pays. N'oublions pas que la Côte d'Ivoire est le premier pays producteur de cacao. Aussi loin que remontent mes souvenirs, je peux dire que j'ai passé une enfance très intéressante entourée de deux de mes sœurs, de ma mère et de mon père. Ma mère m'influença surtout dans ma fascination pour les contes et les mythes qu'elle me racontait régulièrement. Je me rappelle aussi que mon père qui était instituteur favorisa mon intérêt pour la lecture. En ce temps-là (dans les années 1970), à l'école primaire, on écrivait avec des plumes qu'on immergeait dans des **encriers** installés sur chaque pupitre d'élève. Pendant les vacances scolaires, je voyageais par train avec mon père pour aller visiter d'autres membres de la famille dans la ville voisine de *Bouaké* qui était alors la deuxième capitale de la Côte d'Ivoire; j'y passais mes matinées au cours de vacances, ensuite à la bibliothèque et enfin l'après-midi, avec des bandes d'amis nous allions cueillir différents fruits (mangues, oranges, goyaves, pamplemousse . . . etc.) dans les

Ligne

5

10

15

20

champs et potagers des gens à la périphérie de la ville. On appelle cela **marauder** ou **chaparder**. C'était pas permis et imprudent, mais pour nous adolescents cela faisait partie intégrante des amusements un peu 25 risqués et pas très sages.

Au secondaire, j'ai fréquenté d'abord un lycée catholique dans ma ville natale et ensuite un lycée dans la ville de *Bouaké* pour mon *Baccalauréat en lettres modernes*. Après mon *Baccalauréat*, j'ai été orientée comme on le dit ici à *l'École Normale Supérieure d'Abidjan* 30 (*Abidjan* est la capitale économique de la Côte d'Ivoire). C'est l'institution d'enseignement supérieur qui forme les professeurs des lycées et collèges dans la plupart des pays Francophones. Après avoir obtenu mon diplôme, j'ai enseigné pendant cinq ans comme professeur de lettres modernes (communément appelé professeur de français) dans deux lycées avant de prendre une décision radicale pour 35 réorienter mon parcours.

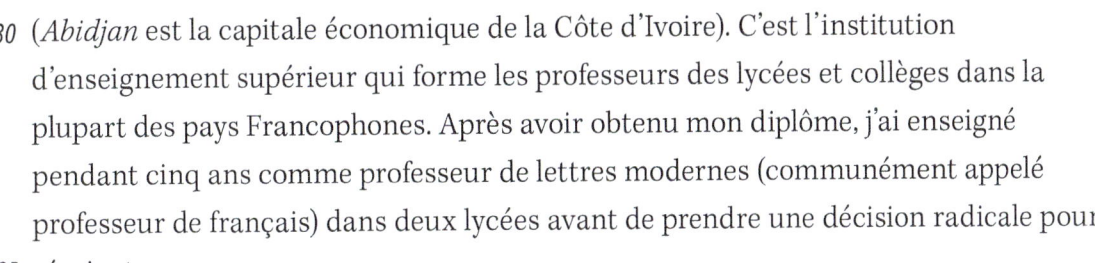

## VOYAGE ET FORMATION:

Ainsi, pendant tout ce temps, j'explorais la possibilité d'aller me perfectionner académiquement et professionnellement sous d'autres horizons, notamment l'Amérique du Nord et surtout aux États-Unis. Aller en France comme il est de coutume pour un francophone venant d'Afrique ne m'intéressait pas spécifiquement. 40 Je voulais surtout à travers un certain déracinement linguistique et culturel relever de nouveaux défis. Aussi, en l'an 2000 muni d'un contrat de *Louisiana Department of Education*, j'arrivais en Louisiane pour y enseigner le français. J'y ai découvert toute la riche culture louisianaise liée intrinsèquement à l'Afrique: *musique (jazz)*, cuisine *(gombo, jambalaya) . . . etc*. D'ailleurs, ne dit-on pas que La *Nouvelle-Orléans (New* 45 *Orleans)* est la ville la plus africaine des États-Unis.

Après l'obtention de mon *Ph. D.* en Études Francophones à *l'Université de Louisiana à Lafayette*, je suis parti pour l'état d'*Iowa (Midwest des États-Unis)* pour enseigner à *Wartburg College* juste quelques semaines avant l'ouragan Katrina qui souffla la Louisiane en août 2005. J'ai donc eu le privilège d'enseigner à tous les niveaux du 50 système éducatif américain, de l'enseignement élémentaire à l'université en passant par le secondaire. Cette expérience académique et professionnelle enrichissante combinée à mon expérience précédente d'enseignant en Afrique me donne une

*(suite à la page suivante)*

**(SUITE):**

vision globale de l'éducation et de la formation. C'est pour cela qu'il
y a quelques années, j'ai décidé de mettre cette expérience au service
55 de mon pays d'origine voire du continent africain en établissant
un cabinet de consultant en éducation pour partager l'expérience
académique et professionnelle acquise aux États-Unis. Et, comme
le disait si bien l'écrivain ivoirien *Jean-Marie Adiaffi: « Quand on va
étudier l'intelligence des autres, ce n'est pas pour abandonner la sienne,*
60 *mais la multiplier indéfiniment, fort de cet apport de l'autre »*; j'ai
estimé qu'il était temps de rentrer au pays natal afin de « multiplier
indéfiniment » l'intelligence acquise au cours de mon **périple** aux
États-Unis. *IDK-Educational Consulting* un cabinet-conseil en éducation
est le produit de ces années d'expériences accumulées dans mon pays
65 d'adoption.

Je pense continuer à voyager entre les États-Unis et la Côte d'Ivoire et
d'autres pays encore, car je pense qu'études, échanges et voyages, ainsi
que la capacité à parler plusieurs langues sont des facteurs importants
pour acquérir le savoir, le savoir-être et le savoir-faire. Et pour insister
70 sur le dernier point, je rappelle ici un proverbe africain: *« Une langue,
une vision du monde; deux langues, deux visions du monde . . . etc. »*
Autrement dit, acquérir d'autres langues accroît notre capacité à
comprendre l'autre et à comprendre le monde.

**SUGGESTION:**
Ask students to look at the images on this page and describe
what they see. Ask them to make comparisons between a city
and university that they know in their country.

1. **Pour quelle raison la Côte d'Ivoire s'appelle-t-elle la Boucle du Cacao?**

    a. À cause de sa forme; elle est ronde.

    (b.) C'est la région qui produit la quantité la plus importante du cacao.

    c. C'est la région qui produit la quantité la plus importante de bijoux.

    d. La Côte d'Ivoire a la forme d'une oreille.

2. **Qu'est-ce qui intéresse surtout le jeune Issiaka à l'école?**

    (a.) lire

    b. jouer pendant la récré

    c. écouter des histoires

    d. dessiner avec des crayons de couleur

3. **Lorsque le jeune Issiaka chapardait dans les potagers avec ses copains, quel genre de produits prenait-il?**

    a. des céréales

    b. des légumes

    c. des féculents

    (d.) des fruits

4. **Quel endroit Monsieur Diakité-Kaba compare-t-il à l'Afrique?**

    a. la France

    (b.) la Nouvelle-Orléans

    c. la périphérie de sa ville natale

    d. l'état d'Iowa

5. **Quel est le but de cette sélection?**

    a. présenter une oeuvre littéraire

    b. faire rire le lecteur

    c. **promouvoir** la Côte d'Ivoire

    (d.) raconter l'histoire d'une vie

6. **Vous parlez à un ami de cette autobiographie. Quelle phrase serait la plus appropriée?**

    (a.) «C'est dans les découvertes lointaines que l'on s'enrichit le plus.»

    b. «Quitter son pays n'est pas difficile.»

    c. «Revenir à son pays natal est un échec.»

    d. «Ne cherchez pas à comprendre le monde.»

## BIBLIOGRAPHIE:

Mes oeuvres publiées:

### Littératures:

#### Roman

*Titre:* Sisyphe . . . l'Africain

*Éditeur:* L'Harmattan, Paris, France. Septembre 2008.

#### Théâtre Bilingue (français-anglais)

*Titre:* Soundjata, Le Lion: Le Jour où La Parole fut Libérée *Sundjata, The Lion: The Day When The Spoken Word Was Set Free*

*Éditeur:* Outskirts Press, Denver, Colorado, États-Unis. Novembre 2010.

#### Théâtre (Version française uniquement)

*Titre:* Soundjata, Le Réveil du Lion.

*Éditeur:* Éditions Hakili, États-Unis, New York. 2014.

#### Nouvelle

*Titre:* Démocratie et *Mangécratie*?

*Publiée dans:* Africultures, Site et Revue de Référence des Cultures Africaines. Paris, France. Mars 2006. http://www.africultures.com/php/

### Critiques Littératures :

*Titre:* La dynamique du griot dans de l'œuvre d'Ahmadou Kourouma

*Éditeur:* UMI ProQuest, Ann Arbor, États-Unis, Michigan. 2004.

#### Documentaire

Marron, La Piste Créole en Amérique. Film d'André Gladu, ONF Canada - 2005

#### 2sTV—Dakar (Sénégal)— Programme TV

Le Grand Rendez-vous (10 Janvier 2014)

LIRE  ÉCOUTER

Vous allez lire un passage et écouter une sélection audio. Pour la lecture, vous aurez un temps déterminé pour la lire. Pour la sélection audio, vous aurez d'abord un temps déterminé pour lire une introduction et pour parcourir les questions qui vous seront posées. La sélection sera présentée deux fois. Après avoir écouté la sélection une première fois, vous aurez 1 minute pour commencer à répondre aux questions; après avoir écouté la sélection une deuxième fois, vous aurez 15 secondes par question pour finir de répondre aux questions. Pour chaque question, choisissez la meilleure réponse selon la sélection audio ou la lecture et indiquez votre réponse sur votre feuille de réponse.

**SOURCE 1:**

**THEME/CONTEXT:**
Les défis mondiaux - Les droits de l'être humain
**SECONDARY THEME/CONTEXT:**
La quête de soi - La sexualité

## Introduction:

**Dans cet extrait écrit, il s'agit de l'association Ekitinfo et du commerce équitable. Cette association a participé à un évènement pour la journée de la femme. L'article a été écrit par Guillaume pour le site ekitinfo.org et a été publié le 23 mars 2013.** © Ekitinfo

 *Ekitinfo est une association d'informations plurielles et de promotions des commerces équitables. L'objectif de cette association Loi 1901 est de fournir aux consommateurs et au grand public, ainsi qu'aux organisations équitables une information claire permettant de comprendre les enjeux et impacts du mouvement équitable.*

*En favorisant les actions communes entre les organisations de commerce équitable et les acteurs de l'économie sociale et solidaire, l'association s'implique également dans des cours donnés dans différentes écoles et universités françaises, elle réalise également plusieurs concours phares tels que le concours futur équitable ou le concours personnalité équitable de l'année. Enfin, elle organise des expositions artistiques dont le but est de permettre à des plus jeunes d'aller découvrir au sein de coopératives les impacts du commerce équitable, tout en leur permettant de découvrir une passion artistique.*

*L'association souhaite également permettre aux plus jeunes de connaitre le commerce équitable et son histoire, afin de les inciter à s'impliquer dans des projets bénévoles ou salarié dans l'économie sociale et solidaire et plus largement dans le développement durable. Persuadé que le commerce équitable n'est pas une utopie mais bien une réalité qui change déjà le Monde.*

# L'importance des femmes au sein du commerce équitable

Le 8 mars dernier, à l'occasion de la journée de la femme, Artisans du Monde et Max Havelaar France ont rendu hommages\*\* aux femmes et ont rappelé le rôle clé qu'elles jouent

*Ligne* au sein du commerce équitable, aussi bien au Nord qu'au Sud.

5 Pour l'occasion nous avons rencontré deux productrices de l'ONG\*\* de femmes libanaise *Fair Trade Lebanon*.

# Les femmes, très présentes dans le commerce équitable

Selon l'économiste Daniel Cohen: « *Il n'est pas excessif de dire que les*

10 *femmes africaines sont les esclaves d'aujourd'hui. L'exploitation des femmes n'est pas seulement une insulte au reste de l'humanité qui en accepte hypocritement l'existence. Elle provoque un cercle auto-entretenu\*\* de pauvreté et d'exploitation. L'esclavage des femmes dispense en effet les hommes d'investir dans la machine. L'épargne\*\**

15 *sert à acheter une autre femme, qui donnera d'autres enfants qui travailleront pour le père ou seront vendus, si ce sont des filles.* » Le constat dressé par Daniel Cohen peut se résumer en deux chiffres : les femmes fournissent 2/3 des heures travaillées dans le monde et possèdent moins de 1% des biens et ressources mondiaux.

© Didier Reynaud

20 Dans ces conditions il est important de rappeler que l'un des principes du commerce équitable est la <u>non-discrimination des producteurs et en particulier des femmes</u>. Concrètement le commerce équitable permet de:

- **Renforcer** l'autonomie économique de productrices: avoir un
25 emploi représente pour ces femmes un premier pas vers leur indépendance sociale et économique favorisant la confiance et l'estime d'elles-mêmes.

- **Soutenir** des organisations de commerce équitable au sud qui agissent pour l'égalité des genres en termes de rémunération,
30 d'accès à la formation, d'accès aux postes de direction et de participation aux décisions dans les zones rurales les plus défavorisées.

L'impact du commerce équitable est d'autant plus important qu'il touche une large population. En effet la moitié des
35 coopératives partenaires d'Artisans du Monde ont été créées par des femmes, et pour des femmes. En Belgique, Oxfam – Magasins du Monde travaille avec: ACP au Népal dont les femmes représentent 90% de la force de travail, Bombolu au

\*\* = vocabulaire

*(suite à la page suivante)*

40 Kenya (70%), Sasha en Inde (80%) ou encore Craft Aid sur l'Île Maurice (93%). Dans le commerce équitable labellisé, selon le dernier rapport de suivi et d'évaluation de Fairtrade International, les femmes représentent aujourd'hui un membre sur quatre au sein du mouvement Fairtrade / Max Havelaar (47% des travailleurs et 20% des

45 producteurs).

### L'ONG libanaise Fair Trade Lebanon

À l'occasion du mois de mars 2013, de la journée internationale des droits des femmes et du forum social mondial de Tunis, le mouvement Artisans du Monde a invité deux membres d'une coopérative de femmes

50 libanaise: Tamam Maroun et Maya Saadé. Nous avons pu leur poser quelques questions.

*Fair Trade Lebanon* est une ONG née en 2006 de la volonté d'acteurs libanais de changer la vie des populations rurales les plus défavorisées du Liban et de lutter contre

55 la désertification, l'exode rural et la pauvreté, et surtout, contre la désespérance. Elle agit en tant que structure

BYBLOS, LIBAN

faitière (projet de constitution d'une coopérative) et travaille avec 14 unités de
production, majoritairement des coopératives mais aussi quelques entreprises
familiales, qui permettent à près de 450 femmes et hommes de travailler.

60 Tamam Maroun est la présidente de la Coopérative de Femmes *EIN EBEL*,
partenaire de Fair Trade Lebanon. Ce groupement créé en 2002 est composé de
11 femmes, toutes originaires du même village. Leur produit phare est le mélange
méditerranéen de Za'atar: un mélange de thym séché, de sumac et de graines de
sésame. Elle était accompagnée par Maya Saadé, employée de *Fair Trade Lebanon*
65 en charge de l'appui aux producteurs et responsable de la certification.

\* = vocabulaire

## SOURCE 2: SÉLECTION AUDIO

### Introduction:

Dans cette sélection audio, il s'agit d'un évènement qui s'appelle *La diversité en entreprise.* Dans cet extrait audio, diffusé par Moustic Audio Agency à Paris, on parle des préjugés sur les femmes en entreprise.

© Moustic Audio Agency

www.moustic.fr

**AUDIOSCRIPT:**
The audioscript for each listening activity is supplied in Appendix F of this Teacher's Edition and online in Explorer.

Vocabulaire
piailler

1. **Qu'est-ce qui correspond à ce que fait *Fair Trade Lebanon*?**
   a. fabrique des produits laitiers
   b. embauche uniquement des femmes
   c. crée des partenariats avec des coopératives et des entreprises
   d. travaille principalement dans les quartiers urbains

2. **Quel préjugé contre les femmes est mentionné dans l'extrait audio?**
   a. ne s'habillent pas d'une manière professionnelle
   b. perdent leur ambition lorsqu'elles attendent un bébé
   c. ne méritent pas le même salaire que les hommes
   d. évitent les conversations difficiles avec le patron

3. **Selon la sélection écrite, quel est le but du commerce équitable?**
   a. permettre aux femmes de travailler pour leur indépendance économique
   b. rendre égaux les salaires des femmes et des hommes
   c. préparer les femmes aux postes importants
   d. toutes les trois réponses

4. **Le verbe «piailler» désigne le son que fait la poule. Pourquoi ce verbe est-il employé dans cette sélection audio?**
   a. On parle d'un fournisseur de poulet.
   b. C'est un synonyme du verbe chanter.
   c. On décrit le stéréotype de la femme bavarde.
   d. On décrit le stéréotype de la femme qui travaille dans une ferme.

5. **Vous discutez de ce que vous avez appris sur le commerce équitable en lisant la sélection écrite avec un(e) ami(e). Quelle phrase serait la plus appropriée d'après le texte?**
   a. «On attend pour voir s'il y a un impact sur une tranche importante de la population.»
   b. «Il y a toujours de l'esclavage à l'encontre des les femmes dans le monde.»
   c. «Le gouvernement a pour but de s'occuper du commerce équitable.»
   d. «Il y a des coopératives partenaires en Afrique, mais pas encore en Asie.»

## » Interpretive Communication: AUDIO TEXTS

 ÉCOUTER  VISIONNER

**THEME/CONTEXT:**
Les défis mondiaux -
L'alimentation

**Vocabulaire**
fève de cacao

Vous allez écouter une sélection audio. Vous aurez d'abord un temps déterminé pour lire l'introduction et pour parcourir les questions qui vous seront posées. La sélection sera présentée deux fois. Après avoir écouté la sélection une première fois, vous aurez 1 minute pour commencer à répondre aux questions; après avoir écouté la sélection une deuxième fois, vous aurez 15 secondes par question pour finir de répondre aux questions. Pour chaque question, choisissez la meilleure réponse selon la sélection audio et indiquez votre réponse sur la feuille de réponse.

### Introduction:

Dans cette sélection, il s'agit de la production des **fèves de cacao** en Côte d'Ivoire. L'extrait, qui s'intitule *Les agriculteurs de cacao goûtent du chocolat pour la première fois,* a été publié sur le site www.tuxboard.com. Vous entendrez des gens parler français, néerlandais et une langue indigène de la région. Les questions porteront sur ce qui est dit en français.

Ivoorkust

© tuxboard.com

**AUDIOSCRIPT:**
The audioscript for each listening activity is supplied in Appendix F of this Teacher's Edition and online in Explorer.

**SUGGESTION:**
Ask students to discuss the products that come from their region. Expand the discussion to include products that originate from francophone countries around the world.

1. **La Côte d'Ivoire est le premier producteur du cacao:**
   a. de l'Afrique de l'ouest
   b. de l'Afrique
   c. du monde
   d. de l'hémisphère ouest

2. **D'après Alphonse, le fermier, que fait-on avec les fèves de cacao?**
   a. des plantes
   b. du chocolat
   c. de la bonne nourriture
   d. du vin

3. **Les amis d'Alphonse goûtent du chocolat pour la première fois aussi. Quel adjectif emploient-ils?**
   a. gélatiné
   b. doux
   c. douteux
   d. gentil

4. **Une barre de chocolat coûte très cher en Côte d'Ivoire et on gagne très peu comme salaire. Quel ratio représente le coût du chocolat par rapport au salaire quotidien?**
   a. 1€ : 10€
   b. 2€ : 16€
   c. 3€ : 20€
   d. 2€ : 7€

5. **Quel est l'objectif de cette vidéo?**
   a. gagner un concours
   b. vendre plus de chocolat
   c. informer les Ivoiriens au sujet du chocolat
   d. informer les occidentaux des injustices

## » Interpersonal Writing: E-MAIL REPLY

 LIRE  ÉCRIRE

Vous allez écrire une réponse à un message électronique. Vous aurez 15 minutes pour lire le message et écrire votre réponse. Votre réponse devrait débuter par une salutation et terminer par une formule de politesse. Vous devriez répondre à toutes les questions et demandes du message. Dans votre réponse, vous devriez demander des détails à propos de quelque chose mentionnée dans le texte. Vous devriez également utiliser un registre de langue soutenue.

**SCORING GUIDELINES:**

See the scoring guidelines proposed by The College Board for the AP® French Language Culture Exam for the Interpersonal Writing: E-mail Reply, the Presentational Writing: Argumentative Essay, the Interpersonal Speaking: Conversation, and the Presentational Speaking: Cultural Comparison exercises.

**THEME/CONTEXT:**
La vie contemporaine - Le logement

### Introduction:

**Dans cette sélection, il s'agit d'un contrat de bail pour un appartement que vous avez loué pendant un stage en Algérie. Vous répondrez selon vos besoins.**

de: <u>directeur@appartsalger.dz</u>

objet: résiliation de contrat de bail

Alger, le 29 mai 2015

Cher/chère **locataire**,

Nous vous informons par la présente de notre accord qui vous permettra de résilier le contrat de location de l'appartement à Zéralda Willaya d'Alger 16320.

Ligne

5 Conformément à l'article 8 dudit contrat, vous devrez nous faire parvenir votre **préavis** de départ dans les trente jours qui le précèdent, soit entre le 1er et le 30 juin, date à laquelle vous nous rendrez les clés. Si vous désirez changer

10 la date de votre départ, nous vous demandons de nous informer dans les 10 jours suivant la date de réception de cette communication. Tout changement de date entraînera un calcul au prorata du loyer mensuel.

15 Dans le cas où vous anticipez un départ prématuré, nous vous prions de bien vouloir nous fournir votre adresse de réexpédition pour que nous puissions vous rendre la **caution** que nous vous devrons. Si vous libérez l'appartement

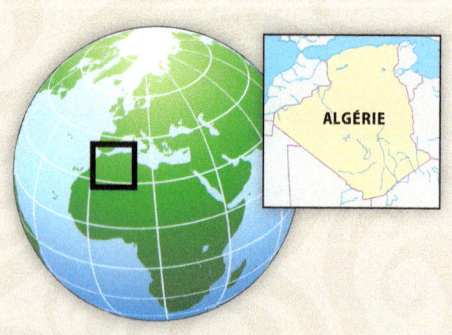

ALGÉRIE

20 comme prévu, nous couvrirons le loyer du dernier mois par la caution versée.

Veuillez nous répondre par courrier électronique pour nous faire savoir que vous avez bien compris nos conditions et si vous confirmez la date de votre

25 départ.

Dans l'attente de votre réponse, nous vous prions d'agréer l'expression de nos meilleurs sentiments.

Malek Benani

Directeur/Propriétaire, Apparts Alger

LE DRAPEAU D'ALGÉRIE

**COMMUNITIES:**
**School and Global Communities:** Learners use the language both within and beyond the classroom to interact and collaborate in their community and the globalized world.

LIRE  ÉCOUTER

 ÉCRIRE

Vous allez écrire un essai argumentatif pour un concours d'écriture de langue française. Le sujet de l'essai est basé sur trois sources ci-jointes, qui présentent des points de vue différents sur le sujet et qui comprennent à la fois du matériel audio et imprimé. Vous aurez d'abord 6 minutes pour lire le sujet de l'essai et le matériel imprimé. Ensuite, vous écouterez l'audio deux fois; vous devriez prendre des notes pendant que vous écoutez. Enfin, vous aurez 40 minutes pour préparer et écrire votre essai. Dans votre essai, vous devriez présenter les points de vue différents des sources sur le sujet et aussi indiquer clairement votre propre point de vue que vous défendrez à fond. Utilisez les renseignements fournis par toutes les sources pour soutenir votre essai. Quand vous ferez référence aux sources, identifiez-les de façon appropriée. Organisez aussi votre essai en paragraphes bien distincts.

**THEME/CONTEXT:**
La famille et la communauté - Les rapports sociaux

**SECONDARY THEME/CONTEXT:**
Les défis mondiaux - Les droits de l'être humain

**TERTIARY THEME/CONTEXT:**
La vie contemporaine - Les rites de passage

**SUJET DE LA COMPOSITION:**

Les aînés contribuent-ils toujours autant à leurs communautés et sur le marché du travail?

**SOURCE 1:**

### Introduction:

La sélection suivante a été publiée sur le site des Pères blancs, Missionnaires d'Afrique, une société de vie apostolique en Afrique. Dans l'extrait suivant, il s'agit d'un changement de mentalité envers la génération la plus âgée en Occident et en Afrique. Cette sélection est un extrait d'un article intitulé *Comment vont les vieux en Afrique?*
© Voix d'Afrique (n° 92)

# Des changements de mentalité

En Occident, on les appelle les 'retraités'. Le retraité, « c'est, à la fois, celui qui a fini son service ou celui dont on ne se sert plus.»

*Ligne* Dans les cultures africaines, on parle peu des retraités, mais on parle des "vieillards", des "sages" ou des "vieux". On insiste sur
5 le fait qu'il s'agit de personnes qui ont duré sur terre, des gens de grand âge ou de plusieurs générations. Elles sont, à la fois, un patrimoine ou une ressource. Pour cela, elles deviennent intermédiaires entre les vivants et les ancêtres.

Dans les deux cultures, le troisième âge reste une classe sociale
10 exclue ou isolée qui n'intervient plus qu'à un niveau particulier de la vie sociale, politique ou religieuse.

Mais la vision d'Amadou Ampaté Bâ déjà citée commence à **battre de l'aile** avec les nouvelles générations. En effet, avec

l'introduction de l'école, de la révolution de la technologie en
15 général et de celle de l'information en particulier, l'ordre social
ancien est en train d'être renversé. L'aîné, le vieux ou la vieille,
gardien du savoir et de l'expérience d'une civilisation basée sur
l'oralité, est en déclin.

À cela s'ajoute brutalement la découverte d'un monde nouveau:
20 la ville, l'Europe et l'Amérique. L'illusion d'un ailleurs radieux
offrant plus de possibilités matérielles et de vie paisible a
contribué à un dépeuplement massif des villages.

C'est pourquoi beaucoup de vieilles, de vieux, d'enfants et de
femmes ont été laissés dans un désarroi total. Non préparés
25 à cette situation, beaucoup de villages africains n'ont pas les
structures efficaces pour la prise en charge des personnes âgées.

De plus, avec l'évolution, la famille de type nucléaire (le père, la
mère et les enfants) tend à se substituer à celle de type élargi (le
père, la mère, les ascendants, et les collatéraux). Cela se réalise
30 surtout en ville où la nécessité de survivre conduit, dans certains
cas, à un repli sur l'unité familiale restreinte.

Le changement rapide des techniques et les besoins de
productivité toujours plus grands, font de la personne âgée une
personne dépassée. On lui donne le statut de "vieux", avec une
35 connotation péjorative et une certaine rupture se crée entre
elle et les autres membres de la famille, et dans certains cas, le
vieillard est considéré comme **un fardeau**.

**SOURCE 2:**

## Introduction:

Dans cette sélection, il s'agit de l'évolution du taux d'activité chez les personnes âgés au Québec. Les données ont été tirées d'un document créé par le Gouvernement du Québec en 2012 qui s'intitule *Les aînés du Québec: quelques données récentes.*

**Évolution du taux d'activité chez les personnes âgés au Québec**

**CULTURES:**
**Relating Cultural Practices to Perspectives:** Learners use the language to investigate, explain, and reflect on the relationship between practices and perspectives of the cultures studied.

**CONNECTIONS:**
**Acquiring Information and Diverse Perspectives:** Learners access and evaluate information and diverse perspectives that are available through the language and its cultures.

## SOURCE 3: SÉLECTION AUDIO 🎧

**AUDIOSCRIPT:**
The audioscript for each listening activity is supplied in Appendix F of this Teacher's Edition and online in Explorer.

### Introduction:

Cette sélection audio est une publicité pour un événement qui s'appelle «La diversité en entreprise». L'évènement a pour but de combattre les clichés, les stéréotypes et les préjugés à l'égard des personnes âgées. C'est un podcast produit par Moustic, spécialiste de la communication audio à Paris. © Moustic Audio Agency

MOUSTIC
THE AUDIO AGENCY
w w w . m o u s t i c . f r

**SUGGESTIONS:**
Ideas for composition organization:
**Introduction**
**Source 1 viewpoint:**
Written from an African perspective, senior citizens of the West are often seen as people of the past or those that have done their service. In the past, African senior citizens have been considered wise elders and resources for the community. With the dawn of the technological age, many younger Africans are now leaving their villages in pursuit of opportunity, leaving their elders in the villages that are not able to support them. They are now considered a weight on their families' shoulders.

**Source 2 viewpoint:**
In Quebec, between 2001 and 2011 there was in increase in the percentages of workers over 55 in both genders, but more markedly in women.
**Source 3 viewpoint:**
Seniors are stereotypically seen as slow workers who do not understand how to use new tools in the workplace and find it difficult to accept new ideas. To combat these stereotypes, there is an event to support diversity in companies.
**Student's own viewpoint:**
**Conclusion**

## » Interpersonal Speaking: CONVERSATION

 LIRE    ÉCOUTER    PARLER

**AUDIOSCRIPT:**
The audioscript for each listening activity is supplied in Appendix F of this Teacher's Edition and online in Explorer.

RÉPUBLIQUE DÉMOCRATIQUE DU CONGO

Vous allez participer à une conversation. D'abord, vous aurez une minute pour lire une introduction à cette conversation qui comprend le schéma des échanges. Ensuite, la conversation commencera, suivant le schéma. Quand ce sera à vous de parler, vous aurez 20 secondes pour enregistrer votre réponse. Vous devriez participer à la conversation de façon aussi complète et appropriée que possible.

## Introduction:

**Vous avez rencontré un camarade de classe, Rishi, dans votre cours d'histoire. Il vient de la République démocratique du Congo en Afrique centrale. Il vous pose beaucoup de questions au sujet de coutumes américaines.**

**THEME/CONTEXT:**
La famille et la communauté - Les coutumes

| | |
|---|---|
| Rishi | Il vous salue et pose une question. |
| Vous | Saluez-le et répondez à sa question. |
| Rishi | Il a une question au sujet de la vie professionnelle dans votre région. |
| Vous | Répondez-lui en donnant au moins trois exemples de patronat important dans votre région. |
| Rishi | Il continue à vous poser les questions. Maintenant il passe au sujet des loisirs. |
| Vous | Donnez un exemple d'un loisir populaire dans votre région. N'oubliez pas d'expliquer pourquoi. |
| Rishi | Il a l'air intéressé et il vous demande quelle est votre participation personnelle. |
| Vous | Répondez si vous y participez et donnez une raison qui explique pourquoi ou pourquoi pas. |
| Rishi | Il vous remercie et pose une dernière question au sujet de la culture spécifique de votre région. |
| Vous | Donnez-lui une réponse et dites au revoir. |

**COMMUNITIES:**
**School and Global Communities:** Learners use the language both within and beyond the classroom to interact and collaborate in their community and the globalized world.

## » Presentational Speaking: CULTURAL COMPARISON

 LIRE  PARLER

Vous allez faire un exposé pour votre classe sur un sujet spécifique. Vous aurez 4 minutes pour lire le sujet de présentation et préparer votre exposé. Vous aurez alors 2 minutes pour l'enregistrer. Dans votre exposé, comparez votre propre communauté à une région du monde francophone que vous connaissez. Vous devriez montrer votre compréhension des facettes culturelles du monde francophone. Vous devriez aussi organiser clairement votre exposé.

# Sujet de la présentation:

La mixité sociale désigne la présence simultanée ou la **cohabitation**, en un même lieu, de personnes appartenant à des catégories socioprofessionnelles, à des cultures, à des nationalités, à des tranches d'âge différentes.[1] On dit que les États-Unis servent d'exemple de ce mélange de cultures. Est-ce également le cas dans d'autres pays? Comment la mixité sociale enrichit-elle un pays et contribue-t-elle à son identité nationale? Comparez le phénomène tel que vous le percevez aux États-Unis et dans un pays francophone que vous connaissez.

[1]Définition tirée du site: www.toupie.org

MAROC

**THEME/CONTEXT:**
La quête de soi - Le pluriculturalisme
**SECONDARY THEME/CONTEXT:**
La quête de soi - Le nationalisme et le patriotisme
**TERTIARY THEME/CONTEXT:**
La quête de soi - L'aliénation et l'assimilation

**COMPARISONS:**
**Cultural Comparisons:** Learners use the language to investigate, explain, and reflect on the concept of culture through comparisons of the cultures studied and their own.

**LIRE**

La sélection suivante est accompagnée de plusieurs questions. Pour chaque question, choisissez la meilleure réponse selon la sélection.

**THEME/CONTEXT:**
La quête de soi - L'identité linguistique

### Introduction:

Dans cette sélection écrite, il s'agit d'un projet qui **promeut** la diversité linguistique sur Internet. L'article a été publié sur le site Global Voices le 14 avril 2014 © Creative Commons

# Wikitongues: Documentez votre langue

Wikitongues est un nouveau projet qui vise à documenter les 7000 langues du monde.

Les initiateurs du projet cherchent à collecter des vidéos où les personnes parlent leur langue maternelle, que ce soit
*Ligne*
5 l'allemand, l'ourdou, le swahili ou d'autres, qu'ils partagent ensuite sur leur chaîne Youtube.

Wikitongues développe actuellement une plateforme où chacun pourra mettre en ligne ses vidéos, favorisant ainsi la collaboration participative et **se mue** par la même occasion en
10 une association à but non lucratif. Ils espèrent passer de 50 à 100 vidéos d'ici la fin de l'année. Pour les aider à créer une **base de données** permettant d'accéder facilement à l'information, ils possèdent des « ambassadeurs » bénévoles qui collaborent depuis la Suisse, le Zimbabwe, l'Afrique du Sud, la Norvège, la
15 Russie ou encore l'Espagne.

Daniel Bogre Udell, co-fondateur du projet, explique qu'en

BONJOUR

CIAO

HALO

SZIA

CHAO

documentant de nombreuses personnes de régions différentes parlant la même langue, ils espèrent démontrer une application culturelle de la langue.

20 Vous pouvez voir un exemple en anglais avec des **locuteurs** de Caroline du Nord aux États-Unis et d'Afrique du Sud [. . . ]

Les vidéos incluent ce qu'on appelle usuellement des langues « minoritaires », comme le k'iche (quiché),

25 un sous-groupe des langues maya, originaire du Guatemala. Toutefois, l'association prend soin de pas appeler majoritaires ou minoritaires les langues sur le site web, et de donner un poids égal aux différents idiomes quel que soit le nombre total de leurs

30 locuteurs.

Wikitongues choisit aussi une « langue de la semaine » sur son blog Tumblr, avec des liens et de l'information sur chacune. Dernièrement, c'est le basque qui était à l'honneur.

35 Vous pouvez suivre l'évolution du projet sur Instagram et sur Twitter ainsi que vous connecter pour partager vos propres vidéos.

1. **Quel est l'objectif principal du projet Wikitongues?**
   a. enregistrer des exemples des langues peu parlées
   b. enseigner les langues par vidéo
   c. collecter des échantillons de langues
   d. promouvoir les langues les moins parlées

2. **Comment le projet Wikitongues fait-il du marketing pour avoir plus de vidéos?**
   a. par des individus non payés
   b. par des salariés qui travaillent dans les bureaux partout dans le monde
   c. M. Bogre Udell le fait uniquement par Twitter.
   d. On envoie tout le matériel de marketing d'un bureau central en Europe.

3. **Pourquoi le projet Wikitongues donne-t-il des exemples multiples d'une même langue?**
   a. pour établir une influence culturelle et linguistique dans des régions différentes
   b. parce que le vocabulaire n'est pas le même dans des pays différents
   c. pour avoir davantage de vidéos
   d. C'est faux. On n'accepte pas de vidéo si on a déjà une vidéo de cette langue.

4. **Le quiché est un exemple de langue « minoritaire ». Que veut dire le terme « minoritaire » dans ce contexte?**
   a. pas écrite
   b. peu avec de textes littéraires
   c. une langue morte
   d. peu parlée

5. **Vous parlez à un ami, quelle phrase est-ce que vous utiliserez pour décrire cet article?**
   a. «Wikitongues est seulement pour les personnes qui parlent plus d'une langue.»
   b. «Wikitongues veut aider les personnes à apprendre les langues peu parlées.»
   c. «Wikitongues n'a pas besoin de mon aide; ils ont déjà des échantillons de toutes les langues que je connais.»
   d. «Wikitongues veut collecter des échantillons de toutes les langues parlées.»

LIRE  ÉCOUTER

**THEME/CONTEXT:**
La quête de soi - Le pluriculturalisme
**SECONDARY THEME/CONTEXT:**
La quête de soi - L'identité linguistique
**TERTIARY THEME/CONTEXT:**
Les défis mondiaux - La tolérance

Vous allez lire un passage et écouter une sélection audio. Pour la lecture, vous aurez un temps déterminé pour la lire. Pour la sélection audio, vous aurez d'abord un temps déterminé pour lire une introduction et pour parcourir les questions qui vous seront posées. La sélection sera présentée deux fois. Après avoir écouté la sélection une première fois, vous aurez 1 minute pour commencer à répondre aux questions; après avoir écouté la sélection une deuxième fois, vous aurez 15 secondes par question pour finir de répondre aux questions. Pour chaque question, choisissez la meilleure réponse selon la sélection audio ou la lecture et indiquez votre réponse sur votre feuille de réponse.

**SOURCE 1:**

**Introduction:**

Dans cette sélection, il s'agit de la diversité linguistique au Maroc. L'article, intitulé *Le Sahara marocain*, a été écrit par le professeur Hassan Slassi et publié le 19 juin 2010 sur le forum marocagreg.com. © Hassan Slassi

# Le Sahara marocain

LES DONNÉES LINGUISTIQUES

Le Maroc est une terre d'Emazighens, partiellement arabisée. Miraculeusement, la langue et la culture amazighes ont survécu à toutes les contraintes et à tous les facteurs qui voulaient les anéantir.

Actuellement, le paysage linguistique, au Maroc, prend l'allure d'une mosaïque de cultures: amazighe, arabe, française et espagnole. Il n'en reste pas moins que l'amazighe demeure la culture originelle. Quoique désavantagée arbitrairement par les autres cultures rivales, l'amazighe représente la langue maternelle de plus de la moitié de la population du pays laquelle est répartie géographiquement sur trois régions (le Rif, le Moyen Atlas et le Souss). À chacune de ces régions correspond respectivement une variante linguistique mais très proche des autres: Tarifit (le rifain) ou Zenatiya, parlée dans le Rif, Tamazight, parlée dans le Moyen Atlas, une partie du Haut Atlas et plusieurs vallées. Elle dispose d'un alphabet (le Tifinagh) également utilisé par les Touaregs. Enfin Tachelhit. Pratiquée par les Chleuhs du Haut Atlas, du Sous et du littoral du sud du Maroc.

Les sociolinguistes contemporains considèrent qu'il y a trois types d'arabe: l'arabe classique ou l'arabe du Coran et de la littérature préislamique, l'arabe standard ou littéraire, qui est utilisé dans les domaines-clés comme le gouvernement et les

Ligne
5

10

15

20

25 médias, et l'arabe dialectal qui varie plus ou moins selon les
pays arabes. Au Maroc une autre langue maternelle parlée
à coté de tamazight; la darija que parlent la majorité des
Marocains, même si la plupart d'entre eux ont d'abord appris le
Tamazight.

30 Marginalement, il existe deux autres variantes de l'arabe: le
judéo-marocain (quelques milliers de locuteurs au Maroc, plus
200 000 en Israël, quelques dizaines de milliers en France)
et l'Hassaniyya, parlée par quelques dizaines de milliers de
personnes dans l'extrême Sud (région de Tantan) ainsi qu'au

35 Sahara marocain (ce dialecte est surtout parlé en Mauritanie).

Le français est la première langue étrangère. L'anglais et
l'espagnol sont aussi utilisés au Maroc, mais leur statut social
n'est pas aussi avantageux que celui du français. Notons,
cependant, qu'il y a une nette montée de l'anglais dans le

40 Maghreb surtout dans le domaine de l'enseignement. Bien
que l'arabe standard, l'arabe dialectal, l'amazigh et le français
interagissent dans la vie quotidienne des citoyens, leur emploi
est souvent dicté par les propriétés sociolinguistiques qui
leur sont propres. En d'autres termes, chacune de ces quatre

45 langues a une valeur sociolinguistique déterminée qui **émane**
de la nature des domaines dans lesquels elle est utilisée, ainsi
que des fonctions qu'elle assure. Ceci s'explique par le fait que
la coexistence de plusieurs langues dans une société donnée
fait que généralement chacun des groupes parlant ces langues

50 déploient des stratégies bien définies.

La langue française, langue de travail par excellence, n'est plus
le reliquat de l'histoire coloniale, elle est devenue la langue des
affaires. Et aussi la seule «connexion» à la globalisation, vu la
très faible part de l'anglais. Ce, en dépit des arabisants, et en

55 dépit de la période de «l'arabisation» de l'Éducation nationale.

## SOURCE 2: SÉLECTION AUDIO

**AUDIOSCRIPT:**
The audioscript for each listening activity is supplied in Appendix F of this Teacher's Edition and online in Explorer.

## Introduction:

Cette sélection porte sur la diversité parmi les employés d'une entreprise. C'est un extrait d'un podcast intitulé «Interview diversité avec Agnès Crepet et Maxime Tiran» (Épisode 104). Le podcast a été tiré du site lescastcodeurs.com.

© lescastcodeurs.com.

LIBERTÉ ÉGALITÉ FRATERNITÉ

1. **D'après l'article, quelle est la langue avec le statut social le plus important?**
   a. l'anglais
   b. l'amazighe
   c. l'espagnol
   d. le français

2. **De quel type de diversité parle-t-on principalement dans l'extrait audio?**
   a. d'âge
   b. du genre
   c. linguistique
   d. ethnique

3. **Selon la sélection écrite, qu'est-ce que l'on peut dire sur la langue française au Maroc?**
   a. Le français est la première langue du Maroc.
   b. Le français est la langue la plus utilisée dans le monde du travail.
   c. Il n'y a pas beaucoup d'arabophones qui parlent français.
   d. On considère toujours le français comme la langue coloniale.

4. **Quel est le but de la sélection audio?**
   a. se moquer des idées reçues
   b. lutter pour les inégalités sociales
   c. informer les auditeurs sur la diversité
   d. promouvoir la sortie d'un film

5. **Vous parlez à un ami de la situation linguistique du Maroc. Quelle phrase serait la plus appropriée selon l'article?**
   a. «La langue amazighe se divise en plusieurs dialectes.»
   b. «L'arabe qui se parle au Maroc est celui de la littérature préislamique.»
   c. «La langue espagnole est très répandue au Maroc.»
   d. «L'anglais n'est pas une langue d'enseignement au Maroc.»

## » Interpretive Communication: AUDIO TEXTS

 **ÉCOUTER**

Vous allez écouter une sélection audio. Vous aurez d'abord un temps déterminé pour lire l'introduction et pour parcourir les questions qui vous seront posées. La sélection sera présentée deux fois. Après avoir écouté la sélection une première fois, vous aurez 1 minute pour commencer à répondre aux questions; après avoir écouté la sélection une deuxième fois, vous aurez 15 secondes par question pour finir de répondre aux questions. Pour chaque question, choisissez la meilleure réponse selon la sélection audio et indiquez votre réponse sur la feuille de réponse.

## Introduction:

Dans cette sélection audio, il s'agit du logement chez les Français. C'est un podcast de Claireco, Comprendre l'économie, en partenariat avec l'Obsoco.com. La président de l'Obsoco, Nathalie Damery, parle de l'habitat des Français. Ce podcast a été diffusé par Moustic, une agence basée à Paris. © Moustic Audio Agency

**MOUSTIC**
THE AUDIO AGENCY
w w w . m o u s t i c . f r

**AUDIOSCRIPT:**
The audioscript for each listening activity is supplied in Appendix F of this Teacher's Edition and online in Explorer.

**THEME/CONTEXT:**
La vie contemporaine - Le logement

1. **Dans le contexte de la sélection audio, que veut dire le mot «ménage»?**
   a. un foyer
   b. un type de construction
   c. le travail à la maison
   d. une terrasse

2. **Sur quelle partie de leur budget les français dépensent-ils la plus grande proportion d'argent?**
   a. le logement
   b. le toit
   c. l'électricité
   d. la décoration

3. **Selon l'extrait audio, quel est le pourcentage des Français qui sont satisfaits de leur logement?**
   a. 11%         c. 81%
   b. 91%         d. 16%

4. **D'après ce que dit Madame Damery, quel groupe serait le plus satisfait de son logement?**
   a. les propriétaires
   b. les sans-abri
   c. les locataires
   d. les familles nombreuses

5. **Vous parlez à un(e) ami(e) du logement chez les Français. Quelle phrase serait la plus appropriée?**
   a. «Les français les plus âgés sont moins attachés à leur logement que les jeunes.»
   b. «Le logement est plus important pour ceux qui habitent seuls.»
   c. «D'une manière générale, les français entretiennent une relation profonde avec leur habitat.»
   d. «L'habitat est un aspect de la vie auquel les français ne pensent pas beaucoup.»

LIRE  ÉCRIRE

Vous allez écrire une réponse à un message électronique. Vous aurez 15 minutes pour lire le message et écrire votre réponse. Votre réponse devrait débuter par une salutation et terminer par une formule de politesse. Vous devriez répondre à toutes les questions et demandes du message. Dans votre réponse, vous devriez demander des détails à propos de quelque chose mentionnée dans le texte. Vous devriez également utiliser un registre de langue soutenue.

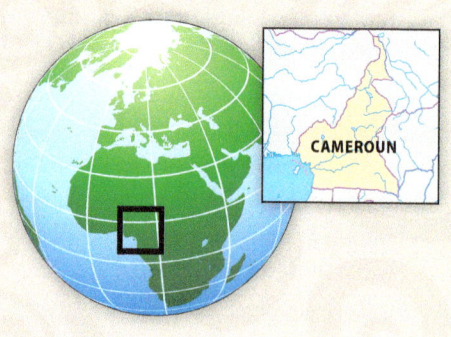

**THEME/CONTEXT:**
L'esthétique - Le patrimoine
**SECONDARY THEME/CONTEXT:**
La vie contemporaine - Les loisirs et le sport

## Introduction:

Dans cette sélection, il s'agit d'un séjour football au Cameroun. Vous y êtes invité à y participer pour améliorer vos performances sportives. Vous répondrez aux questions posées et poserez les vôtres.

de: slumumba@footdete.cm

Yaoundé, le 3 février 2015

Cher/chère footballeur/footballeuse:

Permettez-nous de nous présenter. *Foot d'été* est une association qui organise des séjours football
Ligne à Yaoundé, au Cameroun, pour des étrangers qui
5 s'intéressent à améliorer leurs performances dans le sport tout en appréciant une culture différente pendant trois semaines.

Le Cameroun est connu pour ses compétences dans le domaine du football. L'équipe du pays s'est
10 qualifiée trois fois pour le tournoi olympique et a gagné la médaille d'or. Elle s'est aussi qualifiée six fois pour la Coupe du Monde et a poursuivi jusqu'au **quart de finale**. Plusieurs organismes camerounais ont réussi à former des footballeurs
15 pour la Coupe d'Afrique des Nations. Le football fait partie de notre identité nationale.

Venez participer à un séjour football cet été, ce qui vous avantage dans le monde de foot! Nous vous invitons à faire partie de la diversité sociale
20 très riche de notre pays à travers le foot. Si cette idée vous tente, nous aimerions que vous nous

fournissiez quelques informations sur vous-même afin que nous puissions vous connaître mieux avant de vous placer dans un groupe. Veuillez
25 répondre aux questions suivantes:

- Pourquoi cela vous intéresse-t-il de participer à un séjour football au Cameroun?

- Décrivez vos compétences et connaissances en football y compris le nombre d'années que
30 vous y avez joué et à quel niveau.

- Quels seraient vos objectifs principaux pour un tel stage?

- Aimeriez-vous loger dans une famille d'accueil camerounaise ou dans une
35 résidence?

Nous sommes à votre disposition si vous avez envie de nous contacter pour des renseignements supplémentaires.

En attendant votre réponse, nous vous prions
40 d'agréer l'expression de nos sentiments les meilleurs.

Safi Lumumba
Foot d'été – Cameroun

**COMMUNITIES:**
**School and Global Communities:** Learners use the language both within and beyond the classroom to interact and collaborate in their community and the globalized world.

LIRE  ÉCOUTER

 ÉCRIRE

Vous allez écrire un essai argumentatif pour un concours d'écriture de langue française. Le sujet de l'essai est basé sur trois sources ci-jointes, qui présentent des points de vue différents sur le sujet et qui comprennent à la fois du matériel audio et imprimé. Vous aurez d'abord 6 minutes pour lire le sujet de l'essai et le matériel imprimé. Ensuite, vous écouterez l'audio deux fois; vous devriez prendre des notes pendant que vous écoutez. Enfin, vous aurez 40 minutes pour préparer et écrire votre essai. Dans votre essai, vous devriez présenter les points de vue différents des sources sur le sujet et aussi indiquer clairement votre propre point de vue que vous défendrez à fond. Utilisez les renseignements fournis par toutes les sources pour soutenir votre essai. Quand vous ferez référence aux sources, identifiez-les de façon appropriée. Organisez aussi votre essai en paragraphes bien distincts.

**THEME/CONTEXT:**
Les défis mondiaux - L'économie
**SECONDARY THEME/CONTEXT:**
La quête de soi - Le nationalisme et le patriotisme

**SUJET DE LA COMPOSITION:**

L'Union européenne est-elle un «mariage économique» qui fonctionne sainement pour tous les pays membres?

**SOURCE 1:**

## Introduction:

La sélection suivante, écrite par Edgar, vient du site www.lalettrevolee.net. L'article a été publié le 13 octobre 2009. Il parle de l'impact de L'Union européenne sur la France. © lalettrevolee.net

# Comment l'Union européenne détruit le tissu économique français

La tactique est subtile et l'exécution lente, si bien que mon titre peut paraître bien indûment catastrophiste. Il n'en est pourtant rien.

Ligne 5 Dans deux domaines majeurs et structurants pour l'économie française dans son ensemble, nous sommes à un point où le démantèlement de ce à quoi les français étaient attachés commence: l'électricité et le transport ferroviaire.

Dans le domaine de l'électricité, du fait de la pression de Bruxelles, EDF va bientôt devoir vendre à un prix inférieur à son
10 prix de revient de l'électricité nucléaire (lire un dossier sur le très riche site Euractiv).

La France avait fait, avec le choix du nucléaire et du quasi-monopole d'EDF, un pari sur la production d'énergie à bon marché, propre à favoriser le développement d'activités
15 notamment industrielles (mais aussi tertiaires: il faut pas mal de watts pour faire tourner les serveurs de Google et ceux de la fondation Hulot).

La France va devoir manger son chapeau et commencer par subventionner l'activité de concurrents d'EDF.

20 Il faut bien comprendre ce qui va se passer: l'électricité pas chère qui bénéficiait à tous, c'est fini. Demain il faudra des

producteurs concurrents qui feront monter les prix (comme en Californie). En attendant, dans la phase transitoire, la rente nucléaire qui était redistribuée aux français via un courant pas cher, va être

25 versée aux Poweo et autres marketeurs qui achèteront, à un prix encore inférieur au coût de revient, donc subventionné, une électricité qu'ils se contenteront de revendre plus cher aux français.

Avantage technologique pour l'économie française: rien.

Avantage économique: rien.

30 Avantage idéologique: Bruxelles sera contente de voir un marché français oligopolistique contrôlé par des boîtes privées plutôt qu'un monopole appliquant une stratégie nationale (rappel: le privé c'est sacré, le public c'est mal).

\* \* \*

Même chose du côté du ferroviaire: RFF, la société qui gère les

35 rails, va augmenter ses tarifs au détriment de la SNCF (Les Echos). Quelle raison? Il s'agit de pomper la SNCF pour financer l'arrivée des concurrents de la SNCF. Une usine à gaz est en construction pour permettre à RFF d'être solvable alors que la SNCF ne le sera plus. Comme ça RFF pourra financer les aménagements qui bénéficieront à

40 Véolia, et autres nouveaux entrants qui viendront écrémer le marché de transport en se positionnant sur les meilleures liaisons. La SNCF, elle, récupérera les gares de banlieue et les petites liaisons, qui continueront de se dégrader lentement.

*(suite à la page suivante)*

**(SUITE):**

* * *

Ce que l'on reprochait aux services publics c'était de profiter
45 de leur monopole pour, avec leurs services profitables, financer
des activités dites de «service public» et faire indûment
concurrence au privé. Dès aujourd'hui, le public est prié
de lâcher au privé les activités rentables, et l'état est censé
subventionner la partie qui fonctionnait autrefois à pertes. Sauf
50 que les parties bénéficiaires ne sont plus là pour enrichir l'État
et les budgets publics mais les actionnaires de groupes privés
qui eux, n'ont cure des obligations de services publics.

Par ailleurs, comme les transports ferroviaires et la production
d'électricité (comme les télécoms) sont, en grande partie,
55 des monopoles naturels, le coût global de ces oligopoles
subventionnés sera supérieur au coût antérieur. C'était bien
le public qui était économiquement efficace dans ces secteurs
et le privé qui sera inefficace (essayez de demander à la SNCF
l'évolution du prix moyen du kilomètre depuis dix ans: secret
60 défense. Parce que les tarifs montent en prévision de l'arrivée de
concurrents). [. . .]

Ce sont deux dossiers affreusement complexes mais parfaitement emblématiques de l'engrenage européen. Nous avions des sociétés publiques, en position de monopole ou de quasi-monopole, qui

65 rendaient, de façon globalement convenable, un service au pays. Ce service était défini de façon stratégique, contractuelle et centralisée (avec des règles parfois de très grande complexité et fondées sur des calculs économiques poussés, comme la tarification au coût marginal pour EDF).

70 On peut regretter certains choix passés: l'obsession nucléaire d'EDF, la prime au TGV pour la SNCF, l'échec du fret . . . Soyons assurés qu'après éclatement de ces marchés dans les mains de 4 ou 5 intervenants privés, c'en sera de toute façon fini de toute réflexion stratégique et de tout questionnement en termes de

75 politiques publiques.

L'Etat cachera bien la misère, avec des obligations de service public de plus en plus mal financées, la splendeur passée des sociétés nationales permettra de masquer encore quelque temps leur décrépitude, après quoi il n'en restera rien. Quelques services

80 de luxe pour ceux qui pourront, et un service réduit au plus strict minimum pour les autres.

Avec la bénédiction du Parti Socialiste.

**SOURCE 2:**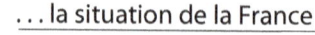

## Introduction:

Dans cette sélection, il s'agit de la perception des Français de l'impact de l'Union européenne sur la France. © CSA, Terrafemina.com

**L'impact de l'Union européenne est perçu de façon majoritairement négative par les Français, surtout sur la situation de leur pays.**

QUESTION: Pensez-vous que l'Union européenne a un impact plutôt positif, plutôt négatif ou n'a pas d'impact sur . . . ?

. . . votre situation personnelle

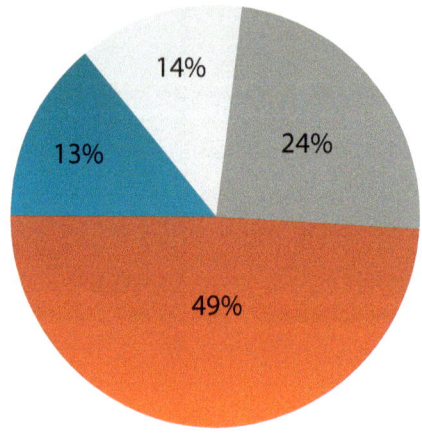

. . . la situation de la France

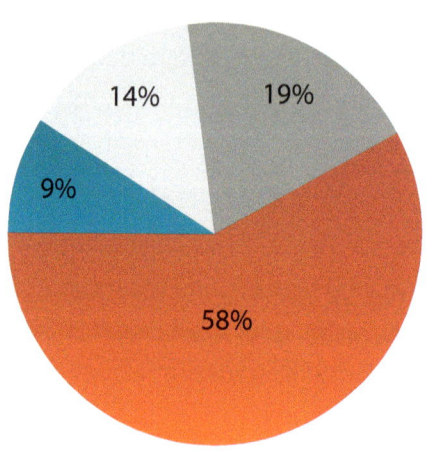

- ■ Un impact plutôt positif
- ■ Un impact plutôt négatif
- □ Pas d'impact
- ■ Sans opinion

**CULTURES:**
**Relating Cultural Practices to Perspectives:** Learners use the language to investigate, explain, and reflect on the relationship between practices and perspectives of the cultures studied.

**CONNECTIONS:**
**Acquiring Information and Diverse Perspectives:** Learners access and evaluate information and diverse perspectives that are available through the language and its cultures.

## SOURCE 3: SÉLECTION AUDIO 🎧

**AUDIOSCRIPT:**
The audioscript for each listening activity is supplied in Appendix F of this Teacher's Edition and online in Explorer.

### Introduction:

Dans cette sélection, il s'agit de la situation économique de l'Union européenne. L'extrait audio s'intitule Réalités économiques et financières de l'UE. Il a été tiré du site de l'UDC Suisse (l'Union démocratique du centre, un parti politique suisse) et date du 14 août 2007. © UDC Suisse

**Vocabulaire**
étatique
nonobstant

**SUGGESTIONS:**
Ideas for composition organization:
**Introduction**
**Source 1 viewpoint:**
The European Union is destroying the French economy, particularly in the domains of electricity and the railroad, which used to be natural monopolies within the country. Now the cost, due to competition, is more than the cost before the beginning of the Union.
**Source 2 viewpoint:**
According to the data, 49% of the French believe the European Union has a negative impact on their personal situations and 58% of the French believe that the European Union has a negative impact on France.
**Source 3 viewpoint:**
From an economic viewpoint, the European Union is useful for Europe. It was a good idea for European countries to partner and break down economic barriers between themselves in order to be competitive with the Americas, Asia and other world competition.
**Student's own viewpoint:**
**Conclusion**

## » Interpersonal Speaking: CONVERSATION

LIRE   ÉCOUTER   PARLER

**AUDIOSCRIPT:**
The audioscript for each listening activity is supplied in Appendix F of this Teacher's Edition and online in Explorer.

Vous allez participer à une conversation. D'abord, vous aurez une minute pour lire une introduction à cette conversation qui comprend le schéma des échanges. Ensuite, la conversation commencera, suivant le schéma. Quand ce sera à vous de parler, vous aurez 20 secondes pour enregistrer votre réponse. Vous devriez participer à la conversation de façon aussi complète et appropriée que possible.

## Introduction:

**Vous discutez du patriotisme avec une amie française, Cécile. Elle ne comprend pas les traditions américaines et elle vous demande des explications.**

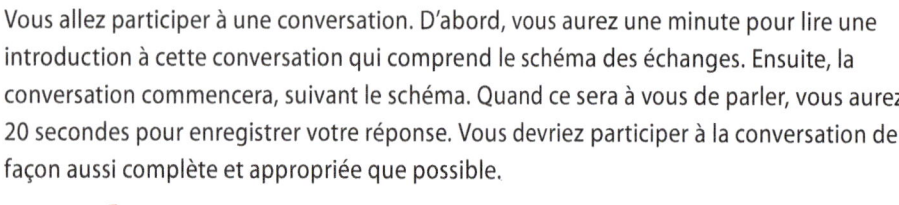

| | |
|---|---|
| Cécile | Elle vous demande pourquoi il y a des drapeaux américains partout cette semaine. |
| Vous | Répondez-lui que c'est la fête nationale. |
| Cécile | Elle compare les deux fêtes nationales et elle vous demande s'il y a d'autres traditions importantes. |
| Vous | Répondez-lui en lui citant au moins deux traditions américaines pour la fête nationale. |
| Cécile | Elle vous demande les détails sur une autre fête. |
| Vous | Répondez-lui en décrivant une autre fête importante chez vous. |
| Cécile | Elle partage avec vous une fête importante chez elle et les traditions familiales qui y sont liées. |
| Vous | Demandez-lui quelle fête elle n'aime pas. |
| Cécile | Elle répond et vous parle d'une autre fête. |
| Vous | Répondez en lui disant quelle est la fête la moins importante pour vous en lui donnant une bonne raison pour soutenir votre réponse. |
| Cécile | Elle vous remercie pour les explications. |

**THEME/CONTEXT:**
La quête de soi - Le nationalisme et le patriotisme
**SECONDARY THEME/CONTEXT:**
La vie contemporaine - Les fêtes

**COMMUNITIES:**
**School and Global Communities:**
Learners use the language both within and beyond the classroom to interact and collaborate in their community and the globalized world.

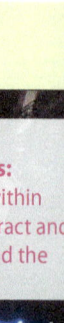
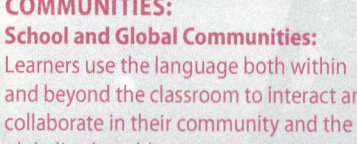

## » Presentational Speaking: CULTURAL COMPARISON

 LIRE    PARLER

Vous allez faire un exposé pour votre classe sur un sujet spécifique. Vous aurez 4 minutes pour lire le sujet de présentation et préparer votre exposé. Vous aurez alors 2 minutes pour l'enregistrer. Dans votre exposé, comparez votre propre communauté à une région du monde francophone que vous connaissez. Vous devriez montrer votre compréhension des facettes culturelles du monde francophone. Vous devriez aussi organiser clairement votre exposé.

# Sujet de la présentation:

La culture comprend les produits, les pratiques et les perspectives des gens d'un certain groupe. C'est un concept qui n'est pas facile à **concrétiser**. Décrivez la culture de votre pays (ou de votre région) en considérant ces trois facettes de la culture et comparez-la à celle d'un pays francophone que vous connaissez. Allez au-delà du superficiel pour parler des aspects plus profonds de ces cultures, autant que possible.

**THEME/CONTEXT:**
La quête de soi - Les croyances et les systèmes de valeurs

**SECONDARY THEME/CONTEXT:**
La famille et la communauté - Les coutumes

**COMPARISONS:**

**Cultural Comparisons:** Learners use the language to investigate, explain, and reflect on the concept of culture through comparisons of the cultures studied and their own.

## Compréhension

**améliorer** (v.) (392) rendre meilleur

**auto-entretenu** (adj.) (403) quelqu'un qui peut s'entretenir, qui peut vivre sans l'aide des autres

**base de données** (n.f.) (416) collection d'informations, accessible pour la recherche

**battre de l'aile** (410) être en difficulté, perdre la force

**boîte** (n.f.) (413) entreprise

**caution** (n.f.) (408) garantie financière

**chaparder** (v.) (399) voler quelque chose de petit

**cohabitation** (n.f.) (415) habiter avec quelqu'un

**concrétiser** (v.) (431) faire passer un projet de l'abstrait à la réalité

**contrat de bail** (n.m.) (408) accord entre le propriétaire et le locataire, souvent pour un an

**émaner** (v.) (419) provenir de quelqu'un par rayonnement, découler

**encrier** (n.m) (398) pot d'encre

**épargne** (n.f) (403) ce qu'on économise, un compte d'épargne dans un banque n'a pas de chèques

**équitable** (adj.) (402) égal, juste

**étatique** (adj.) (429) qui a trait à l'État

**fardeau** (n.m.) (411) poids qu'il faut porter

**fève de cacao** (n.f.) (407) graine comestible d'une légumineuse

**locataire** (n.m.) (408) personne qui loue

**locuteur** (n.m.) (417) personne qui parle

**marauder** (v.) (399) voler quelque chose, souvent petit

**ménage** (n.m.) (421) foyer, famille

**nonobstant** (prép.) (429) malgré, en dépit de

**ONG** (n.f.) (402) Organisation non-gouvernementale

**périple** (n.m.) (400) voyage d'exploration, ou avec plusieurs étapes

**piailler** (v.) (406) se plaindre sans cesse (fam.)

**préavis** (n.m.) (408) avertissement préalable

**EXPLORER:**
For vocabulary flashcards, additional exercises, AP® practice tasks, discussion forums, and external links, go to *APprenons* Explorer at **learningsite.waysidepublishing.com**

**promouvoir** (v.) (401) faire avancer, faire de la promotion

**quart de finale** (n.m.) (422) lorsqu'il y a seulement quatre équipes qui restent dans un tournoi, souvent sportif

**rendre hommage à quelqu'un** (v.) (402) témoigner du respect, de l'admiration

**se muer** (v.) (416) transformer

ANNECY, FRANCE

**GLOSSARY:**
Vocabulary words from each chapter also appear in the Glossary in Appendix B, beginning on page 505. French-French, French-English, and English-French glossaries are provided.

## Pour mieux s'exprimer à ce sujet

**accueillir** (v.) donner l'hospitalité, recevoir des personnes

**appartenir à** (v.) faire partie d'un groupe

**déraciné(e)** (adj.) quelqu'un qui se sent mal placé, qui a dû quitter son environnement

**exhaler** (v.) laisser s'échapper, respirer

**immigré(e)** (adj.) quelqu'un qui déménage d'un pays à un autre

**laïcité** (n.f.) séparation de la société civile et la société religieuse

**réaliser** (v.) fait d'accomplir un objectif ou un rêve

**réfugié** (n.m.) personne qui a quitté son pays/sa région pour s'échapper d'un danger

**s'assimiler** (v.) devenir comme les autres dans un pays

**valeur** (n.f.) principe moral reconnu par une personne ou une société

**xénophobie** (n.f.) peur, rejet de l'étranger

NICE, FRANCE

**ADDITIONAL VOCABULARY:**
The vocabulary words that appear in the *Pour mieux s'exprimer à ce sujet* category are presented as supplementary vocabulary to enhance students' expression on the topics of the chapter.

# QUESTIONS **ESSENTIELLES**

1. Comment les perceptions de la beauté et de la créativité sont-elles établies?

2. Comment les conceptions de la beauté et de l'esthétique se manifestent-elles dans la vie quotidienne?

3. Comment les arts reflètent-ils les perspectives culturelles?

**SUGGESTIONS:**
Use the essential questions as a basis for discussion for topics addressed in the chapter, either as an introduction, while working on the chapter or as a wrap-up activity/assessment.

**VOCABULARY:**
Vocabulary related to the topics covered in this chapter appears on 476 and 477 (French definitions) as well as in Appendix B starting on page 505 (French definitions and English translations).

FÈS, MAROC

# Chapitre **9**

# Ce qui embellit la vie

# Leçon 1 | Quelle beauté!

**Distinguer entre les niveaux de langue dans les contextes qui y correspondent**

1.  LIRE  ÉCRIRE  PARLER

**La langue comme œuvre d'art. Les langues humaines servent à générer des sentiments dans le cœur et l'esprit des gens qui les parlent, les écoutent, les écrivent ou les lisent. Lisez les citations suivantes inspirées par la beauté de la langue française puis répondez aux questions.**

**COMMUNICATION:**
**Interpretive Communication:**
Learners understand, interpret, and analyze what is heard, read, or viewed on a variety of topics.

C'est une langue belle avec des mots superbes
Qui porte son histoire à travers ses accents
Où l'on sent la musique et le parfum des herbes
Le fromage de chèvre et le pain de froment
Et du Mont St-Michel jusqu'à la Contrescarpe
En écoutant parler les gens de ce pays
On dirait que le vent s'est pris dans une harpe
Et qu'il en a gardé toutes les harmonies
        -Yves Duteil, La langue de chez nous (chanson)

Bénissez la chance, mes enfants, d'avoir vu le jour dans l'une des plus belles langues de la Terre. Le français est votre pays. Apprenez-le, inventez-le. Ce sera toute votre vie votre ami le plus intime.
-Erik Orsenna, La grammaire est une chanson douce (roman)

**Répondez aux questions suivantes.** *Answers will vary.*

1. Pour vous, quels sentiments ces extraits génèrent-ils dans votre cœur ou votre esprit?

2. Écrivez quelques phrases qui expriment vos sentiments envers la langue française. Demandez à un camarade de classe de les lire et de vous dire quels sentiments la langue française génère chez lui/elle.

LE MONT ST.-MICHEL

## POINT**RAPPEL**

Rappelez-vous les trois registres de langue présentés dans le Chapitre 0 (p. 5) et encore dans le Chapitre 4 (p. 194) ainsi que dans les Tips and Tricks (p. 481 et 487). En voici un résumé:

***registre soutenu*** - employé surtout à l'écrit dans la correspondance officielle et les textes littéraires, vocabulaire riche, règles de grammaire respectées

***registre courant*** - employé pour les documents et conversations ordinaires, utilisé à la radio et à la télévision, vocabulaire usuel et règles grammaticales généralement respectées

***registre familier*** - généralement employé à l'oral avec des amis, toutes les syllabes ne sont pas nécessairement prononcées, règles de grammaire pas toujours respectées

**2.** **LIRE** **PARLER**

**Dans son cours de français, Haylie étudie l'art de bien s'exprimer. Son professeur lui montre des exemples de communications qui emploient des registres langagiers différents et qui ont des caractéristiques différentes. Lisez-les et puis complétez l'exercice. Après, discutez des impressions données par ces styles différents avec un camarade de classe.**

06.42.33.15.29

de: Amandine

tu vi1 2m1?
dsl, pas moi. A+

**SUGGESTION:**
Ask students whose first language is not English for comparisons or examples of register usage in their mother tongue.

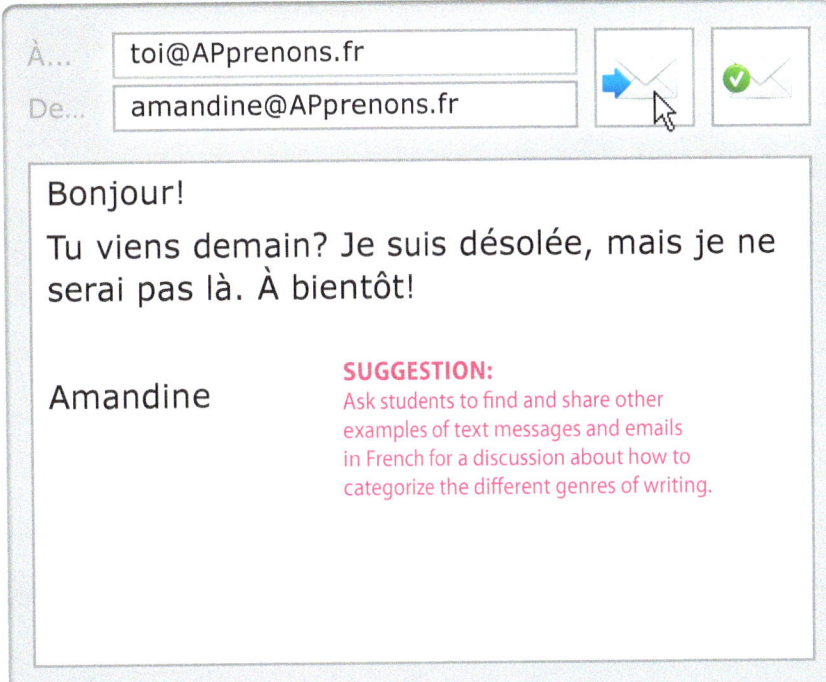

À... toi@APprenons.fr

De... amandine@APprenons.fr

Bonjour!

Tu viens demain? Je suis désolée, mais je ne serai pas là. À bientôt!

Amandine

**SUGGESTION:**
Ask students to find and share other examples of text messages and emails in French for a discussion about how to categorize the different genres of writing.

**Lisez chaque description ci-dessous, puis indiquez si elle correspond à un texto, à un mail et/ou à une lettre. Vous pouvez marquer plus d'une réponse si nécessaire.**

Bordeaux, le 29 octobre 2014

Cher Monsieur Vandeau,

Je regrette de vous informer que je ne pourrai pas être présente à l'évènement demain. J'espère que nous nous reverrons bientôt.

Cordialement,

Amandine Marlot

**SUGGESTION:**
The differences in these genres of writing could be the basis for a discussion on communicating with friends, family, teachers, other adults and potential employers.

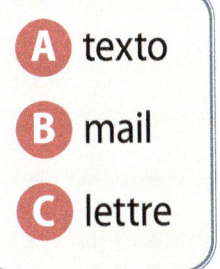

**A** texto

**B** mail

**C** lettre

**1.** peut être formel ou informel   B/C

**2.** se compose en tapant le minimum de touches   A

**3.** utilise des lettres ou des chiffres telles qu'ils sont prononcés   A

**4.** garde une certaine distance entre les deux personnes   B/C

**5.** s'écrit grammaticalement et ressemble à la langue parlée de tous les jours   B

**3.**  **LIRE**  **ÉCRIRE**

### À votre tour de jouer avec l'art du langage.

**Écrivez un texto, un mail et une lettre courte correspondant aux trois idées suivantes en faisant attention aux registres de langue et en pensant à l'impression que le langage employé donnera à celui/celle qui le lit.** Answers will vary.

**1.** Vous voulez un rendez-vous pour lui poser des questions.

**2.** Vous serez en retard demain.

**3.** Vous avez besoin d'aide pour un projet.

**4.** Maintenant, pensez à un message vous-même et exprimez-le de trois façons différentes.

**COMMUNICATION:**
**Presentational Communication:** Learners present information, concepts, and ideas to inform, explain, persuade, and narrate on a variety of topics using appropriate media and adapting to various audiences of listeners, readers, or viewers.

**COMPARISONS:**
**Language Comparisons:** Learners use the language to investigate, explain, and reflect on the nature of language through comparisons of the language studied and their own.

**SUGGESTION:**
If texting is permitted in your school, have students complete the texting portion of Exercise 3 on their phones and share them with partners or the whole group. The email portion of the exercise could be completed using email or the messaging center of the school's learning platform. The letter portion could be completed using pen and paper to make the distinctions more authentic.

**4.**  LIRE  ÉCOUTER  ÉCRIRE

Un autre genre écrit auquel vous vous exercez dans ce manuel est l'essai, de type Presentational Writing: Argumentative Essay. Pour ce genre, on adopte un style neutre ou formel (registre courant ou soutenu) en citant les sources d'une manière systématique et organisée. Écrivez un essai qui intègre les idées présentées dans les trois Sources tout en intégrant vos propres opinions.* Utilisez de la créativité langagière pour transmettre vos idées en éveillant la sensibilité de vos lecteurs. Après l'avoir écrit, partagez-le avec un camarade de classe pour comparer vos styles.

**POINTRAPPEL**

Rappelez-vous les stratégies suggérées dans les *Tips and Tricks* (p. 496) pour citer les sources dans un essai. Vous pouvez également mentionner une source comme suit:

D'après la Source 2, . . .

Selon la Source 3, . . .

Dans le contexte de la Source 1, . . .

**COMMUNICATION:**
**Presentational Communication:** Learners present information, concepts, and ideas to inform, explain, persuade, and narrate on a variety of topics using appropriate media and adapting to various audiences of listeners, readers, or viewers.

**SUGGESTION:**
Since Exercise 4 is a mini Presentational Writing exercise, you may want to set a time limit for its completion as practice for the exam.

Question: L'apprenant de langue étrangère, veut-il garder ou non son accent?

**SOURCE 1:**

En tant que locuteur de français langue seconde, je n'ai pas envie d'imiter la prononciation précise et l'intonation de ceux qui le parlent en tant que première langue. Je suis fière de mes origines et n'ai pas envie de **faire semblant** d'être quelqu'un que je ne suis pas. Mon accent étranger fait partie de qui je suis, mon identité. Si j'arrive à me faire comprendre par les francophones, pour moi c'est le but. En fait, beaucoup de personnes pensent que parler avec un accent étranger est séduisant et hypnotisant. Je préfère être considérée comme quelqu'un d'intéressant, **polyglotte**, citoyenne du monde, unique dans les langues que je parle et la musique que je crée en les parlant. Essayer d'être quelqu'un que je ne suis pas ne m'intéresse pas. Je garderai mon accent et mon identité linguistique.

**COMMUNICATION:**
Interpretive Communication: Learners understand, interpret, and analyze what is heard, read, or viewed on a variety of topics.

**SOURCE 2:**

Une locutrice de français langue seconde parle de son désir d'imiter l'accent des natifs.

**SOURCE 3:**

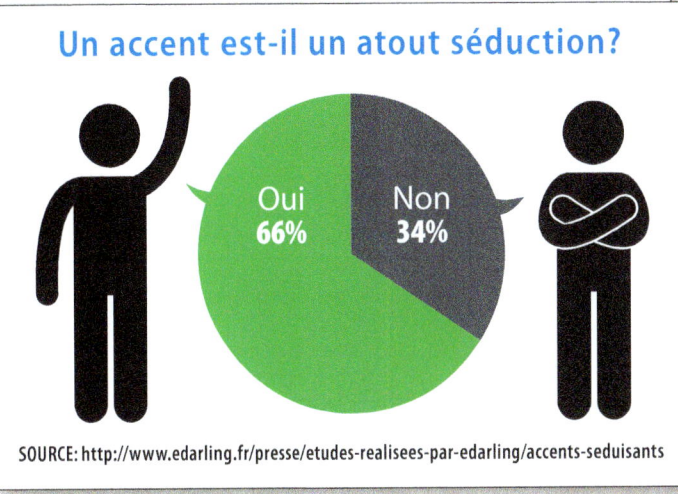

Un accent est-il un atout séduction?

Oui 66%
Non 34%

SOURCE: http://www.edarling.fr/presse/etudes-realisees-par-edarling/accents-seduisants

**SUGGESTION:**
This exercise relates to the theme/context of *La quête de soi - L'identité linguistique*. It could be used as the basis for a discussion on that topic.

*Voir Tips & Tricks, p. 491–496

» OBJECTIF **Exprimer ses préférences ou ses goûts personnels**

1. **PARLER**

**COMMUNICATION:**
**Interpretive Communication:** Learners understand, interpret, and analyze what is heard, read, or viewed on a variety of topics.

**Regardez les œuvres d'art dans ce chapitre et choisissez-en une qui vous attire. Ensuite, expliquez à un camarade de classe pourquoi l'œuvre vous attire.**

2. **ÉCRIRE**

**COMMUNICATION:**
**Interpersonal Communication:** Learners interact and negotiate meaning in spoken, signed, or written conversations to share information, reactions, feelings, and opinions.

**Écrivez une définition du mot «beau». Soyez aussi précis que possible et limitez votre définition à cinq phrases. N'oubliez pas de répondre aux questions de culture et de préférence personnelle en ce qui concerne la beauté.**

| VOCABULAIRE POUR EXPRIMER UNE OPINION D'ART | | |
|---|---|---|
| **Jugement positif** | **Jugement neutre** | **Jugement négatif** |
| Il/Elle me plaît | J'ai l'impression que | Ça ne me plaît pas du tout |
| Je le/la trouve beau/belle | Il me semble que | Je ne supporte pas* |

*supporter est un faux ami

Jeune fille à l'ombrelle tournée vers la gauche, (Essai de figure en plein air), Claude Monet, 1886

Venus de Milo, Inconnu, de l'époque hellénistique (du IIIᵉ au Iᵉʳ siècle av. J.-C.)

Le Bain turc, Jean-Auguste-Dominique Ingres, 1862

## COMMENT RÉAGIR À UNE ŒUVRE D'ART

Vous trouverez ci-dessous quelques questions à vous poser pour faire une analyse plus profonde d'une œuvre d'art.

### Niveau émotionnel

- Quelles en sont vos premières impressions?
- Quelles émotions sont évoquées dans l'œuvre?
- Quelles émotions sentez-vous en tant que celui/celle qui regarde l'œuvre?

### Niveau historique

- Que savez-vous de l'époque historique de l'œuvre?
- Que savez-vous de la vie de l'artiste? Et de sa carrière?

### Niveau intellectuel/Analyse formelle

- L'œuvre, porte-t-elle un idéal, un jugement ou une question de société?
- Quel est le style de l'art? (les matériaux, le support, les couleurs, la ligne, la forme, etc.)
- Comment est la composition de l'œuvre? (l'équilibre, le contraste, la répétition, la variété et l'harmonie, la dominance, etc.)
- Quels symboles se trouvent dans l'œuvre?
- À quoi l'artiste fait-il/elle référence? (La mythologie, un évènement historique, etc.)
- Qu'est-ce qu'il y a dans l'**arrière-plan**?

La Blanchisseuse,
Henri de Toulouse-Lautrec, 1884

Diane chasseresse,
Anonyme de l'école de
Fontainebleau, 1550

La Joconde, Leonardo da Vinci, vers 1503–1506

**3.**  **PARLER** **ÉCRIRE**

**Le beau varie selon l'individu, la culture et l'époque, mais il est intéressant et utile de citer une raison lorsqu'on évalue une œuvre d'art. Donc, complétez les phrases logiquement, même si vous avez une opinion différente.** Answers will vary.

*Modèle: La Joconde, elle me plaît beaucoup parce qu'il me semble que la femme est une femme normale.*

1. Je trouve la *Vénus de Milo* magnifique car . . .

2. Le tableau de Monet ne me plaît pas parce que . . .

3. J'ai l'impression que le sens de l'œuvre de Picasso n'est pas très clair vu que . . .

4. Il me semble que *Luxe, Calme et Volupté* n'évoque pas le calme; pourtant, . . .

5. Je ne supporte pas *Le mariage par procuration de Marie de Médicis et d'Henri IV* parce que . . .

*Le mariage par procuration de Marie de Médicis et d'Henri IV*, Pierre Paul Rubens, 1622 à 1625

## POINT**RAPPEL**

On peut utiliser *le comparatif* et *le superlatif* pour exprimer les opinions sur une œuvre.

| Le Comparatif | | |
|---|---|---|
| supérieur | plus . . . de/que | Monet a peint plus de tableaux que Pissarro. |
| inférieur | moins . . . de/que | Tu lis moins de poèmes que mon professeur. |
| égalité | aussi . . . que<br>autant de . . . que | Les découpages de Matisse sont aussi beaux que ses tableaux. L'artiste utilise autant de bleu que de blanc pour le ciel. |

| Le Superlatif | | |
|---|---|---|
| adjectifs | le plus/moins + adjectif + nom | C'est le plus beau tableau du musée! |
| | le +nom + le plus/moins + adjectif | C'est la sculpture la moins intéressante. |
| adverbes | le plus/moins + adverbe | Picasso peint le plus abstraitement. |
| noms | le plus/moins + de +nom | Monet peint le plus de cathédrales. |
| verbes | verbe + le plus/moins | Il écrit le plus de tous les auteurs. |

Note: Pour le superlatif des adjectifs, utilisez l'article défini qui correspond au nom concerné (le, la ou les).

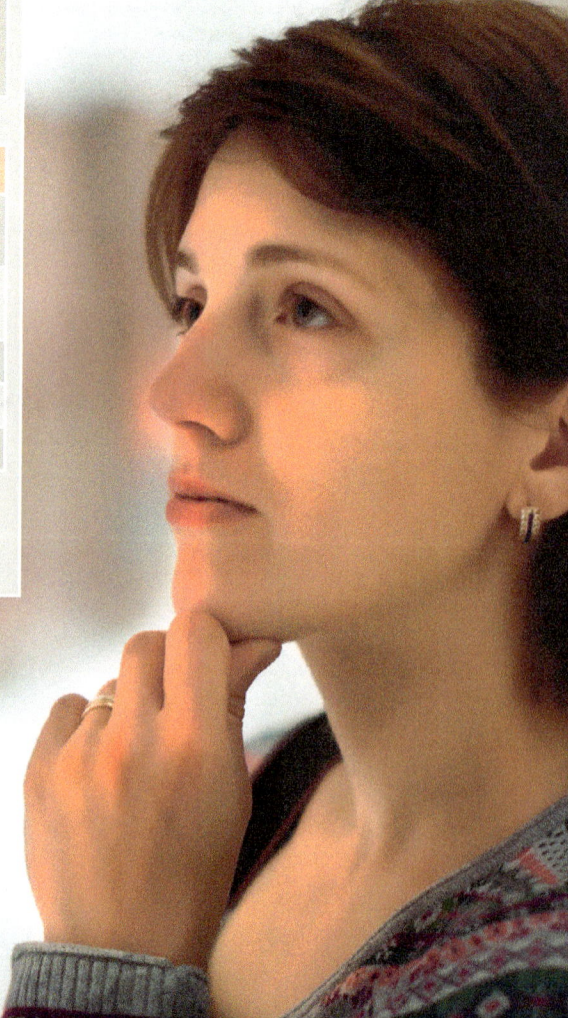

**4.** ✏️ ÉCRIRE  ❓ PARLER

Maintenant, faites une analyse écrite d'une œuvre d'art en utilisant les questions d'analyse (à la page 441) pour vous guider. Écrivez deux ou trois paragraphes en donnant un contexte historique ainsi que votre analyse. Choisissez l'une des œuvres dans le livre ou trouvez une autre œuvre qui vous intéresse. Faites des recherches et n'oubliez pas de citer vos sources. Ensuite, présentez l'œuvre à votre classe ou à un petit groupe d'élèves. Faites un résumé oral de votre analyse.

**COMMUNICATION:**
**Presentational Communication:** Learners present information, concepts, and ideas to inform, explain, persuade, and narrate on a variety of topics using appropriate media and adapting to various audiences of listeners, readers, or viewers.

Nature morte avec un vase, bouteille et fruits, Henri Matisse, 1906

Les demoiselles d'Avignon, Pablo Picasso, 1907

### Références

Le Procédé D'appréciation D'une Oeuvre D'art. Min. Education Saskatchewan. Web. 20 Oct. 2014.

Gavarret, Anne. "POUR ANALYSER UNE ŒUVRE D'ART." Web. 1 Oct. 2014.

**SUGGESTION:**
Ask students whether they recognize the works on these two pages. The four pieces of artwork shown are housed in four different museums.
**Rubens** - *Le mariage par procuration de Marie de Médicis et d'Henri IV*, Louvre
**Matisse** - *Nature morte avec un vase, bouteille et fruits*, Hermitage Museum, St. Petersburg, Russia
**Picasso** - *Les demoiselles d'Avignon*, Museum of Modern Art, New York
**Gauguin** - *Quelles nouvelles?*, Beyeler Foundation, Basel, Switzerland

Quelles nouvelles?, Paul Gauguin, 1892

**» OBJECTIF** *Analyser comparativement des concepts de beauté dans deux cultures différentes.*

**COMMUNICATION:**
*Interpersonal Communication:* Learners interact and negotiate meaning in spoken, signed, or written conversations to share information, reactions, feelings, and opinions.

**1.**  **PARLER** Answers will vary.

### Avec un partenaire, discutez des questions suivantes:

**1.** Qu'est-ce que la beauté? Formulez une définition simple.

**2.** Pensez-vous que la notion de la beauté est universelle ou plutôt culturelle?

**2.** **LIRE** **ÉCRIRE**

**ÉTAPE 1: Dans l'article ci-dessous, l'auteur présente de nombreux exemples de notions de beauté universelle. Faites une liste des traits mentionnés dans l'article.**

**ÉTAPE 2: Expliquez le concept de «fine tuning» par rapport à l'attirance physique. Citez un exemple du texte.**

**Exercise2 Answers:**
Answers will vary, but may include (also underlined in text):
**ÉTAPE 1:** la santé, les personnes en bonne santé, un visage symétrique, une peau impeccable, l'âge du pic de fertilité (environ 21 ou 22 ans chez les femmes), un visage composé des traits similaires de la moyenne des visages, caractéristiques typiques d'une population (préférences pour les visages du même groupe ethnique), les jambes de longueur moyenne.

**ÉTAPE 2:** Le terme «fine-tuning» se réfère à l'idée que nous ne sommes pas tous attirés par les mêmes personnes parce que les standards de beauté de chaque individu sont modelés par de nombreux facteurs, y compris notre culture ou sous culture. (Examples will vary, but will be drawn from the last two paragraphs.)

## L'attirance physique et la beauté

On pourrait croire que l'**attirance** physique est strictement une affaire de goûts personnels et d'influences culturelles. Mais de nombreuses expériences montrent que notre conception de la beauté est grandement influencée par notre héritage évolutif et par des circuits cérébraux «pré-câblés».

La beauté est donc non seulement «dans l'œil de celui qui regarde», mais aussi dans son cerveau. Un cerveau sculpté par la sélection naturelle et donc préférant les individus en santé, et évitant ceux susceptibles d'être porteur de maladies ou de malformations.

Nombre de psychologues qui étudient la question pensent en effet qu'un visage symétrique et une peau impeccable, des critères de beauté couramment admis, nous persuadent inconsciemment que la personne n'est pas malade et constitue donc un bon prospect pour l'accouplement.

Et ce penchant inné pour la beauté via la symétrie associée inconsciemment à de "bons gènes" serait fonctionnel très tôt. Des études ont par exemple montré que des bébés de 6 mois (et même de 2 mois!) portaient plus d'attention à des visages préalablement jugés attirants par des adultes. Difficile de voir ici une influence culturelle des magazines de mode . . .

Ce n'est pas non plus une surprise de constater que l'évolution nous incite à être attiré davantage par des gens dont l'âge correspond plus ou moins au maximum de fertilité. C'est en tout cas assez clair pour la femme dont le pic de fertilité est au début de la vingtaine. Et différentes approches ont démontré que les femmes jugées les plus attirantes ont généralement autour de 21 ou 22 ans. Comme les hommes demeurent fertiles une grande partie de leur vie, la beauté masculine serait moins influencée par l'âge, se maintenant par exemple à son maximum jusqu'à la fin de la vingtaine.

Un phénomène intéressant, qui avait déjà été mis en évidence par Francis Galton à la fin des années 1870, est qu'un visage dont les traits sont dessinés à partir de la moyenne des traits de nombreux visages a l'air plus attirant que la grande majorité des visages ayant servi à calculer la moyenne.

**COMMUNICATION:**
*Interpretive Communication:* Learners understand, interpret, and analyze what is heard, read, or viewed on a variety of topics.

Cette capacité que nous aurions de nous construire un visage moyen de référence nous ferait trouver moins beau les visages qui s'écarteraient trop de cette moyenne. Ce phénomène pourrait expliquer les préférences pour les visages du même groupe ethnique que le nôtre (que nous avons habituellement plus côtoyé). Et son explication évolutive résiderait dans le fait que les individus ayant hérité de caractéristiques trop atypiques sont souvent désavantagés dans une population, donc moins intéressants pour la reproduction.

Deux autres études, se rapportant cette fois-ci à des traits physiques de l'ensemble du corps et pas seulement du visage, vont en ce sens. La première porte sur la longueur des jambes. On a par exemple démontré que des photos d'hommes et de femmes avec des jambes plus courtes que la moyenne était perçue comme moins attirantes par les deux sexes. Mais si des jambes plus longues étaient considérées comme plus attractives, cela ne semble vrai que pour un léger pourcentage de l'allongement par rapport à la moyenne. Des jambes excessivement longues ont diminué l'appréciation esthétique des images de corps présentées chez les deux sexes. Les auteurs de cette étude pensent que des jambes trop courtes ou excessivement longues pourraient être associées à des problèmes de santé, et acquérir ainsi inconsciemment une valeur négative.

**L'apprentissage culturel.** En effet, bien que le statut social élevé d'un mâle soit un critère largement recherché chez les femelles primates, les manifestations visuelles ou comportementales de ce statut élevé sont fortement teintées d'un apprentissage culturel chez l'humain.

**L'apprentissage** est donc le mécanisme d'ajustement fin ("fine-tuning", en anglais) qui permet aux mécanismes de séduction d'être spécifiquement adaptés à une culture, et même à un mode de vie (ville, campagne, etc.) ou à une histoire de vie particulière. Bref, c'est ce qui fait qu'on n'est pas tous attirés par les mêmes personnes.

L'aspect culturellement appris de la beauté s'observe par exemple entre différents groupes ethniques qui ne se trouvent généralement pas attirant de prime abord. Mais lorsqu'un groupe a un statut socio-économique plus élevé que l'autre, les traits physiques de ceux-ci tendent à devenir des critères de beauté pour les groupes ethnique de statut moindre. On pense par exemple aux nombreux noirs américains qui faisaient "défriser" leurs cheveux quand ce n'était que des blancs qui occupaient des postes politiques ou économiques importants aux États-Unis. Or depuis l'apparition de noirs à des postes de pouvoir, on note une appréciation esthétique grandissante pour les traits négroïdes comme les nez plus larges ou les cheveux très frisés.

© Le Cerveau à tous les niveaux!

**COMMUNICATION:**

**Interpretive Communication:** Learners understand, interpret, and analyze what is heard, read, or viewed on a variety of topics.

3.  **LIRE**  **PARLER**

**L'extrait qui suit a été tiré d'une enquête informelle dans les rues casablancaises afin de comprendre quel est le concept de beauté commun au Maroc.**

**Partie A:** Lisez les réponses de chaque individu.

### Mohamed, 17 ans, lycéen

« Pour moi, une belle fille c'est une fille qui a de la classe. Elle doit être féminine . . . elle doit dégager un charme physique, ce que je ne peux expliquer. »

### Amine, 17 ans, lycéen

« Simple, mince, qui a du charme, séduisante, naturelle . . . Pour moi, le prototype de la femme fatale c'est la brune aux yeux bleus. »

### Hind, 21 ans, étudiante

« Pour moi la beauté c'est quand une personne assume ce qu'elle est, c'est quand quelqu'un est sûr de lui et qu'il gère son image. Je ne pense pas que la **laideur** existe mais je pense que les gens qui ne sont pas beaux physiquement sont ceux qui essayent de donner une image qui n'est pas la leur, d'être ce qu'ils ne sont pas. »

### Antonio (Barcelone – Espagne), 25 ans, entrepreneur

« *Una cosa muy bonita!* Pour la beauté extérieure, tout se passe dans le regard et cela dépend de la personne, de sa beauté intérieure! Même si tu es miss univers, des gens peuvent te trouver moche! Donc la beauté est très relative. Mais pour moi, les plus belles femmes restent les brunes aux yeux bleus, ou la Samia. »

### Jamila, 28 ans, femme de ménage

« La beauté d'une personne c'est quand il y a une harmonie dans le tout. Être mince c'est aussi très important car ça prouve qu'on prend soin de soi, et en plus tout nous va. Être beau c'est être «Makboul et Mabchour*». »

* likeable and smiley

### Mariam (Mali), 16 ans, étudiante

« Au Mali, on dit que la beauté se trouve dans le cœur, dans un bon caractère, serviable et gentil . . . Pour les maliens une belle femme c'est une femme qui ne se laisse pas faire, c'est-à-dire qui ne se donne pas. Pour eux la beauté physique ne compte pas. »

### Abdelhadi, 29 ans, comptable

« C'est moi ! »

**SUGGESTION:**
Ask the students to formulate and share their own thoughts on the concept of beauty as if they had been interviewed.

### Yasmine, 24 ans, étudiante à l'étranger

« La beauté est indéfinissable, c'est une question de goûts, je peux trouver qu'une femme est belle mais quelqu'un d'autre ne va pas partager mon avis. »

### Othmane, 26 ans, commercial

« La beauté pour moi c'est la **pudeur** et la pureté. Mais mon idéal féminin c'est les brunes, cheveux châtains et les yeux noirs. »

**Partie B:** Maintenant, choisissez l'une des définitions données dans cette enquête et reformulez-la avec vos propres mots à l'oral pour faire deviner le texte original à votre partenaire. Answers will vary.

**COMMUNICATION:**

**Interpersonal Communication:** Learners interact and negotiate meaning in spoken, signed, or written conversations to share information, reactions, feelings, and opinions.

© Pensées, *La Notion de la beauté*

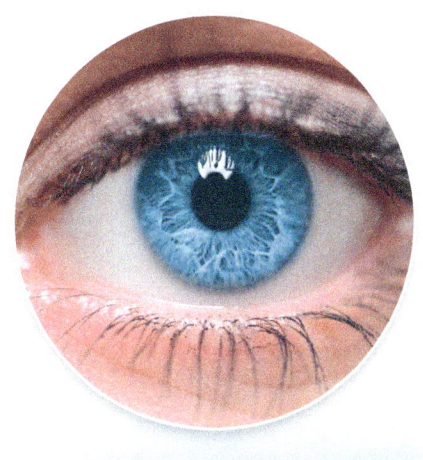

4. 🔴 PARLER  ✏️ ÉCRIRE

«La beauté est dans l'œil de celui qui regarde.» Expliquez le sens de cette expression en donnant des exemples de perspectives de la beauté dans d'autres cultures que vous connaissez.   Answers will vary.

5. 📖 LIRE  ✏️ ÉCRIRE

En vous servant d'Internet, recherchez des pratiques et des standards de beauté dans deux ou trois cultures francophones. Quelles sont les différences dans la perception de la beauté dans chaque pays? Écrivez un résumé comparatif de ces rituels. N'oubliez pas de citer vos sources.   Answers will vary.

**COMMUNICATION:**
**Presentational Communication:** Learners present information, concepts, and ideas to inform, explain, persuade, and narrate on a variety of topics using appropriate media and adapting to various audiences of listeners, readers, or viewers.

**COMPARISONS:**
**Cultural Comparisons:** Learners use the language to investigate, explain, and reflect on the concept of culture through comparisons of the cultures studied and their own.

**CONNECTIONS:**
**Acquiring Information** and Diverse Perspectives: Learners access and evaluate information and diverse perspectives that are available through the language and its cultures.

**EXPLORER:**
For additional exercises, AP® practice tasks, discussion forums, and external links, go to *APprenons* Explorer at
**learningsite.waysidepublishing.com**

PARIS, FRANCE

**LIRE**

La sélection suivante est accompagnée de plusieurs questions. Pour chaque question, choisissez la meilleure réponse selon la sélection.

**THEME/CONTEXT:**
La quête de soi - L'identité linguistique
**SECONDARY THEME/CONTEXT:**
La quête de soi - Le pluriculturalisme

## Introduction:

**Dans cet article, il s'agit de l'acceptation d'un aspect négatif dans la vie et le fait de transformer cet aspect en quelque chose de positif. Holihanitra Rabearison, de Madagascar, décrit son rapport personnel avec la langue française et l'évolution positive qu'elle a vécue durant cette démarche.** © Holihanitra Rabearison

# Rapports avec le français

Dans un pays colonisé par la France, parler le français était un ordre. La population se voit insultée par chaque mot. Pour les **illettrés**, ils n'entendaient que de mots courts, impératifs:

*Ligne*
«Allez, marchez, travaillez . . .» Pour les bureaucrates, la
5    langue dominatrice était difficile pour l'édition, mais ils s'y sont habitués et l'ont appris dans le temps. Les enfants avaient le plus mal à l'acquérir. Pendant six ans, ils n'ont parlé et entendu que leur langue maternelle et tout d'un coup, à l'école, 85% de la communication s'est faite dans un étrange dialecte qui n'a
10    eu aucun rapport avec leur culture. Ils se sentaient perdus. Les études semblaient difficiles. Le français paraissait une barrière à leur développement.

Mais un jour, l'élève a atteint l'âge de l'adolescence où il lisait des poèmes: la rime des vers sonnait comme une chanson,
15    le contexte parlait d'amour, l'histoire de France l'infiltrait (nos ancêtres les Gaulois), la culture française (châteaux, arts, littérature, gastronomie) le tentait. Que de belles choses en France! Chaque jour, l'école est devenue une obsession, il voulait en savoir plus. Les difficultés en Mathématiques et en
20    Physique s'expliquaient par le manque de connaissance de la langue. L'élève l'a compris. Il s'est mis à chercher de l'aide chez ses camarades de classe français. Il a laissé derrière lui la peur, le complexe. Il s'est fait des amis et ces derniers l'ont encouragé à prendre des livres à la bibliothèque et les lire dans tout
25    son temps libre. La lecture l'a changé. Dès lors, il a progressé incroyablement en classe. Ses rêves et ses idées étaient d'aller ailleurs, voir ce monde extra de l'ordinaire. Il le savait, il devait

maîtriser cette langue pour réaliser son rêve. Après avoir réussi son Baccalauréat, il pensait à s'envoler aux pays des merveilles.

30  Grâce à sa connaissance du français, il a pu réussir à un concours pour des études à l'étranger. Et le voilà dans l'avion! Pendant les 13 heures de vol, l'étudiant a pensé à son passé. Les soi-disant tortures de son peuple l'ont préparé à un futur plaisant et fantastique.

35  Le français a pris une image d'espoir. Le passager s'est mis à sourire dans l'ombre de la nuit. Il était heureux de pouvoir aller visiter les merveilles trouvées dans les livres qu'il a lus, et aussi, prendre le métro. Il voudrait goûter la gastronomie française: boire du pinot noir, manger des fromages, et surtout sentir

40  les croissants et pains au chocolat dans les bistros. Il pourrait voyager dans plusieurs pays. Le système d'éducation française a introduit l'anglais comme deuxième langue, c'était obligatoire de l'apprendre. Grâce à ces interventions françaises, la jeune personne allait profiter de toutes ces possibilités. De nouveau, il a

45  souri en y pensant.

Quand il est descendu de l'avion, il lui a semblé ouvrir l'**éventail** de la vie. Tout lui a paru couleurs, fraîcheur et liberté. Arrivé à son hébergement, le colonisé libre a goûté son premier dîner à l'étranger: un demi-poulet bien rôti avec de la pomme de terre

50  garnie, accompagnée d'une sauce hollandaise et suivie d'un dessert de tarte aux pommes. Il n'a pas osé tester le vin et a pris du jus d'orange frais à sa place. Après le repas copieux, il est sorti au balcon pour admirer la ville de lumière. Quelle merveille!

Aujourd'hui, je sais quel privilège le français m'a apporté: il m'a

55  ouvert la porte aux merveilles du monde. Maintenant, je suis aux États-Unis, je continue mes études et enseigne le français. Grâce au français, je jouis de ma vie et je peux crier au monde entier que le français m'a été un privilège et il le restera toujours à mon cœur.

1. **Selon le texte, la langue française se parlait dans quel contexte?**
   a. en tant que langue maternelle
   b. dans les pays en voie de développement
   c. dans le domaine de l'éducation
   d. dans des conversations avec des amis

2. **D'après l'extrait écrit, qu'est-ce qui a changé le jeune Malgache?**
   a. les discours des bureaucrates
   b. la peur de se faire taquiner
   c. le fait d'écouter ses parents qui parlaient tout le temps français
   d. le fait de lire des livres en langue française

3. **Dans le contexte de la sélection, quel serait un synonyme approprié pour le mot «éventail»?**
   a. épouvantail       c. crayon taillé
   b. possibilités      d. éventuel

4. **Vous parlez à un(e) ami(e) de cet extrait. Quelle phrase serait la plus appropriée?**
   a. «Les Malgaches exagèrent dans leur interprétation de l'histoire.»
   b. «On n'apprend pas grand-chose lorsqu'on ne réfléchit pas.»
   c. «Quelque chose de mauvais ne se transforme jamais en quelque chose de bien.»
   d. «L'enfant du pays colonisé se sent plein de liberté après avoir vécu l'expérience.»

5. **Quel est le ton de cette sélection?**
   a. plein d'espoir
   b. plein de désespoir
   c. méprisant
   d. enragé

**LIRE**  **ÉCOUTER**

Vous allez lire un passage et écouter une sélection audio. Pour la lecture, vous aurez un temps déterminé pour la lire. Pour la sélection audio, vous aurez d'abord un temps déterminé pour lire une introduction et pour parcourir les questions qui vous seront posées. La sélection sera présentée deux fois. Après avoir écouté la sélection une première fois, vous aurez 1 minute pour commencer à répondre aux questions; après avoir écouté la sélection une deuxième fois, vous aurez 15 secondes par question pour finir de répondre aux questions. Pour chaque question, choisissez la meilleure réponse selon la sélection audio ou la lecture et indiquez votre réponse sur votre feuille de réponse.

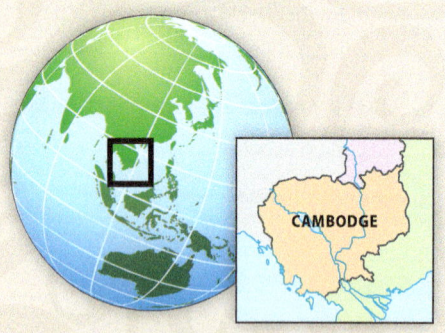

CAMBODGE

**THEME/CONTEXT:**
Les défis mondiaux - Les droits de l'être humain
**SECONDARY THEME/CONTEXT:**
La quête de soi - La sexualité
**TERTIARY THEME/CONTEXT:**
Les défis mondiaux - La paix et la guerre

**SOURCE 1:**

### Introduction:

**Dans cet extrait écrit, il s'agit d'un concours de beauté qui a eu lieu au Cambodge, un pays francophone en Asie. L'article date du 16 août 2009 et a été tiré du site www.fr.globalvoicesonline.org.**
© Global Voices, Creative Commons

# Cambodge: Réactions des blogueurs au concours "Miss mine antipersonnel"

«Tout le monde a le droit d'être beau!» Ainsi commence le manifeste du Concours Miss Landmine (Miss mine antipersonnel), créé par Morten Traavik en Norvège. D'après

*Ligne* son site, le concours est destiné à donner de l'assurance aux
5 victimes des mines terrestres et contester les représentations traditionnelles de la beauté. La gagnante reçoit une prothèse high-tech. Morten Traavik a déjà organisé un concours *Miss Landmine* en Angola et était en train de lancer l'événement au Cambodge le mois dernier quand le gouvernement cambodgien
10 a retiré son soutien et a annulé le concours.

*The Mirror* rapporte que d'autres organisations, y compris l'Organisation cambodgienne des personnes handicapées, ont refusé de soutenir le concours après que le Ministère des affaires sociales et de la réhabilitation des vétérans et des
15 jeunes ait exprimé sa désapprobation, arguant que l'événement pourrait provoquer des malentendus au sujet des personnes handicapées.

Sans surprise, les réactions au concours annulé sont variées.

Jinja écrit:

20 «J'ai des sentiments partagés sur l'aspect "**bétail**" des concours de beauté, mais je suis d'accord avec l'idée générale derrière celui-ci: que les participantes ont le droit de se sentir fières d'elles-mêmes et de leur apparence, sans considération de circonstance. Sans approuver [le concours], je pense que

25 l'annulation démontre que la société **khmer** adopte souvent des concepts modernes et étrangers, uniquement pour reculer vite vers ce qu'[elle] croit plus traditionnel et 'sûr'.

*CAAI News Media* publie une réaction d'une lectrice, publiée à l'origine dans le courrier des lecteurs du journal *The Phnom Penh*

30 *Post*. La lectrice doute que le concept de ce concours de beauté apporte de l'assurance:

«Quant à la beauté, quel concept de beauté est mis à l'honneur? J'ai visité le site web et ai trouvé des femmes de différents villages en **débardeurs** dos-nus et en robes courtes, qui sont

35 peut-être ou ne sont pas les vêtements qu'elles porteraient d'habitude, mais cela paraissait déplacé. Les organisateurs, bien que complètement bien intentionnés, promeuvent-ils une interprétation occidentale d'"autonomisation" dans laquelle la beauté et la libération signifient être sexy et montrer de la peau

40 nue? J'aurais aimé voir les femmes portant quelque chose qu'elles ont choisie, occidental ou traditionnel khmer, moderne ou classique, qui les fait se sentir le plus à leur avantage.»

*Details Are Sketchy* rapporte que Morten Traavik est parti du Cambodge, mais qu'il projette de poursuivre le concours par un

45 vote en ligne.

## SOURCE 2: SÉLECTION AUDIO 🎧

## Introduction:

Dans cette sélection audio, il s'agit également des concours de beauté, cette fois pour les petites filles. Ce podcast vient du site www.podcastjournal.net. Voici l'adresse précise de l'extrait audio, qui a été publié le 19 décembre 2013: http://www.podcastjournal.net/Concours-mini-miss-La-marchandisation-des-petites-filles_a15669.html. © podcastjournal.net

**AUDIOSCRIPT:**
The audioscript for each listening activity is supplied in Appendix F of this Teacher's Edition and online in Explorer.

1. **D'après la sélection audio, les concours de beauté sont interdits pour les filles de quel âge?**

    a. moins de 6 ans

    b. moins de 12 ans

    c. moins de 16 ans

    d. moins de 18 ans

2. **D'après le texte, quel est le prix dans ce concours de beauté?**

    a. un voyage en Norvège

    b. une bourse

    c. une prothèse

    d. des vêtements

3. **Dans le podcast, on dit que le phénomène de concours de beauté rapporte en moyenne 5 milliards de dollars par an aux États-Unis. Quels sont ceux qui y investissent?**

    a. les filles

    b. les parents

    c. les organisateurs

    d. les parents et les organisateurs

4. **Dans l'article, on cite une lectrice qui a donné son opinion dans un journal. Elle a un problème avec le concours. Lequel?**

    a. les vêtements

    b. la beauté occidentale

    c. le manque de choix

    d. toutes les réponses ci-dessus

5. **Pourquoi le concours au Cambodge a-t-il été annulé d'après le Ministère des affaires sociales et de la réhabilitation des vétérans?**

    a. pour éviter les malentendus

    b. parce qu'on ne veut pas entendre des voix différentes

    c. parce que les handicapés se sont révoltés

    d. pour entendre la voix des non-handicapés également

## » Interpretive Communication: AUDIO TEXTS

 ÉCOUTER

Vous allez écouter une sélection audio. Vous aurez d'abord un temps déterminé pour lire l'introduction et pour parcourir les questions qui vous seront posées. La sélection sera présentée deux fois. Après avoir écouté la sélection une première fois, vous aurez 1 minute pour commencer à répondre aux questions; après avoir écouté la sélection une deuxième fois, vous aurez 15 secondes par question pour finir de répondre aux questions. Pour chaque question, choisissez la meilleure réponse selon la sélection audio et indiquez votre réponse sur la feuille de réponse.

| Vocabulaire |
| --- |
| développement durable |
| engendrer |
| PME |

### Introduction:

Dans cette sélection, il s'agit de la mode éthique et bio. Les vêtements EKYOG sont basés sur ces principes. L'extrait audio s'intitule Planète durable – La mode éthique façon Ekyog et a été tiré du site Fréquence terre. Il a été publié le 11 juillet 2014. © Fréquenceterre.com

**AUDIOSCRIPT:**
The audioscript for each listening activity is supplied in Appendix F of this Teacher's Edition and online in Explorer.

**THEME/CONTEXT:**
Les défis mondiaux - L'environnement
**SECONDARY THEME/CONTEXT:**
La vie contemporaine - Le monde du travail

1. **La fondatrice de cette marque a travaillé dans quel domaine avant?**
   a. dans une association à but non lucratif
   b. dans des **PME**s
   c. dans le domaine du gouvernement, comme fonctionnaire
   (d.) dans des grandes entreprises de sport

2. **En voyageant, comment a-t-elle trouvé la façon de produire?**
   (a.) problématique
   b. parfaite
   c. historique
   d. ancienne

3. **La fondatrice se décrit à l'époque de la création de cette entreprise à l'aide de plusieurs termes. Lequel n'en fait pas partie?**
   a. optimisme
   b. jeune maman
   (c.) manque de sommeil
   d. croisade

4. **Sur quel territoire se trouvent les 45 magasins?**
   a. partout dans le monde
   (b.) en France métropolitaine
   c. en Europe
   d. dans des pays francophones d'Europe

5. **En 2003, lorsqu'elle a lancé cette marque, quelle expression décrit le mieux la relation entre la mode et l'écologie?**
   (a.) aucun lien entre les deux domaines
   b. toutes deux liées à quelques grands personnages
   c. les deux mondes fonctionnaient bien ensemble
   d. inséparables

LIRE  ÉCRIRE

Vous allez écrire une réponse à un message électronique. Vous aurez 15 minutes pour lire le message et écrire votre réponse. Votre réponse devrait débuter par une salutation et terminer par une formule de politesse. Vous devriez répondre à toutes les questions et demandes du message. Dans votre réponse, vous devriez demander des détails à propos de quelque chose mentionnée dans le texte. Vous devriez également utiliser un registre de langue soutenue.

**THEME/CONTEXT:**
L'esthétique - Le patrimoine

**SECONDARY THEME/CONTEXT:**
L'esthétique - L'architecture

**TERTIARY THEME/CONTEXT:**
L'esthétique - Les arts du spectacle

**SCORING GUIDELINES:**
See the scoring guidelines proposed by The College Board for the AP® French Language Culture Exam for the Interpersonal Writing: E-mail Reply, the Presentational Writing: Argumentative Essay, the Interpersonal Speaking: Conversation, and the Presentational Speaking: Cultural Comparison exercises.

## Introduction:

**Dans cette sélection, il s'agit d'une visite artistique de l'église Saint-Eustache, qui se situe dans le 1er arrondissement de Paris. Le guide aimerait connaître vos préférences pour le tour.**

de: gilles@tourspatrimoine.fr

Paris, le 12 janvier 2015

Cher client/Chère cliente,

Nous vous remercions de votre demande de tour artistique de l'église Saint-Eustache, dans le 1er arrondissement de Paris. Nous serons heureux de *Ligne* partager avec vous ce bijou de notre patrimoine 5 parisien, son architecture et les œuvres d'art qui s'y trouvent.

L'église Saint-Eustache a été construite entre les XVIe et le XVIIIe siècles en plusieurs étapes. Son architecture est unique et distinctive. Elle a une 10 façade classique, une décoration de la renaissance et une structure gothique. Elle possède un certain nombre de tableaux, de fresques et de sculptures ainsi que des **vitraux** magnifiques. Elle a également des orgues qui sont réputées dans le monde entier.

15 Nous aimerions que vous nous fournissiez quelques informations supplémentaires sur les intérêts de votre groupe pour que nous puissions organiser un tour qui vous corresponde. Veuillez répondre aux questions suivantes:

20 • Quels aspects de l'église Saint-Eustache vous intéressent le plus? Son architecture, ses vitraux ou les œuvres d'art qui se trouvent à l'intérieur?

25 • Aimeriez-vous pouvoir écouter les orgues ou en jouer? Y a-t-il des musiciens dans votre groupe? De quels instruments jouent-ils?

• À quels moments de la journée êtes-vous disponibles et pendant combien de temps?

Dès que nous aurons reçu votre réponse à ces
30 questions, nous fixerons avec plaisir la date et l'heure précises de votre tour.

Cordialement,

Gilles Clavier
Tours patrimoine

**COMMUNITIES:**
**School and Global Communities:** Learners use the language both within and beyond the classroom to interact and collaborate in their community and the globalized world.

**THEME/CONTEXT:**
L'esthétique - Le beau
**SECONDARY THEME/CONTEXT:**
La vie contemporaine - Le monde du travail

» Presentational Writing: **ARGUMENTATIVE ESSAY**

**LIRE** **ÉCOUTER**

**ÉCRIRE**

Vous allez écrire un essai argumentatif pour un concours d'écriture de langue française. Le sujet de l'essai est basé sur trois sources ci-jointes, qui présentent des points de vue différents sur le sujet et qui comprennent à la fois du matériel audio et imprimé. Vous aurez d'abord 6 minutes pour lire le sujet de l'essai et le matériel imprimé. Ensuite, vous écouterez l'audio deux fois; vous devriez prendre des notes pendant que vous écoutez. Enfin, vous aurez 40 minutes pour préparer et écrire votre essai. Dans votre essai, vous devriez présenter les points de vue différents des sources sur le sujet et aussi indiquer clairement votre propre point de vue que vous défendrez à fond. Utilisez les renseignements fournis par toutes les sources pour soutenir votre essai. Quand vous ferez référence aux sources, identifiez-les de façon appropriée. Organisez aussi votre essai en paragraphes bien distincts.

**SUJET DE LA COMPOSITION:**

La beauté physique est-elle avantageuse dans la vie?

**SOURCE 1:** 📖

## Introduction:

La sélection suivante parle de la beauté physique dans le monde professionnel. Une dame qui utilise le pseudonyme «Fleur» parle de ses idées à ce sujet. L'article a été publié sur el site www.blog-pour-emploi.com le 29 septembre 2010. © www.blog-pour-emploi.com

# Faut-il être beau pour réussir?

Dis-moi quel est ton job, je te dirai quel look tu dois adopter! Cette tendance à dire que l'habit doit faire le moine va plus loin aujourd'hui. Il ne suffit pas d'opter pour le dress-code du job

*Ligne* pour lequel on postule ou dans le lequel on évolue, il faut aussi

5 avoir le physique adéquat.

De nouvelles discriminations à l'embauche apparaissent et viennent se greffer à celles déjà connues, comme la discrimination selon l'origine et la situation face au handicap. Il est bien regrettable de constater que dans nos sociétés, ces

10 pratiques ne sont toujours pas éradiquées et qu'elles continuent à se développer.

Trop petit, trop grand, trop gros, trop laid … Les employeurs ont tendance à privilégier les personnes «belles» au détriment d'individus au physique moins avantageux. Ce type de

15 discrimination touche également la tenue vestimentaire ou d'autres comportements comme par exemple les piercings. Certains employeurs, du fait de leur éducation ou de l'image qu'ils veulent donner de leur entreprise, sont récalcitrants au recrutement d'un certain type d'individus. Alors faut-il être

20 beau pour réussir?

Selon une enquête réalisée sur ce sujet en 2003, 46 % des salariés interrogés estiment que l'apparence tient un rôle de plus en plus important dans leur vie professionnelle et dans le déroulement de leur carrière. Selon ce panel, 82% 

25 des employeurs sont sensibles au look, 64% pensent que c'est l'apparence physique générale qui est facteur de réussite. Ces deux critères viennent devant l'existence d'un handicap (pour 43%) et la couleur de peau (pour 31%).

Ceci se vérifie lorsque l'on lit l'enquête réalisée en 2005 par l'observatoire français
30 de la discrimination dirigé par Jean-François Amadieu qui vise essentiellement la
discrimination des personnes obèses. Les candidats obèses répondant à la même
offre que des candidats sans surpoids ont deux fois moins de chance de décrocher
un entretien d'embauche. Ce qui est encore plus surprenant c'est que les personnes
obèses sont même discriminées pour des postes de télévendeurs. La surcharge
35 pondérale concerne aujourd'hui 31,9% des français et l'obésité 14,5%. Aux problèmes
de santé liés à de tels états physiques viennent donc s'ajouter des difficultés pour
s'insérer dans la vie active.

Le sociologue Nicolas Herpin a également dans son étude de référence démontre
que la taille des hommes a une influence sur leur vie de couple et sur leur carrière
40 professionnelle.

Mais il ne faut pas croire pour autant que la beauté est systématiquement un atout.

En effet, selon une étude réalisée en mai/juin 2010 par le «Journal of Social
Psychology» être une très belle femme peut aussi être paradoxalement handicapant
lorsque l'on postule sur des métiers jugés «très masculins» et pour lesquels la
45 beauté physique n'est pas vue comme un atout. Il s'agit par exemple des postes de
directeur de la recherche et du développement, directeur financier, d'ingénierie
mécanique ou de chef de chantier.

Comme l'écrit Jean-François Amadieu: « . . . dans les emplois traditionnellement
masculins, la séduction féminine paraît mal adaptée. Une apparence moyenne sera
50 préférée par les recruteurs dans des métiers où l'élégance et le paraître sont mal
perçus. Dans la fonction publique, par exemple, la beauté sera considérée comme
une marque de légèreté, de futilité et d'un manque de profondeur.»

Des combats peuvent toutefois être gagnés sur le plan de l'apparence physique. En
août dernier un décret a mis fin au mètre soixante obligatoire pour les gardiens de
55 prison et les policiers. Les personnes de petites tailles peuvent aujourd'hui postuler
sur ces métiers.

À quoi peut-on avoir recours pour pallier ce manque d'égalité entre les personnes?
Une fois de plus le cv anonyme semble être la solution. Mais dans la mesure où la
législation n'a pas encore rendu obligatoire cette mesure pour les entreprises, elle
60 n'est pas encore généralisée. Une des solutions, pour aboutir à une plus grande
responsabilité sociétale des entreprises, serait alors de renforcer la législation
pour la protection des personnes victimes de telles discriminations afin qu'un
changement des mentalités s'opère véritablement et durablement.

Vous avez le sentiment d'être discriminé(e) par rapport à votre apparence? Partagez
65 avec nous votre expérience.

## SOURCE 2: 🔍

### Introduction:

Le tableau ci-dessous présente des statistiques sur l'importance de la beauté. Ces statistiques sont tirées d'une étude intitulée *Les discriminations sur l'apparence dans la vie professionnelle et sociale, AIDA*, de Jean-François Amadieu. L'étude a été publiée le 15 mai 2003.

| Question du sondage: |  |
| --- | --- |
| **Avez-vous le sentiment que l'apparence personnelle et la façon de se présenter jouent un rôle plus important ou moins important dans la vie professionnelle et le déroulement d'une carrière?** | |
| L'apparence physique est déterminante dans le secteur professionnel. | 46 % |
| La façon de s'habiller et le look deviennent des critères importants d'embauche lorsque des employeurs doivent faire un choix entre deux personnes ayant les mêmes compétences. | 82 % |

Source: http://www.observatoiredesdiscriminations.fr/images/stories/Discrimination_sur_lapparence.pdf?phpMyAdmin=6e32dcee8760039a64c94b6379294e26

**CULTURES:**
**Relating Cultural Practices to Perspectives:** Learners use the language to investigate, explain, and reflect on the relationship between practices and perspectives of the cultures studied.

**CONNECTIONS:**
**Acquiring Information and Diverse Perspectives:** Learners access and evaluate information and diverse perspectives that are available through the language and its cultures.

## SOURCE 3: SÉLECTION AUDIO 🎧

### Introduction:

**AUDIOSCRIPT:**
The audioscript for each listening activity is supplied in Appendix F of this Teacher's Edition and online in Explorer.

Cette sélection est une critique sur le livre *Belle autrement: en finir avec la tyrannie de l'apparence* de Sophie Cheval. Une lectrice et membre du forum Babelio.com qui utilise le pseudonyme Petitsoleil nous donne son avis sur les idées proposées dans ce livre.

© Petitsoleil sur Babelio.com

**SUGGESTIONS:**

Ideas for composition organization:

**Introduction**

**Source 1 viewpoint:**

Employers tend to prefer attractive people over others. According to a survey in 2003, 46% of employees believe that the role of appearance at work is becoming more and more important. According to a 2005 survey, obese individuals are twice as unlikely to be asked for an interview. According to a third study in 2010, an attractive woman may also be discriminated against in work sectors traditionally considered as masculine. Thus, beauty may be an advantage or a disadvantage in the working world.

**Source 2 viewpoint:**

According to the survey carried out in France in 2003, 82% believe that one's manner of dressing and physical appearance are becoming important hiring criteria.

**Source 3 viewpoint:**

It is time to abandon the idea of trying to attain perfection in physical beauty in favor of a more creative, personal beauty. Motivating people are beautiful, people who smile are beautiful, these types of qualities are important in the image we give of ourselves. We should strive for a beautiful life.

**Student's own viewpoint:**

**Conclusion**

**» Interpersonal Speaking: CONVERSATION**

 LIRE   ÉCOUTER   PARLER

**AUDIOSCRIPT:**
The audioscript for each listening activity is supplied in Appendix F of this Teacher's Edition and online in Explorer.

Vous allez participer à une conversation. D'abord, vous aurez une minute pour lire une introduction à cette conversation qui comprend le schéma des échanges. Ensuite, la conversation commencera, suivant le schéma. Quand ce sera à vous de parler, vous aurez 20 secondes pour enregistrer votre réponse. Vous devriez participer à la conversation de façon aussi complète et appropriée que possible.

## Introduction:

**La beauté est un concept vague qui influence tous les domaines de la vie. Vous discutez de la définition de la beauté avec votre ami, Nathan.**

| | |
|---|---|
| Nathan | Il vous salue et demande la permission de vous parler. |
| Vous | Saluez votre ami et répondez affirmativement. Demandez-lui ce dont il veut discuter. |
| Nathan | Il vous demande votre perception du beau dans la vie. |
| Vous | Donnez-lui un exemple de la beauté dans votre vie. Si cela vous aide, donnez-en un contre-exemple. |
| Nathan | Il vous demande pourquoi vous trouvez cette chose belle. |
| Vous | Expliquez-lui pourquoi vous la trouvez belle. |
| Nathan | Il vous raconte combien la perception de la beauté est unique, mais à la fois similaire pour tout le monde. |
| Vous | Demandez à Nathan ce qu'il trouve beau. |
| Nathan | Il vous répond en citant un exemple de la beauté dans la nature. |
| Vous | Approuvez et dites-lui que vous devez rentrer. |

**THEME/CONTEXT:**
L'esthétique - Le beau

**COMMUNITIES:**
**School and Global Communities:**
Learners use the language both within and beyond the classroom to interact and collaborate in their community and the globalized world.

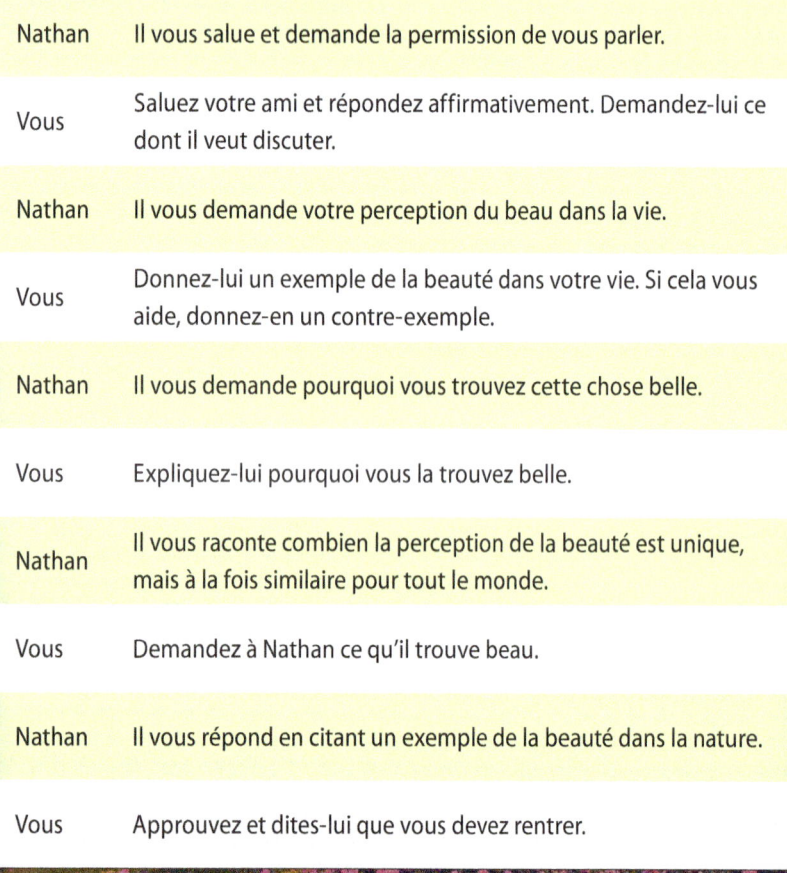

## » Presentational Speaking: CULTURAL COMPARISON

 LIRE   PARLER

Vous allez faire un exposé pour votre classe sur un sujet spécifique. Vous aurez 4 minutes pour lire le sujet de présentation et préparer votre exposé. Vous aurez alors 2 minutes pour l'enregistrer. Dans votre exposé, comparez votre propre communauté à une région du monde francophone que vous connaissez. Vous devriez montrer votre compréhension des facettes culturelles du monde francophone. Vous devriez aussi organiser clairement votre exposé.

# Sujet de la présentation:

Les musées servent à partager un aspect de la vie avec ceux qui les visitent. Il y en a qui **hébergent** des reliques du passé qui racontent une histoire et d'autres qui exposent des objets d'arts, des créations esthétiques de toutes sortes (tableaux, sculptures, collages, etc.). Comparez un musée que vous connaissez dans votre pays à un musée que vous connaissez (ou que vous aimeriez connaître) **dans un pays francophone.**

**THEME/CONTEXT:**
L'esthétique - Les arts visuels

**SECONDARY THEME/CONTEXT:**
La vie contemporaine - Les loisirs et le sport

**COMPARISONS:**
**Cultural Comparisons:** Learners use the language to investigate, explain, and reflect on the concept of culture through comparisons of the cultures studied and their own.

## LIRE

La sélection suivante est accompagnée de plusieurs questions. Pour chaque question, choisissez la meilleure réponse selon la sélection.

HENRI MATISSE

**SUGGESTION:**
Ask students whether they have heard of Baudelaire's poem or seen Matisse's painting. Matisse's *Luxe, calme et volupté* is currently housed at the Musée d'Orsay.

**THEME/CONTEXT:**
L'esthétique - Les arts littéraires

### Introduction:

**Cette sélection écrite est un poème de Charles Baudelaire, un poète français (1821–1867). Le poème a été publié en 1857 dans le recueil *Les fleurs du mal,* dans la première partie, intitulée *Spleen* et *idéal.* Dans ce poème, Baudelaire parle d'un beau pays lointain où il pourrait s'installer avec celle qu'il aime.** ©Domaine public

# L'invitation au voyage

Mon enfant, ma sœur,

Songe à la douceur

D'aller là-bas vivre ensemble!

*Ligne*    Aimer à loisir,

5   Aimer et mourir

Au pays qui te ressemble!

Les soleils mouillés

De ces ciels brouillés

Pour mon esprit ont les charmes

10   Si mystérieux

De tes traîtres yeux,

Brillant à travers leurs larmes.

Là, tout n'est qu'ordre et beauté,

Luxe, calme et **volupté**.

15   Des meubles luisants,

Polis par les ans,

Décoreraient notre chambre;

Les plus rares fleurs

Mêlant leurs odeurs

20   Aux vagues senteurs de l'ambre,

Les riches plafonds,

Les miroirs profonds,

La splendeur orientale,

Tout y parlerait

25 À l'âme en secret

Sa douce langue natale.

Là, tout n'est qu'ordre et beauté,

Luxe, calme et volupté.

Vois sur ces canaux

30 Dormir ces vaisseaux

Dont l'humeur est vagabonde;

C'est pour assouvir

Ton moindre désir

Qu'ils viennent du bout du monde.

35 Les soleils couchants

Revêtent les champs,

Les canaux, la ville entière,

D'hyacinthe et d'or;

Le monde s'endort

40 Dans une chaude lumière.

Là, tout n'est qu'ordre et beauté,

Luxe, calme et volupté.

Luxe, calme et volupté,
Henri Matisse, 1904

1. **Il existe plusieurs registres différents dans la poésie. Lequel voit-on dans ce poème de Baudelaire?**

   a. le registre fantastique

   b. le registre comique

   c. le registre ironique

   d. le registre lyrique

2. **Baudelaire décrit quelle partie du corps de celle qu'il aime?**

   a. les sourcils

   b. le visage

   c. le cœur

   d. les yeux

3. **Dans la deuxième partie, (lignes 15-26) quel endroit l'auteur décrit-il?**

   a. une cabane dans la forêt

   b. une chambre

   c. un hôtel

   d. un champ

4. **D'après le refrain, quels adjectifs décrivent le mieux la destination du voyage?**

   a. arrangé et merveilleux

   b. repoussant et structuré

   c. en désordre et splendide

   d. noble et irrationnel

5. **Quel symbole se répète dans la troisième strophe (lignes 29-40)?**

   a. le soleil

   b. la lune

   c. les étoiles

   d. la tempête

**» Interpretive Communication: PRINT AND AUDIO TEXTS**

 LIRE  ÉCOUTER

Vous allez lire un passage et écouter une sélection audio. Pour la lecture, vous aurez un temps déterminé pour la lire. Pour la sélection audio, vous aurez d'abord un temps déterminé pour lire une introduction et pour parcourir les questions qui vous seront posées. La sélection sera présentée deux fois. Après avoir écouté la sélection une première fois, vous aurez 1 minute pour commencer à répondre aux questions; après avoir écouté la sélection une deuxième fois, vous aurez 15 secondes par question pour finir de répondre aux questions. Pour chaque question, choisissez la meilleure réponse selon la sélection audio ou la lecture et indiquez votre réponse sur votre feuille de réponse.

**SOURCE 1:** 📖

**THEME/CONTEXT:**
L'esthétique - Le beau

### Introduction:

**Dans cette sélection, il s'agit de la beauté dont le corps émotionnel a besoin dans la vie. L'auteur de l'article s'appelle Lise Bourbeau. La sélection a été publiée sur le site ecoutetoncorps.com/fr.**

© ecoutetoncorps.com

# L'importance de la beauté

Saviez-vous que la beauté est le plus grand besoin du corps émotionnel? Sans beauté, nous mourrions à petit feu. En effet, la beauté est au corps émotionnel ce que la nourriture saine est au corps physique; celui-ci ne durerait pas très longtemps sans cette nourriture.

Lorsque je dis que la beauté est une nourriture pour le corps émotionnel, je fais référence à la beauté intérieure. Les gens qui ne trouvent jamais rien de beau en eux ou chez les autres et critiquent sans arrêt ne peuvent être heureux et pleins d'énergie à cause de la grande déficience de leur corps émotionnel.

Un truc que j'utilise depuis longtemps pour m'aider à être plus consciente de ma beauté intérieure, ainsi que de celle des autres est de m'entourer de beauté extérieure. Depuis mon adolescence, je suis attirée par tout ce qui est beau – ce qui ne veut pas nécessairement dire quelque chose de **dispendieux**. De plus, la notion de beauté est très relative puisque chaque personne a une perception différente de ce qui est beau. L'important est que vous trouviez cela beau.

Avez-vous déjà pris le temps de vérifier ce qui se passe en vous quand vous êtes face à quelque chose qui vous émeut tellement vous trouvez ça beau? Si non, n'hésitez pas à le faire. Ça ne prend que quelques secondes et vous vous sentirez tout à coup très énergisé. Il vous est sûrement arrivé de marcher dans la nature et de voir un paysage qui vous a laissé **bouche bée** tellement il était beau. Vous en avez peut-être même eu les larmes aux yeux. Si vous avez vécu un tel moment, c'est qu'à

*Ligne*
5

10

15

20

25

cet instant votre corps émotionnel a reçu une bonne dose de nourriture. Quand cela vous arrive, je vous conseille de demeurer à l'endroit où vous êtes et de vous allonger par terre si vous le pouvez afin de recevoir

30 davantage de notre mère, la Terre, qui ne veut que nous nourrir.

Voici donc quelques conseils pour vivre davantage dans la beauté aux plans physique et psychologique:

• Chaque matin, quand vous vous regardez dans le miroir avant de commencer votre journée, assurez-vous que vous vous trouvez beau

35 dans votre apparence physique.

• En regardant l'endroit où vous demeurez, demandez-vous si vous le trouvez beau. Sinon, vous seul pouvez y remédier. Il est mieux d'avoir peu et que ce soit beau que d'avoir beaucoup de choses qui ne vous nourrissent pas.

40 • À votre lieu de travail, y a-t-il de la beauté autour de vous? Sinon, vous pouvez aussi y remédier en y plaçant quelques objets que vous aimez.

• Trouvez au moins trois aspects de vous que vous trouvez beaux chaque jour, comme votre sourire, votre bonne humeur, etc. Quelqu'un d'autre peut vous aider si vous n'arrivez pas à en trouver.

45 • Trouvez au moins un aspect de beau de chaque personne avec qui vous avez des contacts quotidiens et prenez le temps de lui dire.

• Réservez-vous du temps pour admirer la nature au moins quelques minutes par jour. Même quand il y a de la pluie, vous pouvez trouver que la nature **reluit** beaucoup plus, qu'elle est plus propre.

50 Il y a toujours moyen de trouver quelque chose de beau partout dans notre environnement. C'est tout simplement une nouvelle habitude à prendre. N'oubliez pas que vous devez répéter un geste pendant au moins trois mois avant qu'il ne devienne

55 une habitude. Par la suite, ça se fait tout seul sans même y penser. Le fait de voir la beauté extérieure ne peut que vous aider à voir votre beauté intérieure.

## SOURCE 2: SÉLECTION AUDIO 🎧

**AUDIOSCRIPT:**
The audioscript for each listening activity is supplied in Appendix F of this Teacher's Edition and online in Explorer.

**Vocabulaire**
faillir

## Introduction:

Dans cette sélection audio il s'agit de la beauté dans la vie quotidienne. Le podcast s'intitule *Osez vivre des moments magiques en cassant vos habitudes* d'Olivier Roland. Il a été tiré du site www.olivier-roland.fr. © Olivier Roland

1. **D'après la sélection écrite, qu'est-ce qui empêche les gens d'être heureux?**

    a. Ils ne critiquent pas certains aspects de la vie.

    b. Ils ont des larmes aux yeux.

    c. Ils ne mangent pas sainement.

    d. Il y a un manque affectif chez ces gens.

2. **Dans l'extrait audio, pourquoi Olivier Roland s'est-il levé plus tôt que d'habitude ce matin-là?**

    a. Il est enrhumé et a du mal à respirer.

    b. Il s'inquiète.

    c. Il souffre du décalage horaire.

    d. Il a voulu faire du yoga sur la plage.

3. **Quel terme décrit le mieux le ton de la sélection écrite?**

    a. motivant

    b. négatif

    c. décevant

    d. comique

4. **Quel message Olivier Roland propose-t-il?**

    a. Il faut vivre pleinement les moments qui valent d'être vécus.

    b. L'avenir appartient à ceux qui se lèvent tôt.

    c. N'oubliez pas de prendre le temps de voyager.

    d. Il n'est pas difficile de changer ses habitudes.

5. **Vous parlez de l'article à un(e) ami(e). Quelle phrase serait la plus appropriée?**

    a. «Tout est bien qui finit bien.»

    b. «Nous sommes entourés de belles choses dans la vie quotidienne.»

    c. «La beauté extérieure est l'aspect de la vie la plus importante.»

    d. «Admirer la nature est agréable, mais cela ne change pas grand-chose.»

## » Interpretive Communication: AUDIO TEXTS

 **ÉCOUTER**

**Vocabulaire**
plaquer
prétendre

Vous allez écouter une sélection audio. Vous aurez d'abord un temps déterminé pour lire l'introduction et pour parcourir les questions qui vous seront posées. La sélection sera présentée deux fois. Après avoir écouté la sélection une première fois, vous aurez 1 minute pour commencer à répondre aux questions; après avoir écouté la sélection une deuxième fois, vous aurez 15 secondes par question pour finir de répondre aux questions. Pour chaque question, choisissez la meilleure réponse selon la sélection audio et indiquez votre réponse sur la feuille de réponse.

### Introduction:

Dans cette sélection audio, il s'agit du septième art, le cinéma, après l'architecture, la sculpture, la peinture, la musique, la littérature et la danse.* Dans ce podcast, Olivier Saint-Vincent parle d'un film intitulé *Drive* de Nicolas Winding Refn, un cinéaste danois. Cet extrait audio, *«Drive», pour un cinéma camusien,* a été publié sur le site philo-voyou.com **le 8 novembre 2012** © Olivier Saint-Vincent, www.philo-voyou.com

**AUDIOSCRIPT:**
The audioscript for each listening activity is supplied in Appendix F of this Teacher's Edition and online in Explorer.

**THEME/CONTEXT:**
L'esthétique - Les arts du spectacle

Ryan Gosling et Nicolas Winding au Festival de Cannes, 2011 à Cannes, France

*http://ca-m-interesse.over-blog.com/

1. **Dans la sélection audio, comment Oliver Saint-Vincent décrit-il la dimension esthétique du cinéma?**

   a. Le cinéaste communique un message précis à son spectateur.

   b. Le cinéaste interprète le message d'un livre dans son film.

   c. Le spectateur est obligé d'accepter la thèse du cinéaste.

   (d.) Le spectateur a le droit d'interpréter le film.

2. **Dans le contexte du podcast, quel serait un synonyme qui correspond au mot «prétendre»?**

   (a.) affirmer

   b. faire semblant

   c. vanter

   d. prévenir

3. **Quel est le but de la sélection audio?**

   (a.) partager ses points de vue

   b. faire rire l'auditeur

   c. se moquer du film

   d. émouvoir l'auditeur

4. **Olivier Saint-Vincent fait une métaphore dans le podcast. À quoi fait-elle référence?**

   a. l'art littéraire

   (b.) la cuisine

   c. l'architecture

   d. l'art plastique

5. **Quel auteur français est mentionné dans le podcast?**

   a. Donatien Alphonse François, marquis de Sade

   b. George Sand

   c. Nathalie Sarraute

   (d.) Jean-Paul Sartre

LIRE  ÉCRIRE

Vous allez écrire une réponse à un message électronique. Vous aurez 15 minutes pour lire le message et écrire votre réponse. Votre réponse devrait débuter par une salutation et terminer par une formule de politesse. Vous devriez répondre à toutes les questions et demandes du message. Dans votre réponse, vous devriez demander des détails à propos de quelque chose mentionnée dans le texte. Vous devriez également utiliser un registre de langue soutenue.

**THEME/CONTEXT:**
L'esthétique - La musique
**SECONDARY THEME/CONTEXT:**
L'esthétique - Les arts du spectacle

## Introduction:

Dans cette sélection, il s'agit des cours de chant dans un conservatoire de musique. Vous répondrez aux questions et en poserez d'autres si vous en avez.

de: Nadège Aliot

Nantes, le 29 mars 2015

Cher musicien/Chère musicienne,

Nous sommes ravis de l'intérêt que vous portez à notre stage de chant Gabriel Fauré l'été prochain au Conservatoire de la Loire. Vous suivrez des
*Ligne* cours de chant avec un de nos professeurs de
5 musique réputés et vous ferez partie de la Chorale Loire, avec les autres étudiants en stage de chant, qui préparera le Requiem de Fauré pour le concert de fin d'été qui aura lieu le même jour que votre récital de chant.

10 Veuillez nous fournir quelques renseignements supplémentaires pour que nous puissions vous placer avec un professeur qui corresponde à vos intérêts et à vos capacités.

- Quelle est votre catégorie vocale? (soprano,
15 mezzo-soprano, alto, ténor, baryton, basse)

- À part Fauré, nommez d'autres compositeurs que vous connaissez et dont vous aimez les oeuvres.

- Avez-vous déjà chanté dans une chorale
20 **auparavant**? Décrivez votre expérience.

- Décrivez votre capacité de lire la musique.

- Jouez-vous également d'un instrument de musique? Aimeriez-vous en jouer pendant le stage d'été? Aimeriez-vous jouer dans un
25  orchestre?

Nous restons à votre disposition pour toute information supplémentaire.

Dans l'attente de votre réponse, nous vous prions d'agréer l'expression de nos sentiments les
30  meilleurs.

Nadège Aliot
Directrice, Conservatoire de la Loire

**COMMUNITIES:**
**School and Global Communities:**
Learners use the language both within and beyond the classroom to interact and collaborate in their community and the globalized world.

» **Presentational Writing: ARGUMENTATIVE ESSAY**

 LIRE  ÉCOUTER

 ÉCRIRE

Vous allez écrire un essai argumentatif pour un concours d'écriture de langue française. Le sujet de l'essai est basé sur trois sources ci-jointes, qui présentent des points de vue différents sur le sujet et qui comprennent à la fois du matériel audio et imprimé. Vous aurez d'abord 6 minutes pour lire le sujet de l'essai et le matériel imprimé. Ensuite, vous écouterez l'audio deux fois; vous devriez prendre des notes pendant que vous écoutez. Enfin, vous aurez 40 minutes pour préparer et écrire votre essai. Dans votre essai, vous devriez présenter les points de vue différents des sources sur le sujet et aussi indiquer clairement votre propre point de vue que vous défendrez à fond. Utilisez les renseignements fournis par toutes les sources pour soutenir votre essai. Quand vous ferez référence aux sources, identifiez-les de façon appropriée. Organisez aussi votre essai en paragraphes bien distincts.

**THEME/CONTEXT:**
L'esthétique - L'architecture

**SUJET DE LA COMPOSITION:**

L'architecture moderne est-elle aussi légitime que celle des siècles précédents?

**SOURCE 1:**

## Introduction:

Dans la sélection suivante, il s'agit de la pyramide du Louvre. Cet article a été publié le 24 avril 2013 sur le site patrimoine-environnement.fr. C'est une association nationale reconnue d'Utilité Publique et agréée défense de l'environnement.
© patrimoine-environnement.fr

# La face cachée de la pyramide du Louvre

«Comment vieillit alors cet ouvrage qui avance doucement vers son quart de siècle?» *Le Moniteur* apporte une réponse, précise et impartiale.

Ligne

5 En perspective des 25 ans de la pyramide du Louvre, *Le Moniteur* publie un retour sur le quart de siècle de ce polyèdre de verre et de métal, longtemps critiqué mais aujourd'hui extrêmement réputé.

Audace architecturale (première construction en verre feuilleté collé), audace esthétique (élément ultra moderne au sein

10 d'un environnement des plus classiques, la cour Napoléon du Musée du Louvre), la pyramide du Louvre est un condensé d'innovation et de **culot** qui se solde aujourd'hui par un immense succès touristique et une note de frais salée . . .

Volet controversé du projet du Grand Louvre lancé en 1981 par

15 François Mitterrand, la pyramide est l'œuvre de l'architecte sino-américain Ieoh Ming Pei, célèbre pour ses nombreuses réalisations à travers le monde, notamment la nouvelle aile de la National Gallery à Washington ou encore le Deutsches Historisches Museum à Berlin. Elle fut inaugurée le 30 mars 1989.

20  *Le Moniteur* analyse ce bâtiment transparent de 95 tonnes: détails techniques précis, état des lieux, éclairage sur le budget (faramineux) de l'entretien … On y apprend entre autre que sa structure est élastique («l'ouvrage suit des variations de dimension dues aux changements de températures quotidiens ou

25  saisonniers), très énergivore («avec des déperditions importantes l'hiver, et surtout peu de contrôle sur les apports caloriques excessifs l'été» explique Philippe Carreau, chef de service des Bâtiments et jardins du musée du Louvre) et qu'elle accueille plus de 10 millions de visiteurs par an (contre 5 à 6 millions

30  avant sa construction).

Toutes ces informations et bien d'autres encore sont à retrouver sur le site du *Moniteur*, et l'intégralité de cet article dans le numéro d'avril des *Cahiers Techniques du Bâtiment*.

**SUGGESTION:**
Ask the students to describe the architecture of the Louvre Museum and its pyramid. Have them comment on their opinions of the two types of architecture and whether they go well together.

**SOURCE 2:** 🔎

## Introduction:

Dans cette sélection, il s'agit de l'ouvrage du siècle, selon les sondés français d'une étude publiée par Ipsos le 26 septembre 1999, la fin du siècle dernier. © Ipsos.fr

| Quelle est, selon vous, la construction du siècle? | |
|---|---|
| (total supérieur à 100, plusieurs réponses possibles) | |
| Le tunnel sous la Manche | 52% |
| Le stade de France | 24% |
| La pyramide du Louvre | 12% |
| La bibliothèque de France | 11% |
| Le pont de Normandie | 9% |
| Le centre Pompidou | 5% |
| La grande Arche de la Défense | 4% |
| Le pont de Tancarville | 4% |
| Le Cnit de la Défense | 1% |
| Ne se prononce pas | 2% |

**CULTURES:**
**Relating Cultural Practices to Perspectives:** Learners use the language to investigate, explain, and reflect on the relationship between practices and perspectives of the cultures studied.

**CONNECTIONS:**
**Acquiring Information and Diverse Perspectives:** Learners access and evaluate information and diverse perspectives that are available through the language and its cultures.

## SOURCE 3: SÉLECTION AUDIO

### Introduction:

Dans cette sélection, il s'agit de l'architecture urbaine. L'extrait audio s'intitule *Laideur de l'Architecture Contemporaine 1 – à l'UP Caen de Michel Onfray*. Les intervenants dans l'extrait audio sont David Orbach et Isabelle Coste, architectes urbanistes. © www.coste-orbach.fr

**AUDIOSCRIPT:**
The audioscript for each listening activity is supplied in Appendix F of this Teacher's Edition and online in Explorer.

**Vocabulaire**
abruti(e)

**SUGGESTIONS:**

Ideas for composition organization:

**Introduction**

**Source 1 viewpoint:**

The Louvre Pyramid, although originally known for its architectural audacity against the backdrop of the palace and now known for its expensive electricity bill, is world renowned and has increased the number of visitors to the Louvre from 5 million to more than 10 million people per year.

**Source 2 viewpoint:**

According to a survey published in 1999, the top three structures voted the construction of the century are the tunnel under the English Channel (52%), the France Stadium (24%), and the Louvre Pyramid (12%).

**Source 3 viewpoint:**

Contemporary architecture is destroying the architecture of certain regions and countries. The speaker cites prefabricated housing and low income housing built in an industrial style with metal elements.

**Student's own viewpoint:**

**Conclusion**

# Leçon **3** | Préparez-vous pour l'examen

## » Interpersonal Speaking: CONVERSATION

 LIRE  ÉCOUTER **?** PARLER

**AUDIOSCRIPT:**
The audioscript for each listening activity is supplied in Appendix F of this Teacher's Edition and online in Explorer.

Vous allez participer à une conversation. D'abord, vous aurez une minute pour lire une introduction à cette conversation qui comprend le schéma des échanges. Ensuite, la conversation commencera, suivant le schéma. Quand ce sera à vous de parler, vous aurez 20 secondes pour enregistrer votre réponse. Vous devriez participer à la conversation de façon aussi complète et appropriée que possible.

## Introduction:

**Vous discutez d'une œuvre qui vous inspire avec votre amie, Catherine. Elle ne la connaît pas donc vous devez la lui expliquer.**

| | |
|---|---|
| Catherine | Elle vous salue et fait une remarque sur votre état d'esprit. |
| Vous | Saluez votre amie et répondez-lui que vous venez d'être inspiré(e) par une œuvre. |
| Catherine | Elle vous demande de quelle oeuvre il s'agit. |
| Vous | Dites-lui le titre de l'œuvre (artistique ou littéraire), les détails importants comme l'artiste ou l'auteur et le thème général. |
| Catherine | Elle ne connaît pas l'œuvre et vous demande d'expliquer plus. |
| Vous | Parlez-en en plus de détail. |
| Catherine | Elle est intéressée et elle vous demande pourquoi l'œuvre vous intéresse. |
| Vous | Répondez-lui en expliquant pourquoi cette œuvre vous a attiré(e). |
| Catherine | Elle est reconnaissante de votre explication et elle a hâte d'apprendre plus. |
| Vous | Dites-lui que ce n'est pas un problème et que vous aimez partager vos sentiments sur les oeuvres artistiques avec les autres. |

**THEME/CONTEXT:**
L'esthétique - Les arts visuels
**SECONDARY THEME/CONTEXT:**
L'esthétique - Les arts littéraires

**COMMUNITIES:**
**School and Global Communities:**
Learners use the language both within and beyond the classroom to interact and collaborate in their community and the globalized world.

## » Presentational Speaking: CULTURAL COMPARISON

 LIRE    PARLER

Vous allez faire un exposé pour votre classe sur un sujet spécifique. Vous aurez 4 minutes pour lire le sujet de présentation et préparer votre exposé. Vous aurez alors 2 minutes pour l'enregistrer. Dans votre exposé, comparez votre propre communauté à une région du monde francophone que vous connaissez. Vous devriez montrer votre compréhension des facettes culturelles du monde francophone. Vous devriez aussi organiser clairement votre exposé.

# Sujet de la présentation:

L'architecture d'une ville ou d'un pays raconte l'histoire de l'endroit où elle se trouve. Comparez quelques aspects de l'architecture de votre ville ou de votre pays à ceux d'un pays francophone que vous connaissez.

**THEME/CONTEXT:**
L'esthétique - L'architecture

**COMPARISONS:**
**Cultural Comparisons:** Learners use the language to investigate, explain, and reflect on the concept of culture through comparisons of the cultures studied and their own.

CHÂTEAU DE VERSAILLES

## Compréhension

**abruti(e)** (adj.) (473) dénué d'intelligence

**arrière-plan** (n.m.) (441) au fond de l'image, le plan le plus éloigné du spectateur

**attirance** (n.f.) (444) ce qui attire quelqu'un/quelque chose

**auparavant** (adv.) (468) antérieurement

**bénir** (v.) (436) remercier, consacrer

**bétail** (n.m.) (451) ensemble des animaux d'un élevage, des vaches par exemple

**bouche bée** (exp.) (464) bouche ouverte, sans savoir quoi dire

**concevoir** (v.) (459) considérer, envisager

**culot** (n.m.) (470) grande audace

**débardeur** (n.m.) (451) maillot de corps sans manche

**développement durable** (n.m.) (453) développement qui permet de répondre aux besoins actuels sans empêcher les générations à venir d'en faire de même

**dispendieux (-euse)** (adj.) (464) qui occasionne une grande dépense

**égérie** (n.f.) (459) ce qui inspire

**engendrer** (v.) (453) causer, faire naître

**éventail** (n.m.) (449) instrument composé de papier ou de taffetas dont on se sert pour s'éventer, variété de choses d'une même catégorie

**faillir** (v.) (466) être sur le point de

**faire semblant** (loc.) (439) prétendre, feindre

**fustiger** (v.) (452) critiquer vivement, blâmer

**héberger** (v.) (461) loger quelqu'un ou quelque chose

**illettré(e)** (n.m.) (448) personne qui ne peut pas ou qui a des grandes difficultés à lire et à écrire

**insouciance** (n.f.) (452) indifférence, détachement

**khmer** (adj.) (451) membre des Khmers, peuple du Cambodge

**laideur** (n.f.) (446) caractère de ce qui n'est pas beau

**morphologie** (n.f.) (459) forme de l'être vivant

**paillettes** (n.f./pl.) (452) décorations souvent rondes et brillantes cousues ou collées sur un vêtement, sur la peau, etc.

**EXPLORER:**
For vocabulary flashcards, additional exercises, AP® practice tasks, discussion forums, and external links, go to *APprenons* Explorer at **learningsite.waysidepublishing.com**

**plaquer** (v.) (467) abandonner (fam.)

**PME** (n.f./pl.) (453) Petites et Moyennes Entreprises

**polyglotte** (n.m./f.) (439) personne qui parle plusieurs langues

**prétendre** (v.) (467) affirmer quelque chose de contestable

**pudeur** (n.f.) (446) chasteté, modestie

**racolage** (n.m.) (452) action d'attirer par tous les moyens

**reluire** (v.) (465) briller

**spleen** (n.m.) (462) mélancolie, ennui profond

**vitrail** (n.m.) (454) fenêtre avec le verre colorié ou peint

**volupté** (n.f.) (462) plaisir des sens

PARIS, FRANCE

**GLOSSARY:**
Vocabulary words from each chapter also appear in the Glossary in Appendix B, beginning on page 505. French-French, French-English, and English-French glossaries are provided.

## Pour mieux s'exprimer à ce sujet

**chef-d'oeuvre** (n.m.) oeuvre majeure, parfaite dans son genre

**connoter** (v.) porter un sens secondaire

**embellir** (v.) rendre beau

**enjoliver** (v.) rendre joli

**esquisse** (n.f.) ébauche d'une oeuvre artistique

**esquisser** (v.) ébaucher

**étalon** (n.m.) standard

**envisager** (v.) considérer, projeter

**paramètre** (n.m.) facteur

**paroles** (n.f./pl.) mots d'une chanson ou d'une œuvre littéraire

**premier** plan (n.m.) le devant d'un espace

**toile** (n.f.) tissu de lin

**ADDITIONAL VOCABULARY:**
The vocabulary words that appear in the *Pour mieux s'exprimer à ce sujet* category are presented as supplementary vocabulary to enhance students' expression on the topics of the chapter.

La Liberté guidant le peuple, Eugène Delacroix, 1830

**SUGGESTION:**
Ask students whether they recognize the Delacroix painting on this page. *La Liberté guidant le peuple* is currently housed in the Louvre.

## » Interpretive Communication: PRINT TEXTS

**Tip:** Pre-read

### TRICK:
### Pre-read title and introduction to make predictions

Don't immediately begin reading the passage – there are two secret sources for helpful information that most students skip over: the title and the introduction. Be sure to read these so you can predict the content of the passage.

## TIPS AND TRICKS CHECKLIST

| Tip | Trick |
|---|---|
| Pre-read | Pre-read title and introduction to make predictions |
| Overcome unknown vocabulary | Use prefixes and suffixes |
|  | Look for familiar etymology |
| Read quickly | Read every day |
| Read critically | Identify the 5 Ws |
|  | Identify the register |
| Find your reading purpose | Read questions ahead of time |
| Connect the passage to the purpose | Underline key phrases |
| Don't overlook the details | Don't leave answers blank |
|  | Look for synonyms in answers |
|  | Watch out for exclusive answers |
|  | Don't pick the most complicated answer |

**Tip:** Overcome unknown vocabulary

### TRICK: Use prefixes and suffixes

Many students already rely on prefixes and suffixes without ever realizing it. The following tables will supplement your knowledge and help you polish your word recognition skills.

Prefixes attach to the beginning of the word to alter its meaning. By knowing three rules, you may be able to accurately guess the definition or the connotation of a word you have never seen before.

| PREFIX | ENGLISH | EXAMPLES |
|---|---|---|
| **a-** <br> **an-** (before h or vowel) | Negation, lacking, loss | *anormal* <br> *anhistorique* |
| **in-** <br> **im-** (before b, m, or p) <br> **il-** (before l) <br> **ir-** (before r) | Show opposite | *inacceptable* <br> *immature* <br> *illégal* <br> *irrégulier* |
| **re-** <br> **res-** verb starting with s <br> **ré-** or **r-** (before vowel, ch, or h) | Repetition, reinforcement. | *redéfinir* <br> *ressembler* <br> *rappeler* <br> *réchauffer* |

 **LIRE**  **ÉCRIRE**

### Read and guess the English equivalent.

1. illogique  illogical
2. indécemment  indecently
3. imbrûlable  unburnable
4. illisible  illegible

5. irrationnel  irrational
6. rejoindre  rejoin/join again
7. réattaquer  re-attack/attack again
8. inachevé  unfinished

9. impartialité  impartiality
10. inconscient  unconscious
11. asexué  asexual
12. remarier  remarry

13. revenir  come back
14. refaire  thank
15. rentrer  go home/go back
16. ressortir  go out again/bring out again

Suffixes attach to the end of nouns and adjectives. By knowing the English equivalents, you may be able to accurately guess the definition of a word you have never seen before.

| Suffix | Part of Speech | English | Examples |
|---|---|---|---|
| -ain, -aine (f) | adjective | -an | **africain, cubain** |
| -aire, -erie (f) | noun | -ary, -ery, -ing | **fonctionnaire, tracasserie, loterie, niaiserie, mièvrerie,** |
|  | adjective |  | **planétaire, unitaire, bancaire,** |
| -ais, -aise (f), -ois, -oise (f) | adjective | -ese | **français, marseillais, chinois, niçois** |
| -aison (f) | noun | -eason, -ison | **salaison, déclinaison, saison** |
| -al, -ale, -el, elle (f) | adjective | -al | **tropical, patronal, théâtral, formel, émotionnel** |
| -ard (m), -arde (f) | noun | -ard | **braillard, traînarde** |
| -ateur (m), -atrice (f) | noun | -ator | **ventilateur, perforatrice** |
| -atique | adjective | -atic | **dogmatique, prismatique, problématique** |
| -é, -ée (f), -ie | noun (feminine) | -y, -ey | **modestie, économie, bergerie, boulangerie, cuillerée, folie** |
|  | adjective |  | **rosé, feuillé, azuré, préféré** |
| -éen, -éenne (f), -ien, -ienne | adjective | -ian | **herculéen, européen, italien, parisien** |
| -ement, issement | noun (masculine) | -ment, -ishment | **groupement, agrandissement, gouvernement** |
| -eur (m), -euse (f), -eresse (f), -rice (f) | noun | -or (-our) | **pâleur, envoyeur, coiffeuse, enchanteresse, actrice** |
| -eux, -euse | adjective | -ous | **paresseux, ferreux, délicieux, ambitieux, tumultueux** |
| -ien, -ienne (f), -ique, -(a)ïque | noun (masculine) | -ic (-ique), -aic | **mécanicien, jurassique** |
|  | adjective |  | **bouddhique, judaïque, géométrique, scénique** |
| -ier (m), -ière (f) | noun | -er, -ery | **roulier, févier, épicier, salière, verrière** |
| -if, -ive | adjective | -ive | **offensif, combatif, explosif** |
| -oir (m), -oire (f) | noun | -ory, -ery | **nageoire, boudoir** |
| -té, -eté, -ité (f) | noun | -ty, -ety, -ity | **beauté, solidité** |

### TRICK:
### Look for familiar etymology

Practice creating word families (nouns, adjectives, adverbs, verbs, opposites).

Example: singer, song, to sing, a song

*Exemple: un chanteur/chanteuse, une chanson, chanter, un chant, une chansonnette*

 **LIRE**  **ÉCRIRE**

### Read and guess the meaning of the word.

*Modèle: disquaire*

We identify –aire as –ary, -ery, or -ing in English. We also recognize the stem of the word as disk, a word for CD or record. This leads us to diskery, diskary or disking. This makes us think of a place for CDs or the production of CDs. From there we can guess a music store or a place that has something to do with records.

1. désastreux (désastre)> disastrous
2. propreté (propre) >cleanliness
3. fautif (faute) > at fault
4. fourberie (fourbe) > trickery
5. matinée (matin) > morning/duration
6. sucrier (sucre) > sugar bowl
7. balayeur (balai)> sweeper (person)
8. pommier (pomme) > apple tree

### TRICK:
### Read every day

First you need to work on speed reading in French. As difficult as that sounds, you can do it. Read in French every day at home and at school so you become a faster reader. Do not necessarily read AP materials in your free time. The content that you read has no effect on your speed. Find something that interests you and read about it in French. Follow some pop culture blogs, read online magazines and newspapers, or find some French groups through your social networks.

 **LIRE**  **ÉCRIRE**

### Look at the given word. If you do not know the definition, formulate a guess. Then create a word family list for that word, altering it with various suffixes.

*Modèle: dessin (noun, drawing) > dessiné(e) (adjective, drawn), dessiner (verb, to draw), dessinateur/trice (noun, person who draws)*

1. coureur coureuse, courir, couru
2. gagné gagner, gagnant(e)
3. sculpter sculpteur, sculpteuse, sculpté
4. parleur parleuse, parlé, parler
5. naïf naïve, naïveté
6. trahison trahir, traître, trahi
7. blog bloggeur, bloggeuse, blogguer
8. facilité facile, facilement
9. sauté sauter, sauteur, sauteuse
10. destination destiner, destiné(e)

**Tip:** Read critically

### TRICK: Identify the 5 Ws

Just like in elementary school, you'll need to identify the 5 Ws: Who, What, Where, When and Why. This will help you eliminate the unimportant information in the story. Always underline these elements so you can organize the information in your head.

| WHO |
| --- |
| WHAT |
| WHEN |
| WHERE |
| WHY |

### TRICK: Identify the register

There may be a question about the best response to the passage. This question is measuring your mastery of register. Register is the formality of your response. Register can be slang, casual or formal. You will always respond to a passage with the same register that is used within the passage. Let's look at some examples:

SLANG: Yo, sup? Wanna catch a flick?

CASUAL: Hey, do you want to go to the movies?

FORMAL: Would you kindly consider accompanying me to the cinema?

## Tip: Find your reading purpose

### TRICK:
### Read questions ahead of time

As soon as you are instructed to turn the page, begin absorbing information. You do not need to listen to the instructions because you already know them. While the narrator reads *«Vous aurez une minute pour lire l'introduction et parcourir les questions»* you should be jotting down a key word for each question.

For example *«Quel est le but de l'article?»* You would write **goal** or **but** next to that question.

Remember the most common multiple choice question topics are **goal, cultural connection, comprehension, register, definition,** and **tone.** You can also use more specific vocabulary if you so choose. You will only have 30 minutes to read 4–8 inputs and answer 40 questions, so you have to read with purpose.

## Tip: Connect the passage to the purpose

### TRICK:
### Underline key phrases

Now that you've made predictions and identified the purpose (i.e., you know the questions), read the passage. As you read, underline phrases that will help you answer them.

 **ÉCRIRE**

### Donnez l'orientation de chacune des questions suivantes.

1. Quel est le sens du mot «ouvrage» tel qu'il est utilisé dans l'article?  définition
2. Quelle surprise est décrite dans le dernier paragraphe?  compréhension
3. Vous allez répondre à M. La Source pour lui demander plus d'informations. Comment devriez-vous formuler votre réponse?  registre
4. En quoi ce mariage est-il symbolique?  connexion culturelle
5. Dans ce passage, quel est le ton de l'auteur?  ton
6. Quel est le but principal de la publicité?  but
7. Vous allez répondre à Mme Legeek pour lui demander plus d'informations. Comment devriez-vous formuler votre réponse?  registre
8. En quoi cette révolution de technologie est-elle symbolique?  connexion culturelle
9. Quelle innovation est décrite dans le premier paragraphe?  compréhension
10. Quel est le sens du mot «novateur» tel qu'il est utilisé dans l'article?  définition

**Tip:** Don't overlook the details

### TRICK: Don't leave answers blank

You only get credit for the questions you answer correctly. Points are not deducted for incorrect answers or unanswered questions. This means you should never leave a question unanswered. Guessing is an art, so perfect your skills! Answer the easiest questions first. Then, be sure to remember that most questions follow the order of the passage. Knowing this might help you identify the section of the passage that answers the question. Last but not least, use the process of elimination. Don't worry if you guess incorrectly; you are no worse off than just leaving it blank, so go for it!

### TRICK: Look for synonyms in answers

Often times the answer is not the exact word or phrase used in the passage. Instead, the question will contain a synonym of a word from the reading.

### TRICK: Watch out for exclusive answers

Answers that contain the words always or never are dangerous, and they're typically not correct. Beware if you see an answer with *toujours* or *jamais*. If the text does not explicitly state these frequencies, those answers are likely a trick.

### TRICK: Don't pick the most complicated answer

As a language learners, we are all impressed by complicated answers. The writers of the exam know this, and sometimes they will include complicated responses to trick you. Don't pick an answer just because you don't know what it means.

## » Interpretive Communication: PRINT AND AUDIO TEXTS

### TIPS AND TRICKS CHECKLIST

| Tip | Trick |
|---|---|
| Pre-read | Pre-read title and introduction to make predictions |
| Find your purpose | Read questions ahead of time |
| Connect the passage to the purpose | Underline key sentences |
| Read quickly | Take detailed notes on the audio |
| Manage your time wisely | Know the test instructions by heart |
| | Answer passage-specific questions first |
| | Refocus during the pause between readings |
| | Don't panic |
| Be a better listener | Visualize |
| Don't overlook the details | Don't leave answers blank |
| | Look for synonyms in answers |
| | Watch out for exclusive answers |
| | Don't pick the most complicated answer |

**Tip:** Pre-read

### TRICK:
### Pre-read title and introduction to make predictions

Many students skip the title and introduction, but these two short sections can really help you set the stage for understanding the passage. You will get a sneak peek of the content and should be able to make predictions about the passage.

**Tip:** Find your purpose

### TRICK:
### Read questions ahead of time

As soon as you are instructed to turn the page, begin absorbing information. You do not need to listen to the instructions because you already know them. While the narrator reads *«Vous aurez X minutes pour lire la source numéro 1»*, you should pre-read the introduction, title and questions. Identify the main word next to each question itself. For example, in the case of *«Quel est le but de l'article?»*, you would write **goal** or ***but*** next to that question to give yourself a keyword-based short version of the question.

The most common multiple choice question topics are **goal, cultural connection, comprehension, register, definition,** and **tone.**

## Tip: Connect the passage to the purpose

### TRICK: Underline key sentences

You found your purpose when you read the questions. Now it is time to connect the passage to those questions. As you are reading, underline sentences and vocabulary that are related to the questions. You will not have time to re-read the entire passage, so underlining will help you quickly locate answers within the passage.

### TRICK: Take notes for the audio selection on the questions page

Be sure to take your notes on the questions page. It is illogical to take them on any other page because you will have to flip back and forth when answering the questions. You will have pre-read the questions, so be sure to take notes that help you answer the questions.

## Tip: Manage your time wisely

### TRICK: Know the test instructions by heart

If you are familiar with the task before taking the test, you can squeak out a few extra moments to focus on answering questions. Take, for example, the 1 minute to read the instructions: You already know what they say! Instead use this valuable 60 seconds to pre-read the title, introduction and questions for source 1.

### TRICK: Answer passage-specific questions first

You have a few minutes to preview the questions and read the passage before the audio selection is played. DON'T start with the passage; start with the questions! Speed-read them and identify those that can be answered with the passage only. These typically have the word "article" or "passage" in the question. Write #1 next to those questions so you know the answers are in Source 1. If you have time, answer those before listening to the audio.

### TRICK: Refocus during the pause between readings

During the reading, you'll be frantically taking notes and visualizing. It is important to use the 60 seconds between readings to your best advantage. Refocus on the questions during this minute and re-read the unanswered questions. Try to answer as many as you can, and focus your listening skills to answer the remaining questions during the second reading.

### TRICK: Don't panic

It is easy to forget that when the audio ends, there is still time left to answer questions. You have an additional 15 seconds per question. When the audio ends, be ready to tackle any unanswered questions.

**Tip:** Be a better listener

### TRICK:
### Visualize

Many students dread the listening section, but you can conquer it! Taking notes is very important, but no one can write down word for word what they hear. Instead, visualize main events, characters, and settings. Close your eyes and imagine you can see the person who is speaking. Only write down notes that will help you answer the questions.

## » Interpersonal Writing: E-MAIL REPLY

**Tip:** Identify the register

### TRICK:
**Choose *tu* or *vous***

Step one should always be to check the register of the email. If you are replying to a business email or writing to someone you don't know, you will use *vous*.

### TIPS AND TRICKS CHECKLIST

| Tip | Trick |
|---|---|
| Identify the register | Choose *tu* or *vous* |
| Begin and end well | Practice your introductions |
| | Practice your closing |
| Use your time wisely | Block your time |
| Address the question posed | Underline the question/request |
| Elaborate, elaborate, elaborate | Provide lots of details |
| | Highlight your knowledge |
| Give a polished answer | Choose varied vocabulary |
| | Use idiomatic expressions |

**Tip:** Begin and end well

### TRICK: Practice your introductions

No matter the content or goal of a message, emails always begin with an introduction. Explore the sample phrases below and personalize your own. You will use this line to start every email you write this year so that by the time you take the big test, it will be a habit.

Examples:

| | | |
|---|---|---|
| *Chers Collègues,* | *Madame / Mesdames,* | *Madame la Directrice,* |
| *Monsieur / Messieurs,* | *Monsieur le Directeur,* | *Monsieur le Maire,* |

### TRICK: Practice your closings

Perhaps the most important part of a letter in French is the closing. This is typically not a particular area of focus in American written communication, so be sure to take note! This is not a line you would want to forget on the exam. The closing line is always composed of three sections:

| | Start by choosing a: PERSONALIZED REQUEST | Then always state: EXPRESSION | End by choosing a: KIND STATEMENT |
|---|---|---|---|
| **1.** Personalized request (use the same title as the introduction) | Je vous prie d'agréer, Monsieur | | mes sentiments respectueux |
| **2.** Expression | Je vous prie d'accepter, Madame | l'expression de | mes sincères salutations |
| **3.** Kind statement | Veuillez agréer, Monsieur | | mes salutations distinguées |
| | Veuillez accepter, Madame | | mes sentiments les meilleurs |

EXAMPLES:

Veuillez recevoir, Monsieur/Madame, mes salutations distinguées.

Je vous prie d'agréer, Monsieur/Madame, l'expression de mes sentiments respectueux.

### TRICK:
### Block your time

Your response should be about 150 words in length. In order to complete the task, you will have to manage your time well. A good rule of thumb is to give yourself three minutes to read, ten minutes to write, and two minutes to revise. The last two minutes are often overlooked by students, but they are crucial to review your work, including verb conjugations, adjective agreement, and spelling.

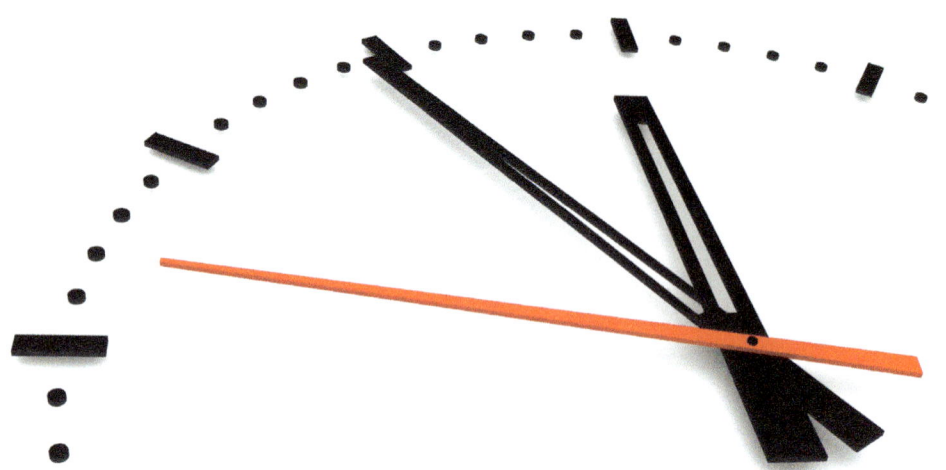

### TRICK:
### Underline the question/request

There will always be question(s) and/or request(s) for additional information provided in the initial version. As you are reading, underline these questions. If you do not address all of the questions/requests, your response will be considered incomplete. This automatically drops your score to a 2 for this task!

 **ÉCRIRE**

**Répondez en détail aux questions suivantes.** Answers will vary.

1. Quel serait pour vous le type de famille d'accueil idéale pour votre séjour?
2. Décrivez vos points forts et vos points faibles.
3. Quel est le souvenir le plus important de votre jeunesse?
4. Quel serait pour vous le type de technologie idéal?
5. Décrivez les points forts et faibles de votre ordinateur.
6. Quelle est la fonction la plus importante de votre portable?

**Tip:** Elaborate, elaborate, elaborate

### TRICK: Be sure to provide a creative answer to your underlined prompt question with lots of details

Try to include:

- city names
- geographical references
- historical references
- people's names
- dates
- times

### TRICK: Choose the answer that highlights your knowledge

Personal details can be embellished, however cities, landmarks and past events must be accurate. For example: *"Dites-nous dans quel pays d'Europe vous préféreriez vivre et pourquoi?"* You would respond with **I would like to live in Switzerland because the climate suits me well. I enjoy the outdoors, especially skiing. I also have a family connection; my mother and father visited Bern during their honeymoon in 1991. Throughout my childhood they told me stories about the mountains and the people. This is the perfect opportunity to go see it for myself.**

**Tip:** Give a polished answer

### TRICK: Choose varied vocabulary

Exam readers get bored reading the same French 1 vocabulary over and over. A good response includes high value words. Show off your synonym skills by choosing rich adjectives and verbs to spice up your sentences.

### TRICK: Use idiomatic expressions

Do not translate from English! You learned in your first semester of French that a direct translation rarely works. Don't believe it? Try directly translating *I am 15 years old*. When you're writing, be sure to choose the correct words, not simply the words that would be used in English. As your teacher will correct your responses throughout the year, these errors will be identified. Be sure to focus on correcting them so you will sound *très français*.

 **LIRE**  **ÉCRIRE**

**Pre-read the email on pages 160–161. Use context clues to define the following high-level vocabulary.**

1. délais - period of time
2. traiter - to deal with/handle
3. fournir - to provide
4. soumis - submitted
5. les données - information
6. disponibilité - availability

**LIRE** **ÉCRIRE**

**Practice recognizing idioms by reading the table below. For each idiomatic phrase, provide a synonym and an antonym that correspond.**

| l'expression idiomatique | synonyme | antonyme |
|---|---|---|
| je m'en vais | sortir | rester |
| j'accuse réception | recevoir | donner |
| mettre la clé sous la porte | fermer | ouvrir |
| mettre cartes sur table | révéler | cacher |
| avoir plus d'une corde à son arc | avoir des solutions | n'avoir aucune solution |
| ça passe ou ça casse | marcher | échouer |
| garder une poire pour la soif | épargner | dépenser |
| se vendre comme des petits pains | partir | rester |
| c'est de l'or en barre | beaucoup rapporter | ne rien valoir |
| mettre les points sur les i | éclairer | embrouiller |
| avoir du pain sur la planche | avoir beaucoup à faire | n' avoir rien à faire |
| être fauché comme les blés | être pauvre | être riche |
| couper la poire en deux | faire un compromis | être d'une intransigeance |

## » Presentational Writing: PERSUASIVE ESSAY

### TIPS AND TRICKS CHECKLIST

| Tip | Trick |
|-----|-------|
| Make a personal connection to the topic | Give a personal example in the first paragraph |
| Find your purpose | Use *on* in formal writing |
| Use your time wisely | Block your time |
| Understand the sources | Underline citable sections in the reading |
| | Take notes while listening |
| | Extract the various points of view |
| Form a structured response | Outline your intro and conclusion |
| | Use transitions |
| Cite the sources | Give credit to the source |
| | Paraphrase citations |
| | Discuss the data |
| | Use a specific example from the listen and answer listening section |
| Justify your opinion | Let the sources do the work for you |

**Tip:** Make a personal connection

### TRICK:
### Give a personal example in the first paragraph

This task is definitely the most academic, and it can be overwhelming if you do not know where to begin. You will be presented with two perspectives on a topic, and you will need to take a stance while supporting it with details. As you process the information from the sources, make a personal connection to the topic. This shows the AP readers that you truly understand the content. In the first paragraph you want to set the tone that you know what you are talking about, so achieve this by sharing something about yourself and your life.

 LIRE ÉCRIRE

**Read the following debate topics and write a personal statement to connect your life to each one.** Answers will vary.

*Modèle: Les français, devraient-ils continuer avec la recherche nucléaire? J'ai lu dans le journal et j'ai vu la crise au Japon en 2011, et j'ai des opinions fortes sur la recherche nucléaire.*

1. Les québécois, devraient-ils continuer à parler français?
2. En France, devrait-on accepter le voile islamique à l'école?
3. À Genève, le gouvernement, devrait-il changer l'horaire d'ouverture des magasins?

 ÉCRIRE

**Transform the following sentences so they are appropriate for your Presentational Writing response.**

1. Au Cameroun, tu fais la course de l'Espoir chaque année.
2. En France, ils travaillent 35 heures par semaine.
3. En Belgique, ils parlent le néerlandais, le français et l'allemand.

1. Au Cameroun, on fait la course de l'Espoir chaque année.
2. En France, on travaille 35 heures par semaine.
3. En Belgique, on parle le néerlandais, le français et l'allemand.

**Tip:** Find your purpose

### TRICK:
### Use *on* in formal writing

You will be defending your opinion in your response, and the first step is knowing how to address the various viewpoints in the sources. Whenever you would say *you* or *they* in English, be sure to use *on* in French!

## Tip: Use your time wisely

### TRICK: Block your time

With approximately 55 minutes to complete this task, it is important to break down each step so you are sure to complete everything. The directions state that you have 6 minutes to read the printed materials. This includes the topic, the introductions for all three sources and the text of source 1. You are going to need to read QUICKLY. Start with the topic and the introductions because you want to be as prepared as possible when the audio begins to play. If you are reading the passage when the audio begins, do not panic. The text will still be there when the audio is over! The audio will play twice (you'll be taking notes, but we'll cover that later) and it should take about 10 minutes. This, of course, depends on the length of the audio. Once the audio ends you have 40 minutes to produce your essay. In reality, you only have 35 minutes to write because every good writer knows it is smart to have 5 minutes at the end for revisions. You absolutely must read your essay after you write it.

## Tip: Understand the sources

### TRICK: Underline citable sections in the reading

In the 6 minute window before the audio, as well as the first few minutes of your 35 minute writing block, be sure to mark up the reading passage. You do not have time to go searching in the passage for something you've already read. Instead, underline important words, draw arrows to sentences and make notes in the margins (in English or French). Remember, these notes are not graded.

### TRICK: Take notes while listening

The audio is played twice, and only twice. You've got two chances to absorb a lot of information, so note taking is crucial. Numbers and statistics are always difficult to process quickly, but data can help justify your opinion. Be sure to focus on identifying the numbers in the audio and write them down. Also avoid full sentences. Instead use verbs, nouns and small pictures. Visualizing the audio in your mind will help you remember anything you do not get down on paper. Every time you do listening in class this year, take notes. This is an art, and you will become better and better with each attempt.

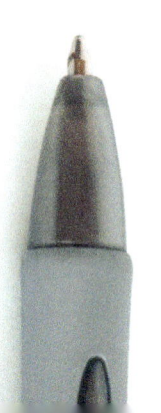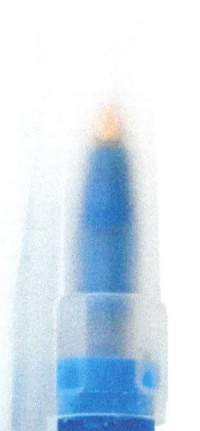

**Tip:** Form a structured response

## TRICK: Extract the various points of view

As you know, this task is daunting. The best way to tackle it is with a graphic organizer. This will keep you focused and productive while writing. Now that you understand the sources, it is time to put them together with your own views.

Most students begin writing the introduction first, but it is actually easier to save the intro and conclusion paragraphs for later. Instead, organize the citable items you underlined or noted in the For and Against boxes. Don't write down complete sentences, just key words and phrases. You should have at least three citations in each box. You've just put together two of your three body paragraphs!

Next, write your opinion in the Personal View box. Be sure to state your opinion and give at least three examples or supporting details.

| FOR | AGAINST | PERSONAL VIEW |
| --- | --- | --- |
| | | |

## TRICK: Outline your introduction and conclusion

Now that your body paragraphs are outlined, you can think about your introduction and conclusion paragraphs. Both should reflect the same information: introduce the concept, present all views, justify your opinion. Don't forget that the introduction should contain a personal connection to the topic!

## TRICK: Use transitions

It is not uncommon for students to end the pre-writing phase with the two graphic organizers you just created. However, having words and sentences to connect your writing will help the flow of your response. This is a major element in the grading rubric, so be sure to include them! The following tables do not need to be memorized. Instead, you should pick only a handful of words and consistently use them in everyday language.

| | INTRODUCTION | CONCLUSION |
| --- | --- | --- |
| Introduce the concept (personal connection): | | |
| Present all views: | | |
| Justify your opinion: | | |

## POINTLEXIQUE

| Introduce/Conclude | | Compare/Contrast | | Misc | |
|---|---|---|---|---|---|
| malgré tout | despite everything | par contre | on the other hand | ensuite | then |
| par conséquent | consequently | cependant | however | d'abord | first |
| en conclusion | in conclusion | bien que | although | enfin | finally |
| malgré | in spite of | tandis que | whereas | donc | so, therefore |
| par ailleurs | in addition, moreover | en plus | furthermore | sans compter que . . . | not to mention |
| plutôt que | rather than | | | à cause de | because of (negative) |
| pour que | so that | | | grâce à | thanks to (positive) |
| pendant que | while | | | | |
| pourvue que | provided that | | | | |
| puisque | since | | | | |
| C'est pour cette raison que | It is for this reason that | | | | |
| C'est certainement parce que | It is certainly because | | | | |
| Il s'agit d'un problème | It is about a problem | | | | |

 **ÉCRIRE**

**Ajoutez un connecteur pour joindre les phrases suivantes en une seule phrase.**

1. Pendant l'hiver il fait froid. En été il fait chaud.
2. Je suis allé au Mexique. Bob m'a donné un billet d'avion gratuit.
3. Le train est utile. L'avion est pratique.
4. La voiture coûte cher. Elle vous permet de partir quand vous voulez.
5. Il faut bien faire la valise. Vous n'aurez pas de problèmes avec vos bagages lorsque vous voyagez.
6. Pour envoyer des SMS, j'utilise mon portable. Pour envoyer des messages électroniques, j'utilise mon ordi.
7. Je sauvegarde mes documents. Je ne veux pas les perdre.
8. La souris est utile. L'écran tactile est pratique.
9. L'appli ne coûte pas cher. Elle vous permet de recevoir des SMS gratuitement.
10. Il faut bien télécharger la musique légalement. Vous n'aurez pas de problèmes avec vos MP3s.

1. Pendant l'hiver il fait froid, TANDIS QU'en été il fait chaud.
2. Je suis allé au Mexique PUISQUE Bob m'a donné un billet d'avion gratuit.
3. Le train est utile, PAR CONTRE l'avion est pratique.
4. La voiture coûte cher, CEPENDANT elle vous permet de partir quand vous voulez.
5. Il faut bien faire la valise POUR QUE vous n'ayez pas de problèmes avec vos bagages lorsque vous voyagez. [Remarquez le changement du verbe du futur simple au subjonctif après l'expression]
6. Pour envoyer des SMS, j'utilise mon portable TANDIS QUE pour envoyer des messages électroniques, j'utilise mon ordi.
7. Je sauvegarde mes documents PUISQUE je ne veux pas les perdre.
8. La souris est utile, PAR CONTRE, l'écran tactile est pratique.
9. L'appli ne coûte pas cher, EN PLUS, elle vous permet de recevoir des SMS gratuitement.
10. Il faut bien télécharger la musique légalement POUR QUE vous n'ayez pas de problèmes avec vos MP3s. [remarquez le changement du verbe du futur simple au subjonctif]

**ÉCRIRE**

**C'est à vous** Answers will vary.

**OPTION 1: Complete the task while strategically formulating your response based on the tips and tricks provided in this lesson.**

**OPTION 2: Finalize your graphic organizer.**

| |
|---|
| INTRO: <br> introduce the concept/personal connection: <br> present all views: <br> justify your opinion: |
| TRANSITION: |
| FOR: |
| TRANSITION: |
| AGAINST: |
| TRANSITION: |
| PERSONAL VIEW: |
| TRANSITION: |
| CONCLUSION: <br> introduce the concept: <br> present all views: <br> justify your opinion: |

## Tip: Cite the sources

### TRICK: Use the source number

It might be counterintuitive to skip a vocabulary word like *l'article* or *l'image*, however using the phrase *Source 1* allows the graders to quickly assess what sources you have cited in your response. In the following table you'll find vocabulary to help you integrate your citations into your response. You will find more information about citing sources on page 438.

| SELON LA SOURCE 1 | ACCORDING TO SOURCE 1 |
|---|---|
| En ce qui concerne l'auteur de Source 3 | As far as the author of Source 3 is concerned |
| L'auteur de Source 1 attire notre attention sur | The author of Source 1 draws our attention to |
| L'auteur de Source 2 nous rappelle | The author of Source 2 reminds us of |
| L'auteur de Source 3 nous signale que | The author of Source 3 points out that |

### TRICK: Paraphrase citations

Whatever you do, do not copy word for word from any source. It is important you rephrase. This can be difficult to do in another language, but rely on synonyms to get you through it.

### TRICK: Discuss the data

It is so important to use each of the three sources. The third source is a visual one, often times a table. Many students struggle to make statements in French about data. Don't forget that we spent time in Chapter 2 learning how to present and discuss data. Refer back to that section if needed.

### TRICK: Use a specific example from the listening section

You took extensive notes while you were listening, so now use them. Be sure to include very specific examples from that audio selection.

## Tip: Justify your opinion

### TRICK: Let the sources do the work for you

Be sure to align your opinion with the evidence in the three sources. Let your response build to a conclusion that includes your opinion rather than trying to dispute what the selections present.

 ÉCRIRE

**Réécrivez les phrases suivantes en français «simple».**

1. Les restrictions économiques imposées à l'Allemagne à la suite de la première guerre mondiale sont directement liées au commencement de la Seconde Guerre mondiale.

2. Le pourcentage global de réussite pour la seconde session des examens de l'université de Bruxelles, faculté de droit, qui se sont déroulés du 23 au 26 septembre 2008 est de 73,79%.

3. Avant votre entretien vous recevrez un courrier vous demandant de fournir certains renseignements supplémentaires nécessaires à l'organisation de votre transport.

1. Il y a un rapport entre les restrictions économiques en Allemagne après la Première Guerre et le début de la Seconde Guerre mondiale.
2. 73,79% des étudiants de la faculté de droit à l'université de Bruxelles ont réussi aux examens dela seconde session entre le 23 et le 26 septembre 2008.
3. Pour organiser votre transport avant l'entretien, fournissez-nousles renseignements que nous vous demanderons par courrier.

## » Interpersonal Speaking: CONVERSATION

**Tip:** Identify the register

### TRICK:
**Choose *tu* or *vous***

When you read the introduction to the task, it is important that you look for clues about register. Are you speaking to someone you don't know? Are you speaking to an adult? If so, you'll need to use a formal register. If you're speaking to someone your own age, it is appropriate to use a more casual register. This realization, however, means so much more than just *tu* and *vous*. Your entire response should be consistent, including every subject pronoun, every possessive adjective and every stress pronoun.

### TIPS AND TRICKS CHECKLIST

| Tip | Trick |
| --- | --- |
| Identify the register | Choose *tu* or *vous* |
| Begin and end well | Practice your introductions |
| | Practice your closings |
| Read the outline well | Underline the type of response |
| | Determine if your response will be affirmative or negative |
| Speak for 20 seconds | Brainstorm details on the outline |
| | STOP speaking when you hear the tone |
| Give a polished answer | Self-correct |
| | Make your conversation sound real |
| | Put your best foot forward in French |

## Tip: Begin and end well

### TRICK: Practice your introductions

Regardless of the theme, you will always be asked to complete a conversation for this section of the exam. The first line should be one that you polish up now and use over and over as you practice for the big day. Be sure to rehearse both a formal and informal opener. Getting a smooth start to the conversation will set the tone. Everyone has his/her own special way of beginning a conversation, so be sure to customize your greeting. If it is a phone conversation, you can begin with *allô*, a synonym for *bonjour* unique to phone conversations.

Examples:

Bonjour, c'est _____ (insert **your** name), comment allez-vous?

Allô, _____ (insert name), comment ça va?

Bonjour, ici _____ (insert **your** name) ici. Quoi de neuf, _____ (insert name)?

Allô, qu'est-ce qui s'est passé?

_____ (insert name), ici _____ (insert **your** name), ça va?

### TRICK: Practice your closings

Just like the opening, the way you end a conversation is fairly standard. Go ahead and pick your stock closing line (both formal and informal). This will be one less thing to think about on the day of the exam. By then it will be automatic!

Examples:

Au revoir, _____ (insert name). Je vous parlerai bientôt!

À la prochaine, _____ (insert name). Je t'appellerai plus tard.

Ciao mon ami, bises!

---

**ÉCRIRE**

### Fill in the blanks with the correct pronoun.

1. ___Tu___ ___t'___'appelles Guillaume, n'est-ce pas? _Mon/ton_ ami, Nicholas, m'a dit que ___tu___ joues de la guitare. Ma guitare est un peu vieille, mais ___elle___ est très belle. Moi aussi, j'aime la musique, et je joue avec un groupe de rock. Veux-___tu___ nous rejoindre pour jouer la semaine prochaine?

2. Bonjour Mademoiselle Masson! Comment allez-___vous___ cet après-midi? ___Vous___ voulez emprunter ma voiture aujourd'hui? Pourquoi? Oh, ___la___ ___vôtre___ est en panne. Pas de problème, mais quelles sont ___vos___ heures de travail ce soir? Parfait, ___moi___ aussi!

**Tip:** Read the outline well

### TRICK: Underline the type of response

In every conversation there is an intended type of response. The AP exam actually tells you what to say! Don't overlook this in the outline. It will state something like: ask, accept, decline, invite, refuse, suggest, express, etc. Be sure to underline this so you provide the correct type of response. If not, you will automatically receive a 2 on this task due to partial completion.

### TRICK: Determine if your response will be affirmative or negative

As you're reading the outline, write down a big plus or minus sign next to responses that have to be affirmative or negative. This will help you remember during the actual task. For example: «*Déclinez son invitation et proposez une alternative.*» You would write a minus sign, or NO next to that response. You should have some go-to phrases for both types of responses.

 **ÉCRIRE**   Answers will vary.

**Below are a few go-to phrases to help you respond to both positive and negative prompts. Add your favorite phrases to the list, and then share your ideas with the class.**

| POSSIBLE RESPONSES FOR AFFIRMATIVE PROMPTS | POSSIBLE RESPONSES FOR NEGATIVE PROMPTS |
| --- | --- |
| Félicitations | C'est dommage |
| Je suis contente pour toi/vous | Ne t'inquiète pas – Ne vous inquiétez pas |
| Quelle surprise | Je ne suis pas d'accord |

**Tip:** Speak for 20 seconds

### TRICK: Brainstorm details on the outline

As you're reading the outline, jot down words (not sentences) that might help you during the recorded speaking. If you include verbs, go ahead and conjugate them so you do not use an infinitive by mistake during your conversation. Elaborate and imagine creative, specific details that highlight your linguistic strengths. Some sections of the outline will be easier than others. For example: «*Parlez des types de musique que vous préférez.*» You would jot down a list like this:

- hip hop – Beyoncé, Usher, Michael Jackson
- le rythme, aime danser
- la mode – vêtements cool

However, «*Donnez et soutenez votre opinion sur l'activité proposée.*» is a bit more difficult because you don't know what the proposed activity is. Don't worry if you don't have notes for every response!

### TRICK: STOP speaking when you hear the tone

Even if you are not finished with your sentence, you should stop speaking as soon as you hear the tone. You will miss part of the conversation if you're still chatting away when the speaker begins their part of the conversation.

 **ÉCRIRE**

**Faites une liste de mots utiles pour chaque question.** *Answers will vary.*

1. Parlez de votre livre préféré.

2. Parlez de votre emploi du temps.

3. Quel est le souvenir le plus important de votre jeunesse?

 **ÉCRIRE**

**Faites une liste de mots utiles pour chaque question.** *Answers will vary.*

1. Parlez de votre appareil numérique préféré.

2. Parlez de votre journée typique et de la manière dont vous l'organisez.

3. Quelles sont vos priorités à l'école et à la maison?

## Tip: Give a polished answer

### TRICK: Self-correct

Everyone makes mistakes, even AP students. Did you know you're allowed to make mistakes on the exam without being penalized? All you need to do is correct yourself. There is even a section on the grading rubric to assess if your self-correction aided the listener's comprehension. If you want to self-correct (and you should), include these three helpful phrases:

- I mean          *Je veux dire*

- I meant to say  *Je voulais dire*

- Excuse me       *Pardon/Excusez-moi*

### TRICK: Make your conversation sound real

The readers will always ask if the conversation felt authentic. If you're not animated in your response, or if your response is overly boring, your score will reflect that. Be sure to use voice inflection when speaking. Also, use the brainstorming notes you took in your outline to make a personal connection. Throw in personal details to make the listener feel as though you're talking to a real person, not just a computer microphone.

### TRICK: Put your best foot forward in French

Employ the most sophisticated grammar and vocabulary that you have mastered. To earn a 5, sophisticated structures like the subjunctive must be spoken correctly in unrehearsed situations like this task. Do not try to use grammar and vocabulary that are new or unfamiliar.

### » Presentational Speaking: CULTURAL COMPARISON

**Tip:** Find the appropriate register

**TRICK:**
**Stay formal**

The first step is to remember *on* is your best friend. Do not use *ils* or *elles* when speaking about others in a general sense. You will make comparisons between elements of your culture and francophone culture. It is acceptable to use *je* and *nous* when representing your culture. When speaking about francophone culture, use *on*.

**TIPS AND TRICKS CHECKLIST**

| Tip | Trick |
|---|---|
| Find the appropriate register | Stay formal |
| Start well | Address your audience and announce the topic |
| Manage your time | Know the directions |
| Close well | Provide a summary statement |
| Outline a developed response | Stay structured |
| | Use transitional phrases |
| Present specific local and francophone viewpoints | Highlight your knowledge |
| | Review prepositions of francophone locations |

 ÉCRIRE

**Practice using subject pronouns in French by translating the following statements.**

1. In the United States we play baseball. Aux États-Unis on joue au baseball.

2. In France you play soccer as a child. En France on joue au football quand on est enfant.

3. In Cameroon they eat a lot of shrimp. Au Cameroun on mange beaucoup de crevettes.

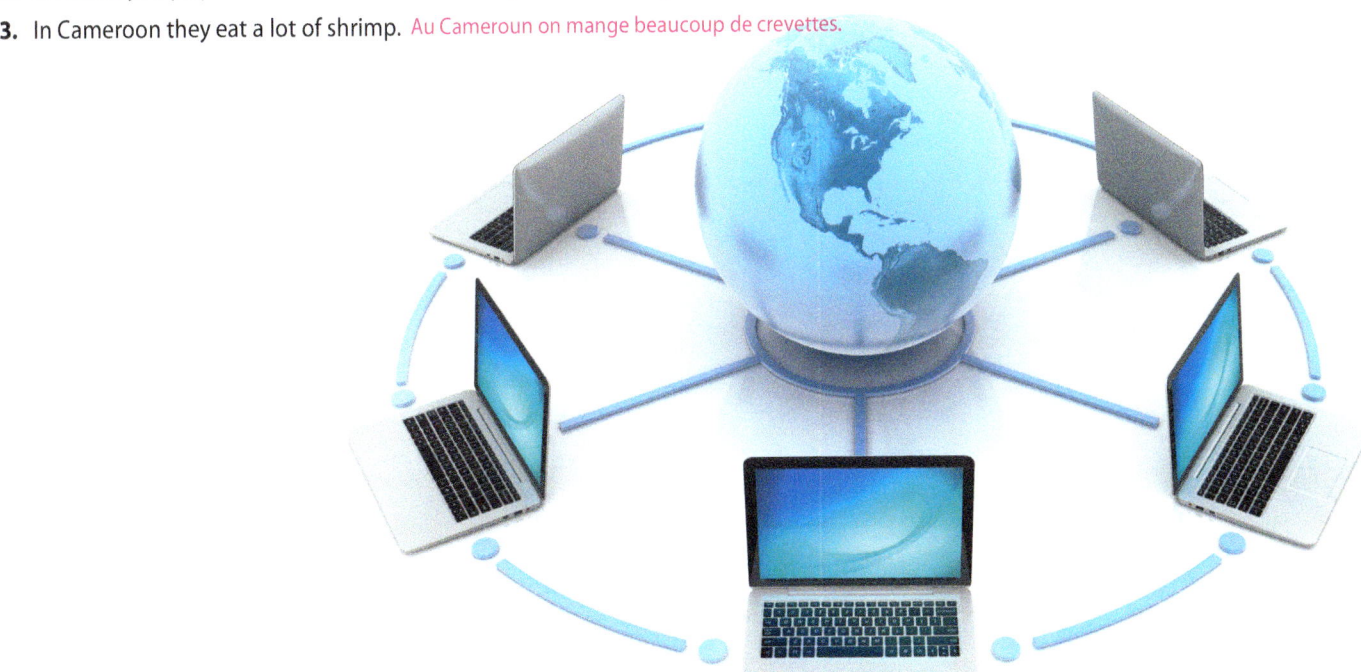

## Tip: Start well

### TRICK: Address your audience and announce the topic

Identify the audience in the instructions to decide on how to address them in your opening. To address a class of your peers, you should say *mes camarades* or *mes amis*, whereas a more formal audience would require *mesdames et messieurs*. Once you have addressed your audience, you'll want to announce the topic of your speech. Below are a few go-to phrases to help you get started.

- *Je voudrais vous parler de l'attitude des gens dans ma région envers . . .*

- *Aujourd'hui, je vais discuter de l'importance de . . .*

- *Je vais commencer par l'analyse de . . . Ensuite, je vais contraster mes observations avec . . .*

## Tip: Manage your time

### TRICK: Know the directions

The exam allows 4 minutes to read the prompt and prepare a 2 minute speech. You will have one minute to read the instructions and four minutes to prepare your presentation. The instructions don't change, so consider this a 1-minute brainstorming session. Write your outline skeleton (see strategy in next chapter) and jot down any vocabulary that might be helpful. In the remaining four minutes, fill in your outline.

## Tip: Close well

### TRICK:
### Provide a summary statement

Every good speech has a solid closing statement, but you don't need fancy language to include this. Stick with a simple phrase such as:

- *Donc*
- *On voit que . . .*
- *Pour finir*
- *En somme*
- *Pour conclure*

## Tip: Outline a developed response

### TRICK: Stay structured

The two minutes will fly by, so it is important to have a plan. Always write out this outline with words and phrases, but no full sentences. If you are including verbs, conjugate them ahead of time so you eliminate the risk of erroneously using an infinitive in your speech.

**OPENING:**

State the viewpoints of both cultures
Viewpoint 1 (your culture)
2–3 Examples

**TRANSITION**

Viewpoint 2 (francophone culture)
2–3 Examples

**CLOSING**

### TRICK: Use transitional phrases

Comparative vocabulary is essential. Be sure to include connectors and transitions between sentences. The French discuss politics with family and friends. *In the United States, politics can be uncomfortable to discuss in a social setting.* While these two sentences are great, they would be better if joined by a transitional word like **whereas.** See Chapter 7, Lesson 1 (pp. 338–351) for ideas and practice on structuring, supporting, refuting and presenting arguments.

---

### ÉCRIRE

### Pouvez-vous dessiner le plan de la réponse suivante?

**Aux États-Unis, on achète la nourriture beaucoup moins fréquemment qu'en France.** Chez moi ma mère va à l'épicerie une fois par semaine le dimanche. Elle achète assez de nourriture pour toute la semaine. Nous mangeons des légumes surgelés en général. Par contre, en France, on fait des courses beaucoup plus souvent. Les français achètent de la nourriture bio comme le pain, les fruits et les légumes. Le père de mon ami Julien, va à la boulangerie chaque matin!! Ça m'intéresse beaucoup parce que c'est plus logique à mon avis. Chez moi, il y a toujours quelques tranches de pain que personne ne mangera. À la fin de la semaine, ma mère les jette à la poubelle. En conclusion, la nourriture est importante partout, mais en France c'est une activité quotidienne.

Answers will vary, but may resemble the following:

**Opening**
State viewpoints of both cultures:
- États-Unis – courses moins souvent
- France – courses plus souvent

**Viewpoint 1 (États-Unis)**
2-3 exemples
courses une fois par semaine, épicerie, légumes surgelés, des restes

**Transition**
**Viewpoint 2 (France)**
2-3 exemples
boulangerie tous les jours, nourriture bio, fruits et légumes

**Closing**
Manger= important partout, en France= activité quotidienne

 **ÉCRIRE**

## Pouvez-vous dessiner le plan de la réponse suivante?

**Dans les écoles francophones, les langues étrangères sont plus intégrées qu'aux États-Unis.** En Géorgie, il y a des écoles maternelles qui offrent l'option d'étudier l'espagnol, mais pas toutes. En général, les lycées ont des cours d'espagnol, de français et de latin; la majorité des élèves choisit l'espagnol. En général seulement deux ans de cours de la même langue sont obligatoires pour terminer ses études au lycée. Il ne faut étudier qu'une langue étrangère. De l'autre côté, dans le monde francophone, les langues étrangères sont beaucoup plus importantes dans le système scolaire. Dans toutes les écoles maternelles, on doit commencer la première langue. Typiquement c'est l'anglais, mais cela dépend du pays et de la région. On continue ses études de première langue jusqu'à la fin de ses études. Après avoir choisi sa voie en 3e, on peut continuer avec une autre langue si le choix de voie l'offre comme cours. Il y a également la possibilité de faire un stage à l'étranger. Par exemple, ma cousine Pauline parle l'anglais, l'allemand, et bien sûr le français. Elle est allée en Angleterre pendant deux semaines pour un stage à l'hôpital. En conclusion, les langues étrangères sont beaucoup moins communes aux Etats-Unis que dans le monde francophone.

**Tip:** Present specific local and francophone viewpoints

### TRICK: Highlight your knowledge

Do not try to invent dates and details; speaking in French is hard enough when you know the facts. Be smart when choosing the details you include in your response. Choose examples that highlight what you know, not what you wish you knew. For example, if the prompt asks you to compare unemployment in the U.S. to that of the francophone world, first ask yourself what you know about unemployment in any French-speaking country. Don't assume your answer has to be about France. Perhaps you read an article about Canadian unemployment or work conditions in Switzerland. The details you include from your prior knowledge will impress the judges, so be sure to show off what you know in your response.

### TRICK: Review prepositions of francophone locations

When prepositions are incorrectly employed, it can sound like fingernails on a chalkboard to a native speaker. To keep the judges focused on the content of your answer, be sure you remember the rules about referring to a country in French.

*Feminine Country (ends in –e): en*
*Masculine Country (doesn't end in-e): au*

*Exceptions: le Belize, le Cambodge, le Mexique, le Mozambique, le Zimbabwe*

*Remember that masculine countries beginning with a vowel will also take 'en'. Examples: en Israël, en Irak*

Answers will vary, but may resemble the following:
**Opening**
State viewpoints of both cultures:
  • États-Unis – cours de langues moins intégrés
  • Monde francophone – cours de langues plus intégrés
**Viewpoint 1 (écoles américaines)**
  2-3 exemples
  cours de langues offerts dans quelques maternelles
  généralement espagnol, français, latin offerts au lycée
  seulement deux ans d'études de langues obligatoires
**Transition**
**Viewpoint 2 (écoles francophones)**
  2-3 exemples
  première langue étrangère à l'école maternelle
  en 3e une deuxième langue étrangère ajoutée à la première
  stages à l'étranger offerts
**Closing**
  L'étude des langues = plus courante dans les écoles francophones

# Annexe B – Vocabulaire

| Abréviations | | | |
|---|---|---|---|
| adj. | adjectif | n.f. | nom féminin |
| adv. | adverbe | n.m. | nom masculin |
| fam. | familier | pl. | pluriel |
| lit. | littéral | prép. | préposition |
| loc. | locution | v. | verbe |

## Français > Français

| mot de vocabulaire | définition en français | page | grammaire |
|---|---|---|---|
| à l'heure actuelle | en ce moment | 18 | adv. |
| à la bourre | en retard | 351 | loc. |
| à notre insu | sans qu'on le sache | 19 | adv. |
| abonnement | souscription | 254 | n.m. |
| abruti(e) | dénué d'intelligence | 473 | adj. |
| accroître | augmenter | 167 | v. |
| adhésion | action de s'inscrire | 35 | n.f. |
| affaiblissement | diminution des forces ou de l'énergie | 227 | n.m. |
| affermi(e) | fortifié, ancré | 272 | adj. |
| agence de l'emploi | entreprise qui propose des services entre l'offre et la demande d'emploi | 144 | n.m. |
| aguerri(e) | endurci par les combats | 320 | adj. |
| agrafeuse | appareil à agrafer | 288 | n.f. |
| aimer à la folie | aimer quelqu'un passionnément | 201 | loc. |
| aîné(e) | enfant qui est né le premier par rapport à ses frères et soeurs | 223 | n.m./f. |
| aisé(e ) | qui vit d'une manière confortable | 250 | adj. |
| alentours | les lieux autour | 324 | n.m./pl. |
| alimenter | nourrir, approvisionner | 16 | v. |
| allaitement | le fait de nourrir | 318 | n.m. |
| allumer | faire fonctionner, actionner un appareil électrique | 238 | v. |
| alphabétisation | transmission des connaissances de base de lecture et d'écriture | 248 | n.f. |
| amalgamé(e) | mélange d'éléments | 25 | adj. |
| améliorer | rendre meilleur | 392 | v. |
| amitié | relation cordiale entre deux personnes | 191 | n.f. |
| amoureux (-euse) | qui éprouve de l'amour pour quelqu'un | 201 | n.m./f. |
| animal de compagnie | animal domestique | 231 | n.m. |
| animatrice | personne chargée d'animer certaines activités lors d'un divertissement ou d'un spectacle | 144 | n.f. |
| antinomique | contradictoire | 374 | adj. |
| appareil | instrument | 238 | n.m. |
| appartenance | affiliation à un groupe | 204 | n.f. |
| appuyer sur | exercer une pression sur | 239 | v. |

| mot de vocabulaire | définition en français | page | grammaire |
|---|---|---|---|
| arnaque | escroquerie, tromperie | 286 | n.f. |
| arpenter | parcourir de grandes distances | 311 | v. |
| arrêt | fait de s'arrêter | 238 | n.m. |
| arrière-plan | au fond de l'image, le plan le plus éloigné du spectateur | 441 | n.m. |
| astuce | quelque chose qui rend une action plus rapide, efficace | 103 | n.f. |
| astucieux (-se) | qui a de l'ingéniosité | 270 | adj. |
| atelier | lieu de travail d'artistes ou d'ouvriers | 357 | n.m. |
| atout | avantage qui permet de réussir | 184 | n.m. |
| attirance | ce qui attire quelqu'un/quelque chose | 44 | n.f. |
| au sein de | parmi, dans | 352 | loc. |
| augmenter | devenir plus grand, plus important, plus cher | 71 | v. |
| auparavant | antérieurement | 468 | adv. |
| autochtone(s) | personne originaire du pays où elle habite | 17 | adj. |
| auto-entretenu | quelqu'un qui peut s'entretenir, qui peut vivre sans l'aide des autres | 403 | adj. |
| autour de | dans l'espace environnant | 222 | prép. |
| avoir lieu | signifie que tel ou tel événement va se dérouler | 200 | v. |
| avoisinant(e) | proche, voisin | 323 | adj. |
| bachoter | étudier beaucoup dans peu de temps | 45 | v. |
| bananier | arbre qui produit les bananes | 107 | n.m. |
| bander les yeux | couvrir les yeux | 205 | v. |
| baptême | premier sacrement religieux | 206 | n.m. |
| base de données | collection d'informations, accessible pour la recherche | 416 | n.f. |
| battre de l'aile | être en difficulté, perdre la force | 410 | loc. |
| bémol | restriction, problème | 195 | n.m. |
| bénir | remercier, consacrer | 436 | v. |
| benne | caisson servant à stocker et transporter des matériaux | 323 | n.f. |
| berge | bord d'un cours d'eau | 323 | n.f. |
| bétail | ensemble des animaux d'un élevage | 450 | n.m. |
| biais | moyen | 30 | n.m. |
| blanchiment | fait de rendre quelque chose blanc | 68 | n.m. |
| bocal | récipient généralement en verre et à large goulot | 282 | n.m. |
| bois | substance solide qui constitue le tronc, les racines et les branches des arbres | 282 | n.m. |
| boîte | entreprise | 413 | n.f. |
| boiter | avoir un défaut | 25 | v. |
| bosser | travailler (fam.) | 29 | v. |
| bouche bée | bouche ouverte, sans savoir quoi dire | 464 | loc. |
| bouleverser | introduire un brusque changement | 252 | v. |
| bouquiniste | vendeur de livres d'occasion | 220 | n.m./f. |
| braconnage | chasse illégale | 318 | n.m. |
| Brevet | examen à passer en France pour terminer le collège et nécessaire pour commencer le lycée | 47 | n.m. |
| broyé(e) | écrasé | 321 | adj. |
| bulle de BD | élément d'une bande dessinée où sont inscrites les pensées et paroles des personnages | 238 | n.f. |
| cabinet | bureau de travail | 142 | n.m. |
| cadenas | mécanisme fonctionnant avec une clé, permettant de fermer | 198 | n.m. |
| cadre | personne de la catégorie supérieure des salariés, membre du management | 149 | n.m. |
| câlin | marque de tendresse, échange de caresses | 198 | n.m. |
| cancre | personne bête qui porte, traditionnellement, un chapeau pointu | 52 | n.m. |
| cantine | endroit où on mange le déjeuner à l'école | 58 | n.f. |
| caoutchouc | substance élastique et imperméable provenant du latex de plantes tropicales ou obtenue à partir d'hydrocarbures | 282 | n.m. |

| mot de vocabulaire | définition en français | page | grammaire |
|---|---|---|---|
| caserne | bâtiment servant à loger les militaires ou les pompiers | 350 | n.f. |
| caution | garantie financière | 408 | n.f. |
| chaleureux(-euse) | avec cordialité | 19 | adj. |
| chaparder | voler quelque chose de petit | 399 | v. |
| charme | ensemble de caractéristiques qui plaisent et attirent chez une personne | 213 | n.m. |
| chausson | chaussure souple destinée à être portée en intérieur | 268 | n.m. |
| chérifien(-ne) | se dit de la dynastie régnante au Maroc | 36 | adj. |
| chômage | situation d'une personne qui n'a plus de travail | 147 | n.m. |
| cible | but, objectif qu'on cherche à atteindre | 355 | n.f. |
| ciseaux | instrument à deux lames mobiles et tranchantes, destiné à couper le papier, le tissu, etc. | 288 | n.m./pl. |
| clairière | zone dégarnie d'arbres dans un bois | 304 | n.f. |
| cohabitation | habiter avec quelqu'un | 415 | n.f. |
| co-hébergement | répartition d'une résidence | 358 | n.m. |
| coller | faire adhérer à quelque chose | 288 | v. |
| colocation | répartition d'une résidence | 359 | n.f. |
| compagnon/compagne | personne qui partage la vie d'une autre | 193 | n.m./f. |
| compétence | aptitude ou capacité reconnue dans un domaine | 145 | n.f./pl. |
| concevoir | considérer, envisager | 459 | v. |
| concilier | accorder des choses qui s'opposent | 167 | v. |
| concrétiser | faire passer un projet de l'abstrait à la réalité | 431 | v. |
| congé | courte période de vacances publiques ou personnelles | 147 | n.m. |
| conjoint(e) | femme ou mari | 211 | n.m./f. |
| conquis(e) | captivé | 211 | adj. |
| constater | remarquer | 34 | v. |
| contraignant | qui oblige à agir dans un certain sens, dans certaines limites | 163 | adj. |
| contrainte | obligation ou pression | 227 | n.f. |
| contrat de bail | accord entre le propriétaire et le locataire, souvent pour un an | 408 | n.m. |
| convivialité | caractère chaleureux dans une société | 175 | n.f. |
| corde | lien composé de fils d'une matière textile | 288 | n.f. |
| corpulent(e) | obèse, imposant | 114 | adj. |
| côtoyer | fréquenter | 272 | v. |
| coup de foudre | amour soudain contre lequel on ne peut pas lutter | 198 | loc. |
| croisière | voyage sur un grand bateau | 107 | n.f. |
| croissance | augmentation | 285 | n.f. |
| crûment | de façon crue | 17 | adv. |
| culot | grande audace | 470 | n.m. |
| Cupidon | dieu romain de l'amour | 205 | n.m. |
| cursus | programme d'études, curriculum | 74 | n.m. |
| davantage | plus | 21 | adv. |
| de proximité | proche dans l'espace | 267 | adv. |
| débardeur | maillot de corps sans manche | 451 | n.m. |
| déboisement | fait d'enlever les bois d'un terrain | 301 | n.m. |
| débrouillard(e) | malin, astucieux | 145 | adj. |
| déchet | ce qu'on rejette après utilisation | 286 | n.m. |
| découper | couper en morceaux | 288 | v. |
| défaillant | faible | 226 | adj. |
| déferlante | phénomène de masse qui se propage | 310 | n.f. |
| défi | challenge, épreuve | 306 | n.m. |
| dégivrage | action d'enlever le givre | 269 | n.m. |
| délit | infraction à la loi | 262 | n.m. |
| démarrer | commencer à faire fonctionner, mettre sur pied | 164 | v. |

| mot de vocabulaire | définition en français | page | grammaire |
|---|---|---|---|
| démentir | contredire quelqu'un | 115 | v. |
| dépôt-vente | système de vente dans lequel le vendeur confie sa marchandise à un magasin | 286 | n.m. |
| desdits | renvoie au sujet dont on vient de parler | 161 | adj. |
| développement durable | développement qui permet de répondre aux besoins actuels sans empêcher les générations à venir d'en faire de même | 453 | n.m. |
| déverrouiller | ouvrir | 238 | v. |
| devis | estimation, évaluation détaillée | 121 | n.m. |
| devise | inscription, maxime | 195 | n.f. |
| diane | pratique militaire pour réveiller les soldats au lever du jour au son des tambours, du clairon ou des trompettes | 350 | n.f. |
| diffuser | transmettre | 252 | v. |
| digestif | alcool servi après le repas | 218 | n.m. |
| dispendieux (-euse) | qui occasionne une grande dépense | 464 | adj. |
| doué(e) | qui a des dons, des aptitudes | 193 | adj. |
| du cru | local, provenant du pays | 357 | loc. |
| durant | pendant | 14 | prép. |
| écart | différence ou variation | 180 | n.m. |
| échantillon | spécimen, exemple | 356 | n.m. |
| écran tactile | moniteur informatique qui réagit au contact des doigts | 238 | n.m. |
| écumeux (-euse) | mousseux | 350 | adj. |
| édifice | bâtiment | 325 | n.m. |
| édulcoré(e ) | artificiellement sucré | 266 | adj. |
| égérie | ce qui inspire | 459 | n.f. |
| émaner | provenir de quelqu'un par rayonnement, découler | 419 | v. |
| empreinte | marque, trace | 289 | n.f. |
| en avoir ras-le-bol | être exaspéré ou en avoir assez | 140 | loc. |
| en chair et en os | en personne | 167 | loc. |
| en fonction de | agir en considérant les circonstances | 142 | loc. |
| encrier | pot d'encre | 398 | n.m. |
| endiguer | bloquer | 153 | v. |
| engendrer | causer, faire naître | 453 | v. |
| englober | réunir, contenir | 331 | v. |
| enseigne | marque placée sur la façade d'un établissement commercial | 354 | n.f. |
| entraver | gêner | 262 | v. |
| entre-temps | pendant ce temps-là, dans cet intervalle de temps | 178 | adv. |
| entretenir | maintenir en état, faire durer | 228 | v. |
| entretien | entrevue, interview | 142 | n.m. |
| épanouissement | développement heureux d'une personnalité | 167 | n.m. |
| épargne | ce qu'on économise un compte d'épargne dans un banque n'a pas de chèques | 403 | n.f. |
| éparpillé(e) | répandu | 318 | adj. |
| épaulé(e) par | aidé | 352 | adj. |
| éphémère | qui dure peu de temps | 202 | adj. |
| épingle de sûreté | dispositif en métal recourbé sur lui-même permettant de fixer du tissu en le piquant et en refermant l'aiguille de façon sécurisée | 288 | n.f. |
| époux (-se) | conjoint(e) | 210 | n.m./f. |
| équitable | égal, juste | 402 | adj. |
| érable | arbre à fruits secs munis de deux ailettes et qui produit un sirop | 283 | n.m. |
| ère | époque | 272 | n.f. |
| escale | temps entre deux étapes d'un voyage | 107 | n.f. |
| escapade | action d'échapper aux obligations de la vie quotidienne, une aventure | 128 | n.f. |
| essaim | multitude | 350 | n.m. |
| esthétique | beauté | 223 | n.f. |

| mot de vocabulaire | définition en français | page | grammaire |
|---|---|---|---|
| étagère | meuble composé de tablettes superposées | 282 | n.f. |
| étatique | qui a trait à l'État | 429 | adj. |
| être à la recherche de | chercher quelqu'un ou quelque chose | 193 | v. |
| être humain | quelqu'un de la race humaine, homme/femme | 19 | n.m. |
| éveil | développement | 304 | n.m. |
| éventail | instrument composé de papier ou de taffetas dont on se sert pour s'éventer, variété de choses d'une même catégorie | 449 | n.m. |
| exemplaire | copie qui peut servir comme exemple | 102 | n.m. |
| exigeant(e) | strict, précis | 211 | adj. |
| expatriation | action de quitter son pays de naissance | 124 | n.f. |
| fac | faculté, université | 81 | n.f. |
| facticité | caractère de ce qui est factice, imité | 357 | n.f. |
| faillir | être sur le point de | 466 | v. |
| faire le point | éclaircir une situation | 26 | v. |
| faire parvenir | envoyer | 21 | v. |
| faire semblant | prétendre, feindre | 439 | loc. |
| famille élargie | personnes liées par famille nucléaire, par alliance ou par d'autres relations | 40 | n.f. |
| famille nucléaire | famille composée d'un couple et des enfants | 191 | n.f. |
| fardeau | poids qu'il faut porter | 411 | n.m. |
| fascicule | petit livre avec des informations spécifiques, normalement quelques pages | 74 | n.m. |
| fête du mouton | fête musulmane, Aïd-al-Adha | 191 | n.f. |
| fève de cacao | graine comestible d'une légumineuse | 407 | n.f. |
| fidèle | dévoué, attaché | 231 | adj. |
| fil | brin long et fin de matière textile | 288 | n.m. |
| filière | secteur d'étude | 183 | n.f. |
| filtrer | soumettre à un contrôle | 238 | v. |
| flacon | petite bouteille de verre | 282 | n.m. |
| flâner | se promener lentement | 219 | v. |
| fléau | calamité | 307 | n.m. |
| flécheur | fabricant de flèches | 17 | n.m. |
| florissant(e) | prospère | 340 | adj. |
| force vive | personne dont les atouts et les actions contribuent à améliorer une situation | 143 | n.f. |
| forfait | prix pour des produits qu'on achète en groupe | 121 | n.m. |
| fossé | ce qui sépare | 183 | n.m. |
| fossé | séparation | 249 | n.m. |
| fournir | approvisionner, produire | 20 | v. |
| foyer | lieu où habite une famille | 250 | n.m. |
| frais d'inscription | argent qu'il faut payer pour aller à l'école, pour s'inscrire | 84 | n.m./pl. |
| franchir | passer par-dessus un obstacle | 23 | v. |
| francilien(ne) | de l'Île de France | 311 | adj. |
| fringues | vêtements (fam.) | 195 | n.f./pl. |
| froissé(e) | chiffonné | 351 | adj. |
| froisser | chiffonner | 103 | v. |
| fustiger | critiquer vivement, blâmer | 452 | v. |
| gâchis | fait de gâcher, d'abîmer, d'endommager | 306 | n.m. |
| gamelle | écuelle pour les repas | 351 | n.f. |
| garant | responsable | 33 | n.m. |
| gaspillage | gâchage, perte | 307 | n.m. |
| gendre | beau-fils | 211 | n.m. |
| genièvre | fruit du genévrier | 356 | n.m. |
| gésine | accouchement | 350 | n.f. |
| gestion | action ou manière d'organiser ou de surveiller un projet | 142 | n.m. |

| mot de vocabulaire | définition en français | page | grammaire |
|---|---|---|---|
| gingembre | plante originaire d'Asie, servant de condiment | 356 | n.m. |
| glisser | se déplacer sur l'écran par un mouvement continu | 238 | v. |
| grelottant(e) | tremblant de froid ou de peur | 350 | adj. |
| grenelle | qui réunit différents acteurs politiques et associatifs pour trouver des solutions en matière d'écologie | 322 | n.m. |
| griffé(e) | qui porte l'étiquette d'une grande marque | 217 | adj. |
| grignoter | manger peu à peu, ronger (lit.), gagner peu à peu (fig.) | 66 | v. |
| grimper | acte de monter sur quelque chose | 109 | v. |
| grosso-modo | globalement | 29 | adv. |
| guet-apens | piège | 286 | n.m. |
| haut de gamme | modèles supérieurs | 216 | adj. |
| héberger | loger quelqu'un ou quelque chose | 461 | v. |
| homologue | personne ou objet qui remplit les mêmes fonctions qu'un autre | 66 | n.m. |
| illettré(e) | personne qui ne peut pas ou qui a des grandes difficultés à lire et à écrire | 448 | n.m./f. |
| inégalable | unique | 225 | adj. |
| inopinément | qui arrive de façon imprévue | 351 | adv. |
| insouciance | indifférence, détachement | 452 | n.f. |
| intempestif (-ve) | inopportun | 25 | adj. |
| interpeller | questionner | 23 | v. |
| jalonner | se succéder | 357 | v. |
| jeter un pavé dans la mare | provoquer des troubles, faire un scandale | 36 | loc. |
| jour férié | fête officielle où personne (ou presque) ne travaille; souvent religieux ou commémoratif | 158 | n.m. |
| jumeaux | enfants nés en même temps de la même mère | 224 | n.m./pl. |
| khmer | membre des Khmers, peuple de Cambodge | 451 | adj. |
| lâcheté | manque de courage | 275 | n.f. |
| laideur | caractère de ce qui n'est pas beau | 446 | n.f. |
| laïque | qui est indépendant de toute confession | 17 | adj. |
| las(se) | fatigué, manquant d'énergie | 202 | adj. |
| lésine | avarice | 350 | n.f. |
| leurre | erreur | 257 | n.m. |
| levier | moyen d'action | 175 | n.m. |
| liège | matériau naturel, léger et imperméable fourni principalement par le chêne-liège | 320 | n.m. |
| liseuse | appareil qui permet de lire des livres sur un écran adapté | 66 | n.f. |
| livre numérique | un livre qui n'est pas fait en papier, livre électronique | 71 | n.m. |
| locataire | personne qui loue | 408 | n.m. |
| locuteur | personne qui parle | 417 | n.m. |
| locuteur (-trice) | personne qui parle | 37 | n.m./f. |
| ludique | qui tient du jeu | 142 | adj. |
| maîtriser | se rendre maître de quelque chose | 144 | v. |
| malgache | de Madagascar | 332 | adj. |
| malgré soi | involontairement | 39 | adv. |
| malle | coffre utilisé comme bagage | 348 | n.f. |
| marasme | crise ou arrêt de l'activité économique | 152 | n.m. |
| marauder | voler quelque chose, souvent petit | 399 | v. |
| marche | fonctionnement d'un appareil | 238 | n.f. |
| marché | où on vend et achète les produits | 71 | n.m. |
| marque | signe distinctive d'une entreprise | 32 | n.f. |
| matraquage | propagande, intoxication, insistance | 338 | n.m. |
| mélanger | agglomérer | 304 | v. |
| menacé(e) | en danger | 248 | adj. |

| mot de vocabulaire | définition en français | page | grammaire |
|---|---|---|---|
| ménage | famille | 250 | n.m. |
| ménage | foyer, famille | 421 | n.m. |
| métier | travail pour gagner sa vie, une carrière | 62 | n.m. |
| millésime | date à quatre chiffres marquant l'année de fabrication de quelque chose | 348 | n.m. |
| milliampère | unité de mesure d'intensité électrique | 259 | n.m. |
| mimétisme | imitation | 23 | n.m. |
| Minitel | ancêtre français de l'internet, pour trouver des informations numériques | 61 | n.m. |
| mœurs | coutumes ou habitudes particuliers | 218 | n.f./pl. |
| mollesse | manque de vigueur | 25 | n.f. |
| monoparental(e) | composé uniquement d'un seul parent avec des enfants | 227 | adj. |
| morphologie | forme de l'être vivant | 459 | n.f. |
| moyens | ressources | 206 | n.m./pl. |
| néfaste | nuisible, désastreux | 273 | adj. |
| nonobstant | malgré | 429 | prép. |
| nuisible | menaçant | 174 | adj. |
| occidental | qui appartient à la civilisation européenne | 248 | adj. |
| onde | vibration qui se propage | 252 | n.f. |
| ondulé(e) | avoir un mouvement ondulatoire | 369 | adj. |
| ONG | Organisation Non-Gouvernementale | 402 | n.f. |
| onglet | symbole en forme d'échancrure pour signaler une nouvelle section | 268 | n.m. |
| onirique | relatif aux rêves | 368 | adj. |
| ordonnance | prescription écrite du médecin | 102 | n.f. |
| Orient | l'Est | 127 | n.m. |
| orphelin(e ) | enfant qui a perdu un ou deux parent(s) | 18 | n.m./f. |
| oser | avoir le courage de faire | 195 | v. |
| outil | ustensile | 29 | n.m. |
| ouvrage | livre, oeuvre | 71 | adj. |
| paillettes | décorations souvent rondes et brillantes cousues ou collées sur un vêtement, sur la peau, etc. | 452 | n.f./pl. |
| pallier | remédier à une difficulté plus ou moins bien | 173 | v. |
| panoplie | collection | 354 | n.f. |
| paresse | tendance à éviter tout effort | 22 | n.f. |
| paresseux (-euse) | inactive, lente | 145 | adj. |
| pari | action de parier | 304 | n.m. |
| patrimoine | ensemble des biens hérités, héritage d'une communauté | 34 | n.m. |
| péjoratif (-ve) | qui implique un jugement négatif | 253 | adj. |
| pêle-mêle | confusément, en désordre | 256 | adv. |
| pénible | fatigant, éprouvant | 351 | adj. |
| péremption | état de ce qui est périmé | 365 | n.f. |
| périple | voyage d'exploration, ou avec plusieurs étapes | 400 | n.m. |
| périscolaire | activités organisées par l'école mais qui ne sont pas obligatoires | 63 | adj. |
| pétanque | jeu de boules d'origine méditerranéenne | 222 | n.f. |
| piailler | se plaindre sans cesse (fam.) | 406 | v. |
| pigiste | journaliste rémunéré à l'article | 309 | n.m. |
| pimenter | mettre de la variété | 126 | v. |
| pistolet à colle | instrument permettant de projeter de la colle | 288 | n.m. |
| plaquer | abandonner (fam.) | 467 | v. |
| PME | Petites et Moyennes Entreprises | 453 | n.f./pl. |
| pneu | bandage en caoutchouc enveloppant la chambre à air d'une roue | 282 | n.m. |
| polyglotte | personne qui parle plusieurs langues | 439 | n.m./f. |
| portable | téléphone ou ordinateur mobile | 238 | n.m. |
| porte-parole | personne officielle qui parle au nom d'une compagnie | 115 | n.m. |

| mot de vocabulaire | définition en français | page | grammaire |
|---|---|---|---|
| postuler | être candidat à un emploi, demander un poste | 142 | v. |
| potable | que l'on peut boire sans danger pour la santé | 308 | adj. |
| pote | copain (fam.) | 23 | n.m. |
| poursuivre | continuer sans interruption | 65 | v. |
| poussiéreux (-euse) | couvert de poussière | 362 | adj. |
| PQR | Presse Quotidienne Régionale (plusieurs journaux français) | 61 | n.f. |
| préavis | avertissement préalable | 408 | n.m. |
| présentation du nom | service qui donne des informations sur l'origine d'un appel | 238 | n.f. |
| prétendre | affirmer quelque chose de contestable | 467 | v. |
| prétendu(e) | apparent | 338 | adj. |
| prévenance | délicatesse, action faite par anticipation des désirs de quelqu'un | 362 | n.f. |
| primeur | fruits et légumes | 304 | n.f. |
| projet de loi | texte de loi soumis au Conseil d'État par le gouvernement | 262 | n.m. |
| promouvoir | faire avancer, faire de la promotion | 401 | v. |
| pudeur | chasteté, modestie | 446 | n.f. |
| puiser | tirer | 368 | v. |
| punaise | petit clou à grosse tête et à pointe courte | 288 | n.f. |
| pupitre | petit bureau pour élève, chaise et table sont attachées | 79 | n.m. |
| quart de finale | lorsqu'il y a seulement quatre équipes qui restent dans un tournoi, souvent sportif | 422 | n.m. |
| quasi | presque | 37 | adv. |
| racolage | action d'attirer par tous les moyens | 452 | n.m. |
| rapport | lien, relation | 211 | n.m. |
| rater | contraire de réussir | 62 | v. |
| rattrapage | démarche qui consiste à repasser quelques examens du bac ou redoubler un cours | 62 | n.m. |
| rayon | département dans un magasin | 375 | n.m. |
| réaliser | accomplir | 176 | v. |
| recomposé(e) | formée d'une précédente union | 191 | adj. |
| rédiger | écrire | 213 | v. |
| registre | niveau | 5 | n.m. |
| réglé(e) | résolu | 211 | adj. |
| reluire | briller | 465 | v. |
| remporter | être vainqueur, obtenir un succès | 147 | v. |
| rémunération | paiement | 142 | n.f. |
| rencontre | entrée en contacte | 213 | n.f. |
| rendre hommage à quelqu'un | témoigner du respect, de l'admiration | 402 | v. |
| répit | pause, repos | 173 | n.m. |
| réseau | ensemble de personnes qui sont en contact les unes avec les autres | 244 | n.m. |
| réseau social | site Internet qui permet de créer une page personnel et échanger des informations avec d'autres personnes | 4 | n.m. |
| réussite | succès | 17 | n.f. |
| revêche | récalcitrant, rébarbatif | 350 | adj. |
| robinet | dispositif qui sert à retenir ou à faire écouler un liquide | 267 | n.m. |
| rompre | cesser, arrêter | 158 | v. |
| ruban adhésif | bande autocollante | 288 | n.m. |
| s'agglutiner | se réunir en groupe | 173 | v. |
| s'alimenter | manger | 333 | v. |
| s'appuyer sur | se servir de quelque chose comme support, soutien | 352 | v. |
| s'arracher | se séparer avec effort de quelque chose | 202 | v. |
| s'arranger | trouver une solution | 140 | v. |

| mot de vocabulaire | définition en français | page | grammaire |
|---|---|---|---|
| s'enfoncer | aller vers le fond | 289 | v. |
| s'entendre | sympathiser avec quelqu'un, s'accorder avec quelqu'un | 191 | v. |
| s'épanouir | trouver un équilibre psychique, se développer | 223 | v. |
| s'épuiser | se fatiguer | 319 | v. |
| s'incarner | se réaliser en quelque chose | 17 | v. |
| sacoche | type de sac en toile ou en cuir porté à l'épaule | 103 | n.f. |
| salarié | personne dont le travail est payé | 170 | n.m. |
| sans fil | qui connecte différents postes ou systèmes par ondes radio | 252 | adv. |
| savoir-faire | compétence | 32 | n.f. |
| scolarité | le fait d'aller à l'école | 87 | n.f. |
| se dévoyer | se détourner du droit chemin | 374 | v. |
| se focaliser | se concentrer sur un point précis | 213 | v. |
| se goinfrer | manger salement et voracement | 379 | v. |
| se greffer | s'ajouter à | 37 | v. |
| se muer | transformer | 416 | v. |
| se plaindre | exprimer une douleur, un mal-être ou un mécontentement | 117 | v. |
| se priver | s'abstenir de quelque chose | 109 | v. |
| se redresser | retrouver sa force | 15 | v. |
| séduire | charmer volontairement | 213 | v. |
| séduit(e) | charmé(e) | 315 | adj. |
| séjourner | passer du temps dans un lieu | 324 | v. |
| semblablement | de même nature, identiquement | 349 | adv. |
| sésame | ce qui permet d'ouvrir toutes les portes | 143 | n.m. |
| simulacre | d'une apparence de quelque chose qui ressemble à la réalité | 204 | n.m. |
| SMIC | Salaire Minimum Interprofessionnel de Croissance, anciennement SMIG | 148 | n.m. |
| SMIG | acronyme de «salaire minimum interprofessionnel garanti» un salaire horaire minimum fixé par loi | 150 | n.m. |
| solennité | célébration ou cérémonie importante | 227 | n.f. |
| sou | pièce de monnaie | 15 | n.m. |
| soupir | expiration forte exprimant la fatigue ou l'émotion | 117 | n.m. |
| sournois(e) | qui dissimule ses sentiments ou ses intentions dans un but malveillant | 338 | adj. |
| soutien | action de soutenir, d'aider, de défendre, de protéger | 229 | n.m. |
| spleen | mélancolie, ennui profond | 462 | n.m. |
| stage | période d'apprentissage dans une entreprise, un service, ou une association | 145 | n.m. |
| subir | endurer, supporter | 181 | v. |
| suivi | surveillance permanente d'une personne sur une période prolongée | 275 | n.m. |
| sur la pointe des pieds | s'appuyer uniquement sur les orteils pour marcher | 66 | loc. |
| surgir | apparaître ou émerger brusquement | 231 | v. |
| surpoids | obésité | 379 | n.m. |
| surveillé(e) | observé | 268 | adj. |
| syndicat | association ayant pour objectif la défense des intérêts des employés | 154 | n.m. |
| tâche | travail qui doit être effectué dans un temps donné | 142 | n.f. |
| tâtonner | chercher autour de soi | 126 | v. |
| téléphone fixe | téléphone dont la ligne terminale d'abonné est située à un emplacement fixe | 238 | n.m. |
| télétravail | travail à distance de l'employeur grâce à la technologie | 162 | n.m. |
| tellement | tant, beaucoup | 201 | adv. |
| tendance | disposition naturelle, inclination | 210 | n.f. |
| tenter | essayer | 14 | v. |
| tergiversation | le fait d'inventer des excuses pour ne pas avoir à accomplir une action | 269 | n.f. |
| terroir | région, terre considérée par rapport à la production agricole | 357 | n.m. |
| texto/SMS | message envoyé par téléphone mobile | 239 | n.m. |
| tierce | troisième partie | 329 | n.f. |

| mot de vocabulaire | définition en français | page | grammaire |
|---|---|---|---|
| tiers | quelqu'un d'étranger à un groupe ou une affaire | 33 | n.m. |
| tiers-lieux | des espaces physiques ou virtuels de rencontres entre personnes et compétences variées qui n'ont pas forcément vocation à se croiser | 175 | n.m. |
| tirer | prendre de, recevoir de | 225 | v. |
| tison | reste encore brûlant d'un morceau de bois consumé | 350 | n.m. |
| titiller | chatouiller légèrement | 374 | v. |
| toquade | amourette | 195 | n.f. |
| touche | bouton | 238 | n.f. |
| tourbillonnant(e) | agitant | 368 | n.m. |
| toutou | chien (fam.) | 216 | n.m. |
| TPE | Très Petites Entreprises, toutes les entreprises de petite taille possédant moins de dix salariés et dont le chiffre d'affaires est en dessous de deux millions d'euros | 175 | n.f./pl. |
| trait | attribut, caractéristique | 209 | n.m. |
| trajet | distance à parcourir entre deux points | 142 | n.m. |
| traque | chasse | 306 | n.f. |
| traverser | passer par, vivre | 15 | v. |
| tremblement de terre | séisme | 301 | n.m. |
| trier | séparer pour répartir et regrouper selon certains critères | 322 | v. |
| triptyque | projet, document qui comporte trois parties | 381 | adj. |
| tune | argent (fam.) | 140 | n.f. |
| unique | seul | 191 | adj. |
| usine | établissement industriel | 173 | n.f. |
| valeur | élément d'un ensemble de principes | 223 | n.f. |
| valoriser | augmenter la valeur | 32 | v. |
| vanter | glorifier | 327 | v. |
| vente aux enchères | vente ouverte au public lors de laquelle le bien vendu est adjugé au plus offrant | 286 | n.f. |
| vicié(e) | pollué | 22 | adj. |
| vide-grenier | braderie organisée par des particuliers | 286 | n.m. |
| vitrail | fenêtre avec le verre colorié ou peint | 454 | n.m. |
| vivrier (-ère) | qui produit des aliments destinés à l'homme | 306 | adj. |
| voire | aussi, encore | 102 | adv. |
| volière | cage à oiseau | 77 | n.f. |
| volupté | plaisir des sens | 462 | n.f. |

# Français > Anglais

| français | anglais | page | grammaire |
|----------|---------|------|-----------|
| à l'heure actuelle | right now, at this time | 18 | adv. |
| à la bourre | late | 351 | loc. |
| à notre insu | without our knowledge | 19 | adv. |
| abonnement | subscription | 254 | n.m. |
| abruti(e) | idiot | 473 | adj. |
| accroître | to increase | 167 | v. |
| adhésion | membership, subscription | 35 | n.f. |
| affaiblissement | weakening | 227 | n.m. |
| affermi(e) | built-up | 272 | adj. |
| agence de l'emploi | employment agency | 144 | n.m. |
| agguerri(e) | hardened | 320 | adj. |
| agrafeuse | stapler | 288 | n.f. |
| aimer à la folie | to love madly | 201 | loc. |
| aîné(e) | oldest, eldest | 223 | n.m./f. |
| aisé(e ) | comfortable, well-off | 250 | adj. |
| alentours | surroundings | 324 | n.m./pl. |
| alimenter | to feed | 16 | v. |
| allaitement | breastfeeding | 318 | n.m. |
| allumer | to turn on | 238 | v. |
| alphabétisation | literacy | 248 | n.f. |
| amalgamé(e) | amalgamated, merged | 25 | adj. |
| améliorer | to improve | 392 | v. |
| amitié | friendship | 191 | n.f. |
| amoureux (-euse) | in love | 201 | n.m./f. |
| animal de compagnie | pet | 231 | n.m. |
| animatrice | team leader, host, organizer | 144 | nf |
| antinomique | contradictory | 374 | adj. |
| appareil | device | 238 | n.m. |
| appartenance | belonging | 204 | n.f. |
| appuyer sur | to press | 239 | v. |
| arnaque | scam | 286 | n.f. |
| arpenter | to stride along | 311 | v. |
| arrêt | stop, off | 238 | n.m. |
| arrière-plan | background | 441 | n.m. |
| astuce | knack, trick | 103 | n.f. |
| astucieux (-se) | astute | 270 | adj. |
| atelier | workshop | 357 | n.m. |
| atout | advantage | 184 | n.m. |
| attirance | attraction, lure | 444 | n.f. |
| au sein de | in the middle of | 352 | loc. |
| augmenter | to increase | 71 | v. |
| auparavant | formerly, before | 468 | adv. |
| autochtone(s) | native, aboriginal | 17 | adj. |
| auto-entretenu | self-sustaining | 403 | adj. |
| autour de | around | 222 | prép. |
| avoir lieu | to take place, to occur | 200 | v. |
| avoisinant(e) | neighboring | 323 | adj. |
| bachoter | to cram | 45 | v. |
| bananier | banana tree | 107 | n.m. |

| français | anglais | page | grammaire |
|----------|---------|------|-----------|
| bander les yeux | to blindfold | 205 | v. |
| baptême | baptism | 206 | n.m. |
| base de données | database | 416 | n.f. |
| battre de l'aile | to be on the blink | 410 | loc. |
| bémol | drawback | 195 | n.m. |
| bénir | to bless | 436 | v. |
| benne | bin | 323 | n.f. |
| berge | embankment | 323 | n.f. |
| bétail | livestock | 450 | n.m. |
| biais | means | 30 | n.m. |
| blanchiment | whitening | 68 | n.m. |
| bocal | jar | 282 | n.m. |
| bois | wood | 282 | n.m. |
| boîte | company | 413 | n.f. |
| boiter | to limp | 25 | v. |
| bosser | to work | 29 | v. |
| bouche bée | to be flabbergasted | 464 | loc. |
| bouleverser | to overwhelm | 252 | v. |
| bouquiniste | bookseller | 220 | n.m./f. |
| braconnage | poaching | 318 | n.m. |
| Brevet | 8th grade diploma in France | 47 | n.m. |
| broyé(e) | crushed | 321 | adj. |
| bulle de BD | speech bubble | 238 | n.f. |
| cabinet | office | 142 | n.m. |
| cadenas | padlock | 198 | n.m. |
| cadre | manager, executive | 149 | n.m. |
| câlin | hug | 198 | n.m. |
| cancre | dunce | 52 | n.m. |
| cantine | cafeteria | 58 | n.f. |
| caoutchouc | rubber | 282 | n.m. |
| caserne | barracks | 350 | n.f. |
| caution | deposit | 408 | n.f. |
| chaleureux(-euse) | warm, welcoming | 19 | adj. |
| chaparder | to steal something small | 399 | v. |
| charme | charm | 213 | n.m. |
| chausson | slipper | 268 | n.m. |
| chérifien(-ne) | Sharifian | 36 | adj. |
| chômage | unemployed | 147 | n.m. |
| cible | target | 355 | n.f. |
| ciseaux | scissors | 288 | n.m./pl. |
| clairière | clearing | 304 | n.f. |
| cohabitation | co-habitation, living together | 415 | n.f. |
| co-hébergement | co-living | 358 | n.m. |
| coller | to glue | 288 | v. |
| colocation | to have a roommate | 359 | n.f. |
| compagnon/compagne | companion | 193 | n.m./f. |
| compétence | expertise, skil | 145 | n.f./pl. |
| concevoir | recognize, consider | 459 | v. |
| concilier | to reconcile | 167 | v. |
| concrétiser | to realize | 431 | v. |
| congé | vacation | 147 | n.m. |
| conjoint(e) | spouse (formal) | 211 | n.m./f. |

| français | anglais | page | grammaire |
|---|---|---|---|
| conquis(e) | conquered, invaded | 211 | adj. |
| constater | to note, notice | 34 | v. |
| contraignant | restrictive, restraining | 163 | adj. |
| contrainte | pressure | 227 | n.f. |
| contrat de bail | lease | 408 | n.m. |
| convivialité | conviviality, friendliness | 175 | n.f. |
| corde | cord, rope | 288 | n.f. |
| corpulent(e) | corpulent, stout | 114 | adj. |
| côtoyer | to rub shoulders with | 272 | v. |
| coup de foudre | love at first sight, strike of lightening (lit.) | 198 | loc. |
| croisière | cruise | 107 | n.f. |
| croissance | growth | 285 | n.f. |
| crûment | bluntly, crudely | 17 | adv. |
| culot | nerve | 470 | n.m. |
| Cupidon | Cupid | 205 | n.m. |
| cursus | course, curriculum | 74 | n.m. |
| davantage | more | 21 | adv. |
| de proximité | close, near | 267 | adv. |
| débardeur | tank top | 451 | n.m. |
| déboisement | deforestation | 301 | n.m. |
| débrouillard(e) | resourceful, crafty | 145 | adj. |
| déchet | trash, waste, garbage | 286 | n.m. |
| découper | to cut up | 288 | v. |
| défaillant | unsteady, weak | 226 | adj. |
| déferlante | roll-out, unveiling | 310 | n.f. |
| défi | challenge | 306 | n.m. |
| dégivrage | defrosting | 269 | n.m. |
| délit | misdemeanor | 262 | n.m. |
| démarrer | to start (up) | 164 | v. |
| démentir | contradict | 115 | v. |
| dépôt-vente | second-hand store | 286 | n.m. |
| desdits | aforementioned | 161 | adj. |
| développement durable | sustainability | 453 | n.m. |
| déverrouiller | to unlock | 238 | v. |
| devis | estimate | 121 | n.m. |
| devise | motto | 195 | n.f. |
| diane | bugle call | 350 | n.f. |
| diffuser | to broadcast | 252 | v. |
| digestif | after-dinner drink | 218 | n.m. |
| dispendieux (-euse) | expensive | 464 | adj. |
| doué(e) | gifted | 193 | adj. |
| du cru | local | 357 | loc. |
| durant | during | 14 | prép. |
| écart | gap, distance | 180 | n.m. |
| échantillon | sample | 356 | n.m. |
| écran tactile | touchscreen | 238 | n.m. |
| écumeux (-euse) | foaming | 350 | adj. |
| édifice | building | 325 | n.m. |
| édulcoré(e ) | sweetened | 266 | adj. |
| égérie | muse | 459 | n.f. |
| émaner | to come from | 419 | v. |
| empreinte | trace, imprint, footprint | 289 | n.f. |

| français | anglais | page | grammaire |
|---|---|---|---|
| en avoir ras-le-bol | to be fed up | 140 | loc. |
| en chair et en os | in flesh and bone | 167 | loc. |
| en fonction de | according to | 142 | loc. |
| encrier | inkwell | 398 | n.m. |
| endiguer | to contain, to hold back | 153 | v. |
| engendrer | to cause, to lead to | 453 | v. |
| englober | include | 331 | v. |
| enseigne | emblem | 354 | n.f. |
| entraver | to hinder | 262 | v. |
| entretemps | in the meantime | 178 | adv. |
| entretenir | to maintain | 228 | v. |
| entretien | interview | 142 | n.m. |
| épanouissement | thriving, blossoming | 167 | n.m. |
| épargne | savings | 403 | n.f. |
| éparpillé(e) | scattered | 318 | adj. |
| épaulé(e) par | shouldered | 352 | adj. |
| éphémère | ephemeral, short-lived | 202 | adj. |
| épingle de sûreté | safety pin | 288 | n.f. |
| époux (-se) | spouse | 210 | n.m./f. |
| équitable | fair | 402 | adj. |
| érable | maple | 283 | n.m. |
| ère | era | 272 | n.f. |
| escale | layover | 107 | n.f. |
| escapade | escapade | 128 | n.f. |
| essaim | swarm | 350 | n.m. |
| esthétique | aesthetic | 223 | n.f. |
| étagère | shelf | 282 | n.f. |
| étatique | state, public | 429 | adj. |
| être à la recherche de | to be looking for | 193 | v. |
| être humain | human being | 19 | n.m. |
| éveil | awakening | 304 | n.m. |
| éventail | fan | 449 | n.m. |
| exemplaire | copy, example | 102 | n.m. |
| exigeant(e) | demanding | 211 | adj. |
| expatriation | expatriation | 124 | n.f. |
| fac | college, university | 81 | n.f. |
| facticité | affectation | 357 | n.f. |
| faillir | to almost do something | 466 | v. |
| faire le point | to focus on, to review the situation | 26 | v. |
| faire parvenir | to forward | 21 | v. |
| faire semblant | to pretend | 439 | loc. |
| famille élargie | extended family | 40 | n.f. |
| famille nucléaire | immediate family | 191 | n.f. |
| fardeau | burden | 411 | n.m. |
| fascicule | booklet | 74 | n.m. |
| fête du mouton | Feast of the Sacrifice | 191 | n.f. |
| fève de cacao | cocoa bean | 407 | n.f. |
| fidèle | loyal | 231 | adj. |
| fil | thread, string | 288 | n.m. |
| filière | sector | 183 | n.f. |
| filtrer | to filter | 238 | v. |
| flacon | vial | 282 | n.m. |

| français | anglais | page | grammaire |
|----------|---------|------|-----------|
| flâner | to stroll | 219 | v. |
| fléau | plague | 307 | n.m. |
| flécheur | arrowmaker | 17 | n.m. |
| florissant(e) | flourishing | 340 | adj. |
| force vive | vital, driving force | 143 | n.f. |
| forfait | package, bundle | 121 | n.m. |
| fossé | ditch | 183 | n.m. |
| fossé | ditch, gap | 249 | n.m. |
| fournir | to furnish | 20 | v. |
| foyer | household | 250 | n.m. |
| frais d'inscription | registration fee | 84 | n.m./pl. |
| franchir | to jump over, break through | 23 | v. |
| francilien(ne) | from Île de France | 311 | adj. |
| fringues (fam.) | clothes | 195 | n.f./pl. |
| froissé(e) | rumpled | 351 | adj. |
| froisser | to wrinkle | 103 | v. |
| fustiger | to denounce | 452 | v. |
| gâchis | waste | 306 | n.m. |
| gamelle | dish | 351 | n.f. |
| garant | guarantor | 33 | n.m. |
| gaspillage | waste | 307 | n.m. |
| gendre | son-in-law | 211 | n.m. |
| genièvre | juniper berry | 356 | n.m. |
| gésine | childbirth | 350 | n.f. |
| gestion | management | 142 | n.m. |
| gingembre | ginger | 356 | n.m. |
| glisser | to drag | 238 | v. |
| grelottant(e) | shivering | 350 | adj. |
| grenelle | environment forum | 322 | n.m. |
| griffé(e) | stamped (by a name brand) | 217 | adj. |
| grignoter | to nibble, to snack | 66 | v. |
| grimper | to climb | 109 | v. |
| grosso-modo | more or less, roughly | 29 | adv. |
| guet-apens | ambush | 286 | n.m. |
| haut de gamme | high-end | 216 | adj. |
| héberger | to host | 461 | v. |
| homologue | counterpart | 66 | n.m. |
| illettré(e) | illiterate person | 448 | n.m./f. |
| inégalable | unequalled, matchless | 225 | adj. |
| inopinément | unexpectedly | 351 | adv. |
| insouciance | lack of concern | 452 | n.f. |
| intempestif (-ve) | untimely, inopportune | 25 | adj. |
| interpeller | to question, to shout at | 23 | v. |
| jalonner | punctuate, intersperse | 357 | v. |
| jeter un pavé dans la mare | to throw a stone in the pond, to cause a scandal | 36 | loc. |
| jour férié | public holiday | 158 | n.m. |
| jumeaux | twins | 224 | n.m./pl. |
| khmer | Khmer | 451 | adj. |
| lâcheté | cowardice | 275 | n.f. |
| laideur | ugliness | 446 | n.f. |
| laïque | secular, non-religious | 17 | adj. |
| las(se) | weary | 202 | adj. |

| français | anglais | page | grammaire |
|---|---|---|---|
| lésine | stingy | 350 | n.f. |
| leurre | lure | 257 | n.m. |
| levier | lever | 175 | n.m. |
| liège | cork | 320 | n.m. |
| liseuse | reader | 66 | n.f. |
| livre numérique | e-book | 71 | n.m. |
| locataire | renter | 408 | n.m. |
| locuteur | speaker | 417 | n.m. |
| locuteur (-trice) | speaker | 37 | n.m./f. |
| ludique | playful | 142 | adj. |
| maîtriser | to master | 144 | v. |
| malgache | Madagascan | 332 | adj. |
| malgré soi | despite oneself | 39 | adv. |
| malle | trunk | 348 | n.f. |
| marasme | stagnation | 152 | n.m. |
| marauder | pilfer | 399 | v. |
| marche | functioning, on | 238 | n.f. |
| marché | market | 71 | n.m. |
| marque | brand, make | 32 | n.f. |
| matraquage | hype | 338 | n.m. |
| mélanger | to mix | 304 | v. |
| menacé(e) | threat | 248 | adj. |
| ménage | household | 250 | n.m. |
| ménage | housework | 421 | n.m. |
| métier | occupation, profession | 62 | n.m. |
| millésime | vintage | 348 | n.m. |
| milliampère | milliamp | 259 | n.m. |
| mimétisme | imitation, mimetism | 23 | n.m. |
| Minitel | electronic telephone/address book in France before the internet | 61 | n.m. |
| mœurs | customs | 218 | n.f./pl. |
| mollesse | softness, gentleness | 25 | n.f. |
| monoparental(e) | single parent | 227 | adj. |
| morphologie | the human form | 459 | n.f. |
| moyens | means | 206 | n.m./pl. |
| néfaste | harmful | 273 | adj. |
| nonobstant | notwithstanding | 429 | prép. |
| nuisible | harmful, damaging | 174 | adj. |
| occidental | Western | 248 | adj. |
| onde | wave | 252 | n.f. |
| ondulé(e) | wavy | 369 | adj. |
| ONG | Non-Governmental Organization | 402 | n.f. |
| onglet | thumbnail | 268 | n.m. |
| onirique | dreamlike | 368 | adj. |
| ordonnance | prescription | 102 | n.f. |
| Orient | East, Orient | 127 | n.m. |
| orphelin(e ) | orphan | 18 | n.m./f. |
| oser | to dare | 195 | v. |
| outil | tool | 29 | n.m. |
| ouvrage | a work (literary or artistic) | 71 | adj. |
| paillettes | glitter, sequin | 452 | n.f./pl. |
| pallier | to overcome, to remedy | 173 | v. |

| français | anglais | page | grammaire |
|---|---|---|---|
| panoplie | collection | 354 | n.f. |
| paresse | idleness | 22 | n.f. |
| paresseux (-euse) | lazy | 145 | adj. |
| pari | bet | 304 | n.m. |
| patrimoine | heritage, estate | 34 | n.m. |
| péjoratif (-ve) | derogatory | 253 | adj. |
| pêle-mêle | pell-mell, haphazardly | 256 | adv. |
| pénible | difficult, tiresome | 351 | adj. |
| péremption | lapsing | 365 | n.f. |
| périple | trek | 400 | n.m. |
| périscolaire | extra-curricular | 63 | adj. |
| pétanque | bocce | 222 | n.f. |
| piailler | to chirp | 406 | v. |
| pigiste | freelance journalist | 309 | n.m. |
| pimenter | to spice up | 126 | v. |
| pistolet à colle | glue gun | 288 | n.m. |
| plaquer (fam.) | to ditch, dump | 467 | v. |
| PME | small and medium-sized companies | 453 | n.f./pl. |
| pneu | tire | 282 | n.m. |
| polyglotte | polyglot | 439 | n.m./f. |
| portable | cell phone/laptop | 238 | n.m. |
| porte-parole | spokesperson | 115 | n.m. |
| postuler | to apply for | 142 | v. |
| potable | drinkable | 308 | adj. |
| pote | pal, buddy | 23 | n.m. |
| poursuivre | to pursue | 65 | v. |
| poussiéreux (-euse) | dusty | 362 | adj. |
| PQR | daily French press (group of newspapers) | 61 | n.f. |
| préavis | notice | 408 | n.m. |
| présentation du nom | caller ID | 238 | n.f. |
| prétendre | to affirm | 467 | v. |
| prétendu(e) | supposed | 338 | adj. |
| prévenance | consideration | 362 | n.f. |
| primeur | produce | 304 | n.f. |
| projet de loi | draft bill | 262 | n.m. |
| promouvoir | to promote | 401 | v. |
| pudeur | modesty | 446 | n.f. |
| puiser | to dig into | 368 | v. |
| punaise | tack, pushpin | 288 | n.f. |
| pupitre | student desk | 79 | n.m. |
| quart de finale | quarterfinals | 422 | n.m. |
| quasi | almost, nearly | 37 | adv. |
| racolage | soliciting | 452 | n.m. |
| rapport | relationship, link | 211 | n.m. |
| rater | to fail | 62 | v. |
| rattrapage | catch up | 62 | n.m. |
| rayon | department | 375 | n.m. |
| réaliser | to accomplish | 176 | v. |
| recomposé(e) | blended | 191 | adj. |
| rédiger | to write | 213 | v. |
| registre | register | 5 | n.m. |
| réglé(e) | settled, resolved | 211 | adj. |

| français | anglais | page | grammaire |
|----------|---------|------|-----------|
| reluire | to gleam | 465 | v. |
| remporter | to bring back, to win | 147 | v. |
| rémunération | salary | 142 | n.f. |
| rencontre | meeting | 213 | n.f. |
| rendre hommage à quelqu'un | to pay tribute to | 402 | v. |
| répit | respite, break | 173 | n.m. |
| réseau | network | 244 | n.m. |
| réseau social | social network | 4 | n.m. |
| réussite | success | 17 | n.f. |
| revêche | sour | 350 | adj. |
| robinet | faucet | 267 | n.m. |
| rompre | to terminate | 158 | v. |
| ruban adhésif | tape | 288 | n.m. |
| s'agglutiner | to stick together | 173 | v. |
| s'alimenter | to feed | 333 | v. |
| s'appuyer sur | to lean on | 352 | v. |
| s'arracher | to leave in a hurry | 202 | v. |
| s'arranger | to settle, to arrange | 140 | v. |
| s'enfoncer | to sink | 289 | v. |
| s'entendre | to understand | 191 | v. |
| s'épanouir | to blossom | 223 | v. |
| s'épuiser | to wear yourself out | 319 | v. |
| s'incarner | to embody | 17 | v. |
| sacoche | satchel | 103 | n.f. |
| salarié | salaried employee | 170 | n.m. |
| sans fil | cordless | 252 | adv. |
| savoir-faire | savoir-faire, know how | 32 | n.f. |
| scolarité | schooling, education | 87 | n.f. |
| se dévoyer | to stray | 374 | v. |
| se focaliser | to focus | 213 | v. |
| se goinfrer | to binge | 379 | v. |
| se greffer | to join, to graft oneself in | 37 | v. |
| se muer | to evolve | 416 | v. |
| se plaindre | to complain | 117 | v. |
| se priver | to take something away | 109 | v. |
| se redresser | to sit/stand up straight, get back up | 15 | v. |
| séduire | to seduce | 213 | v. |
| séduit(e) | seduced | 315 | adj. |
| séjourner | to spend time | 324 | v. |
| semblablement | identically | 349 | adv. |
| sésame | door-opener | 143 | n.m. |
| simulacre | mockery | 204 | n.m. |
| SMIC | minimum wage | 148 | n.m. |
| SMIG | minimum wage | 150 | n.m. |
| solennité | solemnity | 227 | n.f. |
| sou | money | 15 | n.m. |
| soupir | to sigh | 117 | n.m. |
| sournois(e) | sly, snide | 338 | adj. |
| soutien | support | 229 | n.m. |
| spleen | melancholy | 462 | n.m. |
| stage | internship | 145 | n.m. |
| subir | to suffer | 181 | v. |

| français | anglais | page | grammaire |
|---|---|---|---|
| suivi | follow-up | 275 | n.m. |
| sur la pointe des pieds | on tip-toe | 66 | loc. |
| surgir | to appear suddenly | 231 | v. |
| surpoids | overweight | 379 | n.m. |
| surveillé(e) | surveyed | 268 | adj. |
| syndicat | trade union | 154 | n.m. |
| tâche | task | 142 | n.f. |
| tâtonner | to feel around, to grope for | 126 | v. |
| téléphone fixe | landline | 238 | n.m. |
| télétravail | telecommuting | 162 | n.m. |
| tellement | so much, so | 201 | adv. |
| tendance | tendency | 210 | n.f. |
| tenter | to attempt, to try | 14 | v. |
| tergiversation | procrastination | 269 | n.f. |
| terroir | land | 357 | n.m. |
| texto/SMS | text | 239 | n.m. |
| tierce | third | 329 | n.f. |
| tiers | third party | 33 | n.m. |
| tiers-lieux | the Third Place | 175 | n.m. |
| tirer | to pull, to draw | 225 | v. |
| tison | ember | 350 | n.m. |
| titiller | to titillate | 374 | v. |
| toquade | crush | 195 | n.f. |
| touche | button | 238 | n.f. |
| tourbillonnant(e) | twirling | 368 | n.m. |
| toutou | doggy | 216 | n.m. |
| TPE | small business (less than 10 employees) | 175 | n.f./pl. |
| trait | trait | 209 | n.m. |
| trajet | journey | 142 | n.m. |
| traque | tracking | 306 | n.f. |
| traverser | to cross | 15 | v. |
| tremblement de terre | earthquake | 301 | n.m. |
| trier | to classify | 322 | v. |
| triptyque | three-part work | 381 | adj. |
| tune | money ("bread", "dough") | 140 | n.f. |
| unique | only | 191 | adj. |
| usine | factory | 173 | n.f. |
| valeur | values | 223 | n.f. |
| valoriser | to add value to | 32 | v. |
| vanter | to praise | 327 | v. |
| vente aux enchères | auction | 286 | n.f. |
| vicié(e) | vitiated, corrupt | 22 | adj. |
| vide-grenier | yard sale | 286 | n.m. |
| vitrail | stained glass window | 454 | n.m. |
| vivrier (ère) | food-producing | 306 | adj. |
| voire | even, indeed | 102 | adv. |
| volière | bird cage | 77 | n.f. |
| volupté | delight | 462 | n.f. |

## Anglais > Français

| anglais | français | page | grammaire |
|---|---|---|---|
| 8th grade diploma in France | Brevet | 47 | n.m. |
| a work (literary or artistic) | ouvrage | 71 | adj. |
| accomplish | réaliser | 176 | v. |
| according to | en fonction de | 142 | loc. |
| add value to | valoriser | 32 | v. |
| advantage | atout | 184 | n.m. |
| aesthetic | esthétique | 223 | n.f. |
| affectation | facticité | 357 | n.f. |
| affirm | prétendre | 467 | v. |
| aforementioned | desdits | 161 | adj. |
| after-dinner drink | digestif | 218 | n.m. |
| almost do something | faillir | 466 | v. |
| almost, nearly | quasi- | 37 | adv. |
| amalgamated, merged | amalgamé(e) | 25 | adj. |
| ambush | guet-apens | 286 | n.m. |
| appear suddenly | surgir | 231 | v. |
| apply for | postuler | 142 | v. |
| around | autour de | 222 | prép. |
| arrowmaker | flécheur | 17 | n.m. |
| astute | astucieux (-se) | 270 | adj. |
| attempt, to try | tenter | 14 | v. |
| attraction, lure | attirance | 444 | n.f. |
| auction | vente aux enchères | 286 | n.f. |
| awakening | éveil | 304 | n.m. |
| background | arrière-plan | 441 | n.m. |
| banana tree | bananier | 107 | n.m. |
| baptism | baptême | 206 | n.m. |
| barracks | caserne | 350 | n.f. |
| belonging | appartenance | 204 | n.f. |
| bet | pari | 304 | n.m. |
| bin | benne | 323 | n.f. |
| binge | se goinfrer | 379 | v. |
| bird cage | volière | 77 | n.f. |
| blended | recomposé(e) | 191 | adj. |
| bless | bénir | 436 | v. |
| blindfold | bander les yeux | 205 | v. |
| blossom | s'épanouir | 223 | v. |
| bluntly, crudely | crûment | 17 | adv. |
| bocce | pétanque | 222 | n.f. |
| booklet | fascicule | 74 | n.m. |
| bookseller | bouquiniste | 220 | n.m./f. |
| brand, make | marque | 32 | n.f. |
| breastfeeding | allaitement | 318 | n.m. |
| bring back, to win | remporter | 147 | v. |
| broadcast | diffuser | 252 | v. |
| bugle call | diane | 350 | n.f. |
| building | édifice | 325 | n.m. |
| built-up | affermi(e) | 272 | adj. |
| burden | fardeau | 411 | n.m. |

| anglais | français | page | grammaire |
|---|---|---|---|
| button | touche | 238 | n.f. |
| cafeteria | cantine | 58 | n.f. |
| caller ID | présentation du nom | 238 | n.f. |
| catch up | rattrapage | 62 | n.m. |
| cause, to lead to | engendrer | 453 | v. |
| cell phone/laptop | portable | 238 | n.m. |
| challenge | défi | 306 | n.m. |
| charm | charme | 213 | n.m. |
| childbirth | gésine | 350 | n.f. |
| chirp | piailler | 406 | v. |
| classify | trier | 322 | v. |
| clearing | clairière | 304 | n.f. |
| climb | grimper | 109 | v. |
| close, near | de proximité | 267 | adv. |
| clothes | fringues (fam.) | 195 | n.f./pl. |
| cocoa bean | fève de cacao | 407 | n.f. |
| co-habitation, living together | cohabitation | 415 | n.f. |
| co-living | co-hébergement | 358 | n.m. |
| collection | panoplie | 354 | n.f. |
| college, university | fac | 81 | n.f. |
| come from | émaner | 419 | v. |
| comfortable, well-off | aisé(e) | 250 | adj. |
| companion | compagnon/compagne | 193 | n.m./f. |
| company | boîte | 413 | n.f. |
| complain | se plaindre | 117 | v. |
| conquered, invaded | conquis(e) | 211 | adj. |
| consideration | prévenance | 362 | n.f. |
| contain, to hold back | endiguer | 153 | v. |
| contradict | démentir | 115 | v. |
| contradictory | antinomique | 374 | adj. |
| conviviality, friendliness | convivialité | 175 | n.f. |
| copy, example | exemplaire | 102 | n.m. |
| cord, rope | corde | 288 | n.f. |
| cordless | sans fil | 252 | adv. |
| cork | liège | 320 | n.m. |
| corpulent, stout | corpulent(e) | 114 | adj. |
| counterpart | homologue | 66 | n.m. |
| course, curriculum | cursus | 74 | n.m. |
| cowardice | lâcheté | 275 | n.f. |
| cross | traverser | 15 | v. |
| cruise | croisière | 107 | n.f. |
| cram | bachoter | 45 | v. |
| crush | toquade | 195 | n.f. |
| crushed | broyé(e) | 321 | adj. |
| Cupid | Cupidon | 205 | n.m. |
| customs | moeurs | 218 | n.f./pl. |
| cut up | découper | 288 | v. |
| daily French press (group of newspapers) | PQR | 61 | n.f. |
| dare | oser | 195 | v. |
| database | base de données | 416 | n.f. |
| deforestation | déboisement | 301 | n.m. |
| defrosting | dégivrage | 269 | n.m. |

| anglais | français | page | grammaire |
|---------|----------|------|-----------|
| delight | volupté | 462 | n.f. |
| demanding | exigeant(e) | 211 | adj. |
| denounce | fustiger | 452 | v. |
| department | rayon | 375 | n.m. |
| deposit | caution | 408 | n.f. |
| derogatory | péjoratif (-ve) | 253 | adj. |
| despite oneself | malgré soi | 39 | adv. |
| device | appareil | 238 | n.m. |
| difficult, tiresome | pénible | 351 | adj. |
| dig into | puiser | 368 | v. |
| dish | gamelle | 351 | n.f. |
| ditch | fossé | 183 | n.m. |
| ditch, dump | plaquer (fam.) | 467 | v. |
| ditch, gap | fossé | 249 | n.m. |
| doggy | toutou | 216 | n.m. |
| door-opener | sésame | 143 | n.m. |
| draft bill | projet de loi | 262 | n.m. |
| drag | glisser | 238 | v. |
| drawback | bémol | 195 | n.m. |
| dreamlike | onirique | 368 | adj. |
| drinkable | potable | 308 | adj. |
| dunce | cancre | 52 | n.m. |
| during | durant | 14 | prép. |
| dusty | poussiéreux (-euse) | 362 | adj. |
| earthquake | tremblement de terre | 301 | n.m. |
| East, Orient | Orient | 127 | n.m. |
| e-book | livre numérique | 71 | n.m. |
| electronic telephone/address book in France before the internet | Minitel | 61 | n.m. |
| embankment | berge | 323 | n.f. |
| ember | tison | 350 | n.m. |
| emblem | enseigne | 354 | n.f. |
| embody | s'incarner | 17 | v. |
| employment agency | agence de l'emploi | 144 | n.m. |
| environment forum | grenelle | 322 | n.m. |
| ephemeral, short-lived | éphémère | 202 | adj. |
| era | ère | 272 | n.f. |
| escapade | escapade | 128 | n.f. |
| estimate | devis | 121 | n.m. |
| even, indeed | voire | 102 | adv. |
| evolve | se muer | 416 | v. |
| expatriation | expatriation | 124 | n.f. |
| expensive | dispendieux (-euse) | 464 | adj. |
| expertise, skil | compétence | 145 | n.f./pl. |
| extended family | famille élargie | 40 | n.f. |
| extra-curricular | périscolaire | 63 | adj. |
| factory | usine | 173 | n.f. |
| fail | rater | 62 | v. |
| fair | équitable | 402 | adj. |
| fan | éventail | 449 | n.m. |
| faucet | robinet | 267 | n.m. |
| Feast of the Sacrifice | fête du mouton | 191 | n.f. |

| anglais | français | page | grammaire |
|---|---|---|---|
| fed up (to be) | en avoir ras-le-bol | 140 | loc. |
| feed | alimenter | 16 | v. |
| feed | s'alimenter | 333 | v. |
| feel around, to grope for | tâtonner | 126 | v. |
| filter | filtrer | 238 | v. |
| flabbergasted (to be) | bouche bée | 464 | exp. |
| flourishing | florissant(e) | 340 | adj. |
| foaming | écumeux (-euse) | 350 | adj. |
| focus | se focaliser | 213 | v. |
| focus on, to review the situation | faire le point | 26 | v. |
| follow-up | suivi | 275 | n.m. |
| food-producing | vivrier (ère) | 306 | adj. |
| formerly, before | auparavant | 468 | adv. |
| forward | faire parvenir | 21 | v. |
| freelance journalist | pigiste | 309 | n.m. |
| friendship | amitié | 191 | n.f. |
| from Île de France | francilien(ne) | 311 | adj. |
| functioning, on | marche | 238 | n.f. |
| furnish | fournir | 20 | v. |
| gap, distance | écart | 180 | n.m. |
| gifted | doué(e) | 193 | adj. |
| ginger | gingembre | 356 | n.m. |
| gleam | reluire | 465 | v. |
| glitter, sequin | paillettes | 452 | n.f./pl. |
| glue | coller | 288 | v. |
| glue gun | pistolet à colle | 288 | n.m. |
| growth | croissance | 285 | n.f. |
| guarantor | garant | 33 | n.m. |
| hardened | agguerri(e) | 320 | adj. |
| harmful | néfaste | 273 | adj. |
| harmful, damaging | nuisible | 174 | adj. |
| have a roommate | colocation | 359 | n.f. |
| heritage, estate | patrimoine | 34 | n.m. |
| high-end | haut de gamme | 216 | adj. |
| hinder | entraver | 262 | v. |
| host | héberger | 461 | v. |
| household | foyer | 250 | n.m. |
| household | ménage | 250 | n.m. |
| housework | ménage | 421 | n.m. |
| hug | câlin | 198 | n.m. |
| human form | morphologie | 459 | n.f. |
| human being | être humain | 19 | n.m. |
| hype | matraquage | 338 | n.m. |
| identically | semblablement | 349 | adv. |
| idiot | abruti(e) | 473 | adj. |
| idleness | paresse | 22 | n.f. |
| illiterate person | illettré(e) | 448 | n.m./f. |
| imitation, mimetism | mimétisme | 23 | n.m. |
| immediate family | famille nucléaire | 191 | n.f. |
| improve | améliorer | 392 | v. |
| in flesh and bone | en chair et en os | 167 | loc. |
| in love | amoureux (-euse) | 201 | n.m./f. |

| anglais | français | page | grammaire |
|---|---|---|---|
| in the meantime | entre-temps | 178 | adv. |
| in the middle of | au sein de | 352 | loc. |
| include | englober | 331 | v. |
| increase | augmenter | 71 | v. |
| increase | accroître | 167 | v |
| inkwell | encrier | 398 | n.m. |
| internship | stage | 145 | n.m. |
| interview | entretien | 142 | n.m. |
| jar | bocal | 282 | n.m. |
| join, to graft oneself in | se greffer | 37 | v. |
| journey | trajet | 142 | n.m. |
| jump over, break through | franchir | 23 | v. |
| juniper berry | genièvre | 356 | n.m. |
| Khmer | khmer | 451 | adj. |
| knack, trick | astuce | 103 | n.f. |
| lack of concern | insouciance | 452 | n.f. |
| land | terroir | 357 | n.m. |
| landline | téléphone fixe | 238 | n.m. |
| lapsing | péremption | 365 | n.f. |
| late | à la bourre | 351 | loc. |
| layover | escale | 107 | n.f. |
| lazy | paresseux (-euse) | 145 | adj. |
| lean on | s'appuyer sur | 352 | v. |
| lease | contrat de bail | 408 | n.m. |
| leave in a hurry | s'arracher | 202 | v. |
| lever | levier | 175 | n.m. |
| limp | boiter | 25 | v. |
| literacy | alphabétisation | 248 | n.f. |
| livestock | bétail | 450 | n.m. |
| local | du cru | 357 | loc. |
| looking for (to be) | être à la recherche de | 193 | v. |
| love at first sight, strike of lightening (lit.) | coup de foudre | 198 | loc. |
| love madly | aimer à la folie | 201 | loc. |
| loyal | fidèle | 231 | adj. |
| lure | leurre | 257 | n.m. |
| Madagascan | malgache | 332 | adj. |
| maintain | entretenir | 228 | v. |
| management | gestion | 142 | n.m. |
| manager, executive | cadre | 149 | n.m. |
| maple | érable | 283 | n.m. |
| market | marché | 71 | n.m. |
| master | maîtriser | 144 | v. |
| means | biais | 30 | n.m. |
| means | moyens | 206 | n.m./pl. |
| meeting | rencontre | 213 | n.f. |
| melancholy | spleen | 462 | n.m. |
| membership, subscription | adhésion | 35 | n.f. |
| milliamp | milliampère | 259 | n.m. |
| minimum wage | SMIC | 148 | n.m. |
| minimum wage | SMIG | 150 | n.m. |
| misdemeanor | délit | 262 | n.m. |
| mix | mélanger | 304 | v. |

| anglais | français | page | grammaire |
|---|---|---|---|
| mockery | simulacre | 204 | n.m. |
| modesty | pudeur | 446 | n.f. |
| money | sou | 15 | n.m. |
| money ("bread", "dough") | tune | 140 | n.f. |
| more | davantage | 21 | adv. |
| more or less, roughly | grosso-modo | 29 | adv. |
| motto | devise | 195 | n.f. |
| muse | égérie | 459 | n.f. |
| native, aboriginal | autochtone(s) | 17 | adj. |
| neighboring | avoisinant(e) | 323 | adj. |
| nerve | culot | 470 | n.m. |
| network | réseau | 244 | n.m. |
| nibble, to snack | grignoter | 66 | v. |
| Non-Governmental Organization | ONG | 402 | n.f. |
| note, notice | constater | 34 | v. |
| notice | préavis | 408 | n.m. |
| notwithstanding | nonobstant | 429 | prép. |
| occupation, profession | métier | 62 | n.m. |
| office | cabinet | 142 | n.m. |
| oldest, eldest | aîné(e) | 223 | n.m./f. |
| on the blink (to be) | battre de l'aile | 410 | loc. |
| on tip-toe | sur la pointe des pieds | 66 | loc. |
| only | unique | 191 | adj. |
| orphan | orphelin(e ) | 18 | n.m./f. |
| overcome, to remedy | pallier | 173 | v. |
| overweight | surpoids | 379 | n.m. |
| overwhelm | boulverser | 252 | v. |
| package, bundle | forfait | 121 | n.m. |
| padlock | cadenas | 198 | n.m. |
| pal, buddy | pote | 23 | n.m. |
| pay tribute to | rendre hommage à quelqu'un | 402 | v. |
| pell-mell, haphazardly | pêle-mêle | 256 | adv. |
| pet | animal de compagnie | 231 | n.m. |
| pilfer | marauder | 399 | v. |
| plague | fléau | 307 | n.m. |
| playful | ludique | 142 | adj. |
| poaching | braconnage | 318 | n.m. |
| polyglot | polyglotte | 439 | n.m./f. |
| praise | vanter | 327 | v. |
| prescription | ordonnance | 102 | n.f. |
| press | appuyer sur | 239 | v. |
| pressure | contrainte | 227 | n.f. |
| pretend | faire semblant | 439 | loc. |
| procrastination | tergiversation | 269 | n.f. |
| produce | primeur | 304 | n.f. |
| promote | promouvoir | 401 | v. |
| public holiday | jour férié | 158 | n.m. |
| pull, to draw | tirer | 225 | v. |
| punctuate, intersperse | jalonner | 357 | v. |
| pursue | poursuivre | 65 | v. |
| quarterfinals | quart de finale | 422 | n.m. |
| question, to shout at | interpeller | 23 | v. |

| anglais | français | page | grammaire |
|---------|----------|------|-----------|
| reader | liseuse | 66 | n.f. |
| realize | concrétiser | 431 | v. |
| recognize, consider | concevoir | 459 | v. |
| reconcile | concilier | 167 | v. |
| register | registre | 5 | n.m. |
| registration fee | frais d'inscription | 84 | n.m./pl. |
| relationship, link | rapport | 211 | n.m. |
| renter | locataire | 408 | n.m. |
| resourceful, crafty | débrouillard(e) | 145 | adj. |
| respite, break | répit | 173 | n.m. |
| restrictive, restraining | contraignant | 163 | adj. |
| right now, at this time | à l'heure actuelle | 18 | adv. |
| roll-out, unveiling | déferlante | 310 | n.f. |
| rub shoulders with | côtoyer | 272 | v. |
| rubber | caoutchouc | 282 | n.m. |
| rumpled | froissé(e) | 351 | adj. |
| safety pin | épingle de sûreté | 288 | n.f. |
| salaried employee | salarié | 170 | n.m. |
| salary | rémunération | 142 | n.f. |
| sample | échantillon | 356 | n.m. |
| satchel | sacoche | 103 | n.f. |
| savings | épargne | 403 | n.f. |
| savoir-faire, know how | savoir-faire | 32 | n.f. |
| scam | arnaque | 286 | n.f. |
| scattered | éparpillé(e) | 318 | adj. |
| schooling, education | scolarité | 87 | n.f. |
| scissors | ciseaux | 288 | n.m./pl. |
| second-hand store | dépôt-vente | 286 | n.m. |
| sector | filière | 183 | n.f. |
| secular, non-religious | laïque | 17 | adj. |
| seduce | séduire | 213 | v. |
| seduced | séduit(e) | 315 | adj. |
| self-sustaining | auto-entretenu | 403 | adj. |
| settle, to arrange | s'arranger | 140 | v. |
| settled, resolved | réglé(e) | 211 | adj. |
| Sharifian | chérifien(-ne) | 36 | adj. |
| shelf | étagère | 282 | n.f. |
| shivering | grelottant(e) | 350 | adj. |
| shouldered | épaulé(e) par | 352 | adj. |
| sigh | soupir | 117 | n.m. |
| single parent | monoparental(e) | 227 | adj. |
| sink | s'enfoncer | 289 | v. |
| sit/stand up straight, get back up | se redresser | 15 | v. |
| slipper | chausson | 268 | n.m. |
| sly, snide | sournois(e) | 338 | adj. |
| small and medium-sized companies | PME | 453 | n.f./pl. |
| small business (less than 10 employees) | TPE | 175 | n.f./pl. |
| so much, so | tellement | 201 | adv. |
| social network | réseau social | 4 | n.m. |
| softness, gentleness | mollesse | 25 | n.f. |
| solemnity | solennité | 227 | n.f. |
| soliciting | racolage | 452 | n.m. |

| anglais | français | page | grammaire |
|---|---|---|---|
| son-in-law | gendre | 211 | n.m. |
| sour | revêche | 350 | adj. |
| speaker | locuteur (-trice) | 37 | n.m./f. |
| speaker | locuteur | 417 | n.m. |
| speech bubble | bulle de BD | 238 | n.f. |
| spend time | séjourner | 324 | v. |
| spice up | pimenter | 126 | v. |
| spokesperson | porte-parole | 115 | n.m. |
| spouse | époux (-se) | 210 | n.m./f. |
| spouse (formal) | conjoint(e) | 211 | n.m./f. |
| stagnation | marasme | 152 | n.m. |
| stained glass window | vitrail | 454 | n.m. |
| stamped (by a name brand) | griffé(e) | 217 | adj. |
| stapler | agrafeuse | 288 | n.f. |
| start (up) | démarrer | 164 | v. |
| state, public | étatique | 429 | adj. |
| steal something small | chaparder | 399 | v. |
| stick together | s'agglutiner | 173 | v. |
| stingy | lésine | 350 | n.f. |
| stop, off | arrêt | 238 | n.m. |
| stray | se dévoyer | 374 | v. |
| stride along | arpenter | 311 | v. |
| stroll | flâner | 219 | v. |
| student desk | pupitre | 79 | n.m. |
| subscription | abonnement | 254 | n.m. |
| success | réussite | 17 | n.f. |
| suffer | subir | 181 | v. |
| support | soutien | 229 | n.m. |
| supposed | prétendu(e) | 338 | adj. |
| surroundings | alentours | 324 | n.m./pl. |
| surveyed | surveillé(e) | 268 | adj. |
| sustainability | développement durable | 453 | n.m. |
| swarm | essaim | 350 | n.m. |
| sweetened | édulcoré(e ) | 266 | adj. |
| tack, pushpin | punaise | 288 | n.f. |
| take place, to occur | avoir lieu | 200 | v. |
| take something away | se priver | 109 | v. |
| tank top | débardeur | 451 | n.m. |
| tape | ruban adhésif | 288 | n.m. |
| target | cible | 355 | n.f. |
| task | tâche | 142 | n.f. |
| team leader, host, organizer | animatrice | 144 | nf |
| telecommuting | télétravail | 162 | n.m. |
| tendency | tendance | 210 | n.f. |
| terminate | rompre | 158 | v. |
| text | texto/SMS | 239 | n.m. |
| third | tierce | 329 | n.f. |
| third party | tiers | 33 | n.m. |
| Third Place | tiers-lieux | 175 | n.m. |
| thread, string | fil | 288 | n.m. |
| threat | menacé(e) | 248 | adj. |
| three-part work | triptyque | 381 | adj. |

| anglais | français | page | grammaire |
|---|---|---|---|
| thriving, blossoming | épanouissement | 167 | n.m. |
| throw a stone in the pond, to cause a scandal | jeter un pavé dans la mare | 36 | loc. |
| thumbnail | onglet | 268 | n.m. |
| tire | pneu | 282 | n.m. |
| titillate | titiller | 374 | v. |
| tool | outil | 29 | n.m. |
| touchscreen | écran tactile | 238 | n.m. |
| trace, imprint, footprint | empreinte | 289 | n.f. |
| tracking | traque | 306 | n.f. |
| trade union | syndicat | 154 | n.m. |
| trait | trait | 209 | n.m. |
| trash, waste, garbage | déchet | 286 | n.m. |
| trek | périple | 400 | n.m. |
| trunk | malle | 348 | n.f. |
| turn on | allumer | 238 | v. |
| twins | jumeaux | 224 | n.m./pl. |
| twirling | tourbillonnant(e) | 368 | n.m. |
| ugliness | laideur | 446 | n.f. |
| understand | s'entendre | 191 | v. |
| unemployed | chômage | 147 | n.m. |
| unequalled, matchless | inégalable | 225 | adj. |
| unexpectedly | inopinément | 351 | adv. |
| unlock | déverrouiller | 238 | v. |
| unsteady, weak | défaillant | 226 | adj. |
| untimely, inopportune | intempestif (-ve) | 25 | adj. |
| vacation | congé | 147 | n.m. |
| values | valeur | 223 | n.f. |
| vial | flacon | 282 | n.m. |
| vintage | millésime | 348 | n.m. |
| vital, driving force | force vive | 143 | n.f. |
| vitiated, corrupt | vicié(e) | 22 | adj. |
| warm, welcoming | chaleureux(-euse) | 19 | adj. |
| waste | gâchis | 306 | n.m. |
| waste | gaspillage | 307 | n.m. |
| wave | onde | 252 | n.f. |
| wavy | ondulé(e) | 369 | adj. |
| weakening | affaiblissement | 227 | n.m. |
| wear yourself out | s'épuiser | 319 | v. |
| weary | las(se) | 202 | adj. |
| Western | occidental | 248 | adj. |
| whitening | blanchiment | 68 | n.m. |
| without our knowledge | à notre insu | 19 | adv. |
| wood | bois | 282 | n.m. |
| work | bosser | 29 | v. |
| workshop | atelier | 357 | n.m. |
| wrinkle | froisser | 103 | v. |
| write | rédiger | 213 | v. |
| yard sale | vide-grenier | 286 | n.m. |

# Annexe C – Thèmes et contextes

| Abréviations | |
|---|---|
| IP | Interpretive Communication: Print Texts |
| IPA | Interpretive Communication: Print and Audio Texts |
| IA | Interpretive Communication: Audio Texts |
| IW | Interpersonal Writing: E-mail Reply |
| PW | Presentational Writing: Persuasive Essay |
| IS | Interpersonal Speaking: Conversation |
| PS | Presentational Speaking: Cultural Comparison |

| Exercice | Page | Thème (1–6) | Contexte |
|---|---|---|---|
| **CHAPITRE 0** | | | |
| **LEÇON 2** | | | |
| IP | 14 | 3 La vie contemporaine | Les loisirs et le sport |
| IPA | 16 | 4 La quête de soi | Le nationalisme et le patriotisme |
| IA | 19 | 4 La quête de soi | Le pluriculturalisme |
| IW | 20 | 3 La vie contemporaine | L'éducation et l'enseignement |
| PW | 22 | 4 La quête de soi | L'identité linguistique |
| IS | 26 | 3 La vie contemporaine | Les voyages |
| PS | 27 | 2 La science et la technologie | Les nouveaux moyens de communication |
| **LEÇON 3** | | | |
| IP | 28 | 3 La vie contemporaine | Le monde du travail |
| IPA | 30 | 2 La science et la technologie | Les nouveaux moyens de communication |
| IA | 33 | 2 La science et la technologie | La technologie et ses effets sur la société |
| IW | 34 | 6 L'esthétique | Le patrimoine |
| PW | 36 | 4 La quête de soi | L'identité linguistique |
| IS | 40 | 3 La vie contemporaine | Les voyages |
| PS | 41 | 4 La quête de soi | Le nationalisme et le patriotisme |
| **CHAPITRE 1** | | | |
| **LEÇON 2** | | | |
| IP | 58 | 1 Les défis mondiaux | L'alimentation |
| IPA | 60 | 3 La vie contemporaine | L'éducation et l'enseignement |
| IA | 63 | 3 La vie contemporaine | Les loisirs et le sport |
| IW | 64 | 3 La vie contemporaine | L'éducation et l'enseignement |
| PW | 66 | 2 La science et la technologie | La technologie et ses effets sur la société |
| IS | 72 | 3 La vie contemporaine | L'éducation et l'enseignement |
| PS | 73 | 3 La vie contemporaine | L'éducation et l'enseignement |
| **LEÇON 3** | | | |
| IP | 74 | 3 La vie contemporaine | L'éducation et l'enseignement |
| IPA | 77 | 3 La vie contemporaine | L'éducation et l'enseignement |
| IA | 81 | 4 La quête de soi | L'identité linguistique |
| IW | 82 | 3 La vie contemporaine | Les voyages |
| PW | 84 | 1 Les défis mondiaux | L'économie |
| IS | 88 | 3 La vie contemporaine | L'éducation et l'enseignement |
| PS | 89 | 3 La vie contemporaine | Le monde du travail |

| Exercice | Page | Thème (1–6) | Contexte |
|---|---|---|---|
| **CHAPITRE 2** | | | |
| **LEÇON 2** | | | |
| IP | 106 | 3 La vie contemporaine | Les voyages |
| IPA | 109 | 3 La vie contemporaine | Les voyages |
| IA | 111 | 3 La vie contemporaine | Les voyages |
| IW | 112 | 3 La vie contemporaine | Les voyages |
| PW | 114 | 1 Les défis mondiaux | Les droits de l'être humain |
| IS | 118 | 3 La vie contemporaine | Les voyages |
| PS | 119 | 2 La science et la technologie | Les découvertes et les inventions |
| **LEÇON 3** | | | |
| IP | 120 | 3 La vie contemporaine | Le monde du travail |
| IPA | 124 | 3 La vie contemporaine | Les voyages |
| IA | 127 | 3 La vie contemporaine | Les voyages |
| IW | 128 | 3 La vie contemporaine | L'éducation et l'enseignement |
| PW | 130 | 2 La science et la technologie | La technologie et ses effets sur la société |
| IS | 134 | 3 La vie contemporaine | Les voyages |
| PS | 135 | 3 La vie contemporaine | L'éducation et l'enseignement |
| **CHAPITRE 3** | | | |
| **LEÇON 2** | | | |
| IP | 152 | 5 La famille et la communauté | Les rapports sociaux |
| IPA | 156 | 3 La vie contemporaine | Le monde du travail |
| IA | 159 | 3 La vie contemporaine | Le monde du travail |
| IW | 160 | 3 La vie contemporaine | Le monde du travail |
| PW | 162 | 2 La science et la technologie | La technologie et ses effets sur la société |
| IS | 168 | 3 La vie contemporaine | Le monde du travail |
| PS | 169 | 3 La vie contemporaine | Le monde du travail |
| **LEÇON 3** | | | |
| IP | 170 | 1 Les défis mondiaux | L'économie |
| IPA | 172 | 3 La vie contemporaine | Le monde du travail |
| IA | 176 | 3 La vie contemporaine | Le monde du travail |
| IW | 178 | 3 La vie contemporaine | L'éducation et l'enseignement |
| PW | 180 | 4 La quête de soi | La sexualité |
| IS | 184 | 3 La vie contemporaine | Le monde du travail |
| PS | 185 | 5 La famille et la communauté | Les rapports sociaux |
| **CHAPITRE 4** | | | |
| **LEÇON 2** | | | |
| IP | 202 | 6 L'esthétique | Les arts littéraires |
| IPA | 204 | 3 La vie contemporaine | Les fêtes |
| IA | 206 | 5 La famille et la communauté | La famille |
| IW | 208 | 5 La famille et la communauté | L'amitié et l'amour |
| PW | 210 | 5 La famille et la communauté | Les coutumes |
| IS | 214 | 3 La vie contemporaine | Les fêtes |
| PS | 215 | 5 La famille et la communauté | L'amitié et l'amour |
| **LEÇON 3** | | | |
| IP | 216 | 5 La famille et la communauté | L'amitié et l'amour |
| IPA | 218 | 3 La vie contemporaine | Les loisirs et le sport |
| IA | 223 | 5 La famille et la communauté | La famille |
| IW | 224 | 5 La famille et la communauté | La famille |
| PW | 226 | 5 La famille et la communauté | La famille |
| IS | 232 | 5 La famille et la communauté | L'amitié et l'amour |
| PS | 233 | 5 La famille et la communauté | La famille |

| Exercice | Page | Thème (1–6) | Contexte |
|---|---|---|---|
| **CHAPITRE 5** | | | |
| **LEÇON 2** | | | |
| IP | 248 | 2 La science et la technologie | La technologie et ses effets sur la société |
| IPA | 250 | 2 La science et la technologie | La technologie et ses effets sur la société |
| IA | 253 | 3 La vie contemporaine | L'éducation et l'enseignement |
| IW | 254 | 2 La science et la technologie | Les nouveaux moyens de communication |
| PW | 256 | 2 La science et la technologie | La technologie et ses effets sur la société |
| IS | 260 | 2 La science et la technologie | Les nouveaux moyens de communication |
| PS | 261 | 3 La vie contemporaine | L'éducation et l'enseignement |
| **LEÇON 3** | | | |
| IP | 262 | 2 La science et la technologie | Les choix moraux |
| IPA | 265 | 2 La science et la technologie | Les découvertes et les inventions |
| IA | 269 | 2 La science et la technologie | Les découvertes et les inventions |
| IW | 270 | 3 La vie contemporaine | Le monde du travail |
| PW | 272 | 2 La science et la technologie | Les nouveaux moyens de communication |
| IS | 276 | 2 La science et la technologie | Les nouveaux moyens de communication |
| PS | 277 | 2 La science et la technologie | La technologie et ses effets sur la société |
| **CHAPITRE 6** | | | |
| **LEÇON 2** | | | |
| IP | 302 | 1 Les défis mondiaux | L'environnement |
| IPA | 304 | 1 Les défis mondiaux | L'alimentation |
| IA | 307 | 1 Les défis mondiaux | L'alimentation |
| IW | 308 | 1 Les défis mondiaux | L'alimentation |
| PW | 310 | 1 Les défis mondiaux | L'environnement |
| IS | 316 | 1 Les défis mondiaux | L'environnement |
| PS | 317 | 1 Les défis mondiaux | L'environnement |
| **LEÇON 3** | | | |
| IP | 318 | 1 Les défis mondiaux | L'environnement |
| IPA | 320 | 1 Les défis mondiaux | L'environnement |
| IA | 323 | 1 Les défis mondiaux | L'environnement |
| IW | 324 | 3 La vie contemporaine | Le logement |
| PW | 326 | 3 La vie contemporaine | La publicité et le marketing |
| IS | 332 | 1 Les défis mondiaux | L'environnement |
| PS | 333 | 1 Les défis mondiaux | L'alimentation |
| **CHAPITRE 7** | | | |
| **LEÇON 2** | | | |
| IP | 352 | 2 La science et la technologie | Les nouveaux moyens de communication |
| IPA | 354 | 3 La vie contemporaine | La publicité et le marketing |
| IA | 357 | 3 La vie contemporaine | Les voyages |
| IW | 358 | 3 La vie contemporaine | Le logement |
| PW | 360 | 1 Les défis mondiaux | L'économie |
| IS | 366 | 5 La famille et la communauté | L'enfance et l'adolescence |
| PS | 367 | 4 La quête de soi | Le nationalisme et le patriotisme |
| **LEÇON 3** | | | |
| IP | 368 | 6 L'esthétique | Les arts visuels |
| IPA | 372 | 2 La science et la technologie | Les nouveaux moyens de communication |
| IA | 375 | 2 La science et la technologie | Les nouveaux moyens de communication |
| IW | 376 | 3 La vie contemporaine | La publicité et le marketing |
| PW | 378 | 3 La vie contemporaine | La publicité et le marketing |
| IS | 382 | 2 La science et la technologie | Les nouveaux moyens de communication |
| PS | 383 | 3 La vie contemporaine | La publicité et le marketing |

| Exercice | Page | Thème (1–6) | Contexte |
|---|---|---|---|
| **CHAPITRE 8** | | | |
| **LEÇON 2** | | | |
| IP | 398 | 4 La quête de soi | Le pluriculturalisme |
| IPA | 402 | 1 Les défis mondiaux | Les droits de l'être humain |
| IA | 407 | 1 Les défis mondiaux | L'alimentation |
| IW | 408 | 3 La vie contemporaine | Le logement |
| PW | 410 | 5 La famille et la communauté | Les rapports sociaux |
| IS | 414 | 5 La famille et la communauté | Les coutumes |
| PS | 415 | 4 La quête de soi | Le pluriculturalisme |
| **LEÇON 3** | | | |
| IP | 416 | 4 La quête de soi | L'identité linguistique |
| IPA | 418 | 4 La quête de soi | Le pluriculturalisme |
| IA | 421 | 3 La vie contemporaine | Le logement |
| IW | 422 | 3 La vie contemporaine | Les loisirs et le sport |
| PW | 424 | 1 Les défis mondiaux | L'économie |
| IS | 430 | 4 La quête de soi | Le nationalisme et le patriotisme |
| PS | 431 | 4 La quête de soi | Les croyances et les systèmes de valeurs |
| **CHAPITRE 9** | | | |
| **LEÇON 2** | | | |
| IP | 448 | 4 La quête de soi | L'identité linguistique |
| IPA | 450 | 1 Les défis mondiaux | Les droits de l'être humain |
| IA | 453 | 1 Les défis mondiaux | L'environnement |
| IW | 454 | 6 L'esthétique | Le patrimoine |
| PW | 456 | 6 L'esthétique | Le beau |
| IS | 460 | 6 L'esthétique | Le beau |
| PS | 461 | 6 L'esthétique | Les arts visuels |
| **LEÇON 3** | | | |
| IP | 462 | 6 L'esthétique | Les arts littéraires |
| IPA | 464 | 6 L'esthétique | Le beau |
| IA | 467 | 6 L'esthétique | Les arts du spectacle |
| IW | 468 | 6 L'esthétique | La musique |
| PW | 470 | 6 L'esthétique | L'architecture |
| IS | 474 | 6 L'esthétique | Les arts visuels |
| PS | 475 | 6 L'esthétique | L'architecture |

# Annexe D – Indexe

# Annexe E – Droits de reproduction

## Chapitre 0

| | | |
|---|---|---|
| True Colors - À la découverte de qui je suis | © Optimist Club International | |
| Advanced Placement directions (throughout) | © College Board | |
| Laurent Jamet, réalisateur: il filme l'émotion des sports extrêmes by Michèle Longour | © réussirmavie.net | http://www.réussirmavie.net/Laurent-Jamet-il-filme-l-emotion-des-sports-extremes_a1072.html |
| Extrait de L'Identité Manifeste | © Philippe Jean Poirier | http://identitequebecoise.org/L-Identite-Manifeste.html |
| Bertrand le Québécois | © Brittany Waack | http://www.youtube.com/watch?v=rEwPcfB5tAs&feature=youtu.be |
| Maude Boyer Interview: Identité citadine | © Elizabeth Rench | |
| Sommes-nous tous devenus franglais? | © Jean-Rémi Baudon FrenchinLondon.com | http://www.frenchinlondon.com/blog-francais-londres/2009/04/sommes-nous-tous-devenus-franglais/ |
| Le franglais – Circonscription de Laurier-Dorion | © Jean Bouchard | http://laurierdorion.c.pq.org/blogue/le-franglais |
| Niveau de connaissance de la meilleure langue étrangère | © Eurostat 2007 | http://www.ec.europa.eu/eurostat/ |
| Développer son identité professionnelle Éd. N°32 18 décembre 2012 | © Wagon 42 | letrainde13h37.fr/32/developper-identite-professionnelle |
| En quoi le blogging peut améliorer nos relations sociales? | © Ling-en Hsia | http://espritvif.com/relations-blogging/ |
| Enjeux des réseaux sociaux: l'identité numérique (Claude Super) | © Claude Super | http://claudesuper.com/2012/04/18/podcast-1804enjeux-des-reseaux-sociaux-lidentite-numerique |
| [EPISODE 9] OÙ L'ON PARLE DE LA GUERRE POUR L'IDENTITÉ NUMÉRIQUE ET DE L'AVENIR DES BITCOINS | © Le Comptoir Sécu | http://www.comptoirsecu.fr/2013/12/episode-9-ou-lon-parle-de-la-guerre-pour-lidentite-numerique-et-des-bitcoins/ |
| Le plurilinguisme au Maroc – Le drame linguistique marocain de Fouad Laroui: Les maux du plurilinguisme & Un paysage linguistique complexe | © Marianne Roux | http://www.babelmed.net/letteratura/250-marocco/6859-le-drame-linguistique-marocain-de-fouad-laroui.html |
| Maude Boyer parle de la situation linguistique au Maroc | © Elizabeth Rench | |

## Chapitre 1

| | | |
|---|---|---|
| Drawings inspired by Le Cancre | © Groupe scolaire Jean de la Fontaine | Route de Thionville, 57970 Illange, FRANCE 03 82 56 50 96 http://www3.ac-nancy-metz.fr/eco-p-de-la-fontaine-illange/spip.php?article397 |
| Le Cancre de Jacques Prévert | © Éditions Gallimard | (autorisations, archives-Jacques Prévert) |
| L'école américaine - Jean | © Yves Clady, Strasbourg | http://yclady.free.fr/webzine.html |
| Le système scolaire américain - Olivier | © Yves Clady, Strasbourg | http://yclady.free.fr/webzine.html |

| | | |
|---|---|---|
| Bac, brevet: pourquoi vous ne trouverez pas votre résultat dans la presse et sur internet cette année? | © category.net | http://www.categorynet.com/communiques-de-presse/communiques-en-une/bac,-brevet%C2%A0%3A-pourquoi-vous-ne-trouverez-pas-votre-resultat-dans-la-presse-et-sur-internet-cette-annee%C2%A0?-20110704161620 |
| L'annonce du résultat publique du bac | © Mireille Henderson | |
| Les activités extra-scolaires- Jean Michel Quarantotti | © Elizabeth Rench | |
| Extrait de Livre papier vs livre numérique: lequel est le plus écolo? | © Consoglobe.com | http://www.consoglobe.com/mr-livre-papier-vs-livre-numerique-lequel-est-le-plus-ecolo.html |
| Extrait de « Pour la jeunesse, les livres numériques sont plus souvent interactifs et multimédia » | © livreshebdo.fr | http://www.livreshebdo.fr/article/pour-la-jeunesse-les-livres-numeriques-sont-plus-souvent-interactifs-et-mutimedia |
| Paperback books, Hardcover books | © PC Pro | |
| Questions fréquemment posées – Casablanca American School | © Casablanca American | Verbal Permission given by CAS Director Stephane Ruz |
| Casablanca American School Tuition & School Fees (for a graphic) | © Casablanca American | Verbal Permission given by CAS Director Stephane Ruz |
| Alphonse DaudetLe Petit Chose | Public Domaine | |
| L'école – le passé et le présent Jean Michel Quarantotti | © Elizabeth Rench | |
| L'apprentissage des langues étrangères- Inna Winckell | © Elizabeth Rench | |
| Côte d'Ivoire frais d'incscription article that now appears on book page 84 | © Creative Commons Author: Kanigui | Global Voices http://fr.globalvoicesonline.org/2012/08/07/117097/ |
| L'école qui coûte cher | © E.M. | |

## Chapitre 2

| | | |
|---|---|---|
| Le voyage d'Arnaud | © Cora Olson | |
| Pense-bête pour bien faire ses valises et préparer son voyage | © Jean-Luc Mercier Bergerac-France | http://jean-luc-mercier.suite101.fr/preparer-son-voyage-pense-bete-pour-bien-faire-ses-valises-a14046 |
| Voyage à Haïti | © VoyageForum.com | |
| Sortir de l'ordinaire | © voyageplus.net | http://www.voyageplus.net/pourquoi.html |
| Souvenirs de voyage: L'expédition d'Antoine de Maximy | © Le Nouvel Observateur | |
| Voyagecast – Épisode 8 – Le Cambodge | © Jonathon Maitrot trip85.com | http://49mp3.com/mp3/Voyagecast+Le+Cambodge |
| Va-t-on nous demander notre poids pour voyager sur Air France? | © Ginette Villa | |
| Les transports aériens en France | © Eurostat 2011 | http://www.ec.europa.eu/eurostat/ |
| Convention d'accueil - Association S2F (Séjour en famille française) | © Association S2F, Séjour en famille française, Rennes | |
| Les 5 phases que vous vivrez lors d'un long voyage | © M. Johann Yang-Ting Hubbel | http://www.b2zen.com/si-vous-partez-en-voyage-vous-vivrez-ces-5-phases/ |
| Voyager sur le fil | © Christophe Boudrie | http://voyage-sur-le-fil.fr/podcast-pourquoi-voyage-sur-le-fil/ |
| Vivre au Laos aujourd'hui, voyage en Asie | © Bobby Dennie | http://www.getlostinasia.com/7428/vivre-au-laos-aujourdhui-voyage-en-asie-2014-podcast-gratuit/ |
| Voyageurs: partez sans être connecté, sans blog de voyage! | © Fabrice Dubesset of Instinct Voyageur | http://www.instinct-voyageur.fr/voyageurs-deconnectez-vous-blog-de-voyage/ |

| Jeremy sur Allô la Planète: Pour ou contre l'ordinateur en voyage | © Le mouv', Radio France | http://djisupertramp.com/voyage/preparer-son-voyage/podcast-jeremy-sur-allo-la- planete-pour-ou-contre-lordinateur-en-voyage-2235/ |
| Statistiques sur les ordinateurs en voyage | © Crucial.fr | http://www.blogdumoderateur.com/un-francais-sur-deux-emporte-son-ordinateur-en-vacances-concours/ |

## Chapitre 3

| Chômage, stages, précarité: les jeunes, ces «esclaves modernes» | © Hela Khamarou | http://www.rue89.com |
| Le personnel de vente refuse l'extension des horaires des magasins | © Le Syndicat interprofessionnel des travailleuses et travailleurs | Syndicat SIT: Valérie Balleys et Lara Cataldi, Syndicat Unia: Joël Varone. (Suisse)(16 juin 2010) |
| Entretien avec Pierre-François Unger concernant l'ouverture des magasins à Genève | © RTS Radio Télévision Suisse | |
| Ces lieux sont-ils conviviaux? Xavier de Mazenod [Entreprise et convivialité] | © Moustic | |
| Fabienne Gautier - Heure d'ouverture des commerces | © Libéral | http://www.youtube.com/watch?v=X3LVvQruyfc&feature=related |
| Le télétravail | © http://portail-des-pme.fr | http://www.portail-des-pme.fr/.../1351-le-teletravail |
| Pour ou contre le télétravail en Suisse | © RTS Radio Télévision Suisse | |
| Part des sociétés pratiquant le télétravail selon le secteur d'activité | © Eurostat 2011 | http://www.ec.europa.eu/eurostat/ |
| Marché du travail au Burkina Faso | © Creative Commons Author: Rakotomalala | Global Voices http://fr.globalvoicesonline.org/2014/01/22/160656/ |
| Mammouths QVT | © Novéquilibres Author: Caroline Rome | http://laqvt.fr/les-mammouths-ont-ils-disparu |
| Votre avis sur ces tiers lieux [Entreprise et convivialité] | © Moustic | |
| 14 techniques pour se motiver au travail | © Ling-en Hsia | http://vivredesonblog.com/37/ |
| Le mythe de l'écart salarial hommes-femmes de plus de 20% | © Enquête & débat Author: Cyrille Godonou | http://www.enquete-debat.fr/archives/le-mythe-de-lecart-salarial-hommes-femmes-de-20-a-travail-egal |
| 5 raisons pour lesquelles les femmes gagnent moins | © Jobat | http://www.jobat.be/fr/articles/5-raisons-pour-lesquelles-les-femmes-gagnent-moins/ |
| Salaires hommes-femmes en France métropolitaine (INSEE) | Public Domaine | |

## Chapitre 4

| Lettre d'amour | © Jade Gardais (Pseudonyme lame-de-geisha) | http://www.lame-de-geisha.skyrock.com/2065518446-lettre-d-amour.html |
| La Saint-Valentin pour le mariage civil | © Creative Commons Author: Antoun Issa | http://www.globalvoicesonline.org/)(15 |
| Emma Daumas Interview LCI.fr St Valentin | © WAT TV | http://www.wat.tv/video/emma-daumas-interview-lci-1j9jm_2fyaf_.html |
| Conceptions de la famille au Maroc- Ghania Baghdadi | © Elizabeth Rench | |
| Extrait de *Du mariage arrangé au mariage d'amour* Author: Kate Gavron | © Terrain | terrain@revues.org septembre 1996 |
| Entretien audio avec Vincent Fabre, fondateur de Net Dating Assistant | © French Web | http://frenchweb.fr/saint-valentin-netdatingassistant-coach-drague-en-ligne-60737/47976 14 février 2012 |
| Mariages et divorces en Belgique | © Eurostat 2011 | http://www.ec.europa.eu/eurostat/ |

| | | |
|---|---|---|
| Animaux de compagnie – chics et chocs | © Temps Libre Denis Aubel | Temps Libre Magazine http://www.temps-libre.info/article71.html |
| Que faire le dimanche? | © meetinggame.fr | http://www.meetinggame.fr/reseau-de-loisirs/que-faire-le-dimanche.php |
| Parisenfamille.com - Ling-en Paris plages – Pétanque | © Ling-en Hsia | |
| C'est quoi le bonheur pour les français? | © Moustic | |
| Les transformations de la famille ont-elles affaibli son rôle intégrateur | © Guy Bonvallet | http://autonote.net/ses/tcoex1314/familleinteg.htm |
| Redéfinir la famille au 21e siècle (shepellfgi) | © Shepell 2014 | http://blogue.travailsantevie.com/2014/02/redefinir-la-famille-au-21e-siecle/ |
| Statistiques, p. 231: | © INSEE | |

## Chapitre 6

| | | |
|---|---|---|
| Extraits de "98% des français ont déjà une seconde vie à un objet" | © notre-planete.info | http://www.notre-planete.info/actualites/actu_3524_dechets_economie_circulaire.php |
| Chère Aurore | © Ministère du développement durable, environnement et parcs | http://www.mddep.gouv.qc.ca/jeunesse/chronique/2004/0410-jahia.htm |
| Quelle est votre empreinte écologique? | © WWF France Design: David Johnson | http://www.zanzibart.com/coccinelle/IMG/pdf/Lepoint_Cocci_17.pdf |
| Deuxième Festival Africain sur l'Ecologie et le Développement Durable | © Festival Écologie | http://festival-ecologie.com 2009 |
| La cuisine moléculaire, une cuisine écolo? | © Livenet | http://mag.livenet.fr/post/la-cuisine-moleculaire-une-cuisine-ecolo-3517.html 24 février 2004 |
| Extrait de Comment nourrir la planète demain | © Rungis Actualités, Francis Duriez | http://www.rungisinternational.com/fr/bleu/enquetesrungisactu/CommentNourirLaPlanete.asp |
| Gaspillage de nourriture, Chimistes pour l'environnement, Université Laval, Québec | © Chimistes pour l'environnement | http://chimistes-environnement.over-blog.com/article-le-gaspillage-de-nourriture-un-fleau-environnemental-45419937.html |
| Auto lib n'est ni écologique, ni révolutionnaire | © Europe écologie les verts creteil.eelv.fr | http://europeecologiecreteil.wordpress.com/2011/10/03/e-n%E2%80%99est-ni-ecologique-ni-revolutionnaire%E2%80%A6-catherine-calmet-en-seance-de-cm-creteil/ Source originale: http://www.creteil.eelv.fr 3 octobre 2011 |
| Podcast: Autolib' voit la vie en rose de Jean Brice Senegas | © Fréquence Terre | http://www.frequenceterre.com/chroniques-environnement-311012-3262-Autolib-voit-la-vie-en-rose.html# 31 octobre 2012 |
| Tarifs Autolib' | © Paris.fr | http://www.paris.fr/pratique/voitures-deux-roues-motorises/autolib/les-tarifs-d-autolib/rub_10055_stand_106767_port_25189 |
| Laos: Un centre pour la protection des éléphants – Global Voices | © Creative Commons Author: Mong Palatino Trans: Henri Dumoulin | Global Voices http://fr.globalvoicesonline.org/2014/02/22/163143/ |
| Les bouchons en liège: un avantage pour l'environnement | © L'emballage écologique | http://www.lemballageecologique.com/actualites/le-bouchon-en-liege-un-avantage-pour-lenvironnement/ |
| Podcast - Écologiquement – Christophe Neumann, éco-emballage | © Radio Oméga | http://www.radioomega.fr/site/podcast-29711717.html |
| Les magiciens d'OSE (nettoyeurs de la Seine) Moustic Audio Agency | © Moustic | |
| Évitez les 7 péchés de L'écoblanchiment ou greenwashing | © JPD Conseil Président: Jean-Pierre Dubé | http://jeanpierredube.com/blog/2011/07/03/ecoblanchiment-greenwashing/ |

| | | |
|---|---|---|
| Le paradigme écologiste explique par Yves Cochet | © lesverts.fr | http://www.podcasters.ch/fr/episodes/le-paradigme-%25C3%25A9cologiste-expliqu%25C3%25A9-par-yves-cochet-5367289.html |
| Tableau- Cosmétiques naturels et biologiques en France (ventes en millions d'euros) | © COSMEBIO | |
| Nombre de produits certifiés Ecolabel européen et NF Environnement en France | © Ecolabel.fr | |
| Cosmebio: 10 ans de confiance – 2002-2012 | © COSMEBIO | |

## Chapitre 7

| | | |
|---|---|---|
| Lutter contra la publicité, pourquoi? (author: Alain Geerts) | © Site internet de la Fédération Inter- Environnement Wallonie | Site internet de la Fédération Inter-Environnement Wallonie http://www.iew.be/spip.php?article4153 |
| Audio Clips: Smoking in Public Places | © Elizabeth Rench | |
| L'Art singularise l'image de la marque | © Annette Bonnet- Devred, L'Institut supérieur du commerce de Paris | |
| Crépuscule du matin-Charles Baudelaire | © Public Domain | |
| Je ne suis pas du matin (Blog post) | © DeeDeeParis.com | http://www.deedeeparis.com/blog/je-ne-suis-pas-du-matin |
| Guy Hausermann @ Audiadis Introduction « Création d'identités olfactives » « Solutions olfactives point de vente » « Evénementiel » | © Audiadis | http://www.audiadis.net/fr/news/#.VFdeF_msW5Q |
| Guy Hausermann Introduction Audio – Audiadis | © Audiadis | http://www.audiadis.net/fr/audio/catch-traffic#.U6mQc6jzekM http://www.audiadis.net/fr/audio/#.U6mSJqjzekM |
| Perrier fluo- Guy Hausermann | © Audiadis | http://www.audiadis.net/fr/audio/catch-traffic#.VFdgP_msW5R |
| Clairéco Magasin de souvenirs Podcast | © Moustic | |
| L'importance du contexte culturel en publicité – Vladimir Djurovic – le 26 août 2009 | © Marketing-Professional.fr Vladmir Djurovic | http://www.marketing-professionnel.fr/parole-expert/contexte-culturel-publicite-internationale.html |
| Clairéco – Comprendre l'économie Dominique Des jeux, anthropologue – Consommateur malin | © Moustic | |
| Enquête Emploi Réunion, Module sur les pratiques environnementales. | © INSEE | chrome-extension://oemmndcbldboiebfnladdacbdfmadadm/ http://www.insee.fr/fr/insee_regions/reunion/themes/insee_partenaires/ip11/ip11.pdf |
| Les défis du marketing d'influence | © augure.com | http://www.augure.com/fr/blog/etude-augure-marketing-influence-20140226 |
| Quand l'art transcende le marketing Annette Bonnet-Devred | © Annette Bonnet-Devred | |
| Podcast Boutiques Liquides – Odeurs | © Moustic | |
| Audiadis – Radio spot – film Avatar- Guy Hausermann | © Guy Hausermann, Audiadis | http://www.my-instore-radio.com/fr/annonces.php |
| Manipulation marketing: Bannir ou bénir? | © Succès Marketing Author: Patrice Decoeur | http://www.succes-marketing.com/marketing/manipulation-marketing-banir.html |
| Digital Marketing One To One: 3 Tendances Du Marketing Digital Podcast | © Creative Commons, VisionaryMarketing.fr Author: Yann Gourvennec | |
| http://visionarymarketing.fr/blog/2014/05/digital-marketing-one-to-one/ | | |
| Graphic: Les défis du marketing d'influence | © Augure.com | |

## Chapitre 8

| | | |
|---|---|---|
| Stéréotypes culturels franco-américains et l'enseignement de la langue française | © AATF National Bulletin 38(3), 25-26. | Garrett-Rucks, P. (2013). Stéréotypes culturels franco-américains et l'enseignement de la langue française. The French Bulletin. 38(3), 25-26. |
| Deux américains sur trois confiants sur les nouvelles technologies | © Humanoïdes.com | http://www.humanoides.fr/2014/04/21/deux-americains-sur-trois-confiants-sur-les-nouvelles-technologies/ |
| CyberMystere4 "Partialité des médias" Réfléchir sur les notions de « partialité et de « perspective » | © Les grands mystères de l'histoire canadienne Department of History University of Victoria | http://www.mysteryquests.ca/quests/04/indexfr.html |
| Oui à l'initiative populaire «contre l'immigration de masse» | © Comité interpartis contre l'immigration de masse | http://www.immigration-massive.ch/ |
| 51 % des français favorables à l'indépendance de la Guadeloupe? | © miss Bennett | http://fandemrdarcy.over-blog.com/article-28422522.html |
| Issiaka Diakité-Kaba – Autobiographie | © Issiaka Diakité-Kaba | |
| L'importance des femmes au sein du commerce équitable | © Ekitinfo | -photo © Didier Reynaud |
| Les femmes dans l'entreprise | © Moustic | |
| Des agriculteurs de cacao goûtent du chocolat pour la première fois | © Tuxboard | http://www.tuxboard.com/agriculteurs-de-cacao-goutent-chocolat/ |
| Comment vont les vieux en Afrique? (extrait – Des changements de mentalité) | © Voix d'Afrique | http://peres-blancs.cef.fr/vieux_en_afrique.htm |
| Les vieux dans l'entreprise | © Moustic | |
| Statistiques: " Les aînés du Québec: quelques données récentes." par le Gouvernement du Québec | © Canadian Data | |
| Wikitongues | © Creative Commons Author: Laura Morris Translator: Pauline Ratzé | Global Voices http://fr.globalvoicesonline.org/2014/04/14/164780/ |
| Le Sahara marocain - les données linguistiques | © Hassan SLASSI | http://www.marocagreg.com/forum/sujet-analyse-du-paysage-linguistique-marocain-4939.html |
| Interview diversité avec Agnès Crepet et Maxime Tiran | © lescastcodeurs.com | http://lescastcodeurs.com/2014/06/16/lcc-104-interview-diversite-avec-agnes-crepet-et-maxime-tiran/ |
| Les français et leur logement | © Moustic | |
| Comment l'Union européenne détruit le tissu économique | © La lettre volée | http://www.lalettrevolee.net/article-comment-l-union-europeenne-detruit-le-tissu-economique-fran-ais-37457951.html |
| Réalités économiques et financières de l'UE 14 août 2007 | © UDC Suisse | http://www.udc.ch/actualites/assemblees/realites-economiques-et-financieres-de-lue/ |
| Statistiques: terrafemina.com | © CSA | |

## Chapitre 9

| | | |
|---|---|---|
| Les accents | © Elizabeth Zwanziger | |
| Un accent est-il un atout séduction? (graphique) | © eDarling | http://www.edarling.fr/presse/etudes-realisees-par-edarling/accents-seduisants |
| La Notion de la beauté | © Pensées, Word Press | http://penserlemonde.wordpress.com/notionbeaute/ |
| Capsule Outil: L'attirance physique et la beauté | © Copyleft | http://lecerveau.mcgill.ca/flash/capsules/outil_bleu31.html |
| Rapports avec les Français | © Holihanitra Rabearison | |

| | | |
|---|---|---|
| Réactions des blogueurs au concours miss mine antipersonnel | © Creative Commons Author Chhunny Chhean Translator Savannah Goyette | Global Voices http://fr.globalvoicesonline.org/2009/08/16/17220/ |
| Concours mini-miss – La marchandisation des petites filles | © Le Podcast Journal | http://www.podcastjournal.net/Concours-mini-miss-La-marchandisation-des-petites-filles_a15669.html |
| La mode éthique podcast | © Fréquence Terre | http://www.frequenceterre.com/2014/07/11/mode-ethique-facon-ekyog/ |
| Faut-il être beau pour réussir | © MONSTER | http://www.blog-pour-emploi.com/2010/09/29/faut-il-etre-beau-pour-reussir/ |
| Babelio – Petit soleil Une réflexion, des réflexions | © petitsoleil, Babelio | http://www.babelio.com/livres/Cheval-Belle-autrement-En-finir-avec-la-tyrannie-de-la/519370/critiques/497431 |
| L'invitation au voyage - Baudelaire | Public Domaine | |
| Statistiques - beauté | © Observatoire de discriminations | http://www.observatoiredesdiscriminations.fr/images/stories/Discrimination_sur_lapparence.pdf?phpMyAdmin=6e32dcee8760039a64c94b6379294e26 |
| L'importance de la beauté - Lise Bourbeau | © ecoutetoncorps.com | http://www.ecoutetoncorps.com/fr/ressources-en-ligne/chroniques-articles/limportance-de-la-beaute/ |
| Osez vivre des moments magiques en cassant vos habitudes | © Olivier Roland | http://olivier-roland.tv/osez-vivre-des-moments-magiques-en-cassant-vos-habitudes/ |
| Olivier Saint-Vincent - Drive , pour un cinéma camusien | © Olivier Saint-Vincent | http://www.philo-voyou.com/2012/11/drive-pour-un-cinema-camusien/ |
| La face cachée de la pyramide du Louvre | © Fédération Patrimoine-Environnement | http://patrimoine-environnement.fr/la-face-cachee-de-la-pyramide-du-louvre/ |
| Laideur de l'Architecture Contemporaine 1 – à l'UP Caen de Michel Onfray | © David Orbach David Orbach-Isabelle Coste, architectes urbanistes www.coste-orbach.fr | http://www.agoravox.fr/actualites/environnement/article/laideur-de-l-architecture-106323 |
| Sondage: L'ouvrage du siècle | © Ipsos | http://www.ipsos.fr/ipsos-public-affairs/sondages/l-ouvrage-siecle |

# Chapitre 0

## LEÇON 1, P. 4

[Full transcript appears in Student Edition, p. 4]

## LEÇON 1, P. 11, EX. 3

**1.** 04 40 74 31 29

**2.** 01 42 71 57 50

**3.** 06 27 50 61 52

**4.** 02 38 75 01 59

**5.** 06 24 22 93 78

## LEÇON 1, P. 11, EX. 4

**1.** Bonjour, Arnaud. C'est Viviane Leroux à l'appareil. Je crois avoir oublié mes clés de voiture chez toi. S'il te plaît, rappelle-moi au 06 75 25 39 88.

**2.** Eh, salut Arnaud! C'est Amandine Demonfaucon. Je suis de retour. J'aimerais bien pouvoir voir ton prochain match de foot. Rappelle-moi s'il te plaît. Voici mon numéro: 06 09 34 30 81.

**3.** Bonjour Arnaud. Au secours! Je suis frustrée. Je fais mes devoirs de maths et je n'arrive pas à créer le document sur Excel. Je sais que tu es doué pour les ordis. Passe-moi un coup de fil s'il te plaît. 09 52 92 61 77. Ah, je crois que j'ai oublié de te dire que c'est Noémie Colbère.

## LEÇON 1, P. 12, EX. 8

[Full transcript appears in Student Edition, p. 12]

## LEÇON 2, INTERPRETIVE COMMUNICATION: PRINT AND AUDIO TEXTS, P. 18

*BERTRAND – L'IDENTITÉ QUÉBÉCOISE*

AMÉRICAINE: Bonjour, comment vous appelez-vous?

QUÉBÉCOIS: Je m'appelle Bertrand.

AMÉRICAINE: Oui, et vous êtes québécois?

QUÉBÉCOIS: Oui, je suis québécois.

AMÉRICAINE: Et vous habitez où?

QUÉBÉCOIS: J'habite sur la rive sud du Québec à Rivi [Rivière-du-loup] maintenant et j'ai passé mon enfance dans une ville nordique qui s'appelle Chibougamau.

AMÉRICAINE: Très bien.

QUÉBÉCOIS: Tu peux surveiller sur la carte, Chibougamau. Vous allez, euh . . . Si vous prenez la même distance du bas à l'ouest et à l'est, au centre il y a une petite ville nordique qui s'appelle Chibougamau, et cette ville-là **à l'heure actuelle** si on parle du Plan nord, c'est la ville qui marque le départ du Plan nord.

AMÉRICAINE: Très bien. Et vous aimez le sport?

QUÉBÉCOIS: Oui, le hockey, bien sûr.

AMÉRICAINE: Et, le hockey?

QUÉBÉCOIS: Oui, j'ai été pendant 15 ans entraîneur de sport et au hockey et au soccer.

AMÉRICAINE: Et donc, qu'est-ce que vous dites que c'est [Quel est] le sport national du Québec?

QUÉBÉCOIS: C'est le hockey.

AMÉRICAINE: Oui?

QUÉBÉCOIS: Bien sûr.

AMÉRICAINE: Et l'équipe? Votre équipe préférée?

QUÉBÉCOIS: Malheureusement, mon équipe préférée nous a quittée, ils s'appelaient les Nordiques du Québec. Et ils nous ont quitté pour Denver, au Colorado et voilà quelques années. Et maintenant je suis un **orphelin** d'équipe chouchou parce que l'équipe chouchou, c'est maintenant la seule équipe qui reste au Québec et c'est les Canadiens de Montréal. Et les Canadiens de Montréal étaient nos plus grands rivaux lorsqu'il y avait les Nordiques ici et voilà et je suis incapable d'apprécier les Canadiens qui étaient nos anciens ennemis.

AMÉRICAINE: Ah, mais . . . vous savez, je viens de Denver, donc, j'enseigne dans une école, donc . . .

QUÉBÉCOIS: On vous a envoyé une équipe gagnante.

AMÉRICAINE: Oui, c'est vrai. Merci!

QUÉBÉCOIS: Avec plaisir! Je n'aurais pas particulièrement apprécié comment on garde à Denver notre équipe.

AMÉRICAINE: Oui.

QUÉBÉCOIS: Et ici, j'aurais demandé . . .

## LEÇON 2,
## INTERPRETIVE COMMUNICATION:
## AUDIO TEXTS, P. 19

### *MAUDE BOYER - L'IDENTITÉ CITADINE*

Dans quelles situations vous sentez-vous aliénée? Je me sens aliénée ou je me sens gênée. Je dirais gênée, euh, c'est dans les lieux publics ou lorsqu'on traverse la rue, euh, l'être humain a, autant les Marocains sont très **chaleureux** dans les rapports interpersonnels autant en groupe c'est un peu difficile de se sentir, euh, parfois respectée en tant qu'**être humain** on traverse la rue et c'est à nos risques et périls, on, bon, tout ce qui est klaxon et tout ça, les bruits, ça, ça peut me gêner.

Avez-vous changé votre façon de penser, votre système de valeurs depuis votre arrivée? Euh, tout ça, ça se fait parfois **à notre insu**. Peut-être que je ne me rends pas compte de ça actuellement. Euh, avez-vous changé votre façon de penser, votre système de valeurs . . . euh, évidemment, c'est chaque jour . . . euh, chaque jour peut être une aventure ici parce que, en effet, les valeurs ou le système, la façon de fonctionner, c'est, c'est différent. On a beau parler la même langue, beaucoup de Marocains parlent français, mais parfois on ne se comprend pas parce que ce n'est pas la même façon de fonctionner. Ce n'est pas le côté très, très rationnel qu'on peut avoir en Amérique du Nord. On le voit moins ici.

## LEÇON 2,
## PRESENTATIONAL WRITING:
## ARGUMENTATIVE ESSAY, P. 25

### *LE FRANGLAIS POSE-T-IL UN PROBLÈME?*

Le franglais est un problème individuel, car une langue **amalgamée** amène à **boiter** dans les deux langues qui la composent. D'une part, le saut à l'anglais dès qu'une locution dans cette langue nous vient à l'esprit finit par faire intégrer les anglicismes syntaxiques. Par la suite, il n'est plus possible de les distinguer: ils font alors partie de notre paysage langagier. D'autre part, intégrer des mots d'anglais dans la langue française n'améliore pas la maîtrise de l'anglais. Par ces ponctions linguistiques, on n'embrasse pas toute la complexité de l'autre langue, on ne l'apprend pas. Alors que l'on pense faire montre de son savoir en épiçant le français d'expressions et de mots anglais, on affadit plutôt sa langue en lui retirant les règles qui la forment.

Le franglais est un problème collectif, car une langue ne fait

pas que véhiculer des mots, elle convoie aussi une culture et des valeurs. Or, l'insertion **intempestive** de mots anglais non seulement transforme notre langue, mais provoque aussi la dérive de nos valeurs. Ceci n'est pas un argument contre la culture et la langue anglaises. Elles ont toute leur place au Québec et doivent être protégées. C'est seulement qu'en créant un hybride où l'anglais occupe de plus en plus de place, nous décrivons notre réalité avec les mots des autres. C'est l'aliénation, conséquence de notre paresse intellectuelle et de notre **mollesse** culturelle.

Le français étant la langue de la majorité au Québec, le développement de sa culture par de nombreux emprunts à une seule autre langue pousse à l'aliénation du peuple québécois: les mots pour décrire notre réalité ne proviennent plus de notre langue, de notre héritage culturel, mais bien de la culture de nos voisins. Nous n'avons plus nos mots, nous prenons ceux des autres.

## LEÇON 2,
## INTERPERSONAL SPEAKING:
## CONVERSATION, P. 26

*The host mother's utterances reflect the recording. The student's answers will vary, but may resemble the following:*

MÈRE D'ACCUEIL: Bonjour! Enfin, j'ai l'occasion de te parler! Comment vas-tu?

VOUS (ÉLÈVE): Bonjour, Madame. Je vais très bien, merci. Je vous remercie de m'avoir appelé(e).

MÈRE D'ACCUEIL: Je t'appelle pour te poser quelques questions pour que ton séjour chez nous se passe bien. Alors, parle-moi un peu de ta façon de vivre chez toi. Qu'est-ce que tu fais dans ton temps libre, par exemple?

VOUS (ÉLÈVE): J'aime lire des romans et quand il fait beau j'adore faire de la randonnée.

MÈRE D'ACCUEIL: Super! Et en ce qui concerne la nourriture, j'aimerais bien connaître tes préférences. Qu'est-ce que tu aimes manger? Y a-t-il des plats que tu n'aimes pas?

VOUS (ÉLÈVE): J'adore la viande et les salades, mais je n'aime pas trop les champignons.

MÈRE D'ACCUEIL: D'accord – c'est noté! À quelle heure arrives-tu le 30 août? Et as-tu un programme organisé par l'école pendant la première semaine?

VOUS (ÉLÈVE): J'arrive vers 9h le 30. Notre directeur nous dit qu'il y aurait quelques réunions pour les élèves étrangères, mais il veut que nous passions du temps avec les familles d'accueil pendant la première semaine. J'aimerais aussi explorer le quartier.

MÈRE D'ACCUEIL: D'accord – sans problèmes. N'oublie pas de me contacter avant ton départ pour **faire le point**.

VOUS (ÉLÈVE): Bien sûr, je vous enverrai un mail la veille de mon départ au cas où il y a des changements. Au revoir, Madame! A bientôt!

## LEÇON 3, INTERPRETIVE COMMUNICATION: PRINT AND AUDIO TEXTS, P. 32

### *CLAUDE SUPER – ENJEUX DES RÉSEAUX SOCIAUX*

Bonjour. Dans le débat où les questions qui se posent tous les jours à propos des médias et des réseaux sociaux, je vous propose de passer un peu de temps sur ce qu'on appelle communément notre identité numérique. À titre personnel, vous vous êtes décidé à vous lancer sur certains réseaux sociaux du type LinkedIn, Facebook, Viadeo ou d'autres et vous avez décidé d'un type de profil que vous souhaitez voir diffusé en ce qui vous concerne. Naturellement, vous avez choisi la photo qui vous va mieux, vous **valorisez** votre expérience au regard des spécificités, des centres d'intérêt, des communautés qui constituent ce réseau social et vous émettez un certain nombre d'affirmations vous concernant. Bref, vous êtes en train de vous déclarer, de vous exposer comme une **marque**, vous êtes en train de faire ce qu'on appelle du personal branding. Au-delà de la mise en valeur de vos compétences, de votre **savoir-faire** et peut-être même de vos relations et de votre aspect physique, il est une identité que vous êtes en train de constituer qui est l'identité numérique. À la différence de l'identité physique et sans être schizophrène, cette identité numérique peut être construite d'une manière complètement différente, inadéquate et désynchronisée de votre réalité physique et personnelle. Si pour des raisons personnelles vous ne souhaitez pas que la totalité de votre vie soit publiée sur des réseaux sociaux, que vous souhaitez préserver votre sphère privée, il n'en est pas pour autant conseillé de multiplier des identités numériques dans lesquelles vous pourriez vous noyer ou en tout cas vous perdre. Il vaut mieux s'abstenir de donner un certain nombre d'informations que de se créer une multitude d'identités numériques dans lesquelles vous finirez par ne plus savoir où vous en êtes. Une présence efficace sur les réseaux sociaux, même à titre personnel, se nourrit

d'authenticité. N'essayez pas de tromper le monde. À force d'y croire, vous vous tromperez vous-même et là vous risquez plus d'avoir beaucoup d'amis. À bientôt.

## LEÇON 3, INTERPRETIVE COMMUNICATION: AUDIO TEXTS, P. 33

### *OÙ L'ON PARLE DE LA GUERRE POUR L'IDENTITÉ NUMÉRIQUE ET DE LA GUERRE DES BITCOINS*

-Oui, c'est un sujet qui est assez étonnant en termes de visibilité parce que finalement pour donner des formations professionnelles de sécurité, pour interroger avec pas mal de monde, je m'aperçois qu'il n'y a pas grand monde qui se rend compte qu'elle a lieu. Si ce n'est quand ils installent Windows 8. Quand on installe Windows 8, on vous dit «rentrez votre compte Live» s'il vous plaît. Mais, c'est mon Windows 8 d'entreprise. Ce n'est pas mon compte Live. J'ai un compte sur le domaine Windows. (Machin, tout ça.) «Rentrez votre compte Live tout de même.» Ou alors, si on installe Office 2013. Office 2013 vous dit «Rentrez votre compte Live Office 2013, Cloud, Microsoft, super machin.»

-Oui, exactement, Cloud.

-Mais ce n'est pas le seul. Par exemple, si vous utilisez l'identification haute pour accéder à votre siteweb, je ne sais pas, vous n'avez pas envie de gérer, stocker les mots de passe de vos utilisateurs, après tout d'ailleurs, c'est plutôt une bonne idée, vu que tout le monde fera l'affaire. Comme l'a prouvé Adobe il n'y a pas très longtemps.

-Oh, c'est méchant. Oui, c'est vrai.

-Il paraît que c'est un vieux système. Maintenant ils font ça bien et puis LinkedIn aussi, enfin bref, d'autres le font bien, peut-être. Le fait est que moins c'est stocké, mieux c'est. Vous pouvez vous reposer sur l'identité fournie par un **tiers**, généralement le tiers, il va s'appeler Yahoo, Google, Facebook, LinkedIn, whatever. Mais, ce dont on ne se rend pas compte, c'est que ces gens-là dépensent un argent assez considérable pour devenir le fournisseur de l'authentification de confiance et dans une idée qui est que la relation que vous allez avoir avec votre fournisseur d'identité Cloud, et bien, elle sera probablement plus **pérenne** que celle que vous avez avec votre université, votre employeur ou en tant que personne comme acheteur de service. D'ailleurs, qu'en fait, l'idée pour eux, c'est d'être le **garant** de votre identité tout le long de votre vie, de votre première interaction informatique jusqu'à votre décès, probablement au-delà puisqu'il se pose aujourd'hui la question de la pérennité des données au-delà du décès, et ils y travaillent.

## LEÇON 3, PRESENTATIONAL WRITING: ARGUMENTATIVE ESSAY, P. 39

*MAUDE BOYER – LA SITUATION LINGUISTIQUE ET CULTUREL DU MAROC*

Évidemment lorsque je, je parle à des Marocains, je peux utiliser parfois leur euh, . . . les expressions qu'eux-mêmes utilisent en français, même s'il parle le darija, la langue au Maroc, ils vont dire *safi\**, ça y est et moi je vais dire *safi*, ça y est pour pouvoir communiquer avec eux. Mais je ne vais pas utiliser des expressions typiquement québécoises parce que ça ne sert à rien. Mais en temps, lorsqu'on me parle, on se rend compte que j'ai un accent québécois ou belge, ou enfin, pas français et euh le rapport entre les Québécois et les Marocains est assez euh, est assez bon donc euh ça commence bien la conversation. Ils me disent «Ah, vous êtes euh québécoise!» Et ça commence la conversation donc je peux rencontrer des gens.

Alors, comment votre identité a-t-elle développé, a-t-elle changé? Donc, je . . . j'essaie pour pouvoir me faire comprendre, j'essaie quand même de parler de façon assez neutre et aussi d'utiliser les expressions françaises qu'on retrouve au Maroc, comme ça y est, *safi*.

Ensuite, vous êtes-vous assimilée à la culture marocaine? Ben, au lieu d'assimiler je dirais adapter parce que l'assimilation pour moi c'est négatif. Euh, bon . . . c'est . . . on irait dans un autre sujet ici. M'adapter, est-ce que je me suis adaptée à la culture marocaine? Euh, on s'adapte, on est toujours influencé **malgré soi**. Et euh . . . c'est, c'est, c'est difficile à dire, euh, essayez-vous, est-ce que je me suis adaptée à la culture marocaine . . . Peut–être dans un sens, peut-être dans un sens, euh, oui, je sais que les rapports humains, interpersonnels sont assez forts ici, donc au lieu d'être assez, d'être très directe, j'essaie quand je pose des questions de, de développer le côté humain pour que ça passe mieux.

Ensuite, essayez-vous de vous adapter? J'essaie, mais en même temps, à l'âge que j'ai, euh bon, j'ai mes habitudes et puis il y a des choses aussi que, bon, . . . Exemple, j'avais un rendez-vous chez le dentiste hier, j'étais en retard et j'ai téléphoné pour dire que j'étais en retard et le dentiste était très content. Mais si je voulais m'adapter à la culture marocaine, je, je n'aurais pas téléphoné au dentiste parce qu'on ne téléphone pas. Mais, il y a des choses que, sincèrement, il y a des valeurs auxquelles je tiens et j'ai été élevée comme ça et puis euh, mais il y a peut-être autre chose, il y a peut-être le côté spontané parfois, d'arriver chez les gens sans téléphoner au préalable, des choses comme que je trouve sympathique, donc j'essaie de prendre ce qui me convient dans la culture marocaine.

\**safi* = *ça suffit* en darija, l'arabe dialectal marocain

## LEÇON 3, INTERPERSONAL SPEAKING: CONVERSATION, P. 40

*The host brother's utterances reflect the recording. The student's answers will vary, but may resemble the following:*

FRÈRE D'ACCUEIL: Salut! Ma famille est super heureuse de t'accueillir chez nous cette année. Nous sommes parfois un peu fous. Comment est ta famille?

VOUS (ÉLÈVE): Salut! Ma famille est très grande. J'ai trois frères et deux soeurs.

FRÈRE D'ACCUEIL: C'est bien! Qu'est-ce que vous aimez faire ensemble?

VOUS (ÉLÈVE): Quand tout le monde est ensemble, nous aimons faire la cuisine. Nous aimons aussi jouer au foot ensemble. Mais nous n'aimons pas voyager ensemble car la famille est si grande.

FRÈRE D'ACCUEIL: C'est intéressant. Tu habites près de ta **famille élargie**? Tu les vois souvent?

VOUS (ÉLÈVE): Nous habitons tous en Suisse dans des villes différentes, mais on se voit assez souvent.

FRÈRE D'ACCUEIL: Super! Dans ta famille, comment est-ce que tu fêtes les grands moments de la vie?

VOUS (ÉLÈVE): Quand nous sommes tous ensemble, nous préparons un grand repas pour fêter les grands moments de la vie.

FRÈRE D'ACCUEIL: Les traditions des autres familles m'intéressent beaucoup. Merci de m'avoir parlé de ta famille. À bientôt!

VOUS (ÉLÈVE): Je serai sans doute très content(e) de vivre avec vous. On se verra bientôt, alors!

# Chapitre 1

## LEÇON 1, P. 49, EX. 5

Trois personnes vont se présenter et décrire leur expérience scolaire à l'oral. Écoutez et notez les points importants pour identifier leur classe.

1. Je m'appelle Aïcha, j'ai 17 ans. Ma famille est d'origine marocaine. Maintenant j'aime beaucoup l'école, mais quand j'étais en CE1, j'ai dû redoubler mon année parce que je ne parlais pas très bien le français. Ce n'était pas facile d'être avec des élèves plus jeunes que moi, mais maintenant nous sommes tous amis.

2. Je m'appelle Pierre, je viens tout juste d'avoir 18 ans; mon anniversaire était la semaine dernière. Cette année est assez stressante pour moi. Je me prépare à passer l'examen le plus difficile de ma vie. Mes intérêts sont surtout centrés sur l'informatique et les technologies modernes. Je passe beaucoup de temps sur mon ordinateur et j'adore tout ce qui est en rapport avec les médias sociaux.

3. Je m'appelle Benoît et j'ai 15 ans. Je suis très sportif et j'adore les projets manuels. À l'école j'ai beaucoup de mal avec les sujets traditionnels. Je pense que j'ai peut-être choisi la mauvaise voie. Mon dernier bilan scolaire n'était pas très bon et mes parents sont assez inquiets. Il est possible que je redouble cette année. Si c'est le cas, je vais peut-être changer de voie l'année prochaine.

## LEÇON 2, INTERPRETIVE COMMUNICATION: PRINT AND AUDIO TEXTS, P. 62

-Bonjour, Comment t'appelles-tu?

-Je m'appelle Pauline.

-Eh, où est-ce que tu vas à l'école?

-Je vais dans un lycée qui s'appelle Albert Einstein dans le sud de la France, dans le département du Gard, à Bagnols-sur-Cèze.

-Euh, quel bac est-ce que tu vas poursuivre?

-Je vais poursuivre le bac scientifique.

-Ah bon, pourquoi?

-Parce que ça ouvre le plus de portes, par exemple on peut aller dans plusieurs universités et, euh, on a plus de choix dans les **métiers**. Par exemple dans les métiers scientifiques ou dans les métiers, euhm, littéraires, euhm, les métiers . . . toutes sortes de métiers.

-D'accord, en France, d'après ce que je peux comprendre, les résultats du bac sont publiés, ils sont annoncés en public. Est-ce que tu es d'accord avec cette façon de communiquer les résultats?

-Non, pas trop parce que quand on peut voir mes notes et mes résultats et si j'ai pas le bac, j'aurai un peu honte.

-J'imagine. En préparant le bac, donc est-ce que tu penses que les élèves pensent souvent au moment public où ils vont voir les résultats? Est-ce que tu penses que cette situation affecte la façon de se préparer?

-Oui, parce qu'on a le stress. Et avec le stress, on oublie souvent les réponses pour le bac. Et c'est stressant.

-Quand tu auras présenté ton bac, et que ça sera ton tour, est-ce que tu comptes regarder les résultats sur Internet ou aller voir les listes qui seront affichés à l'entrée du lycée?

-Non, je compte aller au lycée voir la liste.

-Et, est-ce que tu comptes y aller toute seule ou est-ce que tu comptes emmener tes parents avec toi?

-Je compte emmener mes parents avec moi pour avoir moins de stress que de partir toute seule.

-Un petit peu de support moral, alors?

-Oui.

-Est-ce que tu as déjà assisté à une annonce de résultat publique comme ça?

-Non, jamais.

-Jamais, donc tu ne peux pas vraiment me décrire l'atmosphère qui se passe?

-Non, pas trop.

-Pas trop . . . je comprends.

-Quel âge as-tu, Pauline?

-J'ai 15 ans.

-15 ans, donc c'est dans quelques années pour toi. Tu as encore le temps.

-Mmm.

-Oui, euh, qu'est-ce qui se passe, si tu ne réussis pas ton bac? Est-ce que tu sais ce qui se passe pour les élèves qui ne réussissent pas le bac?

-Oui, soit on repasse le bac ou on refait une année. Ou soit on va au . . . [pause]

-Il y un terme qui s'appelle le **rattrapage**.

-Oui.

-Qu'est-ce que c'est que le rattrapage?

-Le rattrapage c'est quand les élèves, euh, passent un oral pour rattraper leurs notes du bac.

-Est-ce que tu, euh, est-ce qu'il représente tous les examens ou est-ce qu'ils choisissent un ou deux sujets?

-Je pense qu'ils choisissent un ou deux sujets.

- . . . à représenter. D'accord. Est-ce que tu connais des personnes qui ont dû présenter cet examen?

-Euh, oui.

-Oui, est-ce que c'est fréquent de devoir représenter cet examen? Est-ce que c'est fréquent de rater son bac?

-Euh, non, c'est pas très fréquent.

-Ok, bien, Pauline un grand merci d'avoir répondu à mes questions et bonne chance dans quelques années quand ça sera ton tour.

-Merci.

-Au revoir.

-Au revoir.

## LEÇON 2, INTERPRETIVE COMMUNICATION: AUDIO TEXTS, P. 63

*JEAN MICHEL QUARANTOTTI – LES ACTIVITÉS PÉRISCOLAIRES*
Moi, je dirai que c'est un devoir pour l'école d'organiser des activités extra-scolaires parce que le savoir ne se limite pas à l'heure de cours dans lequel l'élève apprend. Il apprend aussi . . . il met en pratique tout ce qu'il a appris dans la vie dans, euh, dans des activités comme le sport, la musique, le théâtre.

Euh, le sport, par exemple, on s'est aperçu que des élèves faibles à l'école primaire, eh bien, arrivaient à remonter leur niveau scolaire grâce à ces activités **périscolaires** parce que, justement, ils réinvestissaient dans le sport les notions mathématiques qu'ils avaient apprises à l'école. Et à l'école lorsque on leur demandait, en classe de français ou en classe d'anglais, d'exprimer quelque chose sur, euh, un thème grammatical précis on passait par le, euh, par le billet du sport en leur disant « Et en sport, qu'est-ce que tu as fait? » Ça faisait allusion au passé composé mais on peut . . . « Qu'est-ce que tu feras dans l'avenir en sport? ». Et là tout d'un coup, l'intérêt de l'élève est beaucoup plus stimulé.

Donc, le sport, la musique, le théâtre sont, euh . . . des . . . sont très importants pour un élève parce qu'ils lui permettent d'arriver à une connaissance, un degré de connaissance qu'il n'aurait pas s'il se contentait simplement des cours qu'il a en classe à l'école.

## LEÇON 2, PRESENTATIONAL WRITING: ARGUMENTATIVE ESSAY, P. 71

Selon une étude de Bain & Company, le livre numérique devrait se développer grâce aux livres pratiques, scolaires ou jeunesse.

Dans le monde du **livre numérique**, il existe de plus en plus un appétit pour de nouveaux formats non linéaires, c'est-à-dire multimédia, interactifs ou sociaux. C'est l'une des conclusions de l'étude *«Sept ans: l'âge de raison? 2005-2012: les raisons d'espérer à l'ère du numérique»* réalisée par le cabinet Bain & Company.

Présentée au Forum d'Avignon le 17 novembre, cette étude réalisée auprès de 6 000 consommateurs sur quatre continents interroge entre autres le modèle économique du livre numérique.

Alors que la part du **marché** des e-books en 2011 représentait 15% des ventes aux États-Unis et 6% au Royaume-Uni, contre 2% en France et 1% en Allemagne, la migration numérique des différentes catégories d'**ouvrages** s'est faite à des rythmes très différents.

Le roman a démarré le premier sa transition numérique; aux États-Unis et en Grande-Bretagne, le support numérique *«représente aujourd'hui 15 à 20% du marché, voire davantage pour la romance et le policier.»*

L'étude affirme pour autant que l'attente des lecteurs et les possibilités d'innovation ne se situent désormais plus tant dans les romans que dans les livres pratiques, scolaires et jeunesse. Ceux-ci favorisent de nouveaux formats non linéaires, multimédia et interactifs.

Autre information à noter: l'arrivée des e-books a **augmenté** la consommation de livres, qu'ils soient papier ou numérique. En France, 32% lisent plus depuis qu'ils lisent aussi des livres numériques; 62% lisent autant et 6% lisent moins.

L'évolution la plus spectaculaire se trouve en Chine et en Inde où 60% des personnes lisent davantage depuis l'irruption du livre numérique dans leurs habitudes.

En France, les lecteurs privilégient les tablettes pour lire des e-books – ils sont 39% à les préférer, contre 21% pour les liseuses et 40% pour les smartphones et ordinateurs. Aux États-Unis et au Royaume-Uni où Amazon a commercialisé bien plus tôt son Kindle, on lit davantage les e-books sur des liseuses - 47% et 51% des lecteurs pour ces deux pays respectivement.

## LEÇON 2, INTERPERSONAL SPEAKING: CONVERSATION, P. 72

*Ludovic's utterances reflect the recording. The student's answers will vary, but may resemble the following:*

LUDOVIC: Bonjour! Eh, dis-moi, comment se sont passées tes vacances?

VOUS (ÉLÈVE): Salut, Ludo! C'était super! Il a fait un temps superbe et j'ai appris à faire du ski nautique. Et toi?

LUDOVIC: Alors, tu es prêt pour la rentrée? Ça approche . . .

VOUS (ÉLÈVE): Ben . . . pas vraiment. Je me sens assez stressé car je dois prendre beaucoup de décisions importantes en troisième. Ce n'est pas drôle.

LUDOVIC: Comme quoi, par exemple?

VOUS (ÉLÈVE): Par exemple, je dois choisir ma voie de formation et c'est un problème car mes parents ne sont pas d'accord avec ce que j'ai envie de faire.

LUDOVIC: Ah oui, je comprends. Heureusement que j'ai déjà choisi. Je vias faire le bac technologique.

VOUS (ÉLÈVE): Félicitations, Ludo! C'est super! Tu es vraiment doué. Et quelle chance tu as d'avoir déjà décidé.

LUDOVIC: Je suis sûr que tout va s'arranger pour toi aussi, pas de problèmes!

VOUS (ÉLÈVE): D'accord, alors, je te dis au revoir. On se verra à la rentrée!

## LEÇON 3, INTERPRETIVE COMMUNICATION: PRINT AND AUDIO TEXTS, P. 80

*JEAN-MICHEL QUARANTOTTI – L'ÉCOLE DU PASSÉ ET CELLE DU PRÉSENT*

Dans mon enfance, la discipline était quelque chose sur laquelle on insistait énormément. On ne bougeait pas en classe. On n'avait pas beaucoup de . . . on n'avait pas beaucoup de possibilité de s'exprimer.

On avait la leçon du professeur et on devait, après, dans des exercices, relire ce que le professeur nous avait dit.

Aujourd'hui ça a beaucoup changé parce qu'aujourd'hui on inclut les élèves dans le savoir et ils le découvrent par eux-mêmes au fur et à mesure. Je trouve que c'est mieux maintenant. Je suis né trop tôt.

## LEÇON 3, INTERPRETIVE COMMUNICATION: AUDIO TEXTS, P. 81

*INNA WINKELL*

Je m'appelle Inna Winkell. Je suis française. Je suis née le 8 août 1985 à Pertuis en France, dans le sud de la France. Mm, j'ai, petite, j'ai déménagé avec mes parents et nous avons habité en Vendée, c'est dans l'ouest de la France. Quand j'ai eu 10 ans, je suis partie vivre en Amérique latine au Pérou où j'ai appris l'espagnol.

*Décrivez votre identité linguistique.*

Donc, je suis francophone de nature, de base, mais je parle également espagnol couramment. Donc, je suis bilingue. Je . . . j'ai appris l'anglais à l'école au primaire et au collège. J'ai fait du portugais un petit peu à la **fac**. Euh, je suis actuellement en train d'apprendre l'arabe depuis que j'habite au Maroc.

## LEÇON 3, PRESENTATIONAL WRITING: ARGUMENTATIVE ESSAY, P. 87

*L'ÉCOLE QUI COÛTE CHER - LES LYCÉES PUBICS ET PRIVÉS À PARIS*

Les collèges/lycées publics peuvent être très bons - même les meilleurs comme le lycée Louis le Grand à Paris. Ils sont complètement gratuits et non sélectif - et c'est là le problème. Les élèves sont répartis dans les lycées selon leur lieu de résidence (on appelle ça le lycée de secteur) et rares sont les exceptions à pouvoir déroger à la règle. Donc, par exemple dans mon cas, mon lycée de secteur est le lycée Georges Pompidou à Enghien (l'un des trois lycées du département).

Sortir d'un mauvais lycée, c'est ne pas se donner la chance de réussir des études supérieures (qui nécessitent un bon dossier de notes sur les deux dernières années avant le bac). Une école privée est, pour 90% des écoles privées, subventionnée par l'État, donc à un prix moins accessible (1500€ l'année, en fonction du revenu des parents, le prix peut diminuer ou augmenter). Ces "semi" écoles privées peuvent choisir leur professeurs parmi les professeurs autorisés par l'éducation nationale et peuvent respecter le programme imposé par l'État, les dates d'examens et les cours y sont les mêmes que dans les écoles publiques. En revanche, les élèves sont sélectionnés selon leur bulletin de note à l'entrée et peuvent être exclus de l'école, s'ils n'ont pas un assez bon niveau (cas exceptionnel) ou s'ils ont un mauvais comportement en classe (insolence, etc). Donc il ne reste dans ses écoles que les élèves les plus motivés et les plus travailleurs. Une école privée garantit l'obtention du bac à 95% en moyenne contre 70% pour les lycées publics. D'autre part, elles permettent d'accéder à un très bon niveau d'études supérieures comme les prépa. Les inconvénients pour ses écoles c'est qu'elles n'ont comme budget que ce que les parents payent chaque année pour l'école et doivent payer elles-mêmes tous les membres de leur personnel (hors-éducatif: femmes de ménage, cantines, locaux, voyages). D'autre part, elles ne peuvent pas renvoyer un mauvais professeur (il faut faire une démarche administrative devant l'État très longue, qui peut durer des dizaines d'années et même ne pas fonctionner car le motif doit être extrêmement grave). D'autre part, les cours de religion (l'aumônerie ou le catéchisme) ne sont généralement pas obligatoires.

Pour finir, pour ce qui est des écoles totalement privées, des écoles très marginales, elles doivent représenter 3/4 des écoles, celles-ci sont complètement autonomes et ne sont pas reconnues par l'État. Elles ne sont pas obligées de suivre le programme national. Il s'agit, pour la plupart, des écoles religieuses qui coûtent vraiment cher (environ 6000/8000€ mais cela peut monter beaucoup plus haut.)

## LEÇON 3, INTERPERSONAL SPEAKING: CONVERSATION, P. 88

*Agnès' utterances reflect the recording. The student's answers will vary, but may resemble the following:*

AGNÈS: Salut et bon appétit! Qu'est-ce que tu as fait dans ton cours de maths ce matin?

VOUS (ÉLÈVE): Nous avons passé un grand examen en cours de maths ce matin.

AGNÈS: Ah, bon. J'ai le cours de maths cet après-midi et j'ai peur. Je n'aime pas les mathématiques depuis le cours de Monsieur Rachin. C'était un prof hyper stricte! Est-ce que tu as jamais eu un prof stricte à l'école primaire?

VOUS (ÉLÈVE): Oui, j'ai eu une institutrice très stricte quand j'étais à l'école primaire. On n'avait pas le droit de se parler en cours, même pour travailler ensemble.

AGNÈS: Mon institutrice préférée, c'était Madame Dupont. Elle nous lisait des extraits de littérature classiques et c'est la raison pour laquelle j'adore la littérature aujourd'hui. Et toi, as-tu eu un professeur qui t'a inspiré(e)?

VOUS (ÉLÈVE): Oui, en fait, j'ai un prof cette année qui m'inspire beaucoup. C'est grâce à lui que j'ai fait des progrès en français. Je parle beaucoup mieux que l'année dernière.

AGNÈS: Ah. Et te souviens-tu de la récré? J'adorais jouer avec mes amis. En général, que faisais-tu à la récré?

VOUS (ÉLÈVE): Je sautais à la corde ou je jouais au foot avec mes amis, en général.

AGNÈS: Ah, la récré . . . c'était sympa! Mais il faut retourner au monde actuel et c'est l'heure du cours. Si on déjeune ensemble demain?

VOUS (ÉLÈVE): Bonne idée! Oui, déjeunons demain vers midi.

# Chapitre 2

## LEÇON 1, P. 96, EX. 1

**Conversation 1:**

-Oh là là, ma valise est lourde! Je ne sais pas comment je vais monter dans le train tout seul.

-Ne t'inquiète pas. Quelqu'un t'aidera.

**Conversation 2:**

-Votre billet, s'il vous plaît.

-Voilà, Madame.

-Vous avez oublié de le composter. Normalement, je serais obligée de vous donner une amende, mais je ferai une exception car vous êtes touriste.

**Conversation 3:**

-Dépêchez vous, les enfants! Il faut quitter la maison! Le train part dans 30 minutes!

-On a le temps, Maman! Un quart d'heure suffit!

## LEÇON 1, P. 97, EX. 1

[Full transcript appears in Student Edition, p. 97]

## LEÇON 2, INTERPRETIVE COMMUNICATION: PRINT AND AUDIO TEXTS, P. 110

*SOUVENIRS DE VOYAGE: ANTOINE DE MAXIMY*

Cette photo, en fait, c'est une des photos qu'on a tournée, qu'on a faite quand j'ai fait une . . . expédition, une parodie d'expédition. C'était en 1987, euh . . . dans les tunnels du métro parisien. En fait, à cette époque j'avais envie de partir en expédition, faire un film. Et je n'avais pas de sous . . . et c'était l'époque où je (( )) à démarrer. Il y avait [euh] des carnets de l'aventure sur France 2, etc. Et il y avait toutes sortes d'expédition dont on parlait. Et moi, je voulais faire une expédition et je n'avais pas d'argent et on m'a dit, enfin, j'ai eu l'idée de faire le tour de Paris sur les voies, en fraudes, parce que on n'avait pas d'autorisation et de faire une sorte de raid. Comme ça dans les tunnels de métro, aller de station en station sur les voies.

Antoine et ses compagnes ont voulu vivre cette aventure en ajoutant au danger habituel de la vie sous-terraine, celui foudroyant du survoltage.

Alors, c'était une idée qui était un peu saugrenue, mais qui a donné un film qui est très sympa, qui est vraiment une parodie d'expédition. On a bivouaqué, on a fait un campement. On a dormi dans les rames de métro. Enfin, c'était, c'était vraiment drôle.

Parfaitement détendus, nous étions dans la station Père Lachaise. Quelques indigènes nous font visiter leur campement.

Plus je voyage, plus je m'aperçois que la France, c'est vraiment un pays qui a beaucoup, beaucoup de qualités que les gens qui y restent, en fait, oublient un petit peu tous ces avantages qu'on a ici. Et, moi, j'ai toujours un grand, grand plaisir à revenir.

Un voyage réussi, c'est un voyage dont on est content, simplement. En fait, c'est il y a que la personne qui a fait le voyage qui peut décider, déterminer que c'est un voyage réussi ou pas. Moi, je voyage, essentiellement pour ramener des films. En fait, avant de faire des films, je [ne] voyageais pas et si je ne fais plus de films, je[ne] sais pas si je voyagerai encore. Donc, je fais partie, peut-être, de ces gens qui quand ils ne ramènent pas leur film, ils n'ont pas réussi leur voyage. Moi, j'ai besoin de, en fait, je fais des films. Je voyage pour faire des films et je ne fais pas des films pour voyager. Moi, je voyage pour faire des films. J'aime faire des films. C'est mon but premier.

## LEÇON 2, INTERPRETIVE COMMUNICATION: AUDIO TEXTS, P. 111

*VOYAGECAST – ÉPISODE 8 – LE CAMBODGE*

-Alors, bienvenue dans voyagecast, c'est Jonathan et je suis maintenant accompagné de Guillaume qui se trouve à Bali. Salut, Guillaume!

-Bonsoir!

-Alors, comment ça va à Bali?

-Ah, ben . . . ce soir il fait assez chaud. Mais en ce moment, la climatisation tourne à fond donc j'espère que ça ne fait pas trop de bruit dans le micro. Bali va bien, Bali est en plein soleil, on est au mois d'août, beaucoup de touristes. On profite un petit peu.

-C'est pas gentil de nous faire envie, nous, sous la pluie. Alors, on va parler pas de Bali, même si tu y es, on va parler du Cambodge où tu as eu l'occasion de faire un petit voyage de neuf mois, c'est ça?

-Alors, j'ai fait beaucoup de voyages au Cambodge et puis quand j'en ai eu marre de faire que des voyages, j'ai décidé de m'y arrêter, d'y habiter. Donc, au total, oui, neuf mois à peu près. Je n'ai pas non plus traversé tout le Cambodge, mais, en neuf mois, j'ai vu pas mal de choses.

-Alors, tu m'as dit qu'on n'atterrissait pas vraiment au Cambodge quand on y va parce que les prix sont assez prohibitifs. Tu m'as dit qu'on atterrissait, plutôt, du côté de Saigon, par exemple, donc, au Viêtnam. C'est ça?

-Exacte. Alors, au Cambodge, en fait, il n'y pas beaucoup d'aéroports de classe internationale, qui permettent de recevoir des vols non-courrier. Qu'à Phnom Penh. Et qui est assez cher, du coup, il vaut mieux rentrer par le Cambodge soit par le Viêt nam, par Ho Chi Minh, soit alors par l'autre côté, par la Thaïlande. Donc, euh, il faut prendre un bus et puis traverser la frontière par la terre. C'est un truc que j'aime beaucoup, parce que traverser par la terre, une frontière, c'est une zone un peu bizarre. C'est une zone, où en fait, d'abord tu sors d'un pays. Donc, on tamponne ton passeport comme quoi tu sors du pays et en zone où, en fait, tu n'es pas dans aucun pays du monde. Tu es juste en zone internationale dans ce qu'ils appellent « *no man's land* ». Et, euh, ça c'est une chose qu'on hésite à dire, traverser un « *no man's land* » c'est toujours assez sympa.

## LEÇON 2, PRESENTATIONAL WRITING: ARGUMENTATIVE ESSAY, P. 117

*LES COMPAGNIES AÉRIENNES ET LES OBÈSES*

Mais tout d'abord, cette nouvelle pratique assez singulière des compagnies aériennes qui suscitent, d'ailleurs, bien de questions pour gagner de l'argent. Certaines sociétés, Ryan Air, United Airlines ont décidé de traiter différemment les passagers obèses. Taxe supplémentaire, achat de deux places, tout est bon pour dégager de nouveaux profits comme nous l'explique Guillaume Menet et Alain Federvosky.

À bord d'un avion quand vous êtes une personne de forte corpulence, quand vous êtes gros, vos voisins ont presque toujours la même réaction.

Les gens ne sont pas courageux, il faut être honnête. C'est pas des remarques. C'est des attitudes. Ça va être des **soupirs**, ça va être des . . . vous savez? . . . des [bruits d'un soupir], enfin. Voilà. Mais huit heures, c'est long quand vous avez un voisin qui se comporte comme ça.

Après les soupirs vient le temps de réclamation. Beaucoup de passagers **se sont plaints** auprès de leur compagnie parce qu'ils ont dû voyager collé-serré avec une personne obèse et les compagnies réagissent.

Après avoir reçu 700 courriers, United Airlines vient de prendre une décision afin de ne pas gêner les autres, les passagers obèses devront acheter deux billets, donc deux places. Une politique déjà pratiquée par huit autres compagnies américaines.

D'un côté, on nous parle de lutter contre les discriminations. Et à coté de ça, on est dans une notion de profit. C'est vraiment lamentable. Il y un autre problème aussi, c'est que c'est bien gentil d'obliger les passagers d'acheter un deuxième siège. Faut-il encore que l'accoudoir se relève complètement dans le dossier.

Il y a quelques jours, la compagnie Ryan Air a lancé un vaste sondage auprès de ses fidèles clients. 100 000 passagers ont été interrogés et 40 % d'entre eux ont déclaré être favorable à une taxe pour les gros. L'idée serait, donc, de peser les passagers à l'aéroport et en fonction de l'indice de masse corporel de chacun, il faudrait acheter un ou deux sièges. Les personnes à forte corpulence préféreraient que les compagnies aériennes se rappellent qu'il y a 320 millions d'obèses dans le monde et qu'il faudrait peut-être élargir les sièges des appareils. Mais en élargissant les sièges, on met moins de monde dans les avions et ça, ce n'est pas très rentable.

## LEÇON 2, INTERPERSONAL SPEAKING: CONVERSATION, P. 118

*The friend's utterances reflect the recording. The student's answers will vary, but may resemble the following:*

AMI: Bonjour, mon ami(e) des États-Unis, c'est toi?

VOUS (ÉLÈVE): Oui, c'est moi, bonjour. Il y a un problème. Mon train est en retard.

AMI: Ah bon? Je ne suis pas du tout content que tu sois en retard. Quand penses-tu que tu arriveras?

VOUS (ÉLÈVE): On me dit que nous arriverons vers 20h30 à Casablanca.

AMI: Zut, ça ne marche pas du tout. J'ai des billets pour un concert ce soir. Je ne peux pas te rencontrer à la gare à cette heure. Qu'est-ce qu'on va faire?

VOUS (ÉLÈVE): Et si je prends un taxi? Qu'est-ce que tu en penses?

AMI: Oui, super bonne idée. Je pourrais te voir à ton hôtel demain matin.

VOUS (ÉLÈVE): Impeccable! J'ai hâte de te voir et on me dit que Casablanca est une ville très intéressante.

AMI: Parfait! Je suis très content que tu viennes me voir. À plus, mon ami(e).

VOUS (ÉLÈVE): Oui, à demain matin, c'est organisé! Au revoir.

## LEÇON 3, INTERPRETIVE COMMUNICATION: PRINT AND AUDIO TEXTS, P. 126

*VOYAGER SUR LE FIL*

Bonjour et bienvenue sur le podcast du blog *Voyage sur le fil*. Je m'appelle Christophe Boudrie et c'est le premier podcast que je vais réaliser pour vous.

*Alors tout d'abord ce blog, en fait, qu'est-ce que c'est?*

C'est tout simplement un blog qui parle de voyage, de voyages avec des rencontres, des voyages pour se dépasser, pour s'exprimer, pour agir, pour vibrer, pour s'immerger, pour **pimenter** son quotidien.

En fait, ce blog est né tout simplement d'une passion personnelle pour le voyage. Je n'étais pas un très grand voyageur, et puis au fil des voyages, j'ai commencé à vraiment rechercher quelque chose d'unique, quelque chose de spécial dans le voyage.

À vrai dire, au début, je ne savais pas quoi vraiment chercher dans le voyage. Donc j'ai **tâtonné**, j'ai essayé un peu chaque style de voyage: voyage plus ou moins organisé, voyage avec chauffeur, voyage en vélo, voyage à pied, en randonnée, etc. Donc, finalement, au cours de toutes ces expériences, j'ai pu trouver un peu mon style de voyage, ce qui commençait à vraiment me plaire dans le voyage. Alors, j'ai essayé de réfléchir, d'en discuter avec des amis, de partager ça, de partager mes expériences. Au fil des rencontres, j'ai donc grandi cette envie de voyager différemment, et c'est cette envie que j'ai envie de partager avec vous aujourd'hui.

J'ai créé ce blog, car quand j'ai commencé à observer des gens que j'admirais, j'admirais en fait leur manière de voyager. Mais c'était tellement dur de faire comme eux. Eux, ils avaient l'expérience, ils savaient comment partir à l'étranger, ils savaient comment partir faire de la randonnée, du kayak, du vélo. Tout était déjà acquis. Mais j'avais une question: mais comment, comment faire, comment acquérir toute cette connaissance?

Alors toutes ces informations, elles sont disponibles sur Internet, sur les rencontres, avec les discussions avec les amis, mais il me semblait qu'il manquait un lieu commun à toutes ces informations-là.

## LEÇON 3, INTERPRETIVE COMMUNICATION: AUDIO TEXTS, P. 127

*VIVRE AU LAOS AUJOURD'HUI, VOYAGE EN ASIE (GET LOST IN ASIA) BOBBIE DENNIE*

Episode numéro 7: Laos de '98 à aujourd'hui

Perdu en Asie: un magazine alternatif de voyage entièrement consacré sur l'Asie du sud-est: la Thaïlande, le Laos, le Cambodge, le Myanmar et j'en passe, des trucs, des conseils, des entrevues. Voyagez avec nous sur undergroundquebec.com!

Et allô, tout le monde et bienvenue dans l'émission qui parle d'Asie tout simplement, comme ça, que ça soit des voyages d'expatriation, de business, d'anecdote, de nouvelles, enfin tout ce qui peut satisfaire notre curiosité sur l'**Orient**, ce grand continent qui, dans notre enfance, était supposé être atteint, tout simplement, enclosant, de l'autre côté de la terre. Si vous avez quelque chose à partager avec nous, n'hésitez pas à nous faire un petit coucou, un buzz, une proposition, tout ça sur le site getlostinasia.com, sur la page Facebook Get Lost in Asia, le Twitter Get Lost in Asia et encore un des réseaux sociaux où nous sommes. Il y en a en masse pour nous trouver.

Cette semaine, je suis un peu bougon par rapport à Internet et surtout Facebook. J'ai commencé cette aventure Get Lost in Asia et Perdu en Asie, voilà déjà un petit moment. En premier lieu, par pur naïveté et passion en éclatant, en ayant un mini succès on s'informe pour faire quelque chose de plus professionnel. On investit encore plus de temps et d'argent. On aimerait bien avoir un vaste tronc d'histoires et un peu d'argent en retour. Ne serait-ce que pour payer les opérations de base. Cette semaine, en regardant un peu partout pour maintenir au courant et voir qu'est-ce qui se fait chez les autres compétiteurs, je vois toujours les mêmes articles: Comment faire ses valises? Voyager seul. Partir avec son bébé. Les choses à faire à Bangkok. Des articles très général [sic][généraux] avec un style très simpliste qui me prend pour un peu imbécile.

## LEÇON 3, PRESENTATIONAL WRITING: ARGUMENTATIVE ESSAY, P. 133

*JÉRÉMY SUR ALLÔ LA PLANÈTE:*
*POUR OU CONTRE L'ORDINATEUR EN VOYAGE*

Le mouv' 20h30 - 22h00 - Allô la planète avec Eric Lange sur le Mouv'

-Et c'est parti, Messieursdames. Bonne soirée, tout le monde, bon week-end. Euuuh, bon vendredi.

-Oui . . .

-Oui . . .

-Dis-moi, cher ami, on avait lancé un petit débat sur l'internaute qui était . . . euh . . . voilà « Est-ce qu'il faut partir avec son ordinateur ou pas? » Eh, qu'est-ce que tu en dis, toi? Oui.

-Oui . . . il y a Jérémy qui est avec nous, Jérémy?

-Euh, oui.

-Salut, Jérémy, bienvenue dans l'émission.

-Bonsoir, tout le monde.

-Ben, je te présente Fred qui est au Canada.

-Bonsoir, Fred.

-Salut, Jérémy.

-Tu es où, Jérémy? Toi, tu es en France?

-Ouais, je suis à Nantes-là.

-Tu es à Nantes. Et alors, toi, oui tu emmènes toujours un ordinateur quand tu voyages mais c'est parce que tu travailles?

-Euh . . . non, pas forcément en fait. C'est . . . euh . . . quand j'ai voyagé en Australie . . .

-Ouais . . .

-Pendant six mois, donc là j'avais mon ordinateur pour faire des vidéos, pouvoir mettre à jour le blog, lires des nouvelles, pareil. Et, par contre, sur des week-ends, des trucs comme ça, voilà, c'est, je pars avec un maximum de cartes mémoires et des choses comme ça et je les connecte à l'Internet, pour un week-end je devrais faire recharger pour que ça dure. Et… euh… voilà, quoi, je prévois aussi pour sortir, sur des petits voyages et les plus gros, ben, l'ordinateur pour pouvoir mettre des vidéos, des photos pour pouvoir faire partager tout ça.

-Mais . . . partir sans rien?

-Euh . . . ouais. Sans quoi? Sans appareil-photo?

-Sans appareil-photo, sans ordinateur, sans téléphone, sans rien. Juste . . . juste . . . toi.

-C'était joie, dis-donc, après . . . euh . . . même si les souvenirs restent, on va dire, plus ou moins toujours gravés, bien prendre des photos quand tu as une vraie passion à côté, pour prendre des photos, faire de la vidéo donc, disons que, ouais, si un jour, partir sans appareil-photo, sans appareil-photo, c'est que vraiment j'aurais dû courir pour attraper mon avion et je l'avais oublié sur la table. Mais, voilà.

-Je ne parle pas professionnellement parce que tu bosses pour des sites Internet, notamment, *Monde nuage* qu'on avait l'autre jour au téléphone où tu . . . voilà, tu travailles pour eux quand tu as fait ce voyage en Australie. Mais en imaginant un voyage, voilà, juste pour toi . . .

-Ah, oui, le, je n'étais pas chez *Monde nuage*, en fait, quand j'étais en Australie, donc, vraiment c'était purement un voyage que pour moi, l'envisager sans ordinateur complètement, c'est vraiment pas possible, après, dis-donc, l'appareil-photo, après tout est (( )), le voyage reste, le plaisir de voyager, d'aller rencontrer des gens et voir des super . . . super . . . paysages, des supers . . . voilà. On en prend plein les yeux . . . ça c'est clair, je veux dire, le plaisir du voyage reste. Par contre, après, voilà, j'aime bien les immortaliser dans une photo et dans une vidéo.

## LEÇON 3, INTERPERSONAL SPEAKING: CONVERSATION, P. 134

*Jacques' utterances reflect the recording. The student's answers will vary, but may resemble the following:*

JACQUES: Salut! Tu es parti en vacances n'est-ce pas? Où es-tu allé(e)?

VOUS (ÉLÈVE): Oui, avec ma famille, nous sommes partis en Tunisie la semaine dernière.

JACQUES: Ça s'est bien passé? Vous avez eu des problèmes cette fois-ci?

VOUS (ÉLÈVE): Oui, malheureusement notre avion a eu du retard et nous sommes arrivés le soir au lieu du matin.

JACQUES: C'est dommage! Il y a toujours des problèmes quand on voyage, mais t'es-tu bien amusé(e) quand tu y es arrivé(e)? Tu as vu des monuments historiques?

VOUS (ÉLÈVE): Oui, nous avons vu la grande mosquée de Kairouan et l'endroit ou George Lucas a tourné une partie de l'Épisode II et l'Épisode III du film La Guerre des étoiles.

JACQUES: J'adore visiter les monuments historiques dans tous les pays. L'histoire nous apprend beaucoup. Tu me recommanderais d'y aller?

VOUS (ÉLÈVE): Oui, c'est sûr. Je te recommanderais fortement la grande mosquée de Kairouan. Elle est magnifique.

JACQUES: Merci pour la recommandation. Je vais y réfléchir et je te demanderai si j'ai d'autres questions. À la prochaine.

VOUS (ÉLÈVE): D'accord. N'hésite pas à me poser d'autres questions. Salut!

# Chapitre 3

## LEÇON 1, P. 143, EX. 8

### LE BAFA

Créé en 1973 par le ministère de la Jeunesse et des sports en même temps que son comparse le BAFD (Brevet d'aptitude aux fonctions de directeur de centre de vacances et de colonies), le BAFA, (Brevet d'aptitude aux fonctions d'animateur), connaît un grand succès puisque pas moins de 50 000 personnes l'obtiennent chaque année.

Souvent considéré comme une porte d'entrée vers le métier de l'animation, du social, voire de l'enseignement, le BAFA représente surtout le **sésame** pour évoluer en tant qu'amateur reconnu dans le milieu de l'animation. Le mot à retenir ici est *amateur*. Ce statut se traduit par deux conséquences pour les animateurs: la rémunération est bien souvent faible, mais demeure intéressante lorsqu'on a dix-huit ans; l'activité reste occasionnelle. Le BAFA n'est pas un diplôme professionnalisant. Il permet au centre de loisirs de disposer de **forces vives** qualifiées, mais non professionnelles lors des périodes de forte demande, c'est-à-dire pendant les vacances scolaires.

## LEÇON 1, P. 150, EX. 4

### ENTRETIENS DE 5 FRANCOPHONES

Bonjour à tous. Merci d'être venus nous parler de votre pays. Aujourd'hui, il s'agit des conditions de travail chez vous. Parlez-nous du système d'éducation, des salaires, des jours de congés, des heures de travail, et d'autres facteurs que vous trouvez importants ou intéressants dans le monde du travail de votre pays.

**1)** Bonjour. Je viens du deuxième plus grand pays d'Afrique après l'Algérie. Pour moi, le facteur le plus important est le nombre d'heures par semaine que travaille un employé. Dans mon pays, l'éducation primaire est obligatoire et gratuite, mais les parents doivent payer ce qu'on appelle une contribution des parents. Les gens travaillent 45 heures par semaine - beaucoup plus qu'en France. Je ne sais pas si les jours de maladie sont inclus dans les 45 heures, mais nous avons un jour de congé par mois. Le salaire minimum interprofessionnel garanti, le **SMIG**, est fixé à 335 francs congolais par jour. Le salaire moyen est environ 145.000 francs congolais par mois. Pour nous, le plus grand avantage est l'éducation nationale.

2) Bonjour. Je suis nord-américain et je viens d'un grand pays. Pour nous le facteur le plus important et qui pose un problème, c'est que nous n'avons pas beaucoup de congés payés, seulement deux semaines par an. Heureusement nous avons quelques jours de maladie en plus. Le salaire moyen dans mon pays est 3040 dollars par mois. Comme la France, nous avons le SMIC, ce qui est 9,50$ par heure. Si on travaille à plein-temps, 40 heures, on peut gagner presque 360$ par semaine.

3) Bonjour. Je viens d'un petit pays plurilingue en Europe où la qualité de vie est très importante. Tous les aspects du travail ont un grand effet sur cette qualité de vie. Chez moi, l'éducation est obligatoire et gratuite. Nous travaillons en moyenne 40 heures par semaine et avons un salaire moyen de 60.000€ par an. Je pense que c'est un salaire moyen plus élevé que celui de nos voisins européens. Nous avons 25 jours de congé par an. Si on tombe malade, on a le droit de prendre des jours en plus sans perdre de l'argent.

4) Bonjour. J'habite une île francophone aux Caraïbes. Nous avons aussi un système national d'éducation qui nous permet d'aller à l'école gratuitement. C'est notre plus grand avantage. La durée de travail normal dans mon pays est 48 heures par semaine et nous bénéficions d'un congé payé de 15 jours consécutifs par an. Le nombre d'heures que nous travaillons par rapport aux autres pays est quelque chose qu'il faut changer, à mon avis. Notre salaire moyen est 27.000 gourdes par an.

5) Bonjour. Je viens d'un pays où on parle plusieurs langues et on discute souvent des conditions de travail, notamment combien d'heures il faut travailler par semaine. En moyenne, nous travaillons entre 36 et 39 heures par semaine. Comme beaucoup de pays en Europe, nous avons un système d'éducation nationale et c'est l'État qui paie les frais. On a aussi pas mal de jours de congé, 20 par an, et des jours de maladie en plus. Notre salaire moyen est de 3103€ par mois. À mon avis, nous avons beaucoup de chance d'avoir des salaires plus élevés que dans d'autres pays.

## LEÇON 2, INTERPRETIVE COMMUNICATION: PRINT AND AUDIO TEXTS, P. 158

*ENTRETIEN AVEC PIERRE-FRANÇOIS UNGER CONCERNANT L'OUVERTURE DES MAGASINS À GENÈVE*

-À Genève le peuple a sèchement refusé par 56% des voix d'étendre les heures d'ouverture des magasins, le projet prévoyait une ouverture jusqu'à vingt heures du lundi au vendredi et le samedi jusqu'à dix-neuf heures, possibilité aussi d'ouvrir quatre dimanches et **jours fériés** légaux par an jusqu'à dix-sept heures. Pierre-François Unger, bonsoir.

-Bonsoir.

-Vous êtes conseiller d'État en charge de l'économie, notamment. C'est un projet de loi parlementaire relativement équilibré cette fois puisqu'on a pu l'évoquer tout à l'heure avec Rémy Pagani. Ce thème a été souvent mis sur la table, présenté au peuple genevois. C'était qu'une heure, effectivement, d'ouverture de plus, mais comment est-ce qu'on interprète ce résultat? Ce projet ne répondait pas aux besoins des Genevois?

-Non, je ne crois pas qu'on puisse dire cela. Ce qu'on peut dire surtout c'est que la loi sur les heures d'ouverture des magasins n'a jamais pu être modifiée sans l'accord des partenaires sociaux hors là. In extremis, les partenaires sociaux ont **rompu** leurs négociations, ce qui fait que le projet de loi était voté sans l'accord des partenaires sociaux et dans ces circonstances-là, il y a eu cinq, six, ou huit modifications, tentatives de modifications, à Genève qui n'ont jamais fonctionné. La seule qui a fonctionné, c'était avec l'accord des partenaires sociaux, malheureusement pour une modification totalement inutile.

-Oui, c'était le sens de votre déclaration cet après-midi, vous allez donc vous remettre au travail avec une négociation paritaire. En même temps, Rémy Pagani, lui, il dit « mais, ça ne sert à rien, la droite, arrêtez de remettre ça chaque fois sur la table ». Les Genevois n'en veulent pas. Qu'est-ce que vous lui répondez?

-Alors, je crois que M. Pagani se trompe. Ça peut lui arriver, à lui, aussi. Il est évident que l'harmonisation des horaires est fondamentale, alors on a compris suite à cette votation que ça va pas être 20 heures, mais ça peut être 19 heures, qu'il est à l'heure actuelle, mais que ces horaires soient harmonisés paraît indispensable, on peut, dans la foulée, supprimer la nocturne du jeudi soir qui va jusqu'à 21 heures et qui est très peu fréquentée. Par revanche, le commerce a besoin de nouveaux clients. Il y a des nouveaux clients, ce sont les touristes qui, eux, sont souvent là que le week-end et notamment le dimanche et je pense que si on équilibrait, en harmonisant les horaires la semaine et en ouvrant les trois dimanches par année, ce serait quelque chose que les partenaires sociaux devraient pouvoir entendre et, en tout cas, discuter.

-Pierre-François Unger, je vous remercie pour votre action. Bonne soirée.

## LEÇON 2,
## INTERPRETIVE COMMUNICATION: AUDIO TEXTS, P. 159

*MOUSTIC: INTERVIEW DE XAVIER MAZENOD -*
*CES LIEUX SONT-ILS CONVIVIAUX?*

Entreprise et Convivialité - Les podcasts

-Est-ce qu'on peut dire, Xavier, que tous ces lieux sont conviviaux, d'une certaine manière?

-Tous ces lieux sont assez conviviaux.

-Pourquoi?

-C'est l'openitude. Si on peut dire de, des, des gens qui participent et puis c'est le . . . la structure géographique, architecturale du lieu, la construction du lieu . . . ce sont des lieux très ouverts. Vous avez, en général, une grande pièce avec une ou des tables où les gens se mettent d'une manière plus ou moins spontanée autour de la table pour travailler. Ça oblige à faire connaissance, à se mêler aux autres. On ne peut pas rester dans son coin. Et puis vous avez des petits lieux ou des petites salles de réunion pour aller téléphoner et pas embêter tout le monde.  Donc, la structure du lieu vient appuyer cette démarche.

Dans une entreprise, c'est moins simple. Vous avez les murs, des bureaux, euh, les gens, ils sont enfermés dans un bureau tous seuls ou à deux ou à trois. Et puis quand ils ont besoin de se voir à plusieurs ils vont dans une salle de réunion, mais à aucun moment vous avez une équipe de projet qui peut vivre ensemble dans l'entreprise . . .

-Et toujours un côté ludique aussi en général, eh?

-Et oui, oui, oui, oui.

-On essaie de mettre  du jeu, de l'insolite, un scenario pour, à un moment donné aussi, mettre du décalage et sortir du cadre un peu classique du travail.

-C'est ça. Ça c'est un aspect important. C'est . . . alors, ce n'est pas une posture. Ce n'est pas un jeu, c'est une réalité parce que . . . on essaie de faire un lieu où on envie de vivre, ou il y a de la convivialité, justement, qu'on n'a pas toujours dans l'entreprise où les relations sont plus concurrentielles, conflictuelles. Ce n'est pas forcement très sympa. Là, on se refabrique une espèce de monde idéal. Et donc, on va avoir beaucoup plus de respect les uns pour les autres. On va passer plus de temps avec les autres. On va avoir envie de voir les autres et donc ils vont sortir du . . . du bénéfice.

## LEÇON 2,
## PRESENTATIONAL WRITING: ARGUMENTATIVE ESSAY, P. 167

*TÉLÉTRAVAIL*

-Avant cela, on va s'intéresser au télétravail à l'occasion de la journée suisse du télétravail, c'est aujourd'hui. Beaucoup d'avantages, certes, mais pas que. On verra ce qu'en pense une représentante des syndicats dans quelques minutes. Enfin, nous ferons le point sur les réseaux sociaux, les Twitter, Facebook, LinkedIn et la sempiternelle question de la protection des données. Comment **concilier** les deux? C'est possible nous dira Yann Amedro. Il nous donnera quelques trucs pour ne pas surfer idiot. Ça sera vers 9 heures moins dix. Une heure de réponse à toutes les questions que pose votre quotidien. C'est On en parle. Merci de votre fidélité et bienvenue à vous.

On en parle. Philippe Girard.

-Seconde édition aujourd'hui de la journée suisse du télétravail qui consiste à permettre aux salariés d'une entreprise de travailler régulièrement ou de manière plus épisodique depuis leur domicile sans être physiquement présent dans les bureaux de leur entreprise. Anouck Merz, ce n'est pas votre cas. Vous ne faites pas ce qu'on appelle en anglais du « home office » puisque vous êtes là **en chair et en o**s dans ce studio. Les initiateurs de cette journée du télétravail, à savoir Microsoft, Swisscom, et les CFF mettent clairement en avant quels sont les avantages du travail depuis la maison. Vous pouvez nous les résumer?

-Alors, sur le papier les avantages du télétravail sont nombreux. Voici ce qu'on a pu lire dans le communiqué de presse diffusé à l'occasion de cette journée. Je cite « le travail à domicile apporte une meilleure qualité de vie, protège l'environnement, et **accroît** la productivité. » Alors, dans le détail cela signifie que les employés peuvent ainsi concilier plus facilement vie professionnelle et vie familiale, passer notamment plus de temps avec leurs enfants. Ils peuvent diminuer le temps de déplacement jusqu'au lieu de travail, surtout pour les ponts du l'aire, on sait que c'est une grande problématique, réduire le taux d'émission du $CO_2$, moins subir le stress des trajets et qui dit meilleur équilibre dit plus de motivation, moins d'absentéisme, moins de maladies, plus d'**épanouissement**, mais aussi plus de productivité puisque selon une étude menée par le professeur Olivier Gassmann de l'Université de Saint-Gall, le travail à domicile pourrait apporter un gain de productivité pouvant atteindre jusqu'à 30%. Dans un bureau les collaborateurs sont en moyenne interrompus toutes les 11 minutes et après une telle interruption, il faut environ 8 minutes pour retrouver sa concentration.

## LEÇON 2,
## INTERPERSONAL SPEAKING:
## CONVERSATION, P. 168

*The director's utterances reflect the recording. The student's answers will vary, but may resemble the following :*

DIRECTEUR: Bonjour. Pourriez-vous me confirmer votre identité, s'il vous plaît?

VOUS (ÉLÈVE): Bonjour. Oui, bien sûr. Je m'appelle _____ .

DIRECTEUR: Pour notre pré-entretien aujourd'hui, je vais poser des questions pour déterminer si votre candidature sera retenue pour un entretien d'embauche plus tard à Paris. Êtes-vous prêt?

VOUS (ÉLÈVE): Oui, monsieur. Je suis prêt(e) pour le pré-entretien.

DIRECTEUR: Pourriez-vous m'expliquer votre motivation pour ce poste?

VOUS (ÉLÈVE): Oui, ce poste m'intéresse car votre entreprise est l'une des plus importantes dans le domaine et j'aimerais aussi retourner vivre à Paris, la ville d'où je viens.

DIRECTEUR: Quelles sont vos qualifications pour ce poste?

VOUS (ÉLÈVE): J'ai sept ans d'expérience dans une entreprise concurrente ainsi qu'un diplôme universitaire de technologie-informatique.

DIRECTEUR: Pourriez-vous vous décrire en quelques mots?

VOUS (ÉLÈVE): Oui, je suis responsable, extroverti(e) et honnête.

DIRECTEUR: Quels sont vos buts dans la vie professionnelle et personnelle?

VOUS (ÉLÈVE): J'aimerais trouver un poste dans une entreprise de haute qualité à Paris et travailler dans cette entreprise tout au long de ma carrière. J'aimerais me marier un jour si jamais je trouve la bonne personne.

DIRECTEUR: Quelles sont vos dates de disponibilité?

VOUS (ÉLÈVE): Je n'ai pas d'obligations pour les trois semaines à venir.

DIRECTEUR: D'accord. Je vous remercie de m'avoir parlé aujourd'hui.

VOUS (ÉLÈVE): Merci de m'avoir appelé(e). Au revoir, monsieur.

## LEÇON 3,
## INTERPRETIVE COMMUNICATION:
## PRINT AND AUDIO TEXTS, P. 175

*MOUSTIC « VOTRE AVIS SUR CES **TIERS LIEUX** »*

Entreprise et Convivialité - Les podcasts

Vous avez écouté les discussions à propos de ces tiers lieux, ces nouvelles façons de travailler. Quel est votre avis là-dessus?

• Moi, je trouve que c'est une autre façon d'aborder le travail, qui est tout à fait intéressante.

• Moi, je pense que c'est l'avenir. Je pense que ça va se développer énormément et je pense que c'est d'autant plus important dans des villes comme Paris ou la région parisienne où on a des temps de trajets énormes.

• Je suis entrepreneur à la base et c'est vrai que la solitude, c'est un des plus gros obstacles quand on monte une entreprise ou quand on crée un cabinet. Et c'est vrai que cet esprit de ruche ou de pépinière où on peut discuter et échanger, avoir des nouvelles ressources, c'est très, très intéressant.

• Et je pense que pour les entreprises aujourd'hui traditionnelles, c'est un formidable **levier** de mobilité, de créativité, de souplesse.

• Je trouve que les tiers lieux, c'est très intéressant. J'ai juste un peu peur que ça concerne que les **TPE** ou les jeunes entrepreneurs qui ont envie d'avoir un lieu mixte sur lequel ils peuvent aller tout chercher une énergie communautaire.

Quel est votre avis tous ces tiers lieux?

• Ça apporte de la **convivialité** inter entreprise.

- Du coup on est dans un mode de travail plus décontracté qui correspond, je pense, un peu plus à notre génération, aussi de dire qu'on n'est pas obligé d'aller en costard cravate, à quatre épingles pour bosser, pour être productifs et au contraire moi, pour être productif, j'ai besoin de marcher, de réfléchir, d'échanger, d'aller lancer un ballon de basket et paf, l'idée, elle vient, paf, la solution, elle paraît évidente.

- Ce que j'aime bien dans ce que j'ai vu là, c'est que . . . on est beaucoup aussi dans la co-construction. Donc on n'est pas seulement dans la consommation de lieux.

- L'élément nouveau, c'est de voir un peu le lien entre ces centres de coworking et finalement ce qu'ils peuvent apporter dans des entreprises, dans des grands groupes qui n'ont pas envie d'envoyer leur collaborateur dans ces centres avec des problèmes de confidentialité, mais mettre peut-être ce problème de convivialité d'échange qui, en fait, est le fondement de notre association.

Au sein d'une entreprise comme Orange pouvoir faire en sorte que les managers comprennent qu'on peut travailler autrement, ça me paraît vraiment l'avenir.

## LEÇON 3, INTERPRETIVE COMMUNICATION: AUDIO TEXTS, P. 176

*PODCAST DE LING-EN HSIA:*
*« 14 TECHNIQUES POUR SE MOTIVER AU TRAVAIL »*

Alors, pourquoi je te dis ça alors qu'on parle de motivation? Parce que je suis dans le webmarketing et très souvent quand je manque un peu de motivation ou je suis un peu fatigué, pour motiver j'écoute des discours, des présentations, et là, j'écoute souvent Gary Vaynerchuk parce que c'est quelqu'un de très passionné. Et en écoutant ce qu'il dit, ben, ça me donne des idées même si, ses histoires, je les entends souvent et il les répète. Et surtout ça me donne de l'inspiration parce que c'est quelqu'un de passionné qui dit des choses tellement vraies qu'on n'entend pas souvent et donc, moi, ce qui me motive à, ce qui m'aide à me motiver pour travailler, par exemple, et ben, c'est d'écouter ce discours. Alors toi, c'est peut être plein de choses. C'est un blog sur le foot, par exemple. Peut-être que de lire une biographie d'un joueur avant de blogger, ça va te motiver. Peut-être que si tu es dans le coaching, dans développement personnel, peut-être que de regarder une vidéo de, comment il s'appelle déjà . . . ah, Tony Robbins, ça va t'aider aussi. Ça va te motiver. Et ça c'est important

de trouver de l'inspiration. O.K.? De savoir qu'il y a deux bloggeurs qui ont réussi avant toi dans ta même niche, et ben, de lire un peu ses articles, de lire un peu son histoire. Ça va t'aider. Et je te recommande vraiment, c'est l'un des conseils les plus importants que je peux te donner, c'est de trouver de l'inspiration parce que, au fond, on a tous besoin de ça, des personnes qui nous donnent de l'espoir, d'accord? Des personnes qui ont réussi avant nous en faisant à peu près la même chose et qui, et quand on lit leur histoire on se dit, eh ben, c'est possible. O.K.? Donc, ça c'est mon premier conseil, trouver de l'inspiration.

Deuxième conseil, c'est de manger la grenouille. C'est-à-dire quoi alors? C'est le titre d'un livre qui s'appelle « *Eat That Frog!* ». *Frog*, ça veut dire une grenouille, eh? Et c'est de Brian Tracy. Donc, le livre est en anglais seulement, il me semble, et il dit quoi, en fait? Il dit que chaque matin en commençant une journée, mange cette grenouille. Alors, ça vient d'une histoire qui raconte que si tu arrives, dès le matin, à manger quelque chose de si dégueulasse qu'une grenouille, si c'est la première chose que tu fais qui est dans ta liste des tâches, disons, et ben, si tu arrives à faire ça, après, toute la journée est plus facile. Pourquoi? Parce que, forcément, si tu arrives à faire quelque chose de difficile, ben, relativement, tout le reste est plus facile, donc ce qui est plus facile est plus motivant à **réaliser**. Aussi, ben, quand tu réalises quelque chose de facile, de difficile, pardon, eh ben, c'est un poids en moins qui sera dans ta tête.

## LEÇON 3, PRESENTATIONAL WRITING: ARGUMENTATIVE ESSAY, P. 183

*« 5 RAISONS POUR LESQUELLES LES FEMMES GAGNENT MOINS »*

L'écart de salaire entre homme et femme a la vie dure. Les femmes à métier égal gagnent encore toujours moins que leurs homologues masculins. Mais pourquoi ont-elles un salaire inférieur aux hommes? Cinq raisons possibles!

**Raison 1:** Les femmes ne négocient pas

Les femmes négocient aussi bien que les hommes, tant qu'elles ne doivent pas le faire pour elles-mêmes. Une enquête de Michael Morris de la Columbia Business School montre que lorsqu'un homme négocie son salaire, il s'agit généralement de salaire. Quand la femme le fait, elle pense aussi aux 'dommages sociaux'. 'Est-ce que la personne de l'autre côté de la table va me trouver sympathique si je reste sur mes positions ?' Sur le plan financier, une femme réussit donc souvent moins bien, mais elle n'en a pas le sentiment. Elle a, selon elle, reçu plus de salaire et en plus, elle a scoré sur le plan social. En plus les femmes renoncent volontiers au salaire désiré en échange, par exemple, d'un horaire flexible.

**Raison 2:** Une femme ne devient pas manager

Aux Pays-Bas, il y a environ 19% de femmes managers. En Lituanie, ce pourcentage monte à 44. Au niveau mondial, les femmes managers gagnent environ 14% (quelque 10.000 euros) de moins que les hommes managers. Le bureau de conseil Mercer explique la différence par le fait que les femmes travaillent surtout dans les départements RH ou Marketing et que ces fonctions en tant que telles gagnent moins que par exemple les fonctions managériales dans la finance (plus masculine).

**Raison 3:** Les femmes choisissent des 'métiers de femme'

Le **fossé** de rémunérations est encore plus remarquable dans certains secteurs. C'est ce que prétend Kea Tijdens, coordinatrice d'enquête auprès de l'Amsterdams Instituut voor Arbeidsstudies, un institut spécialisé en études sur le marché du travail, dans un sondage sur les différences de revenus sectorielles. Dans les institutions financières le fossé atteint plus de 30%, dans l'enseignement, il n'est 'que' de 15%. Tant les hommes que les femmes dans les métiers de femme gagnent en moyenne moins que dans les métiers d'homme. Les études réalisées aux Pays-Bas et dans d'autres pays arrivent à la même conclusion: les métiers de femme sont réellement moins valorisés financièrement que les métiers d'homme.

**Raison 4:** Les femmes travaillent à temps partiel

Travailler à temps partiel n'offre pas le même salaire qu'un contrat à temps plein. Les femmes travaillent encore toujours plus à temps partiel que les hommes, entre autres pour s'occuper des enfants. Environ 82% des femmes néerlandaises âgées de 23 à 45 ans qui ont un ou plusieurs enfants, travaillent à temps partiel. Chez les femmes sans enfants, c'est le cas pour 37%. Chez les hommes, le pourcentage de temps plein est de 80%.

**Raison 5:** Les femmes choisissent les mauvaises études

Certaines études rémunèrent plus que d'autres. La plateforme de carrière Intermédiaire a questionné 2.000 personnes. Il en ressort que parmi les plus hauts revenus, on trouvait plus de diplômés en économie qu'en langues et en socioculturel. Si

une femme veut gagner plus que son collègue masculin, elle fait mieux de choisir des études techniques. Dans les plus hautes catégories de revenus, on trouve dans ces **filières** presqu'autant de femmes que d'hommes. Ces dernières, moins nombreuses dans la technique, peuvent faire la différence.

## LEÇON 3, INTERPERSONAL SPEAKING: CONVERSATION, P. 184

*The teacher's utterances reflect the recording. The student's answers will vary, but may resemble the following:*

PROFESSEUR: Bonjour. As-tu un moment pour parler de ton avenir professionnel? Tu vas bientôt terminer tes études. J'essaie de prendre le temps de discuter de ce sujet avec chacun de mes élèves vers la fin de l'année scolaire.

VOUS (ÉLÈVE): Oui, bien sûr, j'ai le temps. Pouvez-vous me dire quelles professions correspondent à mes compétences à votre avis?

PROFESSEUR: C'est une bonne question. Il y a plusieurs domaines intéressants, donc peut-être que ce serait plus facile de parler de ce qui ne t'intéresse pas. Quelles professions ne t'intéressent pas du tout?

VOUS (ÉLÈVE): Je ne suis pas fort en mathématiques, alors je n'ai pas envie d'être comptable, ni informaticien non plus.

PROFESSEUR: D'accord. Par contre, dans quel domaine es-tu fort?

VOUS (ÉLÈVE): Ce qui m'intéresse le plus, c'est les langues. J'aime écrire en anglais, ma première langue, et aussi en français, ma deuxième langue.

PROFESSEUR: Intéressant. Je te suggère de continuer à étudier le français aussi. Connaître une autre langue est toujours utile dans le monde professionnel.

VOUS (ÉLÈVE): Oui, je suis tout à fait d'accord. Je compte continuer mes études en français.

PROFESSEUR: Merci de m'avoir parlé. Au revoir et à demain!

VOUS (ÉLÈVE): Je vous remercie également. On se verra demain en cours. Au revoir.

# Chapitre 4

### LEÇON 1, P. 191, EX. 2

[Full transcript appears in Student Edition, p. 191]

### LEÇON 1, P. 193, EX. 7

Écoutez les introductions des trois garçons. Lequel serait le plus compatible avec Nachida? Citez plusieurs raisons.

Salut. Je m'appelle Loïc et j'habite dans le premier arrondissement de Paris et je travaille chez France Télécom. Le week-end je joue au basket avec mes copains dans une salle de sport. Je n'aime pas beaucoup la musique classique, mais j'adore le jazz.

Bonjour. Je m'appelle Christophe et j'habite à Orléans, à une heure de Paris. Je travaille comme ingénieur chez John Deere. Je passe tous les week-ends à Paris car j'ai un studio en ville. Il y a beaucoup plus de choses à faire le soir à Paris. J'adore aller au théâtre. J'aime aussi danser, mais malheureusement je ne suis pas très **doué**.

Bonjour. Je m'appelle Benoît et j'habite à Enghien-les-Bains, en banlieue parisienne. Je travaille à Casino tous les week-ends. Alors, tout mon temps libre est pendant la semaine. J'ai deux petits chiens et nous passons beaucoup de temps au parc. J'aime lire et aller au cinéma.

### LEÇON 1, P. 201, EX. 7

[Full transcript appears in Student Edition, p. 201]

### LEÇON 2, INTERPRETIVE COMMUNICATION: PRINT AND AUDIO TEXTS, P. 205

*EMMA DAUMAS: INTERVIEW SAINT-VALENTIN*

-**Cupidon**. C'est quoi, ce que tu détestes le plus à la Saint-Valentin? Je ne sais même pas ce que c'est, la Saint-Valentin.

-Question de Cupidon. C'est quoi, tes habitudes à la Saint-Valentin?

-Question de Cupidon.

-C'est quoi, ton meilleur souvenir de Saint-Valentin?

-C'est quoi, ton souvenir le plus fou pour la Saint-Valentin?

-La Saint-Valentin, ça t'inspire quoi?

-Je ne sais pas. Je n'ai jamais réellement vécu cette fête, donc, eh, je ne sais pas.

-Je suis un peu du principe des amoureux qui sont dévoués, la Saint-Valentin, c'est pas bien.

-Ça doit être assez sympa, rigolo quand on est amoureux, soit un truc.

-On essaie de rien faire ce jour-là et de faire quelque chose tous les autres jours de l'année.

-En tout cas, quand je donne, je n'attends pas la Saint-Valentin, Noël.

-Ça ne veut pas dire grand-chose pour moi, la Saint-Valentin.

-La Saint-Valentin pour moi, ça ne représente pas vraiment un truc important.

-C'est juste une bonne période pour les affaires de mes parents qui sont créateurs de lingerie féminine sexy.

-En fait, je fais quand même quelque chose ce jour-là. Donc, mes habitudes, c'est beaucoup d'amour quand je peux en donner.

-Mon souvenir le plus fou pour la Saint-Valentin, euhm . . .

-Le même que tous les jours, quand on est amoureux, c'est tous les jours la Saint-Valentin.

-J'avais une copine québécoise et donc j'étais à Paris. Je travaillais sur le spectacle ici à Paris et je lui ai fait . . . Elle était à Montréal et comme on ne pouvait pas se voir pour la Saint-Valentin je lui ai dit, regarde, on va passer la Saint-Valentin ensemble virtuellement. À l'heure du dîner, toi, tu vas, habille-toi comme si on allait sortir. Moi, je m'habille comme si on va sortir et on va manger ensemble, mais voilà, au téléphone. Et là, je l'appelle à l'heure prévue et pendant que je lui parlais, ça sonne à la porte. Elle ouvre la porte et c'était moi un avec un bouquet de fleurs. J'avais pris l'avion 48 heures pour aller passer la Saint-Valentin avec elle. Elle ouvre la porte et elle parlait au téléphone et elle pensait que j'étais en France. [ . . . ] je lui ai **bandé les yeux** et je l'ai amenée, il y a un restaurant Montréal qui est dans un grand building où on domine la ville, et je l'ai amenée jusqu'au dernier étage et je lui ai retiré le bandeau et elle voyait tout Montréal à ses pieds. On a mangé après. Hôtel, suite, et voilà. Le reste, utilisez votre imagination.

## LEÇON 2: INTERPRETIVE COMMUNICATION: AUDIO TEXTS, P. 206

*INTERVIEW DE GHANIA BAGDAHDI*

Bonjour. Je m'appelle Bagdahdi Ghania et suis marocaine. La famille est très importante dans ma vie et on passe beaucoup de temps ensemble. On part dans des restaurants ensemble, on regarde la télévision ensemble et, et d'autres activités, pendant . . . surtout pendant le week-end. Euh, malheureusement, je vois ma . . . je . . . on se voit moins souvent pendant la vie quotidienne, mais surtout pendant les fêtes. On se voit beaucoup pendant les fêtes. Euh, les fêtes qui jouent un rôle important dans ma, dans notre culture, c'est surtout les **baptêmes**, les mariages, euhm, les fêtes religieuses comme la fête du mouton. Euh, oui, j'ai remarqué un changement dans la structure de la famille parce qu'on a tendance à avoir les familles moins nombreuses, moins nombreuses qu'avant parce qu'avant il y avait des familles avec huit, dix, voire douze enfants. Maintenant les couples se limitent à, ils se limitent à deux enfants, voire un seul parce qu'on a moins de temps, moins de **moyens**, je pense et euh . . . les appartements, ils sont plus petits. On ne vit plus ensemble avec toute la famille. Il y a que les couples qui préfèrent vivre là, là avec, qu'avec les enfants, pas avec les parents. Et c'est tout.

## LEÇON 2, PRESENTATIONAL WRITING: ARGUMENTATIVE ESSAY, P. 213

*NET DATING ASSISTANT AVEC VINCENT FABRE*

-Bonjour, Vincent Fabre.

-Bonjour, French Web.

-Vous êtes fondateur et gérant de Net Dating Assistant. Quel est le concept dans quelques mots de Net Dating Assistant, s'il vous plaît?

-Le concept de NetDatingAssistant.com, c'est qu'on est parti du constat que les personnes qui cherchent à faire des rencontres sur Internet, sur les sites de rencontre, ils passent souvent deux à trois soirées par semaine, toujours derrière un écran à consulter des profils, **rédiger** des messages et cela toujours au détriment de leur temps libre de leur la vie sociale. Donc, chez NetDatingAssistant on leur propose une solution complètement inédite. C'est-à-dire faire des **rencontres** en ligne, sans effort et sans sacrifier son temps libre. Et la solution

consiste à déléguer un assistant personnel à la phase de recherche et de séduction online sur les sites de rencontre.

-Donc, ça passe par un téléchargement d'un module, c'est ça?

-Non, pas du tout. Ce sont des vraies personnes, c'est-à-dire on vous met en contact avec des assistants personnels, des vraies personnes qui sont des spécialistes de la séduction en ligne à qui vous allez pouvoir confier vos recherches de partenaires sur Internet jusqu'à l'organisation de la rencontre.

-Une sorte de coach, en quelque sorte.

-Une sorte de coach qui va vous accompagner dans toutes les phases de la séduction en ligne, que ce soit dans le choix d'un site de rencontre, la sélection des photos, la rédaction d'une annonce. Ensuite, ils peuvent avoir le rôle de chasseur de têtes pour vous dénicher les partenaires qui vous correspondent parmi les milliers de profils sur les sites de rencontre et surtout, il va pouvoir **séduire** à votre place sur les sites de rencontre, tout en vous laissant l'opportunité de faire la véritable connaissance le jour du rendez-vous autour d'un café ou lors de la rencontre réelle.

-Combien coûte le service de NetDating?

-En fait, nous avons trois packs. Chaque pack inclut l'accompagnement de A à Z, d'un entretien téléphonique avec votre assistant jusqu'à l'organisation d'une rencontre réelle qui sont garantis, et les packs varient selon le nombre de rencontres réelles, garanties entre une et six. Donc, nous avons des packs qui varient entre 120 et 160€ et ces prix correspondent finalement à du temps qui est dédié par votre assistant et à du temps pour vous qui économisez, pour votre temps libre personnel.

-Mais est-ce que finalement ça n'enlève pas non plus le **charme** de pouvoir «chasser», entre guillemets, soi-même?

-En fait, nos clients sont souvent des entrepreneurs, des chefs d'entreprise et des cadres pressés qui travaillent beaucoup déjà toute la journée, qui passe beaucoup de temps derrière un écran d'ordinateur et, donc, tiennent, donc, le soir souvent des heures tardives, ils n'ont pas forcément envie de sacrifier leur rare temps libre derrière un écran. Donc, pour eux, c'est souvent devenu une tâche très chronophage, mais ils souhaitent profiter des plaisirs de faire des rencontres par Internet, mais en gardant plus les avantages mais sans les inconvénients, finalement. Quand nous avons fait notre type de marché, nous nous sommes rendu compte que le concept existait déjà aux États-Unis depuis 2009, il marchait très fort là-bas. Nous avons lancé le premier service francophone de dating assistant.

-Quels sont vos prévisions chiffrées?

-Alors, c'est vrai qu'on n'a pas, on n'est pas forcément focalisé sur les prévisions financières puisqu'on a la responsabilité de lancer un nouveau concept donc on **se focalise** surtout sur l'expérience client et sur la qualité, la satisfaction des clients. Maintenant, on a pour objectif d'avoir une vingtaine d'assistants d'ici fin 2012 et en termes de commission, autour de 50.000€ pour 2012, ce serait déjà des chiffres satisfaisants.

-Derrière Net Dating Assistant, il y a combien de personnes au total?

-Alors, je travaille avec un développeur informatique, avec un graphiste et nous avons actuellement trois stagiaires, ensuite tous nos dating assistants sont des freelances, donc, on les recrute sur, pour leur talent partout en France et donc, ensuite, ils travaillent en télétravail. Ils sont disponibles par Skype, par téléphone ou par email, pour tous nos clients.

-Merci beaucoup, Vincent Fabre.

-Merci, French Web.

## LEÇON 2,
## INTERPERSONAL SPEAKING:
## CONVERSATION, P. 214

*The friend's utterances reflect the recording. The student's answers will vary, but may resemble the following:*

COPAIN: Bonjour, mon ami(e), c'est toi?

VOUS (ÉLÈVE): Oui, c'est moi, bonjour. J'ai quelque chose à te proposer. Si on organise une surprise-partie pour Alain? C'est son anniversaire samedi prochain.

COPAIN: Quelle bonne idée! Où comptes-tu le faire?

VOUS (ÉLÈVE): Peut-être au nouveau restaurant au coin de la rue? Qu'est-ce que tu en penses?

COPAIN: À quelle heure? Est-ce que je peux faire quelque chose pour t'aider?

VOUS (ÉLÈVE): Vers 21h00, peut–être? Peux-tu appeler les filles et acheter une carte?

COPAIN: Bien sûr, pas de problèmes. Veux-tu que l'on se voie vendredi pour faire le point?

VOUS (ÉLÈVE): Je t'appellerai la semaine prochaine. Je réserverai une table au restaurant et commanderai un gâteau.

COPAIN: Merci, c'est une super idée. Je m'occuperai des invitations et la carte.

VOUS (ÉLÈVE): J'ai hâte de voir tout le monde. Ça va être génial! Au revoir!

## LEÇON 3,
## INTERPRETIVE COMMUNICATION:
## PRINT AND AUDIO TEXTS, P. 222

*PARIS EN FAMILLE DE LING-EN HSIA – PARIS, PLAGES, **PÉTANQUE***

-Bonjour et bienvenue dans l'épisode numéro 7 du podcast. Tu te souviens des mots, Daiyon?

-Paris en famille.com!

-Paris en famille donc, sur ParisEnFamille.com. Alors, aujourd'hui on revient après quelques semaines d'absence. Pourquoi? Parce qu'on était à un campus, à un camp de notre église ou Daiyon a été malade pendant toute une semaine et donc, aujourd'hui on a pu ressortir et on est où, là, Daiyon?

-Euhm, je ne sais pas.

-Ouah. Comment ça, tu ne sais pas? Alors, décris. Décris où on est et les gens, ils comprendront. Il y a quoi? Il y a quoi **autour de** nous, là?

-Euhm, on est assis.

-Oui, on est assis. Il y a quoi ici, là?

-Il y a des jeux.

-Il y a quoi comme jeux? Tu te souviens comment on joue à ça?

-Il faut être le plus près.

-Alors, ça s'appelle la pétanque. Donc, on jette une boule de métal et ça doit se rapprocher d'un, d'un, de quoi?

-De la balle jaune.

-Voilà. Donc, ça s'appelle la pétanque. On peut jouer gratuitement ici.

## LEÇON 3,
## INTERPRETIVE COMMUNICATION:
## AUDIO TEXTS, P. 223

*PODCAST MOUSTIC:*
*« C'EST QUOI LE BONHEUR POUR LES FRANÇAIS? »*

Clairéco: Comprendre l'économie sur Moustic'Air. En partenariat avec lobsoco.com,

Natalie Damery, Présidente de L'Obsoco.

-Bonjour, Natalie Damery.

-Bonjour, Louis.

-Aujourd'hui donc, on continue notre analyse de l'habitat et on va s'intéresser précisément au Français et à l'idée qu'ils se font du bonheur.

-Oui, nous avons interrogé les Français sur les valeurs qui leur paraissaient les plus importantes au regard de l'idée de bonheur et en fait, on constate quoi? On constate que trois valeurs domine largement l'ensemble des réponses: la famille, la santé, et l'amour.  Ces valeurs sont les mêmes depuis quelques années, ce n'est pas un scoop. Ce qui l'est davantage, c'est que très loin derrière arrivent des valeurs plutôt matérialistes: l'argent, la réussite, le travail et des valeurs qui ont plutôt trait à la générosité, la liberté, le plaisir,  l'amitié, mais très loin devant: l'amour, la santé, et la famille.

Clairéco

-La famille tout d'abord. Une personne sur deux cite la famille parmi les deux premières valeurs auxquelles elles sont le plus attachées. Cette proportion est plus forte chez les femmes que chez les hommes. L'âge joue aussi un rôle. Les plus jeunes sont sensiblement moins famille que leurs **aînés**.

-Que se passe-t-il depuis plusieurs années?

-Et bien, on constate que la famille n'est plus une institution, mais une valeur. C'est devenu quasiment une **esthétique**. La famille a opéré une mue qui la place au carrefour de **valeurs** de la société contemporaine (( )) elle est devenue plus libérale. Non seulement elle rassure, mais elle permet à chacun et aux enfants, en particulier, de **s'épanouir**. Et alors qu'aujourd'hui le couple connaît un profond bouleversement, l'augmentation du nombre de séparations et de divorces notamment, la famille devient le lieu de l'épanouissement de soi. Pourquoi? Pour François de Singly, les années 80 marquent un changement historique. La famille, dit-il, a moins pour objectif de produire des êtres obéissants, soumis

à la hiérarchie familiale et sociale. Elle crée une ambiance au sein de laquelle les petits et les grands se sentent reconnus d'abord comme des personnes originales. Ainsi, la famille d'aujourd'hui est davantage centrée sur les individus et sur la qualité des relations interpersonnelles. Elle est redevenue très attractive. Un de ces principes fondateurs est le respect aussi bien des petits que des grands, les hommes que des femmes. Elle est un lieu de solidarité.

Clairéco: Comprendre l'économie sur Moustic'Air

-On le voit aussi aujourd'hui avec la crise. Les parents, les grands-parents viennent de plus en plus en aide à leurs enfants, à leurs petits-enfants dont le pouvoir d'achat est réellement restreint. La famille a changé, à la fois dans les formes et dans les fonctions qu'elles exercent. Il est donc logique que le rapport à l'habitat, l'enveloppe physique de la famille, évolue en conséquence, comme on a pu le voir avec la salle à manger qui est devenue la pièce préférée des Français.

-Merci, Natalie Damery. Dans une prochaine chronique nous aborderons la question de la santé, deuxième valeur indissociable au bonheur des Français. Bonne journée sur Moustic'Air.

Retrouvez Clairéco en podcast sur lobsoco.com et sur moustic.fr.

## LEÇON 3,
## PRESENTATIONAL WRITING:
## ARGUMENTATIVE ESSAY, P. 231

*REDÉFINIR LA FAMILLE AU 21E SIÈCLE*

Le 20e siècle nous a obligés à réfléchir profondément à ce que signifie être un membre d'une famille. Traditionnellement, le mot « famille » fait **surgir** à l'esprit l'image d'une mère, d'un père et de leurs enfants. En d'autres mots, la famille biologique, celle qui nous unit par les liens du sang et la lignée ancestrale, décrivait ce qu'était la famille. Nous avons tous entendu le proverbe selon lequel « les liens du sang sont indestructibles », ce qui signifie que les liens du sang sont plus forts que tout.

Au 21e siècle, cette façon de penser a changé, surtout du point de vue sociologique. La famille s'est élargie bien au-delà des liens du sang et sa définition s'est enrichie. Certains disent même que la famille que nous choisissons nous apporte plus de force et d'énergie que notre famille biologique.

Pour certains, la famille est un ami proche avec qui ils

partagent les bons moments comme les mauvais moments. Pour d'autres, la famille comprend un **animal de compagnie** qui leur voue un amour indéfectible. Nos animaux de compagnie ne remettent jamais en question le rôle qu'ils jouent dans notre vie. Beau temps, mauvais temps, ils demeurent nos plus **fidèles** compagnons. Pour le confirmer, il suffit de voir le nombre impressionnant de personnes qui téléchargent la photo de leur animal de compagnie sur l'écran de veille de leur téléphone mobile ou de leur ordinateur. Pour elles, cette merveilleuse créature est véritablement un membre de la famille.

S'il a une famille, l'homme le plus pauvre possède la richesse. – M * A * S * H

Nos réseaux de soutien social illustrent également notre perception de la famille. Un groupe de personnes qui partagent un lien commun, comme l'ethnie, la religion ou l'orientation sexuelle, peut être considéré comme une extension ou une définition plus large du microcosme de la famille nucléaire. Dans les années 80, au moment de la propagation du sida, nombreux sont ceux qui ont associé cette maladie à l'homosexualité et un fossé s'est creusé. Rapidement, la communauté homosexuelle et lesbienne s'est regroupée et a resserré les liens afin d'apporter du soutien à celles et ceux qui mouraient de cette terrible maladie. Les termes familiaux « frère » ou « sœur » sont utilisés dans la communauté homosexuelle et lesbienne pour bien montrer que ces liens sont plus forts que les liens du sang. C'est la famille que nous choisissons qui nous donne le soutien et l'amour dont nous avons besoin pour nous épanouir en tant qu'êtres humains.

De nos jours, le terme famille s'applique à la famille élargie, la famille recomposée ou un couple de même sexe et ses enfants. Ce que nous savons, c'est que la définition de la famille englobe désormais beaucoup plus qu'une mère, un père et leurs enfants.

La définition de la famille ne se limite plus uniquement aux liens du sang; elle s'applique également à un groupe de personnes qui ont vécu une situation similaire ou qui partagent des sentiments similaires et qui ont un lien commun. La famille est plus qu'un groupe de personnes; elle nous aide à aller de l'avant. Pour certains, la famille évoque des sentiments comme le soutien, la douleur, les blessures intérieures, l'amour, la compréhension, le plaisir, le rire, et ainsi de suite.

Ce que nous savons, c'est que la famille, quelle que soit sa composition, joue un rôle important sur le plan de la santé mentale, de la résilience, du sentiment d'appartenance et de l'estime de soi. Trouvez votre famille (votre tribu) et laissez-la vous aider à vous épanouir.

Pour trouver un groupe d'entraide dans votre collectivité, communiquez avec votre programme d'aide aux employés et à la famille. Il suffit de composer le 1 866 833-7690 ou de visiter travailsantevie.com

## LEÇON 3, INTERPERSONAL SPEAKING: CONVERSATION, P. 232

*The friend's utterances reflect the recording. The student's answers will vary, but may resemble the following:*

AMIE: Salut! Comment ça va aujourd'hui?

VOUS (ÉLÈVE): Salut. Ça ne va pas, malheureusement. C'est mon ancien petit ami. Il continue à me parler alors que nous avions décidé de ne plus se voir.

AMIE: C'est horrible que ton ami(e) continue à te parler comme ça. Vous n'êtes plus ensemble, n'est-ce pas?

VOUS (ÉLÈVE): Oui, c'est bien le cas. Qu'est-ce que je devrais faire à ton avis?

AMIE: D'accord. Si j'étais à ta place, je ne répondrais qu'une seule et dernière fois pour lui demander d'arrêter de te parler. C'est tout.

VOUS (ÉLÈVE): Bonne idée. C'est ce que j'ai envie de faire, en fait.

AMIE: D'accord. Tu connais la situation mieux que moi. Est-ce qu'il y a quelqu'un d'autre qui t'intéresse?

VOUS (ÉLÈVE): Oui, en fait, il y a quelqu'un dans mon cours d'histoire qui est vraiment intelligent et qui me fait rire.

AMIE: C'est bien, ça! Ne perds pas courage. La vie amoureuse n'est pas toujours facile. Je dois partir, mais tiens-moi au courant s'il te plaît!

VOUS (ÉLÈVE): Oui, bien sûr, je te tiendrai au courant. Salut!

# Chapitre 5

## LEÇON 1, P. 238

[Full transcript appears in Student Edition, p. 238]

## LEÇON 2, INTERPRETIVE COMMUNICATION: PRINT AND AUDIO TEXTS, P. 252

### *FRANÇOIS SOREL – DE QUOI JE ME MAIL – LE LIFI*

-Et on va découvrir une nouvelle technologie, de transmission **sans fil** qui s'appelle lifi.

-Lifi, pour «light fidelity» entre les guillemets.

-D'accord, alors on connaît le wifi, qui a complètement **boulversé**, révolutionné notre manière de nous connecter à Internet, hein?

-Tout à fait. Ça c'est depuis 10 ans, le wifi, là c'est quelque chose, c'est devenu omniprésent et on . . .

-Imaginez si on nous enlevait le wifi, quoi, ça serait un peu compliqué mine de rien au quotidien.

-Il y aurait des suicides.

-Il y aurait des suicides, c'est sûr.

-En passant à 3G . . .

-Je suis sûre qu'il y aurait des suicides.

-Un bon câble USB, ça repart.

-Un bon câble et Internet.

-Et alors, donc, le lifi, qu'est-ce que c'est?

-Alors, le lifi, en fait, c'est, au lieu d'utiliser des **ondes**, on communique à l'aide de la lumière. En fait de la lumière transmise par des petites LEDs, des petites LEDs qu'on trouve désormais partout, dans les ampoules, celles qui éclairent des heures. Et donc, ces petites LEDs, elles, leur luminosité varie très légèrement, plusieurs centaines, milliers de fois par seconde et ce qui permet, en fait, d'envoyer, il y a un récepteur de l'autre côté qu'on peut brancher sur un ordinateur et c'est converti en données et donc c'est écologique. [ . . . ] Ça consomme peu. C'est une sorte d'évolution d'infrarouge.

-Bien, vous savez que l'infrarouge dans la télécommande, on connaît, hein? On appuie sur le bouton et il y a une . . . voilà, des . . .

-Pour ainsi dire, c'est le même principe.

-D'accord. Sauf que là, on transmet des données.

-On transmet des données et c'est avec, donc, des LEDs.

-D'accord. Mais alors le problème de l'infrarouge, c'est que quand vous êtes dans une autre pièce ça ne marche pas.

-Là c'est vrai que ça marche même quand il n'y a pas de lumière.

-Quand vous avez de la lumière, par exemple, vous avez plein de soleil, ça ne marche pas.

-Eh ben, là le problème est réglé, là justement.

-Le problème est en grande partie réglé puisqu'il y a quand même toujours de l'imitation et notamment en plein soleil, par certaines luminosités effectivement ça peut poser un problème. Mais, effectivement, de toute façon, ce n'est pas une technologie pour **diffuser**, par exemple, dans tout un bâtiment, euh, sachant, c'est plus pour une pièce. Euh, ça ne passe pas les murs. On n'est pas comme du wifi où on peut rayonner dans tout un appartement. Là c'est plus au sein d'une pièce.

-Et ça arrive en complément du wifi. C'est pour des endroits où on ne peut pas mettre le wifi, par exemples, les hôpitaux il y a certains étages où on n'a pas le droit de mettre du wifi parce qu'il y a des appareils électroniques et ça fait des parasites . . .

## LEÇON 2, INTERPRETIVE COMMUNICATION: AUDIO TEXTS, P. 253

### *JEAN MICHEL QUARANTOTTI – LA TECHNOLOGIE DANS LA SALLE DE CLASSE*

À mon époque quand j'ai . . . à mon époque c'était amusant parce que mon instituteur pour se moquer, quand j'avais une dizaine d'années, c'est à dire au siècle dernier, euh, mon instituteur nous regardait, nous appelait la génération presse-bouton. Il disait que nous n'avions pas du tout de, nous n'avions pas de talent, euh, particulier puisque . . . on attendait simplement que les choses se passent, et il pensait que nous pensions qu'en pressant un bouton nous aurions tout obtenu. C'était **péjoratif**, c'était pas gentil, hein, ce qu'il nous disait, mais c'était amusant quand même, la génération presse-bouton. Je crois que s'il vivait encore, il est mort malheureusement, s'il vivait encore, il serait, je crois, sans voir, il serait complètement affolé de voir comment la technologie a pris, a pris… dans toute notre vie une place qui est absolument incroyable.

Des fois pour faire comprendre à mes élèves l'intérêt d'un texte, je leur, par exemple, comment on vivait au 19e siècle ou au début du 20e siècle, je leur dis «imaginez une vie sans ordinateur, sans téléphone portable.» Moi, je n'avais pas de téléphone portable quand . . . le téléphone portable n'est apparu qu'il y a 15 ans, 20 ans, c'est tout. Et moi, quand j'étais jeune on se disait «on se donne rendez-vous à telle heure, hein?» Et on se disait «on espère qu'on ne sera pas en retard.» Et on n'avait pas de téléphone. On n'avait pas de . . . Là, on avait une voiture pour toute la famille. Aujourd'hui les gens en ont trois et elles étaient beaucoup moins performantes qu'aujourd'hui. Non, la technologie dans l'éducation, euh, ça a apporté énormément de choses, d'abord parce que les enfants se retrouvent, se reconnaissent dans les exercices qu'on leur dit et ils peuvent comprendre un peu mieux le monde de demain. Je me suis . . . une amie et moi-même, on s'est souvent . . . dans les cours de français pour étrangers, on s'est souvent aperçus que si on demande à des gens d'écrire une lettre, un exercice, si je donne un exercice et je dis «écrivez une lettre», les enfants ne sont pas du tout intéressés d'écrire une lettre. Mais si je leur dis «écrivez un email» ou «envoyez un texto», alors là, tout d'un coup ça devient beaucoup plus attractif pour eux. Ça devient . . . ils ont des idées pour répondre, pour s'exprimer et c'est pour ça que je crois que, aujourd'hui si on veut véritablement développer en FLE* l'éducation, il faut passer par skype, il faut passer par des textos, il faut passer par des SMS, envoyer, rédiger sur des tableaux interactifs, faire des exercices, le tableau interactif, en anglais je crois que c'est *smartboard*. Euh, donc, je . . . c'est élémentaire pour aujourd'hui. Et dans le monde de demain je crois que ce sera vraiment encore mieux parce qu'il y aura encore beaucoup plus de choses que l'on peut faire.

*FLE = français langue étrangère

## LEÇON 2, PRESENTATIONAL WRITING: ARGUMENTATIVE ESSAY, P. 259

*FRANÇOIS SOREL – DE QUOI JE ME MAIL*

-Le iple juice, du jus, vous parliez de jus, ben oui, c'est du jus, je ne savais pas qu'on disait pareil en américain. Le iple juice, c'est nettement plus gros . . .

-Oui, ben, oui.

-C'est en forme d'un disque dur portable.

-Voilà.

-Un peu plus épais, un gros deux et demi.

-Voilà, un gros deux et demi portable, mais bon, alors, l'avantage c'est que là on a, on a une petite centrale nucléaire quand même.

-Alors là, on a 10.400 **milliampères**, donc pratiquement trois fois plus que l'autre, ce qui assure, d'une part, la possibilité de faire fonctionner ou de recharger deux iPads simultanément, ce qui assure la possibilité d'avoir sept recharges totales d'iPhone.

-Vous vous rendez compte? Sept recharges . . . c'est à dire qu'en fait, vous partez une semaine, par exemple . . .

-Ben, vous partez faire une course en montagne . . .

-En camping, voilà, en fait, je ne sais pas, alors vous faites une randonnée, etc. et vous avez ça dans la poche, vous rechargez sept fois votre iPhone, c'est énorme, attendez, mais c'est super.

-Et ils font même plus gros parce qu'ils ont un modèle 15.600 milliampères . . .

-Oh, là là là là là.

-15.600 milliampères, et ils ont même un modèle qui pour un iMac, un Macbook . . .

-Ah oui, ça recharge même les Macbooks . . .

- . . . permet de sortir 26 heures de fonctionnement du MacBook.

-Ça doit être un petit peu plus grand, quand même. Mais c'est vrai que, attendez . . .

-Ah, ben oui, puis aussi plus cher.

-Voilà. Mais, pour les, enfin pour certaines personnes qui sont nomades, qui sont en mobilité, qui ont besoin d'avoir de l'énergie alors qu'il n'y a pas d'électricité à proximité, c'est génial, hein? Parce que c'est bien beau, l'énergie solaire, on de l'énergie solaire, mais tu parles . . .

—Oui, mais il faut un temps fou pour qu'on ait une énergie suffisante.

—Il faut vraiment avoir du temps, hein?

—Non, là on est sur des batteries lithium ion, euh, qualité militaire, enfin c'est vraiment très, très bien, très bien foutu. Bon, c'est vrai que ça vaut un petit peu cher, ça se trouve à l'heure actuelle sur un site Internet qui s'appelle Hyperjuice, donc à l'anglaise tiret *by* tiret *trax* point com.

—Hyperjuice tiret *by* tiret *trax*, T R A X, point com. [hyperjuice-by-trax.com]

—Voilà.

—159€, c'est . . .? Alors, euh, non, 159€, c'est le petit? C'est ça?

—129, c'est celui que j'ai là, c'est-à dire, le 10.000 ampères, enfin le petit relatif.
Et le 15.000 ampères, le 15.000 milliampères, pardon, 159.

—Voilà, et puis il y a un autre pour les Macbooks qui est à 290€.

—Et il y a des modèles plus petits. Enfin, il y a toute une gamme.

—C'est pas mal ça. C'est pas mal du tout.

—Bon, ben, c'est utile, des fois, des fois.

—D'accord. Très bien.

## LEÇON 2, INTERPERSONAL SPEAKING: CONVERSATION, P. 260

*Amina's utterances reflect the recording. The student's answers will vary, but may resemble the following:*

AMINA: Allô? Bonjour, mon ami(e)! J'ai une petite question pour toi.

VOUS (ÉLÈVE): Oui, bonjour! D'accord, pas de problèmes. J'ai le temps de t'aider maintenant si je peux. Ça dépend de la question!

AMINA: Je sais que tu as un ordinateur portable depuis l'année dernière. Je me demandais si le modèle que tu as choisi te plaît toujours.

VOUS (ÉLÈVE): Oui, je l'aime bien en général. Il est rapide et l'écran est très lumineux. Le seul problème, c'est qu'il est un peu lourd.

AMINA: Alors, ça veut dire que tu aimes mieux ta nouvelle tablette?

VOUS (ÉLÈVE): Oui, la tablette est beaucoup plus pratique. Elle est aussi rapide que l'ordi, il y a des applications marrantes qui sont uniquement pour les tablettes et elle est très légère par rapport à l'ordi.

AMINA: Donc si tu recommandais l'un des deux appareils, lequel recommanderais-tu?

VOUS (ÉLÈVE): Je te recommanderais la tablette pour les raisons que je viens de citer, surtout pour les applis.

AMINA: Merci, mon ami(e)! On se verra le week-end prochain à la fête chez Sandrine, d'accord?

VOUS (ÉLÈVE): D'accord. À la semaine prochaine, alors! Au revoir.

## LEÇON 3, INTERPRETIVE COMMUNICATION: PRINT AND AUDIO TEXTS, P. 268

*LING-EN HSIA - VOYAGES SNCF*

L'application Voyages SNCF m'a sauvé la vie. Bon, j'exagère. Je suis parti en voyage, en week-end, il y a trois semaines, deux ou trois semaines, en Bourgogne et j'ai pris la Carte Jeune parce que là ils la font jusqu'à 27 ans. Et donc, vu que je vais avoir 28 ans en décembre je l'ai prise. Ça ne me servira que pour 6 mois, mais c'est quand même bien. Et donc, j'ai commandé un billet. J'ai préparé mon sac pour partir en voyage et d'habitude j'oublie toujours une ou deux choses, d'accord? Généralement, c'est les **chaussons**, les tongs, et puis c'est super galère parce que, en sortant de ta douche, bref. ((. . .)) Et là, je me suis dit, mais c'est bizarre quand même, je n'ai rien oublié. C'est étrange parce que d'habitude j'oublie vraiment toujours quelque chose. Et je me suis rendu compte, évidemment, quelques heures après, que j'avais oublié mon billet de train retour. Parce que, à l'aller, on était allés en voiture, et tout ça. Alors, qu'est-ce qui s'est passé? C'est que j'ai pris l'application Voyages SNCF, que j'avais déjà, d'ailleurs et je me suis connecté. Je me suis connecté à mon compte. Alors, l'application est évidemment gratuite, hein? Et toute à droite, tu as l'**onglet** mes billets, tu vas sur mes billets, ajouter ou importer un billet, et là tu rentres la référence du dossier, ton nom et tu cliques sur, tu touches sur ajouter. Et comme par magie, tu reçois ton, alors ils appellent ça comment, le m-ticket. Le mobile ticket, d'accord? Tu avais, le e-ticket, le ticket électronique. Maintenant tu as le ticket mobile. Et en gros, c'est comme un flashcode, c'est pas un flashcode, hein? Mais c'est un flashcode propre à eux, qui te permet, qui permet aux contrôleurs quand ils passent de scanner. Et donc, j'ai trouvé ça super utile. Donc en plus je pense que c'est écologique. C'est pratique parce le portable, tu ne l'oublies jamais, forcément. Et alors, quand même, à préciser, si vraiment tu oublies même ton portable ou d'imprimer le ticket, si tu présentes une pièce d'identité, ça fait, tu peux, voilà . . . il peut, le contrôleur peut faire une recherche, d'accord?

## LEÇON 3,
## INTERPRETIVE COMMUNICATION:
## AUDIO TEXTS, P. 269

*GUILLAUME BOUCHERAT – VISITE À ROISSY DE L'A380*

Bonjour. Voici le 36e podcast du site aeroweb-fr.net.

Au sommaire cette semaine, un programme chargé pour Airbus, avec une visite à Roissy pour l'A380, une énorme commande d'A350 et une autre de mono-couloir. Une commande pour Eurocopter, qui ouvre un centre de maintenance, et chez Boeing, une commande pour des 787 et des 737.

C'est à 12h32, le vendredi 1er juin, que l'Airbus A380 MSN 007 s'est posé à Roissy Charles de Gaulle pour une batterie de tests, des tests d'éclairage, de **dégivrage** et de tractage, notamment, destinés à vérifier si l'A380 peut s'adapter aux passerelles des aérogares. C'est en effet l'aéroport de Roissy qui accueillera les dix A380 commandés par Air France.

La compagnie qatari, Qatar Airways, a signé un engagement d'achat de 80 Airbus A350XWB, une signature qui met fin aux **tergiversations** concernant le futur de la commande de soixante A350 première versions en juin 2005 et qui vient d'un remplacement de cet ancien contrat. Cet engagement fait de Qatar Airways, le plus gros contrat de l'A350XWB, avec vingt A350.800XWB, quarante A350.900XWB et vingt A350.1000XWB.

La compagnie nationale colombienne, Avianca, a fait l'acquisition de soixante-dix appareils Airbus, trente-huit commandes fermes pour trente-trois A319 ou A320 et cinq A330-200 et trente-deux options pour vingt-sept A319 ou A320 et cinq A330-200.

Eurocopter vient de signer un accord pour l'ouverture d'un centre de maintenance avec FAS, Falcon Aviation Service, dans les Émirats arabes unis et la région du golfe. Falcon Aviaton Service, qui a décidé d'agrandir sa flotte d'appareils Eurocopter, avec une commande de deux EC130 supplémentaires et de deux AS365-N3.

Chez Boeing, le groupe russe S7 a annoncé la commande de quinze Boeing 787 Dreamliners avec droit d'achat sur dix appareils de plus, une commande estimée à 2,4 millards de dollars. Ses appareils seront exploités par la compagnie du groupe, la compagnie aérienne S7.

La compagnie à bas coût irlandaise, Ryanair, a exercé des options portant sur vingt-sept Boeings 737-800, coût de cette opération: environ 1,9 milliards de dollars.

À la semaine prochaine pour votre podcast consacré à l'actualité aéronautique. Merci de votre fidélité. N'hésitez pas à participer au forum du site aeroweb-fr.net et pour contacter l'équipe du podcast, écrivez-nous à l'adresse suivante: podcast@aeroweb-fr.net.

Merci d'avance pour vos suggestions. Bonne semaine à tous et à tout de suite sur www.aeroweb-fr.net.

## LEÇON 3,
## PRESENTATIONAL WRITING:
## ARGUMENTATIVE ESSAY, P. 275

*LING-EN HSIA – COMMUNICATION VIRTUEL*
*AVEC CHRISTOPHE PEIFFER*

-On n'est plus seulement dans le passage du réel au virtuel, mais aussi du verbal à l'écrit parce que mythique, les sites comme ça, ou quand on envoie des textos, par exemple, une fille me plaît et voilà c'est un peu difficile dans un contexte où on est des amis, lui exprimer ce que je ressens, donc, ben, moi, forcément je l'ai déjà fait . . . on se dit «ah, tiens, je vais lui envoyer un texto, je vais lui envoyer un email, je vais lui écrire un commentaire sur Facebook», parfois on voit ça comme de la **lâcheté**, on se dit mais, peut-être que, voilà, ça me fait moins peur de faire ça devant mon clavier, donc je le fais. Mais est-ce que c'est pas aussi une autre manière de communiquer? Il y a des gens, tout simplement, qui communiquent mieux par écrit, Ça ne fait pas d'eux des personnes moins bonnes au niveau relationnel. Simplement, elles préfèrent écrire parce que . . . il y a plus . . . on met plus de temps à réfléchir et à, voilà, on a pour le coup le temps de tourner cette fois sa langue dans sa bouche avant de dire quelque chose. Comment tu vois, justement, cette transition aussi du verbal à l'écrit?

-Oui, ben, oui, c'est un peu ça, c'est que tu tournes sa langue cette fois dans la bouche et tu tournes les doigts cette fois sur le clavier. C'est un peu ça. Et, mais oui, moi, je suis complètement ok avec ça avec quand même la, comment dire, la précision et le bémol que ça a quand même, pour moi, ça a un temps, ça, tu vois? C'est à dire que s'il n'y a pas un **suivi** dans la relation en vrai, dans le réel, là, par contre, je pense que ça peut être le frein à tout ça. Parce que, effectivement, il y a peut-être, effectivement, comme tu dis, c'est un moyen pour faciliter certaines relations, certains échanges, je veux dire, mais il ne faut pas que ça s'arrête que là.

-Oui, le danger c'est que, justement, c'est que ça substitue au lieu d'être complémentaire. Ça devient . . .

-Et que ça devient un substitut, exactement.

-Voilà, ok.

-Et là, par contre, ce n'est plus bon parce que là, en plus là ça existe aussi, on en voit tous les jours sur le web des personnes qui ont plutôt tendance à se renfermer derrière son média-là. Et alors, là, pour le coup, parce qu'ils ne vivent qu'à travers le web.

## LEÇON 3, INTERPERSONAL SPEAKING: CONVERSATION, P. 276

*The father's utterances reflect the recording. The student's answers will vary, but may resemble the following:*

PÈRE: Dis-donc, tu es enfin rentré(e)! J'ai une question pour toi. Comment est-ce que je m'inscris sur un réseau social?

VOUS (ÉLÈVE): Bon, Papa, d'abord il faut choisir le réseau social qui t'intéresse. Généralement on crée un compte en cliquant sur «créer un nouveau compte».

PÈRE: Ça paraît facile. Et après, qu'est-ce qu'on fait?

VOUS (ÉLÈVE): Ensuite, il faut commencer ta page personnelle. Tu mets toutes les informations que tu veux: ton nom, ta date de naissance, tes centres d'intérêt, ta profession, etc.

PÈRE: Après avoir créé un compte, que peut-on faire avec ses amis?

VOUS (ÉLÈVE): Tu peux tchatter avec tes amis et partager tes photos avec eux. Pour mettre une photo sur ta page, tu cliques sur l'icône avec l'image.

PÈRE: D'accord, mais j'ai des soucis. Est-ce que tout le monde peut voir mon profil?

VOUS (ÉLÈVE): Non, non. Il y a des paramètres de sécurité et tu peux bloquer les membres du réseau qui ne sont pas tes amis.

PÈRE: Ça m'intéresse beaucoup, peux-tu m'aider à créer un compte s'il te plaît?

VOUS (ÉLÈVE): Bien sûr! Je pourrai t'aider ce soir après le dîner.

# Chapitre 6

## LEÇON 1, P. 287, EX. 8

1. Avez-vous trop d'objets non-utilisés chez vous? Ne les jetez pas! Donnez-les à quelqu'un qui en a besoin!

2. Jetez-vous trop de déchets qui sont recyclables? Recyclez-les!

3. Ne savez-vous pas ce qu'il faut faire pour recycler? Triez les objets et jetez-les dans la bonne poubelle!

4. Habitez-vous avec quelqu'un qui n'est pas écoresponsable? Demandez-lui de changer ses habitudes et aidez-le à comprendre les différents modes de réduction, réemploi et recyclage.

5. Alors, voyons si vous avez compris . . . Vous avez une bouteille en verre dont vous n'avez plus besoin. Qu'est-ce que vous en faites?

   Oui . . . ne la jetez pas! Réemployez-la ou recyclez-la!

   Bravo – vous êtes écolo!

## LEÇON 1, P. 294, EX. 3

### BLABLACAR

Faire la route tout seul, vous connaissez, non? Ça coûte cher, ce n'est pas bon pour l'environnement et c'est plutôt ennuyant. Alex a choisi une autre manière de voyager, avec Blablacar. C'est bien plus sympa, plus écologique et il partage même les frais d'essence et de péage avec ses passagers. À chaque fois qu'Alex part en week-end, il propose ses places libres sur Blablacar. Il indique ses préférences et Blablacar l'aide à fixer son prix par passager. Julie est étudiante, Vincent est architecte, Yves est prof de maths. Ils souhaitent tous faire le même trajet, mais leurs solutions de transport sont très chères, surtout en dernière minute. Sur Blablacar, ils trouvent rapidement des conducteurs, laissent leur avis, découvrent leur véhicules, puis réservent leur place, tout simplement. Pendant le trajet, Alex leur fait découvrir ses musiques préférées, Julie raconte son dernier voyage et Vincent partage son gâteau au chocolat. Yves en profite pour faire une petite sieste. Après le trajet, ils se laissent des avis, gardent de bons souvenirs de cette expérience et pensent déjà à la prochaine destination. Grâce à Blablacar, Alex économise beaucoup d'argent, tout comme Clara, qui va retrouver des amis un festival, Pierre et Nadine qui vont souvent chez leur fille, Chris qui va voir un client. Le covoiturage est un nouveau moyen de transport fiable et illimité. Et vous? Où partez-vous? Blablacar, bientôt c'est vous qui en parlerez.

## LEÇON 2, INTERPRETIVE COMMUNICATION: PRINT AND AUDIO TEXTS, P. 306

*COMMENT NOURRIR LA PLANÈTE, DEMAIN? – DES SOLUTIONS POUR L'AVENIR*

Environ 70% de la population mondiale vit de l'agriculture. La question du développement des agricultures dans le monde est au cœur de l'avenir de sociétés largement organisées et structurées à partir du monde agricole. La création ou le renforcement d'activités économiques, industrielles et tertiaires sont incontournables pour le développement de l'agriculture. Pour supprimer la malnutrition et la faim, il faudrait selon les experts, augmenter la production agricole mondiale de 30% et la doubler pour faire face à l'augmentation de 50% de la population mondiale à l'horizon 2050 (sur la base d'une ration alimentaire de 2 425 kilocalorie ). L'innovation et la recherche seront certainement les clés permettant d'atteindre ce triple défi de l'alimentation, de l'énergie et du climat. Toutes les disciplines doivent être sollicitées: biologie, moléculaire, écologie (du gène à la plante et de la plante aux territoires). Entre productivité agricole et production biologique, existent de vastes possibilités (développement durable, signes de qualité et labels, agriculture raisonnée, sécurité alimentaire …). Dans le même temps, une **traque** au **gâchis** à tous les niveaux doit s'organiser.

En Afrique, entre 15% à 35% des produits alimentaires sont perdus dès les champs de cultures. Dans les pays développés, 14% à 30% des produits sont éliminés au niveau de la consommation et 10% à 15% seraient perdus en amont de la vente (transformation, transport, stockage …). De plus, une diminution des calories totales consommées dans les pays développés est aussi un facteur essentiel pour relever ce **défi** … Enfin, certains spécialistes prônent de réinvestir massivement dans l'agriculture **vivrière** à haute densité environnementale, de développer de nouvelles espèces et variétés mieux adaptées aux fluctuations climatiques, d'insister sur l'importance des échanges mondiaux pour assurer l'adéquation entre l'offre et la

demande alimentaire à l'échelle de la planète …. Sous réserve de tenir compte de cet ensemble de réflexions, la faim ne devrait plus apparaître comme une fatalité …

## LEÇON 2, INTERPRETIVE COMMUNICATION: AUDIO TEXTS, P. 307

*CHIMISTES POUR L'ENVIRONNEMENT – LE **GASPILLAGE** DE NOURRITURE, UN **FLÉAU** ENVIRONNEMENTAL*

Nous jetons tous régulièrement de la nourriture aux poubelles. En fait, chaque Canadien gaspille par année 183 kg de nourriture! Il est reconnu que 20% de tous les aliments produits ne sont pas consommées et sont gaspillés par les ménages. Globalement, un aliment sur deux finit comme déchet. Au-delà de ceux qui ne sont pas gaspillés par les ménages, 10 à 15% des aliments produits sont des pertes aux champs ou ne peuvent être vendus car ils ne satisfont pas aux standards, et 20% sont perdus au cours du processus de transformation et de distribution.

Notre gaspillage a un coût environnemental important quand on considère les produits, l'énergie et le $CO_2$ utilisés pour produire, transformer, transporter et garder au froid l'ensemble de nos aliments. De plus, la combustion ou l'enfouissement produisent respectivement du $CO_2$ et du méthane qui sont de puissants gaz à effet de serre.

Ces pertes sont évidemment le résultat de la mauvaise gestion de notre réfrigérateur. Il semble qu'une des raisons principales de cette négligence soit le faible coût des aliments. En d'autres termes, si notre panier d'épicerie coûtait plus cher, nous aurions plus d'égards envers notre nourriture. Un autre facteur est le mode de vie actuelle qui nous conduit à faire notre épicerie une fois par semaine, ce qui rajoute une difficulté pour bien gérer notre frigo.

Donc, si nous voulons faire une action significative pour l'environnement, c'est de faire en sorte que notre gaspillage soit réduit au maximum. À nous de prendre des mesures et de trouver des astuces pour que ce gaspillage cesse. Nous pouvons, par exemple, regarder ce que nous avons dans le frigo et dans le congélateur avant de faire une liste d'épicerie et avant de cuisiner. Pour aider l'environnement, nous pouvons aussi choisir des fruits et légumes imparfaits pour aider les producteurs à se départir de leur production moins « belle ».

## LEÇON 2, PRESENTATIONAL WRITING: ARGUMENTATIVE ESSAY, P. 315

### *AUTOLIB' VOIT LA VIE EN ROSE*

Restez mobile! Déplacez-vous sans polluer, la chronique de la mobilité durable. De Fréquence terre, Jean-Brice Sénégas.

En cette fraîche matinée du mois d'octobre, à bord d'un tout nouveau microbus électrique Cédric Bolloré fait l'affiche à un groupe de visiteurs internationaux, spécialistes en transport, ébahis par ce véhicule silencieux. L'innovation les intéresse, alors le directeur des activités industrielles de Bolloré explique: Les batteries sont stockées dans le plafond du microbus, le conducteur ne fait qu'accélérer, il ne freine pratiquement pas. Et quand il n'accélère pas, la batterie se recharge. Le bus va à une vitesse maximale de 50 km/heure, ce qui est tout à fait suffisant en ville. Le plancher est très bas pour faciliter la rentrée des utilisateurs. Et le petit plus, c'est que le design est à choisir par les municipalités ou les collectivités intéressées comme l'a été le Mont Saint-Michel. Qu'on se le dise, Autolib' n'est plus seulement le service voitures électriques en libre service de la région parisienne, selon Cédric Bolloré, Autolib' a subi une véritable mutation. Maintenant Autolib' est un acteur de la mobilité propre.

-Nous avons fait Autolib', mais maintenant nous continuons sur notre lancée et nous avons, depuis un an maintenant, un bus électrique de centre ville qui est en vente, qui peut permettre de transporter vingt-deux personnes et puis nous avons également des projets de développement dans d'autres domaines et avec d'autres systèmes de stockage d'énergie, des super capacités.

C'est grâce au succès d'Autolib' que le groupe Bolloré peut envisager l'avenir sereinement. En effet, les chiffres sont bons. En moins d'un an d'activité, le groupe compte 700 stations en région parisienne et 1750 voitures. Le nombre d'abonnés a dépassé les 40 000 quand le nombre d'abonnés annuels actifs est de 14 500. Les statistiques expliquent que le conducteur-type d'une Autolib' est un homme de 25 à 50 ans, mais les femmes, utilisatrices à 30%, seraient de plus en plus **séduites**. Selon Cédric Bolloré, le défi de la mise en place a été relevé et le public est satisfait. Plus l'Autolib' sera déployée, meilleure sera la fluidité du trafic.

-Ce sont des études qui ont été faites, une Autolib' remplace 7 à 8 voitures. Notre objectif à moyen terme, c'est 3 000 voitures qui vont remplacer 22 500 voitures. Alors, elle les remplace d'abord parce que plusieurs utilisateurs utilisent la même voiture et ensuite parce que le système est fait de telle façon que, on prend la voiture, on la conduit, on la parque à un endroit qui est prévu. Et donc on n'a pas les voitures qui tournent pour rien à la chasse d'un parking. Donc, c'est à la fois, ces deux effets font que, on limite très sérieusement le nombre de voitures, on limite très sérieusement la pollution et on limite, bien entendu, aussi beaucoup de bruit.

Épreuve du succès d'Autolib', le groupe Bolloré envisage un équilibre financier en 2014 et plus en 2016. Dans ces conditions, on comprend que l'industriel reste zen pour parler de l'avenir d'Autolib'.

Retrouvez toutes les informations concernant cette chronique sur www.frequenceterre.com.

## LEÇON 2, INTERPERSONAL SPEAKING: CONVERSATION, P. 316

*Youssef's utterances reflect the recording. The student's answers will vary, but may resemble the following:*

YOUSSEF: Bonjour. Tu m'avais laissé un message au sujet d'un éco-club. Raconte-moi ton projet.

VOUS (ÉLÈVE): Bonjour, Youssef! Oui, je suis en train d'organiser un éco-club au lycée et j'aimerais bien savoir si ça t'intéresse de participer au projet.

YOUSSEF: Ça a l'air intéressant, mais quel est le but du projet?

VOUS (ÉLÈVE): On cherche à cultiver un esprit écoresponsable parmi les élèves dans notre école. Nous aimerions démarrer un programme de recyclage au lycée.

YOUSSEF: L'écoresponsabilité m'intéresse beaucoup. En fait, je suis en train de lire un livre sur le développement durable au Sénégal. Ce serait une bonne idée de démarrer un programme de recyclage au lycée. On en a vraiment besoin.

VOUS (ÉLÈVE): Oui, c'est ça. On veut que les élèves soient plus conscients de leur gaspillage chez eux et ici. Une autre idée qui me vient à l'esprit, c'est de planter des arbres au centre-ville.

YOUSSEF: Si tu veux, je peux organiser le programme de recyclage. Mon père a fait la même chose dans son entreprise. Je lui en parlerai.

VOUS (ÉLÈVE): Je suis d'accord avec ce que tu proposes. Il est utile que tu connaisses quelqu'un qui l'a déjà fait.

YOUSSEF: D'accord. Je te contacterai une fois que j'aurai plus de détails.

VOUS (ÉLÈVE): On se parlera bientôt, alors, Youssef! Au revoir.

## LEÇON 3,
## INTERPRETIVE COMMUNICATION:
## PRINT AND AUDIO TEXTS, P. 322

*RADIO OMÉGA – ÉCO-LOGIQUEMENT, ÉCO-EMBALLAGE*

Bonjour à tous. Donc, je suis avec Christophe Neumann, qui est directeur régional à Éco-emballage. Bonjour, Christophe.

-Bonjour.

-Est-ce que vous pouvez d'abord vous présenter en quelques mots?

-Je suis donc le directeur régional pour l'est de la France chez Éco-emballage. Et, Éco-emballage, c'est une société qui est particulière. Vous la voyez au quotidien. Lorsque vous consommez des produits, c'est ce point vert qui est sur l'emballage. Vous savez, ces flèches qui tournent et qui représentent, en fait, le fait qu'un industriel qui utilise un emballage pour protéger quand il finit son produit, contribue via Éco-emballage au financement du recyclage et de la collecte de son emballage sur l'ensemble du territoire. Cela signifie, en fait, que lorsque Éco-emballage reçoit cet argent, ça coûte 500 millions d'euros chaque année, cet argent va servir, en fait, à financer les dispositifs, de permettre à chacun, à chaque consommateur d'accéder aux gestes de tri, que ce soit par un bac roulant, un sac ou des points où on va déposer ces emballages et il y a des dispositifs différents d'un territoire à l'autre, mais globalement de permettre à chaque français de pouvoir faire ce geste de tri afin d'atteindre les objectifs fixés par le **grenelle** de l'environnement, qui sont d'atteindre 75% de recyclage des emballages.

-Alors, ça nous pose tout de suite la question de où on en est dans le recyclage en France.

-Alors, aujourd'hui on est arrivé à 67% de recyclage des emballages, qui est un taux tout à fait satisfaisant et quand on fait un focus sur la région Franche-Comté, eh bien, c'est la deuxième meilleure région de France en quantité recyclée par habitant, autant dire que, bien, c'est une région pionnière globalement, bien, c'est plus de 77 milles tonnes d'emballages qui ont été recyclés en 2012.

-Ça veut dire qu'en Franche-Comté on est à combien de pourcent de recyclage? On a atteint, nous, les 75%?

-On ne raisonne pas en taux de recyclage à l'échelle d'une région parce que l'on sait combien d'emballages sont produits sur le territoire, mais les consommations sont différentes d'une région à l'autre. Par contre, quantité recyclée, ça on peut bien évidemment analyser. On recycle 66 kilos par habitant et la moyenne en France, c'est 50 kilos. Donc, on est bien au-dessus de la moyenne nationale, donc si on devait raisonner en taux, on est bien évidemment au-dessus du taux moyen, qui aujourd'hui est de 67%, ce qui ne veut pas dire qu'il n'y a plus rien à faire, bien évidemment.

-Recycler coûte ou recycler rapporte?

-Les deux, mon capitaine! Recycler coûte puisqu'il va falloir collecter, il va falloir **trier** des emballages. Ça coûte plus cher, hein, de collecter de l'emballage c'est plus léger. Il y a un coût de tri parce qu'il va falloir séparer, ne serait-ce que, par exemple, les bouteilles qui sont colorées, les bouteilles qui sont opaques, les bouteilles qui sont transparentes n'ont pas les même débouchés en termes de recyclage. Donc, ça ne va pas de demander à un habitant d'avoir une poubelle pour les bouteilles transparentes, une poubelle pour les bouteilles colorées, ça n'a aucun sens. Il faut réduire le coût de collecte en mettant tout ensemble. Donc, on dépense de l'argent, on dépense de l'énergie. Et ensuite, le recyclage, eh bien, c'est une industrie aujourd'hui qui vit, qui est actif par rapport à ces matières que sont les produits sur la collective. Elles ont remplacé la matière première, et donc on crée une nouvelle richesse et on crée une économie.

## LEÇON 3,
## INTERPRETIVE COMMUNICATION:
## AUDIO TEXTS, P. 323

*LES MAGICIENS D'OSE*

-Vas-y, prends-en. Il y a du produit pour les mains! Allez, allez, il y en a plein, il y en a plein. [...] C'est très joli.

Aujourd'hui je vous invite dans l'univers des magiciens d'OSE. OSE, cette association qui nettoie une fois par mois les **berges** de Seine, un acte écologique et citoyen, mais pas que. En rencontre avec les bénévoles, Adeline Gerittsen nous raconte l'histoire d'OSE.

-OSE, Organe de Sauvetage Écologique, existe depuis les années 1990, plus de 24 ans qu'on arpente les berges d'Île de France, de région PACA, d'Auvergne depuis quelques années maintenant. On prospecte systématiquement au moment des opérations, forcément, pour voir là où il y a le plus besoin, comment on peut intervenir au mieux, là où on pourra disposer les **bennes** pour être le plus efficace possible, pour permettre aux personnes qui, aux bénévoles qui sont sur le terrain d'amener le plus de déchets possible dans les bennes pour qu'elles soient ensuite acheminées dans les déchettries **avoisinantes**. Des phases où se dit, mais «à quoi ça sert?», «on est déjà venus la dernière fois, on revient» . . . Mais, en fait, on sait très bien que ça prend. Les habitants ont retrouvé leur berges se promènent désormais, parce que les communes également ont pris la main sur le problème et les ont aménagées. Il y a un devoir d'alerte, également. On sait qu'il y a des problèmes sur certaines zones, on va intervenir et intervenir et réintervenir et, à force, soit ça s'arrange de part des choses, soit la commune prend le pas dessus, condamne certains accès. Le travail se fait pas de manière très ponctuelle. Il faut qu'on réintervienne. Donc c'est pour ça qu'on n'est pas forcément découragés.

-Édouard est le président-fondateur de l'association. Il nous explique son engagement au quotidien.

-On a fait 90% du travail sur plus de 20 ans. C'est sûr qu'ici, par exemple, il y a une vingtaine d'années, il y avait des carcasses de voiture, il y avait des choses comme ça, et les congélateurs. On ne voit plus ça.

-Un des modes, de procédures de l'association, c'est de faire participer les populations qui vivent sur place . . .

-Tout à fait.

-Et notamment les Roms.

-Les Roms, et dans les années 90, on s'occupait des SDF français. Il fallait les parer, les bouger, et tout ça. Et on recevait des canettes de bière, la tronche. C'était particulier. Et là, avec les populations roumaines, on a le contact facile. Ils se prêtent au jeu. Bon, ils sont sales, il faut leur inculquer le civisme, le fait bien nettoyer, toutes ces valeurs. On y arrive, et surtout, on est bien accueillis donc ça fonctionne bien. Le but c'est d'arriver à les sensibiliser à la protection de l'environnement via l'opération nettoyage.

-Participer aux actions de OSE, pour les bénévoles, c'est avant tout un acte citoyen.

-Là, on a vraiment des besoins en France. Je pense que les mentalités doivent changer, en fait. C'est quand on voit, ce qu'on fait dans les actions OSE, on se dit, «franchement, il y a vraiment beaucoup de travail à faire, beaucoup de mentalités à changer.»

-Il faut de l'éducation sur la prévention.

-La prévention, je pense que dans les écoles, déjà, ça devrait commencer, en mettant les enfants en face du respect de la nature, de l'écologie, et puis aussi dans les entreprises comme le fait Axa.

-Mais c'est aussi une histoire de rencontre. Les autres bénévoles nous racontent leur relations avec les Roms.

-C'est des forces de la nature, c'est des gens courageux qui n'hésitent pas, dans le froid ils ne sont pas bien couverts, ils n'ont pas forcément . . . les femmes, des fois, elles viennent avec des chaussons, des gilets, et tout, elles ne sont pas bien couvertes. Mais ils sont d'un courage que, même moi, je n'ai pas forcément. C'est des gens qui ont une puissance, ils ont des mains énormes et ils arrivent à brasser des milliers de branchage, c'est incroyable. Moi, je suis épatée, ravie de les voir travailler et de les soutenir.

-Et enfin, Michael, un jeune Rom qui aide régulièrement l'association. Il nous confie que, par ce geste, il essaie aussi de panser certaines plaies.

-On aime bien faire du nettoyage sur les berges de la Seine. Ça nous aide un peu parce que tout le monde dit que «voilà les Roms, Roumains sont des voleurs, ce sont des massacreurs» ou je ne sais pas quoi. On veut leur faire voir, les Français, qu'on n'est pas tous pareils.

-Son travail de prévention et d'éducation sur les lieux de vie des Roms commencent vraiment à porter ses fruits.

-On leur a expliqué que, voilà, si vous vivrez [sic.] avec le nettoyage et pas avec le bordel, avec plein de feraille, les sacs poubelle à côté de votre caravane, des, voilà . . .

-Ils l'entendent?

-Ils l'entendent, oui. Et ça commencent à se voir.

-Maintenant, vous aussi, vous connaissez l'action citoyenne de OSE. Si vous voulez les rejoindre, rendez-vous sur www.oseonline.fr.

## LEÇON 3,
## PRESENTATIONAL WRITING:
## ARGUMENTATIVE ESSAY, P. 331

### COCHET - LE PARADIGME ÉCOLOGISTE

Quelquefois on représente le développement durable comme trois sphères différentes. Il y aurait la sphère ou le pilier social, la sphère économique et la sphère environnementale, chacune de ses sphères, étant, disons, séparées des autres même si au milieu les trois sphères ont un petit recouvrement commun. Eh bien, pour changer de paradigme, et je ne dis pas changer de graphisme, évidemment. Mais, c'est important de voir que ce n'est pas du tout comme ça moi que je représente le développement durable, sachant que je ne suis pas, par ailleurs, favorable au développement durable. C'est un mot qui est maintenant usé jusqu'à la corde. Mais si on devait le représenter, il faudrait voir que, il y a une sphère économique toute petite qui est au milieu, un petit cercle. Autour de cette sphère économique, il y a la sphère sociale, beaucoup plus grosse mais qui **englobe** la sphère économique, plus petite. Et autour de cette sphère sociale, de la sphère de l'humanité, il y a l'écosphère ou la biosphère, qui est l'ensemble, disons, des processus et phénomènes naturels, je parle sur terre, je ne vais pas évidemment au-delà de la stratosphère. Et c'est comme ça qu'il faut voir le monde désormais et c'est ça la nouvelle vision du monde, on pourrait dire la révolution galiléenne, peut-être, des écolos, c'est que le social englobe l'économique, mais l'économique et le social, eux-mêmes, sont englobés par la biosphère et par l'écosphère et que, donc, on est aussi plongés, mais sans arrêt, même pour des raisons économiques et sociales, dans une écosphère dont on dépend totalement.

## LEÇON 3,
## INTERPERSONAL SPEAKING:
## CONVERSATION, P. 332

*Feno's utterances reflect the recording. The student's answers will vary, but may resemble the following:*

FENO: Salut, mon ami. Comment vas-tu? Qu'est-ce que tu as fait ce matin?

VOUS (ÉLÈVE): Salut! Ce matin j'ai participé à un évènement avec mon éco-club. C'était pour le recyclage.

FENO: Ah c'est très intéressant. Ça fait longtemps que tu le fais? Et pourquoi as-tu commencé à le faire?

VOUS (ÉLÈVE): Je le fais depuis le début de l'année scolaire. Je trouve que l'environnement est un sujet intéressant et important pour notre génération.

FENO: C'est super! Mais je me demande ce que tu fais d'autre pour être quelqu'un de si écoresponsable.

VOUS (ÉLÈVE): J'essaie de réfléchir à ce je fais. J'achète seulement du papier recyclé, par exemple.

FENO: Vraiment? Tu trouves que cette attitude est typique dans ta communauté? Pourquoi?

VOUS (ÉLÈVE): En fait, non, ce n'est pas typique. J'essaie de changer la mentalité des gens de ma communauté. Et toi, tu te préoccupes des problèmes écologiques?

FENO: Moi, je participe à une association qui travaille une fois par mois sur la protection des forêts humides de l'Atsinanana. Les forêts sont très importantes à Madagascar.

VOUS (ÉLÈVE): Ah, c'est très intéressant, ce que tu fais! Malheureusement, je dois partir. Pouvons-nous en parler plus tard?

FENO: Bien sûr, mon ami(e)! Au revoir!

# Chapitre 7

## LEÇON 1, P. 341, EX. 5

**1.** Anis: Je suis d'accord que les gens puissent fumer dans certaines places publiques car parfois ça leur fait mal aux cerveaux quand ils veulent vraiment fumer. Je suis plus pour la cigarette électronique parce que c'est un remède et aussi la cigarette peut parfois causer des maladies graves. Mais c'est . . . c'est pas le problème des enfants, c'est les adultes qui choisissent.

**2.** Naïma: *Êtes-vous pour or contre l'interdiction de fumer dans les lieux publics et pourquoi?* À mon opinion je (ne) suis ni pour ni contre. En fait si la personne qui fume est dans un lieu qui peut pas me . . . mal à m'établir . . . ou me toucher, donc ça ne cause aucun problème. Donc, si la personne qui fume n'est pas près de moi ça ne cause aucun problème, mais par contre, si la personne qui fume est à côté de moi dans un lieu public, ben, là, ça va être un peu délicat parce que si la personne qui fume est près de moi, la fumée va directement passer d'une façon radicale et directe à moi, ce qui n'est pas bien. Donc en fait, à mon opinion je suis ni pour ni contre dans les lieux publics. Forcément, il faut que ça soit contre, mais dans les autres places, c'est pour ou contre. Donc, à mon opinion, c'est ni pour ni contre, voilà.

**3.** Mohamed: Je (ne) suis pas d'accord pour les gens de fumer dans des places publiques parce que ça cause des maladies graves pour les autres gens comme le cancer et ça tue les gens et ça pourrit leur foie.

**4.** Wafaa: Alors je suis contre le tabagisme en public parce que le tabagisme passif est aussi dangereux que le tabagisme actif.

## LEÇON 2,
## INTERPRETIVE COMMUNICATION:
## PRINT AND AUDIO TEXTS, P. 356

### AUDIADIS - PERRIER FLUO

Chers clients, vivez une expérience sensorielle et rafraîchissante, unique. Avec Nestlé Waters et votre Carrefour Bercy, entrez dans l'univers imaginaire Perrier Fluo, Perrier Fluo. Perrier Fluo, c'est strange, menthe poivrée, cerise-**gingembre**, citron-**genièvre**. Menthe poivrée, cerise-gingembre, citron-genièvre. Au milieu des bulles Perrier, on n'a jamais bu ça! Perrier Fluo va vous surprendre. Laissez-vous tenter, laissez-

vous tenter, laissez-vous tenter, laissez-vous tenter, laissez-vous tenter . . .

## LEÇON 2,
## INTERPRETIVE COMMUNICATION:
## AUDIO TEXTS, P. 357

### CLAIRECO – MAGASIN DE SOUVENIRS

-Clairéco. Comprendre l'économie sur Moustic'Air, en partenariat avec lobsoco.com.

-Nathalie Lemarchand, géographe et professeur à l'Université Paris VIII.

-Bonjour. Je ne sais pas si c'est l'effet du temps et de la froidure qui se prolonge, mais j'ai envie de vous parler des magasins de souvenirs aujourd'hui. Vous savez, ces magasins dans lesquels on se rend avant de rentrer de voyage pour acheter quelques cadeaux à ramener pour soi et pour offrir et qui seront typiques de votre lieu de séjour. La mise en valeur des lieux touristiques s'appuient sur la reconnaissance qui leur est dévolue. Elle s'accompagne d'une mise en scène du lieu, parfois d'une théâtrialisation du site sur le continent nord-américain peut-être plus encore qu'en Europe. Ce processus établi par la mise en place de signes, permettant à chacun, résident, visiteur, touriste, de savoir qu'il se trouve bien sur un site touristique. Parmi ces signes, le magasin de souvenirs et d'artisant prend toute sa place. Il contribue à l'identification et donc au repérage du lieu touristique. En effet, plus aucun lieu touristique, ville, quartier, et même site naturel ou équipement culturel, tels que les musées, qui ne soient aujourd'hui équipé de ces commerces dans lesquels les touristes peuvent retrouver les produits emblématiques du lieu visité. Ces commerces sont à ce point, associés à ces lieux, qu'ils font partie de tant de visites. Dans certaines régions, ils **jalonnent** les circuits touristiques régionaux. Ainsi des producteurs locaux, des artistes, des artisans, construisent des circuits touristiques en évoquant leur lien avec leur région. On retrouve là les qualités attribuées à un **terroir** ou à un paysage qui apporte aux uns leur matière première et aux autres de l'inspiration artistique. Le résultat est en vente dans leurs **ateliers**-boutiques.

-Clairéco.

-Plus que jamais, les acteurs du tourisme mettent en scène des lieux, créent et vendent des images. Dans ce contexte, le rôle attribué aux magasins de souvenirs et d'artisanat est souvent important et ambigu. Il apparaît plus clairement encore comme un outil de la promotion touristique, devant valoriser les richesses disponibles du lieu. Je me souviens ainsi de brochures vantant le nombre et la qualité d'une trentaine de boutiques où l'on vend de merveilleuse poterie et dans les boutiques elle-mêmes fascinantes, situées dans de jolies auberges de campagne, dans de vieilles écoles ou encore dans d'anciennes granges. Le magasin lui-même doit être le reflet du lieu qui a fait l'objet de la visite. Par le choix des produits vendus, par l'ambiance créé dans le magasin, celui-ci participe à la reconnaissance du site touristique. Distinguons ici plusieurs catégories de magasins de souvenirs et attachons-nous à ceux qui vendent les produits faits localement, ceux qui illustrent ainsi les valeurs et les caractères du lieu par leur fabrication locale. Celle-ci est le gage de la qualité et de la valeur unique du produit. Rentrer dans ces magasins peut alors entraîner la sensation de retrouver les lieux visités, d'en retrouver l'atmosphère et conduit à associer ce magasin au lieu qu'il reflète.

-Clairéco. Comprendre l'économie sur Moustic'Air, en partenariat avec lobsoco.com.

-Pour ceux qui prolongent leur temps d'achat, presque de visite du magasin, celui-ci devient un lieu d'échange et de rencontre avec les gens **du cru**. Cette situation souligne à quel point le magasin de souvenirs participe à la valorisation du site touristique. Mais parfois, la surabondance de rappel et de reconstitution à l'identique entraîne une certaine **facticité** des lieux. Le touriste ou le vacancier cherchent alors un souvenir authentique. Certain dans un ultime refus n'accorde aucune valeur aux magasins de souvenirs ou d'artisanat, préférant rapporter un caillou ou bout de bois flottée ramassés au cours de leur promenade. On peut néanmoins se poser la question de savoir si ce refus est lié à l'insatisfaction des souvenirs proposés ou plus généralement aux magasins comme symbole de la consommation, soit d'un modèle de société que ces visiteurs veulent oublier durant leur congé.

-Retrouvez Clairéco en podcast sur lobsoco.com et sur moustic. fr.

## LEÇON 2, PRESENTATIONAL WRITING: ARGUMENTATIVE ESSAY, P. 365

*CLAIRÉCO – CONSOMMATEUR MALIN*

-Clairéco. Comprendre l'économie sur Moustic'Air, en partenariat avec lobsoco.com.

-Dominique Desjeux, anthropologue.

-On a souvent pensé que le consommateur n'était pas très malin, qu'il était plutôt passif et que c'est un consommateur qui, quelque part, ne faisait pas de calculs, n'avait pas de réflexions et souvent n'avait pas de contraintes. Et ça c'est la grande époque du marketing, de la publicité, les produits se vendant assez bien, les choix n'étaient plus que les choix symboliques entre deux marques d'un même produit. Depuis longtemps déjà, il y avait des consommateurs malins qui étaient sous contraintes de pouvoir d'achat, les gens qui avaient des fins moins difficiles. Et puis à partir de 2008, tout d'un coup, ce concept est revenu un petit peu à la mode, on s'est rendu compte qu'entre 2000 et 2006, ce qu'on appelle les dépenses contraintes, il y une augmentation de dépenses contraintes, il y a bien sûr le logement, c'est très connu aujourd'hui, mais il y a la mobilité dans tous les frais liés aux transports, notamment à l'essence. Il y a une dépense un petit peu inattendu, c'est les activités numériques, le téléphone, l'ordinateur, la télévision et les jeux-vidéo qui font à peu près 85% des ménages français et qui représentent maintenant 8% des dépenses, ce qui est énorme. Donc, on voit petit à petit que le consommateur malin va prendre plusieurs formes. Ce n'est pas forcément le pauvre. Il y a des consommations malines quand on est riche. Par exemple, dans le domaine écologique ou dans le domaine du bio ou de l'énergie qui est d'investir aujourd'hui pour pouvoir être moins dépensier en énergie ou économiser dans cinq ans, dix ans, vingt ans en fonction de l'investissement qu'on aura fait. Les pratiques des gens plus pauvres, c'est des pratiques, par exemple, de faire soi-même dans la vue, par exemple, que les machines à pain avaient beaucoup de succès, on a vu les machines à coudre. Une autre pratique, c'est aussi acheter moins cher, et puis on voit aussi se développer toute une série de pratiques autour du marché, autour des supermarchés, par exemple, les enquêtes qu'on a faites sur Paris montrent qu'on va avoir des personnes qui vont aller systématiquement chercher dans les supermarchés des produits alimentaires dont la date de **péremption** est proche parce que, en général, beaucoup de supermarchés font baisser les prix à ce moment-là, disons où il n'y a plus qu'un jour ou deux jours et tout d'un coup on brade ces produits-là, et là on en profite pour les acheter à prix plus bas.

## LEÇON 2, INTERPERSONAL SPEAKING: CONVERSATION, P. 366

*Ellen's utterances reflect the recording. The student's answers will vary, but may resemble the following:*

ELLEN: Salut! Je pense que la mode américaine au lycée est très différente qu'en Belgique. Qu'est-ce que tu portes typiquement à l'école?

VOUS (ÉLÈVE): En général, je mets un t-shirt et un jean avec des baskets. Qu'est-ce que vous portez à l'école en Belgique?

ELLEN: La mode est très importante chez moi. Donc, on porte quelque chose de bien choisi pour montrer aux amis son style personnel. Les vêtements montrent au monde ce qu'on pense de soi. Et chez vous, quel élément est le plus important pour choisir des vêtements?

VOUS (ÉLÈVE): Je veux que mes vêtements soient confortables. J'aime bien porter des marques, surtout pour les chaussures de sport. C'est aussi important de faire de la publicité pour des évènements à l'école en portant des t-shirts de nos équipes et de nos clubs.

ELLEN: Ah, bon. Dans les films américains, j'ai vu beaucoup de jeunes qui arrivent à l'école en pyjama ou des vêtements de sport. Si on arrivait en cours habillé en sweat, nos profs nous renverraient de la classe. Qu'est-ce que tu en penses?

VOUS (ÉLÈVE): C'est vrai, les Américains s'habillent sans doute moins bien que les Européens. J'aime bien porter des vêtements de sport à l'école, mais c'est vrai que ce n'est pas très élégant.

ELLEN: D'accord, je vois ce que tu veux dire. Mais tes parents sont d'accord? Ils te laissent partir le matin habillé(e) comme ça?

VOUS (ÉLÈVE): Oui, ils me laissent partir le matin habillé(e) en sweat. Pour eux, ce qui est important à l'école, c'est apprendre et non pas ce que je porte.

ELLEN: Intéressant. Tu peux aller faire du shopping avec moi avant la rentrée?

VOUS (ÉLÈVE): Bien sûr, j'aimerais bien! Es-tu libre le week-end prochain pour aller au centre commercial?

## LEÇON 3, INTERPRETIVE COMMUNICATION: PRINT AND AUDIO TEXTS, P. 374

*PODCAST BOUTIQUES LIQUIDES – ODEURS*

Cordéam, la trilogie des humeurs.

-Philippe Di Méo lance une nouvelle trilogie, la trilogie des humeurs disponible chez Liquides dès le 9 mai. L'occasion de le rencontrer pour parler de la belle parfumerie, la Parfumerie de niche avec ses complices, David Frossard et Jean-Baptiste Del Amo.

Cordéam.

-Philippe Di Méo, designer, créateur des Liquides imaginaires et co-fondateur de la Boutique Liquides.

-L'émotion, elle revient tout le temps. On veut vendre l'émotion à chacun dans son parfum. Mais malheureusement, c'est toujours des émotions très marketées, très choupettes.

-Jean-Baptiste Del Amo, écrivain, auteur.

-On n'est pas à la recherche d'un consensus dans les parfums et du coup ça laisse un territoire bien plus large pour que, justement, les émotions personnelles et subjectives s'expriment.

-David Frossard, fondateur et gérant de Différentes latitudes, co-fondateur de la boutique Liquides.

-J'aime des odeurs qui sont à la limite, qui sont à la limite de ce qui sent bon, ce qui sent bon, ça dépend des cultures, ça dépend des gens et j'aime ce qui va être à la limite, l'odeur qu'on va avoir du mal à catégoriser, et du coup, elle nous **titille**, elle nous pose un problème dans nos certitudes.

Cordéam. La trilogie des humeurs.

-David, la parfumerie dite de niche commence à trouver sa place depuis quelques années. On a la chance de pouvoir enfin découvrir de belles créations olfactives, notamment chez Liquides.

-La parfumerie, c'était un peu perdu en termes de créativité et que depuis quelques années, certaines personnes essaient de remettre un peu d'art, un peu d'innovation, un peu d'idées dans ces parfums et considèrent le parfum en tant que tel comme un produit de qualité, et pas comme le succès d'année, d'un rêve Vial, le prêt-à-porter haut de gamme, etc. et faire de l'argent juste sur le parfum. Donc, il y a des gens qui pensent que le parfum peut susciter des émotions et on en fait partie.

-Vous lancez, avec Philippe, une nouvelle trilogie avec Lacrima, Melancolia, Phantasma. Vous aviez déjà travaillé ensemble sur les précédentes trilogies. Vous vous êtes rencontrés comment avec Philippe?

-Le temps que sortent Liquides imaginaires a commencé dans une exposition. Je suis designer, j'aime beaucoup l'idée de travailler sur des concepts qui soient, bien, l'odeur, mais ça a été précédemment lié à la nourriture, par exemple, et donc en 2011 j'ai fait une exposition autour de ces trois parfums et très vite j'ai rencontré David et c'est suite à cette rencontre qu'on a décidé, c'est grâce à sa vision et à son expertise du marché de parfums d'exception, c'est ce qui m'a motivé à aller plus loin dans cette démarche et à projeter la marque au-delà d'une simple exposition.

-La parfumerie confidentielle qu'on appelle la parfumerie de niche a de plus en plus de succès et tant mieux, d'ailleurs. C'est un terme que vous aimez bien, vous, David.

-J'aime beaucoup ce terme parce qu'il a le mérite d'annoncer la couleur. Il y a beaucoup de gens qui veulent faire de la parfumerie artistique et, en même temps, dont le but est de vendre aux plus grands nombres. Et je pense que c'est **antinomique**. Si les grandes marques **se sont dévoyées**, c'est parce qu'elles ont voulu vendre aux plus grands nombres. Et nous, on n'essaie pas de plaire à tout le monde, on est segmentant, on a des partis pris. Sur Liquides imaginaires il y a beaucoup de partis pris. Sur Liquides, la boutique, il y a beaucoup de partis pris, mais je pense que c'est les partis pris qui font l'intérêt de cette parfumerie.

-C'est une parfumerie qui raconte une histoire et fait appel à nos émotions, justement, l'émotion que peut provoquer un parfum, c'est un moteur?

-Elle existe au travers du cliché et d'image de campagne de pub ou etc. C'est une émotion qui est très standardisée, en fait, aussi le terme qui est vraiment le plus utilisé dans le parfum, même dans la parfumerie de grande distribution, c'est un but qui est vraiment au contraire, plutôt même pas démodé, l'émotion, elle revient tout le temps. On veut vendre l'émotion à chaque lancement de parfum. Mais, malheureusement, c'est toujours des émotions très marketées, très choupettes.

-Jean-Baptiste, qu'en pensez-vous?

-Dans la parfumerie de niche, il me semble qu'il y a une bien plus grande liberté donnée aux émotions, notamment à travers des parfums qu'on dit plus segmentants, peut-être

plus déroutants. On n'est pas à la recherche d'un consensus dans les parfums et donc ça laisse un territoire bien plus large pour que, justement, les émotions personnelles et subjectives s'expriment, parce qu'avant tout un parfum, il est interprété de manière très subjective.

Cordéam. La trilogie des humeurs.

-David, revenons sur votre rôle dans Différentes latitudes, vous accompagnez les marques, les créateurs dans de différentes étapes, de la création à la fabrication et à la diffusion des parfums. Vous les guidez, vous les coachez en quelque sorte.

## LEÇON 3, INTERPRETIVE COMMUNICATION: AUDIO TEXTS, P. 375

*AUDIADIS – RADIO SPOT (RUBRIQUE CULTURELLE) – FILM AVATAR*

-Mir. La sortie de la semaine.

-Vous êtes bien sur Mir, la station plus proche de vous et avec toi, Benjamin, nous parlons DVD aujourd'hui. Bonjour.

-Bonjour, Carole. Bonjour, tout le monde. Oui, attention, le film évènement de ces derniers mois c'est, bien sûr, Avatar.

-Allez, bande annonce.

«On vous propose de repartir à zéro dans un nouveau monde. Vous aurez un rôle décisif.»

«Je m'étais engagé dans les Marines pour en baver. Je me disais que je pouvais affronter n'importe quelle épreuve. Ce que je cherchais depuis toujours, c'était une bonne raison de me battre.»

«Nous avons une population d'indigènes qu'on appelle les Na'vi et ils sont très difficiles à tuer.»

«C'est pour ça qu'on est là. Ce petit caillou gris vaut 20.000.000 le kilo.»

«Ils se trouvent que leur village est planté sur le plus gros gisement et il faut qu'on les déplace!»

«On est là pour piloter des corps contrôlés à distance qu'on appelle des Avatars.»

«Un Marine dans un corps d'Avatar. C'est un mélange puissant. Vous oubliez dans quel corps vous êtes.»

«Le fort devant le faible. Et tout le monde l'espère.»

-Avatar est le dernier film de James Cameron, à qui l'on doit Titantic et qui revient à un de ses premiers amours, la science-fiction, puisque Cameron était également le réalisateur d'Abysse, d'Alien ou encore de Terminator. Quatre ans de production auront été nécessaires pour rassembler toutes les technologies que l'on connaît aujourd'hui au cinéma.

«On va affronter les hélicoptères de combat avec les arcs et les flèches. Alors il faut l'en empêcher.»

-Et le film Avatar, vous le retrouverez, bien sûr, dans vos **rayons** DVD et Blu-ray. Merci beaucoup, Benjamin. On se retrouve la semaine prochaine, même endroit, même heure pour nous parler encore cinéma.

-Avec plaisir!

-Mir. Envoyez-vous!

## LEÇON 3, PRESENTATIONAL WRITING: ARGUMENTATIVE ESSAY, P. 381

*JÉROME LETUMONTOIS – DIGITAL MARKETING ONE-TO-ONE*

-Alors, je suis ce matin avec Jérôme Letumontois de Comexposium, alors Jérôme, vous êtes directeur du pôle business chez Comexposium et vous lancez une nouvelle conférence à Biarritz.

-Effectivement. Bonjour. Nous lançons cette année, en liaison avec ce que nous faisons depuis quatre ans maintenant, les rendez-vous d'affaires e-commerce à Monaco, l'évènement à Biarritz qui va s'appeler donc Digital Marketing One-to-one, qui sont des rendez-vous d'affaires de la meme façon qu'à Monaco, organisé sur un **tryptique** qui sera business, networking et contenu.

-Et donc la différence par rapport à Monaco, c'est que, sur Monaco on est essentiellement e-commerce et là, on est plus large que sur l'e-commerce.

-Exactement. On est beaucoup plus large. On est sur, comment dire, une cible beaucoup plus large. On n'est pas strictement e-commerce. On aura peut-être effectivement quelques intervenants ou quelques sociétés qui font, bien sûr, du e-commerce, mais on est sur un monde beaucoup plus ouvert du digital et des annonceurs, vraiment totalement ouverts 360.

-Alors, ceci étant le premier thème, on n'y échappe pas. C'est les stratégies en mi-canal, les cross-canal. Alors, est-ce qu'on peut faire un petit zoom là-dessus?

-Bien sûr, alors, euh, on sera effectivement très, très fortement sur cette première tendance qu'on a déjà développée, nous, sur notamment e-commerce Monaco et aussi sur e-commerce Paris et nous allons, bien sûr, travailler, en tout cas, avoir notamment une plénière qui va être le, comment dire, ça sera l'événement principal, notamment une des tendances qui sera mise en avant au travers de cet, de ces deux jours à Biarritz.

-Alors, on en parle beaucoup, mais est-ce qu'ils viendront, beaucoup de gens?

-Alors, je dirais que, c'est malheureusement pas encore, je dirais, assez développé, mais on en parle beaucoup. J'ai l'impression que les annonceurs se regardent beaucoup, se tètent, se regardent, on découvre des choses, oui, quand même. Je pense à, notamment, à McDonald's qui retrouve en France une communication qui se remarque, un peu qui sort du lot. Mais, voilà je pense que, on a, ça commence. Je crois que c'est vraiment une tendance qui va être très importante, je pense qu'on peut, on parle du omni-commerce, on parle de omni-canal, on parle de stratégies cross-canal. Je crois que, on y est maintenant. Je crois que tout le monde est persuadé qu'il n'y a plus de différences entre ces deux mondes et le on- et off-line sont en train de merger complètement et je pense que, effectivement, les débats qui ont lieu autour de cette tendance seront très intéressants et de toute façon, je crois que c'est l'avenir et on y va. C'est très clairement défini.

## LEÇON 3, INTERPERSONAL SPEAKING: CONVERSATION, P. 382

*Olivier's utterances reflect the recording. The student's answers will vary, but may resemble the following:*

OLIVIER: Eh salut, tu as le temps de me parler?

VOUS (ÉLÈVE): Oui, j'ai le temps de te parler. De quoi veux-tu parler?

OLIVIER: C'est une amie, elle ne répond jamais quand je lui envoie des SMS. On se parle tout le temps quand nous sommes à l'école, mais pas par SMS. C'est comme si elle les ignore. Que fais-tu quand tu reçois un texto?

VOUS (ÉLÈVE): Si j'ai le temps, je réponds tout de suite, mais ce n'est pas toujours le cas. Parfois je mets quelques heures pour répondre. Peut-être qu'elle est très occupée et c'est pour ça qu'elle ne répond pas.

OLIVIER: C'est possible, mais je ne comprends pas. Tu penses qu'il faut lui demander pourquoi elle ne répond pas?

VOUS (ÉLÈVE): Demande-le-lui à l'école demain. Tu sais, il y a des gens qui ne regardent pas leur téléphone toute les deux minutes.

OLIVIER: Je vois. Évidemment, elle est moins accrochée à son portable que moi. J'essaierai de lui parler différemment. Tu sais, c'est un peu comme si je parle à ma grand-mère.

VOUS (ÉLÈVE): Mais, si tu l'aimes bien, parle-lui face à face. Cela lui montrera le respect que tu as pour elle. Pourquoi tu dis que c'est comme si tu parles à ta grand-mère?

OLIVIER: Ma grand-mère a un portable, mais elle ne l'allume presque jamais. C'est inutile de lui téléphoner parce qu'elle préfère me parler face à face. Et toi, qu'est-ce que tu préfères, me parler par SMS ou face à face?

VOUS (ÉLÈVE): Personnellement, je préfère les SMS quand je veux être plus efficace, mais pour les relations qui sont les plus importantes dans ma vie, j'essaie de passer du temps avec la personne et parler face à face aussi.

OLIVIER: D'accord et merci de m'avoir écouté. À tantôt!

# Chapitre 8

## LEÇON 1, P. 392, EX. 3

[Full transcript appears in Student Edition, p. 392]

## LEÇON 2, INTERPRETIVE COMMUNICATION: PRINT AND AUDIO TEXTS, P. 406

### SPOT DIVERSITÉ

-Ahhh . . . les femmes en entreprise. Elles n'arrêtent pas de **piailler**. De vraies pipelettes. Dans ce temps-là, le travail, euh. Par contre, pour aguicher le patron, là il y a du monde au balconnet. Un peu de maquillage, des tenues sexy, elles savent comment s'y prendre. En fait, les femmes en entreprise, elles ont de l'ambition jusqu'à ce qu'elles tombent enceintes.

-Vous pensez que ça passe mieux quand c'est une femme qui le dit? Vous avez envie de ressembler à ça? Non, alors, changeons de regard. Du 10 au 14 juin, combattons les clichés et mobilisons-nous pour la diversité en entreprise.

## LEÇON 2, INTERPRETIVE COMMUNICATION: AUDIO TEXTS, P. 407

| MINUTES/ SECONDES | TRANSCRIPTION |
|---|---|
| 0:00-0:10 | Chers amis du Métropolis, bonjour. Avec une production estimée environ à un million, 60 milles tonnes de la Côte d'Ivoire est le premier producteur mondial et exportateur de **fèves de cacao**, un ingrédient qui donne la composition du chocolat. |
| 0:11-0:26 | SOUS-TITRES |
| 0:27-0:39 | -Je suis en train de sécher un peu le cacao. -C'est où ça? -Vous voyez. -Oui. -Ça là, c'est la récolte cette année, je n'ai rien eu. Et puis, le prix du cacao, là aussi, ça n'a pas augmenté. On ne sait pas comment faire. |

| | |
|---|---|
| 0:40-0:50 | SOUS-TITRES |
| 0:51-1:50 | -On est [. . .] on est [. . .] on est [. . .] avec la, les [. . .] ces fèves-là. Est-ce que vous savez ce qu'on en fait?<br><br>-En tout cas, non. On sait pas comment en prendre cacao la même pour [. . .] comment [. . .] planter, cacao là. On est là pour planter cacao, [. . .] on parle que c'est une [. . .] à manger. Nous, on ne connaît pas comment apprendre pour le faire.<br><br>-D'accord, moi, j'ai une surprise pour vous. J'ai là, dans ma poche là. Vous voyez, ça c'est du chocolat.<br><br>-Ouais . . .<br><br>-C'est avec ca qu'on [. . .] ça fait partie de ces fèves.<br><br>-C'est bon, le chocolat?<br><br>-Oui.<br><br>-Goûtez un peu pour voir.<br><br>-Ah, bon.<br><br>-C'est pour vous, allez-y!<br><br>-C'est doux . . . Ah! C'est doux!<br><br>-Vous aimez?<br><br>-C'est vraiment intéressant.<br><br>-Là, cacao-là c'est un bon truc.<br><br>-Ah bon!<br><br>-On mange!<br><br>-Vous aimez ça?<br><br>-Vraiment aimé.<br><br>-Vous n'avez jamais goûté au chocolat?<br><br>-Non . . . non . . . on n'a jamais goûté au chocolat. C'est beau aujourd'hui. |
| 1:51-2:26 | SOUS-TITRES |
| 2:27-2:38 | -Tu casses.<br><br>-Mmm . . . c'est doux!<br><br>-Oooooh!<br><br>-Ouhhhh! |
| 2:39-3:27 | SOUS-TITRES |

| | |
|---|---|
| 3:28-3:38 | -Allô. Expliquez-nous. Qu'est-ce que vous faites là? Excusez-moi.<br><br>-Pour que ça ne rentre pas dedans. Pour fermenter. 5 jours avant d'arriver. |
| 3:39-3:51 | SOUS-TITRES |
| 3:52-4:11 | -Alors, le cacao, est-ce que vous savez ce qu'on en fait?<br><br>-On plante le cacao, nous, on ne fait pas . . . on ne sait pas ce qu'on en fait.<br><br>-Alphonse, là, a une surprise. Le cacao alors,les gens utilisent pour faire le chocolat, un peu.<br><br>-C'est vrai ça?<br><br>-[. . .] voir. C'est manger pour [. . .] ce qu'ils appellent le chocolat. Le cacao, on en prend pour faire. |
| 4:12-4:35 | SOUS-TITRES |
| 4:36-4:43 | -Nos vieux, vieux parents disent le cacao-là, on en prend pour faire du vin.<br><br>-Voilà! Du vin!<br><br>-Le vin. On pense que c'est le cacao qu'on en fait du vin. |
| 4:44-4:54 | SOUS-TITRES |
| 4:55-5:07 | -Ça va à l'usine. C'est une usine où vous avez des coins populeux pour piler. On fait de la poudre. Et puis, d'autres produits qu'on mélange et puis ça devient comme ça.<br><br>-Mais, ces fèves?<br><br>-Oui, ça, c'est les fèves qui donnent ça.<br><br>-Hé! Hé! |
| 5:08-5:18 | SOUS-TITRES |
| 5:19-5:29 | -Manger beaucoup!<br><br>-Non, ce n'est pas le chocolat qui m'a rendu plus pâle.<br><br>-Ah! Ah!<br><br>-Nous, on pense que c'est le chocolat. |
| 5:30-5:39 | SOUS-TITRES |
| 5:40-5:44 | -C'est pas . . .<br><br>-Ouais ! |
| 5:45-5:55 | SOUS-TITRES |

## LEÇON 2,
## PRESENTATIONAL WRITING:
## ARGUMENTATIVE ESSAY, P. 413

### *SPOT DIVERSITÉ*

-Les seniors, ils sont l'arrêt complet. Ils [ne] comprennent plus rien en fonctionnement de la boîte. Ils sont toujours lents, ils n'utilisent jamais les nouveaux outils et dès qu'il y a une idée nouvelle, ils freinent des quatre fers. Bref, les vieux, c'est vraiment des boulets pour la **boîte**.

-Vous trouvez que ça passe mieux quand c'est un senior qui le dit? Franchement, vous avez envie de ressembler à ça? Non, alors, changeons. Du 10 au 14 juin, combattons les clichés et mobilisions-nous pour la diversité en entreprise.

## LEÇON 2,
## INTERPERSONAL SPEAKING:
## CONVERSATION, P. 414

*Rishi's utterances reflect the recording. The student's answers will vary, but may resemble the following:*

RISHI: Bonjour. Je suis ici seulement depuis un mois, et j'aime bien. Ça fait combien de temps que tu habites ici?

VOUS (ÉLÈVE): Bonjour, Rishi. Ça fait dix ans que j'habite ici dans cette ville.

RISHI: Je voudrais mieux connaître cette région. Les habitants, que font-ils en général comme métier?

VOUS (ÉLÈVE): Il y a une université ici, alors il y a beaucoup de professeurs et d'autres personnes qui travaillent pour l'université. Il y a aussi une usine qui fabrique des tracteurs, alors il y a des ouvriers et des ingénieurs qui y travaillent. Il y a aussi le siège social d'un groupe de grandes surfaces ici.

RISHI: Je ne savais pas. Qu'est-ce que les gens aiment faire comme passe-temps?

VOUS (ÉLÈVE): Moi, j'aime bien faire du vélo sur les pistes cyclables en ville. Je connais beaucoup de personnes qui aiment faire du camping en été. C'est un endroit agréable pour faire des activités en plein air.

RISHI: J'aimerais essayer ça un jour. Toi, tu en fais?

VOUS (ÉLÈVE): Oui, j'en fais avec toute la famille au mois de juillet. C'est très sympa de passer du temps avec tout le monde pour notre fête nationale, le 4 juillet.

RISHI: D'accord et merci d'avoir répondu à mes questions. Une

dernière; y a-t-il d'autres choses importantes à connaître au niveau de la culture dans cette région?

VOUS (ÉLÈVE): Oui, les gens sont très chaleureux ici, donc n'hésite pas à nous poser des questions quand tu veux. Je dois partir, on mais on se verra bientôt. Au revoir.

## LEÇON 3,
## INTERPRETIVE COMMUNICATION:
## PRINT AND AUDIO TEXTS, P. 420

### *INTERVIEW DIVERSITÉ AVEC AGNÈS CREPET*
### *ET MAXIME TIRAN – LESCASTCODEURS*

-Et donc, pour la première fois, Google a accepté, effectivement, de publier ça et c'est vrai que les . . . , pour l'instant ce n'est pas forcément reluisant en termes de représentation de, par exemple, des femmes ou des minorités ethniques, euh, mais, moi, la première étape, c'est effectivement de publier ces métriques, euh, pour voir où on en est et puis, mesurer les progrès dans les années qui viennent. Après, il faut voir si c'est quelque chose qui, je pense, qui existe aux États-Unis, par exemple, c'est, ce serait interdit en France, en France on n'a pas le droit de faire des statistiques sur l'origine ethnique. Donc, il y a, c'est quelque chose de bien particulier aux États-Unis, je pense, ce genre de démarche.

-Oui. Mais, c'est assez écrasant, donc, blanc 60%, je pense que c'est les gens qui disent leur ethnicité, ce n'est pas décidé sur leurs photos et, donc, blanc 60%, asiatique . . . enfin d'Asie 34%, hispanique 2%, noir 1% et puis des gens multi-racial [sic], enfin 3, multi- . . . je ne sais pas si on dit racial en France, mais multi-ethnique 3%. Donc, il y a vraiment, là, on parle de 92% mélange côté asiatique et blanc, quoi, il y a une vraie différence par rapport à la population, euh, moyenne, normale, quoi.

-Absolument.

-Dans un pays comme la France ou les États-Unis.

-Absolument, oui.

## LEÇON 3,
## INTERPRETIVE COMMUNICATION:
## AUDIO TEXTS, P. 421

### *LOGEMENT*

Clairéco- comprendre l'économie sur Moustic'Air, en partenariat avec l'Obsoco.com. Nathalie DAMERY, présidente de l'Obsoco.

-Bonjour, Nathalie DAMERY.

-Bonjour, Louis.

-Alors, aujourd'hui pour Clairéco vous répondez à une question qui concerne les Français et leur habitat. Comment les Français vivent et investissent dans les pièces de leur logement?

-D'abord, on se rend compte que les Français entretiennent une relation forte avec leur habitat. Ils aiment leur logement et ils s'y sentent bien. Le toit, l'abri reste le premier symbolique, pas simplement un symbole de la sécurité du lieu où on est bien, seul et à plusieurs. Car avoir un toit, même à location, est un élément de sécurité dans un contexte que l'on sait difficile et où l'on est conscient que le mal logement touche une part non-négligeable de la population. Et alors, même que le logement est devenu le premier post du budget des ménages avec grosso modo 20 % de consommation, ils se déclarent à 91 % satisfaits de leur logement. Ils sont satisfaits de la manière dont le logement est équipé, de la manière dont il est meublé et décoré. Ce qui nous encourage à penser que les efforts consentis pour les dépenses sont véritablement leur contrepartie dans le fait de s'y sentir bien. On ne fait pas cet effort pour rien et on en est conscient. Et si on regarde un peu plus en détail, la proportion des satisfaits par leur logement est plus importante dans les ménages de deux personnes que chez les solos. De même, la proportion est plus importante chez les propriétaires que chez les locataires.

Alors, bien sûr, des perceptions négatives sont exprimées: 19 % des personnes interrogées voient dans leur logement un lieu qu'ils voudraient quitter. Et 16 % des dépenses et des soucis. Et si on devait dessiner un portrait en creux, ces perceptions négatives sont essentiellement le fait des locataires qui vivent en appartement, des plus jeunes, les 18-34 ans, les solos, les jeunes ménages, mais aussi les ménages plus âgés qui ont des revenus faibles. Reste que pour l'ensemble des personnes interrogées, le logement est essentiellement rattaché à la notion de l'abri et du cocon. Comme si dans le même temps qui explose les cyber-activités, le jeu, la socialisation, la culture, la formation s'installe le besoin de sensualité, de repli sur soi, seul ou avec les membres de son foyer.

## LEÇON 3, PRESENTATIONAL WRITING: ARGUMENTATIVE ESSAY, P. 429

*RÉALITÉS ÉCONOMIQUES ET FINANCIÈRES DE L'UE*

Peu après la réunification de l'Allemagne, soit en janvier 1991, j'ai déplacé l'essentiel de mes activités professionnelles en Allemagne dans les nouveaux laender. Depuis - cela fera donc bientôt dix-sept ans - je me demande si l'UE est une organisation utile à l'Europe ou non.

Globalement et d'un point de vue économique, je réponds oui. Les États européens ont bien fait de se rapprocher, de supprimer des obstacles au commerce, de créer une monnaie commune et de parler d'une voix à peu près unique face aux espaces économiques d'Amérique, d'Asie et d'autres régions du monde. Ce constat vaut surtout pour l'Allemagne qui, locomotive de l'UE, n'est pas seulement le principal contributeur mais aussi, de mon point de vue, le principal profiteur de l'UE.

Je crois aussi qu'il faut connaître l'Allemagne pour savoir comment fonctionne l'UE. L'Allemagne a réussi à implémenter dans l'appareil UE nombre de ses mécanismes **étatiques**, de ses structures bureaucratiques et de ces raisonnements politiques.

Tout en étant un État fédéraliste, l'Allemagne connaît une organisation beaucoup plus centralisée que la Suisse. Cela vaut aussi pour l'UE qui évolue systématiquement vers une communauté d'États à direction centraliste. Il faut savoir aussi que le mode de réflexion centraliste n'est pas imposé aux citoyennes et citoyens de l'UE, mais qu'il répond à leur mentalité. En d'autres termes, dès qu'un problème se pose, on réclame très vite et avec insistance une mesure édictée d'en haut.

Si vous considérez les États membres de l'UE, vous devez admettre que ce centralisme a des racines historiques. Qu'il s'agisse de l'Allemagne, de la France, de l'Italie, de la Grande-Bretagne, de la Belgique, des Pays-Bas ou du Luxembourg, tous ces pays ont eu, parfois pendant des siècles, une direction politique centraliste. Rien d'étonnant dès lors à ce que l'UE prenne le même cap - **nonobstant** les affirmations et assurances contraires de politiques de haut rang.

L'Allemagne possède une économie extrêmement forte, dynamique et novatrice. De mon point de vue personnel, si l'économie allemande a du succès, ce n'est pas à cause des conditions-cadres que lui fixe la politique intérieure, mais plutôt malgré celles-ci. Il ne serait certainement pas judicieux pour la Suisse de s'en inspirer.

J'en veux par exemple pour preuve la manière dont l'État allemand gère ses finances. Quand l'Allemagne parle de faire des économies, cela signifie en premier lieu que le citoyen «normal», l'homme de la rue, doit se serrer la ceinture. Ce constat me permet de passer au chapitre suivant.

## LEÇON 3, INTERPERSONAL SPEAKING: CONVERSATION, P. 430

*Cécile's utterances reflect the recording. The student's answers will vary, but may resemble the following:*

CÉCILE: Salut! J'ai vu des drapeaux américains partout dans un magasin hier. Tu peux m'expliquer pourquoi?

VOUS (ÉLÈVE): Oui, bien sûr. Tu vois beaucoup de drapeaux américains car c'est la fête nationale la semaine prochaine.

CÉCILE: Je comprends bien. La fête nationale française est 10 jours après la vôtre. Chez vous, quelles sont d'autres traditions pour célébrer la fête nationale?

VOUS (ÉLÈVE): Dans ma famille, on fait un grand pique-nique l'après-midi du 4 juillet et puis on regarde les feux d'artifice au centre-ville vers 22h00. C'est sympa.

CÉCILE: Je veux bien y participer! Et quelle autre fête est importante pour vous?

VOUS (ÉLÈVE): J'aime beaucoup notre fête de Thanksgiving au mois de novembre. Avec toute la famille, nous préparons un grand repas. C'est un jour où on pense aux aspects de la vie pour lesquels nous sommes reconnaissants.

CÉCILE: Super! Chez moi, j'adore le Nouvel An parce qu'on mange bien, on peut tout recommencer et revoir ses buts.

VOUS (ÉLÈVE): Y a-t-il une fête dans ton pays que tu apprécies un peu moins?

CÉCILE: Pour moi, la fête du travail n'a pour but que d'organiser des manifestations donc je ne l'aime pas trop. Mais pour beaucoup de français c'est très important. Quelle fête est la moins importante pour vous?

VOUS (ÉLÈVE): Pour moi, je n'aime pas beaucoup la Saint-Valentin. Je trouve que ça devient très commercialisé.

CÉCILE: Je ne savais pas. Merci de m'avoir parlé de quelques fêtes américaines. À demain!

# Chapitre 9

## LEÇON 1, P. 439, EX. 4

Ce qui m'a attiré au départ vers le français, c'était la musique de la langue. La langue m'a tout de suite plu. J'ai été hypnotisée par la mélodie et les intonations, les sons de la langue et les voyelles exotiques qui n'existaient pas en anglais. Tout cela m'a enchantée. J'étais absolument fascinée par la chanson qui est derrière la langue française. Donc, c'est par respect et c'est par amour de la langue française et de ses cultures que j'essaie d'imiter l'accent des francophones. Je fais un effort de bien prononcer et j'essaie d'imiter les natifs. J'ai envie de respecter les sons et les intonations de cette belle langue. Donc, je préfère, autant que possible, ne pas parler français avec un accent étranger. Pour moi, le son de la langue française est un véritable trésor.

## LEÇON 2, INTERPRETIVE COMMUNICATION: PRINT AND AUDIO TEXTS, P. 452

« *LA MARCHANDISATION DES PETITES FILLES* »
Concours Mini-Miss: La marchandisation des petites filles selon les sénateurs

Au grand désespoir de certains parents, les sénateurs sous l'impulsion de l'amendement de l'ex-ministre Chantal Jouanno ont voté l'interdiction des concours de beauté pour les enfants de moins de 16 ans. La raison avancée serait que ces compétitions sexistes et commerciales réduisent les fillettes à leur apparence. Qu'en est-il véritablement?

Quand les princesses s'illuminent au grand bonheur de leurs parents

Nombreuses sont les petites filles qui rêvent de s'habiller en princesse. Être dans la lumière des **paillettes**, porter une couronne. Les organisateurs tout comme les parents estiment que loin de les exposer à du **racolage**, ces concours permettent aux fillettes de s'affirmer. Gagner en capital confiance, cultiver la détermination dans toutes leurs entreprises.

Les concours de mini-miss en plus de favoriser une vraie émulsion familiale aident également à la formation psychologique. Des carrières et des profils professionnels se profilent. Une socialisation qui amène la petite fille à appréhender les codes de la beauté, du bien paraître dans une société qui en accorde un intérêt de plus en plus grandissant. C'est d'ailleurs ce dernier argument que **fustigent** les opposants à ces concours.

### L'hyper-sexualisation des petites filles - une réalité déroutante

Insolemment fardées, aguicheuses et le déhanché branché, telle est la réalité des concours de mini-miss sous certains cieux pour des petites filles seulement âgées que de 4, 5 voire 6 ans. Aux États-Unis où ses concours sont légions, le phénomène rapporte en moyenne 5 milliards de dollars par an. C'est un investissement autant pour les parents que pour les organisateurs. Mais ses petites filles réduites à leur apparence sont-elles vraiment heureuses qu'ont leur arrachent ce qu'elles ont de merveilleux à cet âge là: l'innocence et l'**insouciance**?

Certes, bien qu'étant à l'antipode de ces dérives en France, nombreuses sont les voies qui approuvent son interdiction. Pour François Édouard, vice-président de l'Union nationale des associations familiales (Unaf), son interdiction ne devrait être qu'une évidence au vu de la chosification des petites filles. Des objets sexuels exposés au regard des adultes. À côté de cette radicalité le gouvernement serait plutôt dans une démarche de mieux contrôler les éventuelles dérives.

## LEÇON 2, INTERPRETIVE COMMUNICATION: AUDIO TEXTS, P. 453

### *« LA MODE ÉTHIQUE » - FRÉQUENCE TERRE*

-J'ai fait des études dans l'univers de la mode. J'ai travaillé dans différentes grandes entreprises qui traitaient plutôt du sport, donc un peu à côté de la mode et on a beaucoup voyagé un peu partout à travers le monde. J'ai pu observer des façons de produire qui étaient un peu à l'opposé de mes convictions et je me suis dit qu'il serait, qu'il était temps en tout cas, déjà en 2003, qu'il fallait penser à faire autrement et de réinventer un modèle économique qui est dévastateur pour l'environnement. Voilà. Donc, à l'époque j'étais jeune maman. Mon mari a lâché son job et j'ai lâché mon job et on est parti avec nos fils sous le bras en Bretagne, dans notre région natale, une page blanche, beaucoup d'optimisme et la croisade de notre famille a démarré voilà il y a peu près sept ans et aujourd'hui Ekyog est une belle marque et leader sur le marché de la mode éthique avec 45 magasins sur le territoire.

-Alors, justement quand vous en parlez, vous parlez d'une

croisade et moi, je peux le comprendre parce que c'est vrai qu'on est aussi une jeune entreprise et on s'aperçoit que c'est parfois un parcours du combattant, surtout dans les milieu écolo où il faut à la fois . . . Nous, on est un magazine féminin. Vous, vous travaillez, vous vous adressez aussi aux femmes. Il faut à la fois percer dans un milieu du glamour et en même temps montrer son engagement et finalement ce n'est pas toujours évident de relier les deux. Ça l'est plus maintenant, mais c'était difficile, j'imagine au début.

-Oui. En effet, lorsqu'on a démarré déjà, il y avait assez peu de relais média sur le **développement durable**, la prise de conscience était naissante, néanmoins les scientifiques sonnaient une grosse sonnette d'alarme et finalement c'est très peu connu que l'industrie du textile est extrêmement polluante encore, il y a un chiffre très clé, moi, qui m'a bouleversée qui a été un électrochoc pour me lancer dans cette aventure, c'est que la culture de coton conventionnel est la plus polluante au monde. C'est 24 % des achats de pesticides au niveau mondial pour uniquement 2,4 % de la surface agricole. Donc, il y vraiment beaucoup à faire. Après, en effet, il y a une vraie distinction entre les cultures et ensuite toutes les étapes de la fabrication. Ce sont des choix forts. Ce sont des choix coûteux. Ce sont des engagements qui **engendrent** aussi une grosse responsabilité et qui dit responsabilité, ça veut dire faire les choses très sérieusement et voilà. Donc, c'est un engagement, c'est une croisade et c'est beaucoup de complexités et, en même temps, c'est une vraie modernité parce que je pense que l'écologie, c'est un sujet qui nous concerne tous. C'est un sujet, l'écologie doit faire partie de notre quotidien et moi, j'ai envie de parler aux femmes, j'ai envie de parler de mode aux femmes, et j'ai envie de trouver des solutions pour que le plaisir soit au cœur de l'action et ça, pour moi, ça c'est l'enjeu de la marque.

## LEÇON 2, PRESENTATIONAL WRITING: ARGUMENTATIVE ESSAY, P. 459

### *BABELIO: UNE RÉFLEXION, DES RÉFLEXIONS DE PETITSOLEIL*

Une réflexion, des réflexions sur notre image, la beauté, les injonctions paradoxales qui nous entourent: magazines, publicité, télé, modes . . . Il «faudrait» avoir «la» ligne . . . comme s'il y en avait «une seule», et comme si un corps humain n'était pas en volume(s), mais plat, comme les mannequins sur papier «glacé et glaçant» . . . la ligne donc, être très mince mais avec seins et fesses pour les dames, ou très mince mais avec des épaules, un torse puissant et des muscles bien visibles pour les hommes, **morphologies** extrêmement rares . . . et souvent retouchées dans les magazines ou les pubs . . . oui, ces «corps de rêve» ne sont qu'un rêve, et ne représentent pas une réalité très fréquente! (et nous n'avons pas d'autre rêve?)

L'auteur nous incite aussi à réfléchir sur les nombreuses **égéries** similaires, blanches, jeunes et minces (oui blanches même en Chine, en Inde et aux USA, et Photoshop ou produits blanchissants sont là si besoin). Une image unique de beauté, une pensée unique, qui nous fait trop souvent dévier de NOTRE image personnelle et si singulière de la beauté.

Comme l'auteur, je trouve qu'il est temps de réfléchir à d'autres sujets, et de **concevoir** une beauté personnelle, créative, ludique, plutôt que d'alimenter la pression perpétuelle et obsessionnelle, stérile et dérisoire, de cette beauté trop formatée.

Libérons-nous, libérons nos corps et nos têtes, de tous ces messages, de ces peurs, allons vers les autres . . . même si nos dents et nos visages ne sont pas parfaits, une personne souriante est souvent plus belle, une personne dynamique dégage une impression positive, une personne motivée décroche des rendez-vous importants à ses yeux . . . Le rayonnement, les émotions, les qualités . . . cela compte énormément dans l'image que l'on donne.

La beauté du corps ou du visage, ce n'est qu'un élément parmi d'autres, essayons d'avoir une belle vie!

## LEÇON 2,
## INTERPERSONAL SPEAKING:
## CONVERSATION, P. 460

*Nathan's utterances reflect the recording. The student's answers will vary, but may resemble the following:*

NATHAN: Salut! J'ai une question à te poser. As-tu le temps?

VOUS (ÉLÈVE): Salut! Oui, je ne suis pas pressé(e). De quoi veux-tu me parler?

NATHAN: Dans mon cours de littérature, on est en train de discuter de la perception de la beauté. Et maintenant, je m'intéresse aux idées des autres. Qu'est-ce que tu trouves beau dans la vie?

VOUS (ÉLÈVE): C'est peut-être un peu drôle, mais je trouve le ciel gris très beau.

NATHAN: C'est vrai?! Mais pourquoi tu le trouves aussi beau?

VOUS (ÉLÈVE): Quand le ciel est gris, ça veut dire qu'il va pleuvoir. Et la pluie fait pousser l'herbe et les fleurs.

NATHAN: Je vois ce que tu veux dire. C'est intéressant jusqu'à quel point tout le monde a une perception différente de la beauté, mais en même temps, c'est une perception similaire. Notre vie est meilleure grâce à la beauté.

VOUS (ÉLÈVE): Et toi, Nathan, qu'est-ce que tu trouves beau dans la vie?

NATHAN: Moi, je trouve que les couchers de soleil avec toutes ces couleurs et parfois des nuages sont très beaux. C'est aussi romantique, n'est-ce pas?

VOUS (ÉLÈVE): Ah, oui, c'est très romantique. Bon, je dois rentrer. Salut!

## LEÇON 3,
## INTERPRETIVE COMMUNICATION:
## PRINT AND AUDIO TEXTS, P. 466

*PODCAST: « OSEZ VIVRE DES MOMENTS MAGIQUES EN CASSANT VOS HABITUDES » D'OLIVIER ROLAND*

Bienvenue sur la chaîne des gens qui se bougent! Inscrivez-vous maintenant!

Bonjour, c'est Olivier Roland. Bienvenue dans cette vidéo qui est toujours en directe de Cancun au Mexique. Et, ce que je veux partager avec vous aujourd'hui, voilà, ce matin je me suis levé plus tôt que d'habitude alors que je souffre encore un peu du décalage horaire pour, ben, profiter de cette magnifique plage et de ce magnifique lever de soleil avant tout le monde et puis pour, voilà, être dans un environnement calme, vous voyez un petit peu la beauté de cette plage il n'y a juste personne, c'est juste magnifique donc j'étais là en train de, de marcher sur, sur la plage tout seul en train de faire une méditation en marchant en fait et, euh, je me suis dit « ouah ! » Quand je me suis réveillé, j'ai **failli** rester dans mon lit et j'aurais pu rester dans mon lit une heure de plus, je pense, et j'aurais loupé ça. Alors, ça n'aurait pas changé ma vie fondamentalement, mais en me levant plus tôt et en changeant un petit peu mes habitudes, j'ai vécu un moment qui vaut la peine d'être vécu. J'ai vécu un moment extrêmement agréable comme ça tout seul à méditer sur la plage déserte alors que le soleil se levait et ça m'a fait penser que parfois c'est bon de se pousser un petit peu. Parfois c'est bon de briser ses habitudes et de, euh, et bien, justement vivre un petit peu ces moments-là qui valent la peine d'être vécus.

## LEÇON 3, INTERPRETIVE COMMUNICATION: AUDIO TEXTS, P. 467

### *PODCAST: « DRIVE » DE NICOLAS WINDING REFN*

D'autre part, comme vous allez voir tout de suite, ce qui est intéressant avec le cinéma, c'est qu'on est dans le domaine de l'esthétique et que par conséquent, l'œuvre s'ouvre à l'interprétation du spectateur. Par opposition, peut-être, à des textes de philosophie où là, en gros, vous avez un message, vous avez une thèse, vous avez une idée et il faut qu'elle passe, alors que si vous comprenez pas ce que le philosophe a dit, vous passez à côté de ce qu'il a dit. Alors que, avec la dimension esthétique du film, quelque part, vous avez une oeuvre ouverte à l'interprétation. Moi, je peux très bien apporter comme à « l'auberge espagnole » apporter ma bouffe et puis me cuisiner mon plat d'André. C'est un petit peu ce que j'ai fait donc en toute humilité, je (ne) **prétends** pas avoir dénoué les clés scientifiques de ce film, simplement, d'y avoir **plaqué** peut-être ma lecture, ma vision d'existence, les auteurs que j'aime bien, donc Nietzsche et Camus pour, pour les citer. Euh, puis il y a un peu de Sartre, vous verrez, pour saupoudrer tout comme sur un, comme sur un gâteau ou tarte à la crème.

## LEÇON 3, PRESENTATIONAL WRITING: ARGUMENTATIVE ESSAY, P. 473

### *« LAIDEUR DE L'ARCHITECTURE CONTEMPORAINE 1 » DE MICHEL ONFRAY*

Donc, nous allons chercher à montrer que l'architecture contemporaine est née avec le capitalisme moderne et elle est la forme construite du capitalisme, du libéralisme financier dans lequel nous vivons aujourd'hui. Donc, l'architecture contemporaine n'est rien d'autre que l'architecture ultralibérale. Cela va expliquer pourquoi si vous n'aimez pas l'ultralibéralisme financier d'aujourd'hui vous n'aimez pas l'architecture contemporaine. Donc, nous sommes en face d'un système de destruction massive qui détruit, certes, plus lentement qu'une bombe atomique, mais d'une manière bien plus efficace et à une bien plus grande échelle qu'une bombe, toute l'architecture d'une région ou d'un pays. Et même les Anglo-Saxons qui savent construire des horreurs, prennent peur de ce que nous sommes capables de construire, ils appellent ça le *art French*. Donc, pourquoi le conteneur? C'est parce qu'il correspond au stade ultime du concept de nomade, puisque dans l'économie ultralibérale l'homme peut se comporter comme une marchandise et que la marchandise se transporte dans les conteneurs et, ben, le plus pratique c'est de faire vivre les gens directement dans les conteneurs de marchandises. Donc, c'est la métaphore la plus **abrutie** de cette idée. Et ici vous avez les logements sociaux construits par Jean Nouvel à Montpellier, donc, qui sont dans une esthétique industrielle que vous retrouvez ici. Et donc, on comprend bien que l'ouvrier qui a travaillé huit heures à l'usine n'a pas envie de retrouver cette même ambiance à la maison. C'est pour ça que je trouve que, moi, faire les logements sociaux avec des références industrielles, le métal, les rideaux, les coursives métalliques a quelque chose d'obscène.

## LEÇON 3, INTERPERSONAL SPEAKING: CONVERSATION, P. 474

*Catherine's utterances reflect the recording. The student's answers will vary, but may resemble the following.*

CATHERINE: Bonjour! Tu vas bien? Que tu as bonne mine! Qu'est-ce qui se passe?

VOUS (ÉLÈVE): Bonjour! Laisse-moi t'expliquer. Je suis si contente car je viens d'être inspiré(e) par une oeuvre.

CATHERINE: Dis donc, quelle œuvre?

VOUS (ÉLÈVE): C'est une huile sur toile d'Auguste Renoir qui s'appelle *Le Déjeuner des canotiers*.

CATHERINE: Je ne la connais pas. Tu peux m'en parler en plus de détails?

VOUS (ÉLÈVE): Dans ce tableau on voit un groupe d'amis, hommes et femmes, en train de discuter et de manger en terrasse.

CATHERINE: Cette œuvre m'intéresse beaucoup! Pourquoi elle t'a attiré(e)?

VOUS (ÉLÈVE): Je l'aime surtout parce que cela me rappelle le temps que je passe avec mes amis en été.

CATHERINE: Excellent! Merci de m'avoir expliqué tout ça. Maintenant, j'ai envie d'en apprendre plus, mais je dois partir. Au revoir!

VOUS (ÉLÈVE): D'accord, pas de problèmes. Nous pourrons en reparler une autre fois. Au revoir.

# Annexe G – Thèmes et Contextes (par thème)

Includes primary, secondary, and tertiary themes/contexts for Leçon 2 and Leçon 3 practice tasks when applicable. Leçon 1 artifacts that relate to themes/contexts are shown in grey.

## THÈME 1 – LES DÉFIS MONDIAUX

**La tolérance** 390, 395, 418

**L'économie** 66, 84, 114 , 156, 170, 310, 316, 326, 360, 367, 424

**L'environnement** 66, 289, 291, 296, 302, 304, 307, 308, 310, 317, 318, 320, 323, 326, 332, 453

**La santé** 265, 318, 324, 333

**Les droits de l'être humain** 114, 262, 324, 395, 402, 410, 450

**L'alimentation** 58, 265, 304, 307, 308, 320, 333, 407

**La paix et la guerre** 12, 393, 450

## THÈME 2 – LA SCIENCE ET LA TECHNOLOGIE

**La recherche et ses nouvelles frontières** 269, 392

**Les découvertes et les inventions** 119, 265, 269, 277, 392

**Les choix moraux** 262, 270, 378, 392

**L'avenir de la technologie** 33, 392

**La propriété intellectuelle** 392

**Les nouveaux moyens de communication** 27, 30, 254, 272, 276, 352, 354, 372, 375, 382

**La technologie et ses effets sur la société** 27, 30, 33, 60, 66, 130, 162, 248, 250, 253, 256, 260, 261, 276, 277, 382

## THÈME 3 – LA VIE CONTEMPORAINE

**La publicité et le marketing** 320, 326, 338, 348, 352, 354, 357, 360, 368, 372, 375, 376, 378, 383

**L'éducation et l'enseignement** 20, 47, 51, 58, 60, 63, 64, 72, 73, 74, 77, 81, 82, 84, 88, 89, 120, 129, 135, 178, 253, 261

**Les fêtes** 191, 204, 206, 214, 430

**Le logement** 324, 358, 408, 421

**Les loisirs et le sport** 14, 63, 218, 422, 461

**Le monde du travail** 14, 28, 89, 120, 142, 144, 147, 149, 152, 156, 159, 160, 162, 168, 169, 170, 172, 176, 178, 180, 184, 185, 270, 453, 456

**Les rites de passage** 60, 210, 410

**Les voyages** 20, 26, 40, 64, 82, 102, 106, 109, 111, 112, 114, 118, 119, 124, 127, 128, 130, 134, 357, 376

## THÈME 4 – LA QUÊTE DE SOI

**L'aliénation et l'assimilation** 415

**Les croyances et les systèmes de valeurs** 16, 41, 226, 394, 431

**La sexualité** 180, 402, 450

**L'identité linguistique** 19, 22, 34, 36, 81, 248, 398, 416, 418, 439, 448

**Le pluriculturalisme** 19, 22, 36, 398, 415, 418, 448

**Le nationalisme et le patriotisme** 16, 41, 367, 415, 424, 430

## THÈME 5 – LA FAMILLE ET LA COMMUNAUTÉ

**Les rapports sociaux** 152, 185, 250, 341, 410

**L'enfance et l'adolescence** 160, 366

**La citoyenneté** 247, 323

**Les coutumes** 40, 205, 210, 215, 218, 414, 431

**La famille** 40, 206, 223, 224, 226, 233

**L'amitié et l'amour** 202, 208, 210, 215, 216, 223, 224, 232, 272

## THÈME 6 – L'ESTHÉTIQUE

**L'architecture** 159, 454, 470, 475

**Le patrimoine** 34, 422, 454

**Le beau** 366, 456, 460, 464

**Les arts littéraires** 52, 77, 202, 350, 462, 474

**La musique** 383, 468

**Les arts du spectacle** 454, 467, 468

**Les arts visuels** 348, 368, 383, 440, 461, 474